国家出版基金项目
NATIONAL PUBLICATION FOUNDATION

中国供应链研究

供应链理论前沿

丁俊发　主编

中国铁道出版社
CHINA RAILWAY PUBLISHING HOUSE

内 容 简 介

“中国供应链研究”丛书，从“供应链管理是战略思维，供应链管理是模式创新，供应链管理是技术进步”三个维度，“国家供应链战略、产业供应链战略、城市供应链战略、企业供应链战略”四个层面来论述中国供应链问题。其中，企业供应链战略是基础，国家供应链战略是根本。丛书力图体现如下特色：全面性和系统性；前沿性和前瞻性；科学性和实践性。

本册为《供应链理论前沿》，集中论述国外供应链理论的最新进展，国家自然科学基金、国家社会科学基金、高校科研基金以及研究机构对供应链理论研究的最新成果，内容包括：供应链发展趋势（如绿色供应链、虚拟供应链）、供应链绩效、物联网与供应链、大数据与供应链、协同供应链、供应链金融、服务供应链、供应链透明化等。其突出特点是“新”——吸收了国内外供应链研究的最新成果。

本书适合物流和供应链研究人员、相关专业的高校教师和研究生、政府管理人员、企业管理人员参考，也可作为高校物流等专业本科教材或研究生教材。

图书在版编目(CIP)数据

供应链理论前沿/丁俊发主编. —北京：中国铁道出版社，2018.11
（中国供应链研究）
国家出版基金项目
ISBN 978-7-113-24962-5

Ⅰ.①供… Ⅱ.①丁… Ⅲ.①供应链管理-研究-世界
Ⅳ.①F259.1

中国版本图书馆 CIP 数据核字(2018)第 215970 号

书　　名：**供应链理论前沿**
作　　者：丁俊发　主编

策　　划：吴和俊　李小军　　读者热线：(010) 63550836
责任编辑：李小军　许　璐
封面设计：MXK DESIGN STUDIO
责任校对：张玉华
责任印制：郭向伟

出版发行：中国铁道出版社（100054，北京市西城区右安门西街 8 号）
网　　址：http://www.tdpress.com/51eds/
印　　刷：中煤（北京）印务有限公司
版　　次：2018 年 11 月第 1 版　2018 年 11 月第 1 次印刷
开　　本：787 mm×1 092 mm　1/16　印张：25.75　字数：576 千
书　　号：ISBN 978-7-113-24962-5
定　　价：118.00 元

学术顾问 吴敬琏　冯国经　樊　刚　魏　杰　林兆木　钟朋荣

主　　编 丁俊发

副 主 编 胡跃飞　朱道立　戴定一　王国文　马士华　宋　华
冯耕中　田学军

策　　划 北京中物联物流规划研究院丁俊发工作室
香港冯氏集团
浙江供应链协会
平安银行
中国(深圳)综合开发研究院
北京物资学院
广东宝供物流集团
河南鲜易供应链有限公司
江苏物润船联网络股份有限公司
泰德煤网股份有限公司

主编简介

丁俊发　研究员，中国知名流通经济学家，资深物流与供应链专家，中国流通G30成员，享受国务院政府特殊津贴。长期从事流通经济学、消费经济学、物流经济学研究。

1964年毕业于中国人民大学，后留学、工作于法国。回国后，历任机械工业部办公厅副主任、合肥工业大学副校长、物资部办公厅主任、国家内贸部总经济师、国家内贸局副局长、中国物流与采购联合会常务副会长、中国市场学会副会长、中国海事仲裁委副主任、亚洲物流与供应链管理协会首席顾问、东北亚物流学会名誉会长等职，曾受聘于中国科学院研究生院、中央党校函授学院、同济大学、中山大学、华中科技大学、北京交通大学等知名大学客座教授。

获部级科技进步一等奖3次、国家图书奖1次，独著、主编著作20多部，主编《中国供应链管理篮皮书》。2000年被《中国市场》杂志评为影响中国市场的25位经济学家之一；2001年被中国物流媒体联盟评为"2001年度中国十大物流风云人物"；2006年被"韩国物流学会"授予"国际物流贡献奖"；2008年被"中国物流与采购联合会"授予"中国物流改革开放30年突出贡献人物"荣誉称号；2009年被中国市场学会、中国商经学会等部门授予"建国60年中国流通发展与改革杰出贡献奖"。是国务院《物流业调整和振兴规划》前期研究主要负责人。

中国供应链研究

国家出版基金项目

精装版

《供应链理论前沿》	丁俊发	主编	ISBN 978-7-113-24962-5	118.00元
《供应链国家战略》	丁俊发	主编	ISBN 978-7-113-25062-1	88.00元
《供应链产业突围》	丁俊发	主编	ISBN 978-7-113-24992-2	98.00元
《供应链企业实战》	丁俊发	主编	ISBN 978-7-113-24980-9	118.00元

主编的话

2017 年 10 月，国务院办公厅印发了《关于积极推进供应链创新与应用的指导意见》。这是一个战略性、里程碑的文件，是中国经济新常态下提升经济发展新动能的一个重大举措。这个文件的颁发标志着中国物流业发展将进入智慧供应链新阶段。

供应链是以客户需求为导向，以提高质量和效率为目标，以整合资源为手段，实现产品设计、采购、生产、销售、服务等全过程高效协同的组织形态。供应链，是一个国家、一个产业、一个城市、一个企业在经济与社会领域，通过资源整合与流程优化，将产品与服务提供给最终用户的上游与下游企业所形成的网链结构，是运用计算机网络技术，全面规划商流、物流、信息流、资金流、人文流，并进行计划、组织、协调与控制的运作模式，是经济新常态下推动中国经济中高速增长的新动能，对经济从粗放经营到集约经营，提高经济质量与效率，改善有效供给，调整经济结构，提升中国经济与社会运行的软实力将发挥重要作用。供应链建设要从企业入手，以产业与城市为重点，服务于国家核心利益。供应链也称供需链，是 20 世纪经济全球化的必然产物。在社会分工充分与信息化高度发展的今天，生产经营呈现全球采购、全球生产、全球流通、全球消费特征。一个企业、一个产业、一个城市、一个国家要发展，不可能单打独斗，必须做好两件事：一是内部资源整合与优化；二是内外资源整合与优化，扬长避短、优势互补、合作共赢。在现实生产与生活中已不存在一个企业与另一个企业的竞争，存在的是一条供应链与另一条供应链的竞争。一些企业已从单纯的生产、流通、服务的组织者变成资源的整合者。实体经济的发展既经历了通过社会分工提高生产率，又经历了产业融合提高生产率的过程。供应链是产业融合的推进剂。在国际上，供应链整合能力是衡量一个国家、一个城市、一个产业、一个企业综合竞争力的重要标志。

改革开放以来，特别是加入 WTO 以来，中国加大物流基础设施的投入，物流技术装备水平得到极大提高，物流服务商迅速壮大，物流信息化、标准化快速推进，物流的行政管理与行业自律得到提升，中国物流业得到快速发展。在供给侧结构性改革中，供应链管理作为物流业本身的转型升级正加速推进，已取得阶段性成果。

对于推进供应链发展，国家领导人早已提出明确要求。1978 年中国实行改革开放，邓小平同志及时提出，中国经济的发展要充分利用国内外两种资源和国内外两个市场，“现在的世界是开放的世界”(《邓小平文选》第 3 卷 64 页)。“任何一个国家要发展，孤立起来，闭关自守是不可能的，不加强国际交往，不引进发达国家的先进经验、先进科学技术和资金，是不可能的”(《邓小平文选》第 3 卷 117 页)。2013 年 9 月和 10 月，习近平同志在出访中亚和东南亚国家期间，先后提出共建“丝绸之路经济带”和“21 世纪海上丝绸之路”的重大倡议和战略构想，得到了国际社会的一致好评与广泛响应。“一带一路”重大倡议是中国的全球供应链构想。互联互通、合作共赢，打造全球经济命运共同体，将是一条全新的经济全球化之路。2014 年 11 月 8 日，习近平同志在亚太经合组织会议上指出：“现在，需要对接各国战略和规划，找出优先领域和项目，集中资源，联合推进。这有利于降低物流成本，创造需求和就业，发挥比较优势，在全球供应链、产业链、价值链中占据有利位置，提高综合竞争力，打造强劲、可持续、平衡增长的亚洲发展新气象。”2014 年 12 月 5 日，习近平同志在中共中央政治局第 29 次集体学习会议上指出，中国要“勇于并善于在全球范围内配置资源”。2016 年底中央经济工作会议上，习近平同志又明确提出：“要促进形成大中小企业专业化分工协作的网络体系，形成完整高效的产业供应链。”李克强同志在 2016 年政府工作报告中提出：“利用信息网络等现代技术，推动生产、管理和营销模式变革，重塑产业链、供应链、价值链，改造提升传统动能，使之焕发新的生机和活力。”

2009 年国务院发布的《物流业调整和振兴规划》，一方面要求“推动物流企业与生产、商贸企业互动发展，促进供应链各环节的有机结合”，另一方面要求“向以信息技术和供应链管理为核心的现代物流业发展”。2014 年国务院发布的《物流业发展中长期规划(2014—2020)》中，把推动与发展供应链管理列为十二个重点工程之一。2017 年 8 月，商务部与财政部颁发了《关于开展供应链体系建设工作的通知》；10 月国务院又颁发了《关于积极推进供应链创新与应用的指导意见》，供应链发展进入一个崭新的阶段。

现阶段，市场是推动中国供应链管理的根本动力，民营经济是主力，珠三角、长三角是主战场，在全国已涌现了一批供应链管理优秀企业，供应链集成、供应链透明化、协同供应链、供应链金融、绿色供应链等快速推进。但在不同区域、不同行业，供应链发展极不平衡，市场运作不规范。由世界银行 2016 年发布的全球供应链绩效指数排名中，中国位居第 27 位，与世界第二大经济体、第一大进出口贸易伙伴的地位极不相称。中国必须寻求供应链变革，“供应链＋”必与“互联网＋”一样，在新常态下，在供给侧结构性改革中成为两个“翅膀”。

2005 年，美国物流管理协会更名为美国供应链管理专业协会，这标志着全世界的物流已进入到供应链管理时代。笔者把供应链管理分为三个维度去理解。第一，供应链管理是战略思维；第二，供应链管理是模式创新；第三，供应链管理是技术进步。

1. 战略思维

(1)国家供应链战略

2012 年，美国总统奥巴马颁发了“美国全球供应链国家安全战略”，指出“我们谋求加强全球供应链，以维护美国人民的福祉和利益，保障我国的经济繁荣”。研究历史上世界三次经济危机与三次产业革命，美国凭其对“帝国木桶理论”中工业、科技、金融、军事、文化五大板块实施超强的全球供应链整合，使美国始终走在世界的前列，美国始终把整合全球资源作为国家核心竞争力。除美国外，德国、英国、法国、日本等国家都有自己的全球供应链战略。他们认为，任何国家都不可能单打独斗，要在全球范围内去发展产业链、供应链与价值链，以取得大国间的平衡与优势。

(2)产业供应链战略

许多国家也把供应链战略作为产业发展战略的重点，即以全球地域为空间布局，打造某些优势产业的“微笑曲线”，建立从战略资源、金融资本到制造生产，再到销售与服务市场的全产业链与价值链。从19世纪初的英国开始，先后有美国、日本、德国成为全球制造业中心。20世纪末，在改革开放的推动下，中国形成了新的制造业优势，成为新的全球制造业中心。但中国是一个工业大国，还不是工业强国，“中国制造2025”规划再经过六七年的奋斗，进入工业制造强国行列。这里所指的产业包括工业、农业、流通业、建筑业、服务业，供应链涉及所有产业。

(3)城市供应链战略

在互联网与物联网时代，人们开始研究与打造智慧城市。实际上，一个城市的管理是“五流”，即商流、物流、信息流、资金流、人文流等各种资源的优化组合，以实现发展模式、产业结构、空间布局、运作流程的最优化。迈克尔·波特提出，城市竞争力的发展有四个阶段，即生产要素导向阶段、投资导向阶段、创新导向阶段和富裕导向阶段。中国城市基本处于投资导向阶段，有些城市已向创新导向转移。城市的情况千差万别，城市供应链战略有共性，更有个性，正因如此，形成了不同的城市水平与风格。

(4)企业供应链战略

物流本质上是人类社会的一种实践活动，普遍存在于物质资料的生产、交换、分配和消费等各项社会活动过程中，是以企业为活动基点的。物流对于经济、社会发展的作用，就好比人体中的动脉与静脉，起到了基本的流通与循环作用，是支撑经济运行不可或缺的组成部分。但物流作为一个独立的产业并不是一开始就有的，物流产业是由于分工的不断深入以及物流社会化、专业化发展而逐渐形成的一种复合型服务产业，所以，笔者提出把供应链分为国家供应链、产业供应链、城市供应链与企业供应链四个层面，在这四大层面中，企业供应链是基础，产业、城市供应链是重点，国家供应链是根本。

2. 模式创新

严格地讲，供应链管理也是一种模式创新，是移动互联网、大数据、云计算支撑下的模式创新。而模式创新在各种创新中对传统模式最具颠覆性和最具冲击力。供应链管理的发展正在改变传统的商流、物流、信息流与资金流的运作模式。集群经济、平台经济、生态经济、链条经济、枢纽经济等将成为社会与经济发展的新模式，供应链集成将成为社会与经济发展的基本形态。

3. 技术进步

供应链管理也是一种技术进步，包括供应链可视化、绿色供应链、协同供应链、虚拟供应链、供应链金融、供应链风险、服务供应链、智慧供应链、物流机器人等。至今最前沿的高新技术都在供应链中得到应用。

总之，推进和优化供应链管理，可以极大地改变一个国家的经济发展方式、产业发展方式、城市发展方式、企业发展方式，对经济从粗放经营到集约经营的转变做出不可估量的贡献。

为了推动中国供应链管理的发展，由著名经济学家吴敬琏、冯国经、樊纲、魏杰等任学术顾问，由我任主编，组织国内知名高校、研究部门、知名企业参加，编写了《中国供应链管理蓝皮书》，在2011年首次正式推出，每年一部。该书填补了国内空白，受到经济界、企业界、学术界、教育界的广泛关注与热烈欢迎，成为全面了解国际与中国供应链管理发展现状以及优秀企业供应链管理案例的重要参考书，对政府经济部门、企业供应链管理部门、中外投资者、物流与供应链管理院校、研究机构和培训机构等都具有重要的参考价值和研究意义。

近几年，笔者向政府有关部门报送了《'供应链+'十年行动计划的建议》《中国供应链创新与变革的十大建议》。在有关报刊上发表了笔者撰写的《世界因供应链而变》《一带一路与全球供应链》《美国为什么要把全球供应链列为国家安全战略》等文章。为了满足个性化要求，我们以2011—2016年的《中国供应链管理蓝皮书》为基础，在广度与深度上，在理论与实际的结合上，编撰出版"中国供应链研究"丛书，即《供应链理论前沿》《供应链国家战略》《供应链产业突围》和《供应链企业实战》，为推动中国供应链的发展继续添砖加瓦。

在这里，特别感谢香港冯氏集团、浙江供应链协会、平安银行、中国(深圳)综合开发研究院、青岛日日顺物流有限公司、广东宝供物流集团、北京物资学院、《现代物流报》报社、河南鲜易供应链有限公司、深圳市创捷供应链有限公司、江苏物润船联网络股份有限公司、亚洲物流与供应链管理协会、广东省物流行业协会、广州物流与供应链协会、泰德煤网股份有限公司、翼中能源国际物流集团有限公司、河北中顺物流股份有限公司等企事业单位的大力支持，感谢许多同行专家的大力支持。

丁俊发

2018年6月

目　　录

第三篇　物联网时代的供应链

第四篇　大数据时代与供应链管理

第五篇 协同供应链

第六篇 供应链金融

第七篇　服务供应链

第八篇　供应链透明化

第一篇　国际供应链理论新发展

第一章　绿色供应链

供应链是向顾客提供产品和服务活动的网络，包括了原材料和部件的组织与采购、产品生产和装配、库存、订货处理和跟踪、渠道配送及向顾客送货等。供应链通过信息设施让各成员组织共享销售数据、预测和流通等信息。供应链管理已成为人类经济和社会活动的一个重要组成部分。随着全球经济和信息通信技术的发展，人类面临复杂多变的竞争及环境和安全的压力。各国政府和企业愈来愈重视利用供应链管理提高生产和服务的效率，降低成本，向公众和顾客提供优质的服务，从而促进经济和社会的可持续发展。与此同时，创新的供应链管理思想和技术也不断涌现和发展。

随着全球工业化的快速发展，产品的环境与生态影响已成为一个重要问题。如果工业决策者只顾经济效益，而忽视生态影响，将会使人类和动物更易遭受全球气候变暖、有毒有害环境、臭氧层破坏和自然资源耗竭等各种威胁。因此，人们日益关注工业活动对当地、区域和国际的环境影响，以及对人类和动物带来的健康与安全风险。此外，人类的环保意识增强、国家及国际环境立法工作的加强也迫使企业更加重视环境问题。

减少工业决策带来的环境影响首要的是应用整体论来分析产品对环境的影响。整体论是包括从产品最初阶段到终结的全生命周期分析。可持续发展和环境管理要求物料及产品流形成闭环运动。运用这种方法，在产品的不同阶段，如产品概念、设计、原材料加工、制造、装配、仓储、包装、运输、再利用和翻修等所产生的生态环境影响都将在产品设计和运作过程中被测定。

下面将从四个方面论述绿色供应链管理(green supply chain management，GrSCM)的基本概念与实践。首先，讨论 GrSCM 的起源、优势、障碍与动力；其次，分析绿色设计、绿色运营、绿色采购和 GrSCM 架构；第三，分析和讨论政府与国际组织在促进和发展绿色供应链实践中的作用；最后，以 Apple 公司为例论述绿色供应链管理实践。

第一节　绿色供应链的起源、优势与障碍

一、绿色供应链管理起源

1. 供应链管理与环境管理

供应链管理(SCM)概念近二十年来已成为重要的管理内容。其主要原因是产品成本中大部分为物流成本，而客户导向、激烈的竞争、产品生命周期缩短、改善组织间沟通交流等改进要求凸现了供应链管理的重要性。

环境管理主要研究人与环境相互作用及其对环境的影响。早期的环境管理是从 20 世

纪60年代末至70年代初发展起来的,是单个污染源的污染控制。而到了90年代,环境管理已演变成源头预防污染和整个生态系统管理的一种系统努力。

工业生态学是环境管理的一个分支,它把工业系统看成是地球生态系统的一部分,并试图通过物料和产品流的闭环运动,将一个行业的废弃物输入到另一行业,从而最小化工业系统对环境的影响。工业生态学的术语在1973年被Harry Zvi Evan首次使用。Evan(1974)把它定义为"工业运营的系统分析,包括技术、环境、自然资源、生物医学方面,制度和法律问题以及社会经济方面等因素"。

当前,企业基于不同的动机不同程度地从事环境管理和工业生态学实践。由于环境法律和法规,企业不得不关注环保议题。而有些企业是为了自身的盈利能力或客户的需求而开展环境保护实践。

2. 绿色供应链管理

供应链管理一般较少关注产品交付给用户之后的事。但是,近年来,供应链管理者越来越注重环境因素,这不仅只是环境意识的提高,也是基于发展生产力和创造更多利润方面来考虑。GrSCM的目标是最小化供应链内各企业在供应链流程中及整条供应链产生的不良环境影响。Srivastava(2007)把GrSCM定义为"将环境思想整合到供应链管理,包括产品设计、原材料的采购和选择、制造与加工、最终产品递送到消费者和产品使用后生命终结管理。"

GrSCM起源于两个方面:一是环境管理者开始使用生命周期评价(LCA方法)来评估产品的环境影响。除了常规产品设计和制造过程,也渗透到物流活动,如物料搬运、包装、分销和处理;二是具有创造性的供应链管理者和分析者也试图通过将环境问题整合到供应链管理实践来改善和优化供应链过程。GrSCM不仅具有环境重要性和必要性,还可通过消除废弃物、节约资源和提高生产能力给企业带来绿色竞争优势。

二、绿色供应链管理实践的优势与障碍

环境管理可能会增加初始成本,也对设计和制造活动产生某些限制,但实施GrSCM实践具有多方面的优势,包括成本、风险、生产力、资产价值和环境等,见表1-1-1。

表1-1-1 GrSCM实践优势

GrSCM实践优势	举 例
降低成本	原材料和能源成本,保险成本
减少风险	废弃物和污染罚款,水和能源短缺
提高生产力	使用自然光源和通风设备
增加资产价值	降低运营成本
改善公众形象	增加销售,更好的公共感知和社会各界支持
创造更健康的环境	减少有毒有害物质,清洁空气,危害更少的生产流程

GrSCM对供应链管理本身也有直接作用。整合环境与供应链管理可以增加供应链效率和灵活性。同时,由于减少了供应链中产生的废弃物数量而使供应链更精益。其他的作用还包括提高敏捷性、增加适应性和促进联盟。GrSCM也涉及与供应商和客户的谈判政

策,必然会产生一个具有更好商业流程和原则的联盟。

从宏观角度来看,GrSCM带来了绿色产品,从而创造出新的市场需求。这将增强环保企业的竞争优势。同时,为努力进行绿色实践的中小企业赋予了创造动力。

GrSCM实施面临的主要障碍可以分为四大类,即环境需求成本,缺乏绿色意识,技术障碍,以及缺乏环境信息、知识和训练。

环境需求成本和投资是绿色采购计划的主要障碍。但在绿色计划和政府贷款中所形成的客户—供应商合作关系将会带动其他可获利的诸多项目。绿色意识的缺乏将减少政府的关注与参与。而我们要强调促进GrSCM是每个人的责任,尤其是政府和最终用户。打破技术壁垒才能实现供应链各成员间的合作,获得来自政府和大企业的投资。最后,可以通过建立环境信息数据库、知识传播网络,为政府和供应链内全体成员提供更多的培训课程来解决缺乏环境信息、知识和训练的问题。

三、绿色供应链管理实践的动力

企业进行GrSCM实践的动力可以分为如下四类:

(1)客户需求:客户需求在供应链设计和规范中起着重要的作用,供应商通常会遵从这些需求。绿色思想让客户,尤其是重要客户去影响供应商采取绿色行动。客户的这种需求具有叶栅效应(cascade effect),能穿透整个供应链。同时,主要客户应该通过合作设计产品和流程来帮助供应商实现这一目标。

(2)政府和国际法律、法规:政府、国家标准研究机构、工业发展管理单位和地方政府通过制定法律法规和管控各行业实施这些法规,这将对工业产生重要影响。国际联盟,如联合国和欧盟,也制定法律、法规,促使有关国家开展GrSCM实践。

(3)企业的绿色意识:使用旧的和磨损的产品,采取修理、再使用、再组装、翻修和回收手段,将有效提高企业的生产能力,降低成本,这是企业开展GrSCM实践的另一个重要动力。例如,在2005年和2006年,美国德州仪器(TI)启动223个新的资源保护计划。最初970万美元的投资,偿付期为15个月,而年节省770万美元的成本。通过这些项目,TI更有效地使用水和化石燃料等自然资源,减少了企业的环境影响(Texas Instruments,2007)。

(4)环保主义者和非政府组织(NGOs):这些群体在社会和工业界努力打造绿色意识。首先,他们鼓励人们购买绿色产品,替代非绿色的同类产品。尽管缺乏专业技术知识,环保主义者及非政府组织仍能通过提高人们的绿色意识和以合作伙伴的形式推动工业界采取绿色实践,从而对工业发展产生重要的影响。

第二节 绿色供应链管理的基本内容与架构

一、绿色设计

供应链的不同层面都可通过GrSCM得到改善。而通过生命周期评价(LCA法)的研究表明,减轻环境影响和减少资源需求70%以上的机会是在产品设计阶段(Johannson,2001)。

因此，绿色企业需要关注的首要问题是产品的设计和生产。绿色设计是指考虑某些环境因素的产品设计。Fiksel(1996)把绿色设计定义为：在新产品的设计和生产工艺设计过程中，系统性考虑全生命周期中涉及的环境健康和安全的产品设计。绿色设计是一个多学科领域，需要不同领域的专门知识诸如环境风险管理、产品安全、污染防治、资源保护和废弃物管理等。目前，绿色设计已较成熟，设计过程涉及两种主要环境方法：生命周期评价和环境意识设计。

1. 生命周期评价

在定位产品的环境影响时，不能只考虑产品的设计和生产阶段，还必须考虑产品从原料到其生命终结的全生命周期，这就是生命周期评价。LCA 的主要观点是设计师和企业不仅要直面产品的直接环境负荷，也要考虑产品的间接环境负荷。

LCA 是用来评价一个产品、过程或活动贯穿其整个生命周期的环境负荷。它确认并定量化物料和能源的使用和废弃。这个评估覆盖了产品、流程或活动的整个生命周期，包括：原材料的提取和加工；制造、运输和配送；再使用和维护；回收利用及最终处置。

针对不同情况，LCA 有四种主要类型：从摇篮到坟墓(cradle-to-grave)是最常见的LCA，被用来分析用于制造产品的材料，这一分析覆盖了整个产品的生命周期。从轮子到轮子(wheel-to-wheel)确定交通系统的燃料消耗效率。从摇篮到门(cradle-to-gate)是直到把它交付给客户的效率。最后，从摇篮到摇篮(cradle-to-cradle)是一种新的思想，试图将一个产品的坟墓变成另一个产品的摇篮。例如，许多公司回收使用过的优质纸来制造报纸纸或纸板。目前，有很多研究人员使用 LCA 分析设计绿色供应链。

2. 环境意识设计

环境意识设计(ECD)旨在产品和工艺设计中考虑环境问题，实现以更低的成本、更清洁的工厂、更小的环境与健康风险、更好的公共形象和更高的生产力来提高产品质量。ECD 方法可以分为几类，如物料/产品回收、再循环设计，分解拆卸设计，废弃物最小化设计，再制造设计和选择更优材料的设计等。

二、绿色运营

绿色运营旨在减少产品运营过程产生的环境影响。因此，绿色运营是改善现有的产品运营管理，包括制造和再制造、逆向物流和网络设计、废弃物管理。

1. 制造和再制造

绿色制造的主要目标是通过使用合适的材料和技术来减少产品的环境影响，而绿色再制造是使已磨损的产品恢复为像新的一样。绿色制造包括减量、回收等活动，而再制造包括再使用、产品/材料的再循环等。绿色制造和再制造都需要库存管理、生产计划和专门的日程操作安排，因为用于再循环的回流产品的数量是可变的和未知的。

减量化是一门使稀缺材料或能源的消耗率最小化的技术。再循环是指将产品恢复为材料的操作活动。再使用是将已用产品中的完整部分再用于制造活动。产品/材料的恢复是指在它的生命周期末端重新获得产品的价值，包括维修/刷新、拆卸分解等。

2. 逆向物流和网络设计

实施 GrSCM 实践需要使物料流从最终用户返回到零售商、回收站、制造商或处置点。

因此，逆向物流活动有别于传统的物流活动。逆向物流（RL）是指原材料流、库存、成品及相关信息从消费端有效地流向源点的计划、实施和控制过程，目的是让它们得到适当的处置从而重还其价值。

不同产品/行业的逆向物流活动是不同的，但一般都包括收集、运输、检验/整理、储存、再加工（包括回收、再使用、修理/翻修等）和处置等过程。Lu and Bostel (2007)提出了四种基础逆向物流网络，包括直接可再用网络（DRN）、再制造网络（RMN）、维修服务网络（RSN）和回收网络（RN）。

3. 废弃物管理

废弃物管理是管理废料的产生，在源头废弃物减量化，污染预防和处置等。Marguglio (1991)定义废弃物减量化为在生产和运营，或者事后处理、储存、处置废弃物过程中减少危险废物的产生。源头减量化和污染防治策略旨在源头上减少污染的产生，而处置则是在废物产生后对其进行的处理。

三、绿色采购

采购能力的响应性和灵活性对企业的供应链业绩、准时/正确满足客户的需求有着重要的影响。采购是指“决定采购什么、何时采购和以多少价格采购；并确保所需物品能以指定的数量和质量准时收到的过程”。采购活动包括库存管理、识别需求、确定需求规格、寻找合适的供应商、合同的谈判和管理（价格、数量、质量、交货计划等）、接收，质量检验、储存和入境配送等。绿色采购试图减少选定的产品和服务的环境影响。与绿色设计和绿色运营不同，绿色采购是指那些主要发生在企业边界外的活动。因此，绿色采购程序与系统是绿色供应链的一个重要起始点，因为采购过程通常是一个企业与其供应商最初相遇的地方。在这个过程中导入绿色标准将会绿化整条供应链。

由于政府采购量大，因此政府采购及其采购行为很重要。在某些行业和服务部门，如计算机、交通、包装等行业中，政府的采购行为对行业行为的影响会很显著。政府通过采购将极大地激励企业发展更多的绿色实践。绿色公共采购（green public procurement，GPP）是指公共机构将环境标准融入其采购过程的方法。GPP 强调通过寻找和选择那些在全生命周期中尽可能对环境影响小的方法，以及促进环境技术的发展和开发对环境友好的产品。GPP 已经成为公共管理领域 SCM 研究者的关注点之一。已出现了如生态标签、生产者责任延伸制度、有环境责任的公共采购等环境政策工具。欧盟早在 2004 年就颁布了一本环境公共采购手册，提出了一种 GPP 模型，帮助政府实施绿色采购实践。

四、绿色供应链管理架构

美国环境保护署的“精益和绿色供应链模型”（EPA lean and green supply chain model）和绿色供应链运作参考模型（GreenSCOR model）是两个典型的通用模型，能用于不同产品、流程和行业的绿色供应链管理和研究。

1. 美国环境保护署“精益和绿色供应链模型”

2000 年美国环境保护署（EPA）颁布了名为“精益和绿色供应链：材料经理和供应链经

理削减成本、提高环境绩效的实用指南”。该指南提供了一种系统研究方法来实施绿色供应链。该模型是通过政府机关与美国工业、行业协会、科研院所的协作计划而提出的。

该模型包括四阶段决策过程:第一步,确定每一流程或设备的环境影响,以后会聚焦于能显著改善的备选;第二步,确定能带来可观的成本节约和减少环境影响的机会;第三步,评估每一种选择的定量、定性收益;第四步,选择和实施最好的备选,并监控其执行以确保控制系统性能。

2. 绿色供应链运作参考模型

绿色供应链运作参考模型(LMI,2003)是聚焦产品生命周期每一阶段对环境影响的一个模型。GreenSCOR 修改了 SCOR5.0 模型结构,使其包含了环境过程、绩效体系和最佳实践。这些修正大部分出现在 SCOR 模型“最佳实践”部分。LMI 通过构造法开发了 Green SCOR模型。首先,他们研究了 GrSCM 最佳实践和绩效体系。然后,评估现有 SCOR 模型程序的环境影响(见表 1-1-2)。最后,LMI 把环境绩效体系和最佳实践合并入 SCOR 模型,并分析了关于每一变化的特定原因及其对供应链运营影响等方面的改变(Wilkerson,2003)。

供应链运作参考模型是由美国供应链理事会开发的一种供应链管理工具。该模型包含了各行业的最佳实践,适用于不同类型的企业。目前,SCOR 模型包括五个主要流程,即计划、采购、制造、配送和回收。对每个流程都定义了适当的、必需的投入与产出、动力和最佳实践。SCOR9.0 版本之前,SCOR 没有明确地考虑绿色供应链管理,只是回收过程与 GrSCM 概念部分相关。后来又出台 SCOR10.0 版,对绿色供应链提出了明确要求,适应全球可持续发展的绿色供应链成为主攻方向。

表 1-1-2 供应链运作参考模型(SCOR)不同流程的环境影响

SCOR 流程	潜在的环境影响
计划	最小化能源和危险物质的消耗 处理和存储危险物质 一般的和危险废物的处置 所有供应链活动的整合
采购	选择具有正面环境记录的供应商 选择环境友好的材料 指定包装需求 指定配送需求使其运输最小化,指定操作需求
制造	安排生产计划使能耗最小化 管理制造过程产生的废弃物 管理制造过程的排放(气体和水)
配送	减少包装材料的使用 制定运送计划减少燃料消耗
回收	安排运输计划和集合运送,减少燃料消耗 准备回收以防止受损产品中的危险物质(石油,燃料等)泄漏

环境管理和供应链管理领先企业更有意愿使用 GreenSCOR 模型。对环境管理来说,这里包含 GrSCM 实践与生命周期评估。对供应链管理而言,企业必须实施供应链整合和采用 SCOR 模型。美国供应链委员(Supply Chain Council)继续努力于在 SCOR 中完全融合 GrSCM。设计合理、有效的绩效体系和最佳实践,使 GrSCM 概念能在 SCOR 中实现最佳融合。

第三节 政府和国际组织的作用

政府和国际组织是促进 GrSCM 最重要驱动力之一，这主要是由于政府本身是很强大的客户。例如，在欧洲，公共机构是主要的消费者，其支出约占欧盟国内生产总值(GDP)的16%，这相当于德国国内生产总值(GDP)的一半。2014 年德国的 GDP 约为 3.85 万亿美元，则欧洲公共机关支出高达 1.9 万亿美元。以电脑为例，如果欧盟内的所有公共机构使用节能电脑，这将扭转整个市场方向，并将减少 83 万 t 二氧化碳的排放。

政府在绿色供应链管理实践中的主要作用包括：平衡绿色标准与中小型企业购买力；发展环境标准、绿色产品标准和相关法规；支持私营部门开展 GrSCM 实践；支持科研机构和私营部门发展新的绿色技术等。其他还包括通过媒体强化绿色意识，设立官方的生态标签系统和采用各种激励措施，如免税和服务优惠等鼓励中小企业开展绿色实践。

除了政府的作用，国际组织和条约也起着重要作用。例如，欧盟在欧洲的管制作用和国际标准化组织的支持作用是很重要的。此外，国际条约，如为减少温室气体的排放的《京都议定书》，对督促众多国家采用绿色实践也发挥了重要作用。

一、欧盟

欧盟由 27 个欧洲国家所组成。目前，奥地利、丹麦、芬兰、德国、荷兰、瑞典等在公共部门非常积极地开展绿色实践。欧盟采取的一些环境行动如下：

(1)欧盟生态管理审核计划(EMAS)是一个欧盟自愿实施的管理工具，它帮助组织评估、报告和提高其环境绩效。同时，也引入欧盟内部立法，以鼓励企业自愿采用 ISO 14000。

(2)欧盟通过各种环境立法包括的领域如环境保护和管理、农业硝酸盐造成的水污染、土壤保护、气候变化、可持续发展、保护自然和生物多样性、废弃物管理、噪声污染、空气污染(EC,2007)。

(3)欧盟发展和促进关键的国际环境协议和公约(EC,2004)。例如，对于《京都议定书》，欧盟自身承诺在 2008 年到 2012 年间减少 8%的温室气体排放（与 1990 年的水平相比较）。

(4)欧盟通过特殊物质消耗法令，如 2003 年实施限制在电子电气产品中使用有害物质的指令(RoHS)(EU,2003)。RoHS 限制在电气和电子设备中特殊物质的数量。

(5)欧盟开发环境可持续论证和评估新工具，是培育行业如何使用可持续发展的工具来处理环境问题，包括生命周期评估、生命周期成本、环境风险评估、环保产品声明和环境绩效指标。

二、美国

在美国，环境问题的主要授权机构是美国环境保护局(EPA)。EPA 的责任是保护人类健康和保护自然环境：空气、水和土地。美国政府已通过了几项关于环境的法律(EPA,2007a)，包括 1969 年《国家环境政策法案》，1970 年《联邦空气清洁法案》，1976 年《资源保护与恢复法案》《有毒物质控制法案》，1977 年《清洁水资源法案》，1990 年《污染预防法案》和《石油污染法案》。

EPA已经与美国产业界联合启动了多种环境合作项目(EPA,2007b),包括“气候领袖”(温室气体减排量)、设计“环境、能源之星”(能源效率和减少污染)、绿色电力(支持行业有兴趣购买绿色电力)、废弃物智慧(减少城市垃圾)。环保署已在自己的网站上开发了一个关于环境信息的数据库,以便企业获取信息、法规、指南、项目等。EPA也发布了一个命名为“精益和绿色供应链”的指南以促进GrSCM。

三、ISO 14000标准系列

国际标准化组织(ISO)是一种世界性的国家标准联盟,制定国际标准。每个标准的制定由ISO技术委员会来执行。技术委员会接收标准草案传递给投票表决成员。在重要的管理标准系列中有质量管理的ISO 9000系列和环境管理ISO 14000系列。

ISO 14000系列覆盖了环境管理体系(EMS)的各个方面。这个标准系列试图减少组织活动带来的对环境的有害影响,实现环境绩效的持续改进。前两个标准是ISO 14001:2004(ISO,2004a)定义EMS的需求,ISO 14004:2004(ISO,2004b)提供EMS的总方针。ISO 14000系列中另一些重要标准见表1-1-3。

表1-1-3　重要的环境管理标准

ISO范围	ISO号码
环境审计	ISO 19011
现场和组织的环境评价(EASO)	ISO 14015
环境标签	ISO 14020,ISO 14021 ISO 14022,ISO 14023 ISO 14024,ISO 14025
生命周期评价	ISO 14040,ISO 14044

第四节　苹果(Apple)公司的绿色供应链管理实践

通过测定,苹果公司发现大约97%的苹果的碳足迹直接与产品相关——从制造到客户使用到再循环使用。剩下的3%都与设施相关。所以,当其他公司在关注办公室如何高效节能时,苹果公司更关注减少产品对环境的影响。围绕产品的全生命周期,苹果公司做了一份全面的环境影响报告(见图1-1-1),并给出了苹果公司的绿色供应链管理实践措施。改进产品,减少产品的环境影响,在设计时要使用更少的原材料,以较小的包装来运送,不含许多有毒物质,节能和尽可能再循环。对每一个新产品都通过这样不断的努力来减少对环境的影响。

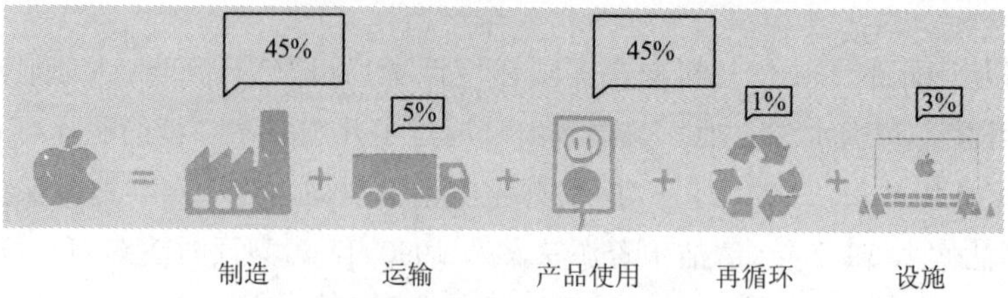

图1-1-1　苹果公司碳足迹

2009年，估计苹果公司排放960万t温室气体。为了准确地测定企业的环境足迹，着重分析企业的产品对环境的影响，苹果公司使用综合生命周期分析测定温室气体排放来源，即把来自于产品制造、运输、使用和再循环的排放以及设施产生的温室气体进行加总计算。

一、各环节碳足迹与绿色供应链管理实践

(1)制造。制造包括原材料提取和产品装配，排放429.8万t温室气体，占Apple总温室气体排放的45%。

(2)材料使用。苹果公司的设计师和工程师们已经率先开发了更小、更薄和更轻的产品。由于产品更加强大，使用更少的原料生产，故产生更少的二氧化碳排放量。例如，21.5-inch iMac比第一代15-inch iMac功能更强大，屏幕也大得多，但是它少用了50%的原材料和减少了35%的碳排放。

(3)消除有毒物质。设计更加绿色的产品意味着要考虑用于制造它们的材料对环境的影响。从产品所用的玻璃、塑料和金属到包装中的纸张和油墨，苹果公司继续引领行业减少或者消除环境有害物质。

目前工业生产面临的最大环境挑战是产品中存在的有毒物质，如砷、溴化阻燃剂、汞、邻苯二甲酸盐、聚氯乙烯(PVC)。虽然大多数国家仍然允许使用这些物质，但苹果公司已经和其合作伙伴一起努力消除产品中的这些有害物质。不仅所售的每种产品不含溴化阻燃剂和其他有毒有害物质，也确保成千上万的组件不含元素溴和氯，使苹果公司走在整个行业的前列。此外，还使用无汞LED背光和无砷玻璃。

(4)负责任的制造。苹果公司努力确保供应链的安全工作条件，工人受到尊重和具有尊严，制造过程对环境负责。实施供应商行为准则和供应商审核报告责任。

(5)运输。5%的苹果产品温室气体排放来自于从装配点到产品销售所在区域配送中心的运输过程。排放温室气体510 000 t。

(6)小包装。苹果公司的设计团队和工程专家开发产品的包装，使其尽可能体积小、重量轻、防护性能好。这种有效的包装设计不仅减少了材料使用量和废弃量，也有助于减少产品运输过程中的排放。例如，用于苹果笔记本电脑的包装比第一代苹果笔记本电脑(MacBook)体积小53%。这意味着每一运输托盘可以多装80%的MacBook盒子，每艘船和飞机中可以容纳更多的托盘，从而减少船和飞机的使用量，最终产生更少的二氧化碳排放。

(7)产品使用。苹果产品的使用过程产生的温室气体排放占46%。445.6万t温室气体。

(8)能源利用效率。大部分苹果产品的温室气体排放量是在产品插上电源和开始启动时产生的。由于硬件和操作系统都由苹果公司设计，能够确保两者一起工作以节省能源。以迷你型苹果产品为例，通过一大一小两者的创新，能耗减少到只有一个典型的光热灯泡的1/6，迷你型苹果产品甚至比一个13 W的CFL光热灯泡消耗的能源少，使之成为世界上最节能的台式电脑。

iPad、iPhone 4、触控式iPod和苹果电视机中的A4处理器是另一个节能设计的例子。苹果公司工程师设计A4芯片是一个功能强大且节能显著的移动处理器，使苹果设备可以很

容易地完成复杂的工作，同时最大限度地延长电池寿命。

(9)“能源之星”资格认证。不像其他制造商可能只有一个或几个产品获得“能源之星”资格认证，每一个苹果产品不仅达到还超过美国环境保护署严格的“能源之星”效率指标。

(10)再循环。苹果产品总温室气体中的1%是与再循环相关的。排放6.2万t温室气体。

(11)产品再循环能力。苹果产品再循环方法始于设计阶段，创造结构紧凑、高效的产品只需要更少的原材料。所用的材料包括无砷玻璃、优质铝、强聚碳酸酯，具有很高的再循环价值，可回收再利用生产新产品。

(12)更持久的产品。苹果公司设计可持久的产品。在MacBook阵列中所用的内置充电电池是一个完美的例子。其他的笔记本电脑电池只能充电200～300次。MacBook Pro电池的充电次数可以高达1 000次。这种新型电池持续长达5年，MacBook Pro只需要一个电池，而相同时间内一个典型的笔记本电脑需要使用三个。

(13)负责回收。苹果公司在全球各地开展一项公司自发的和接受监管的计划，所收集的所有电子废弃物在被收集到的地方集中处理，没有被装船运到海外用于再循环或者处置。再循环器遵循所有适用的健康和安全方面的法律，苹果公司不允许在再循环处理的任何阶段使用监狱劳动力。也不允许在固体废弃物填埋场或焚化炉中处置有害电子废物。

(14)苹果产品再利用计划。一旦苹果产品到达其使用寿命时，苹果公司将会负责回收。苹果公司在95%产品销售地的城市和大学校园内建立了再循环项目，自1994年以来从垃圾填埋场转移了超过59 058 720 t(13 020万磅)的设备。到2010年已实现世界各地50%的再循环率的初始目标。现在已超过70%，正向更高目标前进。

(15)设施。苹果公司的设施包括公司的办公室、配送中心、数据中心和零售商店，占总温室气体排放的3%。

(16)整体设施。戴尔和惠普公司主要报告了他们的设施，作为这些设施的环境影响的一个计量器。产品对环境的影响最大。这就是为什么苹果公司关注产品设计和创新。即便如此，苹果公司仍迈出重大步伐减少全世界范围内产生的温室气体排放。

(17)能源使用。苹果公司在设施中以多种方式减少能源消耗。目前，在奥斯汀、得克萨斯州、萨克拉门托、加利福尼亚、和科克郡、爱尔兰等地，苹果公司的设施100%使用可再生能源，减少了19 200 t CO_2排放。此外，苹果公司已安装先进的数控设备、高效的机械设备和监控技术，还在继续检测更好的办法来更有效率地运行设备。另外，在所有的设施中使用节能型苹果电脑。

(18)员工通勤计划。苹果公司为员工提供了几种通勤选择。许多员工利用苹果公司的公交奖励。每天高达800位苹果公司员工乘公司的免费生物柴油通勤车。估计这些项目每天已经减少了单人汽车使用数1 559个。一年减少排放CO_2达10 292 t，或每天约减少28 t。

二、总结

如今，环保问题是涉及人类生活最重要的问题之一。为了下一代，保护我们的环境和资源，我们需要改变管理和运作供应链的方式。从经济观点来看，GrSCM仍具有优势。随着对环境问题和环境立法约束的认识，供应链管理者越来越理解 GrSCM 的优势。由于环境问题主要来源于物料，GrSCM 可使供应链得到显著的改善。对于利润较低的行业，GrSCM 会降低供应链相关成本，这些成本的降低可被转化为重要的竞争优势和利润。

尽管许多公司正在整合环境问题和供应链管理，但整合还很不彻底。第一，存在一种环境和供应链管理者之间的文化障碍。第二，在绿色供应链项目内缺乏整体方法，因为一般的绿色供应链项目通常倾向于几个分离的过程，而不是整个系统。最后，大多数的环保项目关注几个流程而不是完整的产品生命周期。企业必须努力在其整个供应链中挖掘自己的竞争优势。

鉴于 GDP 中高比重的物流成本，GrSCM 是国家可持续战略的一个重要因素。因此，从国家层面看，GrSCM 是解决可持续发展难题的关键部分。

第二章　供应链金融的发展

第一节　供应链金融综述

一、供应链金融的概念

所谓供应链金融，是指供应链企业，或者供应链企业与外部第三方（如银行、第三方物流企业、提供信息平台技术企业等）通过密切合作，实现供应链中运营和金融的集成服务，以解决供应链中资金约束问题、资金流管理效率问题或者应用金融衍生工具管理供应链风险管理问题。

与供应链金融不同的是物流金融（logistics finance）。物流金融主要是指第三方物流企业或者金融机构，充分发挥第三方物流企业在信息流和物料流的控制和管理中的优势，协助供应链企业降低信用风险，以获得融资服务为主要目标，从而解决供应链资金约束问题，以创造供应链新的价值。因此物流金融可以理解为供应链金融服务的一个部分。

从供应链金融定义可以看出，其强调供应链管理、物流管理和金融管理的集成服务。当企业出现了资金不足的问题时，一般情况下，企业首先会考虑通过正式信用渠道，利用银行信用来解决资金不足问题。然而，银行通常需要借款企业提供相关的不动产等作为抵押。这造成了两个方面的问题：其一，中小企业，由于不能提供相应的固定资产作为抵押以获得银行贷款，而丧失了扩大再生产或再发展的机会，甚至导致企业破产；其二，银行业，面临着更激烈的竞争，基于传统风险管理的贷款业务会受到贷款市场发展的挑战。于是，贷款提供方和贷款需求方均希望改变传统银行贷款的业务模式，进行创新，从而设计新的贷款产品。于是，供应链金融（包含物流金融）的服务便出现了。

二、供应链金融产生的原因

1. 物流管理降低融资信用风险

在银行传统的贷款业务中，使用固定资产作为抵押成为控制贷款信用风险的主要手段。然而这样的手段抑制了贷款业务的规模。尽管银行也尝试应用流动资产作为质押物来为企业提供贷款业务，但银行由于自身行业的限制，对动产质押物的物流管理、流动性管理等方面的能力有所欠缺。因而，在风险难以控制的情况下，银行不愿意为资金不足而又无固定资产提供抵押的中小企业提供贷款服务。然而，随着物流管理和供应链管理的发展，供应链企业、物流企业和金融机构发现，把物流管理和供应链管理的思想引入融资管理中，恰好可以解决融资市场中出现的困境：企业想借借不到，银行想贷贷不出。

银行和物流企业经常面临着不同的顾客，而承担不同的业务。物流管理可以控制供应链过程中的物料流、信息流，从而能够为金融机构提供质押产品的状态、信息，以及实时甚至是可视化的监控管理，这就大大降低了金融机构的贷款风险。于是，在物流企业的支持下，银行就很受激励，可为供应链中资金短缺的企业提供基于动产的质押贷款服务。这就解释了近年来出现物流企业收购银行、银行收购物流企业的现象，这种收购的背后蕴含着供应链金融服务的潜力和发展空间。

2. 供应链管理降低融资信用风险

供应链管理关注的是物料流、信息流和资金流的协调和管理。然而，事实上，从当前供应链管理的理论和实践来看，传统供应链管理仅仅涉及供应链中物料流和信息流的管理和协调，而缺失对供应链资金流的协调以及供应链企业成员组织的信用分析。

在传统银行信用市场中，银行多数是基于对借款企业的个体信用调查而最后作出决策。然而，这样的模式使得很多中小企业，或新生的企业难以获得贷款服务，同时，这种模式也抑制了银行业务规模的扩展。自21世纪以来，特别是2003年以来，随着供应链管理思想的不断发展，有创新意识的银行开始考虑，从供应链思想来考虑贷款的信用风险问题。也就是说，尽管借款企业的信用较一般，但其上游或下游企业的信用情况非常好，那么银行可以借助上游企业或下游企业的良好信用来为借款企业提供融资服务。当然，供应链管理思想，还使得银行借助一家核心企业为基础，进而向其上游或下游提供融资服务，从而解决供应链全过程的融资困境。当前，这样的思想已成为银行业供应链金融服务创新的重要思想之一。

3. 市场竞争促进供应链金融服务不断创新

从供应链金融定义可见，涉及的参与方包括供应链企业、物流企业、银行等。随着全球化经济和市场竞争国际化的发展，企业和单位均有激励进行业务创新，来提高自身效益以及市场竞争力。这些参与方不断发展，从而促进了供应链金融服务的不断创新。

以上市公司建发集团的物流公司为例。当前，对中国的中大型物流企业来说，既面临着国内众多物流企业的低价、无序竞争，又面临着跨国物流公司健全的国际网络和先进的物流管理理念的巨大挑战。因此，它们必须不断地研讨新的适合中国国情的业务模式，寻找新的利润增长点，提升自己的市场竞争力。

为此，建发集团物流公司在2008年提出了贸易物流一体化的物流金融业务模式。所谓贸易物流一体化模式是指通过对供应链成员间的信息流、资金流、物流的有效整合，运用物流和金融组合方式向供应链中所有企业（尤其是中小贸易企业）提供的组织和调节进出口贸易过程中资金的运作，从而提高资金运行效率的一种新型组合融资的贸易物流服务模式。

这种模式使得建发集团物流公司的业务规模和利润得到了成倍的增长，目前，该模式已经成为公司的核心竞争力。

4. 第三方物流企业的服务创新加速供应链金融服务的发展

供应链管理思想倾向于供应链各个企业发挥自己的核心业务，而把非核心业务外包给其他企业。这样的思想促进了第三方物流企业的发展。第三方物流企业经常为供应链提供整体的物流服务，贯穿了采购、生产、销售等供应链的全过程，可以得天独厚地收集供应链物流活动的信息。更重要的是，这些信息可能帮助供应链企业获得银行的信贷支持。

一般说来，银行信贷是供应链企业的主要融资渠道。银行信贷一般要求企业要提供相关的信用担保。根据《中国信用担保法》规定，信用担保主要体现为五种方式，即抵押、质押、信誉担保、留置和保证金。近年来，银行业加强对信贷风险的控制，一般倾向于“抵押”和“质押”两种方式。抵押主要是以固定资产来为信贷提供信用担保，而“质押”则以流动资产来为信贷提供信用担保。由于固定资产是有限的，“抵押”方式虽然是当前银行信贷的主要担保方式，但严重限制了企业的信贷规模，难于解决企业，特别是中小型企业的融资困境。“质押”融资往往具有广阔的前景，因为企业在运营过程中存在着大量的流动资产，如在途库存和仓库库存等。如果这些库存可以作为银行信贷的信用担保资产，将为解决供应链资金困境提供新的思路和方法。

但是银行作为金融机构，难以对库存等流动资产进行有效的监管，因而在实践的过程中经常产生流动资产信用贷款的信用风险，给银行业带来了较大的损失。可以预见，如果在流动资产的信贷业务中，可以有效监控流动资产的状态（如数量、质量、价值、地点等），银行非常愿意提供这个领域的信贷业务。显然，第三方物流企业可以帮助银行收集融资企业供应链活动的信息，可以帮助银行提供并监管流动资产。由第三方物流企业和银行相互合作，向供应链企业提供物流和融资的集成服务，这就是所谓的物流金融服务。

物流金融服务，已逐渐成为第三方物流企业赢得竞争优势的重要武器，引起了业界和学者越来越广泛的注意。然而，随着实践和研究深入，人们发觉“物流金融服务”所涉足的领域较有限，应该从“供应链金融”的视角挖掘更丰富、更深入的创造供应链价值的机会。所以物流金融服务的发展将促进供应链金融的发展。

三、供应链金融的发展前景

自全球爆发金融危机以来，企业资金流的重要性引起了更广泛的关注。在后金融危机时代，伴随着全球化的发展，企业面临的资金不足问题将不断加大。

调查显示，供应链金融服务如此吸引国际银行和企业的主要原因在于该业务比传统业务的利润更丰厚，同时提供了强化客户关系的珍贵机会。更重要的是供应链金融服务具有潜在的巨大市场规模，UPS（美国快递公司）根据 Demica 公司 2011 年对欧洲 40 家顶级银行的调研发现，供应链金融在发达国家的年增长率为 10%～30%，在发展中国家为 20%～25%，处于强劲状态。《全球贸易评论》杂志观察到，“银行家们不断向他们的客户营销和提供供应链融资服务，信贷紧缩并没有影响到这块业务”。而事实上信贷紧缩更加凸显了供应链金融的价值。因此，供应链金融服务正在成为传统流动资金贷款业务的替代方式。

就中国市场而言，供应链金融服务发展神速，同样有潜在的巨大市场，蕴含着丰厚的利润。只是在业务模式上与国际上的通用做法有所不同，其业务模式主要集中在预付款和存货融资领域。它打破了中小企业传统的融资理念，解决了技术瓶颈，并提供了量身定做的一揽子整体解决方案。例如，近年来，建发集团的贸易物流一体化，就是供应链金融服务的内容之一。它主要关注国外供应商和国内中小贸易商进口贸易环节之间的物流和融资服务，以及中小贸易商销售货物给制造商环节的仓储配送服务，而国内的中小贸易企业在日常经营活动中只需关注采购订单和国内销售市场拓展。这样的金融和物流组合服务方案解决了中小贸易企业的融资和物流需求，实现了物流公司和中小贸易企业双赢的格局。

第二节　全球供应链金融及风险管理

全球供应链金融思想是由UPS在2007年提出的，主要内容是通过物流和金融服务的集成，协同管理全球供应链全过程，从而加快供应链企业资金周转速度。

供应链金融的思想，使得企业的物流、生产的运营管理内容与企业的金融财务管理密切联系起来，转变了传统分离管理的格局，从而可以帮助供应链企业对物料流、信息流和资金流的协调管理。

一、供应链金融的内在机理

以UPS为“乐步”公司提供全球供应链金融服务为例来阐释供应链金融的内在机理和价值。

1. 资金约束导致国际贸易业务发展的困境

“乐步”是美国一家提供品牌矫形鞋的贸易商，成立于1995年。其产品是用弹性材料做成的，比传统的帆布鞋和皮革鞋更容易伸缩，保证了舒适度，因而销路很好。该产品在中国制造，通过深圳盐田港运送到美国乐步经销中心，然后，通过一系列分销渠道销售产品——直销给客户、分销商、零售商以及医生等。这是一条传统的供应链，由很多物流服务商组成，该供应链管理的核心集中于如何以尽快和尽可能便宜的方式运送到美国。在公司成立的早期，这样的运营模式是可行的。

然而，由于全球化供应链使得供应链拉长，随着公司业务的发展，乐步发现其现金流出现了问题。尽管订单量加大，但资金不足导致其无法更快补充原材料。从而出现了由于资金流问题导致的物料流问题，显然，此时资金和货物出现了不协同的问题。

根据相关的付款合约，乐步在产品运离中国之前必须付清全部货款，而产品从深圳海运至美国的时间为30～45天(订单增长很快，使得60%以上的产品在海运途中已经售出)。产品到达乐步经销中心后，约2～5天时间送达客户，客户的付款账期为30天。整个过程使得乐步出现资金短缺的时间约为75天。由于资金短缺导致了乐步不能订更多的产品，从而影响了销售，导致了延迟交货现象。

由于乐步公司是一家小的贸易公司，不能以固定资产抵押的方式获得银行的借款。尽管该公司可以采取在途库存进行质押的方式借款，但这样的方式只有当货物处于一个允许出借方办理留置权手续的管辖范围内才可行。

2. 全球供应链金融服务的解决方案

面对乐步这样的问题，UPS通过UPS供应链解决方案公司为乐步制定了全球供应链金融的方案。该方案包含三个部分：其一，物料流管理。UPS金融公司和UPS供应链解决方案公司合作重新制定了全程的运输路线，并使用了UPS自身海运业务，使得UPS金融公司可以控制物料流，从而愿意为乐步提供在途的库存质押融资服务。其二，信息流管理。由于货物在UPS海运业务网络中，UPS金融公司和乐步能实时获得运输过程中的关键信息。这些信息可通过UPS全球化系统获得，例如货物到达的数量、预计到达的时间等。这些信息对于乐步和UPS金融公司来说都是至关重要的。其三，资金流管理。UPS为乐步提供了海运集装箱融资。一般来说，如果质押品是国外存货或在途存货，金融机构一般不愿意提供存货质押的贷款业务。UPS金融公司之所以愿意提供贷款业务，是因为其知道货物运输的具体细节，能够处置货物。

3. 全球供应链金融服务实施效果

全球供应链金融服务使得乐步可以从物料流、信息流和资金流整合起来，协同进行供应链管理。该方案使得乐步能够更快地付款给中国供应商(乐步可以在货物装船离开中国24～48小时内付清中国供应商的款项)，而且能够支付额外订单，解决了延迟交货和资金短缺的问题，并且减少了10％的运输时间，增加了客户满意度。

从乐步的例子可以看出全球供应链金融服务对国际贸易的重要性。其不仅解决了全球贸易供应链的资金约束问题，还为全球贸易供应链创造了新的价值。

二、供应链金融的风险管理

(一)供应链金融风险管理的原则

供应链金融风险管理的目标就是在资本、人力资源、风险管理能力和其他各种资源允许的范围内，结合企业自身可承受的风险范围开展供应链金融业务，稳妥地管理承担的风险，在风险和收益之间取得适当的平衡，以得到收益率的最大化。

供应链金融往往是伴随着物品的质押融资所引发的，质押产品的特性将对供应链金融产品的风险产生重大的影响。不同质押产品的风险管理特征差别很大，所以在具体执行某些产品的融资业务之前，必须对该项产品进行预先的风险管理成本和风险管理收益之间对比关系的评估。

一般说来，供应链金融服务产品的风险管理应考虑如下几个方面：

1. 应用系统化思想管理供应链金融服务风险

该业务风险控制首先要符合企业全面风险管理的要求；应对其所面临的信用风险、法律风险、市场风险和操作风险等不同类型的风险通盘考虑，确保所有的风险状况及反馈结果都有相应部门负责和专人管理。所有风险应通过定性分析或尽可能地进行定量测算。

2. 应用独立性和垂直性两个维度管理风险

风险管理部门要独立于业务体系，但要适应业务体系的结构特性。风险管理部门要在业务体系的各层级设立独立的风险管理委员会和评审制度，实行垂直管理。当然贸易物流一体化融资的风险管理具有专业化显著、技术性强、效率要求高的特性，可以采取特别通道或特派员的模式，但其独立性职能是不可以例外的。

3. 强调风险管理部门和业务部门要加强沟通

通常风险管理人员可能缺乏对业务的实践和市场意识，会对业务风险的认识出现偏差。这就尤其需要跨部门的沟通渠道和沟通机制去保障风险控制的有效性和高效率。

为更有效地管理和控制供应链金融服务的风险，服务提供商应建立一个全方位、稳定的风险管理系统。具体可开展如下工作：

(1)提出风险投入预算,制定风险管理具体政策。

(2)建立风险管理运作流程,包括合同审批授权、程序以及有关风险控制委员会的监控、督导、稽核制度等。

(3)建立完善的风险报告制度,明确报告的周期、内容、评估依据等。

(二)风险管理流程

供应链金融风险管理的基本流程可包括风险识别、风险度量、风险评估和风险控制等环节。

1. 风险识别

风险识别是风险管理的基础,是指对可能带来损失的风险因素加以判断,分析风险的性质并进行系统分类。它不但要找到业务经营活动中存在的风险,同时还要分析并找到造成风险的原因。

供应链金融服务的对象往往涉及中小型企业,例如中小型贸易企业等。因此,信用风险就成为该业务的首要风险来源。在具体业务的运营中,涉及很多的审核、物流环节控制,以及物流仓库仓储配送等,于是就衍生了另一个重要风险:操作风险。

除了上述两个最重要的风险外,供应链金融服务还会涉及其他几种主要风险,如商品价格的波动形成市场风险,进口业务中的汇率风险的影响,以及供应商提供的货物质量风险等。在进行全面风险管理时要分析各种产品的风险来源。

2. 风险度量

风险度量就是对风险进行定量分析和描述,对风险事件发生的概率和可能造成的损失进行量化。在中国,很多行业的风险管理中,风险度量还处于起步阶段。而对供应链金融业务而言,这方面更是有明显的缺陷。

供应链金融服务是一个创新的服务,发展时间较短,缺乏长期的风险管理数据积累,难以对不同类型的风险进行定量分析而建立组合的定量模型。但根据国外风险管理的发展状况,大多提倡尽可能利用定量模型进行风险管理,这表明定量分析是未来业务风险管理的必然发展趋势。

3. 风险评估和控制

风险评估就是在风险度量的基础上,分析企业对于风险的承受能力,以判断是否需要采取何种合适的风险控制措施。

风险控制就是根据风险评估的结果而采取相应的措施,把风险可能造成的损失控制在可接受的范围内。通常我们采取如下一些风险控制措施:风险防范、风险抑制、风险分散、风险转移、风险补偿、风险保险和风险自留等等。在贸易物流一体化融资业务中,我们主要通过严密的操作流程和良好的操作团队来防范和抑制可能的风险。因此做好贸易物流一体化融资业务的操作风险管理处于非常重要的地位。

第三章　可视化可跟踪供应链

可视化可跟踪供应链管理，是通过对生产、加工、分销等供应链环节的信息实时采集、处理、展示，使得管理者能够对监控目标在任何时间任何地点都可看得到、抓得住，并在此基础上进行科学的供应链计划和控制。其中，可跟踪体现了从供应链的上游至下游跟随一个特定单元或一批产品运行路径的能力，可视化是远程指挥和集中决策的重要辅助手段。

第一节　可视化可跟踪供应链管理的技术支撑

一、供应链管理可视化可跟踪的现实必要性

1. 经济全球化给供应链管理带来的挑战

供应链全球化在为供应商和制造商创造大量机会的同时，随之也带来了风险挑战。经济全球化背景下，国际市场的一个重大变化是日益激烈的竞争不再只是企业之间的竞争，还包括供应商和顾客联系紧密的供应链之间的竞争。而供应链企业之间的关系也不仅是供求关系，而更是基于供应链的战略合作伙伴关系。因此，通过应用先进信息技术将供应商、生产商、运输商和批发商等的脆弱(fragmented)之链连接起来就变得越来越重要了。特别是跨地区的伙伴关系企业，他们更加迫切需要及时、准确、可视化地获取整个供应链的数据信息。

2. 供应链企业本身的发展需要

从降低运营成本和提高服务水平这两个维度来看，供应链管理可视化可跟踪是供应链企业本身的需要。对于供应链企业，可跟踪的目标包括横向和纵向两种。横向目标主要体现在职能部门及其多部门交叉的数据信息，纵向目标则体现战略层、战术层和运营操作层的计划与控制信息。在分布式生产管理模式下，一个地方的厂商需要将加工好的半成品运送到另一个地方的厂商，从而提出了基于复杂物流网络的物品跟踪和可视化需求。

另外，国际品牌经营商为了集中精力建立和巩固其核心竞争力，将非核心业务外包出去，例如，公司将新产品设计作为核心竞争力，而外包生产、物流等业务。当越来越多的跨国公司将其非核心业务外包时，他们也失去了对关键质量数据的采集和控制能力。这种情况下，一般在供应链中的可见性被限制在固定的时间点，而非实时的可视化。经调查显示，77%的企业通过定期审计的方式获得对供应商的可视性，而仅有3%的企业能够实时将数据提供给供应商。

3. 国际上对产品质量追溯提出了更严格的标准和要求

产品市场全球化拉长了生产企业与消费者之间的距离，例如，现在的消费者对食品生产

地几乎不会有任何接触和了解。消费者作为最后的买单人，对于产品的安全问题具有质疑权。例如，一旦发现产品质量或安全问题，消费者有权追溯到产品原料及其在供应链中最早的生产商，企业也可主动跟踪到违反安全和质量标准的半成品/成品的物流状态，并将之召回。目前，在国际上，一些产品的可追溯管理正逐步成为国际市场新的技术壁垒，已经引起供应链企业的高度重视。为达到这一要求，需要可视化可跟踪系统来做支撑。

4. 先进信息技术提供的支撑

对供应链管理的全过程跟踪是实现产品质量控制的基本条件，而实现可跟踪的基础条件是能够实现准确及时地采集数据。以全球定位系统(GPS)、地理信息系统(GIS)、条码技术、无线射频识别技术(RFID)、网络技术、各类传感技术等为代表的信息技术，在应用层面已经越来越普遍，并逐渐成为企业提高供应链管理水平、降低成本、参与全球经济市场和增强竞争能力不可缺少的技术工具和手段。

二、供应链管理可视化可跟踪系统

(一) 物理层

物理层主要指对可视化可跟踪项目的编码和数据采集。在基于供应链的产品物流过程中，项目编码的目的是通过建立产品索引，实现供应链企业之间的信息交换。编码可将不同种类、功能、属性的产品区分开来。例如，用两个码分别标识原味牛排和胡椒牛排。但实际中，很难通过编码将各种产品完全区分开来，例如，由同一供应商供应的原味牛排使用同一个编码，但这些牛排在加工制作时可能来自多批原料。根据数据采集技术的不同，产品编码采用不同的码制，如条码标签物品采用 UPC 码制，RFID 标签采用 EPC 码制。

在产品的加工生产过程中，可将生产的批次作为编码的基本单位。其中，在多道生产工序中，一个批次可以拆分为多个小批次，多个批次也可组合为一个大的批次。按照批次目录查询批次之间的关联，从而可对产品的加工过程进行跟踪和追溯。在完成物料及产品的编码后，便可以实现项目的有效存储和提取、项目分类、项目跟踪、在制品跟踪、运输跟踪管理、托盘和集装箱的跟踪与查找等功能。

数据采集技术的核心内容是自动识别技术，它包括：

1. 条码技术

条码技术分为一维码和二维码。

一维码是由一组规则排列的条和空组成，这种用条、空组成的数据编码可以供机器识读，被译成二进制数和十进制数。这些条和空可以有各种不同的组合方法，构成不同的图形符号，即码制，以适用于不同的应用场合。如 EAN 码、39 码、交叉 25 码、UPC 码、128 码、93 码、Codabar 码等。

由于一维条码的信息容量很小(通常不超过 15 个字符)，更多描述商品的信息只能依赖数据库的支持，使其应用范围受到了一定的限制。为了提高条码的信息容量，可采用二维码，包括在一维条码的基础上扩展的二维条码(如堆叠式二维条码)和利用图像识别原理设计的二维条码(如矩阵式二维条码)。

2. 射频识别技术

射频识别技术的基本原理是电磁理论。其优点是非接触式识别,不局限于视线,识别距离比光学识别系统远,射频识别卡可具有读写能力,可携带大量数据,难以伪造,有智能。该项技术在物料跟踪、运载工具和货架识别等要求非接触数据采集和交换的场合应用广泛,预计在不远的未来将同选择互联网一样成为企业自动信息采集技术的不二选择。

3. 智能卡技术

智能卡,又称集成电路卡,是将具有处理能力、安全可靠、加密存储功能的集成电路芯板嵌装在一个与信用卡一样大小的基片中。其最大特点是具有独立的运算和存储功能,在无源情况下,数据也不会丢失,数据安全性和保密性都非常好,且成本适中。智能卡在银行、车辆检查等领域得到广泛应用。

4. 磁条(卡)技术

磁条是一层薄薄的由定向排列的铁性氧化粒子组成的材料(也称涂料),用树脂黏合在一起并粘在诸如纸或塑料这样的非磁性基片上。磁条技术的优点是数据可读写,即具有现场修改数据的能力;数据存储量能满足大多数需求,便于使用,成本低廉,具有一定的数据安全性。磁条技术在很多领域得到广泛应用,如信用卡、机票、会员卡、现金卡(如电话磁卡)等。

5. IC 技术

IC 卡(integrated card)是将可编程设置的 IC 芯片放于卡片中,使卡片具有更多的功能。通常说的 IC 卡大多数是指接触式 IC 卡,它与磁卡相比较,具有安全性高、存储容量大、防磁、使用寿命长等优点。熟知的 IC 卡有:电话 IC 卡、手机 SIM 卡、交通卡等。

6. 光学字符识别技术

光学字符识别技术的优点是人眼可识读、可扫描,但输入速度和可靠性不及条码,其数据格式有限,通常要用接触式扫描器。其应用领域包括:零售价格识读,订单数据输入,手迹分析及鉴定签名等。

7. 声音识别技术

声音识别技术可以用声音指令拟应用特定短句实现"不用手"的数据采集。其最大特点就是不用手和眼睛,这对那些采集数据的同时还要完成手脚并用的工作场合,以及数据采集不实际或不合适的场合尤为适用。例如:汉字的语音输入系统就是典型的声音识别技术,GSM 手机上的语音电话存储也是一个典型的语音识别例子。

(二)信息层

信息层主要建立信息的存储共享机制。首先,在信息层将支持不同类型和结构数据的处理,例如,通过基于可扩展标记语言(XML)或物品标记语言(PML)的数据格式,提供标准的程序接口和通信服务机制,或者通过异构数据的表结构迁移操作,对异构数据进行规范化。

供应链企业都有自己的物流系统,如仓储、补货、生产计划、配送等。这些信息储存在企业数据库,然后传送至电子产品编码信息服务中心(EPCIS)。供应链上的所有企业都能实时交换他们的数据,缩短补货和配送的提前期。

（三）控制层

实施供应链管理控制，并通过历史查询，可实现产品的质量追溯和物流追溯。以自动化信息采集、网络通信和空间信息处理等 IT 技术为支撑，通过有效的集成，则可实现面向供应链的集中监控。例如，在产品从生产商到顾客的冷链运输过程，要求对确保冷链不“断链”进行控制，以保证产品优质条件。控制层主要是指应用软件。国外相关管理软件市场发展较快，一些大型物流快递公司，如 UPS、Fedex 等，已建立针对物流运输过程的全过程信息收集和监控平台，使客户可以通过网络查询货单的运输情况。但是国外公司的软件产品在中国的应用存在两方面问题，一是由于中国特殊的政策法规和社会经济环境，国外软件不能很好地适应中国企业的需要；二是国外的许多成熟软件产品使用的是国外多年前的技术，不能反映当前信息采集和监控技术的最新发展。

第二节　供应链管理可视化可跟踪实例

一、肉类产品供应链管理可视化可跟踪

近年来，有关疯牛病、口蹄疫、禽流感、蓝耳病等畜禽疾病的肉食品安全问题，严重威胁到消费者的身体健康，也阻碍到肉食品行业的发展，引起世界广泛关注。国际上，动物及动物产品可追溯管理作为世界动物卫生组织（OIE）评价一个国家兽医工作能力和评估无规定疫病区的重要指标，正逐步成为国际畜产品市场新的技术壁垒。欧盟要求在欧盟范围内销售的所有食品都可跟踪与追溯，否则就不允许上市销售。美国食品与药品管理局（FDA）要求从事生产、加工、包装等食品相关部门，必须向 FDA 进行登记，以便食品安全跟踪与追溯。据 OIE 统计，目前全世界已有 78%的国家制定了动物标识相关法规，69%的国家有可追溯管理的法律规定。

肉品供应链包括养殖、屠宰、加工、运输、销售等环节。在这条链上，通过可视化可跟踪管理，能有效提升动物产品安全监管水平，保证质量可靠，防控重大动物疫病，并实现产品的质量可追溯和物流可追溯。而在中国，肉品供应链存在环节之间连接不紧密易断开，并且存在屠宰点分散不利于跟踪监测、集成度不高难以追溯等问题，这给食品安全危机管理造成相当大的困难。

肉类食品作为典型的易腐食品，其储藏温度是影响货架期的重要因素。在冷藏运输中，频繁的温度波动也会影响产品的质量。最近研究显示，从供应商到配送中心和从配送中心到零售点的运输途中，产品的冷藏温度高于其最佳冷藏温度的里程数占总里程数分别为 30% 和 15%。因此，在肉品冷链中对冷藏温度的监视与控制是肉品流通环节保证产品质量的关键点之一。

目前，可视化可跟踪的肉类产品供应链管理系统都是基于 Web 的集成，来完成数据的采集、传输、共享发布和分析处理。通过在现场利用条码、RFID、温度传感器等技术来达到快捷而准确的数据采集，从而使肉类产品供应链管理中的物流过程实现可视化、可跟踪、可追溯。

1. 养殖过程跟踪

RFID 电子标签（如耳标）被安置在动物活体身上，用于监视、跟踪和记录牲畜从养殖开始到养殖结束的信息，包括来源、品种、饲料、用药、疾病及治愈状况等。据此，养殖场对选

育、繁殖、喂养等过程进行科学化生产和管理，对牲畜的健康状况进行实时监控，以及追查牲畜患病或死亡原因。另一方面，养殖全过程信息记录也为肉食品原料追溯提供源头数据，用户可轻易地追溯到牲畜的父本和母本、病历、饲料方面的信息，从而从源头上信赖肉食品的安全性。

2. 屠宰过程跟踪

以屠宰生猪为例，其操作流程包括：进场称重、入场检疫、冲淋、限位电麻致昏、套脚提升、刺杀放血、清洗猪身、头部检疫、落猪浸烫、刨毛、刮毛修整提升、开膛取内脏、内脏检验及清洗、胴体检验、割头蹄、劈半、冲淋复检、过磅等。其中，在割头蹄之前采用 RFID 技术进行跟踪，包括：标识生猪来源的 RFID 耳标，以及附在挂钩和电子托盘上的 RFID 标签。在此之后，将首先在劈为两半的胴体肉贴上条码标签（与耳标相关联），开始采用条码技术对肉制品的生产和流通进行跟踪。

3. 加工过程跟踪

加工企业根据条码标签或 RFID 标签所包含或检索到的信息，对肉类半成品进行分类分级处理，分批次确定加工方式、流程及参数，并将加工工艺参数、加工时间、质量等级、保质期、部位、重量等数据写入电子标签。然后，在分割加工后的包装环节中，利用软件将肉品信息加密，并编译成二维条码印制于肉制品外包装。

4. 流通过程跟踪

在肉食品的流通运输环节中，通过温度传感器技术的系统集成，实时记录肉食品储存环境的温度变化信息。比如，每隔一段时间自动将传感器信息连同车内产品货箱的电子标签信息，一起发送至企业管理信息系统；再结合 GPS 定位技术和 GIS 平台技术，便可在可视化界面中监视到运输车辆的运行状态、运输产品及储存状态等信息，并接收来自系统的报警信号。在仓储方面，利用 RFID 标签识别托盘、货柜等存放和搬运设备，便可实时监视跟踪库存的动态变化，并根据库存货物的货架期、库龄、保质期等信息进行计划和控制。在整个冷链流通过程中，应用温度传感器技术可实现对温度的全程监控。

5. 销售过程跟踪

在此环节，零售商通过肉食品上的条码信息，可提取其在生产阶段、加工阶段、流通环节的信息。基于这些信息，零售商可实现对食品保质期和货架期的科学管理。在消费者买肉过程中，消费者用安装“拍猫”软件的手机拍摄贴于肉包装袋上的标签，即可查询商品信息。除此之外，消费者还可使用短信查询、查询机、上网查询、电话查询等查询方式。

肉品供应链管理的可视化可跟踪要求在供应链的各环节之间建立无缝连接，供应链企业之间建立战略联盟，实现高度的信息共享和协同管理。

总之，通过 RFID、条码等物联网技术集成，实现肉类产品供应链体系中的管理可视化可跟踪，建立起产品与来源之间的可靠联系，从而详尽且可靠地回答了“肉从哪里来？中间经过哪些环节？中间环节是如何处理？”等问题，确保餐桌上的肉食品来源是清晰和可靠的。这样的管理方式和系统在提高企业经济效益、打破国际贸易壁垒、增强消费者信心、提高食品质量安全应急处置能力等方面效果显著，具有重要的意义和价值。

二、生鲜蔬菜供应链管理可视化可跟踪

随着经济的发展和人们生活水平的提高，消费者对“安全、营养和美味”食品的需求日益增加，新鲜的蔬菜和水果在人们食物结构中的比例越来越高。在农产品需求经济时代，消费者已经习惯到生鲜柜台购买新鲜食品，但同时对产品质量、产品服务和产品特色等要求也更严格。然而在中国，由于生鲜蔬菜冷链物流的高成本、高损耗，直接造成了该类产品在市场中价高量少。

解决蔬菜等农产品安全问题的关键是信息的获取和共享。只有在整个农产品供应链上能够采集、储存和处理与安全相关的产品信息，才能真正做到让消费者放心，也能让企业更好地进行计划和控制。目前，在信息方面仍然存在的问题包括：信息不完整、信息不准确、信息不及时、信息不可用、信息不可取。

现代农业园区应用温室小气候环境的智能控制系统改变了传统农业靠天吃饭的局面，采用中央智能控制的自动化灌溉施肥的现代化生产方式将传统的粗放式生产作业转变为精准化生产作业，在节约资源和提高生产效率方面效果显著。在此条件下，下面以生鲜蔬菜生产、加工、配送、销售的供应链为例，结合各种信息技术的集成，给出一个蔬菜产品供应链管理可视化可跟踪的应用解决方案。具体包括，田间作物及作业跟踪、加工过程跟踪、流通过程跟踪、销售过程跟踪。

1. 田间作物及作业跟踪

田间作物及其生产作业跟踪，主要针对根茎类、块茎类、叶菜类、瓜果类等蔬菜的生产期间，从整地、施基肥、播种、移栽、养护，直到采收的作业流程跟踪，以及进一步实现对蔬菜作物的生长和采收加工跟踪。以温室生产为例，在温室出入口处，通过嵌入 RFID 阅读器功能模块的智能手机自动采集温室 RFID 标签信息，员工便可获取温室的基本信息资料；进入温室后，从事田间生产的员工通过手机采集标识特殊植株 RFID 标签信息，然后在手机中录入当前的农事操作，通过发送短信的方式提交到系统，便可跟踪到该员工在田间作业的状态信息。通过集成 DVR（数字视频监控）技术，企业、政府、客户、消费者可授权在线观看到蔬菜作物正在被选种、播种、施肥、浇水、剪枝、采收等现场视频。

把各种传感技术加以集成，可实时监视蔬菜作物生长的土壤质量、空气质量、灌溉水质量等重要指标，并在指标超标时发出报警信号。将这些信息连同农残检测指标、病虫害记录、重要成分含量等数据，一起保存在一个数字化田间档案数据库中。据此，便可进行蔬菜作物的跟踪和追溯。例如，如果跟踪发现农药残留超标，严重缺肥，作物生长异常，则通过数字化田间档案查询到田间作业中使用到的农药、化肥、种子等农资使用量及使用方式，再通过仓储管理系统获知有效期、含主要成分比例、来源地等信息，进一步则连接到系统外部的追溯系统，追溯其检测记录、流通记录。

2. 加工过程跟踪

生鲜蔬菜在配送前的加工过程大致可分为喷淋、预冷、入库、分级、质检、小包装等环节。其跟踪内容不仅仅是对正在作业的员工的跟踪，还包括对蔬菜的跟踪。对于前者，员工将通过手机采集操作区域的 RFID 标签信息，然后在手机中录入当前的加工操作，以发送短信的

方式提交到系统后被系统跟踪；而对于后者，为了保证不被跟丢，则必须在相邻的两个环节之间建立信息关联。

在喷淋、预冷、入库冷藏、分级的环节，需要把生鲜蔬菜从一个区域移到另一个区域，或者分流到多个区域，因此也需要跟踪。通过对每一个堆放生鲜蔬菜的区域用 RFID 标签做唯一性标识，并建立移出区域与移入区域的关联，从而能够追溯到它们在喷淋或采收时的堆放区域。在质检环节，通过将质量检测结果数据与生鲜蔬菜当前堆放区域 RFID 标签码相关联，便可实现对这一批蔬菜的质量跟踪。在小包装环节，系统通过蔬菜堆放区的 RFID 码，追溯到蔬菜的生产、加工、质检信息，并生成相关联的生鲜蔬菜产品二维码，打印后贴在包装外表面。通过该二维条码，既可追溯生鲜蔬菜在此之前的生产、加工、质检信息，也可跟踪后续的包装、配载、运输状态信息。同批次采收、同批次加工、等级相同的生鲜蔬菜具有相同的二维条码编码。

3. 流通过程跟踪

生鲜蔬菜的流通过程包括：冷库储藏、货运包装、配载、运输、入场。通过集成条码、RFID、温湿度传感、GPS 等物联网技术，可实现冷链配送物流的可视化、可跟踪、可追溯。

在生鲜蔬菜的运输过程中，通过温湿度监测技术、网络通信技术、GPS 等技术集成，可实现对移动冷藏车厢的温湿度远程监测。当监测到温湿度指标值超过预设报警值时，系统将发出声光报警，并自动向 GPS 终端发送报警信息，或者以拨打声讯电话或发送短信的方式通知事先设定的联系人。联系人在收到报警后，做出确认回复，及时采取措施消除报警。在可视化平台中，控制中心可获得现场视频，看到蔬菜的储藏环境和新鲜状态。

在对生鲜蔬菜进行货运包装时，系统生成与生鲜蔬菜小包装条码和客户订单相关联的二维码，打印后贴于包装外表面，开始以包装为单位进行跟踪；在配载时，将货运包装上的二维码分别与冷藏车厢 RFID 码和客户订单建立关联，通过跟踪车厢来实现对生鲜蔬菜的运输过程跟踪和入场自动确认；在运输过程中，通过 GPS 和温湿度传感器实时跟踪车辆及监视冷藏车厢温湿度指标。

4. 销售过程跟踪

在此环节，零售商通过生鲜蔬菜包装袋上的条码信息，可提取其在生产、加工、流通过程的信息。基于这些信息，零售商可实现对食品保质期和货架期的科学管理，消费者则可使用手机拍摄识别、短信查询、查询机、上网查询、电话查询等方式在线查询商品信息，并观看到在产品来源地的生产现场视频。

在可视化可跟踪管理模式下，如果在生鲜蔬菜产品的采购订单与种植地块之间建立关联，则客户便可通过互联网跟踪订单所采购的生鲜蔬菜的生长状况，并能观看到该地块的生产现场视频。这样种菜人、卖菜人和买菜人都可获知所买/卖的生鲜蔬菜的“现场信息”，自然大家都会对蔬菜产品放心了。而对于供应链企业来说，还可在此基础上进行科学化生产和管理，如科学化种植、货架期管理、全生命周期管理等。

三、服装纺织供应链管理可视化可跟踪

自 2005 年以来，世贸组织在服装纺织业全面取消了配额制，极大地促进了服装纺织业

的国际贸易，同时也加剧了服装纺织出口市场的竞争。在服装纺织供应链中，基于降低成本的目的，生产加工环节的选址大多集中在发展中国家，但由此带来了供应链的提前期、快速反应、产品创新等方面问题。

服装纺织供应链包括纤维生产、纤维印染、纺纱、织布、缝制、销售、配送等几大环节。它是全球供应链的一个典型例子。例如，在一个国家生产纤维，然后在其他国家加工成纱，织成布，以及缝制成服装，最后在全球市场销售。在这条链上面临运输距离长、提前期长、产品生命周期短、市场预测困难等挑战，战略上提出了节约成本、缩短提前期、提升快速反应能力等迫切要求，其中包括降低库存、采用信息技术、跨地区合作等手段。

实施快速反应是服装纺织业的一项重要的供应链管理战略。它将提高从生产商或批发商到零售商的产品物流效率，从而可缩短提前期和提高市场预测的准确性。这项战略的实施需要信息技术的支持，例如，实现从下游零售商到上游供应商信息共享的电子数据交换（EDI）技术，以及在销售终端（POS）采集数据的条码技术和无线射频识别技术，等等。

服装纺织供应链可视化可跟踪系统可分解为四个平台，即数据采集平台、企业层面的数据集成平台、供应链层面的数据集成平台和基于 Web 的平台。

1. 数据采集平台

数据采集装置（如 RFID 阅读器）被安装在服装纺织加工生产厂的仓库出入口。标签则可贴于托盘、装箱或小包装。实际应用中，目前对托盘或装箱的 RFID 标签精准跟踪是有技术保障的，但对小包装则还存在一定困难（由于量多、体积小的缘故）。在纤维生产和印染环节，大多数物料都是用托盘进行搬运，因此可用 RFID 标签贴于托盘进行物料跟踪。在纺纱、织布及缝制环节，可将标签贴于装箱来进行物料跟踪。在将布匹或服装产品配送到零售商的运输阶段，可直接以单件或数件产品为单位进行跟踪。

2. 企业层面的数据集成平台

该平台将数据采集系统集成于供应链企业的内部信息系统。围绕企业价值链，相关各项活动与信息技术集成起来，是当前多数企业成功的共同点之一。例如，将数据采集技术（如 RFID）与 ERP 系统和 POS 系统集成，则可实现企业生产运营过程的数据共享、在线监视和跟踪。

3. 供应链层面的数据集成平台

该平台为服装纺织供应链中的企业建立一个集成信息系统，用于上传链上企业的物料或产品生产加工等信息。平台中的数据应与企业内部信息系统的数据保持同步，无任何时间延迟。供应链企业有义务选择可共享的信息，并将这些信息储存在中央数据库，如由电子产品编码信息服务（EPCIS）中心提供的数据集成和共享服务。

4. 基于 Web 的平台

该平台是一个基于 Web 的信息共享入口，向服装纺织供应链企业提供相关信息。企业可通过 Web 浏览器搜索链上的信息。在加工生产环节，供应商的库存水平、配送状态及零售数据均可显示于该平台。

服装纺织供应链可视化可跟踪要求链上各企业建立战略联盟。在供应链层面共享某个企业的数据信息应当向整个供应链开放，而不仅仅是该企业的上游供应企业和下游直接客户。也就是说，凡是属于服装纺织行业的制造企业，都可获得关于产品销售的详细数据。这在战略上有利于供应链企业更好地配置资源。

服装纺织供应链可视化可跟踪，有利于链上各项功能及相关活动更好地进行协调与整合。供应链企业能够轻易获取订单、生产、库存、配送运输、全球销售等方面的第一手数据。当然，这些数据可能来自全世界不同国家的不同企业。

目前，实现供应链管理可视化可跟踪的目标还存在一些困难需要克服，例如将企业内部的管理可视化可跟踪系统集成到整个供应链是个难题。这是因为相关法律法规体系还未形成，在链上进行可视化可跟踪的实时性和准确性得不到保障，供应链系统的建设目标定位更多的是通过认证而不是保证质量安全。

第四章　虚拟供应链

第一节　虚拟供应链概述

一、虚拟供应链管理定义

虚拟供应链的概念最早于1998年由英国桑德兰大学电子商务中心在一个名为“供应点”(supply point)的研究项目中提出。该项目旨在开发一个电子获取系统,以使客户能够直接从中小企业组成的供应链虚拟联盟中订货,称为虚拟供应链。它可以被看作是:合作伙伴基于专门的信息服务中心提供的技术支持和服务而组建的动态供应链。

虚拟供应链的结构一般是一种网状结构,因此它的体系结构是以VSC信息服务中心的服务系统作为支撑,包括客户、供应商、制造商、承运商、分销商、零售商和其他合作伙伴等参与者,如图1-4-1所示。

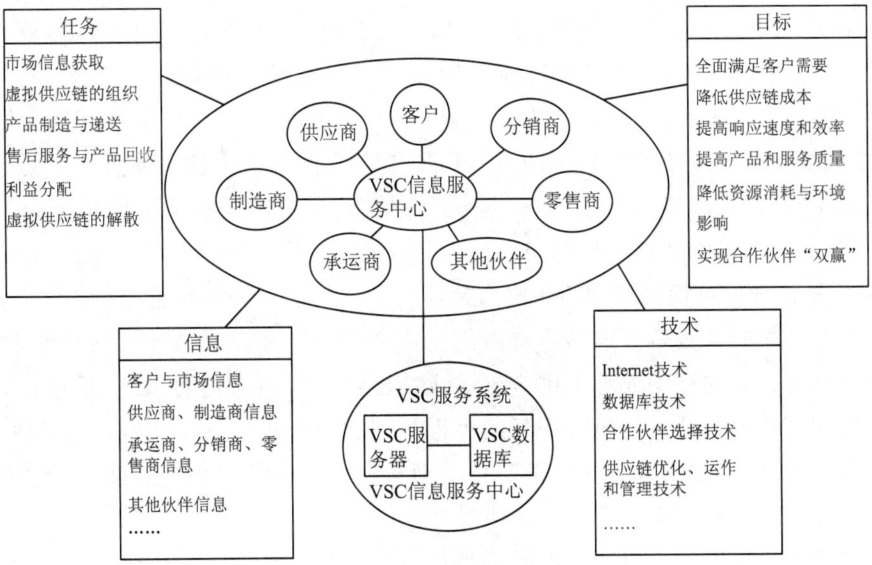

图1-4-1　虚拟供应链示意图①

二、虚拟供应链管理产生与发展的背景

1. 市场变化迅速和客户需求多样化

这种变化主要表现在:第一,产品生命周期越来越短;第二,客户对企业所提供的产品和

---

① 但斌,张旭梅,黄河. 虚拟供应链体系结构和运作模式研究[J]. 工业工程与管理,2000,5(5):46-48。

服务越来越挑剔。由于创新的大力提倡和客户需求的提高，许多产品从进入市场开始直到最终退出市场为止，所经历的市场生命循环过程已经变得很短。客户不仅要求产品或服务具有一流的质量和较高的性价比，而且对产品和服务还附加了种种个性化要求。同时，客户的耐心正变得越来越有限，对产品或服务提供的时间要求却越来越高，对单一企业产品或服务的忠诚度也在不断降低。在这种情况下，企业需要能够根据快速变化的市场需要，对客户的需求进行针对性的满足。

2. 企业间竞争的加剧以及企业核心竞争力的提出

市场环境的快速变化以及客户需求的多样化导致企业间竞争的范围和深度都在迅速扩展。从竞争范围来看，企业不仅面临来自于区域内的同行业竞争，同时还面临着来自全球业界的有力挑战，不仅面临着传统大规模企业的竞争威胁，也面临着众多以先进技术为基础的中小企业的挑战。从竞争的深度来看，时间和适应性已经取代成本和质量而成为第一竞争要素。

而从企业自身来看，要满足这种竞争的需要，就必须具备核心竞争力。企业核心竞争力是企业各种能力中最独特、能使整个企业保持竞争优势的知识体系和获得稳定效益的能力，其表现形式多种多样，包括设计制造能力、市场营销能力、研究水平、企业品牌和商誉等。企业长期的竞争优势是由企业核心竞争力决定的。由于企业拥有有限资源，这就决定了企业不可能在所有业务范围都获得相同的竞争力，而须把有限的资源集中在核心业务上。

实际上，企业核心能力与虚拟供应链管理是相辅相成的两个概念。一方面，核心能力构成了虚拟供应链管理的基础，没有核心能力，虚拟供应链管理是没有效率的；另一方面，供应链上的节点企业通过虚拟供应链管理又提升了自己的核心能力。如果没有核心能力的理念，企业之间的合作不可能是高效率的，同时，如果企业没有基于核心能力之上的有效的供应链管理，整个虚拟供应链的竞争力就可能受到削弱，从而削弱供应链中每个企业的竞争力。因此，核心能力概念的提出补充和完善了虚拟供应链管理思想。

3. 供应链管理的可视化和透明化成为趋势

现代供应链之间的竞争要求供应链内部企业之间的资金流、信息流、物流集成，使之达到可视化和透明化。这种集成对于供应链的成功已经变得相当重要，某个环节的缺陷将会使得整个供应链陷入被动。供应链管理的可视化和透明化也属于供应链风险管理的范畴。例如在食品行业，供应链的可视化和透明化有助于食品安全的提高。借助于信息技术和标准的制定可以逐步实现供应链发展的这种需要。

虚拟供应链的发展和供应链管理的可视化与透明化是紧密联系的两个概念，虚拟供应链的成功更需要系统内企业间的有机集成，同时，虚拟供应链的运作也有助于供应链透明化和可视化的实现。

4. 信息技术的发展为虚拟供应链的运作提供了必要条件和支撑

环境的变化以及企业管理观念上的变化，使虚拟供应链具有了产生的必要性，而通信技术与信息技术的发展为虚拟供应链的产生提供了必要条件，并为虚拟企业组织与管理模式的实际推广提供了现实支撑。

通信技术的发展使成员企业之间的联络可采用通用数据格式进行信息交换，使所有成员企业都能共享设计、计划、生产和营销信息等。信息技术的发展则可以使所有成员企业能够根据客户的需求进行整个供应链的组织，例如通过企业资源计划(ERP)系统来预测顾客需求、制订生产计划并完成最终的配送等。而企业与企业间的合作则可以通过各种平台进行分工与协调，例如通过 B2B 平台可以实现电子比价采购等。另一方面，通信技术和信息技术的发展也对企业组织和管理新的要求提供了极大的支撑。例如，在生产模式上，要求从大规模集中生产模式向分散的社会化生产模式转变，从刚性生产转为柔性生产；在组织结构上，要求从传统的集权制向强调自我管理的网络化组织转变；在企业管理上，更加强调和重视知识管理。

综合上述，正是在企业外部环境变化而产生的竞争压力之下，在企业内部组织与管理理念变化的基础上，以及在通信和信息技术进步的推动之下，20 世纪 90 年代末，理论界提出了"虚拟供应链"这一新概念，并迅速得到业界的广泛关注。

三、虚拟供应链与传统供应链的不同

(1)组织方式不同。虚拟供应链是在中立的信息服务中心的支持下，由一些具有不同核心竞争优势的企业组成的为完成预期目的而组建的动态链。为了完成虚拟供应链的预期目的，需要对地理上分散、拥有充分的自主权的节点企业进行协调与管理，保证能够在虚拟供应链的生命周期和资源限制下完成任务，满足客户或市场需求。这就需要建立一套较为完善的组织机构及管理方法，来保证虚拟供应链能够顺利运作，最终达到组建虚拟供应链的目的。

(2)形成原因和时效性不同。传统供应链构建的战略联盟讲求长时稳定合作，以降低成本。虚拟供应链的形成、存在和重构都是基于一定的市场机遇而发生，并且在虚拟供应链的运作过程中，一方面，因为企业战略和适应市场需求的需要，其中节点企业需要动态的更新；另一方面，任务完成后虚拟供应链将自动解散，这就使得虚拟供应链具有明显的时效性。

(3)需求的发起者存在差异。在传统供应链中，需求往往是核心企业根据自身产品的特征对供应商提出技术要求，对分销商提出销售条件，其他企业予以配合。在虚拟供应链中，相关环节上下游厂商的任一家都可作为虚拟供应链的发起者，联合其他企业组成虚拟供应链，相互约定承担的义务和利益分配原则并进行运作。

(4)链条构成方式与复杂度不同。传统供应链往往由核心企业投入大量人力、物力、财力进行供应链的开发、建设与控制，而虚拟供应链中企业通过借助第三方信息平台迅速联合，由于虚拟供应链由多个、多类型甚至多国企业构成，各个节点企业组成的跨度(层次)不同，所以虚拟供应链的结构模式比一般供应链的结构模式更为复杂。同时，各个节点企业可以是这条虚拟供应链上的成员，也可能是另一条虚拟供应链上的成员，众多的供应链形成交叉结构，不仅增加了虚拟供应链整体运作的复杂性，也增加了虚拟供应链整体协调管理的难度。

第二节　虚拟供应链管理的模式、运作与技术

一、虚拟供应链的驱动模式

根据不同的市场需求和市场机遇，结合合作企业的特点，虚拟供应链的驱动模式主要有

三种,即客户订单中心型、生产制造中心型和零售中心型。

1. 客户订单中心型虚拟供应链

该类型是以信息服务中心为主,根据客户订单需要而发起组建的虚拟供应链。具体流程是:当信息服务中心从客户、合作企业或者通过自身情报收集得到客户订单信息时,即开始对该订单信息进行生产和经济上的可行性分析;如果该订单通过服务中心现有企业资源可以达到且执行后可达到虚拟供应链预订目标,即可开始对该产品所需的合作伙伴、资源需求、时间与质量目标等进行分析;可行性分析通过之后,与客户进一步接触,明确该产品的订单满足要求;通过分析以及与客户的进一步接触,确定产品所需的供应商、制造商、分销商和零售商等,建立虚拟供应链组织;建成后围绕客户订单在信息服务中心的技术支持下运行直至满足客户订单需求为止。该形式的虚拟供应链一般没有固定的品牌,主要是围绕客户订单需求,依靠新产品或专有技术服务赢得市场竞争。

2. 生产制造中心型虚拟供应链

该类型以制造企业为主、信息服务中心为辅,围绕某些制造企业的某些固定产品进行生产和销售。具体流程是:制造企业根据其产品特性以及生产需要,由信息服务中心在网上发布其供应链合作企业的需求信息;制造企业在信息服务中心和企业信息库中搜索寻找匹配的企业,或者进行网上招标;信息服务中心找到满足条件的企业后,对该企业进行评价,并将结果反馈给制造企业;最后由制造企业来确定选择那些企业作为合作伙伴。这种形式的虚拟供应链作为"核心企业"的制造企业比较稳定,其他合作企业根据制造企业的需求不同存在动态性和时效性。该形式的虚拟供应链具有固定的品牌,主要以该制造企业及其产品品牌为主。

3. 零售中心型虚拟供应链

该类型以某个大型零售企业为主、信息服务中心为辅,根据零售企业的销售需求来进行虚拟供应链的发起和组建。其具体流程是:大型零售企业销售在直接接触客户的基础上,了解客户需求信息,由其提供产品需求信息和供应链需求信息;信息服务中心收到这些信息后,对这些需求信息进行可行性分析;可行性分析通过之后,由大型零售企业进行网上信息的发布和供应链的组建工作;通过供应商、制造商、分销商和零售商组成的组织满足客户的需求。该形式的虚拟供应链由于大型零售企业比较稳定,其他合作企业存在动态性,在品牌宣传时主要以大型零售企业为主。

二、虚拟供应链的组织模式

尽管虚拟供应链的驱动类型不同,但是无论是哪种驱动形式都存在着组织间的组建模式。尽管上述驱动模式提到主辅关系,但是在现实运作中,仍然有同一驱动层级存在单个和多个同类型企业,或者各层级间企业的重要性并无明显区分的情况。根据企业在虚拟供应链中的重要性,将虚拟供应链组织模式分为三类:多核心企业的虚拟供应链、单核心企业的虚拟供应链和无核心企业的虚拟供应链三种。

虚拟供应链核心企业的理解不同于传统供应链中的核心企业,虚拟供应链中的核心企业指处于核心层的企业,这类企业往往是需求发起者或者与发起者有密切联系的企业,与其他企业相比，可能在许多方面并不具备优势，但是，对需求的敏锐发现与获取以及积极地组建虚拟供应链赋予了他们在特定条件下组建供应链的主导位置。当然，如果需求发起者仅仅发现需求，但不具备组建供应链的能力和精力，则可以吸收其他企业入围核心层，来主导该条供应链的组建。

1. 多核心企业的虚拟供应链

多核心模式是一般意义上的虚拟企业组织模式。若干重要企业构成核心层，以客户需求为中心，选择合作企业形成外围层。通过服务中心提供的技术支持与信息服务，相互深入参与对方的运营管理来满足客户需求。

采取这类方式多数由于多家企业同时发现某一市场机遇，避免某一局部市场形成恶性竞争，力求全体企业利益最大化，通过协商由多家供应链发起企业合作形成核心企业群。通过这种方式，可为合作多方提供下列其他机制中所不具有的显著优势：①协同性，整合联盟中分散的公司资源凝聚成一股力量；②提高运作速度，尤其是当核心企业与非核心企业联合时更是如此；③分担风险，使合作企业能够把握伴有较大风险的机遇；④加强合作者之间的技术交流，使他们在各自独立的市场上保持竞争优势；⑤通过该虚拟组织可获得重要的市场情报，顺利地进入新市场，与新客户搞好关系，这些都有助于销售的增长；⑥通过该虚拟组织可给合作企业带来工程技术信息和市场营销信息，使他们对于新技术变革能够作出更快速的调整和适应。一旦多核心企业的虚拟供应链管理有方，合作企业将比自行发展具有更广阔的战略灵活性，最终可以达到多赢。

2. 单核心企业的虚拟供应链

单核心模式又称盟主型的虚拟供应链，它以需求发起企业充当主要管理者的角色，其他合作伙伴作为补充组成外围层。核心企业与其客户和供应商、分销商等在一个统一的平台上协同行动来满足客户需求。

这类合作方式一般是核心企业委托其他企业生产、加工、销售或者其他服务，这种方式为广大中小型企业提供了一个良好的机遇，可以在一个相对较低的平台上广泛调动社会资源，提高企业本身的市场竞争力。该类型虚拟供应链并不强制要求核心企业负责整条供应链从组建到解体的全面事宜。核心企业仅负责发布相关的需求信息，选择合作企业，工作完成进度监控以及其他相关问题的协调即可。相关工作程序配合、时间安排、利益分配等问题由入围企业协商博弈达成最终共识。当然，如果发起企业具备较强的实力，则可以在整条供应链运作过程中充当支配者地位；其他企业仅负责配合，按照其要求提供相应的产品和服务。合作企业仅仅对本企业的信息资源和工作具有控制权，而对供应链系统的共享信息资源只能通过公共信息平台进行授权访问来获取与利用。

例如，利丰公司的"虚拟供应链管理"就属于单核心的虚拟供应链。利丰公司凭借其近百年时间打造的供应商以及客户网络资源，逐步发展并完善了独具特色的虚拟供应链管理模式。在这种模式中，利丰公司直接充当客户供应商的角色，直接和客户签订合同，以供应买家所需要的产品。利丰公司的生产任务以外包的形式交给其他有实力的工厂进行，它负责统筹并密切参与整个生产流程，从事一切从产品设计、采购、生产管理与控制到物流与航运等方面的支持性工作，但并不直接从事生产工作，利丰因而获得了"无烟工厂"的美称。

通过“虚拟供应链管理”，利丰公司可以将非核心业务外包，专注于自身的核心优势——产品设计以及供应链的管理，具有较大的竞争力。

3. 无核心企业的虚拟供应链

无核心模式是一种不存在盟主，所有成员完全平等的虚拟企业组织模式。所有企业是一种公平竞争的合作伙伴关系，彼此之间共享信息。其构建的虚拟供应链是一种网状结构，其体系结构是以第三方信息服务商提供的信息平台作为支撑，包括供应商、制造商、承运商、分销商、零售商和其他合作伙伴等参与者，彼此之间公平合作，共享信息，形成短时间战略联盟。

在这种模式中，成员企业往往是中小型企业。由于中小型企业规模和实力不足，在当前以产品生命周期缩短为主要特征的市场竞争中处于明显劣势，为了生存和发展，它们逐渐转变观念，开始从竞争转向合作，而这种模式便是一种行之有效，方便快捷的方式。

在中国的各个经济发达地区，这种无核心企业集聚形成中小企业集群的模式相当常见。自改革开放以来，伴随着中小企业迅猛发展，中小企业集群的发展模式也开始兴盛与发展起来，并逐渐呈现出其特有的竞争优势。据不完全统计，全国集群总数数千个，很大部分分布在浙江、广东、江苏和福建等省。通过这种模式，广大中小企业在市场需求出现时，通过联合的形式快速响应。中小企业间形成信息服务中心支持其技术发展和信息共享，通过信息服务中心的支持，它们可以专注于发展自己的核心竞争力，最大限度地提高现有资源的利用率，减少资源的重复投入，同时缩短生产准备周期，提高了产品从设计制造到销售全过程的整体柔性和敏捷性，增强了其自身的竞争能力。

三、虚拟供应链的运作过程

虚拟供应链运作是指在项目管理思想的指导下，在信息服务中心的技术支持下，依托企业内部的 VPN 等技术，将供应商、制造商、分销商、承运商等整合为一体，构建一种面向终端用户需求的运作模式。

虚拟供应链运作从整体上可以划分为七个步骤：需求信息获取和分析、虚拟供应链发起与组织、工作任务的分解及分配、产品制造与递送、工作任务的跟踪与控制、利益分配及虚拟供应链解散。

(1)需求信息获取和分析。供应商、制造商、分销商和零售商等通过客户在服务系统上发布的需求信息以及其他各种方式获取市场和客户需求信息，并进行可行性和经济性分析，确定是否组建虚拟供应链参与合同投标。

(2)虚拟供应链发起和组织。基于信息服务中心提供的信息和技术，供应商、制造商、分销商和零售商等均可作为虚拟供应链的发起者，联合有关的合作伙伴组成虚拟供应链。另外，客户也可以通过服务系统提供的信息和供应链优化技术，主动寻找最优的虚拟供应链路径，并推荐路径上的单位组建虚拟供应链。虚拟供应链组建后，可以根据供应链节点企业情况确定“核心企业”。

(3)合同投标与获取。根据虚拟供应链的组建情况及客户订单或市场需求，由虚拟供应链节点企业和信息服务中心对工作任务进行分解，制定资源计划和进度计划，并与各节点企业进行任务确定，而客户则利用服务中心考察和比较参与合同投标的虚拟供应链及其组成单位情况，然后进行优化决策，双方签订合同。

(4)产品制造与递送。供应链合作企业根据约定的任务开展原材料供应、产品生产、运输和分销等工作，完成产品的制造与递送。客户可以通过信息服务中心对虚拟供应链进行监视，主要对任务进展中的成本、产品质量、资源计划和进度计划更新情况进行跟踪与控制。

(5)售后服务与产品回收。供应链合作伙伴根据约定的任务向客户提供售后服务，在产品生命周期结束后进行回收和处置。

(6)利益分配。供应链合作企业根据约定的利益分配原则进行利益分配。

(7)虚拟供应链解散。上述过程完结后，虚拟供应链解散。客户对虚拟供应链及合作企业进行评价，将评价结果提供给信息服务中心，信息服务中心据此对这些单位的信息进行调整和修改。

四、虚拟供应链应用的技术

虚拟供应链模型基于不同资源需求的组织间合作网络的建立，该网络从市场或者顾客需求开始直至这些需求得到满足。虚拟供应链按照运作过程分为上述七个步骤，根据价值增加过程，上述七个步骤可以归为四个阶段：计划、组织、生产制造和配送。每个阶段的信息模块沿着价值链进行集成，使用的信息技术和系统多种多样，包括 B2C，B2B 等技术，以完成基于核心竞争力的组织间合作和资源整合。

1. 计划

在虚拟供应链的这个阶段，通过顾客订单或者市场预测获得产品需求。客户关系管理(CRM)系统和 B2C 等技术可用于该阶段的信息处理与决策。这个阶段的主要任务包括网络计划，数据挖掘以及供需双方的联合计划与预测。在虚拟供应链环境下，组织间的战略联盟扮演了重要的角色。由于需求驱动整个供应链活动，所以利用上述技术准确预测需求是虚拟供应链成功的重要基础。利用基于互联网的信息系统和数据挖掘技术，供需双方的数据可以得到较为准确的预测，借助企业 ERP 系统、生产周期和产品成本也可以进行估计。

2. 组织

在虚拟供应链的这个阶段，对产品的各项资源需求进行预测，包括原材料、零部件和配件等。在此基础上，根据预设的标准对这些资源的供应商进行选择。B2B 技术在这个阶段被广泛利用，用于建立供应商和合作者之间基于核心竞争力的战略联盟。ERP 系统用于建立企业间的合作。B2B 技术有助于降低库存，而在线拍卖和电子采购技术有助于建立高效低成本的采购。数据挖掘技术可以用于发现流程中的问题并进行改进，基于互联网的组织技术则可以实现准时制生产方式。

3. 生产制造

这个阶段将原材料和零配件生产成最终产品。在虚拟供应链中，该过程在组织网络中完成。利用物料需求计划(MRP)系统集成不同产品的生产和组装。借助 B2B 技术，各个供应方和需求方可以在平台上完成相互集成。而 ERP 系统则可以完成先进生产制造计划、网络组织和产品控制。在生产制造阶段，客户关系管理系统有助于供需双方的协调与合作。这个阶段可以应用流程重组技术，消除无效环节使得整个供应链无缝连接。全面质量管理

(TQM)则可以提高最终产品的质量。

4. 配送

配送主要解决产品的物流问题,包括仓储、运输和订单管理等。基于互联网的信息系统技术在集成物流活动各个环节时具有较大优势,这些技术包括 EDI、XML 和 ebXML 等。系统框架需要考虑需求端和使用端的信息流,产品、顾客、供应商、订单、预测、库存等数据必须能转化成信息并在各个节点均可获取。另外,诸如条码技术、扫描技术、无线射频技术、影像技术等在这个阶段均可得到使用。

五、虚拟供应链管理的意义与作用

虚拟供应链最大的优势在于不同的组织可以组成一个短期的联盟,而不必受各种长期合同的限制。它的形成同时为特定的客户和市场提供了选择。虚拟供应链中的合作伙伴们通过明确分工以及特定的组织形式,在为客户提供高效服务的同时,能够有效降低成本。

虚拟供应链作为一种企业联盟的创新形式,通过改变企业的经营运作模式,利用通信与信息技术所提供的虚拟环境,优化满足客户需求所必须经历的各个环节,在目前的市场条件下日益显示出巨大的优势和强大的生命力,越来越成为企业借助外部力量迅速回应市场、增强自身核心竞争力的重要手段,在企业自身能力提高的基础上,能够有效集成外部资源,为企业赢得更大的生存空间。

在经济全球化的发展现状下,许多中小型企业受制于自身规模和管理能力的限制,而且由于所处行业竞争加剧导致的规模经济性逐步丧失,特别在发展中国家,中小企业还面临融资难等特殊限制,在供应链中处于弱势地位,一旦宏观经济环境和行业的市场环境恶化,中小企业往往成为最先难以生存的企业,面临倒闭或者被整合的尴尬局面。而虚拟供应链的组建对企业的规模、实力并无特殊的限制,中小企业可以自身结成集群或者与大企业组成暂时性的联盟,借助于信息服务平台,从而快速满足市场需求,在生存的基础上促进自身的发展。在中小企业集群内部,用虚拟供应链替代实体供应链,利用网络建立虚拟企业,通过信息服务中心,连接相关上下游企业形成虚拟供应链,即可实现中小企业集群内部的平等合作关系,在节约成本、快速获得市场信息、核心竞争力打造等方面均能获得益处。

撰稿人: 朱道立　上海交通大学安泰经济管理学院、中美物流研究院教授、博士生导师
陈祥锋　复旦大学管理学院教授
戴　锡　复旦大学管理学院副教授
朱文贵　复旦大学上海物流研究院助理研究员
罗如新　上海裕容船舶科技有限公司技术总监

第二篇　供应链与供应链绩效

第一章　供应链管理概念、流程与结构

第一节　物流与供应链的概念与内涵

一、从物流到供应链管理

进入 21 世纪，变革成为永恒的主题。日新月异的信息技术和推陈出新的管理手段，集中表现在对传统的运输、仓储服务的改造升级上——变革推动了现代物流产业，而物流的变革在 21 世纪赋予了这个既古老又年轻的产业新的内涵、新的使命。

美国物流协会的两次更名成为全球物流产业两次质的飞越的标志。1963 年成立时，协会的名字是“全美实物配送协会”。1985 年更名为物流管理协会，这是由于运输和配送增加了越来越多的内容，从狭义的运输和仓储发展到更广的物流领域。进入 21 世纪，物流专业人员所包括的范围越来越大，在企业中扮演的角色越来越关键。物流的专业人员在组织内部和组织外部与越来越多的人打交道。物流专业人员的角色已经发生演变，不仅包括物流的内容，而且包括采购、生产运作、市场/营销的功能。物流这个产业比原来的运输和仓储又扩大、加深了，更注重管理技术对传统产业的改造和升级。2005 年美国物流管理协会更名为供应链管理专业协会，是物流到供应链的合乎逻辑的演进，标志着全球物流进入了供应链时代。

供应链的实质是物流管理在深度和广度方面的扩展。简而言之，供应链是跨企业的商业活动和物流活动的集成。供应链取代物流不仅是理论的发展，更是时代的变革。

全球物流进入供应链时代之后，传统的运输、仓储等物流环节纳入到了供应链的框架之内；生产制造企业的物流活动扩大到了跨企业的范畴。行业协会、研究机构、生产企业、物流企业都在寻找更好的方法提高供应链的绩效。供应链的绩效考量也从物流扩大到供应链的范畴，学术界和产业界对供应链绩效考量进行了多方面的研究，采用了各种工具和方法论，对供应链绩效进行考量成为企业战略决策、增加客户价值、企业价值和股东价值的依据和方法论。

二、物流的概念与内涵

关于物流的概念，不同的学者和研究机构有不同的解释。一般认为，中文“物流”一词的对应英文是“logistics”，这一点在中国学术界应该是一个普遍接受的概念。然而“物流”概念所包含的内涵是一个需要详细探讨的问题。物流概念的探讨不是学术界本身的问题，对政府和企业同样重要。如果政府不明确物流的概念，政策制定的基础就会出现问题，就不可能正确指导产业的发展；如果企业不能够正确理解物流的概念，就无法向真正意义上的物流企业发展，也自然不能实现价值增值的目标。

对物流一词的定义在不同的发展阶段是不同的。在理论研究和实际应用的过程中，物流与供应链管理往往被相提并论。那么物流的概念究竟是如何描述的呢？

美国学者兰伯特（1998）认为，物流（logistics）也称为商业物流（business logistics）、渠道管理（channel management）、配送（distribution）、物流管理（logistics management）、物料管理（material management）、实物配送（physical distribution）、快速反应管理（quick response management）、供应链管理（supply chain management）、供应管理（supply management）。从他的观点看来，物流与上述这些概念基本等同。

爱德华·弗雷泽（2002）认为，物流是实物、信息和资金在供应者和消费者之间流动的过程。这个定义强调的物流是一个流动过程，但流动的主体不仅包括有形的实物，还包括信息、资金。

另一种简单的定义是“7R”物流：物流就是以恰当的成本在恰当的时间、恰当的地点、为恰当的客户、提供恰当的状态和恰当的数量的恰当的产品的。

罗纳德·巴卢（1999）认为，物流为运输、存货、订单处理、物料搬运等过程，与生产重叠的部分为采购、生产排程、物流中心或仓库定位等，与营销重叠的部分为定价、包装、零售管理和客户服务质量等。

我国台湾的物流协会对物流的定义是：物流是商品流通活动的行为，在流通过程中，通过管理程序有效结合运输、仓储、包装、流通加工、信息等相关物流机能性活动，以创造价值，满足客户及社会需求。

美国物流管理协会（CLM，2005 年更名为供应链管理专业协会，英文简称 CSCMP）的定义为，“Logistics is that part of the supply chain process that plans, implements, and controls the efficient, effective flow and storage of goods, services, and related information between the point of origin and the point of consumption in order to meet customers' requirements.”

将这个定义翻译成中文，可以这样描述：物流是以满足客户需求为目的，对商品、服务和相关信息从起始点到消费点的流动和储存进行有效率、有效果的计划、执行和控制的供应链过程。

美国物流管理协会的定义比较全面地说明了物流的内涵。首先物流的主体多元化，它的范围既包括有形的实物，又包括无形的服务、信息；其次，物流本身就是供应链管理过程，因此不难理解物流在很多场合使用的是“物流管理”，它与供应链管理有着同质的联系；再次，物流包括了由初始点到最终消费点的完整过程计划、实施和控制的功能，不仅强调物流的执行的性质，同时强调计划、控制的功能，其中既包括动的形态（流动），又包括静的形态（储存），这种功能不仅是有效率的，而且是有效果的；最后，物流的整个过程是满足客户需求，因此，物流概念包括了客户服务的基本内容。

从物流的概念和内涵可以看出，物流是贯穿企业采购、生产、销售、客户服务、对所有过程进行有效管理的供应链过程。物流管理更多地从核心企业的角度来定义。物流是供应链管理发展的“初级阶段”，是从核心企业角度所定义的那部分供应链环节。

三、供应链管理概念与内涵

供应链管理最大的特点就是涉及企业之间的、跨企业的物流活动和商业活动。

弗瑞斯特(Forrester,1958)在很早以前就提出了管理理论中企业相互关系的观点,并有预见性地提出企业的成功在很大程度上依赖企业之间和企业与市场的关联。在20世纪50年代,弗瑞斯特指出,管理学的主要突破在于理解企业的成功如何依靠企业之间的信息、物料、货币、人力、资本和设备的流动和相互作用。这五个流之间的锁定关系相互放大(各自的作用)带来的变革和波动,将构成把握决策、政策、组织形态和投资决策的基础。弗瑞斯特引入一个新的分销管理理论,认可了组织之间相互整合的本质。他认为(企业之间)系统的变化将影响研发、工艺、销售额和促销等功能的绩效。他还使用计算机模拟的订单信息流模型,解释了在供应链成员之间流动的过程和对各个成员的生产和分销绩效的影响。

随着物流管理更多地向跨企业的商业活动延伸,弗瑞斯特的语言得到了验证,而理论界对供应链的定义集中反映了跨企业的观点。有些学者认为供应链是企业间的交易行为,是采购商与供应商的关系(Ellram, 1991;Gavinato, 1992)或者卖方与卖方的联盟(Blocker等,1993)。

伯纳德·拉·隆德(Bernard J. La Londe,1994)提出,供应链战略包括供应链中两个或两个以上的企业达成长期协议,涉及原材料和零部件制造商、生产组装企业、批发商和零售商、运输公司等,将原材料、零部件和产品进行生产制造,送到客户手上。企业之间建立相互信任和承诺的关系,将物流活动进行整合,分享需求和销售信息。

鲍尔索克斯(Bowersox,1999)等人将供应链管理定义为"将组织之间的商业运作连接到一起、获得共享市场机会的协作基础上的战略"。Copacino(1997)认为供应链管理把涉及从原材料转化成为产品到交付到客户手上的所有参与者和所有活动以正确的时间在正确的地点以正确的方式联接到一起。Stein 和 Voehl(1998)认为供应链管理是"对供应价值链提供整合管理来满足客户需求和期望、提供从原料供应商到制造商到最终用户的系统的努力"。Cooper、Lambert 和 Pagh(1997)认为,供应链管理是从最终用户到原始供应商的提供产品、服务和信息同时为客户增加价值的商业流程的集成,它包括了物流定义中没有包括的因素,比如信息系统的整合、计划和控制活动的协调等。

约翰·托马斯·门泽尔等(John Thomas Mentzer et al,2001)对供应链管理的概念与内涵进行了系统的阐述。

门泽尔在回顾各种文献中关于供应链管理涉及多个企业、多项商业活动和供应链上企业跨企业和跨功能的协同基础上,将供应链管理定义为:对供应链内传统的企业功能和这些功能所涉及的特定企业内部和企业之间的策略进行系统的战略协调,以达到提高特定企业和供应链整体长期绩效的目的。图2-1-1解释了这个定义的结构。

门泽尔将供应链描绘成一个管道,主要的供应链流,如产品、服务、财务资源、需求和预测的信息等在管道内流动。传统的业务功能,如营销、销售、研发、预测、生产、采购、物流、信息技术、财务、客户服务等,管理和完成从供应商到客户的流动,最后为客户提供价值、满足客户需求。客户价值和满意度是特定企业和作为供应链整体获得竞争优势和盈利能力的关键。

跨功能的协调包括检查信任、承诺、风险、独立性对企业内部功能共享和协调的生存能力。企业之间的协调包括业务功能在供应链内部的移动,第三方服务供应商的角色如何管理公司之间的关系以及不同的供应链结构的生存能力。最后，分析这些现象如何在不同的全球化框架中进行区别。

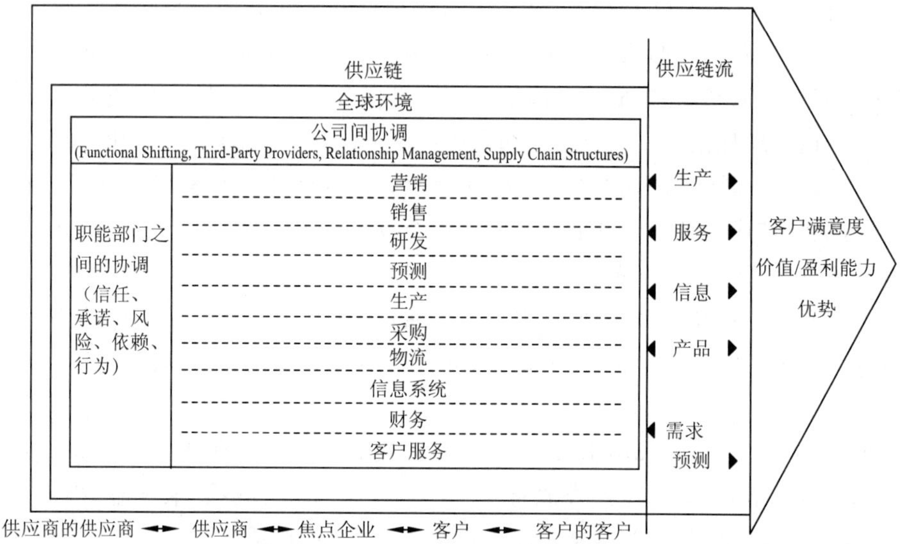

图 2-1-1　供应链模型

（资料来源：Menzter J T, Dewitt W, Keebler J S, et al. Defining Supply Chain Management[J]. Journal of Business Logistics, 2001, 22(2): 1-25.）

道格拉斯·兰伯特等(Douglas M. Lambert)从 1992 年起成立了一个由一些处于非竞争地位的公司和学术研究人员组成的团体——全球供应链论坛(GSCF)，开始定期召开会议，其目的是改进供应链管理的理论与实践。全球供应链论坛成员们开发并使用的供应链管理定义如下：

供应链管理是对贯穿从最终用户到原始供应商的关键商业流程的整合。这些流程为客户以及其他相关利益相关者提供能够创造价值的产品、服务和信息(Douglas Lambert 等，2006)。

美国物流管理协会(CLM)更名为供应链管理专业协会(CSCMP)之后，给出了新的供应链管理的定义。CSCMP(2006)供应链管理的定义为：供应链管理包括了对涉及采购、外包、转化等过程的全部计划和管理活动及全部物流管理活动。更重要的是，它也包括了与渠道伙伴之间的协调和协作，涉及供应商、中间商、第三方服务供应商和客户。从本质上说，供应链管理是企业内部和企业之间的供给和需求管理的集成。CSCMP 进一步界定了供应链管理的概念边界和关系，CSCMP 认为，供应链管理是联系企业内部和企业之间主要功能和基本商业过程，将其转化成为有机的、高效的商业模式的管理集成。它包括了上述过程中的所有物流活动，也包括了生产运作，它驱动企业内部和企业之间的营销、销售、产品设计、财务和信息技术等过程和活动的协调一致。

从上述供应链的定义可以发现，供应链管理是企业内部和企业之间物流活动和商业活动的集成，其中包括企业内部计划、采购、制造、交付、回收等主要环节，每个内部环节又不同程度地与企业外部产生联系。

四、物流与供应链概念内涵的逻辑关系

综合物流与供应链管理的概念与内涵，可以发现供应链管理是物流管理在管理深度和管理范畴的扩展。可以这样认为，供应链管理的实质是物流发展跨企业的阶段，并将其他商业流程结合在一起。供应链管理的定义和内涵，充分体现了供应链管理是企业内部和企业之间所有物流活动和商业活动的集成这一特点。不可忽略的是，在物流发展到供应链阶段的时候，物流仍然是供应链的重要组成部分。

物流与供应链管理概念与内涵的逻辑关系如图 2-1-2 所示。

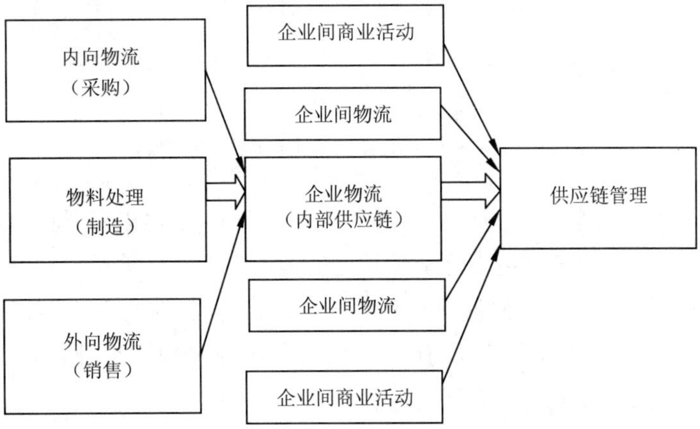

图 2-1-2　物流与供应链管理概念与内涵的逻辑关系

第二节　供应链流程与结构

主要学者和机构在给出了供应链管理定义的同时，也对供应链的流程和结构进行了探讨。本节对供应链管理领域有影响、被企业认可的几种供应链流程与结构进行分析和评述。

一、SCOR 供应链流程与结构

供应链运作参考模型（SCOR 模型）是由绩效考量集团及供应链协会（Supply Chain Council，SCC）通过总结企业和会员的实践建立的一个供应链结构体系，这个模型同时也给出了不同流程的绩效考量指标。

供应链运作参考模型的建立，目的在于描述与满足客户需求相关的所有阶段的业务活动。模型基本包括计划、采购、制造、交付、回收五个管理流程，如图 2-1-3 所示。SCOR 模型采用了五个流程模块，采用通用的定义方法，来描述简单或者复杂的供应链。SCOR 模型尝试用这样一个框架体系，将不同类型的行业联系在一起，描述任何一种供应链的广度和深度。这个模型已经应用于全球性项目和单一项目，对供应链进行分析或提升。

SCOR 模型覆盖了与客户之间的商业活动（从订单输入到发票的支付），所有的物料交接（从供应商的供应商到客户的客户，包括设备、供应、零部件、大宗产品、软件等），所有的市

场活动(从了解总需求到每个订单的完成)。SCOR 模型不是试图瞄准所有的商业活动。特别地,该模型没有涉及销售和市场营销(需求创造)、产品开发、研发和售后服务的某些环节。

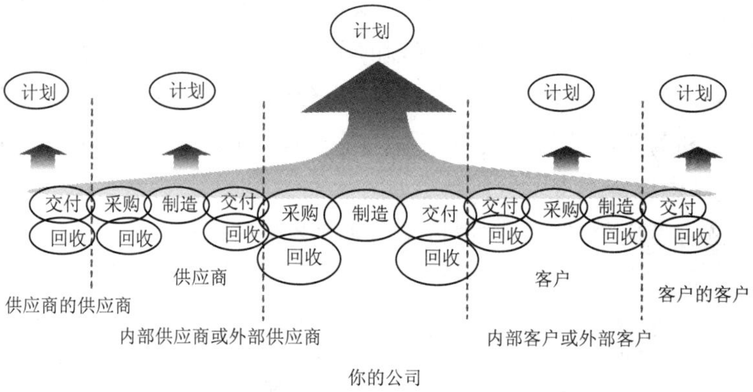

图 2-1-3　SCOR 围绕五个主要管理流程构建

SCOR 模型经历了一个不断发展的过程。当引入回收流程以后,这个模型延伸到了交付后的客户支持流程(虽然没有包括这个领域的所有活动)。

如图 2-1-4 所示,SCOR 模型的设计和发展,目的是支持跨行业的、各种复杂的供应链。SCOR 模型给出的三个层次的流程,没有制定特定企业的定制式商业活动或信息流。模型鼓励企业根据自身的实践,建立第四层的流程体系。

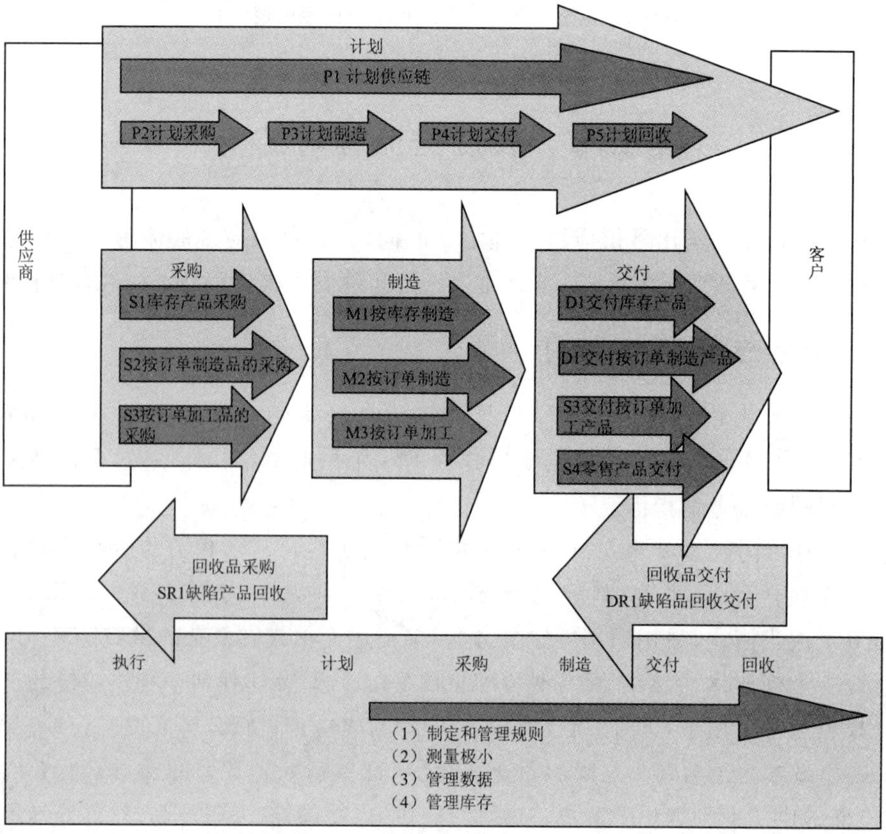

图 2-1-4　SCOR 模型的供应链结构

二、CSCMP 供应链管理流程标准的框架与结构

供应链管理专业协会(CSCMP)作为物流和供应链领域内权威的专业协会之一,提出了《供应链管理流程标准》(以下简称《标准》),将供应链流程划分为计划、采购、制造、交付和回收五个基本结构。在五个主要流程基础上,增加了一个执行的流程,共为六个部分。每个主要流程都包括了很多次级流程,其流程框架结构如图 2-1-5 所示。

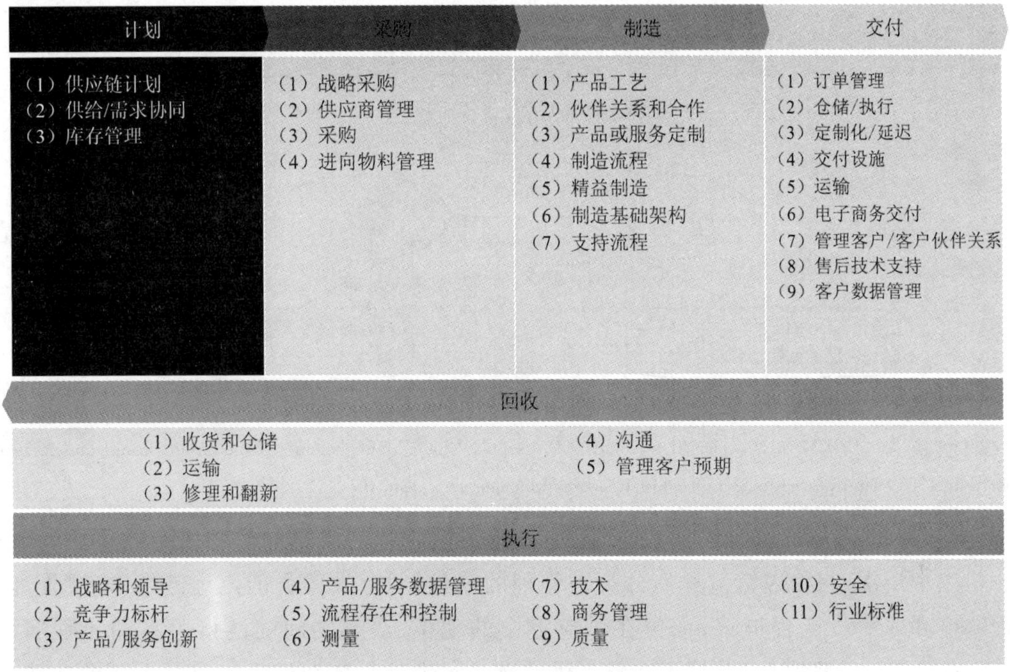

图 2-1-5　CSCMP 的供应链管理流程标准结构

CSCMP 出版的《标准》为系列手册,五个主要流程各为一个独立分册。

CSCMP 的《供应链管理流程标准》集中了研究学术机构研究成果和企业的实践经验。其中包括在标杆管理和最佳案例研究方面领先的公司所出版的白皮书和案例研究,比如绩效考量集团(PMG)、贝恩公司、最佳案例公司等;包括物流和供应链领域的专业期刊的主要研究成果,如《供应链管理评论》《商业物流通讯》《物流管理》《DC 速度》《进向物流》《美国付货人》《国际物流管理通讯》;包括专业网站的白皮书,如美国仓储教育研究会(WERC)、APICS、美国生产力与质量中心等,也参考了供应链协会 SCOR 模型中的最佳案例。

CSCMP 认识到,不是所有行业都相同,所以,《标准》的制定是为尽可能多的行业提供通用指南。CSCMP 认识到在一个行业的最佳实践可能是另外一个行业的一般案例。有鉴于此,《标准》研究者努力为尽量多的学习对象提供一个通用的工具。因此,使用这个《标准》的时候,应批判地使用标准,结合企业自身的战略,判断哪个流程应采用自己业内的最佳实践。

CSCMP 的《标准》的应用,还需要考虑全球化的问题。当研究者们引入了包括国际物流的过程和实践,在不同的地理范畴,可能需要增加一些本标准没有包括的流程。

三、GSCF 供应链流程与结构

全球供应链论坛(GSCF)在给出供应链管理定义之后,分析了供应链管理的结构,给出了供应链管理的八个流程。

GSCF 认为,供应链管理框架包含三个密切相关的基本组成部分:供应链网络结构、供应链管理流程及供应链管理构成单位,如图 2-1-6 所示。

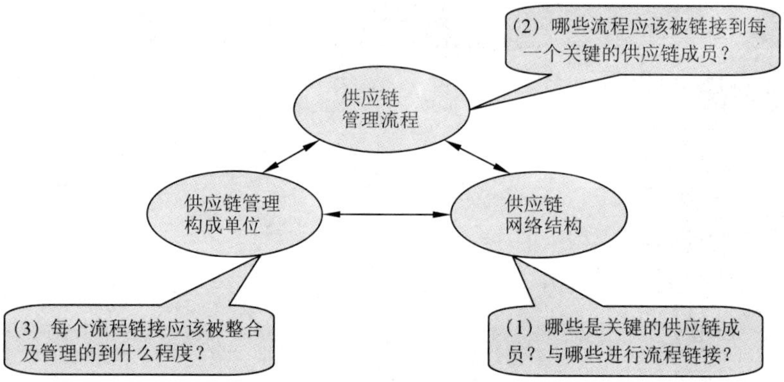

图 2-1-6　供应链管理的组成因素及主要决策

(资料来源:Lambert D M, Cooper M C, Pagh J D. Supply Chain Management :Implentation Issues and Research Opportunties[J]. The International Journal of Logistics Management, 1998,9(2):1-20.)

GSCF 将供应链成员分成核心公司、核心公司供应链的成员和核心公司供应链的非成员公司三个层次,将供应链流程划分为被管理的流程链接、被监督的流程链接、未被管理的流程链接和非成员流程链接,成员在供应链中的地位、成员之间的链接关系和流程属性。GSCF 的供应链管理结构,凸显了在整个供应链过程中整合各个供应链成员企业的功能,而不是管理单一企业的供应链,如图 2-1-7 所示。

在对供应链成员和链接进行分类的基础上,GSCF 将供应链管理流程分为八个组成部分:①客户关系管理;②客户服务管理;③需求管理;④订单完成;⑤制造流管理;⑥供应商关系管理;⑦产品开发和定制化;⑧回收管理。

GSCF 供应链定义的供应链与流程结构如图 2-1-8 所示。

其中:

(1)客户管理流程:提供一个如何与客户建立并保持关系的结构。

(2)客户服务管理流程:提供与客户之间进行接触的重要界面,来监管产品及服务协议(PSA)。

(3)需求管理流程:提供一个用来平衡客户需求与供应链能力(包括降低需求的流动性及增强供应链的灵活性)的结构。

(4)订单履约流程:包括定义客户需求、设计物流网络以及履行客户订单等所有必要的活动。

(5)制造过程管理流程:包括用来获得、实施并管理制造灵活性,使产品走出供应链中制造商大门的所有必要的活动。

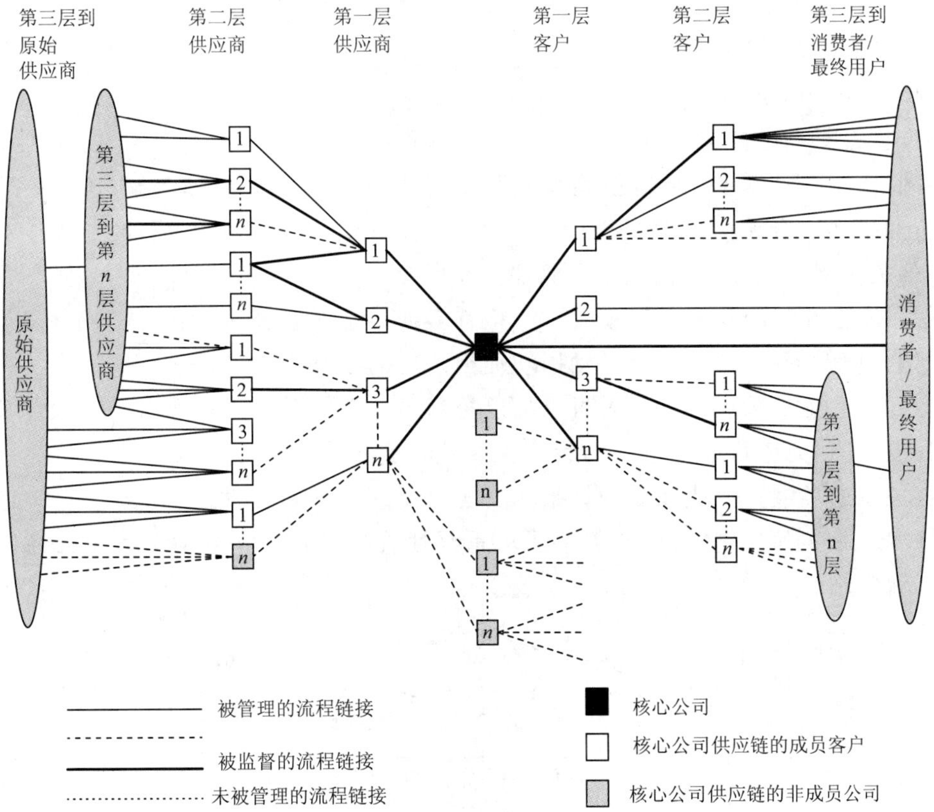

图 2-1-7 供应链连接的种类

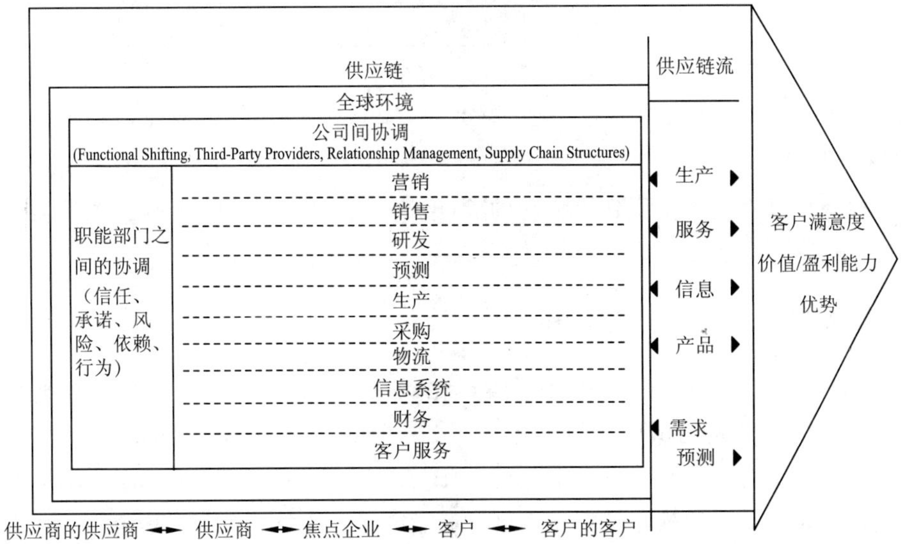

图 2-1-8 供应链管理：在供应链上整合和管理商业流程

（资料来源：Lambert D M，Cooper M C，Pagh J D. Supply Chain Management ：Implementation Issues and Research of Opportunities[J]. The International Journal of Logistics Management，1998，9(2)：1-20.）

(6)供应商关系管理流程:如何与供应商建立并保持关系的流程。

(7)产品开发及定制化:提供一个与客户及供应商一起进行产品开发并将产品推向市场的结构。

(8)退货管理流程:包括与退货、逆向物流、退货查验及退货规避相关的一系列活动。

兰伯特与GSCF的供应链模型特别强调了供应链伙伴关系,对合作伙伴模式进行了分析和描述。合作伙伴模式由四部分组成:检查伙伴关系的动因、检查伙伴关系促因、伙伴关系组元的核准,以及结果测评。动因是建立伙伴关系的显著原因,必须在开始接触一个潜在的合作伙伴时就要进行检查。促因是两家公司中有助于或有碍于伙伴关系建立过程的一些特点。正是动因和促因两者的结合才得以描述一个适当的伙伴关系类型。组元是从管理角度来看可以加以控制的元素。根据所表现出来的伙伴关系的紧密程度,这些元素可以在不同的程度上实施。它们在实际上的实施方式将决定现有的伙伴关系的类型。模式输出的结果是公司对所期望的业绩动因(见图2-1-9)已经实现的程度。在实际操作中,伙伴关系要求重复性管理过程来指导对关系组元适宜程度的分析和实施。

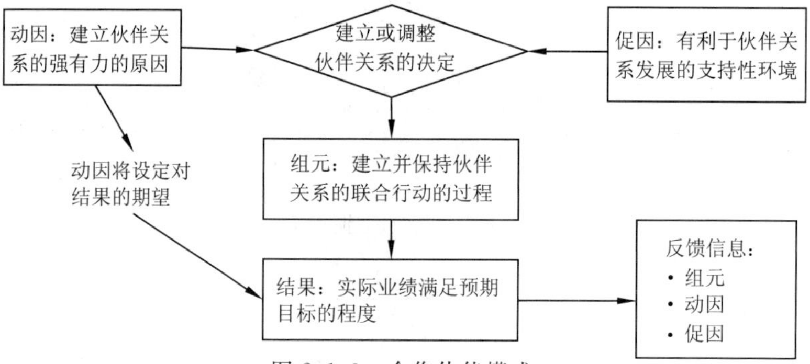

图2-1-9　合作伙伴模式

(资料来源:Lambert D M, Emmelhainz M A, Gardner J T. Developing and Implementing Supply Chain Partnerships[J]. The International Jaurnal of Logistics Management, 1996,7(2):1-18.)

这个模式已经在实施中得到了成功的验证,表明它是实施供应链伙伴关系时可以使用的、极具价值的一个工具。

四、集成化供应链模型与结构

根据集成化思想,马士华等构建了集成化供应链管理的理论模型(马士华等,2000,2005)。霍佳震对集成化供应链模型进行了进一步的阐述。集成化供应链模型结构如图2-1-10所示。

集成化供应链管理的核心是由顾客化需求→集成化计划→业务流程重组→面向对象过程控制组成的一个控制回路(作业回路);由顾客化策略→信息共享→调整适应性→创造性团队组成第二个回路(策略回路);在作业回路的每个作业形成各自相应的作业性能评价与提高回路(性能评价回路)。供应商管理正是围绕这三个回路展开,形成相互协调的一个整体。

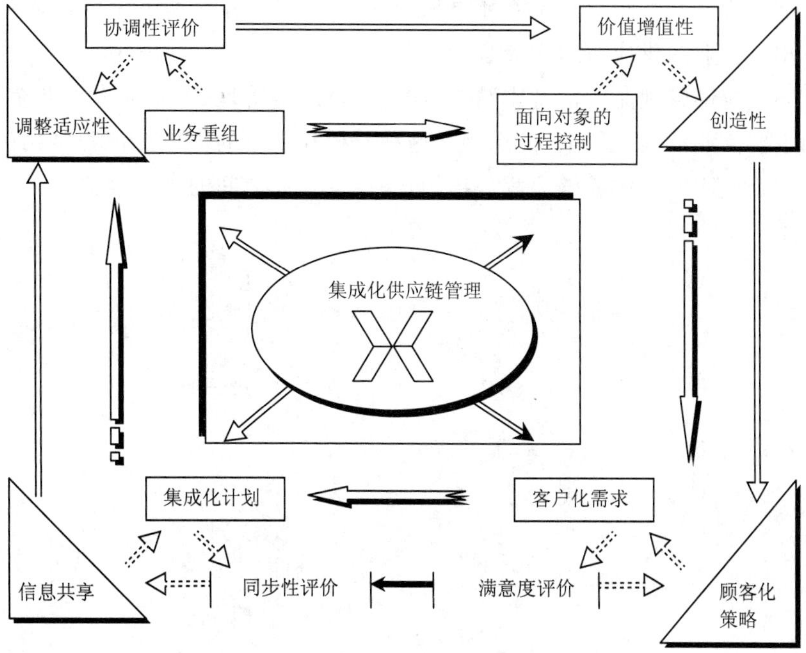

图 2-1-10　集成化供应链管理的理论模型

五、企业战略供应链管理流程的结构分析

根据本节总结的供应链管理的定义，供应链管理是企业内部和企业之间物流活动和商业活动的集成。企业内部的物流活动和商业活动，主要集中在计划、采购、制造、交付和回收五个主要流程，而采购与客户服务、计划与回收等流程，又是跨企业的商业行为。因此，本节将供应链流程结构划分为企业内部流程、行业企业间流程两种基本类型，二者之间相互连接，形成了企业战略供应链流程结构，如图 2-1-11 所示。

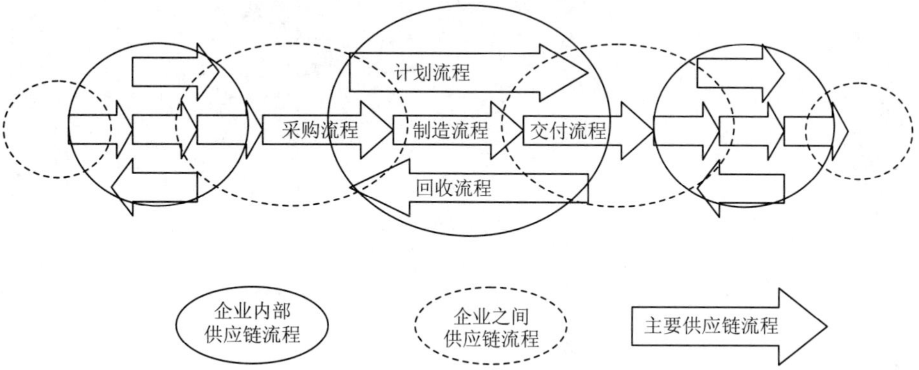

图 2-1-11　企业战略供应链管理流程结构模型

其中，企业战略供应链管理流程可以分为企业内部流程和企业间供应链管理流程，二者共同构成供应链流程结构。

企业内部供应链的每个流程又在不同程度上与上游的客户和下游的供应商连接，在不同程度上承担着企业间供应链管理流程的角色。

企业战略供应链管理流程的基本结构，体现了供应链管理是“企业内部和企业之间主要物流活动和主要商业活动的集成”的思想。这种分析在现有的供应链流程结构的基础上，兼顾企业内部和企业之间的供应链流程与结构，并注重企业之间的供应链关系。

第二章　供应链绩效与绩效考量

第一节　绩效与绩效考量的概念

一、绩效

现代汉语词典对绩效这个词条的解释是“成绩；成效”。相对应的单词有 performance（表现、成绩）、achievement（取得的成绩、成果）、accomplishment（收获、成果）等。目前在学术界和现实经济生活中应用比较广泛的是 performance。performance 一词原意是（艺术）表演，后引申为一种工作、行为、组织等执行的结果或取得的成效。

本书中的绩效指广义概念的成绩和效果，其中包含了上述英文的几个单词的综合含义。

二、考量

考量一词在现代汉语词典中的解释是“考虑、思量”的意思。对应的英文单词 measure（测量）、access（可获得的状况或质量）、evaluate（评估）、benchmarking（标杆衡量法）、appraisal（评价）等。本书中的考量，主要指通过比较和推断，进行对比分析、衡量的过程。

三、绩效考量

从字面意义理解，绩效考量是成绩和效果进行分析、衡量的过程。本书的绩效考量指综合使用各种衡量和评价工具，对绩效进行对比分析和衡量的过程。

第二节　绩效考量的理论发展

一、基于会计准则的绩效考量理论

绩效考量理论的发展是随着经济生活的实践发展起来的。19 世纪末 20 世纪初，随着企业产品品种及其耗用资源种类的增加，“科学管理之父”泰罗通过工作效率研究为每一产品建立了原材料、人工消耗的数量标准。此后，工程师与会计师一起又将数量标准扩展成为每小时人工成本、单位产品原材料成本等价格标准，进而建立了产品的标准成本。随着成本会计、差异分析、激励制度的运用，成本类指标更加完善，企业生产效率得到极大提高。

20 世纪初，多元化经营和分权化管理为业绩评价的进一步创新提供了机会。早在 1903 年，杜邦火药公司就开始执行“投资报酬率”法来评价公司业绩。杜邦公司的财务主管唐纳森 · 布朗(Donaldson Brown)将“投资报酬率”法发展成为评价各个部门业绩的杜邦公式，即投资报酬率＝资产周转率×销售利润率，并发明了至今仍广泛应用的“杜邦系统图”。根据杜邦公式和杜邦系统图，投资报酬率指标发挥了重要作用，根据投资报酬率指标建立了相应的预测和控制方法，来规划和协调各个分部的经营活动。1923 年，通用公司的董事长小阿尔弗雷德·斯隆(Alfred Sloan)提出的分权管理就是利用了布朗的理论。杜邦分析系统在企业管理中发挥的巨大作用，也奠定了财务指标作为评价指标的统治地位。应用最为广泛的评价指标有投资报酬率、权益报酬率和利润等财务指标。会计数据易于获取，可比性强也使业绩评价更具可操作性。

1929—1933 年的经济危机之后，企业外部的会计准则和各种规范要求企业将注意力集中在编制对外财务报告。鉴于信息收集、处理及编报的高成本，使得企业将向外部利益集团报告的信息用于指导企业的内部经营，而忽视了用于改善企业内部管理决策的信息系统建设。因此，业绩评价指标以财务指标为主是外部环境和内部条件共同作用的必然结果，一直持续到 20 世纪 80 年代。

二、综合的绩效考量理论

第二次世界大战之后，为了应对日益复杂的环境变化，企业的营销、研发、人力资源、财务、生产等职能得到了平衡的发展。仅仅对企业生产效率进行评价已无法满足企业管理的需要。各个职能部门根据自身业务特点建立了市场占用率、顾客满意度、新产品数量、员工满意度等评价指标。由于各个职能独立行事，协调性较差，所以，针对不同职能建立的业绩评价指标之间还缺乏系统性和层次性。

1965 年，斯坦利·E. 西肖尔(Stanley E. Seashore)在《密执安商务评论》7 月刊上发表的《组织效能评价标准》对衡量企业各种目标的指标进行了详细的分析和论述，并将各种评价指标及其相互关系组合成一个金字塔式的层次结构，从而使原先处于混乱状态的评价指标体系具有了逻辑和秩序。之后的企业管理实践和理论研究证明，西肖尔将衡量组织经营效能的各种评价指标组织成一个金字塔式的层次结构的思路虽然是正确的，但他为各类指标安排的位置却未必适当。

进入 20 世纪 70 年代以后，市场竞争日益激烈，企业开始注意到必须将营销、生产、研发、财务、人力资源各职能部门协调统一，从整体上来加以考虑，而不再将它们割裂开来(Rolland Munro，1996)。随着高科技的迅猛发展，知识经济初见端倪，企业的竞争优势越来越取决于对无形资产的开发和利用，人力资源的作用日益突出。财务指标的短期性使员工的日常行动与企业的长期战略目标脱节。单纯地以财务指标作为业绩评价指标受到越来越多的批评，非财务指标的作用日益得到重视(Atkinson，1998；Kald and Nilsson，2000)。在 20 世纪 80 年代末，对基于战略管理的业绩评价的研究迅速升温。

1986 年，阿尔弗雷德·拉帕波特(Alfred Rappaport)在《创造股东价值》一书中，提出了一个从股东价值角度评价企业业绩的方法(即：股东价值＝公司价值－债务)，极大地促进了基于股东价值角度的企业业绩评价研究的发展。1991 年，斯特恩·斯图尔特(Stern Stewart)公司提出了经济增加值(economic value added，EVA)指标，这个指标是在扣除了全部债务资本成本和权益资本成本的基础上来衡量企业价值的，实现了企业绩效评价从会计利润到经济利润的转变。

1997 年，杰弗里(Jeffery)等人提出修正的经济增加值(refined economic value added, REVA)指标，进一步发展了经济增加值指标。

1990 年马克奈尔、林奇和克罗斯(McNair Lynch and Cross)提出了业绩金字塔模型。该模型从战略管理角度给出了业绩指标体系之间的因果关系，反映了战略目标和业绩指标之间的互动性，揭示了战略目标自上而下和经营指标自下而上逐级反复运动的层级结构。但是该方法没有形成具操作性的业绩评价系统，因此在实际工作中较少采用。

1992 年卡普兰和诺顿在平衡计分卡中给出了财务、顾客、内部业务流程、学习与创新四个方面的评价指标，构建了财务指标与非财务指标相结合的评价指标体系，并在以后的研究中给出了具操作性的实施步骤，使平衡计分卡成为战略管理的有效工具。

20 世纪 90 年代不同学者先后提出了绩效管理和绩效考量的定义。Rheem (1995)研究企业为了各种原因而以不同的方式利用绩效管理体系和过程，提出绩效管理是企业识别、测量和开发员工绩效的过程。企业绩效包括财务绩效、生产力、生产和服务品质、客户满意度和员工工作满意度绩效。Huselid (1995)认为绩效管理体系是一个能改善知识、技能、公司的现状和员工的潜能、提高员工动机、提升员工素质的关键工作实务。Rogers，Miller 和 Worklan(1993)、Campbell 和 Grafinkel(1996)、沃尔特斯(1995)等认为绩效管理就是根据组织的要求，对雇员进行指导和支持，使雇员尽可能地以更高的效率有效地完成自己的工作。Becker 和 Gethart (1996)发现人力资源决策，包括如何管理绩效，是维持和改善组织绩效的关键。绩效管理与人力资源管理和人力资源开发相链接的领域在于它是一个评估的工具，同时也是开发的手段。

随着绩效考量体系的发展，需要对指标体系进行总结和分类。Beamon (1996) 总结了有效绩效管理指标的特征，包括全面性(测量所有的方面)、普遍性(允许在不同条件下进行比较)、可测性(数据是可度量的)和一致性(指标与组织的目标保持一致)。Neely 等人(1995) 对绩效考量指标进行了分类，将绩效指标分成质量、时间、灵活性和成本等类型。每个类别中再进行详细的分类。比如，时间指标可以通过比较制造前置期和到期日来分析和提升系统的时间绩效。

三、从绩效考量到绩效管理

1999 年，雷蒙德·A·诺依等将绩效管理定义为管理者为确保雇员的工作活动以及工作产出能够与组织的目标保持一致的这样一个过程。绩效管理对组织目标的实现起着至关重要的作用。从这个意义上来说，绩效管理是组织赢得竞争优势的中心环节所在。科学有效的绩效管理系统具有哪些功能，系统如何运作以保障组织目标的实现，是值得深入探讨的问题。在绩效管理的过程中，组织内员工的个人特征，如技能、能力等要素是组织绩效的原材料和基础，组织成员依靠个人的技能和能力等基本要素，通过一系列有目的的个人行为，最后达到客观的组织绩效结果。在这个绩效管理组织系统模型中，非常重要的一个组成部分是组织目标。组织目标通过影响个人特征、个人行为和客观结果，确立其在绩效管理中的核心地位，这种核心地位要求绩效管理系统确保组织内的所有活动都支持组织战略目标的实现。环境限制在绩效管理过程中也发挥着重要作用，企业本身的文化，企业内部的资源和外部的机会、威胁等环境约束都对个人特征、个人行为产生影响，从而影响组织的绩效水平。

第三节 供应链绩效考量方法

一、作业成本法(ABC)

作业成本法(activity-based costing，ABC)是度量成本对象、作业和资源的成本-绩效的方法论。成本对象消耗作业，作业消耗资源。资源成本根据资源使用情况分配到各种作业中；作业成本根据这些发生作业的比例再分配到成本对象(如产品)中。作业成本分析融合了成本对象与作业之间以及作业与资源之间的因果关系。其基本模型如图 2-2-1 所示。

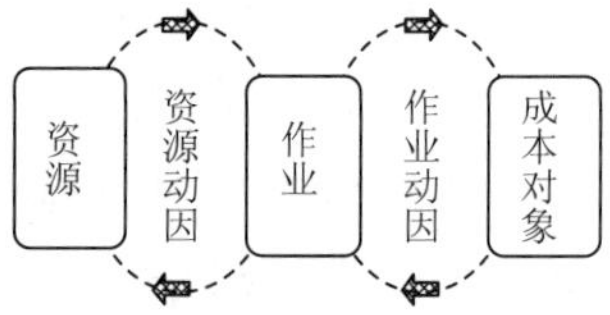

图 2-2-1 作业成本基本模型

从企业财务的角度，传统成本计算方法不考虑企业的目标，但作业成本从一开始就考虑企业的实施目标和范围，结合企业的实际情况实施，并把成本核算与成本信息分析和应用结合起来，直至采取改善行动，为企业提供一个整体的解决方案。

对作业成本的研究最早可追溯到 20 世纪 40 年代，最早提出的概念是“作业会计”(activity-basedaccounting 或 activity accounting)。美国会计学家埃里克·科勒(Eric Kohler)教授于 1941 年在《会计论坛》杂志发表论文首次对作业、作业账户设置等问题进行了讨论，并提出“每项作业都设置一个账户”“作业就是一个组织单位对一项工程、一个大型建设项目、一项规划以及一项重要经营的各个具体活动所作出的贡献”。随后的乔治·斯托布斯(George J. Staubus) 教授认为，“作业会计”是一种和决策有用性目标相联系的会计，研究作业会计首先应明确“作业”“成本”“会计目标—决策有用性”三个概念。1971 年斯托布斯在具有重大影响的《作业成本计算和投入产出会计》一书中，对“作业”“成本”“作业成本计算”等概念作了全面阐述，引发了 20 世纪 80 年代以后西方会计学者对传统的成本会计系统的全面反思。

1988 年，哈佛大学的罗宾·库珀(Robin Cooper)在夏季号《成本管理》杂志上发表了《一论 ABC 的兴起：什么是 ABC 系统？》，库珀认为产品成本就是制造和运送产品所需全部作业的成本总和，成本计算的最基本对象是作业；ABC 赖以存在的基础是作业消耗资源、产品消耗作业。接着库珀又连续发表了《二论 ABC 的兴起：何时需要 ABC 系统？》《三论 ABC 的兴起：需要多少成本动因并如何选择？》《四论 ABC 的兴起：ABC 系统看起来到底像什么？》。他还与罗伯特·卡普兰(Robert S. Kaplan)合作在《哈佛商业评论》上发表了《计量成本的正确性：制定正确的决策》等论文，对作业成本法的现实意义、运作程序、成本动因选择、成本库的建立等重要问题进行了全面深入的分析，奠定了作业成本法研究的基石。

二、关键绩效指标方法(KPI)

关键绩效指标(key performance indicator ，KPI)，是一种对企业或部门具有战略重要性的指标。例如，供应链弹性系数是供应商及时供应的绩效指标，显示了订单按要求的时期或在此日期之前及时完成的百分比。

KPI 绩效考量法是通过对组织内部某一流程的输入端、输出端的关键参数进行设置、取样、计算、分析，衡量流程绩效的一种目标式量化管理指标，是把企业的战略目标分解为可运作的远景目标的工具，是企业绩效管理系统的基础。KPI 可以使部门主管明确部门的主要责任，并以此为基础，明确部门人员的业绩衡量指标。建立明确的切实可行的 KPI 体系是做好绩效管理的关键。

作为企业的战略指标，KPI 体系是建立在企业战略基础上的，所以，KPI 体系的建立是根据企业战略找出业务的重点，根据重点找出整个企业关键领域的绩效指标，然后对相应系统的 KPI 进行分解，确定相关的要素目标，分析绩效驱动因数(技术、组织、人)，确定实现目标的工作流程，分解出各系统部门级的 KPI 指标。部门级的 KPI 进一步细分，分解为更细的职位的业绩衡量指标，这些业绩衡量指标就是员工考核的要素和依据。

KPI 体系的建立和指标测评的过程，就是统一全体员工朝着企业战略目标努力的过程，也必将对各部门管理者的绩效管理工作起到很大的促进作用。

KPI 绩效考量构成是从企业、部门到员工的体系。管理者给下属订立工作目标的依据来自部门的 KPI，部门的 KPI 来自上级部门的 KPI，上级部门的 KPI 来自企业级 KPI，这样，每个职位都是按照企业要求的方向去努力。

KPI 绩效考量的最终目标是企业组织结构集成化，以提高企业的效率，精减不必要的机构、不必要的流程以及不必要的系统。严格说来，没有任何两个职位的内容是完全相同的，但相同性质的不同职位可以利用相同的 KPI 或衡量指标。相同职位的两个不同的任职者，虽共用相同的指标，但因其能力和素质水平不同，可以制定不同水平的目标。

三、平衡记分卡法(BSC)

平衡计分卡(balanced scoreboard，BSC)是基于财务和非财务指标相结合的结构化的企业绩效考量体系。BSC 法采用一系列财务和运作指标，评估企业或供应链绩效。平衡记分卡的维度包括客户角度、业务流程角度、财务角度和创新与学习能力角度。它从形式上把总体目标、战略和评估指标相结合，每一维度都有相对应的目标和指标体系。

BSC 法源自于罗伯特·卡普兰(Robert Kaplan，哈佛商学院的领导力开发课程教授)与大卫·诺顿[David Norton，诺朗诺顿研究所(Nolan Norton Institute)当时的最高执行长，复兴全球战略集团创始人兼总裁]于 1990 年所从事的“未来组织绩效衡量方法”研究计划。该计划对在绩效测评方面处于领先地位的 12 家公司进行为期一年的研究，目的在于找出超越传统以财务会计量度为主的绩效衡量模式，以使组织的“策略”能够转变为“行动”。该研究的结论《平衡计分卡：驱动绩效的量度》发表在 1992 年哈佛企管评论 1 月与 2 月号。平衡计分卡强调传统的财务会计模式只能衡量过去发生的事项(落后的结果因素)，但无法评估企业前瞻性的投资(领先的驱动因素)。因此，必须改用一个将组织的远景转变为一组由四项观点组成的绩效指标架构来评价组织的绩效。

此四项指标分别是：财务(financial)、客户(customer)、企业内部流程(internal business processes)、学习与成长(learning and growth),如图 2-2-2 所示。

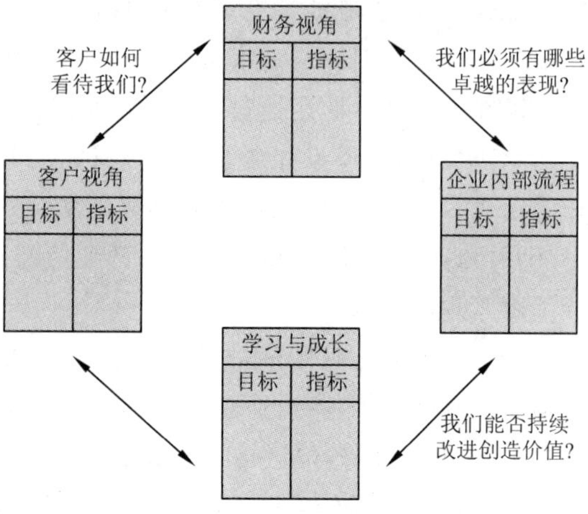

图 2-2-2 绩效指标架构

1. 财务指标

这一目标是解决“我们让股东看起来怎么样?”这一类问题。表明我们的努力是否对企业的经济收益产生了积极的作用,因此财务方面是其他三个方面的出发点和归宿。财务指标通常包括利润、收入、资产回报率和经济增加值(EVA)等。

2. 客户指标

这一指标回答的是“客户如何看我们?”的问题。客户是企业之本,是现代企业的利润来源,客户感受理应成为企业的关注焦点。通过顾客的眼睛来看我们公司,从时间(交货周期)、质量、服务和成本几个方面关注市场份额以及顾客的需求和满意程度。客户方面体现了公司对外界变化的反映,它是 BSC 的平衡点。常见指标包括:按时交货率、新产品销售所占百分比、重要客户的购买份额、客户满意度指数、客户排名顺序、客户忠诚度、新客户增加比例、客户利润贡献度等指标。

3. 内部运作流程指标

内部业务指标着眼于企业的核心竞争力,回答的是“我们必须在哪方面有卓越的表现?”的问题。事实上,无论是按时向客户交货还是为客户创利,都是以企业的内部业务为依托的。因此,企业应当甄选出那些对客户满意度有最大影响的业务程序(包括影响时间、质量、服务和生产率的各种因素),明确自身的核心竞争力,并把它们转化成具体的测评指标,内部过程是公司改善经营业绩的重点。

4. 学习和成长指标

其目标是解决“我们是否能继续提高并创造价值?”这一类问题。只有持续不断地开发新产品,为客户创造更多价值并提高经营效率,企业才能打入新市场,增加红利和股东价值。根据经营环境和利润增长点的差异,企业可以确定不同的产品创新、程序创新和生产水平提高指标,如员工士气、员工满意度、平均培训时间、再培训投资和关键员工流失率等,它是 BSC 的基点。

平衡计分卡作为一种全新的绩效评价体系,既有财务衡量指标,也包括对客户维度、内部流程及组织的创新与成长进行测评的业务指标。前者用来说明已采取的行动所产生的结果,而后者则是对财务业绩的驱动系统的考察。财务、客户、内部流程和学习与成长四个指标均包含战略目标、绩效指标、目标值、行动方案和任务几部分。其因果关系为:员工的素质决定产品质量、销售渠道等;产品/服务质量决定顾客满意度和忠诚度;顾客满意度和忠诚度及产品/服务质量等决定财务状况和市场份额。

平衡计分卡的特点是始终把战略和远景放在其变化和管理过程中的核心地位。通过清楚地定义战略,始终如一地进行组织沟通,并将其与变化驱动因素联系起来,构建“以战略为核心的开放型闭环组织结构”，使财务、客户、内部流程和学习与成长四因素互动互联，浑然一体。利用平衡计分卡，我们就可以测量自己的公司如何为当前以及未来的顾客创造价值了。在保持对财务业绩关注的同时，它清楚地表明了卓越而长期的价值和竞争业绩的驱动因素。从人力资源管理的角度来看，平衡计分卡系统反映了人、财、事、物的完美统一。

四、经济价值增值法(EVA)

经济价值增值(economic value added ,EVA)是股东价值度量指标，是公司税后运营利润减去适当的创造利润的资本的费用。更具体地说，EVA 就是指企业税后营业净利润与全部投入资本(借入资本和自有资本之和)成本之间的差额。如果这一差额是正数，说明企业创造了价值，创造了财富；反之，则表示企业发生价值损失。如果差额为零，说明企业的利润仅能满足债权人和投资者预期获得的收益。

EVA 绩效考量法就是以 EVA 为核心指标所建立的绩效考量体系。该指标体系的创始者斯特恩・斯图亚特(Stern Stewart)公司认为，无论是会计收益还是经营现金流量指标都具有明显的缺陷，应该坚决抛弃；会计收益未考虑企业权益资本的机会成本，难于正确地反映企业的真实经营业绩；而经营现金流量虽然能正确反映企业的长期业绩，但却不是衡量企业年度经营业绩的有效指标。相反 EVA 能够将这两方面有效地结合起来，因此是一种可以广泛用于企业内部和外部的业绩评价指标。

EVA 指标衡量的是企业资本收益和资本成本之间的差额。EVA 指标最大的和最重要的特点就是从股东角度重新定义企业的利润，考虑了企业投入的所有资本(包括权益资本)的成本。EVA 指标由于在计算上考虑了企业的权益资本成本，并且在利用会计信息时尽量消除会计失真，因此能够更加真实地反映一个企业的经营业绩。更为重要的是，EVA 指标的设计着眼于企业的长期发展，而不是像净利润一样仅仅是一种短视指标，因此应用该指标能够鼓励经营者进行能给企业带来长远利益的投资决策，如新产品的研究和开发、人力资源的培养等。这样就能杜绝企业经营者短期行为的发生。此外，应用 EVA 能够建立有效的激励报酬系统，这种系统通过将经营者的报酬与从增加股东财富的角度衡量企业经营业绩的 EVA 指标相挂钩，正确引导经营者的努力方向，促使经营者充分关注企业的资本增值和长期经济效益。EVA 是一种起源于剩余收益，又不同于它的评价企业经营业绩的新方法。EVA 衡量的是一个企业创造的真实利润。这是一个可以用于评价任何企业经营业绩的工具。

EVA 研究的是公司的价值，而不仅仅是利润。这一点很重要，因为不但大多数的公开上市公司想要增加他们的股价，而且大多数的私营企业也想方设法地促使它们的未来价值高于现在的价值。EVA 本身衡量的就是公司获取的利润究竟是高于还是低于投资者所期望的最低报酬。这种最低报酬指的是“资本成本”，因为这是企业为了使用投资者的资金而必须为投资者获取的最低量。超过这个最低量的所有收益称为“超额收益”。这种最低报酬率依据每个公司的风险级别而不同。例如，高科技公司就是比电话经营公司风险性更高的行业。相应地，高科技公司的投资者所期望的最低报酬率就要比投资电话经营公司的高。因此高科技公司具有较高的资本成本。

如果企业的资本收益超过了它的资本成本,即 EVA 为正值,那么它就具有真实利润,企业的经营者就增加了企业的价值,同时也为股东创造了真实的财富。反之,如果企业当年的EVA 为负值,这说明公司发生经济亏损,企业的价值遭到损害,同时股东的财富也受到侵蚀。

EVA 的应用创造了使经营者更接近于股东的环境。经营者甚至企业的一般雇员开始像企业的所有者一样思考,权益资本不再被考虑为“免费资本”,他们不再追求企业的短期利润,而开始注重企业的长期目标与最大化股东财富的目标相一致,注重资本的有效利用以及现金流量的增加,以此来改善企业的 EVA 业绩。

五、标杆绩效考量法

标杆绩效考量法(benchmarking)包含了标杆(benchmark)和标杆绩效考量[benchmarking,作者认为应引申为“标杆绩效考量(的过程)”]两个内涵。

韦氏英语百科词典对“benchmark”的解释是“已知或预测评估的一个标记,由此可以建立其他的评估”“一种标准或参照物,由此可以测量或评估其他的”。网上词典 dictionary. com 的定义是一种卓越或成绩的标准,其他的东西要以此测量或判断(a standard of excellence, achievement, etc. , against which similar things must be measured or judged)。APQC 对“benchmark”的定义是:一种可测量的、业界最佳水平的成绩;用来比较的参考尺度;得到认可的绩效水平,作为特定商业流程的卓越标准。

将“benchmark”转化成为动名词形式,就使标杆变成了一种行为。APQC 对 benchmarking 的定义是,确定、学习和应用世界上任何一个地方的任何一个组织的最佳实践和流程,帮助一个组织提高绩效。标杆绩效考量法搜集潜在的知识,包括管理知识、判断、实施因素等,这些方面都是表面的知识体系经常忽略的问题。

标杆绩效考量关注如何利用顶尖的方法来提升现有商业流程,而不仅仅是测量最佳绩效。发现、研究和实施最佳实践,为获得战略的、运营的和财务的优势提供了极大的机会。

标杆绩效的指标包括多少、多快、多高、多低。标杆绩效考量是一种行动,发现高绩效的特定实践,理解最佳实践如何运作,将最佳实践在自身企业应用和实施。标杆是事实,绩效考量是要真正地提高。

标杆绩效考量的好处有以下几点:

(1)避免重复劳动:当别人已经有了更好的、更便宜的和更快的方法,为什么还要投入时间和金钱?

(2)加速变化和重构:采用经受测试和检验的实践,以事实清除疑虑,发现差距而产生紧迫感。

(3)从外部寻找创意方法。

(4)强迫组织检讨现有流程,带来自身的提升。

(5)由于流程所有者的参与,使实施更加容易。

从哲学角度,“benchmarking”还可以定义为(APQC, 1992):一种非常谦卑的行为,认可他人在某些方面更好;一种非常智慧的行为,学会如何与他们比较,或甚至超过他们。这个定义抓住了 benchmarking 的本质，就是向他人学习。现有的对 benchmarking 的核心解释是：

（1）测量，自身和伙伴的绩效水平，达到比较和记录提升的目的。

（2）比较，绩效水平、流程、实践等。

（3）学习，考量伙伴的绩效，引入提高自身的方法。

（4）提高，是任何绩效考量的终极目标。

标杆绩效考量强调突破性的提升，安德森和帕特森（Andersen and Pettersen，1995）的图示形象地标识了绩效考量的突破提升作用，如图 2-2-3 所示。

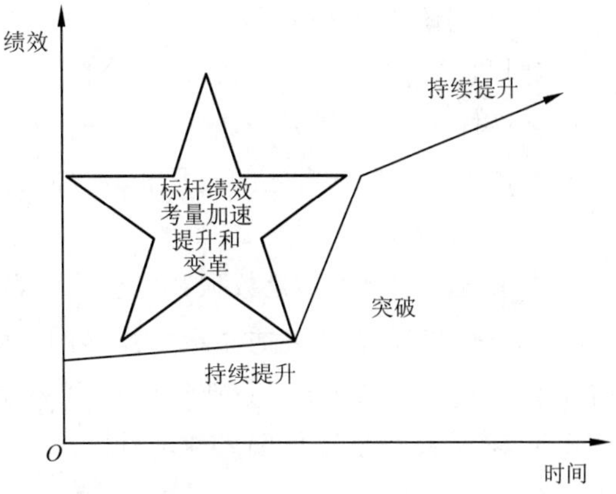

图 2-2-3　绩效考量的突破

五星标识中的突破在很多情况下是由将绩效考量实践引入新的行业来实现的，表 2-2-1 给出了一些实例。

表 2-2-1　引入标杆绩效考量的案例

问　　题	比　　较
医院的挂号排队	酒店的入住接待
机器安装实践太长	一级方程式赛车的进站服务团队
新混凝土的交付计划	热比萨饼的派送
没有安排好的热电机组的维护	航空发动机的维护
发动机盖与气缸形状和表面光滑度的制造困难	唇膏外包装管的制造

安德森的绩效考量轮模型（Andersen，1995），解释了标杆绩效考量过程的各个步骤，如图 2-2-4 所示。

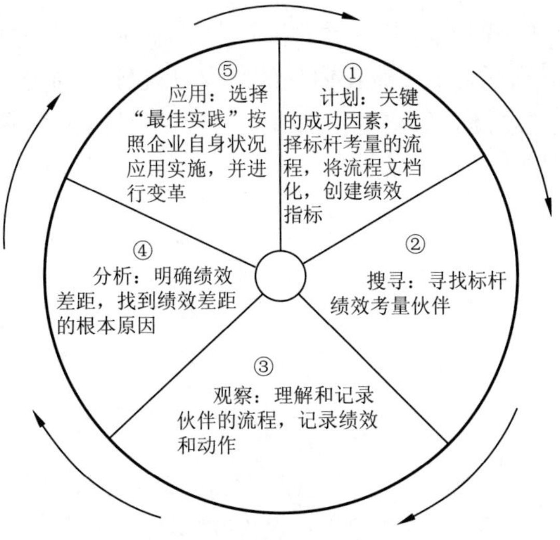

图 2-2-4　绩效考量轮模型

安德森将绩效考量分成五个阶段，每个阶段完成一部分绩效考量的过程。

罗伯特·坎普（Robert Camp）提出的标杆绩效考量的五个阶段与安德森略有不同：

1. 计划阶段

计划是第一个也是最关键的一个阶段。在此阶段中，企业要提出哪些产品或者职能需要实施标杆法，选择哪一企业作为标杆目标，需要什么样的数据和信息来源等。标杆计划应该集中精力解决标杆实施的过程和方法问题，而不是追求某些数据指标。

2. 分析阶段

本阶段的主要工作是数据和信息的收集与分析。企业必须分析为什么被定为标杆的企业更好一些，它在哪些方面真正是优秀的，标杆企业与本企业的差距到底有多大，怎样把标杆企业的成功经验用于本企业的改进上来等等问题。这一阶段是很关键的，因为若目标定位不准，将导致后续工作偏离预定目标。

3. 整合阶段

整合（integration）是将标杆实施中的新发现，在组织内进行沟通，使有关人员了解和接受这些新的发现。然后基于新发现建立企业的运作目标和操作目标。

4. 行动阶段

确定项目、子项目负责人，具体落实绩效标杆计划和目标，建立一套报告系统，能够对计划和目标进行修改和更新。

5. 正常运作阶段

当企业的标杆能成为制订绩效计划、绩效目标的方法时，就进入了正常运作阶段。

六、绩效考量方法的综合使用

本章给出了绩效、考量、绩效考量的定义，介绍了主要的绩效考量方法，包括作业成本法（ABC）、关键绩效指标法（KPI）、平衡记分卡法（BSC）、经济价值增值法（EVA）和标杆绩效考量法。

这些绩效考量方法从不同的角度对绩效进行考量时，需要结合供应链管理的流程综合使用，因为供应链管理流程既包括了企业内部的流程，也包括了企业之间的流程。采用任何单一的方法都不能对供应链绩效做出全面的考量。下一章将对供应链绩效考量的体系和方法论的使用做进一步探讨。

第三章　企业战略供应链绩效考量框架

第一节　供应链绩效考量理论的发展历程

一、从成本指标、服务指标到战略指标

供应链绩效考量主要集中在成本和服务两个方面，即如何在降低成本的基础上，提高客户服务、增加客户满意度。直到今天，成本和服务仍然是企业供应链绩效考量的基本点。

早期供应链绩效考量指标集中在物流成本方面，后来发展到成本和服务的指标。Beamon(1999)曾经对之前的供应链绩效考量做了一个总结分析。首先，成本指标成为很多供应链考量模型的绩效指标。但成本指标具有缺乏分类关联、缺乏对库存成本的考虑、缺乏灵活性等明显的缺陷。这些问题(比如前期成本问题)被成本会计方法放大了，而忽略了库存成本。

客户服务指标包括提前期、断货率和订单满足率等。成本、作业时间、客户反应度、灵活性等指标，先后被单独或并行用于供应链绩效考量。这些指标在单独使用时具有操作简单的吸引力，但单一指标在很多情况下不能够系统地描述绩效。

Maskell (1991) 提出制造业的绩效考量指标应与制造业的战略直接相关。因为企业可以决定绩效指标有没有满足战略要求，人力资源是否将注意力集中在需要考量的方面，这样绩效才能知道企业的方向。

二、从单一指标的绩效考量到多指标的绩效考量

Beamon 在总结之前的供应链绩效指标基础上，提出了将供应链绩效指标分为资源指标(R)、产出指标(O)和灵活性指标(F)三类。Beamon 认为，每类指标有不同的目标，而供应链绩效考量体系必须同时考量三类指标，才能对供应链的成功进行总体绩效考量。

综合企业战略、管理控制、管理会计方面对绩效考量的研究，Chris Caplice 和 Yossi Sheffi (1995) 认为绩效考量体系有四个方面的基本原则：

首先，考量体系具有综合性，要从不同的角度捕捉绩效；其次，考量体系不仅反应结论，还要反应绩效指标的驱动因素；第三，绩效考量体系应将企业战略与具体的组织层面的特定决策相关联；第四，绩效考量体系应该横向相关，或按照流程协同。

从综合性的角度，典型的多维度绩效考量体系是卡普兰和诺顿的平衡记分卡，提出了客户(服务质量)、股东(财务结果)、内部(流程效率)和学习与创新四个维度来考量企业的绩效。

基于以上分析，Caplice 和 Sheffi 将绩效考量体系分成六个类别：

(1)综合性指标体系——为流程捕捉相关的和利益相关者信息；
(2)根源性指标体系——跟踪影响现在和未来绩效的活动和指标；
(3)纵向整合指标体系——将决策者的企业战略与适当的回报相关联的指标；
(4)横向整合指标体系——包括反应流程上的活动、功能和部门的指标；
(5)内部比较指标体系——不同绩效表现之间的相互抵消和比较；
(6)应用指标体系——由被决策者容易理解的指标组成，提供随时付诸行动的指引。

三、平衡供应链绩效考量

平衡记分卡作为全方位企业绩效考量的工具，与供应链管理流程相结合，为供应链流程与企业战略的结合、实现平衡的绩效考量提供了一个完整的框架。

Brewer 和 Speh(2000)对 BSC 应用于供应链管理绩效考量进行了系统的阐述。将 BSC 应用于 SCM 的绩效考量主要的立论依据是 BSC 与 SCM 概念之间的相互关系，二者的结合将创造供应链竞争优势的源泉。

Brewer 和 Speh 首先将供应链绩效分成供应链目标、客户收益、供应链提升、财务收益四个方面，将供应链绩效的目标分别与客户满意度、企业财务绩效以及企业如何学习、创新和成长相关联。

在这个基础上，建立了 SCM 和 BSC 指标之间的对应关系，如图 2-3-1 所示。

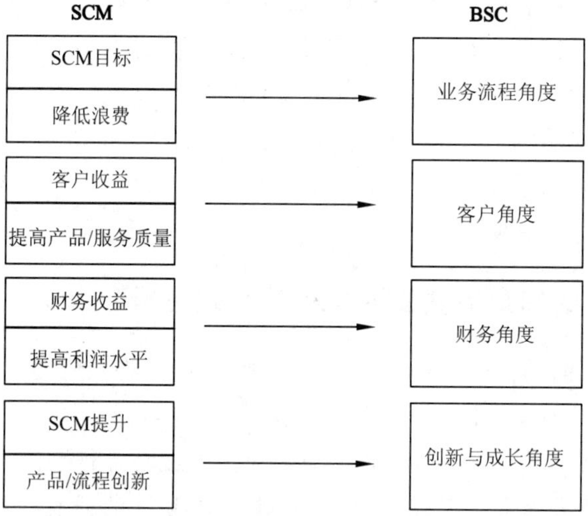

图 2-3-1 SCM 和 BSC 指标之间的对应关系

将供应链的目标和绩效指标代入平衡记分卡的体系内，就形成了平衡供应链计分卡。

这个供应链计分卡模型强调了供应链跨企业主要功能和跨企业的本质，提出了企业之间以平衡的方法管理企业内部和供应链伙伴的关系。最主要的是这个模型给出了企业员工和管理层在供应链上获取均衡目标的工具和方法论。

斯佩等的供应链记分卡模型，不是在于给出所有的供应链均衡考量指标，而是提出了一个研究和应用的框架。这个框架为供应链绩效考量的细化提出了基础，如图 2-3-2 所示。

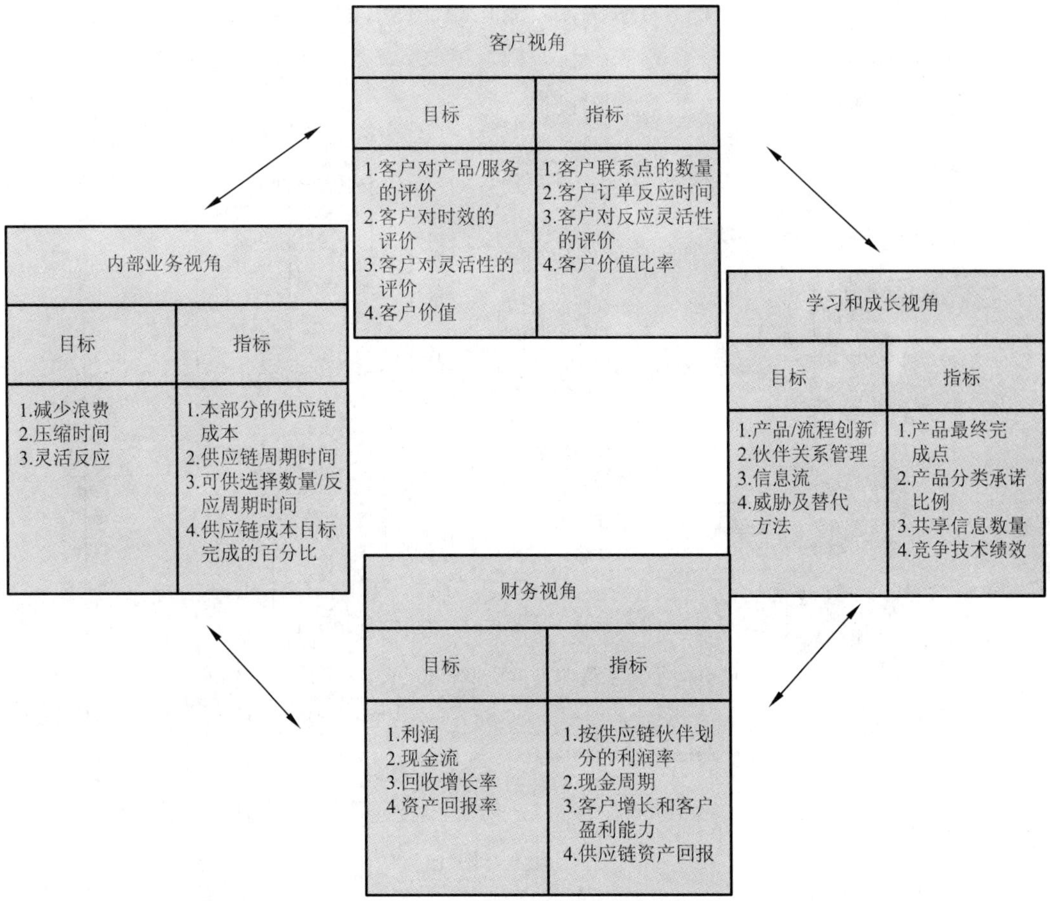

图 2-3-2　平衡供应链记分卡模型

四、ABC 和 EVA 与跨企业供应链绩效考量

为更好地考量企业之间的供应链绩效，Lambert、Pohlen 和 Coleman 提出和发展了将 ABC 与 EVA 法结合起来考量供应链绩效的模型（Lambert 和 Pohlen，2001，Pohlen 和 Coleman 2005）。

ABC 法决定什么驱动成本和绩效，并将非财务指标转化成为作业成本和财务指标。组合 EVA 分析评估流程变化如何同时驱动每个企业的价值，建立符合供应链目标的协同表现测量方法；EVA 和 ABC 组合，测量跨整个供应链绩效。

ABC-EVA 法从客户价值和供应商价值的两端，测量供应链对 EVA 的驱动因素，将客户价值、供应链价值与股东价值结合起来，建立了企业内部和企业之间从行动到利润之间的路线图。采购端和销售端将企业之间供应链流程中的作业转化成成本和收益的绩效指标，作用于企业的 EVA，最终作用于股东价值。

图 2-3-3～图 2-3-5 分别给出了供应链协同手段驱动供应商价值的 ABC 与 EVA 分析、驱动客户价值 ABC 与 EVA 分析、组合 EVA 分析的框架。

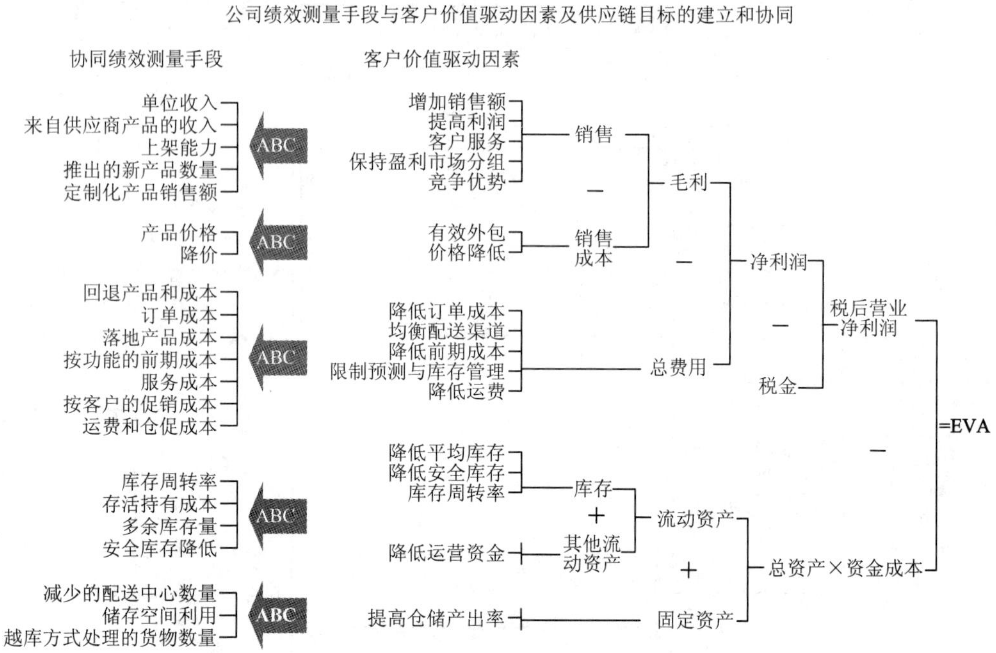

图 2-3-3　供应链协同手段驱动供应商价值的 ABC 与 EVA 分析

（资料来源：Reviews E M. Evaluating Internal Operations and Supply Chain Performance Using EVA and ABC[J]. SAM Advanced Management Journal, Spring, 2005, 70(2):45-58.）

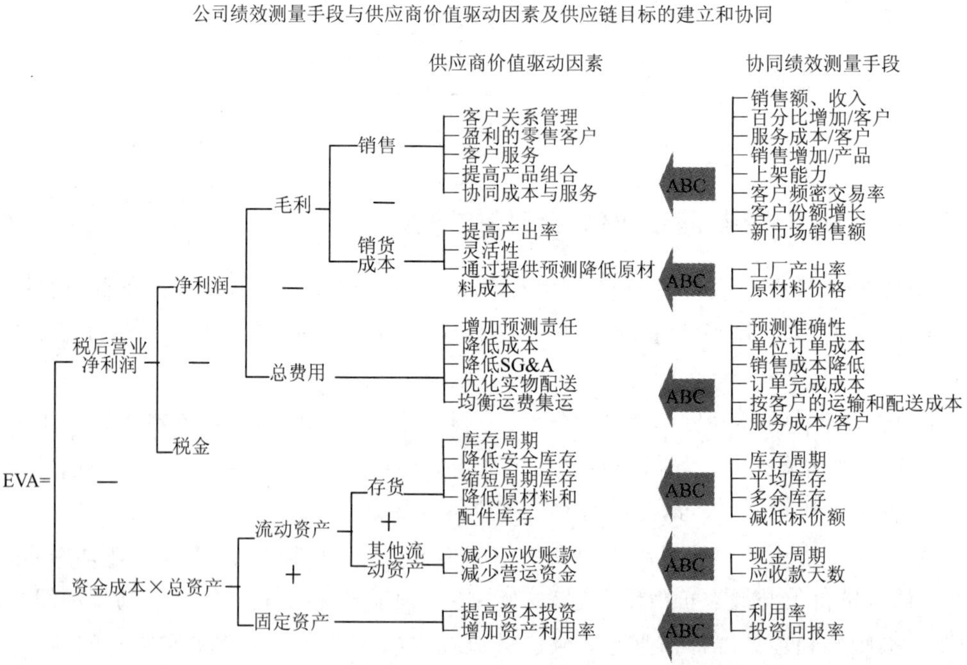

图 2-3-4　供应链协同手段驱动客户价值的 ABC 与 EVA 分析

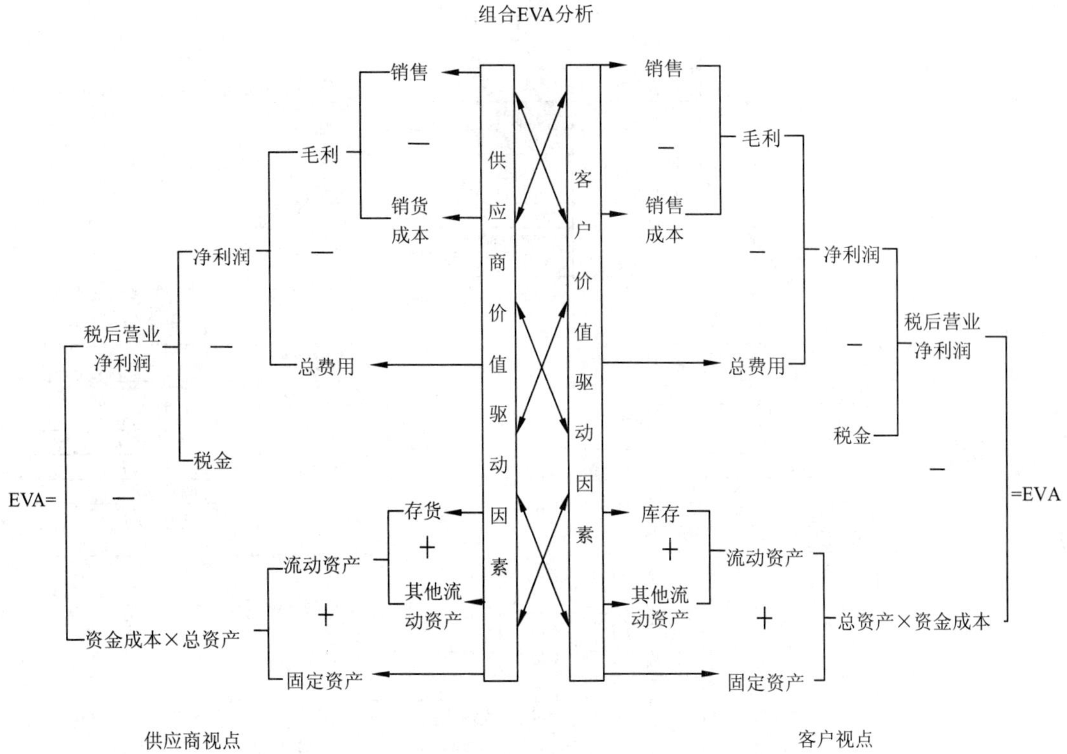

图 2-3-5　供应链协同手段驱动组合 EVA 分析

五、BSC 与 ABC、EVA 的跨企业供应链战略绩效考量

Pohlen 等将 ABC-EVA 模型与平衡供应链记分卡整合，提出了将 BSC、ABC 和 EVA 方法结合的供应链绩效考量框架。

EVA 避免了与传统财务报告相关的典型问题——没有考虑产生收入和收益的资本。ABC 更加准确地将直接成本和间接成本分摊到业务活动（作业），分摊到消费这些活动的产品、服务和客户。BSC 则整合了 EVA 和 ABC 分析，确保管理层考虑影响企业绩效的所有因素。

这个模型对平衡供应链记分卡进行了优化（见图 2-3-6），解释了三种绩效考量方法之间的关系（见图 2-3-7），并进行了跨企业延伸（见图 2-3-8）。

将组合 EVA 分析从供应商—客户关系，延伸到供应链中其他主要关系，整个供应链的绩效是由每个企业的资本市值（市价总值）的变化（利润变化×市盈率）决定的。零售商 A 对批发商 B 将通过盈亏（P&L）分析报告评价它们之间的关系。与批发商相关的任何收入和成本的变化，都将追溯到盈亏平衡表中，从而对零售商 A 的资本市值（市价总值）带来变化。

将 ABC 与 EVA 组合方法结合，推导了跨企业供应链对单一企业的影响的传递过程，得出了企业在供应链上实施跨企业绩效考量而获得竞争优势的结论。

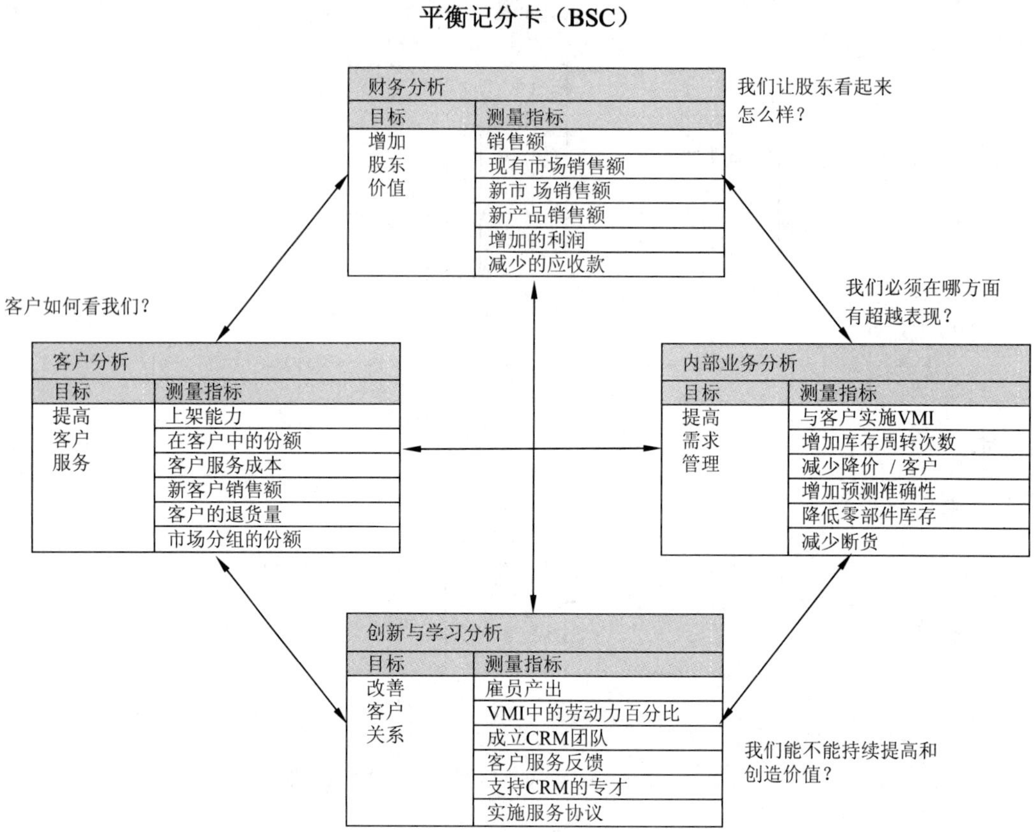

图 2-3-6　平衡供应链记分卡

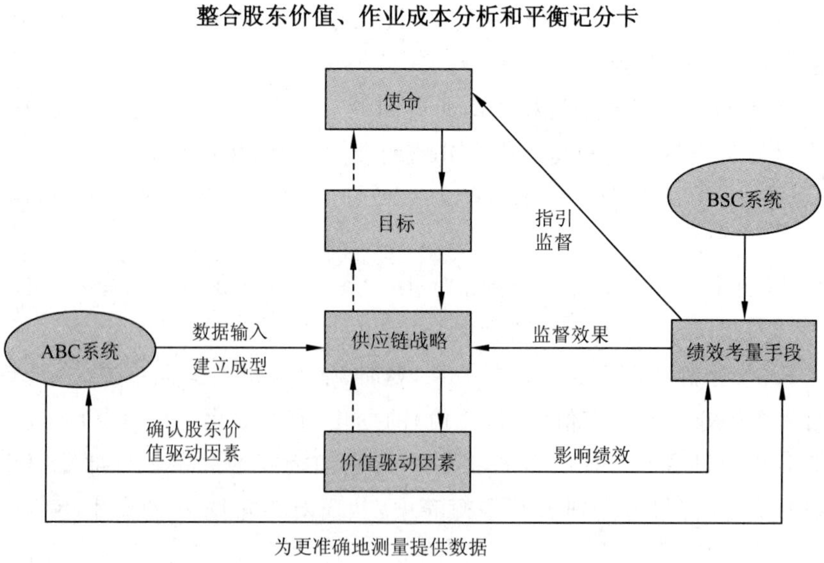

图 2-3-7　EVA、ABC 与 BSC 的综合绩效考量框架

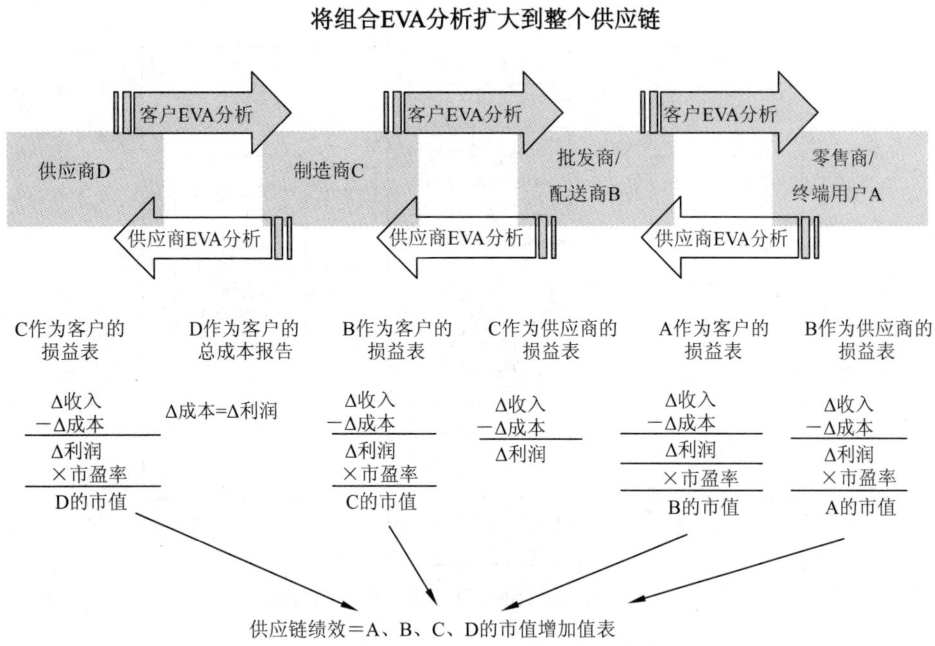

图 2-3-8　EVA-ABC-BSC 框架的跨企业延伸

第二节　企业战略供应链绩效考量框架

Pohlen 提出的 EVA、ABC 与 BSC 的综合绩效考量框架(见图 2-3-7)，没有对 BSC 将企业战略转化为指标的分析进行深入展开。跨供应链的绩效考量指标分析的目的，不仅是操作上的过程分析，也不只是将公司指标与供应链目标的整合，而应该是将企业战略转化为跨企业的供应链行动的演绎。讨论的重心应是单一企业采取什么战略而取得什么结果的问题，也就是跨企业的供应链战略对企业自身的影响问题。

BSC 应是化战略为行动的“机制”，在供应链框架内结合 ABC、EVA 方法，将得到一个明确的从行动到战略、再从战略到行动的传导机制。跨企业的竞争优势归根结底是企业战略问题。

所以，企业供应链绩效考量应首选从企业战略出发，根据战略确定供应链绩效考量的体系和重点，通过 ABC 法对供应链流程进行绩效考量，再通过标杆法找到提升的空间，从而达到提高客户价值、提高企业价值和股东价值的目标。企业战略供应链绩效考量的逻辑框架体系如图 2-3-9 所示。

图 2-3-9 提出的企业战略供应链绩效考量框架，综合使用了 ABC、EVA、BSC 和标杆绩效考量方法，建立了一个企业根据自身战略需求、同时考量内部供应链绩效和企业之间供应链整体绩效并利用标杆数据进行对比分析，达到提升绩效、提升客户价值、企业价值和股东价值的目的。

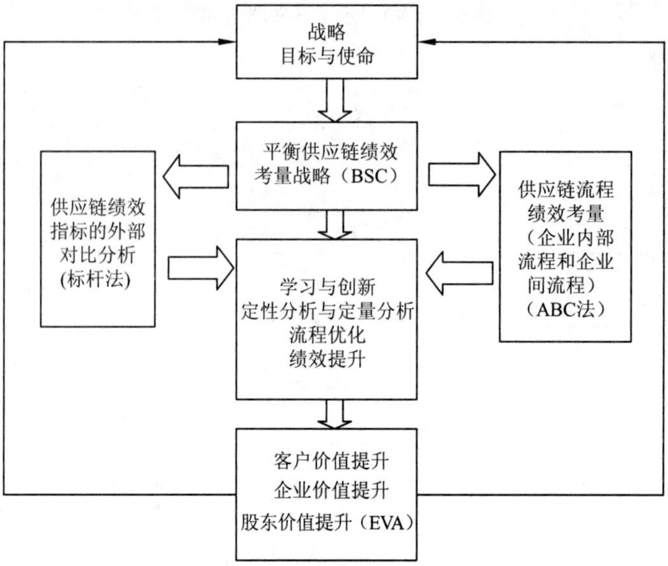

图 2-3-9　供应链绩效的持续提升与改进

第四章　供应链流程评估
——EMBARQ 物流公司案例[①]

第一节　总　　论

当你发现自己的汽车不能像以前一样疾驰时，你会把它送到当地的汽车修理厂。机修人员将你的汽车引擎与诊断仪器相连，很快就能收到引擎中关键部位的实时信息。通过与已知的标准相比较，他便可以告诉你的汽车哪些方面需要改进，并且可以很快地估算出那些改进需要花费多少钱。

如果我们将诊断仪与我们的公司相连，从而很快知道我们需要把精力主要放在哪些方面来改进公司的绩效，这样岂不是更好？遗憾的是，现有的市场上没有这样的项目，但是我们可以利用一些工具来获知改善公司流程的哪些方面能带给顾客和股东的最大收益。CSCMP 探索将就此问题提出了一种工具——CSCMP 供应链流程标准，并且提出了如何把它运用到现实世界状况之中。

通过案例研究分析，不仅有助于证实这些方法是成功的，而且除此之外，还让我们学到了经验，看到了评估流程绩效的效果，分清了具有改进机会的领域并能对改进活动的进度做出衡量。对这些领域的深刻理解会提高供应链专业人士成功执行自我评估的能力。案例研究是建立在 EMBARQ 公司三年间两次不同的评估活动基础上的，从中我们可以掌握流程改进的衡量方法、完善评估的方法以及由第一次实施到下一次实施中结果的对比。

（本引言是 CSCMP《供应链管理流程标准》的修改版，转载已经取得 CSCMP 和供应链愿景公司的同意。）

一、引言[②]

很多公司领导人现在才认识到物流绩效在财务上会对组织的市场份额和利润率有明显的影响，这在物流专业人士中早已知晓。正如 APQC 的首席执行官丽莎·希金斯所说："高绩效的公司在整个供应链管理上会比中等绩效的公司少花费 56％的成本。做得最好的公司的资金周转率要比做得中等的公司高出 39％，并且做得最好的公司在完善订单绩效方面也比中等的公司高出 5％。"

正是认识到了这一点，物流绩效管理已经成为一个非常热门的话题。卡普兰和诺顿已开始

① 本案例由供应链愿景公司迈克·莱雅德（Mike Ledyard）直接提供，授权王国文翻译成中文并在中国使用。

② CSCMP. Supply Chain Management Process Standard, Council of Supply Chain Management Professionals[M]. Oak Brook, IL, USA, 2006.

推广使用一种“平衡记分卡”，一些信息技术部门也正在将“仪表盘”的概念应用到测量端到端的工艺改进，行业协会和大学也开设了研讨会和讲习班对绩效指标进行比较。供应链管理协会的专业人士认识到这一点并专门就此出版了《平衡记分：衡量供应链中物流的商业价值》

但是仍有很多人对一个基本的问题迷惑不解：绩效衡量的改进很大程度上是由实施改善后的流程决定的，往往公司会把绩效衡量标准的实施看作是万能的，六个月过后，很多这样的公司会发现投入大量时间和金钱来实施的“记分卡”“仪表盘”或者其他一些流行的衡量体系，最后的结果却不能带来预期的绩效收益。仅仅用绩效衡量标准是不能保证改善商业绩效的。绩效衡量标准非常必要并且在绩效管理中作用不可替代，尽管这已经无可争议了，但是最为关键的是要把你公司中的计量工作和质量过程分析以及核心流程改进结合起来。经理们也必须认识到服务的成本，简单的削减开支并不能转换为卓越的绩效。

为了帮助经理们评估他们的流程，CSCMP 提出了供应链流程标准。这个标准作为一个评估工具，可以对最低的标准和最好的行动提供一个总体的指南。该文件的组织结构如下：

（1）有六个主要流程段（计划、资源、制造、配送、回收和利用）；

（2）每一个流程段都由流程小类组成；

（3）流程特征按不同门类的标准列出，并且描述出建议的最低流程标准和典型的最佳实施流程。

通过对比标准中流程的描述与自己公司中的活动，经理们可以判断出自己的绩效水平并认清机会，改进供应链流程。

二、标准的目的

流行的商业杂志、咨询公司以及行业协会可以分享到最好的操作和案例研究，但是，对物流和供应链流程而言却没有全面的参考指南和成熟的“最低标准”方针。在此这些标准可以满足这种需要。专业协会杂志上刊登的供应链流程专业标准如图 2-4-1 所示。

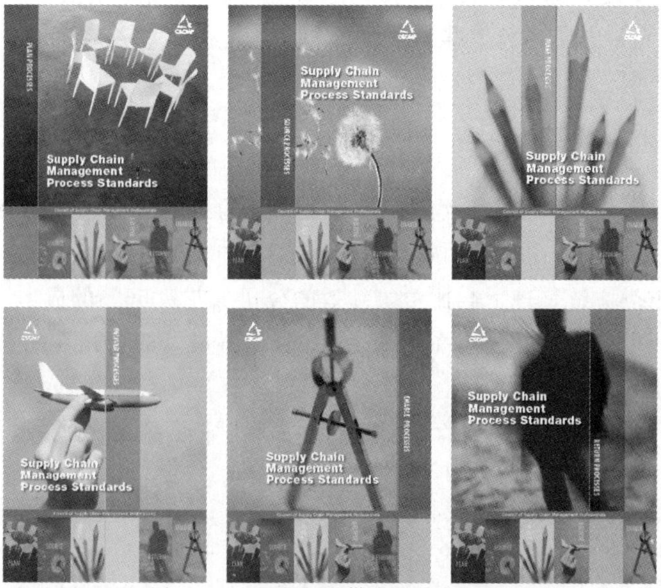

图 2-4-1　CSCMP 供应链流程标准

可以把这些标准作为工具来帮助公司检查出他们流程中一些潜在漏洞。实施者可以利用这个工具来识别流程的长处和缺陷，从而把主要精力放在通过改进能带来最大收益的领域，也可以酌情把实施的结果与供应链中的其他组织分享做比较，这样可以提升整体的效果。

CSCMP 认识到并非所有行业都是相同的，所以他们尝试编写一个让尽可能多的行业适用的一般标准。标准的目标是突破行业以适应大多数行业。不同的行业、同一行业内的不同公司甚至不同地点的同一公司可能有最适合他们的做法，但这些做法可能并不能被其他部门应用。制定这个标准的目的就在于为公司自我评估当前的流程提供一个通用的指南。

公司并不需要在所有流程上都做到最好，这也是非常重要的，那样成本过高。公司必须要决定哪些流程和特性对它们的行业以及竞争战略是必要的，然后在这些领域中集中主要精力来取得最佳的目标，而在其他领域中仅需要维持最低的标准即可。

三、定量标杆绩效考量与定性标杆绩效考量

在本节中"定量"和"定性"的概念会频繁使用，所以我们在此按次序略作解释。定量考量是指测量前置时间、履约水平、库存水平等，可以把这些标杆与其他公司报告中提到的类似测量数据作比较。公布标杆几家公司最强的绩效，并且通常分为四或五个组，顶级的组称为最佳实践或者最优级别，并且中心组被确定为中间组或者中位点。以最佳来源为竞争标杆将仅仅公布统计上的显著结果，并且会提供一定的地理划分，从而使同类级别的公司便于比较。

定性或者流程标杆使用工作活动和工作方法描述来做相似的比较。公司将收到的执行工作行动的描述与最佳做法和最低标准的描述相比较。通过了解具体工作活动中哪些方面是该履行的和不该履行的，经理可以依此决定如何改进流程并定量地衡量出流程的结果。经理从一个流程定量的衡量中仅仅能得出本公司相对于其他公司的绩效在某些方面的排名，而从工作活动的比较中却能得到如何改进流程。CSCMP 标准是目前出版的唯一定性流程标准。

自本《标准》2004 年出版以来，很多公司已经将此标准应用到评估流程和发现成熟领域的改进过程中了。有的公司把它们的评估主要集中到商业中的一个特定领域，通常多数是集中在跨公司灵敏反应控制上。其他公司则进行广泛评估从而把改善业务有限的资源投入到确定的最佳位置。关于这个问题的探索可以从 EMBARQ 物流公司执行标准的案例研究中看出来，这个案例研究可以让我们学到作两项评估的做法，并且为在自己公司实施评估提供了很多建议和经验。

在 EMBARQ 物流公司进行过两次不同的评估，第二次评估是在第一次评估三年后进行的。第一次评估实施评估范围过窄，这种影响在第二次评估中表现得最为明显。在间隔的几年中业务发生了显著的变化，用第二次评估是为公司在以后几年中业务改进的战略发展而进行的。

第二节　绩效考量的方法论

一、EMBARQ TM 物流公司

EMBARQ TM 物流公司是 EMBARQ 公司全资附属的一家公司，它是美国第五大本土通信

公司。EMBARQ 公司为本服务区域内的顾客提供通信服务。EMBARQ 公司曾经是 Sprint Nextel 的本地电话分销商,主要为顾客提供实用、创新的产品和有竞争力的价格。公司大约有 20 000 名员工,在 18 个州有办事处,主要提供本地和长途语音、数据、高速因特网、无线和娱乐服务。

EMBARQ 物流公司前身是 Sprint 的供应公司,这是一个 Sprint Nextel 公司的全资附属公司,后来从 Sprint 公司剥离出了 EMBARQ 公司。公司提供的服务包括物料管理、定制物流、装配、电线及测试服务、工程、供应和安装服务以及项目管理。这些服务既要满足关联顾客的需要(EMBARQ 原有电话公司的分公司),也要满足将这些服务外包给 EMBARQ 物流公司的非关联电话公司的需要。EMBARQ 物流公司利用具有 96 年的一流软件应用经验提供端对端的解决方案,并为顾客创造价值。

在 2004 年自定量标杆绩效考量项目实施以后,隶属 Sprint 北供应公司的配送操作集团决定将评估它们的流程作为它们现行改进操作活动的一部分。它们预期的标杆活动如下:

(1)在 2004 年年底改进供应链绩效并在 2005 年内取得显著收益;

(2)抓住业务中最重要的方面,并着重关注根源问题及其症状;

(3)在现行基础上利用衡量标准,获取更全面的信息来选取优先方面和推进流程改进;

(4)知道什么是可能的并且利用信息来设定目标和确定投资的优先顺序——明确关注对顾客最有利的方面。

第一步是绩效管理小组要实施定量标杆绩效考量项目。衡量的标准主要集中在高水平的流程测量,比如准时发运、供应的存货天数以及现金周转时间。这个研究会帮助配送操作小组识别他们落后于行业的关键领域,但是对于需要做些什么变化才能影响那些衡量标准,这并不能给他们提供具体的答案。

除了流程评估,他们还想将车间控制方法引入它们的配送中心,这样就实现了方法与配送操作部门记分的相互绑定,从而就能衡量出采用前面所讲的定量方法所带来的进步。定性流程评估要保持在一个非常窄的范围之内,在配送操作小组中要筛选出团队成员。为了尽可能的全面,还需要接口团队的成员来参与额外面试。

2007 年,第二次绩效考量关注的范畴更为广泛,财务小组还将其推广到公司的整体行动之中。2006 年 5 月 EMBARQ 公司业务正式独立地剥离了出来。为了改进流程和工作水平,由公司中多个行业的跨领域标杆操作组实施了一个业务标杆项目。这个项目的结果和分析结果中的差距会被反复应用到工作当中,从而保证工作业绩能够达到整个公司的四分之一的目标。公司发起的是一个定量标杆项目,但是 EMBARQ 物流公司为了达到一个整体效果并帮助引领流程改进的实施,决定加入定性流程评估。定量标杆非常有用,尤其是将财务绩效和服务与决定一个公司如何与他的竞争对手和整个行业的高级执行者相比较时更是如此。但是为了决定如何在定量方法改进绩效,公司可投入的资源也是有限的,所以公司还是需要在本公司战略的基础上制定他们的流程标杆并确定优先改进领域。

为此,EMBARQ 物流公司从集团中各个职能部门中选派 12 到 15 个业务专家组成一个团队。这个团队主要是由中层管理者组成并作为整个活动的指导委员会。从这个团队中,他们再选出三个人作为核心团队来代表业务专家,并且让他们每天都参与到评估活动之中。

业务专家小组选择供应链愿景公司来帮助他们作评估。

二、流程绩效考量的收益

走进任何一家公司的大厅，当问到公司中有哪些需要改进时，大多数人都会很乐意地告诉你他们认为公司需要改进的方面，但是把跨职能团队中的 X 个人合在一起问同一个问题，你可能就会得到 X+1 种答案。通常每个人都会知道公司的潜在问题在哪里，但是正常情况下在优先顺序和相互关系上部门间往往分歧严重。利用公布的标准进行流程评估的最大好处就在于消除部门议程和盲点。

例如，在 2004 年的评估中，按照标杆和顾客反馈，分拣、包装和发运等核心配送流程的配送业务收效不好。准时发货的定量指标低于中位数，顾客反馈也要求改善。评估显示核心配送流程良好，但在计划和供应支持流程存在缺陷。具体而言，瓶颈是在接收流程：Spring 北供应采购订单号或者部分号码的外部材料往往没有标记，这造成了接收到入库的延误。在这个方面标准描述最好的做法如下：

利用条码扫描将产品收据与提前装运通知（ASN）对照，由系统分配摆位的位置。建议最低的流程标准规定为：必须正确识别收到的货物中马上会转发的产品。

目前的流程是不符合最低标准的，更不用提最佳的做法了。订单满足率和准时发货率不满足最低流程标准要求，甚至要发的货已经在公司里了。物料在收货流程中卡住了，在现有的库存中并没有显示出来，并且这么多人参与解决这二者的不一致对公司的财务也是一个负担。评估帮忙找到了问题根源所在。结果是，通过改变进向物流贴标要求，保证了接收物料的正确识别。这些变化的实施效果在 2007 年评估中绩效的明显改进上表现出来了。

基于重要性和财务收益而制定的平衡策略的流程评估，是评估团队在优先排序方面达成共识，这样也可以为业务部门支持变革行动打下基础。另外，这个过程通常非常强调流程改进的相互依存。例如，B 取决于 A，那么首先必须要做好 A，然后 B 才能成功。

从员工认识流程的角度也改进绩效考量方式。例如 2007 年的评估中，采访了一个顾客服务代表（CSR）。在访问中，一个顾客打来电话要查询三个不同的订单的交付状态。顾客服务代表表现非常好，他一边与顾客交谈，一边操作着不同的应用程序，从一个地方剪切、粘贴到另一个地方，并且从一个画面跳跃到另一个画面以还原到现在的状态。在 4 到 6 分钟内，顾客服务代表完成了这三项任务并愉快地与顾客完成了对话，这一切都是按计划完成的。

对每个订单都要查询超过五个视屏，在访谈结束的时候，我们问到顾客服务代表公司应该改变哪些才能使流程更好，结果他没有反应。从这个人的角度来看，一切都是按要求来做的。多屏幕电脑操作是做好这项工作培训的一部分。当员工的领导也没有意识到存在更好的方式时，他们在他们的位置上就不会看到改进的机会。这取决于访谈人，在《标准》的帮助下理解薄弱环节并对提醒他们做出改进措施。

最新的结果是，顾客服务代表获取信息报告的方式，已经列入了优先改进的清单。

三、流程绩效考量的方法

下面将为想实施评估的公司提供一个指南，并为 EMBARQ 物流公司的评估方法做一个解释。

步骤 1：选择团队

为了理解当前的流程，和实际工作的人交谈非常重要。为了理解提供的术语和描述，搜集资料的理想人员对流程应该有透彻的了解，但是这对描述流程是不够的，或者说把这些情况表述给提问者也是不够的。这样第一步就是要形成一个评估团队。一个较大的指导委员会对评议和协商取得一致非常有用，但是搜集信息的核心成员应该很小，不要超过 3 到 4 个人。

步骤 2：一线员工访谈

下一步是挑选出工人领导，他们本人经验丰富并能在每一项流程子类中切实履行工作。要避免只从集团的经理中选人来面试，这点非常重要。有时经理可以和工人领导一同面试，问起"如何完成这项工作？"经理会有一个比较详细的描述，但是工人领导则通常会略作沉思答复道："我很希望工作就像你说的那样！"事实上，设计流程的方式可以完全不以日常工作的工作做法为基础。一个详细的评估不仅要揭示而且要深入分析为什么设计出来的流程不能应用。

步骤 3：现行绩效文档化

完成面试之后，核心小组就可以在选定的标准下针对每一项特性来开会讨论公司现行的绩效了。他们之间应该就评级达成共识并将其形成决议。确定评级的方法会在每一项标准中的"如何使用"中详细描述。如果公司圆满达到"操作流程的最好典型"标准中所列的条目，那么级别就是 5 级。如果完成了所有条目的最低标准并且有些操作标准可以达到最好，那么级别就是 4 级。如果公司按照建议最低流程标准达到所有标准，那么级别就是 3 级。如果公司达到一些条目的一些标准但并非所有都达到最低标准，那么级别就是 2 级。如果没有达到任何最低标准，那么级别就是 1 级。在这些评定标准基础上，核心小组形成决议并把每一个评级的详细讨论结果提交给指导委员会。指导委员会会问一些问题并就应用中需要注意的地方加入一些他们的实际经验。这项检查如果处理适当，那么评级就不需要有多少改变了。指导委员会的主要目标是验证这些结论并为下一步作必要的深刻理解。

步骤 4：流程重要性排序

决定改进的优先顺序也是指导委员会的责任，第一步中识别和鉴定缺陷是非常必要的，但是如果没有下述改善这可能就是没有用的。对于每一项流程小类，团队必须要确定一套最好的流程水平，并且这套流程水平在市场上应该是很有竞争力并可以达到公司的战略目标。简单来说，这个流程对公司战略有多么重要？需要多少投入或者需要多大能力才能满足顾客的需要？如前所述，并不是所有的流程都需要最好的做法——时间和金钱上的成本需要对公司收益作出判断。

步骤 5:安排优先改进重点

按照战略和成本/绩效重要性安排好流程子类重要性后,就可以比较共识中流程的评级方案了。实施改进要抓住非常重要和中低绩效的有潜力领域。这个讨论也应该识别出目前在哪些领域绩效水平是令人满意的,以及在哪些领域增加投入可能不能带来竞争优势。

不要忘记要对识别出来的改进区域的每一个子类确定要求的流程绩效水平(见图 2-4-2,该图来自对标准条目的解释)。为了达到公司的目标应该接近或者达到最佳的操作水平吗?在最低标准和最佳操作之间已经足够的好了吗?更具体一点要决定最佳操作描述中哪些元素是必要的。将流程中成本有可能量化的地方直接的或者间接的量化,然后估计出改进绩效所节省的潜在成本。优先顺序不仅应该关注对顾客积极影响最大的领域,要为这些领域提供最有利的资源和时间投入,还要关注绩效很差的领域,这些领域如果不能及时处理可能会产生很大的风险。在这些评估结果的基础上,该小组就可以提出具体的计划措施、资源需求、财务影响以及衡量这些变化成功的关键绩效指标。最后提交给经理的应该包括上述这些领域。

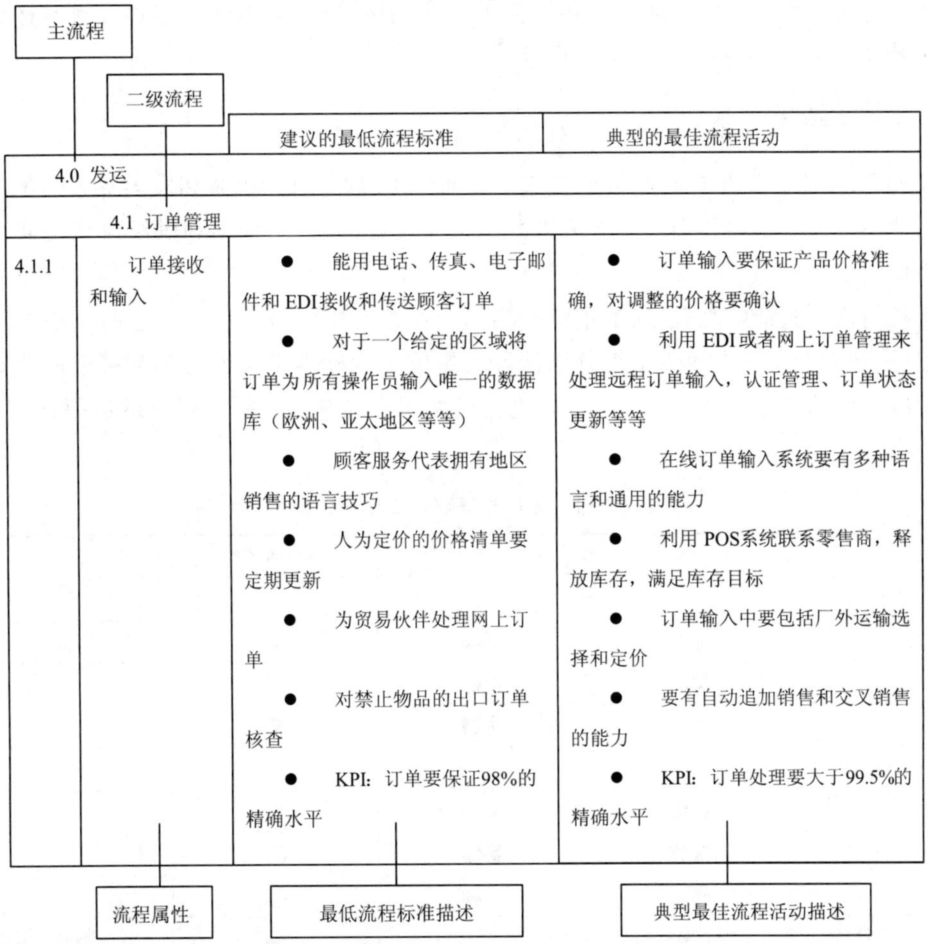

图 2-4-2　CSCMP《供应链流程标准》下的流程绩效图

第三节　EMBARQ 物流公司 2004 年绩效考量

一、考量范围

EMBARQ 评估发生在 2004 年，当时公司配送操作领域面临着内部压力以及顾客逐步增长的改善服务的外在要求。不仅如此，而且一项量化标杆项目表明一些具体的指标是低于平均水平的。定性流程评估的目标致力于识别配送操作中能推动服务明显改善和成本显著节约的活动。配送操作小组发起并组织了这项流程评估项目，并分配两个人全程负责这个持续时间不长的项目。项目的范围主要集中在配送流程，对规划、采购以及能直接带动配送的流程也有所关注。指导委员会选出了 16 个流程子类和 77 个流程特性用于评估。核心小组在总部和配送中心为每一个流程子类确定了流程负责人。在华沙和印第安纳会选取一个有代表性的配送中心作一次考察，其中要包括在华沙和其他地方所看到的配送中心的区别的相关讨论。除了一些基层员工在配送中心面试以外，大多数面试会在一个会议厅里进行。总共面试了 45 个人并且整个项目持续了两周半。

二、考量结果

如前所述，根据定量标杆会提前告诫配送操作小组在分拣、包装和发运等关键配送流程上存在薄弱环节。虽然他们会发现关键配送流程是好的，但是计划和供给流程是非常薄弱的。当他们把这些结果提交给他们的指导委员会后，小组会验证这些结论，但并非不提问题或者延长讨论。验证好之后，这个小组分为两个小组对影响做出评估。这两个小组再次合在一起后，他们会发现由两个小组分别涉及的影响级别标准事实上是非常接近的。对这些级别标准背后的依据分歧作进一步的讨论会将共识引向深入。那些讨论的结果如表 2-4-1 所示的影响级别。

表 2-4-1　流程机遇研讨工作讨论结果

讨论项目	战略影响	节约/绩效影响	目前的绩效	备　注
计划	A/B 组	A/B		
供应链规划	◒●	●◒	◍	
供需对接	●●	●●	◍	
库存管理	●●	●●	◍	
物料管理				
战略采购	◒●	◒◒	◍	
供应商管理	●●	●●	◍	
采购	●◒	○◒	◍	
场内物料管理	○◒	○○	◍	定义不同—低影响
发运				

续表

讨论项目	战略影响	节约/绩效影响	目前的绩效	备　　注
订单管理	●●	○◒	◍	
仓储/完成率	●●	●●	◍	
发运基础	◒◒	◒●	◍	
运输	○◒	○○	◍	
能力				
产品/服务数据管理	●●	◒◒	◍	
衡量标准	●●	●●	◍	
技术	●●	●●	◍	封闭开放的活动
业务管理	●●	◒◒	◍	执行现行计划
质量管理	◒●	○◒	◍	

●高　◒中　○低　◍均值

在这个影响评估和先前达成的流程子类评级共识基础上，指导委员会确定了下述领域需要改进：

(1)供需协同/库存管理；

(2)技术；

(3)指标；

(4)供应商管理。

团队可以为潜在的改进活动集思广益。可以把所有的想法画到挂图上，然后每一个团队成员可以用三个颜色点来选出他们感觉最重要的行动条目。这就为下一轮讨论缩小了想法的条目从而使注意力集中在几个关键条目上。然后小组可以讨论这些替代的条目直到他们理解每一个替代条目的复杂性和潜在的困难为止，也需要澄清和修改建议的解决方案。

另一轮对替代想法排列优先顺序的投票主要是为了形成一系列行动的条目，这些条目会具体呈现出评估中影响巨大的领域中的薄弱环节。提交给管理层的行动条目主要包括以下几个方面：

(1)供需平衡/库存管理。

① 确定目标和标准；

② 审查类和改正方案；

③ 制定动作流战略并实施。

(2)流程变化需要的新技术。

① 管理供应商和系统改进，支持供需平衡；

② 监控系统维护和连接；

③ 管理外包服务；

④ 关闭外部联系。

(3)衡量标准。

① 现行衡量标准的沟通；

② 开发流程衡量标准；

③ 连接管理层和基层的衡量标准。

(4)供应商管理。

① 对所有供应商明确要求并经常沟通；

② 满足系统正常的提前期；

③ 衡量提前期变化；

④ 衡量满足需求标准；

⑤ 将衡量标准与操作目标联系起来；

⑥ 减少提前期变化幅度；

⑦ 开发一个供应商服务网站以加强沟通。

评级中团队达成共识的每一项活动不仅要具有可行性，而且要满足公司战略以及由成本节约和绩效改善带来的潜在收益。评级中团队达成共识的每一项活动也要根据困难程度来实施，实施中也会存在潜在的成本和资源的耗费。在达成共识的基础上，可以根据影响和困难程度把这些活动划分优先等级，具体如图 2-4-3 所示，可以把该评级提交给管理层。

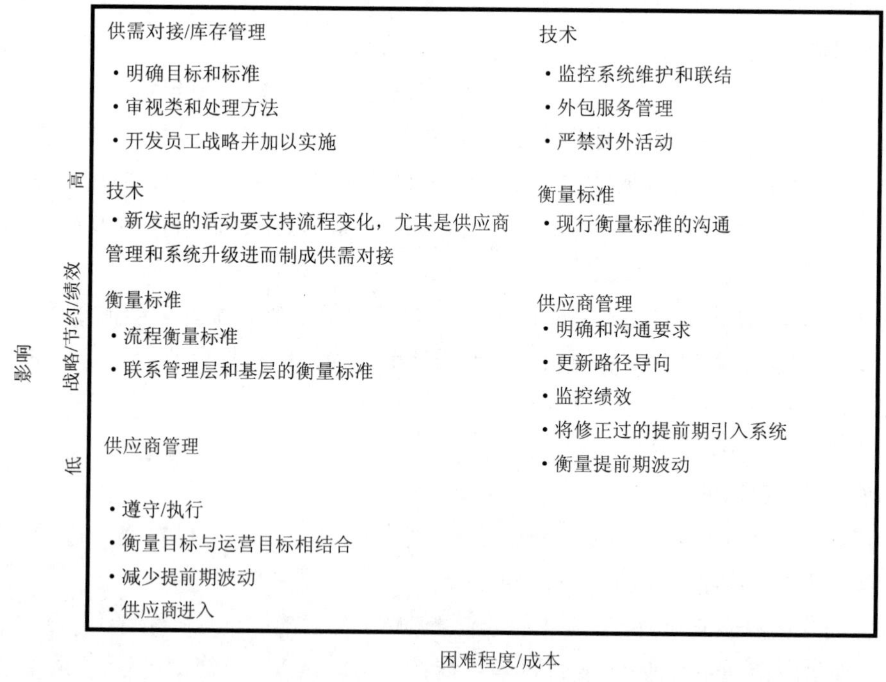

图 2-4-3 改善措施的重要性排序

评估规划会议完成并提交给管理层后不久，Sprint-Nextel 开始合并，谈判开始时，技术上所有明显的投资或者停止，或者推迟。合并完成之后，很多事情发生，最终 EMBARQ 公司从 Sprint-Nextel 公司中剥离出来。结果仅局限于那些不需要明显技术和公司资源投入的领域。当配送操作经理层准备落实多项建议并要做出根本变化时，这确实是事件不幸的转折，但是他们仍然能够取得一些明显的改进，主要集中在以下两个领域：

供应商管理：重点是强调接收标签的要求。通过与关键供应商讨论方案从而确定在目前系统和技术水平下做到哪些比较合理。然后制定标准并和供应商沟通。跟踪实施效果并按供应商对供应商的标准逐步减少不正规活动。2007 年评估完成时，接收区域内搁置的收发区货架已经减少到极少几个货位，并且现场中一个确定的流程能够很快决定那些货位的状态，这些货架或者可以清空放进仓库或者返还给供应商。

绩效测量指标：这个强调的重点是生成部门记分卡，这些记分卡是联系公司管理层和基层员工的纽带。公司在其中一个配送中心建立了一个世界一流的业绩激励项目，然后把它推广到整个网络。

在对订单精确度和库存精确度没有负面影响前提下，配送操作小组立足改进生产力的需要和完成同一天中来自配送中心所有订单的发运任务。EMBARQ 物流公司管理层联合配送中心员工一起创建改进识别工具、设定改进目标以及开发行动计划。员工们会接受到有关挑战方面的沟通以及关于配送中心员工怎样影响到需改进领域的培训会议。

项目小组开发出一套按小时取酬的报酬计划，它被命名为绩效付酬。它对每一个目标会给予 1%的激励。经理和主管的目标也是直接与目标相连，他们将整个配送操作小组视为目标。配送中心的所有领域也会将所有领域的月度进展提交给信息委员会。管理绩效审议也需要通过经理层和员工的共同努力从而向更广阔的目标迈进。两年后，EMBARQ 物流公司完成了产量收益的 23.6%，这为每年直接节省了 170 万美元。在保持同一天发运和高额度的无损耗发送的同时，他们也达到了一流的库存精度。当收益用美元衡量和表现出来的时候，企业接受供应链的举措相当容易。

第四节　EMBARQ 物流公司 2007 年绩效考量

一、考量范围

2007 年的第二次评估中，公司的景观发生了戏剧性的变化。如前所述，EMBARQ 公司剥离出来成为一个独立的实体，财务领域也发起了让公司上下全方位搜集公司各个领域的定量标杆的活动。具体而言，公司想识别出一个不同于行业多元化的公司标杆操作的流程改进机会和工作水平。在先前 2004 年经验的基础上，为了确定定量标杆的根源，EMBARQ 物流公司决定增加定量流程评估。评估结果和对结果差距的分析会被反复用于工作以使整个公司达到四分之一强的执行者水准。EMBARQ 物流公司中用于标杆选择和流程评估的领域包括：

(1)外包/采购战略；

(2)采购；

(3)供应商管理;

(4)仓储和配送;

(5)交通和运输;

(6)预测和物料计划;

(7)逆向物流;

(8)顾客服务(仅包括联系顾客);

(9)产品管理/数据内容;

(10)计划(仅限指物流计划)。

为了定性流程评估,SME 小组选择了 77 个流程子类和 124 个流程属性来做评估。这次核心小组为每一个流程子类确定了领导人并且将所有的面试在各自的工作环境中举行。这被证明是非常有效的,因为一些关于"你怎么"后面可以跟着"展现自己",从而消除对术语的迷惑,并且这通常会让求职者为了向核心小组汇报而列举一个例子作为参考。在新世纪和堪萨斯州,大家考察了一个配送中心,并且就他们所发现的与其他配送中心不同的地方做了讨论。超过 90 个人参与了面试,并且整个项目持续了 8 周。

在定量标杆绩效考量阶段,大家总共选定了 45 个衡量标准。业内专家组取得共识初次筛选出来了 20 种衡量标准。一般来说,在现行基础上管理业务衡量标准要达到最低数目。这二十种方法不仅要注重理解现行的状况,而且还要为以后的衡量标准和管理提供关键绩效识别指标。执行委员会要求将其扩展为一个一次性评估,从而形成一个更高层次的总括。公司在决定他们的衡量标准方面要有一定的选择性,要保证衡量的成本不能超过衡量活动带来的收益。团队成员收集了 EMBARQ 公司的数据并从美国生产和质量协会及仓储教育研究协会得到了行业标杆数据。为了进一步比较还需要得到标准案例、业务简介以及行业细分的信息。

二、考量的结果

将 2004 年指标作为一个参考点,将 2007 年的指标与此相比较(见表 2-4-2)。指标显示,流程改进已经在两次评估之间的时段内发生明显变化。总体影响的具体细节可供参考如下:

(1)2004 年中大约有一半的流程特征排名与 2007 年的得分相同。那些领域中几乎所有情况的排名都在可接受的范围之内,并且还有一些情况是不用改善的,但在直观上又保证它们不下滑。

(2)这些特征中有 12%得分要比较低点还低,有 9%的特征要比较低点稍高。在大多数情况下,这是由于 2007 年更详尽检查带来的结果。通过与工作岗位上的工人面谈,你开始可以提问这样的问题:"你能给我展示一下吗?"而不要去仅仅得到一些很一般、很肯定地回答,比如:"是的,我做了。"

(3)6%的特征得分要比较高分稍低一些,23%的要比较高分稍高一些。增加的部分中有 50%的情况是在发送流程领域,这包括配送操作的核心流程。

表 2-4-2　评估结果实例

评估结果实例		计分	
		2007	2004
4.0 交付			
4.1 订单管理			
4.1.1	订单接受和输入	5.0	4.5
4.1.2	订单鉴别	4.5	5.0
4.1.3	订单确认	4.0	2.5
4.1.4	订单处理	5.0	5.0
4.1.5	交易监控	4.5	5.0
4.1.6	客户服务代表的培训和教导	5.0	5.0
4.2 仓储/完善			
4.2.1	接收和检查	3.0	2.0
4.2.2	物料搬运	4.5	4.5
4.2.3	分类	4.0	3.0
4.2.4	储存	4.0	3.0
4.2.5	接收和包装	4.5	4.5
4.2.6	摆放/堆垛	4.5	4.5
4.2.7	发送记录	4.0	4.0
4.2.8	仓储管理系统	4.5	4.5
4.3 交付基础设施			
4.3.1	计划和平衡工作量	3.5	3.5
4.3.2	人工流程校对	4.0	3.0
4.3.3	操作工一岗多能	5.0	5.0
4.3.4	工作场所设计	4.0	4.0
4.3.5	工厂基层绩效衡量	5.0	2.0
4.3.6	组织写作和关注点	5.0	1.5

总体说来，在采购、接收和检查等职能领域改进效果显著。在此期间，EMBARQ 物流公司还在所有配送中心施行了劳动管理体系，并且将这个体系和仓库管理系统绑定在一起。按绩效付酬的公司基层衡量标准也与劳动管理体系绑定在一块，效果极好。从那些体系中得到的衡量标准标明这些活动已经对增强组织协调能力和抓住工作重点起了重大作用。优秀绩效和机遇的实例见表 2-4-3。

表 2-4-3　优秀绩效和机遇的实例

		EMBARQ 物流公司	建议最低标准	典型最佳实践	计分	
					2007	2004
4.0 交付						
4.1 订单管理						
4.1.1	订单接收和输入	• 能用电话、传真、电子邮件和 EDI 接收和传送采购订单 • 在任何地区的订单操作员都可以将订单输入唯一的数据库并且随时可以为整个公司所获得 • 利用 EDI 和网络订单管理接收远程订单输入、订单状态更新等等 • 自动实现产品准确定价并按顾客和数量折扣随时更正 • 联系 POS 系统取得隶属 VMI 项目的支持 • 订单处理中考虑厂外运输和定价	• 能用电话、传真、电子邮件和 EDI 接收和传送顾客订单 • 将订单输入指定地区的那个数据库 • 手工确认价格的要保持价格清单定期更新 • 网上为备选贸易伙伴输入订单 • 要包括加工中心、航运以及客户位置的当地时间和格林尼治标准时间	• 输入订单是保持产品定价准确，确认价格调整 • 利用 EDI 或者网络进行订单管理，能够实现订单远程输入、确认管理以及订单状态更新等等 • 将 POS 系统与零售商相联结，释放库存，满足库存水平 • 订单输入时注意厂外运输选择和运输定价	6.0	4.6
4.1.2	订单确认	• 按规定自动核查价格、计量单位、多层次信用（财务限制、日销售额）以及顾客/产品限制 • 必要时可以履行来自多个地方的单个订单，满足顾客发运要求 • 核实顾客购买特定 SKU 的资格，将顾客/SKU 的清单输入在一般的数据库中	• 手工或者自动查证信用水平要超越以往水平，并将信用水平在通用数据库中存档 • 手工或者自动查证订单要避免拒绝履行残缺清单和出口履约 • 核实顾客购买特定 SKU 的资格，将顾客/SKU 的清单输入在一般的数据库中 • 按照以往规定分配顾客	• 按规定自动核查价格、提前期、计量单位、多层次信用（财务限制、日销售额）以及顾客/产品限制和出口履约 • 要准确引用顾客对价格突变、渠道多样化、附加税和产品供货的要求 • 必要时可以履行来自多个地方的单个订单，满足顾客发运要求	4.6	6.0
4.4 交付基础设施						
4.4.5	公司基层绩效衡量	• 按照实际的绩效标准自动生成报告 • 形象直观的绩效标准要粘贴在基层仓库或工厂的各个地方 • 基层员工在适当的条件下用绩效衡量标准识别和实施改进机会	• 形象直观的绩效标准要粘贴在基层仓库或工厂的各个地方，并要从管理上促进改进 • 要具备一些应用性的衡量标准 • 要有纠错的行动并且要从管理上促进改进	• 实施报告自动化，跟踪实际的绩效标准 • 基层员工在适当的条件下用绩效衡量标准识别和实施改进机会	6.0	2.0

续表

		EMBARQ物流公司	建议最低标准	典型最佳实践	计分	
					2007	2004
1.0计划						
1.1供应链计划						
1.1.3	销售和运营计划	• 独立分工操作 • 如果问题出现，采用非正式跨职能方法应对	• 销售和运营规划要跨越各个职能部门，搭建由市场部、销售运作部以及财务代表共同参与的平台 • 每月举行正式会议，陈述业务绩效问题并将业务战略与运营能力联系在一起 • 有相应满足市场要求的部门 • 通过协商达成一致，共同完成运作预测计划。(财务预测应该随运营预测变化)	• 每周举行会议研讨业务战略和具体的设施和能力，包括审查销售预测变化，引入和输出以及在库存和渠道上的努力等 • 依据资源满足要求 • 要将新产品引入规划过程 • 在规划过程中考虑产品生命周期，特别要警惕停产 • 计划要与目标和预算相比较，但是没有必要完全相匹配	1.5	NA
1.3库存管理(规划好的库存管理典型方面)						
1.3.1	库存计划	• 紧急订单、过量运送和发运延误 • 按客户服务需要保持库存水平 • 按照计划缓冲分析技术和盘存频率而不是按照预测来制定库存水平 • 要满足服务水平的衡量标准，必要时可以调整库存水平来补偿。 • 要用销售和利润额和单位水平来衡量库存绩效 • 审查每周过多的和过时的库存并将其保持在一定的数量水平上 • 落实处理和售后技术，处理陈腐、过时和受损的库存物品 • 每月审查库存周转率	• 按照计划缓冲分析技术和盘存频率而不是按照预测来制定库存水平 • 库存水平要满足顾客服务要求(例如，利用ABC分类方法设定静态安全库存而不是要保持每周的正常供应) • 要定期检查库存水平而不是依靠预测的方法掌握库存 • 要满足服务水平的衡量标准，必要时可以调整库存水平来补偿。 • 设置服务水平要考虑成本和外边的库存 • 每月要跟踪库存并作调整 • 要定期检查库存将其维持在SKU水平 • 所有的库存决策要全面考虑相关的成本和相关的风险	• 库存管理是贯穿整个供应链最优化管理的一部分 • 要根据产品和顾客的帕累托分析调整目标库存水平 • 为了合适的行动要对整个库存进行分类，分为变动库存、无用库存、过量库存以及绝对库存 • 要用销售和利润额和单位水平来衡量库存绩效 • 在产品生命周期和ABC方法基础上每月或者每周三审查并调整库存目标 • 要审查过量和绝对库存将其维持到一定数量水平 • 落实处理和售后技术，处理陈腐、过时和受损的库存物品	6.0	2.0

讲习班和核心小组会帮助详细审阅所有评估结果并保证个人流程特征排名的准确无误。由于是整个团队作的排名，所以大多数排名会被接受，只有三到五个排名在得到额外的澄清后需要调整。核心小组会对这项评估的战略和成本/绩效影响排名做进一步讨论。然后再第二天提交给业内专家组指导委员会。

在业内专家小组中讲习班会对流程特征的排名和影响排名作出验证(见图 2-4-4)。在这些信息的基础上,核心小组确定了五项改进的关键领域:

(1)供应商管理;

(2)供应链规划;

(3)技术;

(4)质量管理;

(5)考量指标。

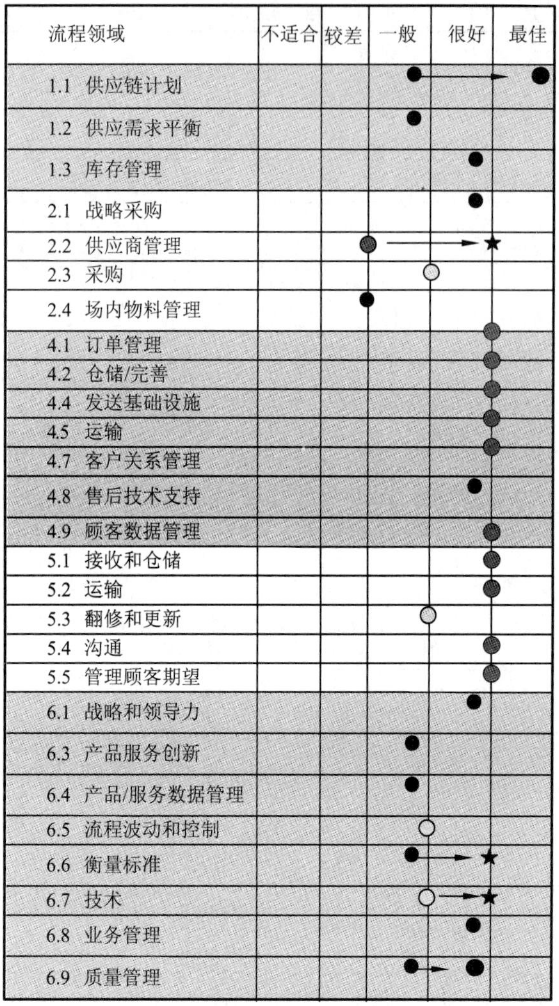

图 2-4-4　流程属性和影响评级:我们需要移动到哪个位置

为了确定优先事项和独立事项,业内专家组随后考虑了这些领域中每一项必要的改进水平。对任何流程而言,要达到一流的标准就必须在时间和资源上有显著的投资,而有时投资并不能取得相应的回报。细心考虑之后,业内专家组决定供应链规划流程应尽可能得好,质量管理可以介于最低标准和最佳活动之间,其他三个方面应该将近达到最佳标准。不仅要考虑最佳标准的具体因素,而且还要业务急需的特定目标因素。在此决策基础上,业内专家组又进行了与 2004 年相似的评估过程,对每一个要改进的领域做了额外的讨论、对替代的标准进行了头脑风暴式的讨论和评估,最终明确了 EMBARQ 物流公司管理团队的行动条目:

(1)供应商管理。

① 职能专家直接与其对应的供应商职能专家联系——不用通过客户经理;

② 供应商质量评估流程正规化。

(2)供应链规划。

① 将业务置于规划流程之中;

② 开发和实施正规的销售和业务规划流程。

(3)技术。

① 维护系统,清除独立的数据库;

② 明晰顾客需求到实施的整体流程。

(4)质量管理。

① 自上而下地将单一的质量管理方法推广到整个公司;

② 设计流程，保证权责统一。

(5)衡量标准。

① 确定衡量标准并将其标准化；

② 采用自动数据采集，减少人工操作取得的结果。

由于管理团队认可流程背后的严谨性，所以提交给管理层的文件很容易就被接受了，并且在稍作讨论之后就认可了小组的结果(见图 2-4-5)。来年的预算编制中会包括这些活动所需要的资源。很多改进的领域仅要求流程和沟通方式的改变，随后实施的个别部门会打破这些领域。这些行动已被融入公司的下一年目标当中，并且还会划分为个人目标分配给各个经理。

三、总结收获

在 2004 年到 2007 年间，EMBARQ 物流公司在很多领域取得了明显的改善效果，确定通过了 2004 年评估。很多情况下，这些改善并没有技术上的显著投资，这是因为主要关注的是流程和改进特定流程中的具体领域。有些情况下则低于标准规定的细节条款。

在计划和供应商管理的一些领域中，改进活动局限于企业资源规划体系范围之内，并且知道企业合并之后(后来又剥离出来了)那些系统的投资决策才定下来。系统投资决策没有定下来是存在多种原因的：EMBARQ 公司案例表明公司无论在合并还是分拆环境下都很强调改进过程，但是小组从长远升级考虑，提出了一些至今还没有投资的领域。考虑到具体的升级要求，公司需要对评

流程	战略影响	成本/绩效影响	流程排名	备注
1.0 计划				
1.1 供应链规划	●	●	3.0	影响库存
1.2 供需平衡	○	●	3.0	
1.3 库存管理	○	●	●	有收据后
2.0 物料管理				
2.1 战略采购	●	●	4.0	
2.2 供应商管理	●	●	●	影响库存
2.3 采购	◒	●	3.5	
2.4 场内物料管理	○	○	●	
4.0 发运				
4.1 订单管理	●	●	4.0	
4.2 仓储/实施	◒	●	4.0	
4.4 发送基础机构	○	◒	4.5	
4.5 运输	○	◒	4.5	
4.7 客户关系管理	●	●	4.5	
4.8 邮件销售技术支持	○	○	4.0	
4.9 顾客数据管理	○	●	4.5	
5.0 收益				
5.1 接收和仓储	○	○	4.5	
5.2 运输	○	○	4.5	
5.3 修理和更新	○	○	3.5	
5.4 沟通	○	○	4.5	
5.5 管理顾客期望	○	○	4.5	
6.0 能力				
6.1 战略和领导力	●	●	4.0	
6.3 产品/服务创新	◒	◒	3.0	
6.4 产品/服务数据管理	○	●	3.0	
6.5 流程波动与控制	◒	◒	3.5	
6.6 衡量标准	◒	●	3.0	关键能力
6.7 技术	●	●	3.5	关键能力
6.8 业务管理	●	●	4.0	
6.9 质量管理	●	●	3.0	影响流程

图 2-4-5　流程改进和关注建议：哪些方面需要我们关注

估做更加详细的决策并希望一旦那些流程变化取得技术支持就能马上实施流程革新。把这些工作做到首位使他们避免了在实施企业资源规划中的许多问题。

工作小组成员现在已经很好地掌握了评估的方法,在正规的基础上反复进行评估将保证 EMBARQ 公司不断接近它的目标。这也为业务开发做出了一系列进展报告反馈,这些报告可以和顾客及潜在的顾客共享。EMBARQ 物流公司计划大约每三年要重复一次评估,从而保证他们的发展道路是正确的,并且还要让全公司按照前四分之一强的执行标准持续取得进步。

综上,对整个公司的评估绝对不会像将诊断仪连到引擎上那么简单,因为公司要远远比方程赛车中最优秀的引擎复杂得多。在某些方面,改善流程就像通过听声音的变化来调整引擎一样,因为正确的调整取决于燃油系统,但是,随着复杂程度的增加,尽管引擎已经全速运行,但它仍然处于比赛的中间位置。只有对公司目标的大致远景有一个清晰的理解和对成功的特征完全掌握之后才能完成这项艰巨的任务。标准为理解和熟悉这些内容和它们的使用方法提供了基础,这会帮助引导公司成功进入下一个阶段。

撰稿人:王国文 中国综合开发研究院(中国深圳)物流与供应链管理研究所所长、博士

第三篇　物联网时代的供应链

第一章　物联网技术的发展历史

物联网时代的供应链涉及两个发展进程：一是物流的发展进程，即如何从传统的仓储、运输服务进入整合的第三方物流服务，继而进入产业领域成为供应链服务的过程，在此过程中对于网络资源的整合与流程管控不断提出了新的要求；二是信息技术的发展进程，即从单机到局域网、广域网、互联网以及移动互联网的发展过程，在此过程中技术支撑了物流服务向供应链服务的需求发展。这两个进程互相促进、融合，形成了当今物联网时代供应链的两个基本特征：技术上以移动互联网为基础支撑；服务上以供应链为主要内容。

第一节　物联网在国外的发展

物联网的概念是一个舶来品。回顾物联网在国外的发展历史可以看出，尽管物联网概念的形成和发展也是物联网技术和产业应用两方面相互驱动的历史，但最初还是从技术推动开始的。物联网概念的起始是基于对 RFID 技术的研发。由于 RFID 技术可对任何物体进行标识并利用网络进行数据交换，这样网络能够连接的就不仅仅是计算机，而是任何物体，因此计算机网络变成了物联网（internet of things，IOT）。物联网的概念就是沿着这样的思路不断扩充、延展、完善，而最终形成的。其发展历史主要经历了以下阶段。

一、物联网思想的萌芽

最早的物联网思想应该是从追求无所不在的计算机应用开始的。1988 年，美国施乐（Xerox）公司 PARC 研究中心的 Mark Weiser 提出了"普适计算"的思想。这种思想认为计算能力将融入遍及的物理环境中，无所不在的计算将成为人们日常生活的一部分。此时"物联网的思想"所体现的是人们能够在任何时间、任何地点、以任何方式进行信息的获取与处理，所有的过程在计算设备的帮助下高度自动化地完成。

不久后，这种"物联网的思想"从对计算机发展的科学推断变成了更为具体的现实情景描述。1995 年在比尔·盖茨出版的《未来之路》中描述到，"当袖珍个人计算机普及之后，困扰着机场终端、剧院以及其他需要排队出示身份证或票据等地方的瓶颈路段就可以被废除了。比如，当你走进机场大门时，你的袖珍个人计算机与机场的计算机相连就会证实你已经买了机票。开门你也无须用钥匙或磁卡，你的袖珍个人计算机会向控制锁的计算机证实你的身份"。"而您所遗失或遭窃的照相机将自动发回信息，告诉用户它现在所处的具体位置，即使它已经身处不同的城市"。这些都是对普适计算的深入应用所做的描述，涉及了射频识别、传感网络、互联网等多种计算机信息技术的结合。

二、物联网形成的初级阶段

1998 年，英国工程师 Kevin Ashton 在宝洁公司的一次演讲中首次提出了“物联网”概念。Kevin Ashton 为解决宝洁公司对货品管理不良而遭受巨额损失的问题，研究出使用 RFID 取代现有的商品条形码来实现供应链管理全流程的透明化和自动化。当时 Kevin Ashton 对物联网的定义很简单：把所有物品通过射频识别等信息传感设备与互联网连接起来，就可实现智能化识别和管理。

1999 年 Kevin Ashton 与美国麻省理工学院（MIT）的教授等成员共同创立了一个 RFID 研究机构——自动识别中心（Auto-ID Center）。该自动识别中心提出，将互联网和 RFID 技术有机结合，再利用 EPC（electronic product code）产品电子代码作为物品标识，实现物品和互联网的链接，即可在任何时间、地点实现对任何物品的识别和管理。这就是早期的物联网概念。其中 EPC、RFID、互联网是围绕早期物联网概念的关键技术和标准，这些技术和标准构成了 EPC 系统。此时的物联网从思想到实践，主要是指利用 EPC 系统来实现对流程的数字化管理。

三、物联网技术应用的扩展阶段

2005 年，在突尼斯举行的信息社会世界峰会（WSIS）上，国际电信联盟（ITU）发布了《ITU 互联网报告 2005：物联网》，正式引用了“物联网”的概念。报告对之前的物联网概念进行了扩展，提出“任何时刻、任何地点、任意物体之间的互联，无所不在的网络和无所不在的计算”的发展愿景。报告强调了 RFID 技术、传感器技术、纳米技术、嵌入式智能等技术将充分结合并得到更加广泛的应用。此时物联网定义的范围发生了变化，不再只是指基于 RFID 技术的物联网，而是指利用多种信息技术的集成来全面实现人与物、物与物之间互联的新的动态网络。

四、物联网向智能化提升的阶段

2008 年欧洲智能系统集成技术平台（EPoSS）发布《Internet of Things in 2020》报告。该报告指出物联网是由具有标识、虚拟个性的物体/对象所组成的网络，这些标识和个性运行在智能空间，使用智慧的接口与用户、社会和环境的上下端进行连接和通信。报告对物联网发展的预测是，RFID 技术将更加广泛地应用和物体的更加智能化。报告对物体智能化的特别关注表明了物联网发展的一个新特点。这样就把智能化应用与物联网技术结合在一起，使之成为物联网的一个发展目标。

五、物联网应用社会化的深入阶段

长期以来物联网的概念局限于技术领域，直到 2009 年 IBM 首席执行官彭明盛首次提出“智慧地球”这一概念，物联网走上了社会舞台，进入了一个新的发展时期。“智慧地球”明确了物联网将在三个方面发展：第一，各种创新的感应技术开始被嵌入各种物体和设施中，从而使得物质世界极大程度地实现数据化；第二，随着网络的高度发达，人、数据和各种事物都将以不同方式联入网络；第三，先进的技术和超级计算机则可对这些堆积如山的数据进行整理、加工和分析，将生硬的数据转化成实实在在的洞察，并帮助人们做出正确的行动决策。“智慧地球”赋予了物联网向更透彻的感知、更广泛的互联互通、更深入的智能化应用方向发展，并提出了物联网在社会领域的全面应用，各种智慧的产业将利用互联互通的信息技术改变整个社会的运行方式。

“智慧地球”的概念首先被美国政府接受，很快也引起各国政府的重视，物联网技术被升至许多国家的战略高度来规划和实施，从此开启了全球的物联网时代。

第二节　我国物联网技术的发展与现状

一、我国的物联网发展历程

我国的物联网技术发展并不比发达国家晚，20 世纪 90 年代我国的金卡工程作为信息化的重点项目，实际上已经开始了 RFID 的应用。此时欧洲也刚刚开始将 RFID 技术用于自动化生产、门禁、防伪和货物跟踪等局部领域。

2001 年我国在全国铁路系统建立了基于 RFID 的信息管理系统，成为全世界最大的 RFID 应用系统。铁路系统建设此系统的出发点是缘于全国车厢资源的管理技术落后，资源使用效率不高，应收的费用也收不上来。部署了 RFID 技术以后，明显提高了管理水平，也收到显著的经济效益，成为后来我国 RFID 技术应用的经典案例。

进入 21 世纪，我国的 RFID 技术得到了飞快的发展。2006 年 6 月，在有关政府部门的指导下发布了第一部《中国 RFID 技术政策白皮书》。2007 年国家颁布了 800/900MHz 频段 RFID 技术的具体使用频率标准，为 840～845MHz 和 920～925MHz。RFID 在应用方面也逐步扩展，目前覆盖了安全防护、生产自动控制、仓储管理、运输跟踪、收费系统、资产管理等诸多方面。

可以说我国的物联网是从 21 世纪的 RFID 技术应用的基础上发展起来的。2009 年温家宝总理视察了无锡物联网产业研究院，提出了“感知中国”目标，从此物联网技术及其应用上升至国家的发展战略地位，RFID 技术成为物联网技术的组成部分。

“十二五”期间我国在物联网关键技术研发、应用示范推广、产业协调发展和政策环境建设等方面取得了显著成效。

(1)政策环境不断完善。加强顶层设计，发布《国务院关于推进物联网有序健康发展的指导意见》，成立物联网发展部际联席会议和专家咨询委员会，统筹协调和指导物联网产业发展。相关部门制定和实施 10 个物联网发展专项行动计划，加强技术研发、标准研制和应用示范等工作，积极组织实施重大应用示范工程，推进示范区和产业基地建设。中央财政连续四年安排物联网发展专项资金，物联网被纳入高新技术企业认定和支持范围。各地区加大政策支持力度，设立专项资金，多层次、全方位推进地方物联网发展。

(2)产业体系初步建成。已形成包括芯片、元器件、设备、软件、系统集成、运营、应用服务在内的较为完整的物联网产业链。2015 年物联网产业规模达到 7500 亿元，“十二五”年复合增长率为 25%。公众网络机器到机器(M2M)连接数突破 1 亿，占全球总量 31%，成为全球最大市场。物联网产业已形成环渤海、长三角、泛珠三角以及中西部地区四大区域聚集发展的格局，无锡、重庆、杭州、福州等新型工业化产业示范基地建设初见成效。涌现出一大批具备较强实力的物联网领军企业，互联网龙头企业成为物联网发展的重要新兴力量。物联网产业公共服务体系日渐完善，初步建成一批共性技术研发、检验检测、投融资、标识解析、成果转化、人才培训、信息服务等公共服务平台。

(3)创新成果不断涌现。在芯片、传感器、智能终端、中间件、架构、标准制定等领域取得一大批研究成果。光纤传感器、红外传感器技术达到国际先进水平，超高频智能卡、微波无源无线射频识别(RFID)、北斗芯片技术水平大幅提升，微机电系统(MEMS)传感器实现批量生产，物联网中间件平台、多功能便捷式智能终端研发取得突破。一批实验室、工程中心和大学科技园等创新载体已经建成并发挥良好的支撑作用。物联网标准体系加快建立，已完成200多项物联网基础共性和重点应用国家标准立项。我国主导完成多项物联网国际标准，国际标准制定话语权明显提升。

(4)应用示范持续深化。在工业、农业、能源、物流等行业的提质增效、转型升级中作用明显，物联网与移动互联网融合推动家居、健康、养老、娱乐等民生应用创新空前活跃，在公共安全、城市交通、设施管理、管网监测等智慧城市领域的应用显著提升了城市管理智能化水平。物联网应用规模与水平不断提升，在智能交通、车联网、物流追溯、安全生产、医疗健康、能源管理等领域已形成一批成熟的运营服务平台和商业模式，高速公路电子不停车收费系统(ETC)实现全国联网，部分物联网应用达到了千万级用户规模。

二、现存问题

我国物联网产业已拥有一定规模，设备制造、网络和应用服务具备较高水平，技术研发和标准制定取得突破，物联网与行业融合发展成效显著。但仍要看到我国物联网产业发展面临的瓶颈和深层次问题依然突出。一是产业生态竞争力不强，芯片、传感器、操作系统等核心基础能力依然薄弱，高端产品研发能力不强，原始创新能力与发达国家差距较大；二是产业链协同性不强，缺少整合产业链上下游资源、引领产业协调发展的龙头企业；三是标准体系仍不完善，一些重要标准研制进度较慢，跨行业应用标准制定难度较大；四是物联网与行业融合发展有待进一步深化，成熟的商业模式仍然缺乏，部分行业存在管理分散、推动力度不够的问题，发展新技术新业态面临跨行业体制机制障碍；五是网络与信息安全形势依然严峻，设施安全、数据安全、个人信息安全等问题亟待解决。

三、未来的发展

物联网是新一代信息技术的高度集成和综合运用，对新一轮产业变革和经济社会绿色、智能、可持续发展具有重要意义。"十二五"时期，我国物联网发展取得了显著成效，与发达国家保持同步，成为全球物联网发展最为活跃的地区之一，已形成包括芯片、元器件、设备、软件、系统集成、运营、应用服务在内的较为完整的物联网产业链。2015年物联网产业规模达到7 500亿元，"十二五"年复合增长率为25%。公众网络机器到机器(M2M)连接数突破1亿，占全球总量的31%，成为全球最大市场。"十三五"时期，我国经济发展进入新常态，创新是引领发展的第一动力，促进物联网、大数据等新技术、新业态广泛应用，培育壮大新动能成为国家战略。当前，物联网正进入跨界融合、集成创新和规模化发展的新阶段，迎来重大的发展机遇。到2020年，具有国际竞争力的物联网产业体系基本形成，包含感知制造、网络传输、智能信息服务在内的总体产业规模突破1.5万亿元，智能信息服务的比重大幅提升。推进物联网感知设施规划布局，公众网络M2M连接数突破17亿。物联网技术研发水平和创新能力显著提高，适应产业发展的标准体系初步形成，物联网规模应用不断拓展，泛在安全的物联网体系基本成型。加大对物联网科研投入，重点是物联网系统架构、信息物理系统感知和控制等基础理论研究，攻克智能硬件（硬件嵌入式智能）、物联网低功耗可信泛在接入等关键技术，构建物联网共性技术创新基础支撑平台，实现智能感知芯片、软件以及终端的产品化。

核心电子器件、高端通用芯片及基础软件产品。突破超级计算机中央处理器（CPU）架构设计技术，提升服务器及桌面计算机CPU、操作系统和数据库、办公软件等的功能、效能和可靠性，攻克智能终端嵌入式CPU和操作系统的高性能低功耗等核心关键技术；面向云计算、大数据等新需求开展操作系统等关键基础软硬件研发，基本形成核心电子器件、高端通用芯片和基础软件产品的自主发展能力，扭转我国基础信息产品在安全可控、自主保障方面的被动局面。

极大规模集成电路制造装备及成套工艺。攻克14纳米刻蚀设备、薄膜设备、掺杂设备等高端制造装备及零部件，突破28纳米浸没式光刻机及核心部件，研制300毫米硅片等关键材料，研发14纳米逻辑与存储芯片成套工艺及相应系统封测技术，开展75纳米关键技术研究，形成28～14纳米装备、材料、工艺、封测等较完整的产业链，整体创新能力进入世界先进行列。

新一代宽带无线移动通信网。开展第五代移动通信（5G）关键核心技术和国际标准以及5G芯片、终端及系统设备等关键产品研制，重点推进5G技术标准和生态系统构建，支持4G增强技术的芯片、仪表等技术薄弱环节的攻关，形成完整的宽带无线移动通信产业链，保持与国际先进水平同步发展，推动我国成为宽带无线移动通信技术、标准、产业、服务与应用领域的领先国家之一，为2020年启动5G商用提供支撑。

第二章　物流信息化到智能化

第一节　物流信息化的历史进程

从发展历史上看，物联网在物流中的应用，实际上是物流信息化发展到新阶段的反映。为了看清物联网在物流中应用的规律，有必要总结一下物流信息化的历史进程。

物流信息化是从何时开始的？早在1948年美国数学家维纳在建立控制论时就指出，控制就是通过信息的采集、传输、变换、加工、处理来实现的过程。维纳揭示了信息化与流程管控的基本关系，传统物流实践中长期用纸质单证来管理和控制作业流程的历史也验证了这个原理。但我们认为应把物流信息化的历史起点放在20世纪70年代EDI的出现。由于EDI的采用，现代物流业开始起步，物流信息化以IT技术为支撑也由此揭开新的篇章。

一、EDI：外部信息交换

20世纪六七十年代，国际贸易大发展，纸单证效率低、差错多、速度慢等局限性凸现出来。欧美一些国家相继出现了企业之间用专线通信的方式传递贸易电子单证的尝试，这些电子单证也扩展到了物流领域，如国际海运。在后来逐渐的发展中，出现了统一的国际标准（交换信息和流程），进而出现了第三方EDI中心，也可以称为第一代公共物流信息平台。EDI因为基于专线通信，成本很高，推广起来一直较难，但是其基本经验至今仍具指导意义，即：星状网络结构＋统一交换标准＋第三方集中的信息处理服务中心＋客户的会员制管理。

从物流的角度来看，EDI时代解决了跨系统的信息交换和流程管控问题，实现了提高效率、降低成本，其中最关键的是解决了系统开放与系统安全之间的矛盾。但EDI并没有包括物流信息化的全部内容，只是在信息交换和跨系统的流程整合领域取得重大的成果，因而成为物流信息化历史上第一个里程碑。

二、企业信息系统：内部资源的整合

20世纪末，微机、局域网、互联网等技术的快速发展，推动了各行业信息化进入一个新的时代，此时以内部资源的整合管控为主，先是MIS系统，后是ERP系统，物流企业则是建设以WMS、TMS为代表的信息管理系统，主要是管理自身的资源和流程。先进一些的企业会增加订单管理系统（OMS）和财务核算系统（FMS），除了流程管控之外还可提升资源管理和客户服务的功能。尽管其中会涉及系统开放的要求，但总体上是以系统的封闭性来保证安全的。此时典型的物流信息系统从功能上看，逐渐形成信息采集、传输管理、开发应用三层结构，在技术上则形成网络层、数据层、应用层的基本架构。应该说目前我国大多数物流

信息化是处于这个阶段的，其中的难点在于如何梳理 TMS、WMS 这样的流程管控信息与订单管理、财务核算等这样的资源管理与服务信息的分拆与结合，形成信息的基础结构及标准，信息流程既能符合实际，同时又能满足物流管理中三个基本管理视角即流程作业、客户服务、财务核算 KPI 的要求。这里面既有共性问题，也有个性问题，搅在一起，如果梳理不好就会影响这个阶段的物流信息化进程。

至此，物流信息化已覆盖了物流的基本矛盾：对内实现资源管理、流程管控，对外提供信息交换与共享。到了这个阶段的后期，信息平台的问题在物流行业凸现出来，成为物流信息化的难点和热点。这可能与现代物流具有天然的开放性有关，因为现代物流的基本特点就是整合社会资源，尽管各行各业也都在呼吁信息互联互通的问题，但远不及物流信息平台的矛盾尖锐。

三、物流信息平台

在企业信息化基础上，信息的交换与共享需求矛盾再次突出，特别是在 21 世纪初，随着互联网技术的普及，物流信息化进入一个新的整合阶段，信息平台的建设成为热点。经过十多年的探索，在物流信息平台的建设方面取得了一定的成绩，考察目前存在的物流信息平台，可分为三类。

（一）企业内部平台

企业内部资源整合进入新的阶段，原有各自独立的子系统（如地方公司或专业系统）需要进一步整合，形成企业级的信息平台，以提高资源管控和优化水平。在此类平台建设中突出的矛盾是如何处理信息系统架构的集中与分散的关系，实际上背后的矛盾是整个企业集团的资源管理与决策权如何解决集中与分散的关系。尽管此类问题没有绝对统一的答案，但是众多成功的案例表明，信息系统的集中度高于行政管理的集中度是个好方法，不仅可兼顾系统的效率与活力的关系，还能够以数据为依据来适时调整管理权的集中度。

（二）公共服务平台

物流系统的开放性使得物流信息的交换与共享的需求极大，催生了一类公共服务的信息平台。物流企业一方面需要与下游的各客户信息系统连接，另一方面又需要与上游的社会资源管理系统连接，可能还需要与流程中的政府监管系统连接，加之服务的扩展还会涉及金融、保险等，总之，物流倡导的整合与外包原理，会产生与各种外部系统的连接需求，这些需求极大地推动了信息交换的公共服务。公共物流信息平台就是在这样的市场背景下产生的。

目前，各级政府参与物流信息化的热情高涨，主要集中于建设公共物流信息平台，但是由于成功少、教训多，至今还存在不少盲目性，更凸现了现阶段公共物流信息平台的关键性地位。其实 EDI 的实践已经为公共信息平台提供了很好的经验，之所以出现困惑或问题，主要与政府在公共物流信息平台的定位有关。从市场需求来看，系统之间的连接和信息交换需求是很大的，也是多元化的，为商业化平台的建设提供了很好的市场基础。但是实际上，多数商业平台举步维艰，更多的商业资本在观望、等待，说明这里有一个投资环境的问题需要政府去解决。但目前多数政府投资或扶植的公共信息平台没有为这样的投资环境改善去提供服务，而是直接进入了商业服务。实际上商业服务不是政府的职责，所以政府应该从搭建为商业平台服务的公共平台做起，提供诸如改善信息交换服务的投资环境、制定游戏规则、维护市场秩序、提供必要的监管信息等服务。

现在看来，物流信息化的关键任务是建立公共物流信息平台体系，其可分为两个组成部分，一是加强相关的物流监管信息系统建设，如各种方式的运输监管、集装箱监管、通关监管、危化品监管等；二是创造条件与环境，鼓励社会资本投资建设多元化的商业服务平台，如配货网络服务、快递网络服务及各种专业物流的服务平台。回顾过去的探索，我国的物流信息化确实有了许多新的发展，技术上也正走向物联网时代，但是建设公共物流信息平台体系的任务始终处于关键地位。

（三）虚拟企业型信息平台

虚拟企业的出现，促使一些信息服务公司的信息交换服务延伸到了资源管控，其信息系统介于公共平台和企业平台之间，既有许多创新，也有许多不确定性。例如，公路货运信息网络从“货找车、车找货”的信息匹配开始，在不断提升服务时也逐渐提高了对于资源的掌控能力，成为虚拟的运输公司或货代公司。这类公司及信息平台向何处去，如何引导，如何推动，如何规范，是非常值得关注的。

现在看来，信息平台的建设成为当前物流信息化的热点和焦点，标志着物流信息化即将进入一个新的时代，即物联网时代，或者“智能物流”时代。从技术上看，似乎是一种技术推动，由于 RFID、传感器、移动通信、互联网、云计算等技术的快速发展，提升了各行各业的管理水平和运作方式，其中物流业是最受这些技术青睐的领域之一。但是仅从技术角度还无法解释“智能物流”的概念，无法回答究竟是新技术的应用时代，还是物流管理出现了重大需求，带动物流信息化进入了一个新时代。为解答这个问题，还要从需求来分析。

第二节　IBM 的智慧供应链

一、背景

在全球化经济和金融市场的影响下，企业供应链的全球化程度也越来越高。供应链全球化的表现除了企业地域性扩张外，还涉及与更多第三方企业的业务合作，以及企业产品的专业和细分化。这使得企业所处的供应链环境更加复杂、更加动态，企业对供应链的管控要求更高。IBM 通过对全球近 400 位供应链执行官的调查，发布了《2009 全球首席供应链官调查报告——智慧的未来供应链》。报告总结了供应链管理所面临的问题，并提出了构建智慧供应链的思想和具体步骤。可以说这是第一本从产业需求的分析出发提出供应链将向智能化发展的研究报告。

二、传统供应链管理的问题

通过调查,IBM 总结出供应链管理所面临的五项挑战:成本控制、供应链的可视性、供应链风险管理、客户之间的关系改造以及全球化。其原因如下:

(1)供应链无法与成本波动保持同步。成本控制一直是供应链管理者关注的首要目标,但由于成本变化加速,传统的供应链策略和技术已经无法依照成本变化进行控制,市场需要更加敏捷的供应链以快速应对不断变化的环境。

(2)管理者难以利用信息协同管理。供应链的可视性是供应链管理者认为的最大难题,因为信息量的增加和分散加剧了管理者获取信息、分析信息、共享信息的难度,除了缺少信息技术的支持还有组织鸿沟的原因。

(3)风险管理形式化程度高。全球化市场已经使风险管理成为供应链管理者面临的第二大目标,但是缺乏标准化的流程、充分的数据分析以及先进的技术严重阻碍了管理者进行风险评估。

(4)企业内部计划未与客户同步。企业与客户之间关系的亲密度远远低于与供应商关系的亲密度。由于与客户的沟通成本较高且耗时,造成企业疏于与客户交流,致使供应链的生产、物流、销售环节都受到影响。

(5)全球化提高了成本并增加了管理的难度。全球化的难题主要来自企业的业务外包,在企业对外包业务不可控的情况下,供应链成本不断上升。

三、未来供应链的智慧化

通过对供应链管理所面临的问题研究发现,仅仅构建高效、需求驱动或透明的供应链已远远不够,提高供应链的可视性、增强上下游协作能力、持续分析并优化供应链才是解决问题的关键因素。因此,IBM 提出需要建立一个具有先进、互联和智能三大特征的供应链,即“智慧供应链”,这是一个可持续的、更为灵活、反应迅速的供应链。

IBM 认为,智慧的供应链先是通过感应器、RFID 标签、制动器、GPS 和其他设备及系统来代替人工进行高效、实时的信息采集。接着通过互联的智能系统扩展信息的交互范围,使普通客户、供应商和 IT 系统,以及各个部件、产品之间通过信息交互实现全球供应链网络协同规划和决策。最后利用智能系统进行数据分析和评估,帮助决策甚至自动制定决策,以此提高响应,减少人工干预。事实上,“智慧供应链”从战略、战术、运营层面深入优化企业的核心价值,帮助企业探索新的商业机会。

报告从先进、互联、智能三方面分析了智慧供应链在解决供应链管理难题上的步骤和方法,提出构建智慧供应链的必要性。“变革还是死亡”,多变的供应链环境使大多数高级供应链领导者从关注传统的功能,如分销和物流、需求/供应计划的制定,开始转向关注策略开发和风险管理。智慧供应链的重点即是在智能决策上为产生深刻洞察力提供丰富的源泉,这包括获知其他业务功能和策略决策的制定。IBM 强调,构建智慧的供应链不仅是一种选择,而且是供应链管理发展的必然趋势。

第三节　我国的智能物流

一、智能物流的概念

在我国,物联网在物流中应用的战略目标被称为"智能物流"。中国工程院在2010年编制的《中国物联网战略发展规划》中首次提出了"智能物流"的概念,称智能物流是一种整体智能的社会物流管理体系。其主要任务是利用物联网技术完成物流活动来达到利润最大、服务最佳、资源最省的管理目标。智能物流建立在物联网基础上,技术上表现为数据的采集和感知,信息的互联传输以及基于数据的决策管理智能化。所谓的智能物流,其标志是通过物流信息服务能力的提高,减少物流管理中对于人工的依赖,因此它是物流信息化发展的一个新阶段。规划中总结了这一阶段的主要因素,包括关键技术、标准化、安全性、互联互通的操作、重点领域应用、产业规划等,从这些因素中不难看出智能物流不仅有物联网的技术特征,其发展也旨在解决物流产业发展的一些基本问题,智能物流的产生和发展是由物联网技术和物流产业发展的需求共同推动的。

二、智能物流的内容

《中国物联网战略发展规划》在借鉴发达国家的经验基础上,提出了发展智能物流的若干条件和主要内容。

(一)产业基础

制造业、商贸流通等传统产业经过工业化进程后实现了规模化和标准化,在经济全球化的局势下,资源和市场遍布全球,流程管理更加精细化,对于物流体系的依赖性更加显著。另外随着电子商务的迅速发展,交易模式的改变促使物流业在经济发展中的地位更加突出。发展智能物流成为各国加强产业链控制、提高物流效率、整合资源的有效途径。

(二)信息技术基础

发达的通信网络设施和先进的信息技术基础是各国智能物流发展的重要推动力。各国基于物联网和互联网技术在物流上的应用,进行了物品的自动识别和数据采集技术、电子数据交换技术、电子订货系统/销售时点信息系统、卫星定位物流跟踪调度管理技术、物流自动化设施与管理软件、物流信息系统与公共信息平台的研发。其应用表现主要是利用信息技术来提高物流各环节的作业效率,通过信息系统和软件完成供应链管理,建立公共信息平台交换数据完成物流服务。

(三)基础性标准

随着物流信息技术的发展,标准的建立成为核心问题。国际上出现了与智能物流相关的标准化组织,分别涉及ISO/IEC、EPC Global、AIM Global等组织。这些组织主要是国家机构或者物联网技术的研发机构,他们通过政府和企业支持,推动RFID等技术建立国际标准。标准的内容涉及:基础编码、安全标准、通信标准、服务标准等。

（四）政策与法规

信息网络的应用冲破了许多传统的边界，原有的行政管理制度受到冲击，迫切需要制定新的管理规范，主要有：税收体制、经营许可制度、条块分割的监管制度、电子单证的法律地位、政府信息公开制度等。智能物流概念的提出为物联网时代的物流信息化制定了一个战略目标。智能概念的发展也是经过了一个与时俱进的过程。早期，人们往往会把自动化与智能联系在一起，把高度自动化的工厂称为智能工厂；后来出现了"傻瓜相机""傻瓜洗衣机"等，称为智能产品，这些产品具有采集信息的功能，并通过对采集的信息进行加工来代替人的选择和决策；现在我们面临的物联网时代，技术上的特征是实时联网，主要功能包括采集信息、传输信息、数据中心加工处理后进行实时控制，所以物联网时代的智能实际上是通过网络实现的实时控制功能。总的来看，智能的发展方向是越来越摆脱对于人工的依赖，从作业层到管理层，再到决策层，依靠信息和IT技术可以取代人工，并比人工干得更好。

第三章　物联网在我国物流领域的应用

通过前面的分析可以看出，物流信息化基本上是围绕网络和流程的整合与管控展开的，此外就是信息的交换与共享或公共平台的建设与服务。物联网在物流中的应用也仍然聚焦在这些领域。在我国的实践中则具体表现为政府监管项目和市场化项目两大类。下面通过两个典型案例来分析物联网技术在物流监管和网络整合中的问题。

第一节　集装箱的智能终端

集装箱监管是物流监管中的一个基础内容，其重点在于如何解决行政监管和商业利益的结合。信息化技术有效地解决了这样的问题，现在正朝着智能化方向发展。本案例提供了一个视角，对于政府如何推动物流信息化、智能化提供了有益的经验。集装箱的智能化正成为全球物流市场竞争的一个焦点。

一、集装箱概况及其对安全智能化的需求

集装箱包括普通干货集装箱、罐式集装箱和冷藏集装箱等不同品种，是全球物流运输的主要装备，全球国际货运90%以上通过集装箱完成。目前全球集装箱保有量约3 000多万TEU(标箱)，2015年全球集装箱总运力为2 186.8万TEU，但海运总量只有1 777万TEU，在快速扩张的运力与缓慢增长的运量共同作用下，集运市场的供需平衡指数下降至89.4，是2010年以来的最低点。但中国制造的集装箱生产量及集装箱的吞吐量在世界上都占据第一位。在2015年世界前20位集装箱吞吐大港中，中国大陆占9位。

集装箱的信息化管理一直是物流信息化最重要的组成部分，其驱动力来自于商业利益和行政监管两个方面。从商业利益层面来看，在如此大规模、国际化货物运输领域中，集装箱的箱号识别、信息采集、全程跟踪与管理等工作目前大部分是通过手工完成的。由于箱号人工抄录的疏漏，信息传递的延误等原因，目前集装箱物流数据实时采集的准确率据专家估计只有65%，即有三分之一的信息遗漏或者不可靠。集装箱的营运、管理主体和流程非常复杂，涉及发货商、第三方物流服务商、集装箱堆存服务商、港口/码头营运商、陆运或海空运承运商等一系列参与方，这些服务商甚至会分属多个国家。由于未实现信息采集自动化和资源共享，各参与方的信息往往都局限在自身所控制的范围内，难以通过有效手段全程追踪、掌握集装箱的位置和状态，造成了集装箱物流数据的孤立和失真，影响了物流和资产调度管理的效率和效益，给库存和运输周期带来极大的不确定性。长期以来物流界一直把如何提高集装箱运输效率、降低成本作为物流信息化的重要任务。

此外集装箱运输过程中因安全问题造成的损失也很惊人。据美国联邦调查局统计，曾经美国物流蒙受的偷盗、欺诈和转移的经济损失年均超过 140 亿美元，是美国所谓非暴力犯罪所造成的最大损失之一。美国境内运输的每 100 只集装箱中，至少有 1 只被盗贼动过手脚。据估计，全世界每年因为集装箱货物被盗等造成的直接经济损失在 200～500 亿美元，间接经济损失在 2 000 亿美元以上。我国集装箱货物被盗的事件也屡有报道，盗窃物品涉及全国统考试卷、食品、五金工具、贵重电子设备等。在货物运输集装箱化的今天，如何有效地利用现代信息技术、网络技术保证货物安全，防止集装箱货物失窃和调包，已成为信息化的一种驱动力。

近年来政府的行政监管需求逐渐成为推进集装箱运输信息化的主要驱动力。集装箱是在全球范围内流动的，据国际货运安全组织(ICSC)对全球顶级 100 家进口和出口商进行的调查，结果表明其最关心的诸项问题中，集装箱安全均居首位。美国每天都有超过 30 000 个集装箱抵达海运港口，还有数以千计的集装箱通过公路和铁路出入境。美国规定世界上一些主要港口的输美集装箱货物必须在出口方先接受选择查验，并要求对一般的国际运输集装箱在出口方选择查验基础上，还要全程监控箱门是否在中途打开过，箱体是否遭受破坏，以此作为判断该集装箱运输途中安全风险的依据。欧盟也出台了类似的监管措施。目前国际上诸如美国的“绿色通道”及“安全港口”法案、中一欧海关的“安全智能贸易通道”等项目就是基于安全智能集装箱运输监控的风险管理的探索，在国际物流的安全与高效之间试图找到平衡点，在技术、标准、法规等各层面形成完整的体系。在这个领域中既有合作，也有竞争，因为各国政府都意识到，这个领域既有新的游戏规则的掌控权，也有巨大的市场空间。

二、国外集装箱安全智能化的进展

综上所述，集装箱的安全智能化是解决现代物流安全与便捷的一个关键因素。各国政府和大企业集团在推进集装箱智能化的进程中，主要集中在两点：一是箱载(车载)智能终端的研发，二是相关标准的制定。这两个方面是紧密地联系在一起的，通过技术装备来固化标准，同时通过标准来推广技术装备的应用，可以把市场控制力和商业利润无缝地结合在一起。

(一) 箱载 (车载) 智能终端的研发与应用

在终端设备方面，主要是形成了安全智能集装箱(smart and secure container)[亦称智能集装箱(smart container)]的概念，即在传统集装箱基础上，通过传感技术实现集装箱内外部环境状态及所处方位的全程监控记录，并通过 RFID、ZigBee 或其他网络通信技术实现集装箱识别号与监控信息的自动传送。其基本功能定位在箱体识别、安全监控、箱体及货物信息采集、移动通信等。由于集装箱数量巨大，而且集装箱装载的货物不同对安全智能的要求不同，能接受的运输设备成本也不同，按照统一的要求全部进行集装箱本体的智能化改造既不可能也不必要，因此在集装箱的智能化过程中有多种解决方案。目前最集中的一类是集装箱安全设备(container security device, CSD)，这是一种以安全监管为基本要求的智能装置，直接用于各类集装箱，可实现对安全智能集装箱所要求的功能。

集装箱安全设备根据所带传感器(sensor)、激励器(activator)的种类、数量不同,可以安装在箱体内部或外部,实现对集装箱状态全面监测的数据采集、处理与传输。当 CSD 安装在外部时往往和箱体的锁具或封志的功能结合起来,成为集装箱的安全智能锁或电子封志。从已有的试点情况看,安全智能锁功能上可覆盖电子封志,又可作为锁具被多次反复使用,已成为主要技术方向。此外 CSD 根据不同的需求,将形成一个包括基本型、增强型和扩展型的完整系列。

安全智能集装箱或其 CSD 设备通过 RFID、ZigBee 等的阅读器或其他网络通信设施与后台信息系统或公共数据平台的服务系统相连,可以实现集装箱监控与物流信息管理的各项自动化功能。CSD、阅读器、后台信息系统三者共同构成集装箱的安全智能系统。

美国等西方国家一直在推动集装箱的货运安全研究,开发和试点应用智能集装箱及其相关设备 CSD。国际知名企业如 GE、IBM、EDC 等都在加速进行 CSD 的研发,推进 CSD 的试点和应用,积极准备其进入商业化运作,而且都获得了本国政府和海关的强力支持。

(二)集装箱技术标准是发达国家争夺的一个重要领域

表 3-3-1 所示为国际上有关智能集装箱的一些主要技术标准,在一些基本功能上,如箱号识别、箱体封条、封条编码、货运标签等,已经形成了国际标准。但是在新一代的综合型安全智能锁技术领域,缺少现成的标准。目前主要的发达国家十分关注这个领域的竞争,这也是我国利用后发优势可能实现超越式发展的机会。

表 3-3-1　有关智能集装箱的主要技术标准

设　备	内　容	国际标准
集装箱电子标签	无源 RFID,箱号自动识别	ISO 10891
集装箱电子封条	有源 RFID,电子识别的封条	ISO 18185
封条统一编码	封条的国际统一编码	ISO 17712-2
集装箱货运标签	有源 RFID,集装箱监控,信息采集	ISO 18186、17363/18186
* 集装箱安全设备	集装箱施封、监控、加密信息传送	待制定

三、我国的智能集装箱探索

我国是集装箱产量和使用量最大的国家,但是长期以来处于价值链的低端,在技术和标准领域缺少话语权。尽管如此,国内的相关探索一直没有停止,并逐渐形成了一批专业团队,在某些领域甚至已经达到世界先进水平。

(一)集装箱电子标签系统

上港集团曾关注采用 RFID 技术促进集装箱运输的智能化问题。并得到国家“863”计划的支持,主持了题为“集装箱电子标签系统”的项目,历时 8 年获得了成功,被国外专家誉为“实现了集装箱运输由告知到感知的革命”。该集装箱 RFID 货运标签系统通过计算机联网实现集装箱的自动识别和信息共享,可以通过实时记录集装箱运输中的信息来监控物流的全过程,目前已应用于中国和美国、加拿大、日本、马来西亚的一部分运输航线。这个项目已形成国际技术规范,是我国参与国际标准制定并掌握较高话语权的一个案例。

（二）集装箱安全智能锁应用系统

过去，为防止在转关运输途中货柜车门或集装箱门被不法分子非法开启进行飞料走私，运送转关货物的司机按规定要在口岸领取一次性的机械封志将箱门加封。司机在深圳等业务繁忙口岸排队办理加封的过程一般需要 30～60 分钟。由于内地经济的全面发展，口岸与内地之间的转关业务大幅度增加，因此转关手续的低效严重影响了口岸通关物流。此外这种一次性机械封志防护功能不强，走私分子要伪造复制并不困难。

2007 年 8 月，深圳皇岗口岸启动"跨境快速通关"项目，试点利用集装箱安全智能锁和 GPS 技术，对往来于香港、澳门的转关货物和快递物品实施转关运输自动化监管。2009 年 6 月试点扩大到深圳盐田港与黄埔口岸车检场之间的转关监管。截至 2010 年 8 月，装有电子关锁的集装箱运输车或厢式卡车达 5 000 多辆，电子关锁转关使用率日均 900 多车次，累计约 22 万车次。

从试点的实际情况来看，安全智能锁的应用效益十分明显，主要体现在以下几个方面：

一是提高通关效率。由于电子关锁可以重复使用，企业改变了每次通关都排队登记、领取关锁和手工递交纸质文件的传统做法，海关也不再需要在有关文件或证件上批注、盖章，每辆车办理转关手续时间从 30～60 分钟缩短到 3～5 秒，通关效率极大提高，并大大加速了集装箱与港口堆场的周转效率。集装箱车辆在海关卡口排长队的现象彻底消失，盐田港和黄埔车检场之间，每辆车平均每天可以多跑一个单程，以 UPS 和 Fedex 公司为例，其快件货物中转过关比传统模式快了关键的 1 天时间。

二是提高流程监管严密性。安全智能锁全程监控集装箱门的状态，而且防伪性强，坚固耐用，配合风险管理和法制建设，能有效地防范运输途中发生飞料走私和偷盗抢夺事件，从而防止海关监管货物在社会普通道路及开放场所中失控，相当于从起运点到目的地建立起一条逻辑上封闭的安全运输通道。这不仅对海关监管提升了严密性和有效性，而且对今后国内各种需要全程监控的特殊物流，如民爆物资、有毒化学品、易腐易损品、液体化工品、食品、药品、高价值物品等，都有极大的示范意义。

三是降低运营和监管成本。安全智能锁的应用消除了大量手工操作，使海关关员可从卡口通道撤出，转而从事风险管理，选择查验业务，把人力资源用到刀口上。以黄埔海关车检场为例，原来需要 90 人次才能完成的车辆验放，现在只需 18 人次对车场通道实行远程监控和异常处理。出口货物可安排 24 小时通关，给快递等有需要的企业提供了极大的便利。此外，锁具能重复使用，企业采取租赁方式获取，完全不增加运作成本。

四是有效降低海关业务风险和廉政风险。海关应用安全智能锁等设备，直接从车辆、集装箱等实体获取信息，既实现通道全自动高速验放，又可避免或减少执法随意性，有利于通关流程的透明和提高业务管理的集中度，从而有效降低海关业务风险和廉政风险，提升监管执法水平。

（三）其他探索

中国国际海运集装箱（集团）股份有限公司是我国，也是全世界最大的集装箱生产企业，该企业一直关注集装箱智能化的方向，并已经形成了一批产品和成功应用的案例。他们研制的干货集装箱 CSD 及其技术解决方案已经应用于海关及烟草的货运监管，智能罐式集装箱从 2008 年开始初步实现商业化销售，智能冷藏集装箱已经在铁路试点应用。2007 年开始在深圳口岸海关试点集装箱安全智能锁应用系统，2008 年在重庆—上海港之间进行了集装箱电子标签监管测试，2009 年集装箱安全智能封志在中国宁波—欧洲安特卫普、欧洲安特卫普—新加坡、欧洲安特卫普—迪拜之间进行了应用测试。对于危化品罐式集装箱的监管已经在近 10 家企业开始试点应用。

集装箱安全智能设备在我国海关应用试点中取得了明显的效果。我国海关总署根据口岸监管的要求，积极推进集装箱安全智能设备的标准制定和应用试点工作。由中集集团、朗升公司、三宝科技等单位研制的 CSD 及卡口配套设施主要包括集装箱箱门加封、箱号自动识别、箱体及货物安全监控报警、操作授权认证、无线加密通信、数据安全传输等一系列自动感知和安全监控功能，在海关总署集中开发的信息系统支持下，用于转关货物的卡口自动核放。

四、集装箱智能化未来的动向

展望未来一个时期集装箱智能化的发展，将会呈现以下几个特点。

（一）安全和便利紧密结合

集装箱智能化的驱动最初来自反恐的要求，但是目前已经在商业领域找到了市场的支持，形成了一部分高端客户，也形成了支撑的产业链，因此将进入一个良性的快速发展阶段。

目前各国政府都十分重视把集装箱的安全和便利紧密地结合起来，这是未来发展的显著特点之一。世界海关组织（WCO）从集装箱的安全性与商务便利两个方面着手启动了一系列的措施。2005 年 6 月，WCO 第 105/106 次理事会年会通过了《全球贸易安全与便利标准框架》，旨在通过使用电子信息技术、实施集装箱风险管理，对海关的运作模式进行现代化改革，使全世界海关最终实现统一标准，以保证世界贸易的安全和货物流通的通畅。

（二）中国日益成为各国竞相关注的对象

主要发达国家竞相与我国签订合作协议。海关总署于 2006 年 9 月与欧盟委员会税务与海关同盟总司在布鲁塞尔签署了《安全智能贸易航线联合共识》，决定在中、欧间开展安全智能贸易航线试点，针对海运集装箱运输安全与贸易便利的需求问题，在对等互利的基础上交换通关数据信息，安全智能设施自动记录集装箱中途事件并报警，双方海关对经认证的企业及监管结果互认。2010 年 5 月 25 日，中美双方也签署了《中华人民共和国海关总署与美国国土安全部海关与边境保护局关于供应链安全与便利合作的谅解备忘录》。这反映了中国的地位上升，物联网技术应用于集装箱运输的信息化正面临着前所未有的机遇。

（三）竞争与合作的焦点在于标准

目前，集装箱安全智能化的标准竞争已经逐渐展开并日趋激烈。中国海关与欧盟海关目前正在进行“安全智能贸易航线试点”，欧方对项目涉及的集装箱安全智能设备的技术标准日益关注，欧盟还与世界海关组织联合启动了 Integrity 和 Smart-CM 两个有关智能集装箱或 CSD 的标准研究测试项目。某些欧美大企业已明显表现出通过制定对其有利的国际标准来抢占市场的意向。我国的一些标准正在开始走向世界,引起了发达国家的高度重视。

但是我国在标准问题上尚缺乏战略部署和统筹安排,例如长期以来关于RFID的EPC标准在国内是否采纳,一直没有定论。标准背后的根本性问题在于,对一些重要的基础性信息标准,究竟是采用国际标准还是必须要建立自身的标准体系?决定这些选择的基本依据是什么?对此我们还缺少深入的研究,这种状况亟待改变,需要政府、行业协会和企业的共同努力。

第二节　公路运输网络的智能化

公路运输是我国物流市场的重要组成部分。据统计,2015年各种运输方式中,公路货运量占总体货运市场份额的75.5%,也就是说绝大部分的货物都要经过公路运输。因此公路运输市场是我国覆盖最广的基础物流网络,其集约化、信息化和智能化水平,关系到我国总体物流水平的提高。

一、我国公路运输市场存在的主要问题

我国的公路运输市场具有下述特点:

(1)市场高度分散:供需双方难以形成稳定的合作关系。从需求上看,我国各行业现有的生产、加工及销售高度分散,年运费支出超过100万元的大货主仅占3%,小货主的数量则超过1 000万个。从供应上看,因需求分散的特点决定了供应的分散,国内拥有超过800万辆营运货车,分散在300万个独立的个体运输户中。其中,超过100辆车的运输公司占市场份额不足2%(见图3-3-1)。

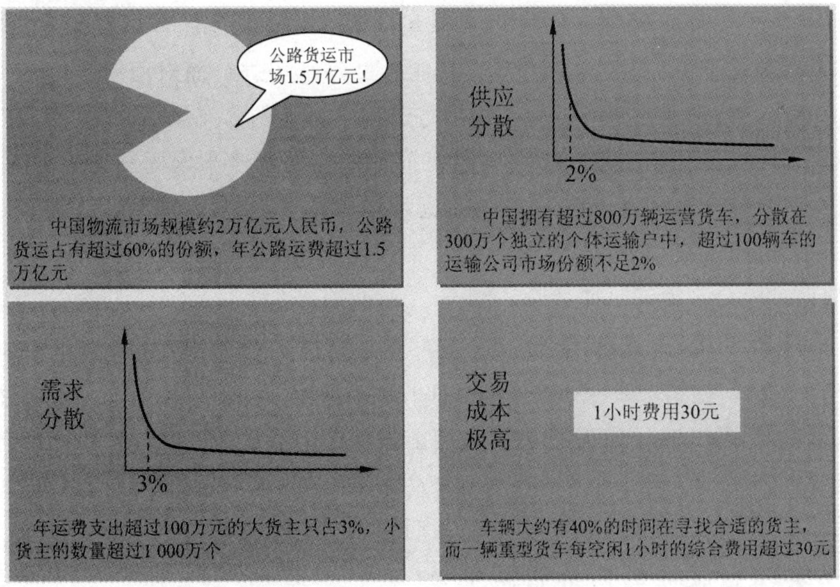

图3-3-1　我国公路运输市场特征

(2)交易方式落后:国内大约有 1 000 个货运停车场是主要的公路货运交易场所,超过 100 万个配货站是主要的交易中介,主要采取面对面的纸面单证和现金交易,熟人关系是主要的信用依托。

(3)效率低、秩序差:由于信息不畅,每年有 400 亿至 500 亿元的返程运输营业额没有得到有效解决,据保守估计其间有 20 亿至 30 亿元的信息中介市场发展的空间。市场上低水平价格竞争也造成了市场秩序混乱,超载、偷漏税、套牌、乱收费等现象严重。

(4)安全体系缺失:物流安全的法规和认证体系尚未建立,存在大量投机现象。

由于上述四个特点,导致我国公路运输交易成本极高,平均每辆车辆大约有 40%的时间在寻找合适的货主,而一辆重型货车每空闲 1 小时的综合成本就超过了 30 元。

二、公路运输市场信息化的发展历程

公路运输市场曾经历过一段无序竞争的历史,由于资源分散,市场门槛过低,供大于求的格局导致单一的价格竞争十分惨烈,以致出现了普遍的超载超限,甚至“套牌”、偷漏税乃至骗货的现象也时有所闻。经过近年来的治理和改革,如计重收费、燃油税改革、取消二级公路收费等措施,开始出现了一些转机。公路运输出现了资源整合、改善组织管理和重视科技应用的趋势。其中借助信息化技术是一个鲜明的特点,从信息网络整合资源的探索,到普遍形成提供公共服务的数据中心,以至当前出现了支持精细化管理的智能终端,展现了一条信息技术与产业发展融合并互相适应、互相促进的道路。总的来看,信息化在解决道路运输市场的四个基本问题方面作用显著,因此深入研究、总结我国公路运输信息化的演变历程,将为物联网时代的发展提供有益的启示。

(一)早期的信息服务

停车场交易是比较原始的交易方式,停车场的基本功能就是货与车的对接,由于信息不对称,货源及车源信息没有及时对接,双方只能通过停车场进行面对面对接,从而形成了各地停车场生意火爆的态势。公路运输信息服务起源于各地的停车场,为了发布和获取发货、送货的信息,采用在停车场的黑板上书写信息的形式。同时停车场周围聚集大量的信息中介(即货代),这些中介大都以个体为主,靠信息赚取服务费,非常不规范,欺骗客户的事情时有发生。信息分散、路线单一、价格混乱、安全信用体系缺失甚至相互恶性竞争,在公路运输中反而呈现信息流对物流的负面影响。

(二)简单的信息发布平台

近年来,一些区域性的网上公路运输信息平台逐步建立。平台以发布信息为主,无论是货主、还是车主,都可以通过成为会员而在网上发布信息,帮助货运供需双方信息的匹配。但这种平台存在一些局限:一是一般局限于某个区域,以区域信息为主;二是信息难于甄别,不能解决信用问题;三是信息更新与维护的及时率较低,作用有限。

(三)具增值服务的网络信息平台

如上所述,平台服务不仅仅是建立一个发布信息的平台,更重要的是需要在下述四个方面提升整个市场的效率:一是解决信息不对称,对运输行业最核心的配货找车问题,建立快速便捷的供需信息交流机制；二是解决流程管控，提供及时、可靠的车辆和货物的跟踪及控制手段；三是建立便利、安全的支付环境；四是推进行业信用机制的形成。

经过几年的探索，目前公路运输领域已经出现一批信息网络平台，运用手机、GPS、PDA等技术手段，为货主、物流公司、司机等提供高质量、多方位的服务。运用的技术方案主要有：

1. 手机定位

传统的GPS之所以不能普及，主要是因为成本太高，加上标准不统一，不是一般人都能用得起的。采用手机作为公路货运的定位终端，可以实现低成本的跟踪、定位，满足企业基本的移动沟通、降低成本、跟踪控制的需求。

2. 物流信息终端机

物流信息终端机是软、硬件一体化封装的移动信息化产品，操作界面友好，部署维护简单方便。物流信息终端机切合了物流企业提高办公效率、节约办公成本、延伸客户服务手段和途径的需求。物流企业可利用中国移动提供的短信平台、GPRS网络平台，提供下述服务：

(1)呼叫中心：提前已设置好中心号码，方便用户无须再拨电话，一点就通，方便、快速。

(2)拨打电话：和手机一样，可以免提拨打、接听电话。

(3)收发短信息：和手机一样收发短信息。

(4)远程导航：用户只要设置好到达的目的地，导航系统便会设置最近距离，而且有限速提醒、电子警察、收费站、道路服务提示。

(5)远程监控：专门为客户搭建一个监控平台，用电脑在平台上可以实时查到车的位置、轨迹、历史轨迹等，也可用手机短信方式查询车的位置。

(6)定制物流信息特色服务等功能。

3. 物流PDA

目前，一些物流公司开发了系统平台，采用PDA为速递揽投人员配备手持终端，通过专用通信链，实现利用PDA完成以速递邮件揽收、投递为核心的基础作业，并提供用户网上交寄和查询邮件的渠道。整个PDA揽投作业系统平台由门户网站、呼叫中心派单、短信平台、PDA终端应用、揽投人员绩效、经营分析等构成，涵盖了从前台邮件揽投作业到后台对揽投人员绩效管理的基本内容。在此基础上，该平台还可进一步拓展RFID阅读器及短信通知、电话预约、服务范围查询等功能，通过技术手段促进速递业务的快速发展。一些大公司如顺丰速递、江苏邮政都采用了此种方式。

三、信息平台的成功案例

运输产业发展的背景是通过信息技术促进资源整合、管理精细化，在这方面已经有了一些成功的信息平台(或数据中心)案例。汇通天下公司的“天下通”即是一个公路货运信息平台的成功典范。

“天下通”现有全国200多个城市的50余万个会员，每天即时货运信息超过600余万条，每年新增用户超过100%。

“天下通”提供的服务主要包括配货信息、网上竞价、货物跟踪和信用管理四大模块。使用者可以物美价廉地获得各项服务，即可通过集成的客户端软件来获取服务；也可以通过手机发短信的方式来发布和共用车源/货源的信息，还可以通过呼叫中心获取一系列物流服务。

资源整合是“天下通”的一大特点：首先，整合地区网络，如上所述，公路运输是一个极为区域化、极为分散的行业，必须在全国各地寻求拥有地方资源的合作伙伴，“天下通”整合了全国超过100个地区的优秀区域合作伙伴，形成了资源与利益共享的局面；第二，与通信运营商、软硬件供应商等沟通并合作，把所有的硬件和软件如GPS、手机等终端设备、网络、系统软件整合在一起；第三，将公路运输所需要的各种信息整合起来，包括货物信息、车辆信息、公安部身份认证信息、天气预报、路况信息、保险信息、信用信息等，既包括一些来自政府部门的信息，也包括相关机构的信息，同时通过快速便捷的方式让客户和使用者发送信息并共享。正是由于“天下通”整合了包括区域网络、中国电信、公安部、GPS厂商、保险公司、用户等多方面的资源，形成多方面的战略合作，才实现了对客户的全方位服务。

作为公路运输的数据中心，“天下通”每月通过对全国360条主要公路线路5 000多家运输公司的调查，形成了全国普通货物公路运输价格指数，对政府掌握和了解公路运量、分布和运价提供了参考依据。同时，通过手机、PDA等手持终端和车载设备，数据中心根据对车辆的动态监控可以发挥智能化神经网络的作用，例如开展运力结算、外协车辆管理、KPI考核、成本和财务分析、调度和管理，自动跟踪车辆运行状态，自动生成运单统计分析表单，记录和开展财务统计核算等，提高了物流公司与运输公司流程管控的能力和服务水平。平台在为中小企业提供服务的同时，也显著降低了货运风险：通过成本低廉、随处可得的“验证服务”和信用查询使骗货风险概率降低到上世纪末的1%以下。这使公路运输市场从以往的恶性竞争、恶性循环中开始解套。

物联网技术是地网（实体物流）与天网（互联网）互相融合的基础。物联网技术实现了货运资源、车辆信息、卡车司机和卡车后市场信息的全方位融合，为货运行业实现货运领域物联网金融创新提供了重要的基础。上述这些技术的应用大大促进了行业的规范化、管理的精细化，推动了行业的整合和规模化发展。

四、物联网模式下待解决的问题

如上所述，“天下通”等公路货运网络已经开始了公路货运物联网应用的探索，这就是互联网＋专业应用＋物联网终端的平台服务。公路运输的物联网终端主要是手机、PDA、GPS等。专业应用主要是上述所说的供需对接、车辆监控、运输调度与管理、决策支持、电子支付、信用服务等，目前都处于发展阶段，有待进一步挖掘和开拓，向完整的、基于物联网的公路货运电子商务服务迈进。

第四章　物联网时代的供应链

第一节　供应链的任务

前面论述了物流领域应用物联网技术实现智能化的概况，本节的分析将从物流深入到供应链。供应链是以客户需求为导向，以提高质量和效率为目标，以整合资源为手段，实现产品设计、采购、生产、销售、服务等全过程高效协同的组织形态。物流与供应链在一些基本层面上具有很多共性，例如流程中的监管、作业中的自动控制等等，但是，由于从物流到供应链的发展具有更深刻的内容，因此有必要介绍供应链的基本特点和建设任务。

一、供应链的基本特点

（一）供应链具有强烈的产业背景

供应链是企业之间的一种新的关系，从原来的完全竞争走向了“竞合”，即在长期的竞争中形成了稳定的合作关系，对合作双方均是有利的。由此出现了由上下游企业组成的产业链，出现了在产业链中具有较大话语权的“链主”企业，也出现了稳定产业链合作关系的一些规则和理论。协同产业链以稳定合作关系作为新的控制目标，供应链管理即为实现这样的控制力服务。因此与物流追求成本的降低相比较，供应链更关注产业链的协同与控制，管理重心则从作业层面升至价值层面。

（二）供应链仍以物流管理为基础，但会整合更多的内容，如扩展到商流、资金流的管理

供应链的流程往往包括采购、分销、结算、保险、检验等，在供应链的管理中会包括更多的资源管理、资产管理的内容，这些将会显示出与物流管理不同的视角。由于物流一般不涉及商品交易，但供应链管理可能会涉及较多的交易管理，因此在流程中的法律责任界定上，供应链管理的要求也会复杂得多。

二、供应链建设的主要任务

（一）推进农村一二三产业融合发展

1. 创新农业产业组织体系

鼓励家庭农场、农民合作社、农业产业化龙头企业、农业社会化服务组织等合作建立集农产品生产、加工、流通和服务于一体的农业供应链体系，发展种养加、产供销、内外贸一体化的现代农业。鼓励承包农户采用土地流转、股份合作、农业生产托管等方式融入农业供应链体系，完善利益

联结机制，促进多种形式的农业适度规模经营，把农业生产引入现代农业发展轨道。

2. 提高农业生产科学化水平

推动建设农业供应链信息平台，集成农业生产经营各环节的大数据，共享政策、市场、科技、金融、保险等信息服务，提高农业生产科技化和精准化水平。加强产销衔接，优化种养结构，促进农业生产向消费导向型转变，增加绿色优质农产品供给。鼓励发展农业生产性服务业，开拓农业供应链金融服务，支持订单农户参加农业保险。

3. 提高质量安全追溯能力

加强农产品和食品冷链设施及标准化建设，降低流通成本和损耗。建立基于供应链的重要产品质量安全追溯机制，针对肉类、蔬菜、水产品、中药材等食用农产品，婴幼儿配方食品、肉制品、乳制品、食用植物油、白酒等食品，农药、兽药、饲料、肥料、种子等农业生产资料，将供应链上下游企业全部纳入追溯体系，构建来源可查、去向可追、责任可究的全链条可追溯体系，提高消费安全水平。

（二）促进制造协同化、服务化、智能化

1. 推进供应链协同制造

推动制造企业应用精益供应链等管理技术，完善从研发设计、生产制造到售后服务的全链条供应链体系。推动供应链上下游企业实现协同采购、协同制造、协同物流，促进大中小企业专业化分工协作，快速响应客户需求，缩短生产周期和新品上市时间，降低生产经营和交易成本。

2. 发展服务型制造

建设一批服务型制造公共服务平台，发展基于供应链的生产性服务业。鼓励相关企业向供应链上游拓展协同研发、众包设计、解决方案等专业服务，向供应链下游延伸远程诊断、维护检修、仓储物流、技术培训、融资租赁、消费信贷等增值服务，推动制造供应链向产业服务供应链转型，提升制造产业价值链。

3. 促进制造供应链可视化和智能化

推动感知技术在制造供应链关键节点的应用，促进全链条信息共享，实现供应链可视化。推进机械、航空、船舶、汽车、轻工、纺织、食品、电子等行业供应链体系的智能化，加快人机智能交互、工业机器人、智能工厂、智慧物流等技术和装备的应用，提高敏捷制造能力。

（三）提高流通现代化水平

1. 推动流通创新转型

应用供应链理念和技术，大力发展智慧商店、智慧商圈、智慧物流，提升流通供应链智能化水平。鼓励批发、零售、物流企业整合供应链资源，构建采购、分销、仓储、配送供应链协同平台。鼓励住宿、餐饮、养老、文化、体育、旅游等行业建设供应链综合服务和交易平台，完善供应链体系，提升服务供给质量和效率。

2. 推进流通与生产深度融合

鼓励流通企业与生产企业合作，建设供应链协同平台，准确及时传导需求信息，实现需求、库存和物流信息的实时共享，引导生产端优化配置生产资源，加速技术和产品创新，按需组织生产，合理安排库存。实施内外销产品“同线同标同质”等一批示范工程，提高供给

质量。

3. 提升供应链服务水平

引导传统流通企业向供应链服务企业转型，大力培育新型供应链服务企业。推动建立供应链综合服务平台，拓展质量管理、追溯服务、金融服务、研发设计等功能，提供采购执行、物流服务、分销执行、融资结算、商检报关等一体化服务。

（四）积极稳妥发展供应链金融

1. 推动供应链金融服务实体经济

推动全国和地方信用信息共享平台、商业银行、供应链核心企业等开放共享信息。鼓励商业银行、供应链核心企业等建立供应链金融服务平台，为供应链上下游中小微企业提供高效便捷的融资渠道。鼓励供应链核心企业、金融机构与人民银行征信中心建设的应收账款融资服务平台对接，发展线上应收账款融资等供应链金融模式。

2. 有效防范供应链金融风险

推动金融机构、供应链核心企业建立债项评级和主体评级相结合的风险控制体系，加强供应链大数据分析和应用，确保借贷资金基于真实交易。加强对供应链金融的风险监控，提高金融机构事中事后风险管理水平，确保资金流向实体经济。健全供应链金融担保、抵押、质押机制，鼓励依托人民银行征信中心建设的动产融资统一登记系统，开展应收账款及其他动产融资质押和转让登记，防止重复质押和空单质押，推动供应链金融健康稳定发展。

（五）积极倡导绿色供应链

1. 大力倡导绿色制造

推行产品全生命周期绿色管理，在汽车、电器电子、通信、大型成套装备及机械等行业开展绿色供应链管理示范。强化供应链的绿色监管，探索建立统一的绿色产品标准、认证、标识体系，鼓励采购绿色产品和服务，积极扶植绿色产业，推动形成绿色制造供应链体系。

2. 积极推行绿色流通

积极倡导绿色消费理念，培育绿色消费市场。鼓励流通环节推广节能技术，加快节能设施设备的升级改造，培育一批集节能改造和节能产品销售于一体的绿色流通企业。加强绿色物流新技术和设备的研究与应用，贯彻执行运输、装卸、仓储等环节的绿色标准，开发应用绿色包装材料，建立绿色物流体系。

3. 建立逆向物流体系

鼓励建立基于供应链的废旧资源回收利用平台，建设线上废弃物和再生资源交易市场。落实生产者责任延伸制度，重点针对电器电子、汽车产品、轮胎、蓄电池和包装物等产品，优化供应链逆向物流网点布局，促进产品回收和再制造发展。

（六）努力构建全球供应链

1. 积极融入全球供应链网络

加强交通枢纽、物流通道、信息平台等基础设施建设，推进与“一带一路”沿线国家互联互通。推动国际产能和装备制造合作，推进边境经济合作区、跨境经济合作区、境外经贸合作区建设，鼓励企业深化对外投资合作，设立境外分销和服务网络、物流配送中心、海外仓等，建立本地化的供应链体系。

2. 提高全球供应链安全水平

鼓励企业建立重要资源和产品全球供应链风险预警系统，利用两个市场两种资源，提高全球供应链风险管理水平。制定和实施国家供应链安全计划，建立全球供应链风险预警评价指标体系，完善全球供应链风险预警机制，提升全球供应链风险防控能力。

3. 参与全球供应链规则制定

依托全球供应链体系，促进不同国家和地区包容、共享、发展，形成全球利益共同体和命运共同体。在人员流动、资格互认、标准互通、认可认证、知识产权等方面加强与主要贸易国家和“一带一路”沿线国家的磋商与合作，推动建立有利于完善供应链利益联结机制的全球经贸新规则。

第二节　供应链信息化及案例

物联网时代的供应链首先也是从信息化技术的突破开始的，由于采集技术可以识别到单体，可以感知更多的信息；在通信方面移动互联网的应用，使得物流全流程跟踪管控得以实现；在应用方面由于数据的集中处理和深度加工，管控的智能化水平明显提高，对人的依赖程度不断降低。总之，供应链的信息化水平极大提高，同时又反过来支撑了供应链服务的创新。

由于供应链在我国刚刚开始，但又发展很快，下面只选若干领域的一些案例做简要介绍。

一、汽车供应链

从历史上看，汽车产业一直是引领供应链发展的产业，物流与供应链理论方法的许多创新都是来自汽车产业的需求，因此国际上许多著名的汽车企业都是供应链发展的推动者，例如福特、通用、丰田等。在我国，汽车产业的供应链发展也走在了全国各行业的前列。

汽车的物流分为两大板块：一是整车物流，流程相对比较规范和简单，业务外包的比例也比较大；二是零部件物流，又可分为生产供应链和维修件配送体系。其中，由于零配件的维修体系尚未整合、规范，所以除了高档进口车具有独立的配件物流体系外，大部分市场尚处于分散的未整合状态，也缺少有影响力的物流配送体系，因此目前的汽车供应链主要是指主机厂为核心的入厂(inbond)物流，国内以安吉天地物流、一汽国际物流、广州风神物流等为代表，经过多年的努力在一些方面已经达到了国际水平。

汽车供应链的主要目标有三个：一是保证供应，实现主机厂对上游资源的保障，这是供应服务最基本的要求。例如 2011 年日本受海啸的影响，一些关键的汽车零部件生产中断，影响到遍布全球的汽车生产线，此时供应链服务必须努力把影响降到最小。二是降低成本，这是物流服务的基本要求。三是保证供应及时、准确，这是近来汽车生产的柔性化趋势提出的新要求，JIT 生产方式对于流程管控的精细化程度大大提高，物联网技术的作用显示出来。具体应用有以下几类。

（一）跟踪流程

北京现代的发动机生产线上应用了 RFID 技术，标签被置于载有发动机的托盘上，在装配开始时，发动机被放在托盘上，其序列号被写入其标签内。当发动机沿着不同的装配作业移动时，制造信息被陆续写入其中。RFID 标签可以帮助追踪每项作业的时间与数据，收集质量控制数据，并产生一个特定发动机的装配记录。当完成所有工序时，托盘经过最后一个阅读器，将所有关于装配的信息传送到制造商的数据库内。

（二）零部件全流程或全生命周期的管理与资产的跟踪管理

这种管理可分为直接和间接两种方式。前者是将标签贴在零件上，例如 RFID 用于轮胎的跟踪管理，这种零部件一般都具有高价值、安全性要求高及零部件间容易混淆等特点，采用 RFID 可以有效地识别与跟踪零部件。后者是将标签贴在零件的包装或容器上，这可以减少 RFID 的成本，但需要注意 RFID 与零件之间的数据是否处于关联状态。此外 RFID 还可以用作零部件的防伪标识，例如在轮胎、发动机、安全气囊、传动轴等零部件上植入电子标签，利用其加密和自动识别功能，区别假冒的零部件，保障消费者合法权益。

（三）提高整车的管理水平

在整车管理中也开始普遍使用智能标签来提高整车的管理水平，帮助解决整车生产、库存管理和销售管理等方面的问题。车辆识别代号（vin）是车辆流通中的身份证，这个标识号可以被写入嵌在汽车内的 RFID 标签中，实现汽车电子数字牌照管理。通过读取车辆智能电子标签的存储信息，可以解决在汽车售后服务、产品跟踪、质量追溯等方面的问题。

例如，中国重型汽车公司卡车技术部开发的车辆智能电子标签包含该车辆的订单号、车架号、内部车型号、合格证编号、合格证车型号、vin 号、发动机号、出厂日期、保修卡号等重要的信息。它不仅完全兼容了技术部前期开发的物资条码管理系统，而且还与生产管理系统、整车质量档案管理系统、整车库存管理系统、售后服务“一线通”和 GPS 全球定位系统等系统相互支持、数据信息共享，实现了在整车生产、质量检验、出入库、售后服务及维修等一系列环节的信息化管理。

二、食品冷链

食品冷链服务是指食品在物流流程中通过对于温度的控制，达到食品安全和质量保障的服务。但是从供应链的视角来看，冷链则是我国当前围绕食品产业的集约化过程中各方竞争的控制工具。主要的“链主”来自三个方面：一是农业（包括渔牧业）集约化出现的龙头企业，把种植、养殖、捕捞等产品的生产集约化起来；二是食品加工业，例如对肉制品、冷冻食品、冷饮等产品的加工来实现集中生产，分散销售；三是食品分销业的连锁化，除了连锁超市外，餐饮业也在迅速整合、连锁化，实现了集中采购，统一配送。在这三类龙头企业形成的过程中，实际上也同时开始了对于上下游的整合与管控，对上游资源和对下游市场—客户的掌控打造产业链驱动力，这种掌控能力是靠供应链管理来实现的。

在此背景下，龙头企业开始建设自成体系的冷链系统。养殖业以蒙牛乳业为代表，食品加工业以双汇、思念、湾仔码头等为代表，连锁分销业有各大超市以及像海底捞、呷哺呷哺这样的餐饮店，它们都建了各自的冷库或配送中心，在本企业能够控制的范围内，对物流流程进行了温控管理。

但是由于物流的开放性，物流的温控和检测越来越显示出公共服务的属性，一是由于温控技术投入高，单个企业难以充分利用；二是单个企业难以实现食品从生产到最终用户的全流程监管；三是由于温度的监控在商品交易中需要客观性。这样，冷链中温控和记录的服务就逐渐被剥离出来，成为一种相对标准化的第三方服务。其中以信息技术为基础的温度检测与控制服务尤其引人注目，成为物联网技术应用于供应链领域的一个重要方向。

福建新大陆电脑股份有限公司（以下简称“新大陆”）就是其中一个先进代表。该公司凭借其在 RFID 温度标签及冷链物流实时温度监控平台技术的应用，荣获了“中国冷链装备金牌服务商”荣誉称号。

新大陆发明了一种具有自主知识产权的二维码解码芯片，该芯片可数十倍级地提升条码识读性能，其问世大大降低了二维码技术在各领域的规模应用门槛，标志着我国在二维码核心技术上进入国际领先的行列。但是他们并没有简单地把芯片当作一个产品来销售，而是把使用芯片的相关服务整合进来，提供一揽子温度检测和控制的解决方案，其中主要是 RFID 温度芯片和实时温控的信息平台。任何客户如果需要对物流流程进行温度控制和检测，不必自行投资来建设一套信息系统，只需租用新大陆的服务即可。每个需要检测的物体（或包装）租用一个 RFID 温度芯片，只要确定好检测的温度和误差允许范围，并确定记录周期和报警条件即可。芯片将伴随需要监测的物品在全流程中测定温度，定时记录，并一方面传输给温度控制设备（如制冷机），另一方面按要求把数据发送到实时温控信息平台。据此，客户可通过平台随时掌握物品的温度是否正常。其温度由第三方记录，特性是客观、公正。

三、商贸业的供应链

商贸业的供应链是伴随着商贸业的连锁化进程发展起来的，这是产业集约化规律在商贸业的特殊表现形式。由于分销网络的分散布局，连锁化带来的集中采购效益必须通过降低物流配送成本才能得到最终的体现，因此商贸业的两个焦点问题突显出来：一是采购如何集约化，并与销售协同；二是配送中心的选择与作业流程的协同。这是商贸信息化的核心问题。建立商贸供应链首先是控制商品质量的要求，其次是控制资源的要求，第三才是降低成本的要求。

北京物美集团在商贸供应链建设方面的经验值得推介。物美集团是一家民营的零售连锁企业，2010 年的零售店铺共计 700 多个，年销售约 375 亿元，进入国内连锁十强之列。物美集团高度重视信息化的建设，体现在集团的技术路线定位是：“高度的信息化，充分的机械化和适度的自动化”。为了缩短供应流程，经过多年探索，在集中采购的基础上成功地创造了“农超对接”模式，既保证了农副产品的货源和质量，还能够解决成本问题，返利给农民和消费者，同时还促进了农业生产的集约化和标准化。

物美的供应链信息系统分为四个部分：销售模块、采购模块、物流模块和企业内部 ERP 模块。整个供应链流程的运转按以下步骤进行：

首先是需求驱动。销售模块根据历史数据总结消费行为和规律，结合季节因素制定下一期的销售计划，并将此计划输入给采购模块。其次是采购模块根据销售计划的要求和已经掌握的资源数据，制定采购计划，并把采购计划传输给物流模块。第三是物流模块依据采购计划和已经掌控的物流资源，制定详细的物流计划，落实仓库和运输工具等。前三个模块的信息都传输给 ERP 系统，最后是由 ERP 具体安排每个员工的职责、考核、结算等。当然这不是一个单向的流程，会经过几轮双向的反复，以达到各环节的协同一致。

在物美集团的发展过程中，有一个值得注意的趋势：物美集团越来越像一个数据公司，它将把越来越多的作业外包出去，自己专注于商品、设备、人员、单证的信息化，以及这些信息如何捆绑、分拆、相互关联，从而获得更多的优化机会，提高资源和流程的管控能力。尽管他们还没有完全采用 RFID 这样的物联网技术，但是在采集信息、无线传输与共享以及信息的深加工应用这几个基本环节上，体现了物联网技术推动供应链升级的方向，可以说物流集团的做法反映了商贸领域供应链建设和信息化的大势所趋。

四、烟草行业供应链

近年来，烟草行业信息化建设取得了巨大进展，信息系统已经覆盖全行业，物流装备的自动化普及率较高，加上烟草专卖制度的背景，管理的高度集中，使得烟草行业应用供应链理念进行整合的步伐在加快。

（一）打造中国烟草物联网

随着国家确立了物联网作为战略性新兴产业的地位后，烟草国家专卖局召开局长办公会，专题研究行业物流建设。国家专卖局领导在考察江苏烟草时明确提出，要“打造中国烟草的物联网，努力实现中国烟草物流的不可替代性”。随即物流信息化水平最高的江苏召开了全国烟草行业现代物流建设工作会议，揭开了烟草行业应用物联网的序幕。

（二）突破两大难题

烟草行业尽管前几年在物流建设方面取得了很大成绩，但与未来发展的要求和物联网建设的目标相比还有很大差距。主要体现在两个方面：一是烟草专营制度的保护，分销渠道完全按行政区分割，缺乏市场竞争力。烟草专营制度一旦改变，现有的分销渠道将很容易被淘汰。为此要通过建设高效且具有较强控制力的物流配送体系，并支持这些渠道开展非烟草业务的营销，强化对市场的控制力，这正是供应链控制产业链下游的目标。二是烟草行业以往的生产与流通的分割体制，不能发挥产业一体化的整合优势，难以产生具有世界竞争力的龙头企业，因此也要通过产业链的整合，加强对于烟草资源和生产的管控。就全国市场而言，除了逐步实现工商物流一体化、整合烟草产业的全流程外，还要逐步突破现有行政区分割的管理，促进全行业的整合。为此要打好标准化的基础，包括服务的标准化、管理的标准化、技术与装备的标准化和信息的标准化。

（三）物联网应用案例

目前烟草行业开展物联网应用促进产业链的建设，已具有较好的实践探索基础。

1. 托盘加装电子标签（RFID）

浙江中烟杭州卷烟厂在物流流程中推行加装电子标签（RFID）的托盘，取得了成功。该项目有效地解决了仓库储存和商品到货扫码的效率问题。一方面是在流程中引入了托盘单元，使集装化技术大大提高了作业效率；另一方面是信息化技术，通过商品信息与托盘信息的捆绑，可通过跟踪托盘动态地监管商品的全流程状态。

2. 传感器应用

传感器应用方面起步更早，例如：在行业烟叶原料库房的防虫、防火、防盗、防潮等方面，很早就建立了企业内部的物联网闭环应用系统。其他相关应用系统也有很多，只是没有使用物联网的概念。

3. 行业级物联网闭环跟踪系统

中烟电子商务公司牵头委托上海烟草（集团）公司开发了工商卷烟物流在途信息跟踪系统。该系统是站在行业整体物流信息化建设的高度，针对行业干线物流（工业到商业）“多对多”的送货模式（商业到零售户是“一对多”模式）建设的。该系统称得上是一个较为系统的行业级物联网闭环应用系统。其如同物联网架构一样共分三层：

在感知层面：有车载和电子锁设备，通过该设备及时了解在途车辆的位置、状态、载货情况以及车货箱门开关情况并进行安全报警等信息传递。

在网络层面：采用行业内联网或互联网，传送电子物流单证等信息，利用 GPRS 传送车载定位和报警等信息，利用 433MHz、2.4GHz 等无线网来关联车载和电子锁运行状态。

在应用层面：建立行业统一的电子地图（GIS）和在途信息管理平台，实现在途信息的跟踪、展示、查询、监控、调度和统计分析等功能。该平台分为两级部署，在行业层面部署的信息集成平台和信息交换接口同时也具有一定的 GIS 展示和信息查询、调度、分析功能；在工业公司和省级局（公司）层面，分别由单位自己统一搭建个性化应用调度管理平台，通过行业平台对接信息提供个性化调度和管理服务。

五、医药行业的物联网应用

医药行业的应用分为两类：一是医药产业的整合和供应链建设；二是以病人为中心的各相关机构和医务人员的协同，以保障安全，提高效率。

（一）物联网促进产业整合

商务部牵头制定现代医药物流服务标准。新的分类标准出台将极大地促进医药物流系统的提升，推动医药物流物联网的建设。南京三宝科技和南京医药合资成立中健之康医药供应链管理公司，推动建立医药物联网新模式。

据了解，南京三宝科技和南京医药合资搭建的医药物流平台，目的在于连接制药企业和终端，即在生产线上就给药品贴上电子标签，所有与药品生产、流通、库存、销售等的相关信息全部写入电子标签，通过电子标签将信息汇聚到互联网平台，将生产厂家与销售终端通过这一平台联系起来。这个平台上集成了医药生产企业成本信息、药品价格信息以及医院处方信息。用药单位可与制药企业直接沟通，省去了医药代理商、医药代表等若干中间环节，也省去了药品中转仓库，药品的流通成本将可降低 20%以上。

（二）物联网提升医院管理水平

物联网技术在医院的应用可以更加有效地协调医院管理人员、医生、护士及相关部门的有序工作，提高管理人员、医生和护士的工作效率，提升医院整体信息化水平和服务能力。

物联网在医院信息化建设中的主要应用包括查房、重症监护、人员定位以及无线上网等信息化服务。在传统工作模式下，医生或护士需要随身携带一大堆病历本，并以手写方式记录医嘱信息。这样既不利于查房效率的提高，也容易因录入和识别而产生误差。通过物联网，医生可以通过随身携带具有无线上网功能的 PDA，更加准确、及时、全面地了解患者的详细信息，使患者能够得到及时、准确的诊治。

通过无线视频监控系统，医生和护士可以对病房进行有效的实时监控，使医生或患者家属时刻掌握重症监护室（ICU 病房）病人的治疗情况。鉴于医疗场所以及工作业务的特殊性，医院需要对病人位置、药品以及医用垃圾进行跟踪。确定病人位置可保证病人在出现病情突发的情况下能够得到及时抢救治疗；药品跟踪可使药品使用和库存管理更加规范，防止缺货以及方便药品召回；定位医用垃圾的目的是明确医院和运输公司的责任，防止违法倾倒医疗垃圾，造成医院环境污染。物联网的应用将为这些工作提供快速、准确的服务。医生和护士通过无线传感器网络可以随时跟踪和掌握带有 RFID 腕带的病人的生理状况。

六、供应链金融的创新

信息化技术不仅支撑了供应链管理，使其更加精细化、智能化，达到前所未有的水平，同时又支持了供应链服务的创新。在监管水平提高的基础上，一些新的业务被整合进来，其中最典型的就是供应链金融。可以说，供应链金融是物流信息化达到一定水平后的必然产物。

经过多年的实践和探索，目前我国供应链服务中涉及金融业务的有：代理采购、代收货款、代理结算、供应链融资等多种形式。供应链金融业务在为客户提供更多的服务，为物流企业带来新的利润源泉的同时，也对于流程的监管提出了前所未有的新要求，表现在对商品和相关人员要能够进行单体管理，要随时、随地实现全透明管理。物联网的信息采集技术和移动实时通信技术正好支持了这样的需求，因此可以断言物联网在供应链金融业务中一定具有宽广的市场前景。

目前已经出现的一些应用还是初步的，例如将 RFID 技术用于仓储管理，除了方便库内作业和盘点之外，也可以实现出入库的实时监管，对于仓单质押一类的服务提供支撑；一些企业通过应用移动 POS 机或者发行银行卡的方式来代收货款，减少人工的参与等。总的来看，技术的应用分为两类：跟踪货物与跟踪人员。不论是哪种技术，目前尚处于起步阶段，还需要通过制度创新和流程创新的结合才能不断完善起来。

第五章　物联网时代信息化的技术特点

即将来到的物联网时代对于物流信息化会带来哪些新的影响，物联网时代的信息化具有哪些技术特征呢？从已有的实践来看，以下几个技术特点值得特别关注，可能是未来的发展趋势。

第一节　主要技术特点

一、开放性

（一）开放性是提升管理水平的必然趋势

过去建信息系统主要是把自己的流程和资源管好。现在不行了，一定是建一个开放的系统，也就是说，采集信息完全靠自己投资和管理的时代快要过去了。首先必须要有社会信息、外部信息的交换共享，同时还要有自身信息向社会发布的机会。我们在很多案例中看到，开放的系统在整合外部信息，将自身的信息向外发布的同时，是能够获得收益的。为什么？因为我们的管理，在前期基本上是按照“二八法则”定位的，也就是说企业的 KPI 指标、服务水平，只要求把自己的事情管好，大体上就能达到 80％的水平。其他因素虽然很多，但影响很小。对物流运营来说，主要是一些车、人、仓库，把他们管好了，服务水平的 80％就有保证。但是要再上一个台阶就困难了。道路的情况、交通拥挤的情况、天气的情况等等对于自身进一步提高 KPI 非常重要，从 80％到 90％，从 90％到 95％，没有外部系统的沟通是不可能做到的。若想进一步提高，“二八法则”就要调整，要掌握更多的资源。因此，一定要建开放性的系统和平台，这种开放性是提高运营水平的一个必然的趋势。

（二）开放性与安全性的矛盾贯穿始终

制约开放的主要问题是安全性。为什么过去不能开放，或者开放的步子小？主要的担忧是怕系统不安全。在未来的发展中，系统的开放性和安全性会有矛盾。这个矛盾在传统的情况下如何平衡？在新的情况下如何平衡？这样的变化将会贯穿和制约着整个系统开放性的发展。

要解决安全的问题，一要靠技术；二要靠流程，要重新设计；三要靠法律；四要靠内部管理。安全的问题也在不断发生变化，包括对安全问题的认识、理念、承受程度都在变化。这种变化使开放和安全之间的平衡状态不断调整，也会促进自身系统进一步开放。在新的时代要建开放性的系统，而开放性的系统和安全性之间怎样平衡，二者相互之间的关系调整以及所涉及到的技术、资源等等，都是要考虑的因素。在这个开放的过程中，物联网热门技术将会扮演重要角色，像定位技术、传感器技术等等，将会成为实现开放性的技术手段。

二、动态化

（一）动态化是企业发展的内在需求

适应快速变化的外部环境，提升精细化管理要求，这是目前企业发展的内在需求。IBM总结的传统供应链模式就是两句话：一是制定专业化的解决方案；二是很好地执行这个方案。只要提出一个很好的专业化方案，同时能够很好地执行，就是有竞争力的物流公司或者供应链公司。但是，IBM认为现在这样不够了，因为除了有一个好方案外，还要有实时的调整能力，要根据外部情况的变化，随时判断和调整，即能够“动起来”。所以要使管理系统适应外部快速发展的复杂环境，动态化一定会提到日程上来。

（二）定位信息是动态化的基础

所谓定位信息，是指采集的信息中的两个基本要素：一个是时间，一个是空间，时空是一个概念，也是一组信息。此外，还有一个是“物”的识别信息，是车，货，或人。识别信息，加上时空信息就构成定位信息，这将成为物流动态管理的信息源。要实现动态管理，必须要有这三个要素信息，要有可识别的技术，要有时空记录的技术。在基本的定位信息之上还可以加载其他管理信息，如温度、压力、湿度等等。用传感技术捆绑，捆绑在什么信息上，就对什么作动态管理。所以，识别信息加时空信息成为一个捆绑的信息源，形成了动态信息的公共服务。现在已经出现了非常多的这类定位服务公共信息平台。

（三）运输网络的监管动态化是重点

运输网络的监管动态化和服务社会化将决定物流管理动态化的进程。建议可以先从交通运输的动态管理起步，对车辆和集装箱等运动中的设备和人进行监管。通过建立动态管理的公共服务，并且把这种服务释放到社会上去，很多物流公司就可以自动化地管理和控制动态的货物运输。因此，当前动态服务最看好的市场，或者说最基础的市场，就是运输的监管服务及其向社会开放的公共服务。

三、集中性

现在各大企业都在加强信息化建设，其中一个重要的特征就是集中管理。因为信息化应用于网络资源的整合，应用于流程的管理，这个趋势已越来越明显，效率也越来越高。这种集中管理有利于提高信息的处理能力和服务能力，信息如果不集中是无法加工和提升的。同时，信息加工服务的人才是稀缺的，只有集中起来才能够投资和强化数据中心的建设。因此，信息管理的集中化是近期非常重要的特征。同时，我们会看到促进信息服务外包的技术，如云计算的服务也在迅速涌现，加上技术人才需求上升，这些都是集中性所带来的变化。

第二节　关键技术

一、采集信息技术、传感器或者识别技术

此类技术指各种传感器或者识别技术，包括 RFID、磁卡等，也有采集过程的传感器，如温度、湿度、安全等传感器，甚至包括视频、音频等。

二、移动通信技术

未来物联网的通信技术也是多样的，有从人和物之间的通信，从物理世界到现实世界的通信，还有分布式数据之间的通信。借助有线和无线的技术，实现无缝透明的接入，并在网络的管理方面实现自干预、自配置，形成层次性的组网结构。物流中移动的人与人、人与物、物与物的通信技术，包括 3G 网，甚至 4G 网，移动的无线通信技术在近期或未来都将得到快速的发展。

三、智能终端

与其他行业的信息化相比，物流信息化中特有的两个装备，一是机载终端，二是手持终端，它们都起着移动信息平台的作用，其既有搜集信息，又有通信、传感等多种功能。机载终端主要是跟物走，手持终端主要是跟人走。

在网络发展过程中，会看到物的管理发生哪些变化，人的管理发生哪些变化，最后都会提炼固化在这两类智能终端上。研究这两类智能终端的差异性和发展，将反映物联网时代对物品和人的管理方式的变化。

四、位置服务

基于位置的服务现在非常流行，其中 GPS 就是比较传统的一种。当前位置服务中发展最快的是智能手机对人的服务。人走到哪里，所有的时间、地点和手机信息是捆绑在一起的。通过智能手机可以提供多样化的服务，如提示周围半公里的电影院、咖啡馆等个性化的服务。这种基于位置的服务，现在在手持终端——手机上成为发展非常快的技术。尽管目前机载终端用得还比较少，但已经得到很多风险投资商的关注，预计未来会有加速发展的趋势。最后是商业智能技术，一旦管理转移为依赖于信息加工、信息处理，即利用商业智能技术来加工和处理信息，实现决策、实现增值，这方面的技术将会热门起来。

五、数据中心

数据中心常常是被忽视的领域。在当前物联网推进过程中，数据中心建设中遇到的各种问题可能没有统一的答案，只有一个个案例出现后，这些个案才会体现数据中心经济实体的成功。

（一）数据中心是发展最快的经济实体

现在最成功的案例、发展最快的实体恰恰都是数据中心类型的。例如国内有阿里巴巴，国外有谷歌、苹果公司，都是发展非常快、对世界冲击非常大的数据公司。他们靠自身解决了实践中碰到的标准问题、流程问题、人才问题、体制问题，解决的标准就是他们获得了成功。

（二）数据中心的特点

数据中心的特点：一是表现方式网络化、虚拟化；二是业务跨部门、跨行业，可能既做IT，又做广告，还做销售，甚至金融服务等各种各样的事情。

现在出现了一个很好的苗头，即向数据中心转化的经济实体。其主要有两类：一类是公共平台类，做得比较成功，如前面提到的汇通天下的货运平台；另一类是从实体转化而来的，如北京的物美集团。

物美集团目前正在朝着一个数据中心的模式转化：销售方案是基于数据积累制定的；有了销售方案后制定采购方案，也是基于数据的；有了物流配送方案后变成每个作业单，也是基于数据的。整个流程由数据推动，形成一系列数据的单证，多数员工不需要懂太多专业物流和销售知识，对人的依赖度很低。照此发展，相信未来的目标就是智能化。因为对人的依赖越来越低，实际上就是智能化。我们对智能物流的总结就是让物变聪明，让人变“傻”。人变“傻”不是指智商低，而是指决策管控不依赖现场人员。这就是未来物流发展的方向。

（三）创造适合数据中心生存与发展的环境至关重要

迄今为止，对数据中心的关注与研究很少。特别是目前在管理体制上，也很不适应数据中心这种跨行业、跨部门的实体发展。按照传统的分类去管理的话，数据中心将无法诞生。要推动物联网的发展，就要鼓励产生这样的数据中心，解决数据中心发展中面临的政策环境和监管问题。这可能是下一步信息化，或者物联网时代急需解决的课题。

其实，公共信息平台的建设也是一个数据中心的问题，物流信息化长时间受制于公共信息平台的建设。实际上，这并非因为标准问题、资金问题、商业模式问题，而是许多平台的建设脱离了数据中心发展成长的轨道。比如，一个公共平台设计或论证以后，往往让另外一些人来运营，而运营的这些人根本不懂这些事情，不是他自己的方案和想法，其结果可想而知。因此，研究数据中心的发展规律，从法律、政策、管理、组织等各个层面探讨和解决数据中心发展中的问题与障碍，将会大大推动我国物联网的发展。

综上所述，我国现代物流的发展，在业务和服务日益向供应链一体化方向发展的同时，也日益需要信息技术，尤其是物联网技术的高度支撑。物联网时代的供应链，需要我们不断拓展新思维，研究新问题，应用新技术。

撰稿人：戴定一　中国物流与采购联合会专家委员会主任、研究员
吴志惠　中国物流信息中心高级工程师
晏庆华　中国物流与采购联合会网络事业部主任
王丁平　中国物流与采购联合会工程师

第四篇　大数据时代与供应链管理

第一章　供应链正走入大数据时代

第一节　大数据时代与供应链管理变革

一、大数据时代来临

从 20 世纪 80 年代起，世界上存储信息的技术能力大约每隔 40 个月翻一倍。90 年代后期，大数据(big data)的概念开始出现在科学研究中。比如，在气象学家进行天气图示、物理学家建立大型模拟模型以及生物学家绘制基因图谱时，已无法再采用传统的技术手段；面对数据采集、存储、搜索、共享和分析方面的难题，科学家们引入了大数据技术，以便从巨量的数据集中挖掘出有价值的信息。21 世纪以来，大数据技术被电子商务和电讯巨头所运用，因为传统的方法已经解决不了他们的业务问题。比如，网络搜索有一个查询超大型分布式松散结构数据集合的问题，这些数据不仅数量大、速度快、多样化程度高，而且常常是不完整和不可得的，需要以新的预测性分析形式进行推断。因此，处理大数据的新技术和新架构不断涌现。

随着互联网特别是移动互联网的发展，各类数据加速向社会经济各方面和大众日常生活渗透。有资料显示，1998 年全球网民平均每月使用流量是 1MB(兆字节)，2000 年是 10MB，2003 年是 100MB，2008 年是 1GB(1GB 等于 1 024MB)，2016 年约是 32.3 GB。全网流量累计达到 1EB(即 10 亿 GB 或 1 000PB)的时间在 2001 年是一年，在 2004 年是一个月，在 2007 年是一周，而 2013 年仅需一天，即一天产生的信息量可刻满 1.88 亿张 DVD 光盘。我国网民数居世界之首，每天产生的数据量也位于世界前列。网络的发展带来以物联网和家电为代表的联网设备数量飞速增长。2007 年全球有 5 亿个设备联网，人均 0.1 个；2013 年全球有 500 亿个设备联网，人均 70 个。随着宽带化的发展，人均网络接入带宽和流量也迅速提升。全球新产生数据年增 40%，即信息总量每两年就可以翻番，这一趋势还将持续。目前，单一数据集容量超过几十 TB 甚至数 PB 已不罕见，其规模大到无法在容许的时间内用常规软件工具对其内容进行抓取、管理和处理，大数据技术的应用日益普及。

数据规模越大，处理的难度也越大，但对其进行挖掘可能得到的价值更大。比如，网民在网上产生的海量数据，记录着他们的思想、行为乃至情感，这是信息时代现实社会与网络空间深度融合的产物，蕴含着丰富的内涵和很多规律性信息。根据统计，截至 2016 年 6 月我国网民数量约为 7.1 亿，手机网民数量约为 6.56 亿，通过分析相关数据，可以了解大众需求、诉求和意见。又如，全球企业的信息存储总量 2015 年已达 8.61ZB(1ZB 等于 10 000 GB)；医院、学校和银行等也都会收集和存储大量信息；政府可以部署传感器等感知单元，收集环境和社会管理所需的信息；倘若能够更有效地组织和使用这些数据，将会更好地发挥科学技术对人类发展的巨大推动作用。总之，大数据存在于当今社会的方方面面，一个大数据时代正在到来。

二、大数据催生供应链管理变革

对大多数供应链管理者来说，大数据目前还是一个全新的概念。

传统的供应链管理信息系统经过十多年的发展，已经形成功能完备、实施便捷的软件包，并在许多企业的全球运作中得到应用。这些系统都是用事务性数据来改进供应链的响应性，基础是订单和发货数据，主要用于三大供应链管理软件系统：企业资源系统(ERP)，高级计划系统(APS)和供应链执行系统(SCE)。ERP 系统源于改进从订单到货款的功能以及从采购到支付的功能，并维持财务会计账号的统一管理；与此相似，APS 系统通过将预测性分析运用于订单和发货数据来计划和改进供应链的响应性；SCE 系统则用于改进企业从订单到发货的能力。

由于这些软件系统能够较好地满足供应链管理的需要，因而供应链管理者一直是用老系统来解决新问题。直到他们在试图用新的数据形式解决全新的问题时，才感到传统供应链管理信息系统已不再能适应这样的要求。于是，大数据的概念被逐步引入，用于寻求改进供应链绩效的新途径，包括：以下几个方面

1. 通过高级分析来预知供应链运作状态

传统的业务分析是用于回答供应链管理者知道去问的问题。但是如果一个对企业重要的问题而管理者不知道去问怎么办？比如，当企业建立供应链风险减轻战略时，一个重要的问题是：企业需要花多长时间来获知其产品和服务在市场上出现差错？这就需要诸如文本挖掘和基于准则的本体(ontology)等大数据技术，来帮助企业建立聆听能力，以尽早获知和尽快减轻供应链风险。

2. 以多种形式获取市场反应

当今的技术使企业能够以评级与评审、博客评论和社交媒体反馈等形式来了解客户并直接得到反馈，这些数据的形式大多数是非结构的。当数字化营销变成数字化业务时，企业正寻求跨职能部门来聆听客户意见，并利用高级分析从外部来测试和了解市场反应。据统计不到 3%的供应链管理者可以有效地聆听社交性数据，并在跨职能部门间加以运用，以理解客户意见。对大多数企业来说，社交性数据只限于数字化营销团队掌握。

3. 实时感应需求与供应变化

传统供应链通常对历史的而不是当前的市场做出响应，因而常常是不及时和不恰当的。所以，传统供应链不能很好地感应需求或供应的变化。当企业成熟时，会很快认识到单纯依靠订单和发货数据将增加对市场变化的响应时间，导致延迟，从而使供应链处于不利的境地。

4. 增强供应链灵活性

目前的供应链大都是刚性的，灵活性不强，通常只是基于平均值和简单的“if-then-else”逻辑来做出响应。所以供应链管理者一直在寻求方法使其系统更具灵活性，但却未能找到有效的途径。于是他们开始转向基于准则的本体等新型预测性分析方法，通过学习系统来图示“多 if 到多 then”。新型模式识别、优化与学习系统的结合，增强了企业的供应链灵活性。

5. 提高配送产品安全性

产品配送过程中，其温度控制的供应链建立在大量数据的基础之上。当传感器改进后，数据的数量和速度都得到提高。RFID 传感器传送大量的数据，需要新型模式识别技术来更好地感应和响应。因此，大数据在冷链管理中应用的时机已经成熟。

6. 驱动新的供应链渠道

当企业重新考虑供应链渠道时，移动、社交渠道及电子商务与数字装置相结合带来新的机会。这在不同行业有不同的称谓。比如，在零售行业称为全渠道(omni channel)，而在消费品行业则称为数字化采购途径(DP2P)。对零售商和消费品公司而言，他们的决策基于货架，但他们每天能看到和响应的数据却局限于各自的企业。这就驱动了一个流程的重新设计，也就是将流程从由内到外(从企业出发)改为由外到内(从渠道返回)。移动、社交和电子商务数据与下游的 POS 数据等相结合，使这一设想变成现实。这种数据对一些供应链管理者来说很快就会达到 PB 级。

7. 数字化制造

对移动性以及来自设备传感器和可编程控制器(PLC)的数字输入的运用，正促使加工制造的转型。生产线正从基于事件的计划转为基于物联网的实时感应。维修计划、生产排程等供应链生产管理都可以依据机器的产出，而不是理论计算的平均故障时间来进行。

8. 数字化服务

同样，运用移动性和重装备的数字输入也正促使服务业的转型。比如，飞机、轮船、车辆等会定期向控制台远程传送信号，以用于计划服务和更换零件。所以物联网也正在改变着服务业供应链，由此产生的数据也是海量的。

9. 重构供应链可视化

地理位置信息、数据图示化和可视化呈现与感应传输(如在货物、托盘、车厢上的传感器)相结合，正使供应链可视化从来自实际位置信息提供的接近实时数据向实时数据转型，对大多数供应链来说，这无疑是一场技术和流程的变革。

虽然这些途径大都还处在起步阶段，但反映了供应链管理者运用新的数据形式来改进供应链绩效的努力。然而，当他们启动这些项目时，发现自己进入了大数据世界的领地：数据不再适合于关系数据库，分析也需要新型的并行处理。总之，传统的供应链管理信息系统已不能够管理这些新型数据，他们需要借助于全新的大数据技术。

第二节　供应链大数据与大数据技术

一、供应链大数据

在当今“不领先就会被淘汰”的激烈竞争市场中，大数据像一把双刃剑，在给供应链改善带来巨大机遇的同时，由移动装置、社交媒体、感应器等相结合所形成的数据爆炸，也在数量(volume)、速度(velocity)和多样化(variety)三方面给供应链管理技术带来前所未有的挑战，如图 4-1-1 所示。

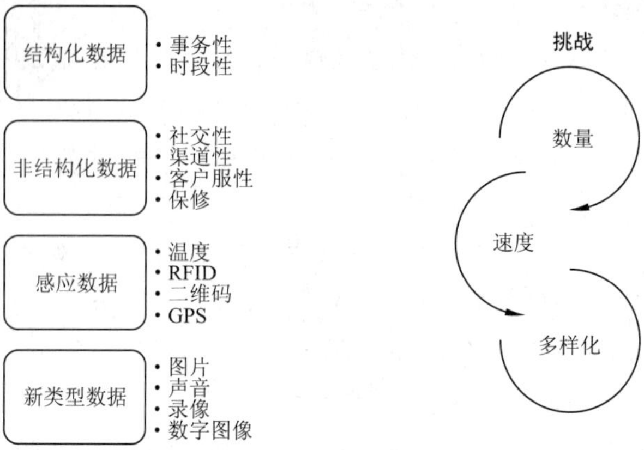

图 4-1-1　供应链大数据

（1）数量：全球售出的 RFID 标签预计将由 2011 年的 1 200 万迅速增加到 2021 年的 2 090亿，与此同时，对温度传感器、二维码以及 GPS 装置的使用也会显著增长，由此产生的供应链数据将会成倍超出我们的预期。数据在多个系统和来源之间流动，因而通常是容易出错和不完整的。处理如此海量的数据是一大挑战。

（2）速度：供应链环境已经高度动态和多变，由意外事件引发的供应链运行变化必须得到及时的处理，以免造成不必要的损失，因而应对这样的数据速度非常困难。优化决策必须迅速做出，缩短处理时间是成功运作的关键，而这些都是传统供应链管理信息系统所不具备的。

（3）多样化：在供应链中，数据以多种形式生成，包括事务性、时段性的结构化数据，社交性、渠道性的非结构化数据，温度、RFID、二维码、GPS 等感应数据，以及图示、录像、声音、数字图像等新类型数据。处理如此多样、混杂的数据集，无疑是许多企业的难题。

对许多供应链管理者来说，新型数据特别是非结构化数据无异于废数据，因为传统的供应链管理信息系统难以对这些数据进行有效的分析处理。随着供应链变得越来越复杂，以及供应链管理的要求越来越高，新型的大数据与传统数据在分析环境上的差异性会越来越大（见表 4-1-1），最终需要借助新型的大数据技术在供应链管理中加以处理和采用。

表 4-1-1　传统数据环境与大数据环境比较

传统数据环境	大数据环境
• 对数据源进行中央控制与监测，通常是对可以通过关系数据格式来表述的企业数据 • 通常以小时、天、周、月、季、年的频率进行数据更新 • 分析按行、列设计，以便在生产环境中运行 • 预测性分析作为大规模优化与模拟引擎	• 数据具有企业内部和外部多个来源，包括传统的数据仓库 • 数据源经常分布于多个区域，并包含多样化的数据成分，包括结构化和非结构化数据 • 经常需要反复寻求解决业务问题的最佳方案 • 需要大规模存储资源来支撑反复运算 • 每一次解决问题的反复运算通常都需要完全重新导入信息

二、供应链大数据技术

为应对大数据的挑战，一系列技术和方法被开发或改造出来，用于大数据的采集、处理、分析和可视化呈现，这些技术和方法主要来源于统计学、计算机科学、应用数学和经济学等领域。这意味着一个试图从大数据中提取价值的企业需要采用灵活的、多领域的方法。有些技术和方法是在传统数据时代开发的，但成功地被改造以适应大数据的需要。有些技术和方法则是近年来专为从大数据中获取价值而开发的，开发者包括学术机构也包括公司，特别是那些基于大数据分析的电商公司。供应链管理中常用的大数据技术与方法包括以下几种：

1. 众包(crowdsourcing)

众包是通过网络媒介选取大众所提交信息的数据收集方法。在大数据众包模式中，企业可能把数据收集任务分配给那些不管世界上任何地方只要能够上网的人员，由这些众包的人员执行数据录入、清除和验证等操作，从而可以快速、高品质、低成本地完成任务。通常用于收集市场反应，以更好地感知供求变化，提高供应链的灵活性。

2. 流处理(stream processing)

流处理是设计用于处理大量实时事件数据流的技术。由于数据的价值随着时间的流逝而降低，所以事件出现后必须尽快对其进行处理，而不是积累。流处理基于事件机制，通过流引擎对数据流实时到达、实时处理，因此具备低延迟、高可靠性和容错能力。可用于供应链事件管理，以实现供应链全程的实时监控。

3. 数据提取(ETL)

数据提取是用于从外部来源提取(extract)数据，并将其转换(transform)以适应运作需要，然后载入(load)数据库或数据仓库的软件工具。ETL负责将分布的、异构数据源中的数据如关系数据、平面数据文件等提取到临时中间层后进行清洗、转换、集成，最后载入数据库或数据仓库中，成为联机分析处理、数据挖掘的基础。

4. 数据挖掘(data mining)

数据挖掘是指通过统计学与机器学习(machine learning)等方法，结合数据库管理，从大量的数据中自动搜索隐藏于其中的有着特殊关系性的信息的过程。数据挖掘通过关联规则学习(association rule learning)，集群分析(cluster analysis)，分类和回归诸多方法来实现上述目标。常用于挖掘客户数据，以分析客户的购买行为模式，确定细分市场等。

5. 数据整合(data fusion and data integration)

数据整合是整合和分析多个来源数据的一套方法，目的是使其如同单一来源数据一样，能够更加准确、高效地找出内在本质。比如，信号处理(signal processing)方法能够用于物联网感应数据的整合；而来自社交媒体的数据，经过自然语言处理(natural language processing)分析，再与实时销售数据相结合，就可以确定营销攻势对客户购买行为的影响。

6. 商业智能(BI)

商业智能是报告、分析和提交数据的应用软件。BI工具常用于阅读已存放于数据仓库或数据超市的数据，也用于制作定期提交的标准报告，或用于显示实时管理仪表盘(dashboard)上的信息，比如供应链绩效管理指标。

7. 云计算(cloud computing)

云计算是一种基于互联网的计算方式，通过这种方式，共享的软硬件资源和信息可以按需求提供给计算机和其他设备。云计算描述了一种基于互联网的新的 IT 服务增加、使用和交付模式，通常涉及通过互联网来提供动态易扩展且经常是虚拟化的资源。云计算是目前解决大数据问题最重要的有效手段，它提供了基础架构平台，大数据应用在这个平台上运行。

8. 网络分析(network analysis)

网络分析是一套用于描述图形或网络中离散节点之间关系特征的方法。比如，在社交网络分析中，将分析一个社区或组织内个人之间的联系，包括信息是怎样传递的，谁对他们最有影响力。常用于识别关键意见领袖以作为营销目标，或识别企业信息流动的瓶颈环节。

9. 预测性建模(predictive modeling)

预测性建模是一套最佳的通过数学模型来预测产出可能性的方法。比如，在客户关系管理中常用预测性建模来估算客户将改变提供商的可能性，或者能够交叉销售另一个产品的可能性。

10. 观点分析(sentiment analysis)

运用各种分析方法来识别和提取数据源中的主观信息，这些分析中的关键方面包括识别表达观点的特征，决定立场类型(如支持、反对和中立)以及观点的强度。比如，企业常通过观点分析来分析社交媒体(如微信、博客、微博和社交网络)以决定不同的客户群体和利益相关方对其产品或措施的反应。

11. 可视化呈现(visualization)

可视化呈现是通过制作图像、图表或动画来沟通、理解和改进大数据分析结果的方法。常用的如标签云(tag cloud)、聚类函数图(clustergram)、历史流(history flow)、空间信息流(spatial information flow)等。

第三节　供应链大数据分析的实施现状

运用大数据分析来改进供应链运作还是一个新的领域。英国著名物流咨询机构 EFT 于 2013 年 2 月对全球制造商、零售商、物流服务商、IT 服务商和咨询公司做了问卷调查，据此撰写了《2013 年供应链大数据报告》，系统分析了供应链大数据分析的实施现状。

一、大数据在供应链中的应用情况

调查请供应链管理者评价供应链大数据分析对企业绩效的影响，结果大部分(84.2%)认为至少有一定的影响，只有 15.8%的人认为只有很小或完全没有影响，如图 4-1-2所示。

当问及引领供应链大数据分析应用的行业时，44.7%的受访者选择了零售业，22.3%的人选择了消费品制造业，说明供应链大数据分析在这两个行业得到了最好的应用，如图 4-1-3所示。

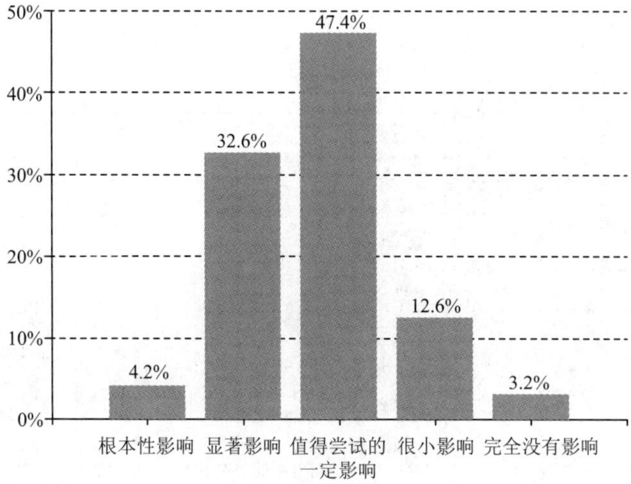

图 4-1-2　供应链大数据分析对企业绩效的影响

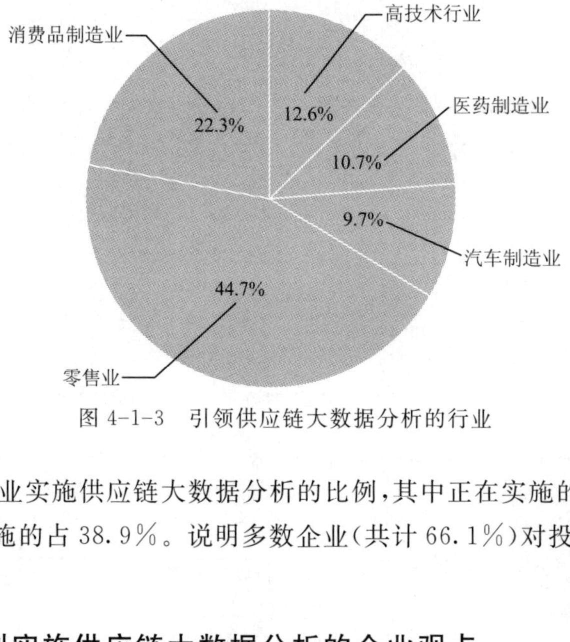

图 4-1-3　引领供应链大数据分析的行业

调查还统计了企业实施供应链大数据分析的比例，其中正在实施的占 27.4%，计划实施的占 33.7%，暂不实施的占 38.9%。说明多数企业(共计 66.1%)对投资实施供应链大数据分析持开放的态度。

二、正在和计划实施供应链大数据分析的企业观点

在对正在和计划实施供应链大数据分析的企业的调查中，当问及投资大数据解决方案的主要原因时，86%的受访者将改进供应链效率放在前三个原因之一，78%的受访者将降低供应链成本放在前三个原因之一，56%的受访者将根据实时数据而不是历史数据决策放在前三个原因之一。据此计算出综合排名值如图 4-1-4 所示。

当调查实施大数据分析所处的阶段时，发现将近一半(47.2%)仍处在理论阶段，另外一半多(52.8%)则已处在计划或更进一步的阶段，但实施完成得很少，如图 4-1-5 所示。

大多数受访者选择提高可视化水平、风险管理、需求计划以及销售与运作计划(S&OP)作为其实施供应链大数据分析的前三个领域，如图 4-1-6 所示。

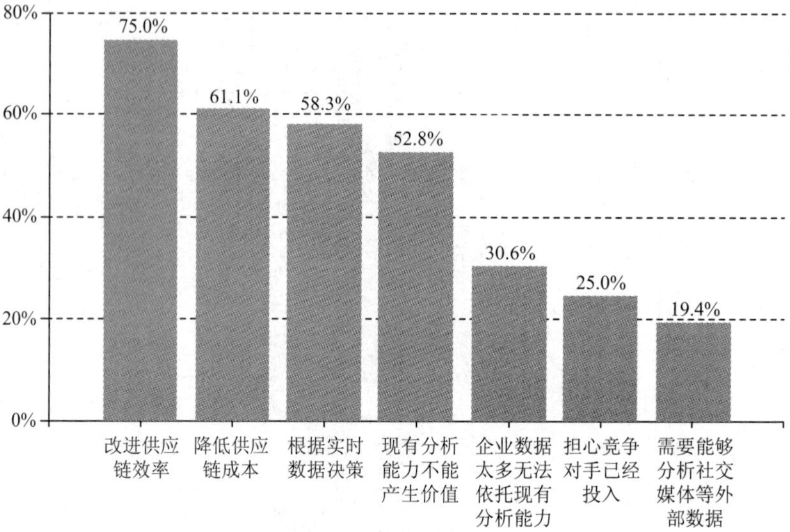

图 4-1-4　投资供应链大数据分析的主要原因

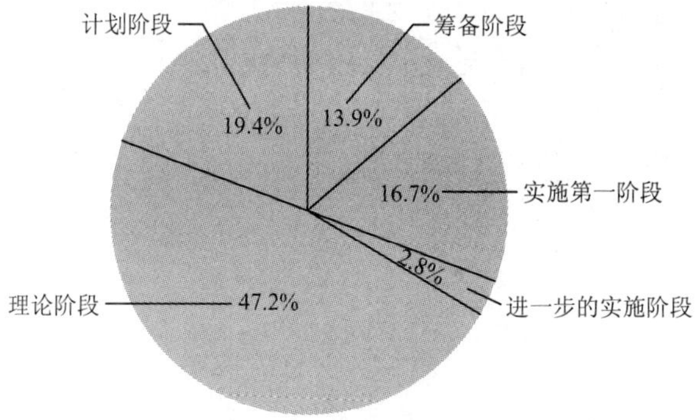

图 4-1-5　实施供应链大数据分析所处的阶段

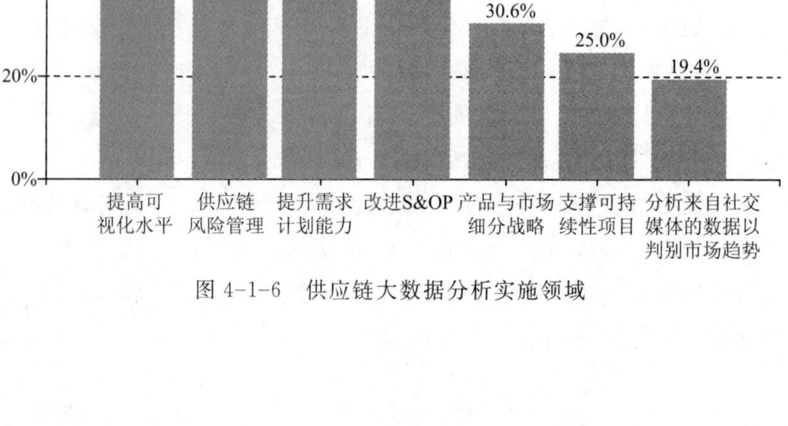

图 4-1-6　供应链大数据分析实施领域

当问及实施供应链大数据分析最大的挑战时，大多数受访者将实现大数据解决方案与现有系统的整合和理解应该采集什么数据排在前两位，如图 4-1-7 所示。

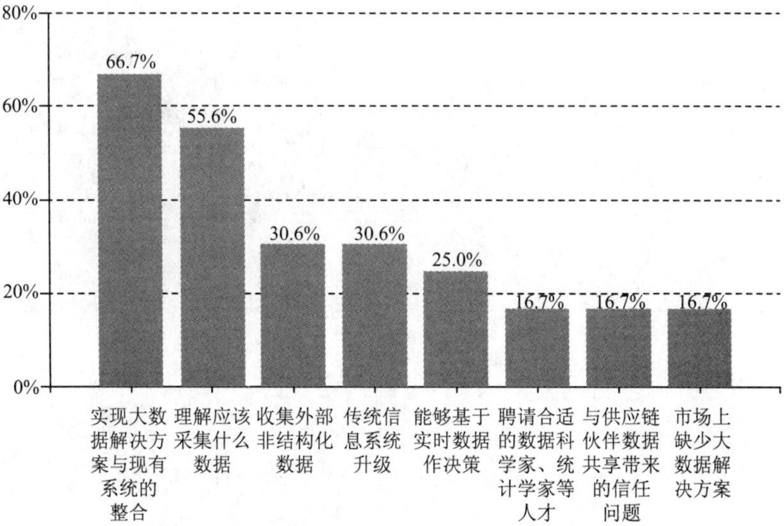

图 4-1-7 实施供应链大数据分析最大的挑战

三、暂不实施供应链大数据分析的企业观点

在对暂不实施供应链大数据分析的企业的调查中，当问及未投资大数据解决方案的原因时，多数受访者列出的主要原因包括难以找到合适的解决方案提供商、难以得到董事会层面的批准以及高成本的挑战。据此计算出综合排名值如图 4-1-8 所示。

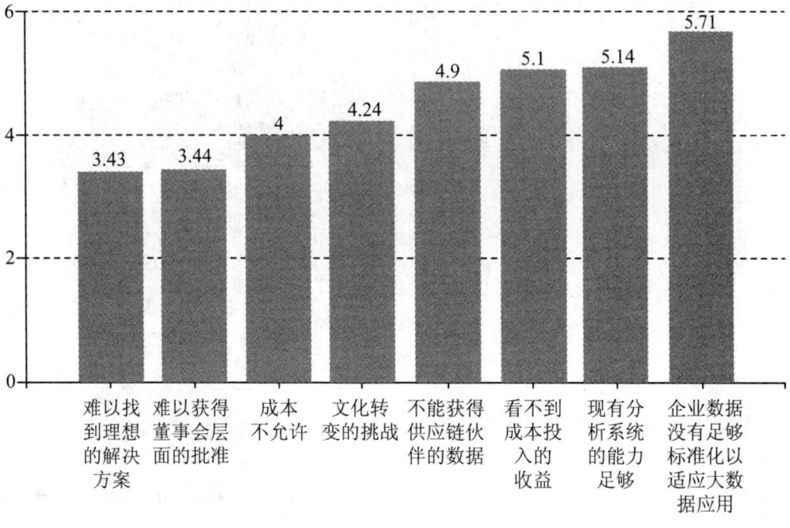

图 4-1-8 暂不实施供应链大数据分析的原因

当问及可能推动实施大数据分析的因素时，多数受访者列出的主要因素包括在企业其他部门实施得到高的投资回报、从解决方案提供商处得到很好的建议以及竞争对手实施的

成功案例。据此计算出综合排名值如图 4-1-9 所示。

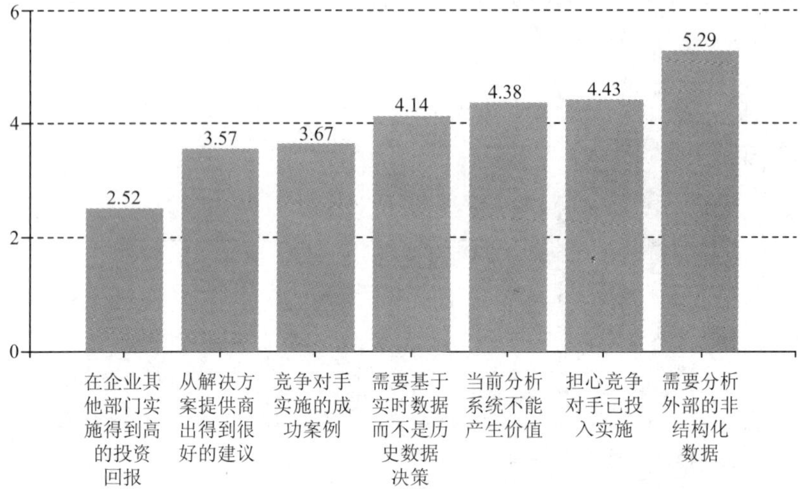

图 4-1-9　可能推动企业实施大数据分析的因素

当问及实施供应链大数据分析最大的挑战时，大多数受访者与正在和计划实施的供应链管理者观点不同，他们将理解应该采集什么数据和能够基于实时数据作决策排在前两位，如图 4-1-10 所示。

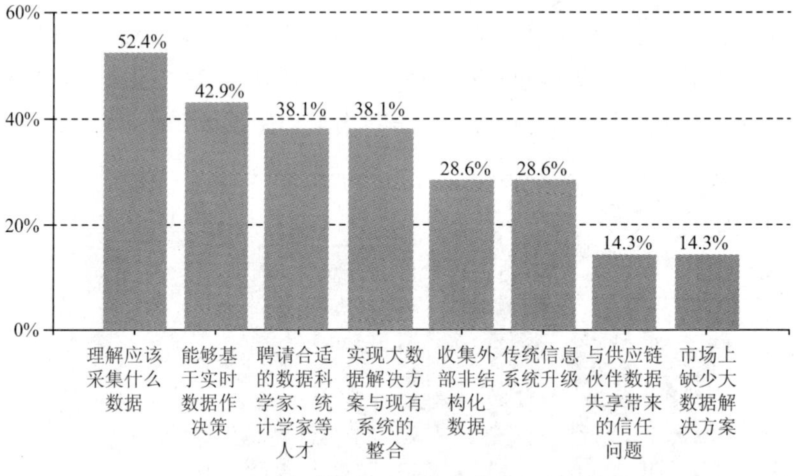

图 4-1-10　实施供应链大数据分析最大的挑战

四、供应链大数据解决方案提供商的观点

在对供应链大数据解决方案提供商的调查中，当问及其客户正在或计划实施的主要领域时，排在前三位的与正在或计划实施企业的回答完全一致，如图 4-1-11 所示

当问及实施供应链大数据分析最大的挑战时，受访者与正在或计划实施企业的回答也高度的一致，排在前三位的是理解收集什么数据、与现有系统的整合以及能够基于实时数据作决策，如图 4-1-12 所示。

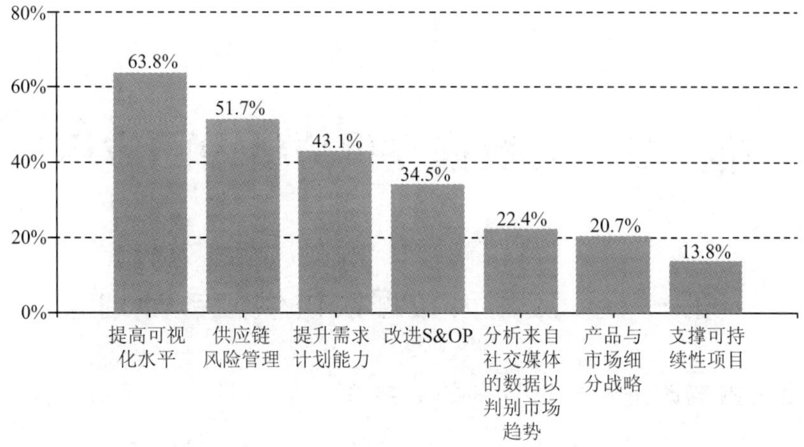

图 4-1-11　客户正在或计划实施的供应链大数据分析领域

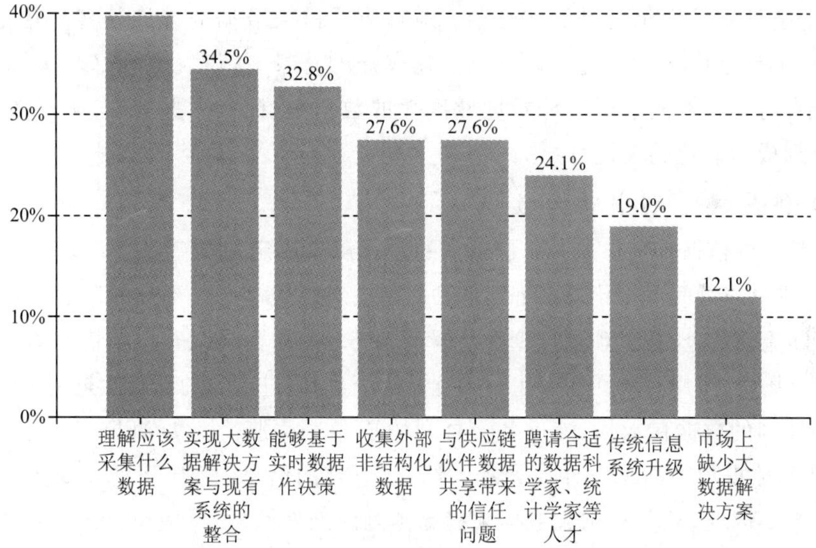

图 4-1-12　客户实施供应链大数据分析的最大挑战

五、结论

供应链大数据分析对制造业和零售业的供应链运作产生显著的影响，供应链可视化、供应链风险管理以及供应链计划等成为优先考虑的实施领域。大数据正改变着货主企业及其物流服务商的运作形态，物流与供应链专业人士需要更加熟悉这一概念，以便使其成为差分竞争对手的重要手段。

第二章　大数据在供应链中的应用

第一节　应用大数据改进供应链计划

一、应用大数据改进供应链计划的必要性

（一）供应链计划的挑战

供应链计划流程的成功取决于需求预测、库存管理和物流计划的准确性。随着大数据的兴起，供应链计划的优化变得更加复杂。应对供应链大数据的挑战并将其转化为优化机会，成为供应链计划成功的关键。在当今数据爆炸的背景下，仅仅处理好数量、速度和多样性三大挑战自身是不够的。通过分析如此庞大的数据集，提取数据智能，生成数据价值，才是供应链计划成功制定的关键。

（二）供应链计划中的大数据

供应链计划的依据是需求预测。制造商通过预测来决定每类产品生产多少，何时向何处发货，从而改进供应链的可视化。不准确的预测将会对供应链产生不利的影响：预测过多会导致库存积压和流动资金占用，预测过少则会因不能满足需求而导致客户销售的损失。因此，在当今的多变市场中，客户需求往往发生不可预测的变化，改进预测的准确性至关重要。

供应链计划的数据在数量、速度和多样化方面急剧膨胀。比如，TESCO 每个月会产生 15 亿以上新的数据项，Wal-Mart 要处理大约 2.5 PB 的信息，相当于美国邮政 2010 年投递信件数的一半。因此，充分利用大数据来提高预测的准确性，给供应链计划的改进带来巨大的机会。

（三）传统方法的不足

企业开始认识到大数据在预测中的重要性，并已经开始投资大数据预测工具和技术来改进供应链计划流程。传统的预测工具不足以处理巨大的数据数量、速度和多样性，尤其在以下改进预测准确性的关键方面有所欠缺：

1. 社交媒体数据的输入

社交媒体是使企业能够收集潜在和预期客户数据的平台。随着技术进步，跟踪客户数据变得更容易。企业现在已能够跟踪每一个访问企业网站、交换 E-mail 以及在社交网站上发表评论的客户数据。社交媒体数据有助于分析客户意愿，得到对供应链与库存的预测、计划与调度的洞察力。从社交网络中得到的反馈信息，可以用作需求预测的输入，并能取得很好的效果。比如，企业可以把新产品放在网上来感受客户的接受度，根据反馈的数据来制定库存与供应链计划，以便在产品发布时将库存直接配置在客户反响大的地区。但社交媒体由于集中度

不足，加上企业信息孤岛现象严重，往往对预测分析有较大局限性，易出现误差与错判。

2. 预测与响应方法

传统预测是通过分析历史形态，考虑销售收入和促销计划来预测需求，制定供应链计划的。它们专注“已经发生的事情”，基于“感应与响应”战略。然而，“历史重演”已不适合今天竞争激烈的市场，企业只有专注“将要发生的事情”，基于“预测与响应”战略，才能在市场竞争中生存。这需要能够采集、处理和分析巨量实时数据的模型和系统，这些数据来自意料之外的竞争事件、气候形态、POS、自然灾害（如火山、洪水）等；并能够将这些数据转换成为可以付诸行动的信息，以用于需求预测和供应链计划。

3. 决策与模拟系统

传统决策支持系统缺乏满足数据变化需求的灵活性。在现实情景中，供应链配送计划会因为种种原因发生意想不到的变化，比如需求改变、销售预测修正等。新的模型和系统必须有能力考虑这一因素，并对计划外事件快速响应。应该在仔细考虑计划外事件对供应链其他因素的影响后，才做出供应链计划决策。传统方法缺少这个能力，因而有必要采用模型对所有可能的决策进行“what-if”分析，以便做出在大数据背景下的最优抉择。

二、应用大数据改进供应链计划的阶段

供应链不缺乏数据，缺少的是一个合适的模型，用于将海量的、多样化的原始数据转换成可以付诸行动的信息，以便企业能够为制定高效的供应链计划做出关键的决策。一个三阶段优化价值模型可以帮助克服在供应链计划和需求预测中大数据带来的挑战，它可以弥补传统大数据方法的差距，提供挖掘大数据爆发所带来价值的方法。为供应链计划设计和建造大数据优化模型是复杂的任务，但如成功执行会取得显著的经济效益。下面深入分析获取数据、分析数据和实现目标这三个阶段分别对供应链计划流程带来的增值。

（一）获取数据

供应链计划最大的驱动因子是数据，获取供应链计划所有相关的数据是这一优化模型的第一阶段。它包括三个步骤，数据采集、数据提取与纯化、数据表述，如图 4-2-1 所示。

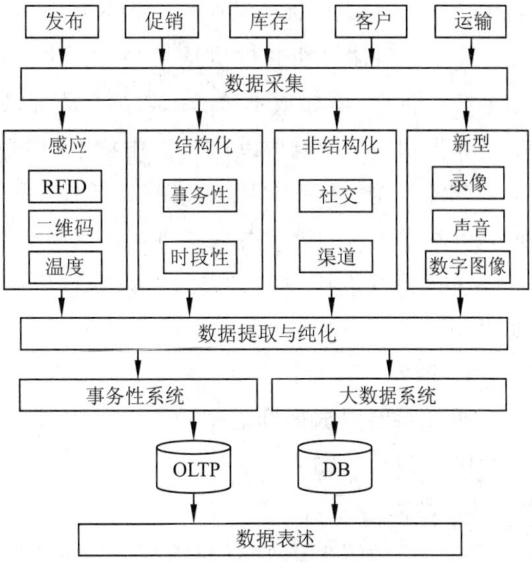

图 4-2-1　获取数据的步骤

1. 数据采集

数据以不同形式存在于多个来源、系统和地理位置，包含十分详细的历史需求数据和其他相关信息。为进一步分析以改进预测的准确性，需要确定所需采集的数据来源，主要包括：

（1）产品促销数据：包括品项、价格、销售额；

（2）产品发布数据：包括增加或减少的品项；

(3)库存数据：仓库中的储存；

(4)客户数据：包括采购历史，社交数据；

(5)运输数据：包括 GPS、北斗与物流数据。

企业必须采用能够处理如此巨大数据数量、速度和多样性的合适的大数据系统。

2. 数据提取与纯化

数据来源包含从结构化(事务性数据)到非结构化(社交、图像、感应数据等)的不同形式，通常不便于分析。同时，由于存在大量混杂的数据，在数据采集时很可能会出现偏差和错误。因此，原始数据需要转换成结构化数据，以便用于制定供应链计划。分析不准确和不及时的数据，会导致错误或非优化的结果。高质量和综合的数据是企业有价值的资产，企业必须拥有适当的数据纯化机制以保持大数据的质量。选择用于数据纯化并使之丰富的大数据工具，对供应链计划至关重要。

3. 数据表述

设计用于海量数据的数据库是艰难的任务，如果不能顺利执行，将会对绩效产生重大影响，因而数据表述对数据分析十分关键。数据存储的方式多种多样，每一种设计都有其自身的优点和不足。选择合适的数据库设计并顺利执行，有助于在供应链计划中更加有效地进行数据分析，从而获得更好的企业收益。

（二）分析数据

接下来的阶段是分析纯化的数据，捕捉用于预测和供应链计划的数据价值。市场上存在众多用于需求预测和供应链计划的大数据技术方法，如何选择取决于业务情景和企业目标。不兼容数据形式使得从大数据中获得价值成为复杂的任务，从而要求技术方法创新以便从不断增长的大数据洪流中发掘商业价值。

优化技术用于供应链大数据分析，可以改进需求预测和供应链计划的准确性。首先，优化技术适用于从具有海量数据、多项约束及多个因素的高度复杂系统中分析和提取结果；其次，供应链计划有多个企业目标，诸如成本降低、需求满足等，每个目标对企业盈利性的影响可以通过优化技术很方便地分析出来；第三，优化技术具有良好的灵活性，适合在大数据分析时发现新的数据关联并将其转化为结果。

优化模型包括输入、目标、约束和输出四个部分，如图 4-2-2 所示。

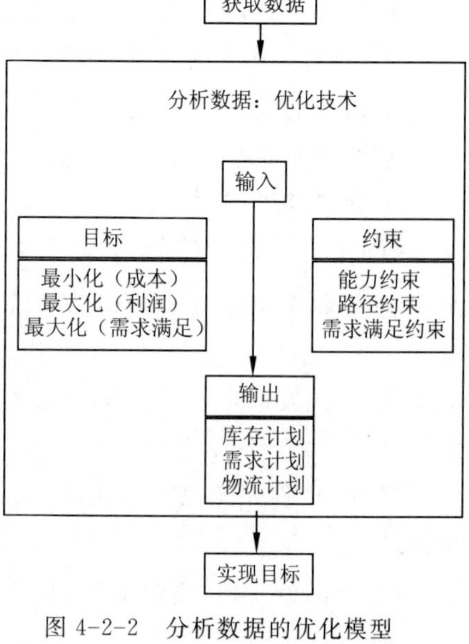

图 4-2-2　分析数据的优化模型

1. 输入

通过获取数据得到的一致、实时、高质量的数据，成为优化模型的输入。

2. 目标

优化模型将考虑所有与需求预测和供应链计划相关的目标，包括成本最小化、利润最大化、需求满足最大化等。

3. 约束

优化模型应该包含供应链计划相关的所有约束条件，如仓库的最低库存、能力约束、路径约束、需求满足的约束等。

4. 输出

基于优化模型定义的输入、目标和约束，通过选择合适的算法，就可以输出用于战略执行的优化结果，包括需求计划、库存计划、生产计划、物流计划等。

（三）实现目标

优化模型的最后阶段是通过需求预测和供应链计划来实现企业目标，涉及推进企业供应链决策的三个步骤，即情景管理、多用户协同和绩效追踪，如图 4-2-3 所示。

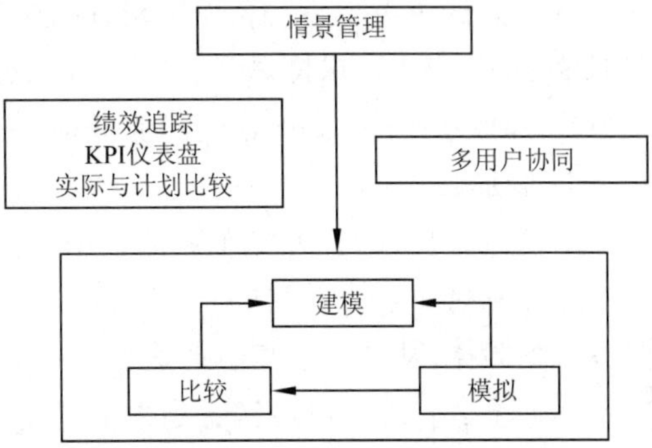

图 4-2-3　实现目标的步骤

1. 情景管理(Scenario Management)

业务事件难以预测，大多数情况下会偏离标准轨迹，从而导致意料之外的行为和事件。这使得在不确定时间的计划和优化变得困难。情景管理是克服这一不确定情形的有效方法。它帮助生成业务情景，比较多个不同情景，在决策前分析和评估其影响。这一能力有助于平衡 KPI 之间的冲突，达成满足企业需要的最优解决方案。

2. 多用户协同

实际企业应用中的优化模型包含高度复杂的数据集和模型，需要一系列分析的支持，以决定其对企业目标的影响。往往需要技术与业务领域专家的结合，才能得到最优化的结果。为获得接近准确的预测和供应链优化，模型必须支持多用户协同，以便多个用户能够协同产生优化计划和安排，并在业务发生变化时重新优化。为此，优化价值模型构建了一个协同体系，能够支持多个用户的输入，并将其纳入决策过程。

3. 绩效追踪

需求预测和供应链计划并不是按照一次性建模运算的方法，而是需要显著的持续的努力。输入与业务规则的频繁变化，需要对数据、模型和算法绩效的监测。实际与计划的结果需要定期比较，以便采取措施使准确性的偏差最小化。为此，需要界定 KPI，并通过仪表盘(dashboard)形式持续地监测模型的绩效。

三、应用大数据改进供应链计划的收益

用于大数据分析的三阶段模型可以为企业带来以下收益：

1. 改进预测准确性

预测的关键目标之一是利润最大化。本模型采用有效的数据采集、纯化和整合系统，为预测奠定了良好的数据基础。社交数据、促销数据、气象预报、季节性数据加上历史需求和销售历史数据，增加了预测的价值，改进了预测的准确性。此外，大数据分析的优化技术最大限度地降低了预测误差。

2. 持续改善

本模型并不是机械地运算的模型，它具有微调的灵活性，并支持 what-if 分析。多个情景被生成出来进行比较和模拟，以便在做出决策前识别变化对供应链和需求预测的影响。同时，也可以使企业不时界定、追踪和监测 KPI，从而导致持续的流程改善。

3. 更好的库存管理

库存数据与气象预报、销售历史及季节性数据一起，作为预测与供应链计划模型的输入。这一方法使跨越不同仓库的缺货和库存积压的出现情形最小化。库存移动的优化计划被预先制定出来，以保持每个仓库拥有合适的库存来满足即将到来的需求。这在很大程度上减少了因为缺货导致的销售与业务损失，从而实现更好的库存管理。

4. 物流优化

对运输数据(GPS 和其他物流数据)的不断采集和持续分析，并通过优化技术将其用于需求预测和供应链计划，有助于改善配送管理。此外，物流优化可以改善燃油效率和车辆路径安排的效率，从而实现卓越的运作和更好的供应链可视化。

随着信息技术在供应链计划中的应用不断深入，能够采集、存储和分析的数据数量成倍增长。为得到卓越的运作和可持续的竞争优势，企业有必要借助大数据的力量来进行有效和高效的供应链计划。大数据的优化价值模型提供了通过协同、情景管理和绩效管理进行需求预测和供应链优化的独特方法，为应用大数据改进供应链计划带来巨大的机会。

第二节 基于云平台的供应链可视化

大数据技术正在迅速地改变供应链网络中企业与企业之间的信息交互方式，其中一个巨大的突破是云技术平台的兴起，它不仅彻底改变了企业的 IT 结构，而且使供应链伙伴通过协同信息平台实现全程可视化成为可能。

一、云技术对供应链管理的影响

(一) 传统供应链管理面临的挑战

随着客户需求的多样化和原材料供应的全球化，企业的供应链变得越来越复杂，企业对供应链管理的要求不断提高，从而使得传统供应链管理方式面临以下挑战：

(1)与供应链伙伴、客户及最终消费者的协同问题；

(2)无法容易与迅速地获取新的能力；

(3)缺乏数据质量与一致性；

(4)缺乏对业务的单一视角；

(5)不适应扩展的、分布式供应网络和订单履行伙伴；

(6)IT 系统与业务流程不匹配；

(7)接入系统和信息不便，特别是对远端和现场的工作人员。

这些挑战是持续和致命的，而且会随着供应链复杂度的提高愈演愈烈。与此同时，传统

IT 结构也适应不了供应链管理发展的要求，主要表现为：

(1)IT 固定成本高；

(2)解决问题的业务和 IT 资源有限；

(3)实施速度慢；

(4)使用便利性差；

(5)未能与供应链伙伴结盟；

(6)IT 盲点增加。

（二）云技术给供应链带来的效益

云技术的兴起，为解决供应链管理面临的挑战带来令人鼓舞的新途径，其效益主要体现在以下三方面：

1. 协同性

供应链协同缺失的原因有很多，其中一个主要原因是缺乏共同的系统和流程，使小型供应链伙伴难于接入系统，从而制约了供应链的协同。云技术可以通过为总部和现场员工提供共同的、广泛接入的信息平台，很好地解决这一问题。实际上，最初在供应链中应用云技术的，是能够借助外部成员协同（如承运人社区）或通过对业务的共同视角（如数据透明化）而产生网络效应的领域。

2. IT 服务弹性

现代供应链的最大特点是易变性，需求和供应都具有不可预见的性质，需求预测的准确度在下降，供应中断的风险在上升，从而使得企业倾向于采用可变的而不是固定的成本结构。一方面，企业更多地采用外包；另一方面，企业希望具备获得 IT 服务的弹性，便于随着需求和业务的变化而调整系统能力。显然，云技术比传统的现场配置应用系统在这方面更为有效，可以更好地满足企业外部环境的易变性对 IT 更新换代和能力提升的频繁要求。

3. 快速实施性

云技术的最大优势，是使企业能够按照工作节拍同步获得 IT 能力。无论是需求的易变性，还是提前期的缩短，或是获取新的能力，企业的工作节拍都变得越来越快，传统的 IT 实施周期显然不能适应要求。因此，企业要做出快速、明智的供应链决策，就必须借助敏捷、灵活的 IT 工具，这正是云技术所带来的效益。

（三）云技术对企业 IT 结构的影响

在传统的配置内部业务管理软件的企业里，IT 部门主要负责提供企业四墙之内的管理功能。而基于云技术的信息平台提供了企业所有供应链伙伴都能接入同一系统的协同空间，这就要求企业的 IT 部门能够管理外部合作伙伴网络。这一新的模式需要企业重新定义 IT 部门的角色，如表 4-2-1 所示。

表 4-2-1　传统 IT 部门与云 IT 部门的角色演变

传统 IT 部门	云 IT 部门
开发和维护大规模的固定集成	借助云技术提供商来确保最佳集成方式
管理企业自有硬件的大笔投资和维护开支	管理登录云解决方案的月度运行费用

续表

传统 IT 部门	云 IT 部门
支付传统 ERP 软件的升级和维护费用	始终使用云软件的最新升级版本,并与网络上的所有其他用户分担维护成本
为每一个新接入的合作伙伴建立点对点的 EDI 连接	使用标准集成图来快速接入新的合作伙伴并实现标准化的数据交换
承担具体的、非战略性的、常常是被动的工作	在企业战略中发挥主要作用
使 ERP 系统客户化以支撑企业的工作流程	使用高度可配置的系统来满足企业战略需求

随着企业 IT 结构的变化,IT 部门将变得比以往更加关键。他们需要选择最好的云技术提供商,管理、监测和维护云解决方案,并确保其与企业其他的软件系统相互联通。

二、基于云平台的供应链管理模式

(一)配置云服务以满足企业需求

基于云平台的应用系统可以通过配置来满足企业的特有需求。借助云技术,企业 IT 部门不再需要花时间来制定客户解决方案,而是可以专注于通过设立业务规则和工作流程、定制应用领域并在企业需求变化和增长时做出调整来实施控制。

基于云平台,企业 IT 部门只需负责设置业务逻辑。比如,用户可以将其应用系统配置为允许出现订单例外,其业务规则是一个供应商可以有多少订单没有履行而不必给相应的管理者提出预警。

云平台的标准化数据工具可以使企业用来描述主数据。用户可以给产品和位置分配代码,从而消除冗余,使数据简洁和可靠。用户不仅可以配置供应链事件里程碑,以用于衡量承运人和供应商的绩效,而且可以将产品代码和描述用于订单管理。

一旦企业按照供应链战略配置云服务,就可以在自我服务的环境下,实现对信息系统的有效控制,并充分挖掘云技术带来的供应链管理价值。

(二)借助网络化社区力量来共享数据

云平台与传统点到点 EDI 整合的本质区别,在于其提供的网络化社区优势。如图 4-2-4 所示,全球供应链中社区参与者包括承运人、第三方物流企业、供应商和其他与全球贸易活动有联系的合作伙伴,通过将所有参与者带入预先存在的云网络中,企业会得到端到端的供应链可视化。

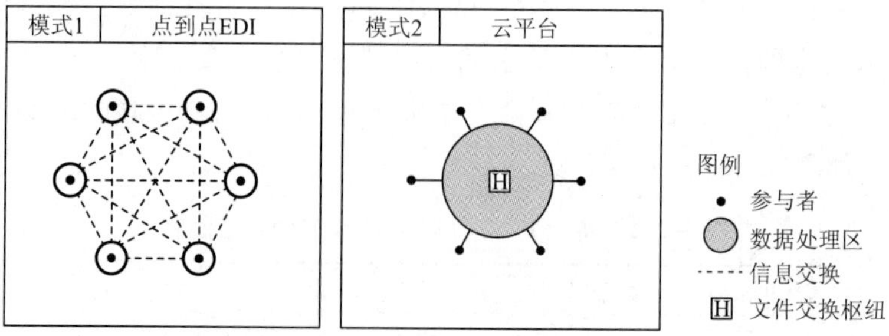

图 4-2-4　云平台与传统 EDI 模式的比较

采用传统的软件系统，企业必须与每一个合作伙伴分别建立起联系；而借助云技术，新的合作伙伴能够迅速、方便地上线，因为企业的网络化社区已经在平台上建立起来。所有合作伙伴将自动从数据质量的改进中受益，覆盖全球贸易与物流网络的所有数据将持续更新。

当一个新的合作伙伴登入时，企业的 IT 部门需要管理其在社区的存在，方法是控制其能够看到的数据，以及在企业授权下能够采取的行动。云平台可以提供工具使企业的 IT 部门既对数据接入的安全性放心，又对企业及其合作伙伴在平台上相互沟通及进行供应链决策的有效性满意。

管理社区的另一个方面是供应商的管理，云平台可以提供工具使企业的 IT 部门成批导入新的供应商，迅速地与之联通，并监测其绩效。

从传统的软件系统到网络化云平台之间，还包括私有云和公共云模式，如图 4-2-5 所示。

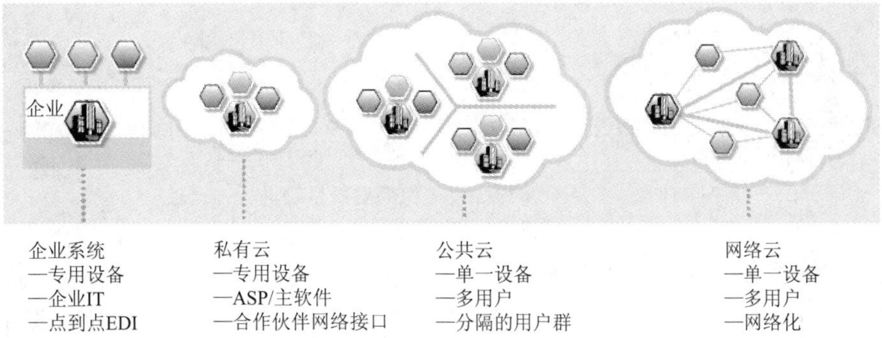

图 4-2-5　不同云模式的比较

企业 IT 部门需要对云模式做出关键的决策，并监督其服务商提供真正的云服务。

（三）实现与供应链伙伴及应用系统集成

采用传统的软件系统，供应链中每个合作伙伴之间通过硬连接彼此相连，最终每个集成都需要相同的时间和资源。当其中一个连接的数据质量改进时，其他连接仍然没有改变。

云平台通过贯穿网络社区共享的、可重复利用的集成，为解决数据与可视化空隙问题带来革命性突破。当一个新的企业加入云平台时，它能够比使用传统的 ERP 系统时更快地接入已经存在的合作伙伴社区，以及一个可靠的网络基础设施。一旦实施完成，产品的全球生产、运输及销售数据就可以在企业的所有利益相关方之间正常流动，如图 4-2-6 所示。

企业 IT 部门在完成云平台集成后，还能管理和监测与企业其他应用软件的集成。云平台可以提供工具来管理与 ERP 系统的内部集成，以及与其他应用系统的外部集成。

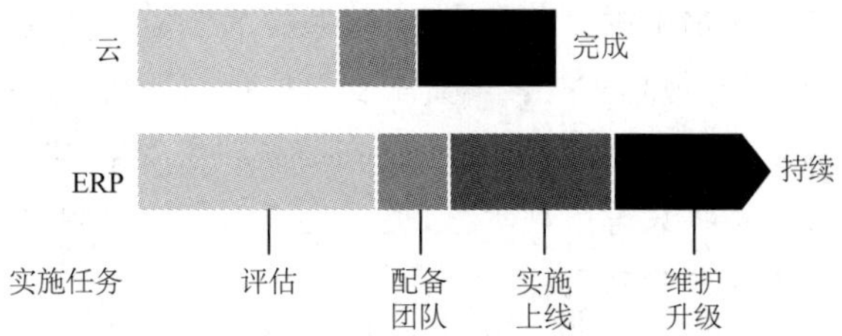

图 4-2-6　云平台与传统 ERP 系统的实施比较

在这一模式中，企业 IT 部门可以接入网络服务 API，把企业的应用系统延伸到云平台。他们负责管理内部用户的单一登录能力，监督合作伙伴的数据以便于可视、易于解释分析的方式流入，同时监测数据质量并基于选定的 KPI 报告合作伙伴的绩效。

当数据存放在云平台时，便可以实现单一平台乃至行业合作伙伴社区的标准化。这完全颠覆了传统的数据改进方式，比如，当一个承运人和一个货主之间改进数据连接时，会自动改进云平台上所有合作伙伴之间的数据连接。传统模式下，企业 IT 部门需要花费大量的人力来实现这些质量升级，而云平台模式下，社区自身会完成这一切，如图 4-2-7 所示。

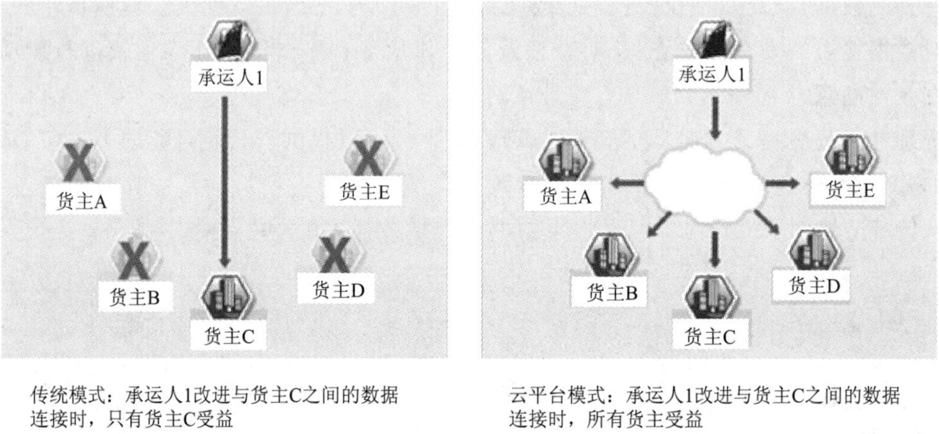

图 4-2-7　云平台与传统模式的数据质量改进方式比较

（四）有效分析供应链数据

当企业的 IT 部门拥有一个敏捷、灵活的基于云技术的解决方案和工具来根据企业需要进行运作时，他们将监测高质量数据的流动，并据此做出重要的供应链决策。这些数据必须以易于相关人员分析的方式呈现，以便他们采取措施来做出系统改进。

在供应链云平台上，IT 部门可以比较合作伙伴之间的业务 KPI，了解哪些合作伙伴达到了适当的绩效水平，哪些合作伙伴低于供应链运作服务的平均水平。有关人员能够容易地看到异常值，并分析实际绩效怎样与预测目标相符合。

云平台将实体供应链带入网络化的云环境，为 IT 部门提供了有效管理技术和工作流程的工具，使其在企业的全球供应链运作中发挥持续的战略作用。

三、全球供应链可视化云平台

全球供应链管理的关键是信息的高度可视化，这些信息包括物料的流动状况、库存水平和需求水平等。首先，在全球规模的供应链活动中，由于工厂与市场之间的时间与空间跨度很大，使得真实的客户需求变得模糊与滞后，若缺少从供应链起始供应端一直到最终客户端的全程可视化，不能实时获取真实需求的数据，进而无法及时管理补货，那么整个供应链系统无疑将只得依赖库存，也就是用库存作缓冲以防止缺货，这就无法实现“用信息替代库存”的供应链管理目标。

全球供应链可视化的另一个目标，是管理货物在运行过程中运输状态的不确定性。全球供应链包含多个环节，比如某产品要从工厂运往港口，再从港口运往目的地所在的国家，当清关等一系列手续办妥后，产品才最终到达其需求地。由于这些环节往往跨越不同的国家或关贸区，一路上存在经济社会环境与自然环境的许多不确定性因素，供应链在运作过程中发生波动就不足为奇了。因此，需要通过信息共享来强化供应链参与者之间业已存在的关系，以便使特定供应链上的一整套活动同步化。典型的国际物流流程，包括卖方端的仓储、货运代理、报关，海运或空运，以及买方端的报关、货运代理和仓储等活动。通常这些活动的信息都存储在各自的信息系统中，通过物流管理软件分别进行控制。云技术的兴起，为改变这一传统的全球供应链管理方式创造了机会。新的模式是将各个设施和产品的实体部分与信息部分分离，以便通过网络将所有的信息部分连接在一起，给所有的相关公司提供能力、库存、价格以及日程的可视化，并将货运的详细情况开放给海关和客户。这样，国际物流流程就重组为一个基于云技术的信息协同平台，每个合作伙伴都拥有所有利益相关方以及货运状态的信息，如图 4-2-8 所示。

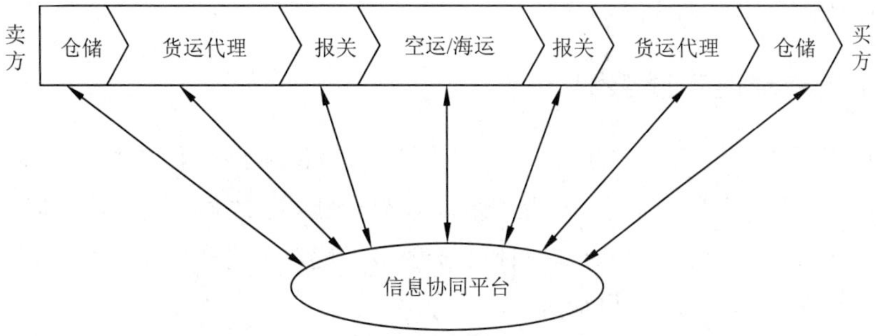

图 4-2-8　基于云技术的信息协同平台

于是，一个分销商不仅是在产品进入其仓库时才制定销售计划，它可以在产品等待报关时、在制造商的货架上时、在第三方物流的卡车上时就可以制定销售了。同时，可以通过改进物流过程的可视化，使供应商、物流服务商和制造商之间的日程安排同步化，以降低库存和缩短提前期。

以著名的云平台服务公司 GT Nexus 为例，通过将全球供应链上的制造商、零售商、物流服务商及其客户和所有供应链伙伴连接在一起，可以实现以下可视化：

(1)在途可视化：通过建立对全球所有订单的集中事件管理系统，实现从供应商一直到客户的可靠的供应链可视化。可以动态提供货物预计到达时间，通过例外显示关注未能按计划到达相应位置的产品，对在途和生产延误以及逾期配送快速评估和预警。

(2)库存可视化：建立从供应商一直到客户的整个供应链库存管道的控制，包括在库库存和在途库存。可以通过主动配置在途库存来提高直接换装与越库的比例，通过可靠的库存状态与管理预期来降低安全与缓冲库存并提高客户的忠诚度。

(3)成本可视化：确定全球采购商品到达目的地时真实的落地供应链成本。通过检测、衡量和审核涵盖所有供应链伙伴的端到端成本，可以获取每个成本组成部分并将其分配到每一个单品上，从而更好地制定成本计划、识别成本异常处并采取措施加以消除。

(4)文件可视化：通过建立电子文件中心，共享和管理全球贸易、物流、账单等电子文件，并自动将供应链的文件与订单、发货、订仓等相连接，使供应链的所有参与方能随时得到文件，以减少海关的延迟和客户投诉的风险，提高供应链的效率。

第三节　大数据与供应商绩效及风险管理

在全球经济一体化的今天，企业在世界范围内采购原材料、生产产品和销售商品。为更好地管理复杂的供应网络，企业需要比传统供应商管理更加完备的数据和分析手段，而大数据技术的应用，无疑为供应商绩效与风险管理提供了有效途径。以 SAP 公司的供应商信息网络平台为例，通过实时收集和处理供应商相关数据、生成有价值的关键绩效指标（KPI）与洞察（insight）、预测供应商的行为以及帮助消除多层供应群带来的风险，极大地提高了供应商绩效与风险管理的有效性和效率。

一、基于流处理的实时监测

要有效地管理供应链的绩效与风险，首先要提高对供应链运行监测的实时性。当供应链上异常事件发生时，从数据采集、分析到采取补救措施，会发生一系列的时间延迟，而供应链价值会在延迟中损失，所以，实时监测能够体现出供应链的竞争优势，如图 4-2-9 所示。

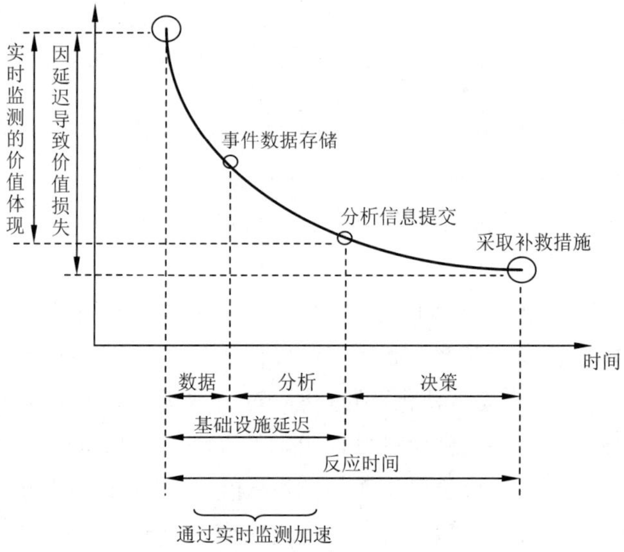

图 4-2-9　实时监测的价值

随着大数据时代的来临，与供应链运作相关的数据来源多种多样，数据实时采集与分析的挑战性越来越大。为此，SAP 的供应商信息网络平台，采用了 Sybase 公司的事件流处理器（event stream processor，ESP），将商业事件流转化为可据行动的信息，通过舍弃那些不相关的信息，联合不同源的信息，在其他事件情境中检查事件以判断什么是重要的信息。由于 Sybase ESP 是基于大量的数据、以实时的方式高速进行的，它使得企业对不断变化的环境做出更迅速的响应，捕捉随时出现的供应链风险，通过更完整和及时的信息做出更好的决策。传统的数据分析是基于数据库中的静态数据运行查询的，而事件流处理，起源于复杂事件处理（CEP），通过预先定义"连续查询"改写了分析规则。当新的数据到来时，Sybase ESP 流过查询，生成连续的洞察流，通过对新的信息立即响应，警示用户风险，基于对当前不断发展的环境处理新的事务，利用不断更新的信息制定决策，使得从大量的事件数据流中抽取有意义的信息变得更加容易，从而对供应链运作实现真正意义上的实时监测。

二、基于云平台的供应绩效与风险洞察

在借助 ESP 技术进行实时监测的同时，SAP 的供应商信息网络平台还基于云平台从大数据中获得供应绩效与风险的洞察。平台采用众包的方法把所有参与方案网络的企业连接在一起，收集所有参与企业的供应商绩效 KPI 信息，并与诸如实时新闻连线的非结构性内容，如禁令通知等公共数据以及人口统计信息等结合在一起，依据这些有价值的大量数据，对供应商绩效 KPI 进行分析、比较和排序，得到供应绩效的有价值的洞察，以此提高企业监测、预测与主动管理全供应网络供应商风险的能力。

平台通过以下主要功能来帮助企业改进采购和供应链流程，实现供应中断的最小化，获得最佳的供应群。

（一）实时警报

平台监测供应商的质量和交货绩效，并根据设定的 KPI 临界值主动发出警报。如果发生偏离供应商 KPI 的事件，企业会及时收到来自平台的警报通知。平台还会通知企业与供应群中任一成员相关的重大新闻事件，包括影响供应的地缘政治事件和自然灾害，以及影响供应商稳定性的企业事件，比如倒闭、诉讼、诈骗或并购活动。

（二）预测警报

除了发现实时的供应链事件外，平台还借助强大的建模技术和先进的机器学习方法，通过分析数据和做出决策，来预测未来可能的绩效水平。并基于 KPI 临界值，对可能存在的供应商绩效偏离做出预先通知，使企业可以提前介入供应商存在的问题。

（三）供应商绩效比较

评价供应商的关键，是将其绩效放在整个行业内进行比较。平台使企业能够将一个供应商的绩效与其他供应商进行比较，同时将一个供应商的 KPI 表现与其他客户的相同 KPI 表现进行比较，从而得到对供应商绩效的全面洞察。比如，一个供应商某月的及时送货率为 80%，怎样评判是好还是坏？但如果发现其同时期对其他客户的及时送货率为 95%，那就看出问题来了。

为此，平台需要收集和累积来自企业网络中多个参与者的供应商绩效信息，以生成绩效基准。这样就可以看到一个供应商在其服务的企业网络客户中的绩效排名，以及在企业所有供应商中的绩效排名，从而找出其需要改进的具体领域。

（四）多层网络可视化

先进的供应网络可以获得巨大的生产率提高和成本降低，但全球网络的错综复杂性使其易于产生各种各样的风险，如经济状况波动、国际冲突和自然灾害等。比如，2011 年 3 月的日本大地震，中断了日本汽车零部件的生产与流通，影响了全世界的汽车制造商与经销商，导致整个汽车行业生产与销售的大幅下降。所以，企业需要观察到可能存在于其供应群中次级供应商的风险。

平台采用社交网络工具使一级供应商提供次级供应商的可视化，以帮助企业发现深藏在供应网络中的潜在风险，并能在实际发生前加以规避。平台提供贯穿供应链多级网络的

风险数据，基于对诸如地震等重大新闻事件的实时分析实现洞察。通过搜索和分析数以千计的新闻源，找出与次级供应商相关进而可能影响企业运作的中断、倒闭、诉讼等信息。

三、应用供应商信息网络平台带来的收益

（一）大幅提高供应链管理效率

传统管理中，供应商与采购经理将大量时间花费在战术与运作事务上，以确保日常运作不受供应问题的影响。而供应网络快速变化的复杂性，常常导致其只能对日常运作的热点问题做出被动的反应。借助平台及其丰富的例外管理框架，企业可以采取更加主动的、前瞻性的方法。平台根据企业的个性化要求设置绩效临界值，以便对企业需要关注的潜在问题发出警报，同时指出例外的严重程度，使企业能够识别和专注在最重大的事情上。例外管理将管理者从基础的日常事务中解放出来，专注于更加战略性的增值事项，从而大幅提高管理效率。

（二）改进供应链管理并减少中断

采用平台可以使企业通过深入的绩效分析和基准比较得到对供应商绩效的洞察，从而提高对贯穿供应群多级供应商风险的可视化，减少供应中断的频率以及造成的影响。通过对供应商绩效的实时监测，以及预测供应商绩效并主动提供警报，可以大幅提高供应商绩效管理的及时性和主动性，有助于改进对整个供应链的管理。

第三章　运用大数据改进供应链管理

第一节　运用大数据改进制造业供应链

大数据可以使制造商通过更精准的产品定位和更有效的促销与配送来进一步提高设计与生产的效率、改进产品质量，以更好地满足客户需求。例如，大数据能帮助企业减少20％～50％的产品研发时间，通过模拟和测试可以在生产前消除瑕疵，使用实时数据能够使企业更好地管理全球供应链的需求计划、减少生产中的瑕疵和返工等。总之，大数据为实体经济与虚拟经济年提供了延伸产业链、优化供应链、改进价值链的方法，使企业能够以创新的、更加精确的方式来满足客户需求，比如基于客户数据进行协同产品开发等。

一、制造业需要借助大数据来提升效率

随着制造业采购、生产和销售的日益全球化，制造商需要组织和管理全球供应链以获得成本和市场竞争优势。比如，一个典型的全球消费电子制造商，几乎会在每个大陆都会有生产设施，并根据物流成本和生产成本的权衡来优化其全球设施分布。先进的制造商也会有众多的供应商，各供应商专注于生产专门的零部件，以确保其成本和质量的优势。一个典型的大型汽车装配企业，通常会有多达 4 000 家全球供应商。

为了在全球化背景下继续获得生产率的高水平增长，制造商需要借助大量数据来提升整个供应链的效率，以设计和销售更高质量的产品。实际上，制造商已经拥有大量的数字化数据并运用于工作之中。根据麦肯锡的研究报告《大数据：下一个创新、竞争与生产率前沿》，制造业是存储数据最多的行业，2010 年全球新存数据接近 2EB。制造业的数据有多个来源，从仪表化生产设备（流程控制），到供应链管理系统，再到已售出产品的绩效监测系统。比如一架波音 737 飞机的一次国际航行，就可以产生 240 TB 数据。

随着大数据时代的来临，制造业产生数据的数量将会持续以指数方式增长。全球销售的 RFID 标签的数量，将从 2011 年的 29.3 亿枚猛增到 2021 年的 2090 亿枚。制造商开始将不同系统的数据结合在一起，如 CAD、CAE、CAM、协同产品研发管理、数字化制造以及跨越企业边界的供应链端到端数据等。

二、制造商可以在整个价值链上运用大数据

根据麦肯锡的研究，大数据有可能从七个方面改进制造商的绩效，并影响从研发设计、供应链管理、生产一直到市场营销、售后服务的整个价值链，如表 4-3-1 所示。

表 4-3-1 运用大数据改进制造商绩效的途径

途径	研发设计	供应链管理	生产	市场营销	售后服务
构建贯穿供应链的跨部门协作的研发与产品设计数据库，以实施并行工程、快速试验和模拟以及共同创造	√				
收集客户数据，广泛运用于提高客户服务水平、捕捉交叉销售机会以及实现按价值设计	√			√	
在虚拟协同场所以众包等方法采集和分享数据	√			√	
实施先进的需求预测与供应计划系统，涵盖供应商并使用企业外部变量		√	√	√	
实施数字化工厂以实现流程透明化，开发仪表盘工具，对瓶颈环节进行可视化显示			√		
实施传感器数据驱动的运作分析系统，以提高产能，实现大规模定制生产			√		
通过传感器收集售后数据，并实时反馈以触发售后服务，并诊断生产或设计的缺陷			√	√	√

（一）研发设计

运用大数据使企业有机会加快产品研发，帮助设计师基于具体的输入以及使生产成本最小化的设计来获得产品最重要和最有价值的特征，通过开放创新等方法来利用消费者洞察降低研发成本。

1. 产品生命周期管理

几十年来，制造商一直通过实施 IT 系统来管理产品生命周期，包括计算机辅助设计、工程、制造，产品研发管理工具，以及数字化制造等。然而，这些系统产生的大量数据却只能局限在各自的系统内。因此，制造商可以抓住一个显著的大数据创造价值的机会，通过构建产品生命周期管理(PLM)平台，将多个系统的数据整合在一起，以便实现有效、持续的协同。例如，PLM 能够提供共同创造平台，将企业内部和外部的输入结合在一起来创造新的产品，这在航空航天等领域特别适用，因为一个新产品往往需要全球数百个供应商的成百上千的零部件来装配，这种情形下定点生产(OEM)厂与供应商共同创造设计就特别有价值。PLM 平台也十分有助于在设计阶段进行试验，设计师和制造工程师能够通过平台快速地共享数据，并方便地生成模拟来测试不同的设计、不同的零部件和供应商选择以及相关的制造成本。这一功能非常有用，因为设计阶段的决策往往决定制造成本的 80%。

高端制造业的领先企业已经进行了数据协同使用和控制试验。丰田、菲亚特和日产已经将新车型的研发时间压缩了 30%～50%，丰田声称已经可以在第一台样车试制前消除 80%的缺陷。然而，尽管这一机会的回报是巨大的，但制造商往往需要巨额投资来升级系统，这些系统常常有几十年的历史。除了进行不同 IT 系统的数据集成所需的技术工作之外，制造商还需确保不同职能部门(研发、生产)和企业(OEM、供应商)运用这些工具来协同。

2. 按价值设计

尽管从市场研究中得到客户输入一直是传统产品设计流程的一部分，但是许多企业并不能从日益增加的客户数据中系统提取关键洞察来调整现有设计并产生新型产品的具体指标。最佳实践的制造商能够进行联合分析，以确定有多少客户愿意支付某些产品特性，以及什么产品特性对市场成功至关重要。为此，这些企业将从 POS 机数据和客户反馈等数据来源中提取定量的客户洞察作为分析的主要补充，新的客户反馈数据来源包括社交媒体中的客户评价、描述实际产品使用的传感器数据等。

然而，要得到全面的客户数据以便获取整体洞察对制造商可能是一个巨大的障碍。分销商、零售商和供应链上的其他成员都不愿意共享数据，将其视为有竞争力的资产。不过，按价值设计的回报是巨大的，特别是在产品高度差异化并可以改变客户偏好的行业。例如，一个电信设备制造商运用客户洞察数据在 24 个月内将毛利润提高了 30%，消除了产品中不必要的高成本特性，增加了更具客户价值的产品特性，使客户愿意支付更好的购买价格。

3. 开放创新

为推动创新以开发产品满足新的客户需求，制造商越来越依靠来自创新渠道的外部输入。随着 Web 2.0 的兴起，一些制造商邀请外部利益相关方基于网络平台提交创意，甚至进行协同产品开发。卡夫和宝洁等消费品制造公司在开发新产品时，不仅征求消费者的创意，而且与外部学术与产业研究专家进行协同。二十世纪初，宝洁面临研发成本上升而回报下降的问题。为此，公司启动了名为“连接与开发”的开放创新项目，其中一个重要内容就是构建名为 InnoCentive 的网络平台，邀请专家来解决宝洁面临的技术挑战。至 2010 年，公司新产品中包含源自公司外部元素的比例由 2000 年的 15% 上升到 50%，研发生产率提高了 60%，研发成本占销售额的比例由 4.8 下降到 3.4。但是与这些开放创新方法的成功相辅相成的，是如何以高效的方式从这些项目产生的潜在的大量输入中提取真正有价值的创意，这正是大数据技术如自动算法(automated algorithms)等所能解决的难题。

借助大数据的开放创新已经延伸到高端制造业。比如，宝马(BMW)构建了“创意管理系统”，以帮助评估来自“虚拟创新机构”提交的创意。这可以将识别有潜在价值创意的时间减少一半，也可以减少对创意的可行性做出决策的时间。其结果是公司每年可以将来自开放创新努力的 2～3 个主要创意融入新产品研发之中。这些开放创新技术的另一个好处是可以使参与者在这些努力中产生品牌认同感，以及在其创意被采纳后的自豪感。

（二）供应链管理

制造商，特别是那些生产快消品的企业在改进需求预测和供应链计划方面存在巨大的机会。需求的多变性已成为制造商的一个关键课题。他们的零售客户一直在大力推动增加供应商的灵活性和响应性，以满足消费者偏好的多样性和易变性。其他趋势，诸如增加运用促销和战术性定价等，只是放大了供应商面临的多变性课题。

制造商可以通过改进对自身数据的运用来改进需求预测和供应链计划，但更大的价值将来自于其对外部数据源的整合，包括来自零售商的数据，比如促销数据(如品项、价格、销售额)，推展数据(如上架/下架的具体品项，加速/减速计划)以及库存数据(如每个仓库的库存水平，每个商店的销售额)。通过考虑贯穿价值链的数据(可以通过协同供应链管理和计划)，制造商能够使波动的订单模式变得平滑。这样做的好处将贯穿整个价值链，帮助制造商更有效地使用资金和提供更高水平的服务。最佳实践的制造商也可以加快计划周期的频率，以实现与生产周期的同步。实际上，一些企业正在用接近实时的数据来调整生产。有些企业正进行与零售商的协同，通过基于时间的折扣来调节各个商店的需求。

（三）生产

大数据正通过将模拟技术运用于生产形成的大量数据，给生产流程带来额外的效率。物联网的不断普及，也使制造商可以运用来自传感器的实时数据来追踪零部件、监测设备和引导实际运作。

1. 数字化工厂

通过输入产品研发和历史生产数据（如订单数据、机器绩效），制造商能够运用先进的计算方法来构建整个生产流程的数字化模型。这样的数字化工厂（包括所有的机器设备、劳动力和器具）可以用来设计和模拟对某一产品最高效的生产系统，从平面布局到流程排序。领先的汽车制造商已经将这一技术用于优化新工厂的生产布局，特别是存在诸如空间和设备发布等种种约束时。一家钢铁企业运用模拟技术对整个工厂的组成部分建立起模型，以快速测试其改进措施，使得其交货可行性提高了20%～30%。对汽车、航空航天、半导体等行业的案例分析表明，先进的模拟技术可以减少生产规划的变革次数以及工具设计与建造成本。采用这些技术设计出来的工厂，也实现了装配时间的减少、成本的节省乃至交货可靠性的提高。

2. 传感器驱动的运作

物联网应用的兴起，使制造商可以借助来自供应链和生产流程的网络化传感器的实时、高度颗粒化的数据来优化运作。这些数据通过流程控制和优化来减少浪费，并使产出最大化，甚至可以实现制造创新。

运用传感器网络大数据的一个成功案例来自如炼油等过程制造行业。几十年来，石油工业一直使用大量的实时数据来开发更加难以开采的储油层。今天，这一行业已经将大数据的运用扩展到生产端——建设自动的、远程监控的油田。这种方法的好处是可以降低占总支出60%的运作和维护成本。在数字化油田，一个单一的系统采集来自油井监视器、地震传感器和卫星遥感系统的数据。数据被传输到大型数据中心，并中继到实时运作中心，用以监测和调整参数来优化生产，并使停产最小化。经验表明，数字化油田可以降低成本10%～25%，提高产量5%以上。

（四）市场营销/售后服务

制造商使用来自客户交互的数据不仅可以改进营销和销售，而且有助于产品研发的决策。在产品中植入传感器，将产品实际使用情况和绩效传回企业，已越来越具有经济可行性。制造商现在可以实时输入正在形成的产品缺陷，以立刻调整生产流程。研发部门也可以共享这些数据，以重新设计和开发新产品。例如，许多建筑机械制造商已经在其产品中植入传感器，以提供大量有关产品利用率和使用模式的实时数据，使企业可以改进需求预测和未来产品研发。

与此同时，在企业营销、销售和售后服务活动中也存在利用大量数据的机会，包括通过客户细分和运用大数据分析技术以提高销售团队工作的有效性。越来越多的制造商借助植入在产品中的传感器来改进其提供的售后服务，比如，通过对植入复杂产品中的传感器传回的数据进行分析，飞机、电梯和数据中心服务器的制造商可以制定一揽子主动保养维护服务方案，维修技师可能会在客户还没有意识到某个零部件将会失效时就已经被派出。制造商已经能够将与客户的商业关系从卖产品转变为卖服务，比如发动机制造商销售的是“按小时计算的动力”。

三、大数据对制造业生产率和创新的改进潜力

对制造商来说，大数据带来的机会主要是通过改进效率和产品质量来提高生产率，如表 4-3-2所示。效率的改进来自整个价值链，从消除产品研发周期中不必要的交互，到优化装配流程。通过改进产品质量，使产品更好地满足客户需求，产品的实际输出价值得到提高。

表 4-3-2　大数据对制造业成本、收入和流动资金的影响

阶　段	大数据手段示例	对成本影响	对收入影响	对流动资金影响
研发设计	• 并行工程/产品生命周期管理 • 为价值设计 • 众包	增加 20%～50%产品研发成本 增加 30%毛利润 减少 25%产品研发成本	减少 20%～50%进入市场时间	
供应链管理	• 需求预测/供应链计划	增加 2%～3%净利润		减少 3%～7%
生产	• 传感器数据驱动的运作分析 • 精益制造的“数字化工厂”	减少 10%～25%运作成本 减少 10%～50%装配成本	最高增加 7% 增加 2%	
售后服务	• 将产品传感器数据分析用于售后服务	减少 10%～40%维护成本	增加 10%年产量	

除了提高生产率，大数据也带来了制造业的创新服务，甚至形成新的商业模式。传感器数据已经使创新的售后服务成为可能。比如，宝马的 Connected Drive 能够基于实时交通信息为驾驶员提供导引，在传感器发现问题时自动呼叫帮助，根据实际车况提示驾驶员保养需要，并自动向维修中心传输数据。在微观层面上跟踪产品使用的能力，使基于产品使用的服务而不是产品采购的定价模式成为可能。供应链成员之间交换数据的能力，使生产可以延伸到高度分散的网络。比如，香港利丰作为服装零售商的供应商，可以使多达 7 500 家供应商协同运作，每家供应商专注于提供供应链的一个非常具体的部分。

大数据的一些最有力的影响运用于整个制造生态系统（ecosystems）之中，在确保这些生态系统的网络功能完善和持续进化中发挥关键作用。实际上，新的数据中介或数据企业开始兴起，正在将描述产品在全世界流动的数据的经济价值资本化。

四、制造业运用大数据应对企业组织、文化和人才的挑战

大数据在制造业中能够创造的大部分价值，都需要对贯穿供应链多个来源的数据的接入和多种多样使用。因此，为了充分挖掘大数据在制造业中创造价值的潜力，需要制造商投资 IT 并改变组织架构。额外的 IT 投资需求有可能是巨大的，一些大数据方法，如升级产品生命周期管理平台以便连接不同的 IT 系统就花费很大。不过，长期的回报会超过投入的成本。其他需要的投入包括开发接口和协议，以实现供应链伙伴之间的数据共享。标准接口非常关键，可能需要全行业的共同努力。部门分割严重、拥有多个 IT 系统、不同部门之间数

据分隔的企业，显然在大数据应用中处于劣势。比如，为获得按价值设计的好处，企业需要在市场营销、产品研发和生产部门之间进行数据的自由交换。因此，为成功运用大数据，许多企业需要有坚强的领导和文化转变，以消除部门之间的隔阂。

许多大数据方法也需要供应链中的不同伙伴能够接入数据。比如，为优化生产计划需要多级供应商的数据；制定需求计划需要来自零售商的客户数据。为接入这些数据池，制造商需要建立正确的价值主张与激励机制。比如，许多零售商视客户数据为自有财产，但也有供应链成员间数据共享的成功案例，如沃尔玛与宝洁的供应商库存管理（VMI）模式。

制造商也需要建立管理大数据的能力。尽管制造业已经处理大量数据达二十多年，但是贯穿供应链和来自最终消费者的新的数据来源和急剧增长的数据量，仍然需要制造商将其数据存储和计算能力以及深入分析技术提高到一个新水平，以便获取相关的信息与洞察。拥有复杂的大数据管理经验的人才十分短缺。制造商不仅需要延揽这样的人才，而且需要清除企业内影响人才发挥出最大作用的障碍。比如，许多炼油企业仍然依靠管理者使用表格来制定设备维护和升级计划，而这一工作完全可以通过对直接收集设备数据的运算更有效地完成。

最后，当大数据应用涉及消费者和其他最终用户时，往往会涉及隐私问题。比如，可以通过产品传感器数据来形成目标精准的售后服务或交叉销售，但这一大数据方法只有在消费者不反对其供应商监测其产品使用行为时才能运用。因此，制造商必须主动地与政策制定部门配合，并与用户就数据透明化进行沟通，以解决好人们对隐私问题的关心。

综上所述，制造商在运用大数据产生价值方面拥有巨大的潜力，主要体现在集成贯穿供应链的数据并应用先进的分析技术来提高效率和产品质量，从而改进企业的生产率。在新兴市场，制造商可以开始借助大数据来建立超越廉价劳动力成本的竞争优势。在发达市场，制造商可以运用大数据来降低成本，以及提供产品和服务的更大创新。

第二节　运用大数据改进零售业供应链

几十年来，信息技术和数字化数据一直是零售商获取利润和整个零售业提高效率的主要途径。随着大数据时代的到来，零售商可以通过运用和发展大数据方法来进一步改进生产率和利润率。这种改进对零售业这一众所周知的低利润行业来说尤为显著。大数据方法在零售业中运用的一个重要领域来自于零售商与消费者的互动。当消费者利用网络进行搜索、研究、比较、购买和获取支持时，数字化数据将发挥日益重要的作用；与此同时，零售商销售的产品自身也会产生越来越多的数字化数据。当然，零售商与其客户能够真正获得的价值，将主要取决于其克服与技术、人才和组织文化相关的障碍的措施。

一、大数据给零售业带来的挑战与机会

一系列大数据技术的发展给零售商带来了降价的压力，因为购买者可以借助这些新技术实时获得报价、促销和产品信息。比如，RedLaser 应用系统可以使购买者在商店使用智

能手机扫描商品的条形码，即时进行产品和价格比较。此外，网络与移动商务的广泛采用大大提高了价格透明度，给消费者带来价值，这一趋势将会使单纯依靠价格竞争的零售商失去利润空间。显然，购买者越容易进行零售商之间的价格比较，零售价格就会越低。

因此，当今领先的零售商正在挖掘客户数据，以帮助其更好地管理供应链，并做出正确的商品和定价决策。比如，沃尔玛细致而高效的客户追踪系统，使其有能力挖掘 PB 级的数据来分析客户偏好与购买行为，从而可以从其消费品供应商处赢得重要的价格和分销优惠。越来越多的零售商更加善于深入分析大数据，这些数据来源于多个销售渠道、目录销售、商店和在线交互。对愈发颗粒化的客户数据的广泛应用，使零售商可以改进其市场营销和产品销售的有效性。大数据方法运用于运作与供应链管理，将继续降低零售商的成本，并为其提高销售额创造新的竞争优势。

二、大数据对零售业供应链改进的主要途径

根据麦肯锡的研究，有 16 个大数据方法可以用于零售商的价值链，并可分为营销部门、商品部门、运营部门、供应链部门和创新事业模式五个方面，如表 4-3-3 所示。

表 4-3-3 贯穿零售商价值链的大数据方法

分类	大数据方法
营销部门	• 开展交叉销售 • 定点营销 • 在店行为分析 • 客户细分 • 观点分析 • 获取多渠道消费者经验
商品部门	• 商品品种优化 • 价格优化 • 位置与设计优化
运营部门	• 绩效透明化 • 用工优化
供应链部门	• 库存管理 • 物流配送优化 • 支持与供应商谈判
创新商业模式	• 比价服务 • 网上市场

（一）营销部门

1. 开展交叉销售

最先进的交叉销售方法使用所有能够获得的客户数据，包括客户的人口统计特征、购买历史、偏好、实时位置及其他数据，来提高客户的平均购买规模。比如，亚马逊（Amazon）采用协同过滤技术在每个产品购买或访问时生成“你可能也要”的提示。据统计，有 30%的销售来自于这一推荐引擎。这一方法的另一个例子，是运用大数据分析来优化门店促销的商品搭配。

2. 定点营销

定点营销主要通过智能手机和其他个人定位移动装置，向靠近或进入商店的消费者进行定向营销。比如，当消费者进入一家服装店时，商店可以向其智能手机上发送一款毛衣的特价信息。新创公司 PlaceCast 声称，其 50%的用户已经因为这样的定点广告而购买商品。据统计，接近 50%的智能手机用户使用或计划使用其手机来进行移动购物。

3. 在店行为分析

分析在店行为可以改进商店的布局、产品的构成以及货架的摆放。最新的创新可以使零售商追踪客户的购买模式（比如在商店的足迹以及在每一部分所花的时间等），使用智能手机应用系统（如 Shopkick）获取实时数据，或监测手机在一个零售环境中的位置。一些零售商采用先进的图像分析软件，通过与其监控摄像头连接在一起，来追踪在店交易模式和消

费者行为。

4. 客户细分

客户细分是零售业常用的方法，但近年来大数据给其带来极大的创新。可供细分的数据量急剧膨胀，日益先进的分析工具使细分变得越来越精细，一些零售商甚至已经可以实现个性化，而不只是简单的细分。除了传统的市场分析数据和历史采购数据外，零售商现在可以追踪和利用各个消费者的行为数据，包括网络上的点击数据。零售商现在可以近乎实时地升级这些日益精细的数据，以根据客户改变做出调整。比如，高端零售商 Neiman Marcus 同时开发了行为细分和多级成员奖励项目，这两者的结合可以吸引其最具影响、更能获取利润的客户，更多地采购更高利润的产品。

5. 观点分析

观点分析是利用消费者在各种形式的社交媒体上产生的大量数据，来帮助进行各种商业决策。比如，零售商可以通过观点分析来估测营销活动的实时反映，以便做出相应的调整。社交媒体这一新兴领域在数据分析中正发挥关键作用，因为消费者越来越依靠评价、评论和推荐来做出采购决策。新近出现了不少工具，用于实时监测和响应基于网络的消费者行为与选择。

6. 获取多渠道消费者经验

获取多渠道消费者经验已成为提高销售额、客户满意度和忠诚度的重要手段。零售商可以运用大数据实现促销、定价和购买者的无缝连接，无论这些消费者是来自网络、商店还是目录销售。比如，Williams—Sonoma 已经将大约 6 000 万户家庭的信息集成在客户数据库中，追踪他们的如收入、住房价值以及小孩数量等信息。基于这些信息的有目标的电子邮件，比没有目标的电子邮件可以获得 10～18 倍的响应率，公司还可以根据不同客户群的行为和偏好制作不同版本的产品目录。

（二）商品部门

1. 商品品种优化

商品品种优化，是指根据当地的人口统计、购买预期和其他大数据，来决定什么商品放在什么商店。这一大数据方法的确能使销售额得到实质性提高。比如，一家领先的药品零售商运用消费者研究、市场与竞争分析以及经济学模型，来识别每一项商品销售增长缓慢和迅速的原因，致使总体 SKU（stock keeping unit，库存量单位）数目减少了 17%，提高了 2% 的销售额，增加了 3% 的利润。

2. 价格优化

今天的零售商可以发挥日益增长的价格与销售数据量的优势，运用更强大的分析工具，将价格优化提升到一个新的水平。一系列的数据来源，可以用于评估和支持几近实时的价格决策。复杂的需求弹性模型，可以通过检查历史销售数据，来形成对 SKU 级的定价的洞察，包括大减价及时间安排。零售商可以使用这些结果数据来分析促销事件，评估销售额上升的来源以及相关的成本。一家商品零售商检查其客户之间对不同产品的弹性。比如，农村地区的食品消费者将黄油和大米作为更高的购买优先，因而这些产品的价格或许比其对于城市购买者有更少的弹性。同样的，城市消费者往往将麦片和糖果放在更高的购买优先上。

3. 位置与设计优化

传统零售商可以通过挖掘 SKU 级的销售数据来优化产品摆放位置和视觉设计，比如根据顾客的足迹数据来确定货架摆放。网上零售商则可以根据网页交互数据(如浏览、单击和鼠标指针悬停)来优化网页的设置。比如，eBay 已经对其网页不同方面进行数千次的试验，以优化其网页布局和从导航到照片大小的各种特征设计。

(三) 运营部门

1. 绩效透明化

零售商现在已经可以对其绩效进行日常分析，包括每个商店的销售额、每个 SKU 的销售额以及每个员工的销售额等。大数据时代，这些系统正变得更近于实时。零售商可以看到每小时收银员的交易数与正确率，并根据每个电话解决的客户问题数的百分比、客户投诉以及满意度调查等，来观察客户服务质量。尽管零售业一直在基础层面上广泛使用绩效报告，但发展的趋势是通过更频繁、更实时、更精细的报告来管理，以更加及时地对运营进行具体的调整。

2. 用工优化

大数据运用于在维持服务水平的同时减少成本的运营方法是优化用工人数、自动追踪时间与出勤以及用工安排。这一方法可以生成更准确的用工需求预测，特别是高峰期的预测，以避免能力不足。由于门店人工成本大约占零售商固定成本的 30%，这一方法很有价值。

(四) 供应链部门

1. 库存管理

依托提高先进分析技术挖掘多个数据源所提供的额外信息，大数据能够持续地改进零售商的库存管理。最佳实践的库存管理提供 SKU 级的完全透明，同时条码系统自动连接补货流程，以减少缺货的事故。领先的零售商正通过将多个数据源(如销售历史、气象预报和季节性销售周期等)结合在一起，以改进库存预测。同时，改进的库存管理使零售商降低库存，因为供应与需求信号更紧密地匹配，同时可以减少因为缺货导致的销售损失。

2. 物流配送优化

领先的零售商也运用基于 GPS 的大数据车载系统(如远程位置报告等)来优化运输组织和线路，以改进车队和配送管理。运输分析可以通过优化燃油效率、保养维护、驾驶员行为和车辆路径来改进生产率。

3. 支持与供应商谈判

在大数据世界，领先的零售商可以分析客户偏好和购买行为来支持与供应商谈判。比如，可以使用价格和交易数据来关注在关键产品上的谈判。在这一领域有巨大的机会，因为销售产品的成本构成零售商成本的最大部分。当然，供应商也会认识到理解客户偏好的重要性，并会主动接入和分析消费者行为的数据，以增强其在与零售商谈判中的洞察力。

(五) 创建新的商业模式

零售业的数据雪崩与业务的其他先进性相结合，导致创新商业模式的兴起。这些模式是最有趣和最具创新性的，但也是对传统零售商最具威胁的。其中两个最有吸引力的商业模式是比价服务和网上销售。

1. 比价服务

今天，由第三方提供实时或接近实时的多个零售商的产品比价或相关价格透明度已很普遍。消费者可以不断在多个零售商店间比较具体产品的价格，这种比较通常会导致价格下降。研究表明，消费者在采用这一服务采购时，平均能节省 10%。零售商需要仔细思考怎样响应这样的比价服务。在价格竞争中没有优势的零售商，需要决定怎样在价格透明的世界里与竞争对手区分开来是购物体验的质量、与众不同的产品或者提供其他增值服务。

2. 网上市场

基于网络的市场（如亚马逊和 eBay）提供从大量供应商中可以搜索的产品清单。除了价格透明外，它们能提供大量专注独特市场而通常又没有营销或销售能力到达消费者的零售商。

三、大数据可以提供更高的利润和生产率

据麦肯锡研究，16 个大数据方法对零售业的利润和生产率都有潜在的影响。具体影响程度主要取决于零售商为克服一系列障碍所采取的措施，包括与技术、人才和文化相关的障碍，以及诸如消费者是否愿意其行为数据被挖掘、供应商是否在谈判中也利用一些相同的方法等外部因素。

如图 4-3-1 所示，营销部门的方法对运营利润的影响为 10%～30%；商品部门的方法的影响为 10%～40%；供应链部门可以有 5%～35%的影响。相反，价格透明化将趋于降低价格和压缩利润空间。

尽管单个企业可以运用大数据方法来增加产品销售和运营利润，但这些收益大都是在行业内转换价值，而不是提升整体规模。那些对大数据方法运用得相对较好的企业将会从那些运用不好的企业手中赢得收益。而真正的获益者是消费者，他们可以得到更加满足自己需求的产品。

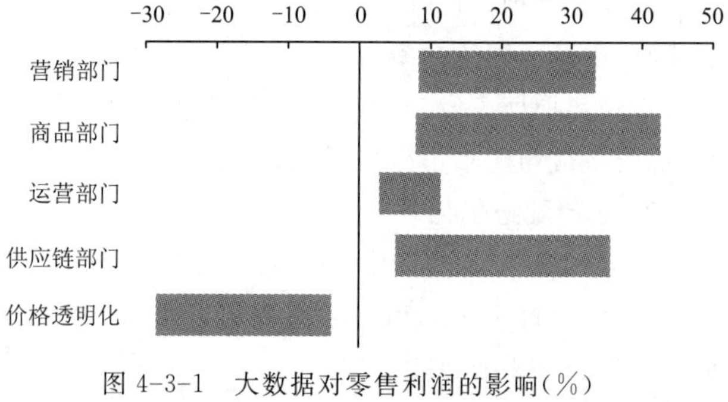

图 4-3-1　大数据对零售利润的影响（%）

大数据对零售业生产率的提高也有促进作用。仅考虑对运营和供应链成本降低的影响，每年预计会有 0.5%的效率提高。这还没有考虑运用大数据会提升消费者的购买热情。比如，即使零售消费者不增加总体花费，许多营销和商品部门的大数据方法也能改进他们的购物体验。消费者会找到更满足其需求的产品（如选择加入运用大数据精准营销项目），或者花更少的时间以合适的价格找到产品（如在逛商店前已得到库存可得性的信息，或使用价格比较服务）。这些都会增加零售行业的实际附加值。

总之，使用大数据会持续改变零售业的面貌。近年来，亚马逊、eBay 和高朋（Groupon）

等网商正在重新定义零售的含义。消费者不再只是从商家的销售团队或广告获取产品与服务信息，而是从其他购买者处得到信息，并从电子市场找到其所需的产品。亚马逊还申请了一项名为“预测性物流”的专利，这项专利可以让亚马逊根据海量用户数据去预判用户的购买行为，提前将这些商品运出仓库，放到托运中心寄存，等用户真的下单了，立即装车往用户家里送，从而大幅缩减商品到达时间。

四、零售行业和政府部门需要克服充分获取大数据改进机会的障碍

如果零售行业要实现运用大数据带来的潜在价值，行业和政府部门不得不克服一系列重要障碍。政府部门需要选择怎样规范零售行业对消费者信息的使用，以及由此引起的隐私和安全问题。可以肯定的是，消费者对使用其个人信息，特别是个人位置数据和其使用互联网产生的电子数据的态度正在迅速变化。但是许多人仍然不知道这些信息怎样、在哪里以及在什么程度上被用于定向广告和其他营销战略中。

全球各地对电子隐私的概念并不相同。根据权限和目的，对以各种目的合法获取个人信息的个人识别信息（PII）的定义也不同，有的国家的限定会比其他国家更宽些。

对零售业自身来说，其管理层也必须管理和克服完全挖掘大数据潜力的障碍。首先是员工和企业的心态，许多人仍然视 IT 为后台功能，因而将其作为大型成本中心而不是业务增长的引擎。相反，在运用大数据方面领先的企业理解其 IT 工程是竞争优势的关键来源。这些企业必须确保其业务和 IT 部门领导紧密协同，以便将大数据运用专注于改进效率和创造价值机会。企业也应该主动寻求和改进基于大数据的创新，以赢得持续的竞争优势。

另一个影响大数据运用的障碍是企业的传统 IT 系统。这些系统有许多是几十年前安装的，远在大数据产生和应用时代之前。这些传统系统通常包括多个形成不相容和不同格式的信息孤岛，因而不能够集成、接入和分析。试图升级和集成这些系统非常困难，甚至比重新建设新系统还要复杂。

当然，即使新建基于大数据的系统也面临巨大的挑战。比如，采用 RFID 系统的预期规模比实际应用有较大差距。RFID 承诺提供供应链数据来源，以便运用大数据分析技术获取信息。但在应用早期，RFID 阅读的可靠性远低于预期，需要人工来纠正阅读差错。这严重影响了生产率，导致 RFID 的应用减缓，其标签的需求量下降。而由于没有规模经济性，又导致标签的单价降不下来，从而延缓了 RFID 的应用，进而对基于 RFID 的大数据技术的运用进程产生了负面影响。

另一个困扰零售业管理层的是寻找运用大数据的人才。一方面，掌握大数据分析技术的高质量人才非常稀缺；另一方面，这些人才又散落在企业的不同部门，不能得到高效的管理。同时，这些技术人员也很少有机会参与企业的战略决策，因而对特别具体的技术问题之外的影响力很小。具有远见和智慧的零售商会招揽足够的大数据人才，并使其参与企业的战略决策和计划，从而可以更加充分地发掘大数据的价值。

第三节　运用大数据改进供应链物流服务

一、大数据给第三方物流角色带来的变化

大数据给货主企业和第三方物流都带来了关键的改进机会。大数据是 EDI 和互联网技术的跨越式发展，其特点是贯穿供应链的数据爆炸式增长，主要表现在以下几方面：

(1)多样性(variety)：更多的对象被衡量。

(2)频率(frequency)：同一个对象在其生命周期中被更多次地衡量。

(3)宽度(breadth)：单个记录包含更具体的信息点。

(4)可接入性(accessibility)：数据更加标准化，更容易被交易伙伴接入。

(5)准确性(accuracy)：一次输入、多次共享，使数据更加标准化，提高了数据质量。

上述因素描述了怎样提高对供应链的洞察力，也反映出供应链管理者会因此而淹没在数据之中。将数据转换为商业价值是这一挑战的核心，也成为扩展第三方物流的驱动力。

增长的数据需求对第三方物流的角色转换带来三个清晰的机会：

(1)第三方物流必须是一个有竞争力的数据管理者，从而成为有价值的合作伙伴。由于供应链的主要和关键部分的数据只有第三方物流能接入，因而其必须确保数据被获取、集成并向供应链各方开放。与此同时，第三方物流还需要提供数据的可靠性指数，因为货主企业在进行关键决策时需要知道，他们能够在多大程度上依赖第三方物流的数据结果。

(2)第三方物流需要成为数据消费者的服务商。对大型数据集进行人工处理是笨拙和不现实的，特别是数据以文本、照片、GPS 坐标及系列号混合的多媒体方式出现时。同样，大多数货主企业并没有一个能够在数据分析前将各个数据点集中化的系统。相反，数据分析分布在许多小系统中，并与执行系统和计划系统结合在一起。简言之，提取大型和复杂数据中的价值需要专门的 IT 工具，这已成为货主企业对第三方物流服务期望的一部分。除了拥有系统之外，第三方物流间的差分也取决于将数据分析植入执行系统中的程度。认为只是由第三方物流进行两个系统之间的整合的观念已经过时。随着数据水平面的上升，货主企业想要知道其第三方物流是扔给他们救生圈并帮助他们导航，还是将他们拖着下沉并放慢前进的步伐。

(3)第三方物流必须配备相应的人员和流程，以抓住其来自数据可得性的大量机会。货主企业已不再把第三方物流的核心功能看作“移动货物”，取而代之的是对其数据管理服务的需求增长。尽管第三方物流专注于移动货物可能会找到增加的规模经济性，但是会失去对来自更好管理数据的颠覆性转变的洞察。

二、第三方物流与客户关系中的大数据

Capgemini 咨询公司等机构的问卷调查报告《2014 年第三方物流研究》，对第三方物流与客户关系中的大数据进行了分析，主要结论如下。

（一）货主企业与第三方物流对大数据的不同认知

不同的货主企业和第三方物流在面临运用大数据分析和解决供应链问题时，其兴趣、理解和接受度千差万别。如表 4-3-4 所示，只有 30%的货主企业和 27%的第三方物流表明其已经或正计划实施涉及供应链或供应链管理的大数据项目。另分别有 39%的货主企业和 42%的第三方物流表明其熟悉大数据但不确定其是否对供应链部门有帮助，或不相信其对供应链部门有价值。此外，还分别有 31%的货主企业和第三方物流不熟悉大数据及相关的机会。

表 4-3-4　货主企业和第三方物流的大数据经验

对大数据的不同认知	货主企业		第三方物流	
涉及供应链的大数据项目已经被实施	8%	合计 30%	5%	合计 27%
目前正计划为供应链实施大数据项目	22%		22%	
熟悉大数据但不确定其是否对供应链部门有帮助	30%	合计 39%	34%	合计 42%
熟悉大数据但不相信其对供应链部门有价值	9%		8%	
不熟悉大数据及相关的机会	31%		31%	

不过，许多大数据项目背后的基本原理（即改进的、数据驱动的决策）却被广泛接受。有压倒多数的货主企业（97%）和第三方物流（93%）认同改进的、数据驱动的决策是未来供应链活动和流程成功的必备条件。但显然不是所有的受访者认同大数据会促进这样的决策实现，只有 59%的货主企业和 42%的第三方物流表明货主企业的供应链在运用大数据后立刻看到了显著的价值。

（二）大数据在功能与战略层都具有应用潜力

功能活动如可视化、运输管理和仓储/配送中心管理，因其工作性质会产生大量的数据，因而货主企业和第三方物流都无疑会看到运用大数据从技术、系统和工具上实现改进的潜力，都认同运用大数据解决战术问题是一个很好的投资。

货主企业也看到了供应链与互联网、物联网深度融合的发展趋势，这是一个更能发挥大数据作用、更具战略性的重要领域，如图 4-3-2 所示。两者结合在一起，构成了运用大数据改进整体供应链的更大范围的可能性。

比如，联邦快递（Fedex）在贵重商品上安放传感器，实时传回遥测数据，追踪包裹的投递速度和状态。通过分析这些数据，大大缩短了供应链响应时间，避免了发货延误。耐克（Nike）建立了贯穿采购、生产和零售的端到端供应链的具体数据库，通过大数据分析来识别供应链连接的薄弱环节。

第三方物流也对货主企业的大数据项目以及自身运用大数据为客户服务的努力，表达了与货主企业相似的观点。一个明显的例外是第三方物流视“客户订单管理”为与货主企业合作运用大数据技术的机会比货主企业认为的要大。客户订单管理一直是货主企业不愿意让外部企业（包括第三方物流）参与的功能，这一观念正受到大数据的冲击。

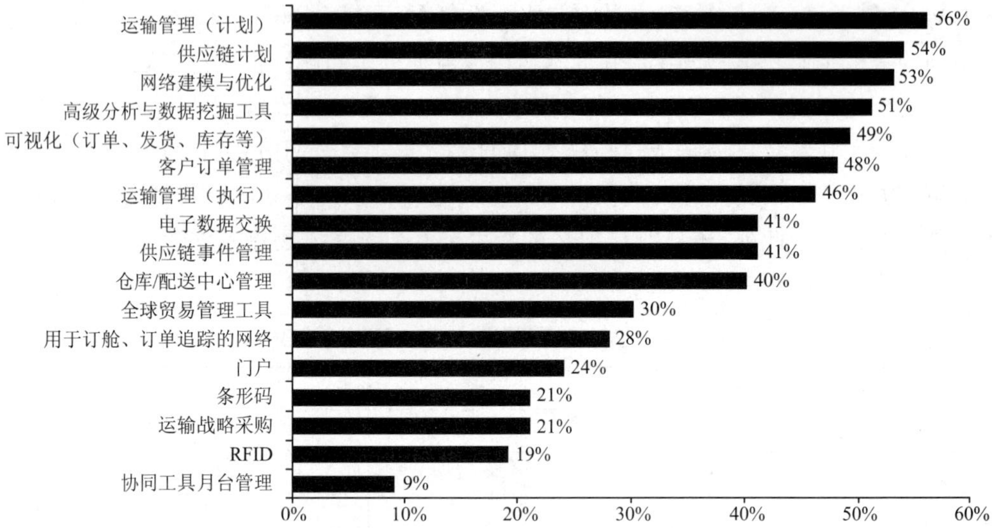

图 4-3-2　货主企业用于大数据项目的技术/系统/工具

货主企业也看到了在大数据上与第三方物流协同的机会(见图 4-3-3)，特别是在支持供应链端到端可视化(53%)和创造更具敏捷性和响应性的物流与供应链战略(50%)的机会。第三方物流持有相似的观点，但在两个关键领域有差别。

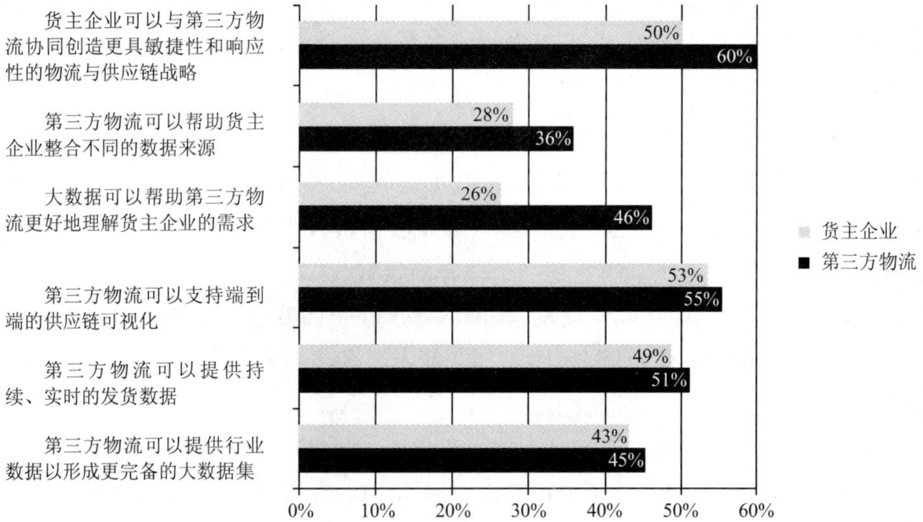

图 4-3-3　第三方物流与货主企业在大数据协同中的机会

(1)36%的第三方物流视帮助货主企业整合不同的数据来源为大数据协同机会，而只有28%的货主企业这样认为。

(2)只有 26%的货主企业认为大数据可以帮助第三方物流更好地理解客户需求，而有46%的第三方物流对此认同。

因此，对于大数据，第三方物流需要基于业务目标制订一个长期规划，避免临时或短期思想，要主动服务而不是被动应对。这样做在大数据能力的开发与应用上具有显著的战略优势，主动的方法需要客户与第三方物流之间多年计划，以制定通向成功的战略与路线图。通过使用可用的数据与商业智能，第三方物流可以组成跨职能团队，共同实现激励客户、留住业务和增加市场份额的目标。

如表 4-3-5 所示，货主企业与第三方物流都认同第三方物流支持货主企业的大数据项目，并相信其在未来会开发这一能力，或认为其可以接入驱动大数据有效运用所需的数据。只有一些货主企业和第三方物流有些担心第三方物流管理复杂大数据的能力，并感到货主企业可能不愿意与第三方物流共享专有数据。有趣的是，更多的第三方物流（32%）担心货主企业的专有数据共享，而货主企业的比例只有 22%。这一结果的一个解释是，对于第三方物流来说，货主企业并不总是愿意按照他们建议的那样共享专有数据。

表 4-3-5　货主企业和第三方物流看好大数据协同

观　点	货主企业	第三方物流
第三方物流能够支持货主企业的大数据项目	41%	34%
第三方物流可以接入驱动最有效利用大数据所需的各种各样的数据	18%	26%
第三方物流目前不具备开发大数据能力，但相信未来会具备这一能力	24%	31%
第三方物流不能管理有效利用复杂大数据	17%	12%
货主企业的数据是其专有的，不能与第三方物流共享	22%	32%

（三）大数据运用需要供应链与 IT 部门的协作

供应链活动可能会产生大数据，但内部 IT 部门是其管理者。大数据项目要成功运用于供应链改进，需要货主企业和第三方物流企业内部的 IT 部门与供应链部门之间的协同。有 78%的货主企业和 74%的第三方物流都认同大数据项目的有效性，高度依赖于供应链和 IT 部门的协作关系。

表 4-3-6 也反映出在推进大数据项目时，这些关系有巨大的改进空间。实际上，29%的货主企业表示，尽管 IT 部门确实提供了功能性支持，但未能扮演战略伙伴的角色，因而要对大数据运用缺乏进展负责。对此持相同看法的第三方物流要少一些，占 21%。

表 4-3-6　供应链与 IT 部门脱节制约大数据应用进展

观　点	货主企业	第三方物流
IT 部门是运用大数据的关键战略伙伴	21%	20%
IT 部门在未来运用大数据的计划中将发挥战略伙伴作用	25%	36%
在运用大数据的持续努力中供应链与 IT 部门的关系已经进化	26%	27%
供应链与 IT 部门的关系已经给大数据的运用带来挑战	12%	7%
IT 部门提供功能性支持，但不是战略伙伴，因而还不能够运用大数据	29%	21%

因此，组织大数据项目的最佳方法是构建一个跨部门的工作小组，包括 IT、财务、人力资源等部门的代表，以得到相关各方的意见来决定大数据在整个企业中的运用是否最佳。

在大数据项目中与 IT 部门合作的一个共同障碍是基础设施的缺乏。59%的货主企业和 48%的第三方物流，都反映其供应链部门相信在正式运用大数据之前，需要进一步开发更多的对存储、处理和信息结构的传统需求。

这一局限性意味着，只有57%的货主企业和47%的第三方物流认同在企业内可以接入与供应链计划和运作相关的及时和全面的数据。

尽管大数据项目的"所有权"有时也是一个有争议的问题，但成功前提是公司业务和IT部门的代表在一起有效地工作。许多企业都明确的第一步是做好各种基础工作，以确保业务和IT部门的员工能够接入适当水平的数据。

（四）大数据能够对客户企业和第三方物流产生新型价值

大数据为货主企业和第三方物流带来了取得竞争优势的潜在新来源，通过大数据分析来实现对市场趋势、成本结构以及需求与能力波动的洞察，服务提供商可以更高效地运作，并改进企业的可扩展性。

图4-3-4反映了货主企业和第三方物流在运用大数据的不同阶段如何产生价值，分别由描述阶段、预测阶段、规范阶段和认知阶段来表示。其中也包括了一些物流与供应链数据来源的示例，这些数据可以被货主企业和第三方物流用来产生新型价值。

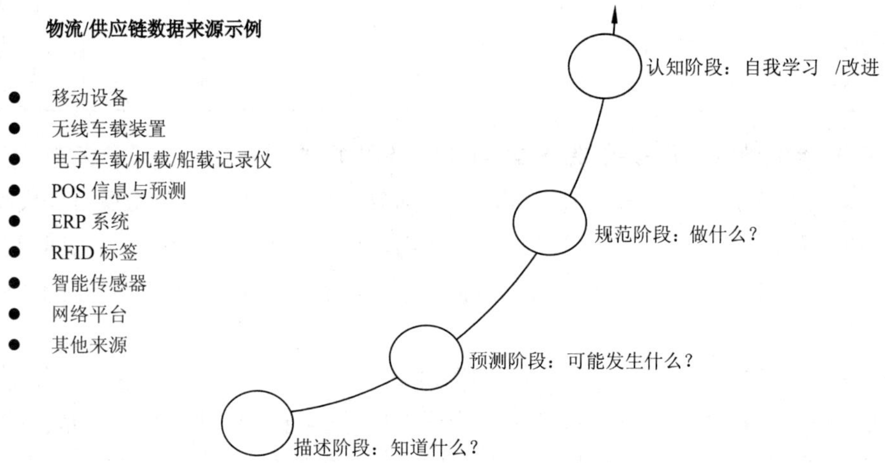

图4-3-4　大数据可以为货主企业和第三方物流产生新型价值

三、大数据与供应链物流服务模式创新

随着大数据时代的来临，大数据分析、云计算、物联网等在客户企业和第三方物流中的应用越来越普及，促使供应链物流服务模式产生颠覆性创新，一些全新的服务模式正在兴起。

（一）实时服务

实时(real-time)服务可以对变化的状况做出灵活和高效的调整，并通过将实时信息整合进智能和交互分析框架以实现供应链的优化。这一服务可以将贯穿整个供应链的可视化和透明度提高到一个新的水平，也能够带来额外的业务能力、提高运作效率并通过对客户的个性化需求提供有效的支持来增加对客户的亲和力。

实时服务提供以秒为周期的数据，这些数据能够被接受、分析并整合进随时随地的运作活动之中。

1. 实时追踪服务

通过随时随地对发货或智能包装的数据传输(追踪事件),提供有关位置、状况(如温度、湿度)和完整性(如带有灵活接入授权的电子铅封)的信息。

2. 实时风险管理

在运输中商品的状况或完整性发生变化时提供实时信息,可以使客户能够对供应链风险(如产品召回、温度控制、电子铅封)立刻做出干预。

3. 实时动态路径选择服务

这一服务追踪卡车的活动和位置,有可能将路径选择解决方案从预先计划的循环取货(milk run)改变为灵活的确定取货和送货位置。

4. 实时库存服务

全渠道运作的基础建立在库存可视化之上。这一服务将替代不同渠道库存的不相干性,借助软件解决方案实现对零售商运作的每个渠道的库存可视化。

5. 实时追踪智能物流目标

为客户提供控制和运作全部物流系统,并实现与视频、3D扫描、RFID传感器等各种技术相结合的复杂的解决方案。

实时服务使物流服务商通过更快地处理实时数据来提高效率,提升客户服务水平并产生增值服务,同时能够控制和减少资产占用和货物偷盗等损失,改进可视化和安全功能。另一方面,实时服务使客户能够随时掌握货物的位置和配送状态信息,从而使整个供应链更具透明度和灵活性,并能进行个性化解决方案(如灵活的最后一公里配送选择)的快速配置。

实时服务需要借助大数据技术来获取、组织、整合和分析不同来源的数据,以适应在数据的速度、多样性和规模方面的挑战。通过物联网产生的地理位置信息,促使供应链可视化由近乎实时向实时转变。显然,现有的信息系统和解决方案无法满足这样的要求,因而需要对端到端的供应链进行高额的投入。

(二)众物流

众物流(crowd logistics)是社交网络为物流提供商带来的新的商业机会,包括众包最初和最后一公里的活动,使用移动终端来进行灵活的运输路径重新选择,以及通过社交网络的数据挖掘来形成新的服务产品等,这些对物流服务的成本、灵活性和二氧化碳排放都有显著的影响。

新的共享、物物交换和私人商品推销文化,导致本地、区域和全国层面消费者之间的交易活动增加,物流企业需要通过将灵活的、便捷的最初与最后一公里服务有效地融入消费者日常生活之中来支持这些活动。

1. 众包(crowdsourcing)

目前,有大约70%的可用运输能力(轨道、公路、私人汽车)没有得到利用。让客户介入取货和送货流程,不仅可以显著降低运输成本,而且通过运输量的在途整合,可以大大减少碳排放。

2. 众导航(crowdnavigation)

员工使用移动终端等提供实时信息的社交网络，往往能够对道路事故、交通阻塞和其他显著事件做出比传统的导航和车载系统更快的反应。

3. 众挖掘(crowdmining)

众挖掘是指通过社交网络对有关公司、品牌和产品的评论进行常规检测，同时利用微博来更新特别服务、折扣、季节性优惠等，并对消费者投诉和反馈做出实时响应，以及检查客户在移动终端上反映的事件并实时做出响应等。

众物流可以使物流服务商加强网络，提高能力利用率以及降低运输成本，也给提供众物流解决方案的企业带来新的商业机会；同时，可以帮助客户降低运输成本，获得灵活的配送服务选择，并可以更方便地进行物物交换。当然，需要考虑到客户介入取货和配送流程的法律和服务一致性制约。

2013 年，DHL 在斯德哥尔摩发布了名为 MyWays 的平台，使该城市的居民可以介入最后一公里的配送。通过特别开发的客户端，该服务把愿意对其网购商品进行灵活配送的客户，与那些愿意收取少量费用在其日常出行路线上运送包裹的居民联系在一起。当包裹到达 DHL 的集货点时，双方有关配送的费用和服务细节就会在平台上得到确认。

（三）超级网络物流

1. 超级网络物流的作用

超级网络物流(supergrid logistics)将带动新一代物流公司的形成，主要专注于协同连接生产企业和物流提供商的全球供应链网络。许多企业将会从新的商业机会中获取利润，包括第四方物流(4PL)提供商、复杂或特别服务提供商，乃至本地的小型物流提供商。

基于模块化的、灵活的、可配置的物流服务，超级网络物流将面向服务的物流(service-oriented logistics)概念引入新一代商业模式，给整个物流市场带来变革。

(1)超级网络驱动新的市场细分。物流提供商市场将细分出新的行当，如服务专家、用户配置商、复杂物流解决方案的协同商以及服务商城(mall)运营商等。全球性物流商将主要专注于跨境整合、额外付费服务以及协同区域与本地服务提供商(竞合者)，以形成全球超级网络。物流商城将提高市场透明度，使小型本地公司可以进入全球市场。

(2)超级网络带来成本高效的额外付费服务。一些复杂性日益提高、开发成本不断加大的服务(如风险管理与安全、报关与一致性等)只能由少量的专家开发。额外付费的电子服务(如电子账单支付、电子一致性、电子报关等)将变成新的市场差分要素。

(3)超级网络增加了企业价值。物流服务不仅出售给客户，而且出售给服务伙伴甚至竞争对手。合作也将影响基础设施开发、支撑能力和资源利用(如共享车队)，以确保运行通畅、成本降低、能源节省和更具可持续性。合作也会通过支持基础设施的投入(铁路、桥梁和枢纽)推动经济的增长。

超级网络为全球性物流商带来新的商业机会来提升网络，也为小型物流公司创造了参与全球市场的机会；同时减少了基础设施和服务开发成本，实现了产生价值的快捷性、服务的可扩展性和基础设施的弹性。对接受服务的客户来说，可以得到更加灵活、迅速和成本高效的个性化解决方案和远景配置，并能降低总体物流成本。

2. 从物流即服务（LaaS）到超级网络

如图 4-3-5 所示，随着时间的推移，物流服务商经历从物流即服务到超级网络的演变，服务复杂性不断增加。尽管这种演变不一定严格经过图 4-3-5 中的每一个步骤，但每一次演变，都会给物流服务商及其客户带来具体的益处。

对物流服务商带来的益处主要有以下几方面：

（1）商品化服务将会被可重复使用的云服务所替代，这将降低开发成本，提高可扩展性和灵活性。

（2）从商城采购营利性差的物流服务（如实物流）作为其复杂供应链的一部分将降低成本，并使得专注于供应链协同和复杂性管理的轻资产甚至零资产物流企业出现。

（3）与本地相关的物流服务可以在全球物流商城上发布，使小型物流企业介入全球市场与超级网络的机会增加。

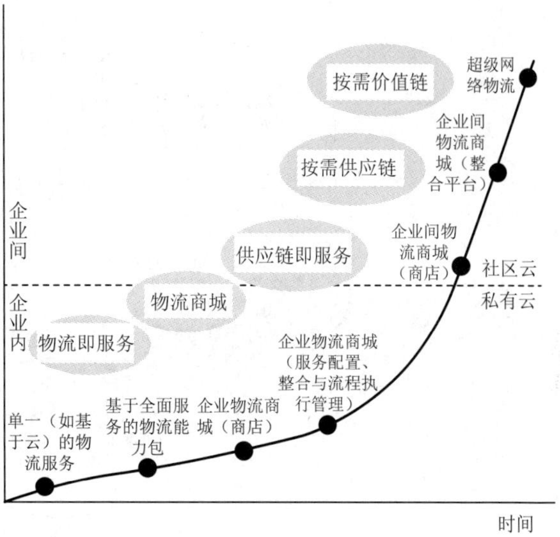

图 4-3-5 从物流即服务到超级网络

（4）发布和推销用于内部的、最佳实践的、复杂的、高价值服务将给物流企业带来额外的利润，并使其有机会成为主导市场的服务专家。

对接受物流服务的客户带来的益处主要有以下几方面：

（1）进入物流商城，使客户可以构建自己的“按需供应链”，独立于任何合同物流商。

（2）受益于全球超级网络物流商的能力提升，这样的服务商可以设计和管理客户的整个价值链，动态地整合和协同物流与非物流服务。

3. 超级网络物流的商业模式

物流服务的不同实施、整合和管理水平适合于不同的物流商业模式，如图 4-3-6 所示。

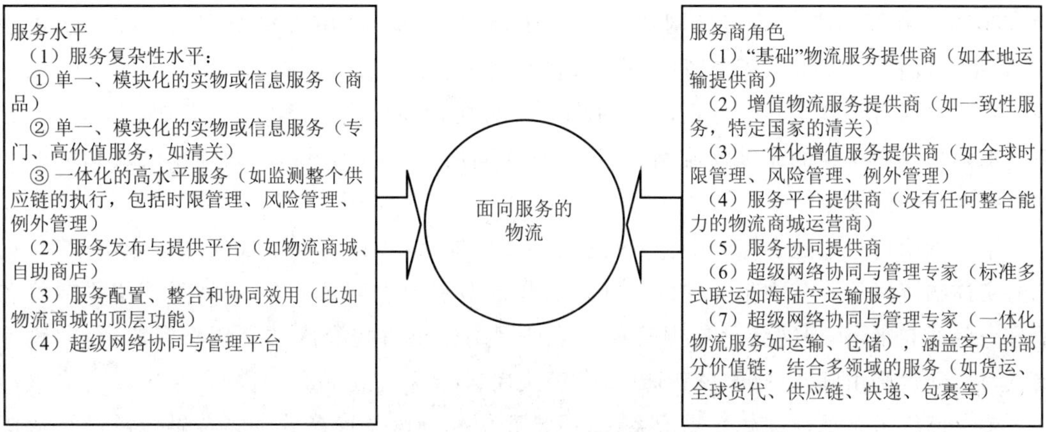

图 4-3-6 面向服务的物流的水平与角色

超级网络作为整合了端到端物流服务整个范围的合作者的物流网络，包括了全球所有可供运输类型及相关的服务功能，其商业模式如图 4-3-7 所示。

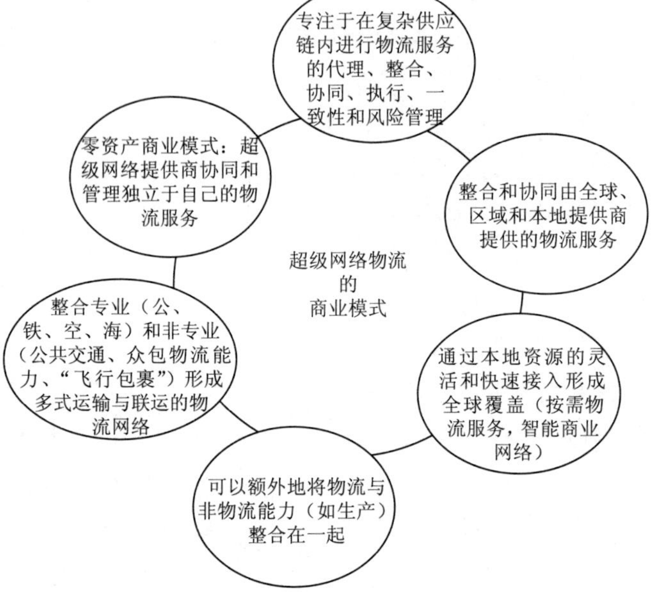

图 4-3-7　超级网络物流的商业模式

超级网络物流联盟的实现需要得到以下技术方法的强力支持：

(1)智能业务网络整合方法(如物流即服务、物流商城以及按需供应链)将使得全球与本地业务伙伴通过智能与无缝整合形成全球超级网络。

(2)大数据技术通过对不同内部与外部来源的全球发布的地理位置、日常事务与主数据进行快速分析，支持实时业务流程与事件管理。

(3)联盟式企业结构形成了全球运作超级网络的基础，定义了流程、数据与应用系统的标准化水平，确立了掌控与整合原理，界定了竞合伙伴之间的服务关系。

4. 案例分析：菜鸟网络

由阿里牵头组建的菜鸟网络是超级网络物流的商业模式在电子商务物流领域的成功运用。2013 年在深圳成立的菜鸟网络公司注册资本 50 亿元，由天猫出资 21.5 亿元，占股 43%；银泰投资 16 亿元，占股 32%；富春、复星各投资 5 亿元，各占股 10%；圆通、顺丰、中通、韵达、申通各出资 5 000 万元，各占股 1%。公司旨在通过联盟的方式整合社会资源，打造支撑阿里电商平台的超级物流网，并最终形成向所有制造商、网商、快递物流公司完全开放的社会化物流平台。

菜鸟网络通过自建、共建、合作、改造等多种模式，逐步构建一个快速通达全国、连接世界的实体物流网络。其中最关键的是在主要物流节点设立区域分仓，并通过网络平台将各地分仓联通起来，实现网络化集中管控。菜鸟网络主要掌控仓库这一核心资源，具体的仓储、运输、配送则由邮政、顺丰、“三通一达”等快递、物流企业完成。

菜鸟网络不是单纯地建立物流系统，而是要构建为电子商务管理复杂供应链的物流服

务体系。因此,需要有基于对前端大数据深度挖掘的信息管理与供应链协同平台的强力支撑,主要包括以下功能:

(1)需求预测:通过大数据分析,对不同时期、不同地域的客户订单的数量、配送要求等需求进行预测,从而指导电商和快递、物流企业提前做好资源准备。

(2)库存管理:通过大数据分析,对电商在不同分仓的库存配置、订单履行分仓的确定以及总分仓和分仓之间的库存调拨等进行管理,以提高订单履行满足率、降低总体库存水平。

(3)运作协同:实现供应链上所有合作伙伴的信息系统对接与运作协同,从而确保在客户订单的驱动下,各相关物流环节的不同服务商能够按照同一标准的操作流程和服务质量同步运作。

(4)供应链可视化:通过物流数据雷达对物流运作进行全程监控,以帮助商家和快递、物流公司对订单状态实施管理,并作出优化和干预决策。

以菜鸟网络与日日顺物流的合作为例,通过菜鸟网络的全国智能分仓,菜鸟的大数据和算法能力真正做到"单未下,货先行",让货物直接放到离消费者最近的仓库,并通过日日顺物流提供覆盖全国2 800多区县的"预约送达,送装一体"的家电智能配送服务。

撰稿人:田学军　中国邮政速递物流股份有限公司决策咨询办公室主任

第五篇　协同供应链

第一章　协同供应链管理的提出

第一节　供应链管理存在的主要挑战

一、供应链管理的产生

20 世纪 80 年代以前，企业各自独立经营，企业和它的供应商以及客户的关系表现为一种“互为成本”的对立关系。随着这种竞争关系的不断深化，核心企业开始加强对原材料供应、产品制造、产品分销以及销售全过程的控制，由此产生了“纵向一体化”(vertical integration)的管理模式。在这种管理模式之中，虽然各参与方之间形成了利益相关的链条，但是企业与企业之间的关系仍然处于对立状态。这些特征决定了“纵向一体化”的生产模式只能适应于市场环境相对稳定，以产品为中心的卖方市场。

20 世纪 80 年代以后，市场环境发生了巨大变化，生产效率的提高、顾客需求日趋个性化、市场不确定性与日俱增等情形的出现，使得企业开始面临难以预测的买方市场。在这种环境下，“纵向一体化”生产模式开始暴露诸多问题。为将有限的资源集中于自身所擅长的业务之上，企业界纷纷开始注重培养自身的核心竞争力，将非核心业务外包给合作者，与之形成一种深度合作的利益联盟。基于此，“横向一体化”(horizontal integration)的生产模式开始崭露头角。在“横向一体化”供应链中，各合作方围绕着核心企业形成了复杂的网链结构关系，如图 5-1-1所示。同时，为了满足顾客的需求，整个链条中企业之间的配合也变得更加密切。

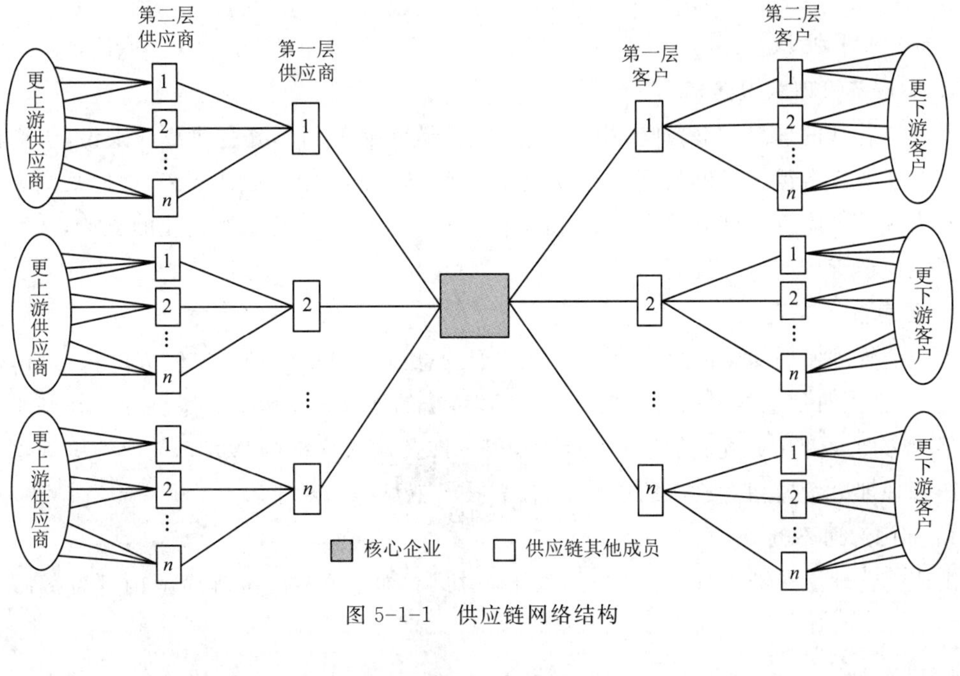

图 5-1-1　供应链网络结构

通过以上的发展历程，传统的基于企业内部的管理已经无法满足企业竞争的需要。因此，供应链管理在20世纪90年代以后获得了广泛的关注。在供应链管理思想之下，链条上的各个企业之间相互协调，通过整合供应链中的物流、信息流以及资金流，从而在满足顾客需求的前提下最大化整体利益。

二、供应链管理面临的主要挑战

在传统企业管理中，由于缺乏企业间的协同战略意识，供应商、制造商以及零售商之间通常表现为一种利益博弈关系，都试图将风险转嫁给对方。随着供应链管理理论与实践的发展，供应链企业协同战略逐渐成为供应链管理的重要手段，协调性战略带来了单个企业不可能产生的供应链效应，形成了供应链企业的竞争优势。

在经济全球化和业务外包不断加深的前提下，供应链管理变得更加复杂和困难，这主要体现在参与方之间的协调变得更加具有挑战性，其挑战主要来自于企业内部和企业外部两个方面。在实现供应链管理的过程中来自企业内部的挑战主要包括：供应链管理意识薄弱、部门沟通不畅、信息透明度低和决策效率低下。企业外部的挑战包括：缺乏信息共享、激励机制失效、分散决策和缺少信任等。图5-1-2所示为对供应链管理中各种挑战进行的总结。

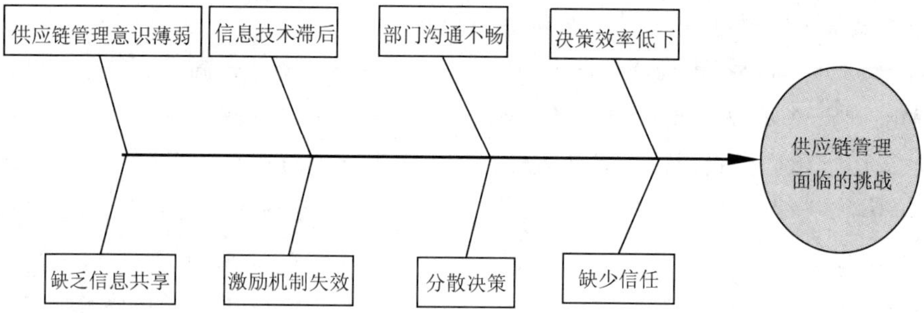

图5-1-2 供应链管理挑战

（一）内部挑战

1. 供应链管理意识薄弱

供应链管理的理念发展较晚，相对于生产、营销和财务等传统企业部门来说，供应链管理在很多企业没有得到足够的重视，特别是在一些小型企业中。如此一来，即便某些大型企业想努力提升供应链管理竞争力，但是由于得不到其他环节上的小型企业的支持，从而极大阻碍了供应链管理的整体发展。

2. 信息技术滞后

供应链管理发展受到的另一个挑战来自于信息技术的相对滞后。供应链参与方众多、活动复杂，必然对信息技术的要求较高。然而，传统的信息系统解决方案往往只是基于企业内部某一方面或者几个方面信息化的问题，很少涉及从供应链的角度来进行整体规划。在供应链管理理论发展相对迅速的情况下，信息技术就显得相对滞后。

3. 部门沟通不畅

供应链管理强调链中各个企业之间的相互协调，而这必须建立在企业内部各部门之间的高效沟通、协调的基础之上。在现实运作中很多企业的各个部门之间存在着一定的独立性，彼此之间的沟通不畅导致了供应链整体绩效的下降。例如，某制造商的销售部门进行了大规模的促销活动，然而没有很好地与物流部门进行沟通，最终会导致下游的零售商因为产品供应不及时而失去客户。

4. 决策效率低下

在新的市场竞争环境之下，客户的需求瞬息万变，市场机遇稍纵即逝。因此，对于公司的决策效率提出了很高的挑战，在这种背景之下，公司的组织结构以及运作流程应该进一步简化，做到能够最快速地反应市场需求，从而抓住市场商机。

（二）外部挑战

1. 缺乏信息共享

供应链协同的本质在于各参与方能够做出正确的决策，而这种决策需要建立在信息共享的基础之上。由于供应链中各个企业所面临的环境不同，它们所拥有的信息也不尽相同。相对来说，越靠近市场需求信息会越准确，而越靠近上游，产品信息会更准确，信息的缺乏会导致产品供应与市场需求产生错位。此外，信息缺乏还会导致各种影响供应链绩效的现象出现，如牛鞭效应、物料齐套率差等。

2. 激励机制失效

缺乏均衡一致的激励机制是目前导致供应链管理实践效率不高的一个主要问题，为了能够发挥供应链管理的绩效，就必须建立、健全供应链激励机制。只有在供应链中的各参与方能清楚认识实施供应链管理对自身企业能够改进和提高的前提下，才能推动企业管理工作不断完善和提高，使供应链管理思想能真正成为企业管理者乐于接受并付诸实践的新观念。

3. 分散决策

由于处于供应链中的企业决策信息来源已经不再仅限于企业内部，而是处于开放的信息环境之下，企业之间需要不断进行信息交换和共享，从而达到供应链企业运作的同步化和集成化的目的，供应链整体利益最大化也需要所有参与者能够朝着一个方向共同努力。然而，由于企业之间的相互信任度较低及存在一定的利益冲突，使得供应链中的企业都只是站在自身利益最大化的角度进行决策，这种分散决策的模式完全背离了供应链管理理念中的整体利益最大化的原则。

4. 缺少信任

信任机制是供应链管理中企业之间合作的基础和关键，供应链管理的目的就在于加强节点企业的核心竞争能力，快速响应市场需求，最终提高整个供应链的市场竞争能力。要达到此目的，加强供应链节点企业之间的合作是供应链管理的核心，而在供应链企业的相互合作中，信任是基础和核心。如果缺少企业之间的信任，企业之间构建战略伙伴关系和利益共享等都只能成为一种良好的愿望，因此，建立供应链企业间的信任机制至关重要。

基于供应链管理的发展需求，供应链协同运作管理的思想得到了越来越多的关注，针对以上在实践的运作过程中出现的各种问题，协同供应链管理思想提出了各种解决思路。

第二节 供应链协同管理的实践

一、光碟出租行业的收益共享

在 20 世纪 90 年代之前，美国的光碟出租行业就已经创造了 81 亿美元的市场价值。但由于市场需求难以预测，光碟的租金价格高昂，导致了光碟租赁商不敢储存太多的光碟。因此，尽管租赁商采取了多种营销策略，仍然有 20％的顾客并没有租到自己想要的光碟。

收益共享契约正是产生于这种需求与供给不对称的市场背景之下。在收益共享契约之中，电影公司以很低的批发价将光碟卖给租赁商，租赁商再将销售收入按一定比例返还给电影公司。收益共享契约为电影公司和租赁商创造了双赢的局面，同时，由于可租光碟储备的增加，消费者租到理想光碟的概率也得到了很大的提高。在进行收益共享之前，Blockbuster 的录像批发购买价格为 66 美元/盒，出租价格为 3 美元/盒，只有出租 22 次以后才能达到盈亏平衡，这面临着很大的采购风险。因此，电影录像的平均储备只有 24 盒，如此必然会导致较多顾客租不到理想的录像。1998 年开始，录像带供应商以 9 美元/盒的价格销售，而 Blockbuster 则将收益的 50％支付给录像带提供商。在收益共享的策略之下，录像带的储备由 24 盒上升为 124 盒，出租率提高了 75％，Blockbuster 的市场占有率也由原来的 25％上升为 40％①。

二、POS 技术中的信息分享

自从 Forrester 认识到牛鞭效应以来，这种需求扭曲和逐级被放大的现象就得到了众多学者和企业家的关注。图 5-1-3 所示为牛鞭效应。20 世纪 90 年代宝洁公司在研究“尿不湿”的市场需求和订货策略时，发现零售数量很稳定，然而分销商向工厂的订货数量波动却很大。这种效应给企业在运营过程的管理造成了很大困难，例如，额外的制造费用、加班费，以及很高的库存水平导致超额的仓储费用和大量资金积压、低效率的运输过程和超额的运输成本等。

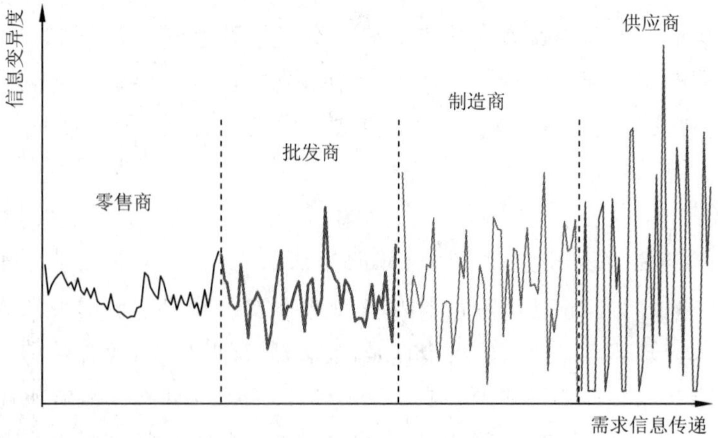

图 5-1-3 供应链中的牛鞭效应

① Dana J D, Spier K E. Revenue sharing and vertical control in the video rental industry[J]. The Journal of Industrial Economics, 2001,49(3):223-245 .

理论界和实践界都在不断地探索缓解供应链中牛鞭效应的策略，其中之一就是解决信息不对称和缺乏信息透明度造成的需求放大问题。一个简单而有效的措施就是要求零售商向供应链的上游企业分享销售端的 POS 数据，上游的合作伙伴可以掌握真实的最终市场需求，并根据准确的销售数据制定各自的生产计划和库存计划，这就可以在较大程度上降低牛鞭效应的影响。

三、基于 CPFR 思想的共同决策

1995 年，由 Wal-Mart、Warner Lambert、SAP、Manugistics 和 Benchmarking Partners 这五家公司联合成立了零售供应和需求工作组，共同对协同计划、预测与补货和补货系统（collaborative planning, forecasting and replenishment，CPFR）进行探索和研究。CPFR 的思想在于通过合作伙伴之间建立共同管理业务流程和共享信息来改善零售商和供应商的业务关系，以提高预测的准确度，最终达到提高供应链效率，减少库存和提高消费者满意度的目的。CPFR 的典型运作流程如图 5-1-4 所示。CPFR 的实施有三条指导原则：合作伙伴必须以消费者为中心，面向价值链；合作伙伴共同运营消费者需求预测系统；合作伙伴共享预测和共担风险。

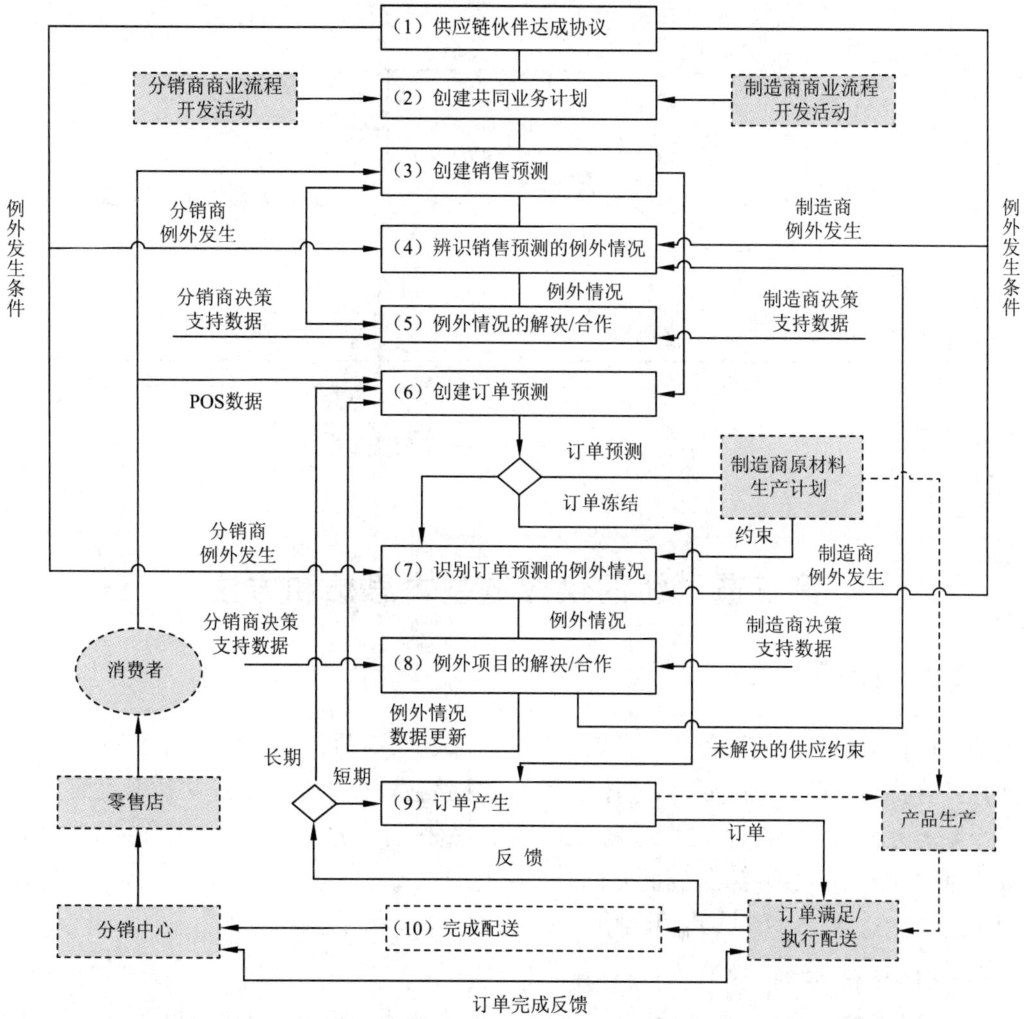

图 5-1-4　CPFR 运作流程图（图来源：www. CPFR. org）

CPFR是一种供应链合作的全新思维。在CPFR的框架之下，合作伙伴之间需要高度信任，各方紧密配合，共同制定计划与生产补货等的协同决策，并且一起承担协同决策所带来的风险，最后分享供应链协同带来的整体收益。

四、基于 Supply-Hub 的供应链模式

供应链绩效在很大程度上受到参与方协同程度的影响，随着业务的外包和供应商数量的不断增多，供应物流的好坏直接决定了供应链的绩效。特别是对于装配行业而言(如汽车、电脑)，供应物流的协同往往比较复杂，一方面由于供应商数量巨大，另一方面由于供应商的地理位置分布广泛。因此，装配行业的核心制造商一直在寻找一种管理模式以对供应物流进行有效的协同，基于Supply-Hub的供应链模式应运而生。图5-1-5给出了Supply-Hub的运作流程。

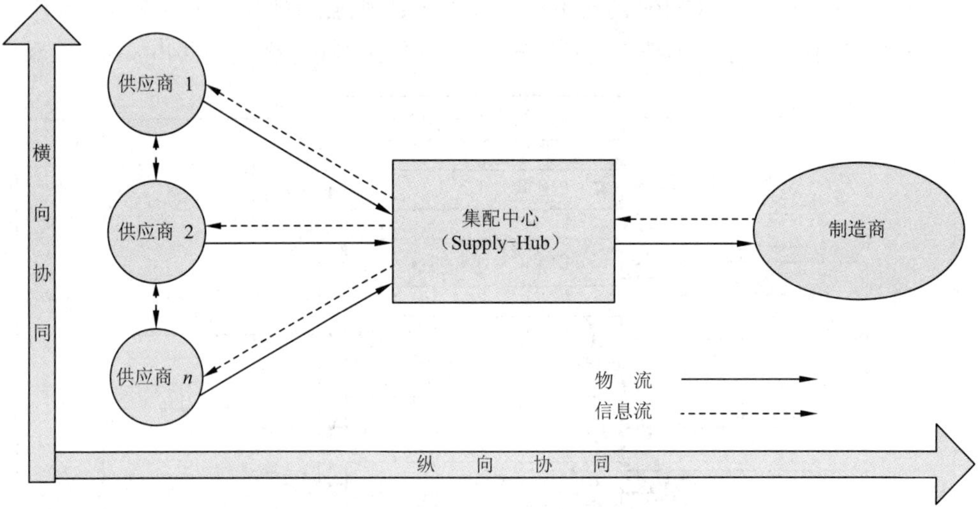

图5-1-5　基于Supply-Hub的供应链运作流程

第三节　协同供应链基本思想和方法

一、契约设计

最优的供应链绩效需要各参与方能够形成一系列明确的行动，但是由于传统上的各自为政以及自身利益最大化等原因，整体效益最大化往往难以达到。通过某种形式的契约调动各个参与方合作的积极性，将各自利益最大化与整体利益最大化紧密联系在一起，各个企业就有可能向着供应链整体绩效最大化的方向共同努力。在供应链管理实践中，常见的契约有批发价契约、回购契约、收益共享契约以及销售返利契约。

(一)批发价契约

在批发价契约之下，供应商向零售商收取 w 的单位产品批发价格。可以证明，只有当批

发价格 w 与供应商的成本 c 相等时，即供应商没有利润可图，供应链才能够实现完美的协调以实现利润最大化。显然这不符合实际运作情况，因此批发价契约不能严格地称作供应链协同契约。

尽管批发价契约不能完美地协调供应链，但是它在实践中运用得十分普遍。因为它具有比较突出的特点：即批发价契约便于管理，能够节省企业的运作成本，此外，从理论上讲，协调运作的契约在一定程度上都是建立在批发价契约基础之上的。

在批发价契约之下，只要零售商的订货量在供应链整体最优的订货量之下，那么供应商都能够通过降低批发价格以提高零售商的收益。因此，零售商的议价能力越强就意味着供应链的协调性会越好，供应链的整体绩效也就越高。然而，整体绩效的提高是建立在供应商利润受损的前提之下。有两种指标衡量批发价契约，即批发价契约的有效性（批发价契约下的供应链利润/供应链协调下的最优利润）和供应商利润分享比例（供应商利润/批发价契约下的供应链利润）。在不同的市场之中批发价契约会有不同的运作绩效，表 5-1-1 给出了市场需求满足不同参数的幂分布批发价契约的绩效。

表 5-1-1　需求满足幂分布下的批发价契约绩效

幂需求分布参数 k	0.2	0.4	0.8	1.6	3.2
批发价契约的有效性	73.7%	73.9%	74.6%	76.2%	79.1%
供应商利润分享比例	54.5%	58.3%	64.3%	72.2%	80.8%
市场方差	1.51	1.02	0.67	0.42	0.25

（图表来源：Cachon G P. Supply chain coordination with contracts[J]. Handbooks in OR & MS, 2003,11(11):227-339）

（二）回购契约

在回购契约之中，供应商不仅向零售商收取单位产品批发价格 w，而且还会在产品销售的末期对未销售出去的产品付给零售商回收价格 b。为了保证零售商不会在剩余的库存中有利可图，设定 $b \leqslant w$。回购契约使得供应链运作的鲁棒性更好，因为供应商和零售商都可以对回购数量进行一定的调整。回购政策通常用于配送时令性较强商品的行业中，如书籍、杂志、报纸、音乐磁带、电脑硬件和软件、节日卡片和医药品等。

可以发现：回购价格和批发价格必须同时决策才能够实现供应链协调。即使供应商和零售商对某一水平下的批发价格 w 达成了一致，然而供应商和零售商都可以通过改变回购价格 b 来提高自身的利润水平，也就是说此时的供应商和零售商需要不断地进行议价。同样，如果先固定回购价格 b，再对批发价格进行决策，也会陷入困境。因此，对于回购契约而言，供应商和零售商必须对批发价格和回购价格同时进行调整，以实现均衡。

在带有回购契约的供应链协调中，零售商的促销努力水平也是一个值得关注的问题。供应商采取回购策略就意味着帮助零售商分担了一定的市场需求风险，这的确能够从一定程度上提高供应链绩效，同时也会降低零售商促销的积极性。如果市场需求与零售商的促销努力水平有关，则回购契约会对市场需求产生一定的影响，因此在实施回购契约的同时，往往需要考虑对供应商的促销努力进行一定的激励机制。

（三）收益共享契约

在收益共享契约之下，供应商不仅向零售商收取 w_r 的单位产品批发价格，同时还会从零售商销售收益中提取比例 λ。通过确定不同的收益分享比例 λ 以实现供应链的协调和供应链利润的分配。从本质上来说，收益共享契约与回购契约具有一定的运作相似性。

收益共享契约中参数 w_r 和 λ 很好地体现了供应链协同中的风险共担和收益共享的思想，然而也突显出了供应链协调的困难：应该如何确定 w_r 和 λ。不同的参数会使得供应链利润分配的比例有所差异。因此，在收益共享契约之下，确定参数 w_r 和 λ 是难点。表 5-1-2 给出了需求满足幂分布收益共享契约参数对于利润分配的影响。

表 5-1-2　需求满足幂分布下的收益共享契约参数对利润的影响

分配比例 λ	批发价格 w_r	供应商收益	零售商收益	供应商合作前后收益比	零售商合作前后收益比
0.25	2.5	1 500	500	1.5	1.0
0.3	3	1 400	600	1.4	1.2
0.35	3.5	1 300	700	1.3	1.4
0.4	4	1 200	800	1.2	1.6
0.45	4.5	1 100	900	1.1	1.8
0.5	5	1 000	1 000	1.0	2.0

（图表来源：叶飞，符少玲，杨立洪．收益共享的供应链协作契约机制研究[J]．工业工程，2006，9(1)：9-12.）

由表 5-1-2 可以看出：在实施收益共享策略以后，供应商和零售商的利润水平都得到了提高。但是随着利益分配比例的下降，供应商给零售商的批发价格会升高，尽管如此，供应商的收益仍然会下降，而零售商的收益会增加。因此，收益共享契约将会涉及供应商和零售商两者之间的博弈，通过不断努力和谈判确定两者都能接受的利益分配方式。

（四）销售返利契约

在销售返利契约之下，供应商向零售商收取 w_s 的单位产品批发价，如果零售商的销售量超过设定的临界值 t，那么零售商就能得到供应商单位产品 r 的返利。销售返利契约提出的最大目的在于激励零售商进行产品促销，从而获得供应商的返利。销售返利契约与数量折扣契约有着本质的区别，数量折扣契约中只要零售商订货量大于约定的数量就能得到折扣；但是销售返利契约里面所规定的数量是零售商最终实际销售出去的数量。

确定返利水平是销售返利中最主要的问题：如果销量目标过低，则无法有效地激励零售商进行产品促销活动；反之，如果销量目标过高，对于零售商来说实现难度和成本过高，就会放弃努力。销售返利契约一般与其他契约结合起来运用，如回购契约和销售返利契约、收益共享契约和销售返利契约。

传统的销售返利契约在传统供应链中难以实现，因为零售商的销售情况很难监测。另外一方面，零售商为了得到更多的销售返利，有可能会对销售数据进行造假。VMI 策略的出现从一定程度上促进了销售返利契约的实施，因为供应商可以通过管理自己的库存水平，从而得知零售商的销售状况。

二、信息共享

供应链协同要求各参与方能够按照一定的目标做出有利于供应链整体利益的决策。可以想象，若没有供应链合作伙伴之间的信息共享，供应链企业将无法得知他人信息，那么供应链的协同将很难实现。从供应链结构上看，供应链信息可以分为上游信息和下游信息两种。供应链下游信息的共享意味着更加接近于市场参与方的信息共享，供应链下游信息主要是指顾客的需求信息，还有库存以及销售状况。供应链上游信息多指供应链的产能、库存信息和提前期信息。此外，在信息共享中还有一个关键的问题，就是如何激励参与方进行相应的信息共享，图 5-1-6 对于信息共享中的问题进行了说明。

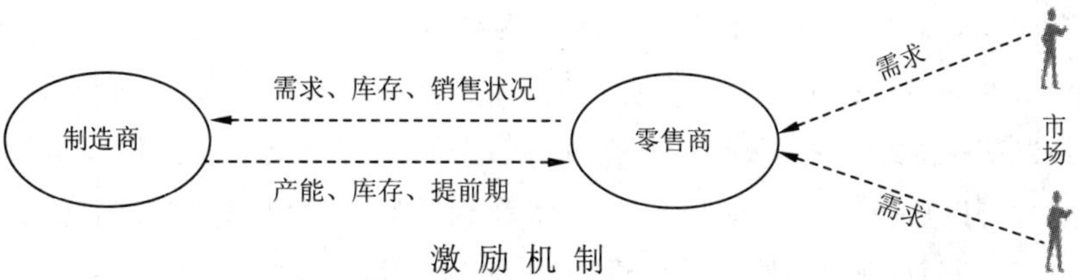

图 5-1-6　供应链信息共享模式

（一）下游信息共享

随着顾客需求个性化要求的增强和普及，制造商对顾客需求信息的依赖程度越来越强，然而对于制造商来说，从顾客处直接获取需求信息十分困难，并且从其他渠道间接获取的有关特定顾客的需求信息也相当不准确。POS 技术的运用提供了一种很好的共享下游信息的手段，下游企业通过向上游企业传递共享的需求信息，能够使供应链更好地抓住市场需求（时机和数量），从而获得最大的收益。

当然，在供应链协同中除了下游的需求信息需要进行共享外，还有其他信息的共享也有利于供应链的协同，如零售商的库存信息、补货计划、销售状况等。下游库存和销售状况的共享能够让上游企业更加清楚地知道供应链的整体运作情况。总而言之，下游信息共享的目的在于让整个供应链的各个企业都能够实时掌握市场的变化情况，从而制定出更能适应市场需求变化的协同运营策略，进而使整个供应链的收益实现最大化。

（二）上游信息共享

与下游信息共享不同，上游信息共享的重点在于分享有关供应链的运作信息，而且由于涉及运作层面，所以上游信息共享内容更多。

（1）订单周期：订单周期信息在供应链协同中起着至关重要的作用。订单周期的长短将会直接影响零售商的补货决策。上游企业分享订单周期信息不仅能够降低供应链的整体运作成本，同时还能够提高供应链对最终市场的响应速度，进而提高客户服务水平。

（2）产能信息：在实际运作过程中，由于各种不确定因素，上游企业的产能往往是随机的。因此，产能信息的共享就显得尤为重要。下游企业只有知道产能信息才能更好地进行补货和销售活动，产能信息的不透明可能会引发下游企业之间的产能博弈，从而构成不协调的现象。

（3）库存信息：库存信息的共享十分重要，而且在现实中也比较容易实现。在供应链的运作总成本中，库存成本往往占到企业成本的20%～30%，因此有效的库存信息共享能够降低供应链运作成本。在供应链中库存往往会存在于各个环节，虽然库存可以抵抗一定的风险，但是各个环节库存不进行统一的协调和管理就会造成高昂的库存成本。

（三）信息共享的激励

需求信息的共享并不容易实现。一方面因为信息共享对于下游企业来说需要付出一定的成本，另一方面则担心自身利益在需求信息共享以后受到损失。因此，下游企业往往不愿意将需求信息与上游企业共享。激励下游企业进行信息共享是一个关键的问题。所谓供应链中的信息共享激励问题，就是要研究如何激励在供应链上的有着各自利益、掌握着不同的信息和在供应链上担负着各个节点上的不同职能的各个不同节点的企业进行合作，激励供应链上的合作各方在某些信息实现共享，并达成有效的契约来实现整个供应链的收益最大化目标。

如果供应链中的一方比另一方拥有更有利的信息资源，那么这一方就会有两种选择：要么持有信息资源以获得战略上的主动权，要么进行信息共享获得供应链其他成员的合作。信息共享的激励通常可以从两个方面入手：信息技术和相关的信息保障制度。信息共享的保障制度又可以分为三个方面：即供应链契约的设计、价格的激励和信息共享成本的分担。

目前，现代通信技术和Internet、电子商务等信息技术的发展消除了信息共享的技术障碍，而企业文化和经营理念的转换也给信息共享扫除了观念方面的障碍。但是，供应链合作伙伴之间的信息共享并非能够轻易实现。除了实现信息共享的基础设施以及各种实现途径的限制外，没有完善的激励机制对成员企业的利益分配作出合理的规定，就会出现在激励因素方面的不均衡现象，从而使得一部分企业并不愿意把其私有信息与其他合作伙伴实现信息共享。因此，建立有效的信息共享激励机制，通过科学合理的制度约束是解决在供应链合作伙伴之间实现信息共享的关键。

三、共同决策

供应链的各种不协调现象归根结底在于各参与方各自为政的分散式决策，而不是以供应链的整体绩效最大化作为决策准则。因此，进行供应链协同管理的另一种有效手段在于共同决策。

（一）需求预测

CPFR作为一种典型的共同决策模型，能够让供应链成员结合成为一个统一的整体，共同面对市场需求，尽可能准确地把握需求信息，并且做出最优的运作策略。

要做到供应链协同首先就要做好需求预测，在以提高顾客服务水平为目标时更是如此。以需求拉动整个供应链的生产和供应活动，比生产和销售的推动式具有更好的适应性，可以以更加准确的方式满足客户需求，获得更好的收益。但由于供应链环境的不确定性和自身结构的复杂性，以及供应链中各主体的利益冲突等导致企业很难获得准确的需求信息。此外，供应链不同的节点拥有不一样的信息，因此供应链作为一个整体进行需求预测就显得十分重要。

如何获得高质量的需求预测是企业必须面对的难题。对此，企业可以选择以下策略：一是通过加强与供应链上、下游企业进行信息、资源和预测方面的共享，提高运营商的协同性，从而减少需求预测的不确定性，改进需求预测效果；二是加强主导企业在信息不对称和不确定性环境里的预测能力，即通过对预测信息的获取和方法的改进提高预测能力。

总之，进行共同需求预测的目的在于能够充分利用供应链各成员的市场信息，从而对市场进行准确的判断，并制定出较为合理的需求应对措施，准确的需求预测是制定产能计划以及销售计划的基础。

（二）产能规划

传统的产能规划范围被定义在单一企业环境，供应链管理模式的出现，使企业间的竞争模式不再单纯是企业个体间的竞争，而是变为供应链管理竞争。作为供应链管理的重要组成部分，产能规划从传统的单一企业的规划模式演变成供应链上各重要节点的协同规划模式，即对整个供应链上的多个分散企业进行整体产能规划。

供应链产能规划的目的是对供应链中的供应商、制造商、销售商等利益主体进行统一协调和规划，以快速响应多变的市场需求。区别于传统管理模式下的产能规划，供应链产能规划是对上下游不同类型资源进行充分整合的过程，它强调企业间的互动与协作。供应链战略产能规划属于长期产能规划，它要求供应链根据未来市场需求变化确定适当的生产规模和能力，目的是以最低成本快速响应新的市场机会。

为了应对未来较长一段时间的需求，需要供应链提前做出战略产能规划决策。产能规划决策的重要性体现在以下几个方面：其一，产能限制了制造系统的最高产出，直接影响着能否满足未来市场需求的能力；其二，产能决策的正确与否直接影响运营成本，产能过多导致资源闲置，设备折旧费用增加，产能不足也使成本增加，如加班费用、缺货成本等；其三，产能决策影响其他生产作业的成本，如设备的多寡影响维修或作业人员的数量；最后，产能决策是一种对资源的长期承诺，一旦形成若要改动会花费很大成本。

在供应链产能决策的过程中还有一个比较关键的问题，即产能扩充成本的问题。在高度不确定性的需求、持续的技术进步和高昂产能投资成本等因素的作用下，高新技术供应链的供应商在产能扩张中持保守策略，不愿意将产能扩张到符合整个供应链最优的水平。在分散化结构下，制造商只有通过合理的激励机制，和供应商共担产能风险，才可能实现供应链的优化协调。业界普遍采用的长期合作机制，虽然能改进协调效率，但并不能实现最优协调。

（三）销售计划

供应商和零售商均可以利用一定的方法来影响市场需求，供应商与销售商广告宣传的区别在于前者通过宣传自己的产品，主要影响消费者的潜在需求，而销售商在地方市场的直接促销活动更有利于将潜在需求转化为现实需求，潜在的购买者转化为现实的消费者。

供应链协同的最终目的还是能够获得更多的顾客，销售更多的产品，从而得到更好的利润回报。但是作为供应链中不同环节的参与方应该在进行需求预测、产能规划以后，共同制定销售计划，进而发挥供应链的整体绩效。例如：零售商何时采取促销手段、促销规模多大等都应该提前与供应商共同协商。因为有可能在零售商促销的过程中，由于没有共同的计划，供应商会产生供应不上来的情况，这样既损失了销售机会，又让顾客感觉到服务水平差。同样，供应商采取了何种广告策略，也应该提前让零售商知道，从而好及时调整销售方针。

销售环节是供应链实现利润的终端，销售计划的好坏直接影响供应链协同实施的可行性，因此在进行供应链协同的过程中各参与方应该共同努力，制定合理的销售计划，从而让大家都能够从协同中获得更多的利润。

四、组织架构

通过有效的组织结构也能够实现供应链协同管理，如 VMI 库存管理模式和 Supply-Hub 协同模式，基于组织结构的协同在于能够较好地避免一些传统供应链结构所带来的弊端。当然，基于组织结构的供应链协同也必须建立在契约设计、信息共享以及共同决策的基础之上。

（一）VMI 模式

在传统的零售商管理库存(retailer managed inventory，RMI)模式下，零售商往往根据顾客需求预测进行库存管理，并使用独立需求库存控制的订货点策略向供应商发出采购订单。供应商则根据零售商的订单从其库存中将产品配送到零售商的仓库中，并依据零售商的订单情况制定生产计划。在这种 RMI 运作模式之下，由于零售商和供应商彼此之间相互独立，所以在市场环境的不确定性情况之下，供应商和零售商都希望设置一定的安全库存，由此引发了需求放大现象，并提高了供应链运作成本。

VMI 库存管理模式从一定程度上缓解了 RMI 所存在的问题。从本质上来说 VMI 就是将供应链多级库存控制问题变为单级库存控制问题，从而获得供应链集成管理的效益，运作模式如图 5-1-7 所示。VMI 的实践效益归纳为供应商的收益和零售商的收益两个方面。从供应商角度看，VMI 增加了供应商对市场需求信息的透明度，降低了供应链中的牛鞭效应；增强了与零售商的合作，减少了供需双方博弈；此外，当供应商在多个零售商中同时实施 VMI 时，可以提高需求预测的准确性和达到规模经济。对于零售商来说，无须设立专门的库存管理部门，因此减少了企业的经营成本；能够专心进行前端市场开发，提高客户服务水平和库存周转率。

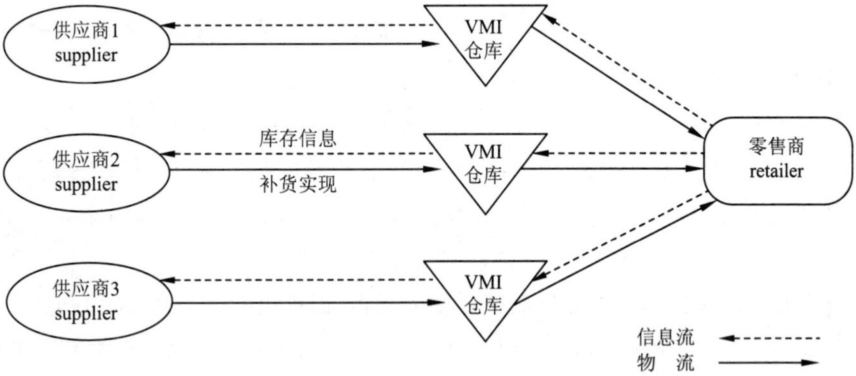

图 5-1-7　VMI 运作模式

(二)Supply-Hub 模式

Supply-Hub 模式在 VMI 模式的基础之上发展而来，诸多先进的装配制造商在实践中将分布式就近供应及 VMI 运作模式下的 VMI 仓库进行资源和组织整合、协同优化，变原先的分散独立管理为整合集中管理。这样一来，不仅有助于降低供应链整体的投资成本，而且能大大降低供应链的整体管理成本，在实践中就逐渐出现了许多专注于制造业上游供应物流整合管理服务的集配中心，即 Supply-Hub。

Supply-Hub 通常由专业的第三方物流企业运营(也存在制造商自营模式)，如美国的伯灵顿(Bax Global)就是一个专注于 IT 行业，负责为 Apple、Dell 和 IBM 在东南亚的公司提供零部件物流集配服务的第三方物流企业；UPS 也作为一个具有重要地位的 Supply-Hub 为 Fender 管理来自世界各地厂家的海陆进货并完成其配送过程的流线化和集中化。在国内，海尔的物流中心负责整个海尔集团的采购、供应、产品分拨和分销配送环节，目前可以做到物流中心城市 6～8 小时配送到位，区域配送 24 小时到位，全国主干线分销配送时间平均为 3.5 天。江铃汽车集团下的江铃发动机厂由 Supply-Hub 提供发动机装配所需零部件的准时配送服务，负责将零部件齐全配套地运往总装线，保证了总装线对各类零部件的配套需求。此外，安徽烟草公司物流中心和武汉神龙汽车公司也采用了类似的运作模式。我们对国内汽车行业、家电行业供应链企业的零部件供应商、汽车整车生产企业和物流企业等的调研情况表明，采用集配中心的运作方式能有效地支持其多品种、小批量混流生产的零部件按照 JIT 方式直送生产工位，既保证了供应的配套性和同步性，又提高了效率，还降低了总的成本。

Supply-Hub 作为原材料或零部件供应商与制造装配厂商之间的协调组织，在整个供应链体系中主要承担中转“集配”的职能。中转“集”的功能，既指 Supply-Hub 负责执行制造装配厂商所需原材料、零部件等物料的集中代理采购、运输并中转入库，又指把小批量的转运聚集成具有大批量的整合运输(拆箱、拼箱业务)；中转“配”的功能，实质上是“集”基础上的“配”，指将集中采购入库的原材料、零部件等根据制造装配厂商的需求计划进行拣选、组装并准时配送到生产线的各个工位。核心制造商通过 Supply-Hub 将所涉及的供应商加以整合，实现供应物流协同运作，零部件同步供货。

第二章　协同供应链运作管理的组织方法

协同理论提升后，应该关注的是如何指导企业实践。本章首先详细分析了影响供应链协同管理的各种因素，然后阐述了供应链各个成员如何制定一致的协同管理目标，以及将一致的目标执行下去的合作关系形式，最后分别描述了两种协同管理实施的组织模式。

第一节　协同供应链管理中的主要影响因素

日益激烈的市场竞争要求下，企业的运作必须面对越来越庞大的供应链系统。整个供应链系统能否产生最大绩效，为各个成员带来最大的效益，直接依赖于其是否可以协同有效地运作。但是当今企业实践中，协同管理的实现往往受到一些因素的影响，要想找到好的方法指导企业实践，首先应该充分分析影响协同管理各方面的因素。

从影响供应链协同管理因素的来源看，主要可以分为个体企业内部影响因素，供应链内部影响因素，供应链外部影响因素，如图 5-2-1 所示。个体企业内部影响因素指供应链上某个企业在参与链上企业之间合作时，由于企业内部运作上或者文化上的个性化特点，给整个供应链协同管理带来困难的各种阻力。供应链内部影响因素指供应链上的成员之间进行合作时，在合作方式、信息传递、合作目标等方面透露出的不利于整个供应链协同管理的因素。而供应链外部因素主要来源于供应链系统运作过程中出现的人为无法预测的不确定性事件。

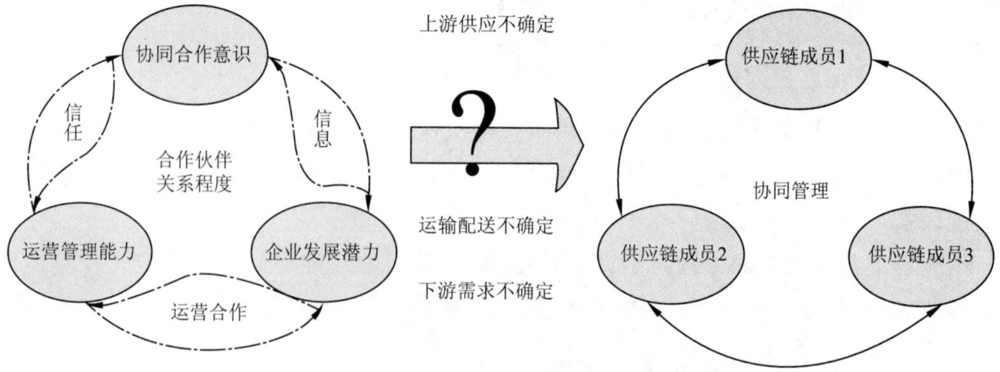

图 5-2-1　影响协同管理的主要因素

一、个体企业内部影响因素

个体企业内部影响因素主要包括协同合作意识、运营管理能力、企业发展潜力等三个方面，下面分别就这三个方面进行介绍。

（一）协同合作意识

企业的协同合作意识是供应链协同管理成功开展的前提。当今市场环境下，消费者买到的每个产品背后都可能有一条复杂的供应链系统支撑着。企业都自觉或不自觉地加入了某个供应链系统中，参与到某个产品涉及的供应链运作中。每个个体成员最终受益的多少已经不能够完全由自身的表现决定，而是由整个供应链的绩效水平决定。整个供应链创造的价值越多，则企业分得的收益也越多，而供应链的效益低，则会影响到个体企业的利益。但是目前，并不是所有的企业都明白这个道理，以至于企业之间只形成了供应链的架构，而缺乏推动整个供应链协同运作的动力。因此企业是否具有协同合作的意识，是决定供应链协同管理能否开展的先决条件。

（二）运营管理能力

企业的运营管理能力直接决定了供应链协同管理实施情况的好坏。企业的运营管理能力主要体现在产品研发、需求预测，采购与生产管理、储存与配送管理等方面的内容，当然根据不同企业的分工不一样，有些企业可能只涉及其中的部分内容。无论企业涉及其中的哪些环节，只要其中一个环节的能力不足，都会影响到整个供应链协同管理最终的效果。

产品研发能力的强弱直接决定了供应链协同管理价值的高低，没有好的产品，再优秀的供应链协调能力也体现不出其价值。而相反，如果研发出了好的产品，那么就会让供应链的协调管理体现出更大的价值，进而更好地推动协调管理的实施。特别是在研发产品的过程中，能够充分考虑供应链上各成员运作的特点，并最终开发出适合该供应链系统生产的产品时，整个供应链的协调管理会开展得更加顺畅。

需求预测是供应链系统日常运作的开始，预测结果直接决定了供应链管理的方向，预测结果的好坏决定了供应链系统运作的目标是否正确，是否合理。只有在合理的目标下，供应链的协调管理才有可能正常开展，否则不管各个企业在后续的运作过程中如何完美地协同合作，都不会实现最优的结果。另一方面，多数情况下，供应链上的需求信息是从下游逐一传递到上游的，一旦某个企业的需求预测出现偏差，直接会影响到后面所有企业运作的合理性。因此链上每个企业需求预测能力的强弱，是决定供应链协同管理能否有一个好的开端的关键因素。

供应链上各个成员的采购与生产管理能力、仓储与配送能力的强弱决定了供应链的协同管理能否稳定、正常地运转。协同管理的展开一定要能够保证最终的消费者能够持续稳定地得到充足的产品供应，断货的频繁发生以及过长的产品采购和生产周期都无法保证供应链管理的稳定进行。链上某个环节出现断货或者采购、生产等周期的延长，都会造成协同管理的中断，影响整个供应链系统的正常运转。如果各个成员都能够保证采购和生产的正常运转，那么整个供应链系统就能够保持一致的步伐，协同稳定地运作。

仓储和配送是保证各个成员的采购与生产能够顺利开展的关键，仓储在一定程度上对供应链上的原材料或者产品的备货提供缓冲作用，而配送则是为链上产品的能够顺利流向消费者提供服务。供应链上的产品从产生到最终卖给消费者，一定会在整个链上经历仓储和配送过程，因此只有每个成员都合理地规划好仓储与配送工作，才能够保证供应链协同管理的正常开展。

（三）企业发展潜力

企业发展潜力决定了供应链协同管理的可持续发展。当今市场行情的变化非常快，消费者的需求也瞬息万变，再加上越来越激烈的竞争环境都要求企业以及所属的整个供应链能够不断发展壮大。而在供应链发展壮大的进程中，一旦某个企业的发展潜力不足，没有跟上发展的节奏，则会拖慢整个供应链发展的速度，这种发展速度不一致的现象就会造成原本协同的管理变得混乱。因此供应链上的各个成员一定要有发展壮大的意识，不断扩展自己各方面的能力，与供应链上其他成员保持同步的发展速度，这样才能保证整个供应链可以不断地发展壮大，使得协同的供应链管理模式能够持续进行。

二、供应链内部影响因素

供应链内部影响因素主要包括供应链各成员之间的合作伙伴关系程度、信任关系、信息传递与交流形式，以及运营合作中目标的不一致性。下面分别讨论这四个方面如何影响供应链协同管理的实施。

（一）合作伙伴关系程度

合作伙伴关系程度的大小直接决定了供应链协同管理开展的全面程度。根据 Michael J. Maloni 和 W. C. Benton(1997)的描述，买卖双方合作关系的建立绝不是简单地考虑各自的价格水平，也不是制造商出于自身发展的需要，寻找某个供应商进行合作，以提高服务水平、技术创新以及产品的设计。而是买卖双方可以通过减少合作的总体成本，减少整条供应链上的库存水平，增加信息共享水平，最终能够提高整体的运作效益，创造更多的利润。

因此，真正的合作伙伴关系的建立就是为了实现供应链管理的协同，让双方都受益。而同时，供应链协同管理能否有效地开展，也极大程度上依赖于成员间建立的合作伙伴关系处于何种程度。

（二）信任关系

信任机制是供应链上各成员间合作必须具备的基本要素。Zaheer 等人(1998)认为信任可以减少企业之间为了各自的利益相互利用的倾向，并能有效拉近买卖双方的合作关系。由此可见，信任机制是决定成员间合作伙伴关系能否建立以及建立以后程度能否不断加深的重要因素，成员间的信任关系成为协同管理能够顺利开展的前提。

有了一定的信任机制，供应链上的各成员才会更为紧密地合作，遇到问题进行更好的沟通，更好的协商，共同处理。同时，信任又为成员间信息共享程度、信息共享质量以及信息传递的准确性提供了保证。Li 等人(2006)的研究显示，供应链成员间的信息共享水平和共享信息的质量都明显受到各成员之间信任程度的正向影响。Akkermans(2004)等人也做了相关的研究，结果显示成员间的信任关系是实现供应链成员间高度透明化的基础，各成员间的工作越紧密，并且互相信任，彼此便乐于分享更多的信息，那么关系也就越透明。

（三）信息传递与交流形式

供应链成员间一定程度的信息共享又是推动供应链协同管理顺利开展的必要条件，成员间如果没有任何信息的交流，协同管理便会失去方向。协同管理成效的高低直接由信息共享水平的高低决定，而信息共享水平的高低又由信息的传递形式决定。信息传递范围越大，跨度越大，则成员之间能够更自由、更充分地交流，信息传递的精确度也越高，进而更能推进协同管理执行的准确性。因此，供应链各成员间合作过程中较高的共享信息程度以及好的传递信息方式都会对协同管理的顺利执行起到促进作用。

（四）运营合作中目标的不一致性

供应链上各个成员之间的合作主要还是体现在运营方面的合作，如零售商根据自己的销售预测，向供应商下采购订单，而供应商要完成生产，也必然需要向更上游的供应商采购原材料。在这些日常运作过程中，不同成员因为面对的环境不一样，涉及的供应链职能也不一样，往往会产生不一样的运作目标和不同的管理重心。如销售商往往希望尽可能晚地下订单，以保证需求预测的准确性，而供应商希望能够尽早得到订单信息以便尽早地进行原材料采购和生产准备。又比如，随着消费者多样性需求的增多，以及需求变化波动性的加剧，造成了产品生命周期越来越短，而产品种类越来越多。这种情形下，零售商更希望多品种小批量的采购，而这又不能确保供应商利用规模效应组织生产。这些矛盾的产生都会影响到供应链协同管理的实施，因此，能否有效解决各成员间合作中产生的矛盾，是供应链协同效应能否成功实现的关键。

供应链各成员间的联合决策就是一种可行的解决方法，联合决策即指多个成员根据一致的目标，共同制定相应的生产、采购、配送计划，以消除分散决策下带来的种种利益上的矛盾。另外还有一些针对运作中的某个方面开展合作，如上下游成员的联合需求预测、供应商联合处理下游制造商的订单、上下游联合进行的产品研发、多个供应商之间的联合配送等等。谢磊等(2012)在关于供应链二维协同实现途径的实证研究中也验证了这些合作方式的有效性，结果显示供应链各个成员在运作上的合作能够更好地促进供应链协同效应的形成。

三、供应链外部影响因素

供应链外部影响因素包括市场需求的不确定性、供应链上游供应的不确定性、运输配送的不确定性。下面详细分析这些因素如何影响供应链协同管理的实施。

（一）市场需求的不确定性

下游客户的需求是供应链系统有效运作的驱动力，需求量的大小、种类的多少决定了供应链协同管理的方向。但随着全球竞争的加剧，市场环境变得越来越复杂，供应链上的成员现在要面临更为多样化、生命周期更短、更难预测的需求。根据全球著名的管理咨询公司麦肯锡在关于供应链的调查报告中显示，不断增长的需求波动性是供应链管理中面临的一个严峻挑战，除此之外，还有两个与客户需求有关的挑战也受到了广泛关注，一个是消费者对服务水平和产品质量期望值的日益增大，另一个则是消费者的需求模式越来越复杂，让企业难以预测。不断变化的需求市场让供应链的协同管理摸不着方向，因此，找到应对需求波动的措施对实现供应链的有效协同具有很大帮助。

（二）供应链上游供应的不确定性

随着经济全球化的不断推进，供应链系统覆盖范围不断扩大，各成员将面临更为庞大复杂的供应网络，全球范围内的合作成为大趋势。因此，除了面对下游更为复杂的客户需求，供应链系统上游的供应不稳定性也逐渐成为影响供应链协同管理的重要方面。麦肯锡管理咨询公司在关于全球供应链风险管理的调查报告中显示，供应商供应的可靠性被认定为最受关注的三种风险之一。同样还有来自 PRTM 管理咨询公司发布的关于全球供应链管理趋势的研究，调查结果显示关键产品供应能力的缺失是未来几年供应链管理中需要重视的最主要风险。

上游的供应是保证整条供应链能够满足最终客户需求的关键环节，供应的不稳定性直接影响了协同管理的结果。另外，因为供应的不确定性，相关成员不得不采取一些紧急采购策略来应对缺货的发生，这样又会临时改变供应链结构，带来供应链系统的不稳定性，影响协同管理的开展。

（三）运输配送的不确定性

运输配送能够有效地将供应链上游的供应与下游客户需求连接起来，促进供应链协同管理的正常运转。而随着供应链系统复杂性的增大，运输配送也面临越来越大的压力，整个过程受到了很多不确定因素的影响。运输中交通事故的发生，运输产品的损坏是运输不确定性一方面的体现，但是这些事故占的比重并不大。运输过程中最常见的不确定因素是运输时间的不确定，这给上下游成员的协同决策带来了困难。

尤其随着全球合作的日益盛行，海洋运输增多，运输上的不确定性带来的决策困难显得尤其重要。在美国，有超过 40％的船只比预计到达时间晚一天或者更多，在 2007 年，从中国到美国的海运船只平均到达延误时间达到了 3 天，从欧洲到达美国的平均延迟天数是 2.7 天（Don Clark 等，2012）。造成配送时间延迟的原因主要有全球采购下带来的港口拥挤、无效率的港口运作，以及恶劣的天气条件和机器故障等其他因素（Chung-Yee Lee 等，2012），而这些因素也会随着全球采购的不断盛行日益严重。当然海运也会有提前到达的时候，这种提前或者延迟到达的不确定性给供应链协同管理的实施带来严峻的挑战。

第二节　协同供应链的目标一致性与合作关系

第一节中谈到了影响供应链协同的多种因素，了解这些因素后，各个成员就应该制定出统一的目标，并通过一定的合作关系共同努力，防范不利于协同管理的因素，发挥有利于协同管理的因素，共同实现最终的协同目标。

一、协同供应链管理的目标一致性

供应链上各个成员虽然是分散的个体，存在各自的利益，但是在市场环境中看，由分散的成员组成的供应链系统是一个整体，是在市场中供应某种产品的供应链系统。该系统在市场中获得的利润越大，那么相应的各个成员分得的利润也越大。因此各个成员合作的一致目标应该是使整个供应链系统的利润实现最大化，而不是追求个体的利润最大化。在这个大前提下，应该根据整个系统实现利润最大化需要的运作条件，为各个成员制定一致的努力方向，并通过相互间的合作，实现共同的目标。

（一）根据产品特性制定供应链协同管理的目标

Marshall L. Fisher 将产品分为功能性和创新性两大类，供应链上的成员应该根据相应产品的特性，制定一致的供应链协同管理目标。

功能性产品主要指消费者会经常在零售店购买的日常用品，如在杂货店购买的沐浴露、盐、洗衣粉等，以及在加油站、天然气站购买的相应燃料。这些产品能够满足消费者基本的需求，且需求一般很稳定，随时间的变化不会有很大的波动性，并且生命周期往往很长，同时具有较小的边际利润。

另一类产品则是创新性产品，这类产品可以给企业带来更多的边际利润，通常能够以其时尚性或者先进的技术含量吸引顾客的注意，如电脑、手机等电子产品就是明显的例子。该类产品的主要特点是具有极不稳定，且很难预测的需求，另外，相对于功能性产品，创新性产品的生命周期更短。

两类产品特点的详细比较可以参见表 5-2-1。面对两种特点完全不同的产品，如果供应链各成员没有形成一致的协同目标，就不可能实现最适合产品的供应链协同管理，也不可能利用该系统创造出最大的市场价值。

表 5-2-1　功能性产品与创新性产品的对比

比较项目	功能性产品	创新性产品
需求特征	可预测	不可预测
产品寿命周期	＞2 年	3 个月～1 年
边际收益	5%～20%	20%～60%
产品多样性	低（10～20）	高（上百）
平均预测误差幅度	10%	40%～100%
平均缺货率	1%～2%	10%～40%
平均季末降价比率	几乎为 0	10%～25%
MTO 产品的提前期	6 个月～1 年	1 天～2 周

根据产品是功能性还是创新性，供应链协同管理主要有两个不同的运作目标。针对功能性产品，供应链各成员需要实现效率型供应链（efficient supply chain）协同管理，而应对创新性产品的供应链协同管理目标则是构建响应型供应链（responsive supply chain）。效率型协同管理能够以最低的成本，在供应链上各成员间实现由原材料到零部件、半成品、产品的

转换，以及实现及时有效的运输。而响应型的协同管理要求各个成员能够及时有效地响应市场需求，能够准确地探索未知的需求，维持供应链自上而下合作的及时连贯性。表 5-2-2 列举了两种类型协同管理的主要区别，图 5-2-2 体现了产品与协同管理目标的匹配性。

	功能性产品	创新性产品
效率型供应链	匹配	不匹配
响应型供应链	不匹配	匹配

图 5-2-2　产品类型与供应链协同管理目标匹配性

表 5-2-2　效率型供应链与响应型供应链的比较

比较项目	效率型供应链	响应型供应链
主要目标	需求的可预测性，以最低生产成本满足有效需求	快速响应不可预测的需求，减少过期库存产品带来的减价损失
制造过程的重点	维持高设备利用率	消除多余的缓冲能力
库存战略	追求高回报，使通过供应链上的库存最小	消除大量的零部件和产品缓冲库存
提前期	在不增加成本的前提下缩短提前期	采取主动措施减少提前期
选择供应商的方法	选择的重点是依据成本和质量	选择的重点是速度、柔性和质量
产品设计战略	绩效最大、成本最小	使用模块化设计，计量延迟产品差异化

供应链各成员只有根据产品的特性，按照一致的协同目标进行运作，才能够发挥供应系统的最大功效。一旦成员之间的目标出现偏差，则会造成供应链系统与产品特性的不匹配，从而无法创造出最大的市场价值。

（二）结合供应不确定性程度制定供应链协同管理的目标

按照产品的特点制定供应链协同管理的目标主要是充分考虑到了市场需求的情况，而由于产品的生产最终还是要靠上游的供应，并且随着供应链系统的日趋复杂化，供应端也出现了很多不确定的现象，因此，供应链协同管理目标的制定也应该充分考虑供应端的不确定性程度。

当供应端的不确定性程度低时，各个成员没有必要过多关注供应端的情况，协同目标应该根据产品特点考虑效率型或者响应型。而一旦供应端具有较高的不确定程度，那么各个成员应当一致提升协同管理的目标，在效率型和响应型目标的基础上，朝着风险规避型和敏捷型的方向发展，如图 5-2-3 所示。

供应不确定性 \ 需求不确定性	低（功能性产品）	高（创新性产品）
低（稳定流程）	效率型供应链	响应型供应链
高（变化流程）	风险规避型供应链	敏捷型供应链

图 5-2-3　考虑供应不确定性和需求不确定性的协同目标匹配

风险规避型的协同管理目标主要是在供应不确定性程度较高时，应对效率型产品的一种有效管理方式。由于效率型产品的需求波动性不是很高，因此供应链各个成员主要应该共同规避供应上存在的风险，保证持续稳定的产品供应。而敏捷型的供应链则是综合能力最强的一种协同管理目标，因为这种供应链系统要能够保证在需求端和供应端同时存在风险的情况下，各个成员仍然能够保持一致地、充足的柔性来应对。

二、协同供应链管理的合作关系

供应链各个成员制定了一致的协同管理目标后，协同管理的实现则需要靠各成员的合作来完成。供应链上的成员之间或多或少都会进行一些合作，只是在合作程度上、信息流的传递以及物流的传递上存在着差异。

（一）合作程度

根据合作程度的不同，Anderson 和 Lee(1999)指出供应链上成员的合作关系主要有简单交易型、相互作用型以及相互依赖型，且三种合作程度依次递增，如图 5-2-4 所示。合作程度的大小直接决定了供应链协同管理的效果的好坏。

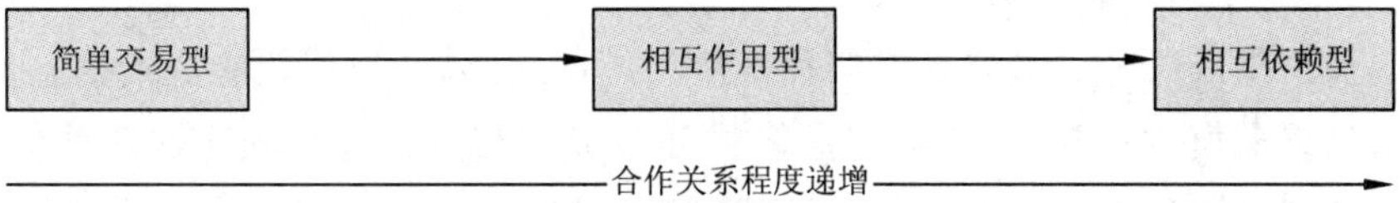

图 5-2-4　供应链成员的三种合作关系

处于简单交易型的合作双方，两者只进行产品的直接交易，并不进行更深层次的沟通，很可能产品交易结束后，合作关系也马上结束。例如一些企业对某些量很小又很常见的辅料的采购，多数都是临时在现货市场中根据价格高低进行采购，并不与卖方建立长久的合作关系。又比如当供应链上某个环节出现断货时，相关企业经常处理的方式就是临时找其他供应商或者在现货市场上进行紧急采购，而采购结束后合作关系也就结束。这种简单的交易型合作使得供应链系统结构非常不稳定，会给协同管理的实现带来很大困难。要想实现稳定的协同管理，应当尽量减少简单交易型的合作。

比起简单交易型，相互作用型的合作双方的关系更近一步，且合作时间更长久。处于该合作方式的成员，能够在某种程度的信任关系下，共享某些有用的信息，共摊部分风险，共享部分利润，在互惠互利中共同发展。该合作方式是在目前供应链系统中最常见的，在这种合作关系下，供应链的协同管理已经可以正常开展，当然，根据双方具体的合作形式不同，协同效果也会有一定的差异。虽然比起简单交易型的合作，相互作用型的合作能够让协同管理运作得更稳定，但是毕竟双方合作的建立只是基于暂时的需要，随着市场竞争的加剧，会不断涌现更多可以合作的企业，此时可能合作的双方都会重新选择新的合作伙伴以求更好的发展。因此相互作用型的合作缺乏长久性与可持续性，这一点也会对协同管理的全面开展产生一定的影响。

相互依赖型的合作则是最高程度的合作伙伴关系，是合作双方实现的一种长期战略合作伙伴关系，目标就是实现双方长久的合作，共同不断发展壮大。在这种合作关系下，双方能够在充分的信任机制下实现信息的全面共享，共同分摊所有风险，并共享所有收益，在无缝的合作中共同创造最大的价值。目前，具有这种合作关系的企业多数还是基于买卖双方合资建立的企业,如东本储运有限公司是由中国东风汽车工业进口有限公司、日本本田物流有限公司、本田技研(中国)投资有限公司及上海神越实业有限公司共同组建而成的,专门为东风本田汽车有限公司提供零部件及整车运输物流服务。东本储运与东风本田之间的合作关系就是典型的相互依赖型,处于该类型的成员的合作完全建立在一种相互依存的关系之上,没有其他任何企业可以替代,只要整个供应链不出问题,这种合作关系会一直持续稳定地进行下去。事实上,在这种合作伙伴关系下供应链的协同管理是最容易开展的,也是开展得最全面的,能够充分发挥协同管理的功效。与此同时,这种全面的协同管理又能够保证整个供应链长期稳定的发展。

合作关系的分类主要是从总体宏观上描述了双方合作程度的大小,由于整个供应链上各个成员主要是通过信息流和物流进行交流的,因此,具体的合作形式还需要从信息流和物流的传递方式来谈。

（二）信息流传递合作形式[①]

张红等提出供应链各成员间存在四种信息传递模式,分别为传统的链式信息传递模式、链式跨级信息传递模式、网络型信息传递模式和集成式信息传递模式。这四种信息传递方式对应了由低到高四种水平的信息共享机制。

传统的链式信息传递模式如图 5-2-5 所示。这种信息传递模式下只有供应链上的相邻成员之间才进行信息的传递,是一种信息共享程度很低的模式。这种模式最大的缺陷在于信息的传递过程中容易发生延迟与失真等现象,具体体现在客户的需求产生后,需要一级一级逐步传递到最上游,然后再通过物流将产品送至顾客手中,这一过程无疑会拖慢整个供应链的运作速度,不好实现协同管理,同时大大削弱了供应链系统对顾客需求的响应能力。另一方面,信息传递的次数越多,越容易出现偏差,因此越是上游,获得的信息失真度越高,在失真的信息下,各个成员的决策也都会出现偏差,从而使得整个供应链的运作难以实现协同。

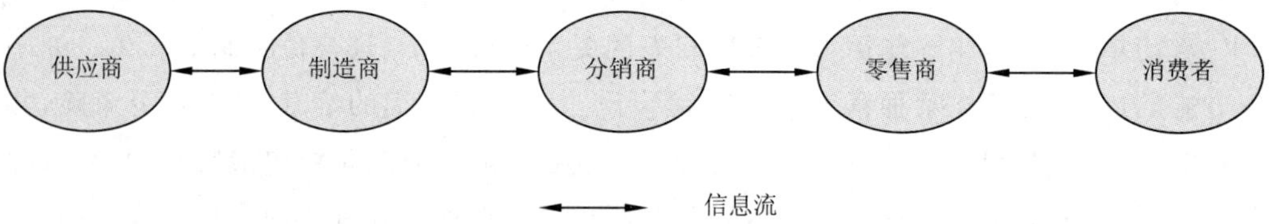

图 5-2-5　链式信息传递模式

与传统的链式信息传递模式相比,链式跨级信息传递模式能够让供应链成员共享更多的信息,主要体现在客户的需求信息可以直接传递到上游的各个成员,如图 5-2-6 所示。这种信息共享方式的实施手段主要是下游零售商将 POS 系统记录的产品销售信息与上游供应商、批发商等进行共享,让上游的成员能够掌握更真实的需求信息。这种传递模式表现了更高水平的信息共享,能够有效解决传统的链式信息传递模式中容易出现的需求信息延迟

① 资料来源:张红,郭晓莹,徐学东. 供应链管理演讲过程中信息流传递模式研究[J]. 科技进步与对策,2005,22(3):96-98.

和失真的现象，对缓解牛鞭效应起到了很好的作用，进而更好地促进整个供应链协同管理的实施。

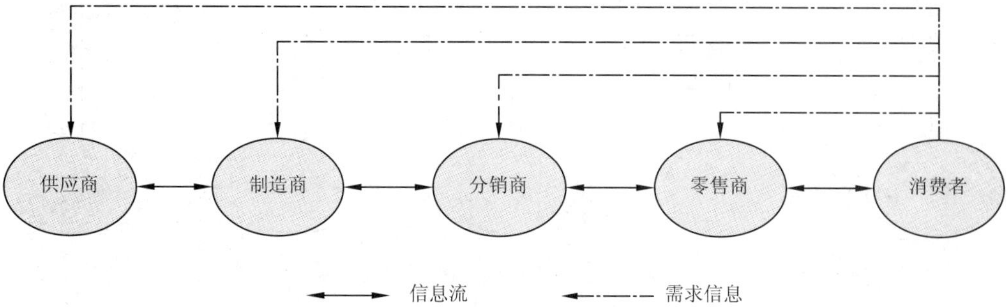

图 5-2-6　链式跨级信息传递模式

虽然链式跨级信息传递模式让供应链各成员能够掌握更为真实的需求信息，但是各个成员决策能力的不同最终还是会造成决策上的偏差，再加上各个成员之间的信息传递仍是链式的，因此链式跨级信息传递模式也没有彻底解决传统的链式信息传递模式下带来的问题，特别是在市场竞争越来越激烈的情况下，供应链的协同管理效果还有待进一步提高。

网络型信息传递模式让供应链上任意两个成员都能够进行信息的传递，如图 5-2-7 所示。成员之间可以根据需要与任意成员进行信息的充分交流，这无疑使供应链的协同管理实施得更为灵活。而该模式也存在着不足，即缺乏整体的控制能力，不能从供应链系统的整体利益出发进行决策，无法实现最为全面的协同管理。

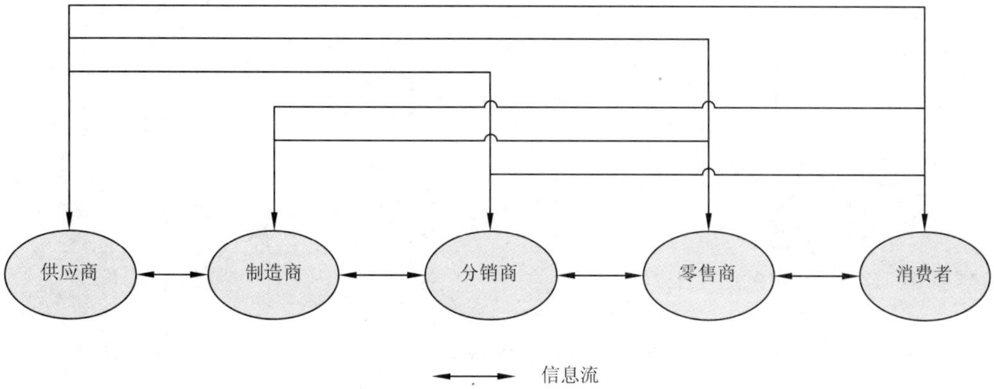

图 5-2-7　网络型信息传递模式

集成式信息传递模式能够实现供应链系统各成员间最高级别的信息共享，如图 5-2-8 所示。该模式下存在一个统一的信息集成中心，负责协调安排所有成员的运作，因此能够从供应链的整体上进行控制、决策。各个成员只需要与信息集成中心进行信息传递，就能掌握到整个供应链成员的决策信息。该模式有效地将分散的供应链成员牢牢联系成一个整体，进而实现最全面的协同管理。

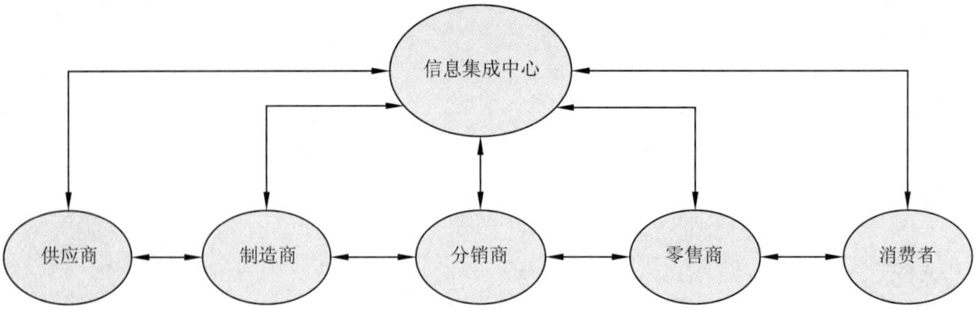

图 5-2-8　集成式信息传递模式

（三）物流业务合作形式

供应链各个成员间的物流业务合作形式主要有直送、分散的间接配送以及集中式的间接配送。

直送指一个供应链成员直接将产品配送到另一个成员企业，并不经过任何中转，如图 5-2-9 所示。这种模式实现起来很简单，但是一旦两者之间的距离很长时，响应能力就比较慢，因此在对响应性要求不高的供应链系统中可以考虑这种方式。另外，如果配送涉及的成员过多，就会带来更多的配送线路的优化问题，操作起来不是很方便，如图 5-2-10 所示。

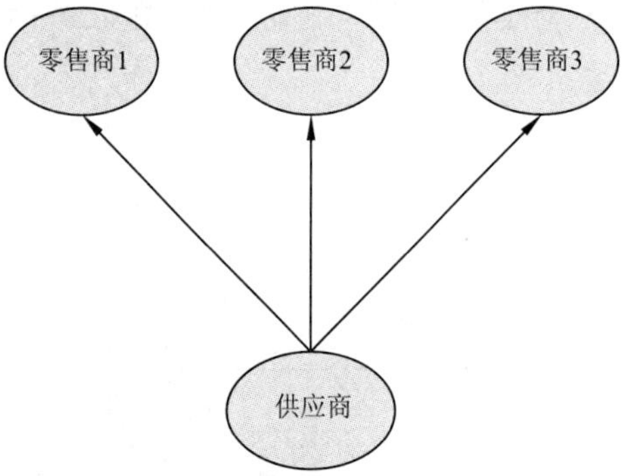

图 5-2-9　一对多直送模式图

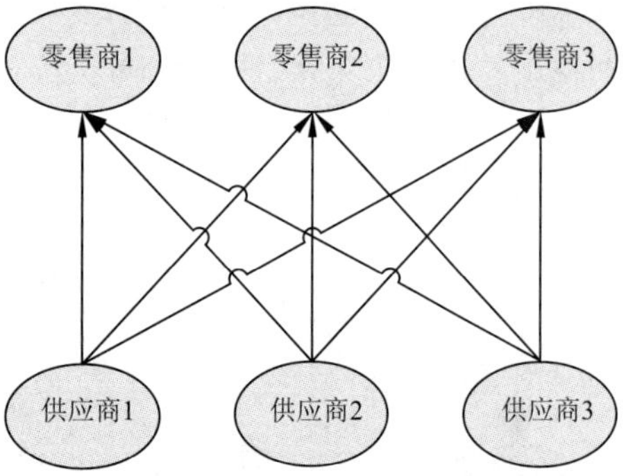

图 5-2-10　多对多直送模式

分散的间接配送模式是指在两个供应链成员之间建立一个配送中心，原材料、零部件、半产品或者产品都可以先从一个成员那里运至配送中心，而再由配送中心运至目标企业，如图 5-2-11 所示。通常配送中心修建得离目标企业很近，因此这种配送方式具有较强的响应能力和柔性，有利于实现产品或者原料的准时制配送（JIT）。但是这种配送模式同样会面临当配送节点增多时路线优化的复杂性，同时，过多配送中心的修建会耗费更多的成本。另外，在一些加工装配企业中，对零部件的需求具有齐配性，任何一种零部件的短缺都会延误产品的生产，而这种分散的配送中心无法有效地协同不同供应商之间零部件的协同配送。

集中式的间接配送是指将分散的间接配送模式中的多个配送中心合并，修建一个共同的配送中心，如图 5-2-12 所示。这种模式不仅能够减少很多复杂的路线优化问题，同时有利于实现加工装配行业中多种互补零部件的协同运输问题，有利于实现多种零部件的 JIT 配送。

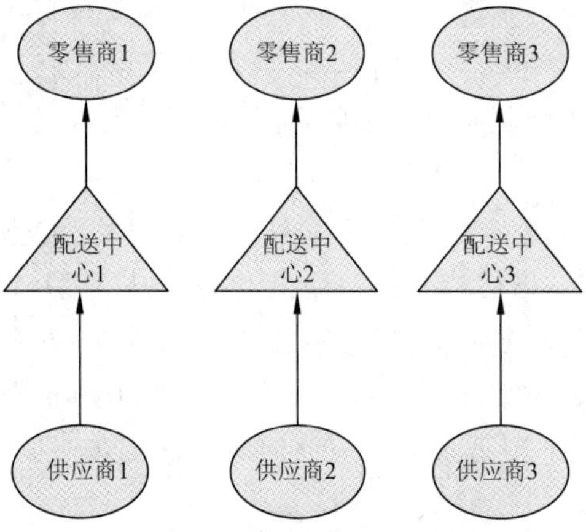

图 5-2-11　分散的间接配送形式

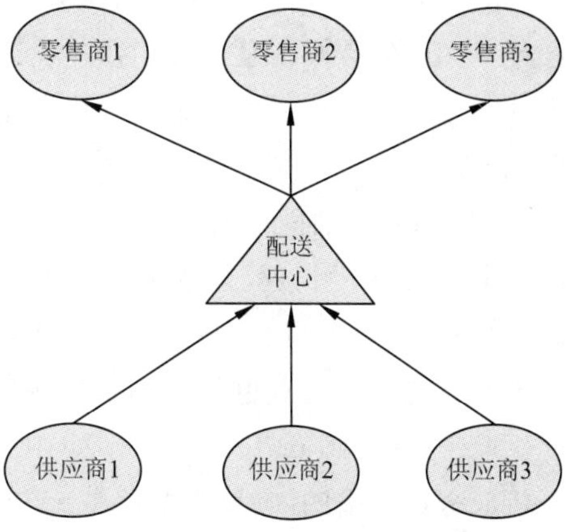

图 5-2-12　集中式的间接配送

总的来说，要实现协同管理，必须在建立良好合作关系的基础上，充分考虑成员的信息传递交流形式与物流配送合作形式，以统一的组织模式，实现物流与信息流的有效整合，团结所有的成员实现一致的协同目标。目前存在的两类比较常见的供应链协同组织模式主要有基于 VMI-Hub 的协同组织形式和基于 Supply-Hub 的协同管理模式。接下来，在本章的第三、第四节将分别对这两种组织模式进行分析。

第三节　基于 VMI-Hub 的协同管理

VMI-Hub 的协同组织模式有效结合了 VMI 机制和间接物流运输模式，而 VMI 机制实施的前提又是建立在供应链上的成员以更有效的信息传递和交流形式进行合作，因此该模式的实施需要信息流和物流的有效整合，如图 5-2-13 所示。VMI-Hub 是修建在离制造商工厂较近的配送中心，用于储存卖方供应的零部件或原材料，零部件或者原材料在配送中心由供应商负责监控补货，只有零部件被使用后，制造商才会付款给供应商。

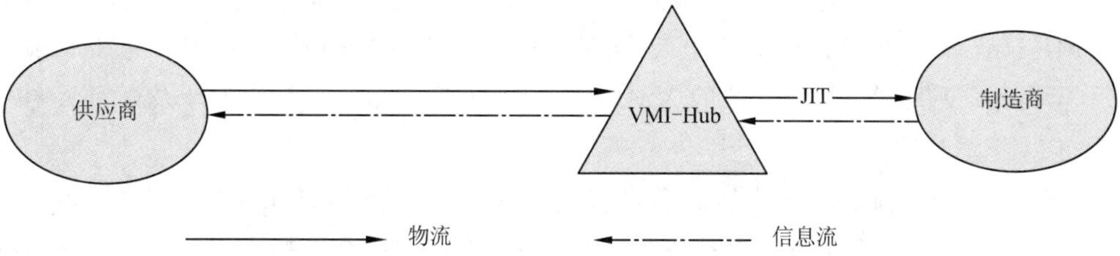

图 5-2-13　VMI-Hub 组织模式

一、VMI-Hub 的运营优势

VMI-Hub 同时具备了 VMI 机制和间接物流运输模式的优势。在 VMI-Hub 模式下，完全由供应商负责库存的补充，这样能够减少需求信息的失真程度，有效缓解牛鞭效应。并且在 VMI 模式下，供应商不需要对买方的每一个订单进行响应，能够更灵活地安排自己的生产计划，从而更好地优化整个供应链的补货策略。与此同时，供应商还可以利用一个 VMI-Hub，同时服务距离较近的多家制造商，根据情况合理安排联合配送计划，实现运输的规模经济。

VMI-Hub 下的间接物流运输模式又能够实现对下游买家的 JIT 配送。因为 VMI-Hub 离制造商工厂很近，当制造商工厂需要零部件进行产品生产时，能够及时从 VMI-Hub 处进行补充，实现多频次、小批量的供应，这样可以有效降低整个供应链的库存水平，实现产品更快地周转。这一点也从 Lyons 的研究中得到证实，针对 BOT 汽车供应链，Lyons 提出通过就近供应(proximate supply)，即在汽车装配厂附近设立供应商的零部件配送中心，能够在满足客户需求的同时，有效降低库存水平和交货提前期。

二、VMI-Hub 的三种运营模式

根据 VMI-Hub 的运营主体和配送中心的归属权不同，主要存在三种运营模式，即供应商独自运营模式，供应商与第三方物流联合管理模式和第三方物流独自管理模式。

供应商独自运营模式主要指 VMI-Hub 完全由供应商自己投资修建，且由供应商亲自进行管理。这种模式是耗费成本最高的模式，但是相对运作风险比较小，最具稳定性。该模式对供应商能力的要求最高，具体实施效果也主要取决于供应商的管理能力。

供应商与第三方物流联合管理模式是指供应商租用第三方物流公司的仓库作为配送中心，而配送中心的运营权仍然是供应商所有。这种模式成本最低，但是较前一种模式具有一定的风险，即第三方物流公司随时有可能收回仓库，运营的稳定性较差。

最后一种模式是供应商将配送中心的管理权完全外包给第三方物流公司，这种运营模式对于能力不是很强的供应商是最合适的，因为物流服务正是第三方物流公司的强项。且较第二种模式具有更小的风险，因为第三方物流更多地参与进来，减少了毁约的风险，具有更稳定的运作环境，当然这种模式较第一种模式还是稍有风险。

三、VMI-Hub 的局限性

VMI-Hub 的运营模式有很多优点，同时也存在两方面的局限性，一是供应商面临很大的成本压力，二是供应商之间分散的 VMI-Hub 组织模式的实施不利于涉及多种互补零部件的加工装配系统的协同组织。

VMI-Hub 的实施可能会给供应商带来更多的成本。虽然存在三种运营模式，但是对供应商而言，仅仅与一个制造商进行合作实施 VMI-Hub 时，会消耗过多的成本。而在现实中又不是那么容易找到距离很近的多个制造商，进行联合的 VMI-Hub 管理模式，因此供应商很难通过 VMI-Hub 的规模效应来降低成本。

另外，在加工装配系统中，一个产品的装配或者生产往往需要多种零部件，任何一种零部件的短缺，都会影响到整个供应链的有效运作。如图 5-2-14 所示，在加工装配行业中，供应商各自采用 VMI-Hub 的运营模式对制造商进行零部件的配送，我们称这种模式为分散的 VMI-Hub 模式。原先单个 VMI-Hub 的模式可以实现零部件的 JIT 供应，但是由于多种零部件配送时间的不确定性，会造成不同零部件运至制造商工厂的时间和量的不一致性，从而导致零部件库存的积压，以及制造商工厂运作的延迟。因此，在加工装配系统中，分散的 VMI-Hub 模式会失去原有的功效。

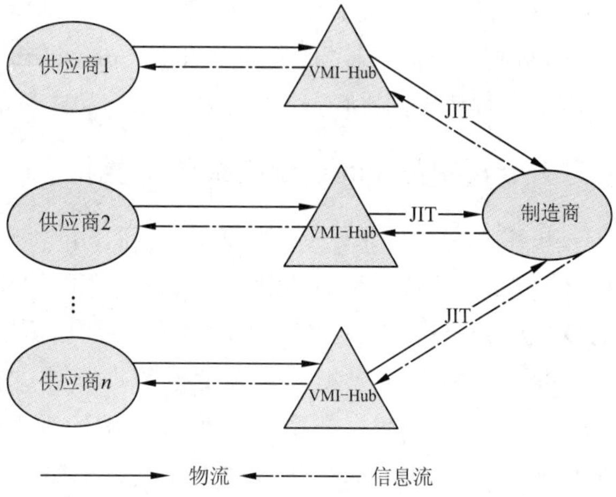

图 5-2-14　加工装配行业中分散 VMI-Hub 的运营模式①

第四节　基于 Supply-Hub 的协同组织

在第三节中提到，分散的 VMI-Hub 运营模式在加工制造行业中有耗资巨大、运营管理成本高且不利于对多个供应商零部件采购的协同管理等缺点。因此在电子、汽车等加工制造行业中，更多的是采用基于 Supply-Hub 的协同组织模式，有效整合分散的 VMI-Hub 运营模式，实现集中管理，并利用规模效应，降低投资运营成本，如图 5-2-15 所示。例如，全球物流服务商伯林顿全球(Bax Global)在亚洲修建集配中心，利用 Supply-Hub 的运作模式为 Apple、Dell 和 IBM 提供东南亚区域的物流集配服务。UPS 也通过 Supply-Hub 的运作模式为 Fender 管理来自世界各地厂家的海陆进货，并提供集中化和流线化的配送服务。而在国内，上海大众、武汉神龙、东风本田等也与相应物流公司合作，以 Supply-Hub 的运作模式集中采购零部件，以提高整体运作效率。

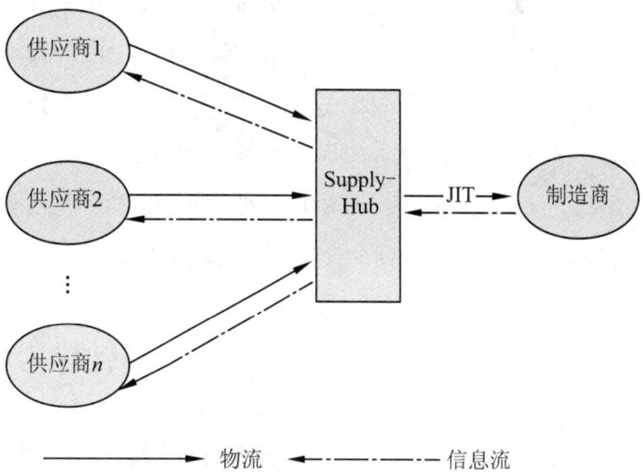

图 5-2-15　基于 Supply-Hub 的协同组织模式

Supply-Hub 又称集配中心，通常位于制造商工厂附近，主要用于安排所有或者部分零部

① 图 5-2-14～图 5-2-21 来源：龚凤美．基于 Supply Hub 的供应链物流协同决策研究[D]. 华中科技大学，2008.

件供应商进行零部件的储存和配送工作。而通常储存在Supply-Hub的零部件仍由供应商所有，制造商会根据需要，定期要求Supply-Hub将成套的零部件运送至工厂的生产线，一旦零部件被使用，其所有权将由供应商转为制造商，供应商也将接收制造商的付款。

一、Supply-Hub运营模式的主要特点

相比于传统的采购-供应模式，基于Supply-Hub的运作模式主要特点体现在中转“集配”的功能。中转“集”的功能指Supply-Hub负责将制造商产品的生产或者装配需要的所有零部件和原材料进行集中统一的采购，然后运输并中转入库，在这个过程中可以实现多种小批量的单零部件聚集成为大批量的零部件进行采购与仓储；中转“配”的功能主要指在“集”的基础上，再根据产品的需要，将聚集的零部件拣选成一个产品制造需要的一系列成套零部件，然后以JIT的运作方式直送到制造商工厂的生产线。因此，制造商只需要通过与Supply-Hub间接地与多个供应商进行合作，而并非像传统模式下，制造商需要逐一与每个供应商直接建立合作关系。这样可以大大降低制造商的管理成本，同时也可以降低整个供应链实现协同管理的难度。

相比于VMI-Hub的协同管理组织模式，Supply-Hub的管理模式主要有以下几个特点：

（一）第三方物流公司（3PL）更多的参与

一方面，由于Supply-Hub的管理模式涉及多个供应商零部件库存的管理与配送服务，管理难度很大。另一方面，由于供应商数目众多，而且他们之前可能由于地理位置较远或者业务不太相关等原因，并没有太多的联系，所以难以联合供应商进行集配中心的组织管理。再加上制造商的核心竞争力不在于仓储与配送，因此，目前基于Supply-Hub的协同组织模式中，更多的是由3PL负责集配中心内部的运作，以及集配中心成套零部件到制造商工厂生产线的直送。而在有些供应链系统中，3PL甚至还负责由供应商到集配中心的物流配送，如东本储运作为一个3PL公司，专门以Supply-Hub的运作模式，为东风本田提供零部件的采购配送服务。对国内某些相邻省份供应商零部件的采购，如江浙一带，东本储运会采用milk-run的形式，由一辆车将那一带的所有零部件采购后，一齐运至集配中心。由于3PL的核心竞争力正是在于仓库和配送，因此能够促进Supply-Hub协同组织模式更有效地实施，另外，3PL也很好地起到了有效衔接供应商和制造商之间运作的作用。由此可见，3PL公司已经成为一个新的供应链系统成员，并在促进供应链的协同管理上起到了越来越大的作用。

（二）需要第三方物流公司提供更多的增值服务

在加工装配行业的供应链系统中，Supply-Hub在整个系统的协同管理中起到至关重要的作用。为了更有效地实施协同管理，整个系统对Supply-Hub中可以实施的增值服务的要求也越来越高，这就需要3PL公司能够在Supply-Hub中提供更全面的服务。最常见的增值服务就是将来自不同供应商的零部件，根据制造商生产的需要组合成配套的零部件，进而加快制造商生产线的运作。有些3PL公司甚至还会进行零部件的采购、订单的下达和与供应商的价格谈判等增值服务。除了为制造商提供增值服务，3PL公司也为供应商提供一

些增值服务,如有一些供应商期望第三方物流公司能够按照国家要求的指标,进行质量检测。而在可持续发展要求下,可能今后3PL也会被要求有能力处理逆向物流。

(三)多维的协同管理

Supply-Hub的协同管理模式与分散式的VMI-Hub模式的另一项重要区别在于,Supply-Hub模式下,供应商系统能够实现多维度的协同管理,如图5-2-16所示。

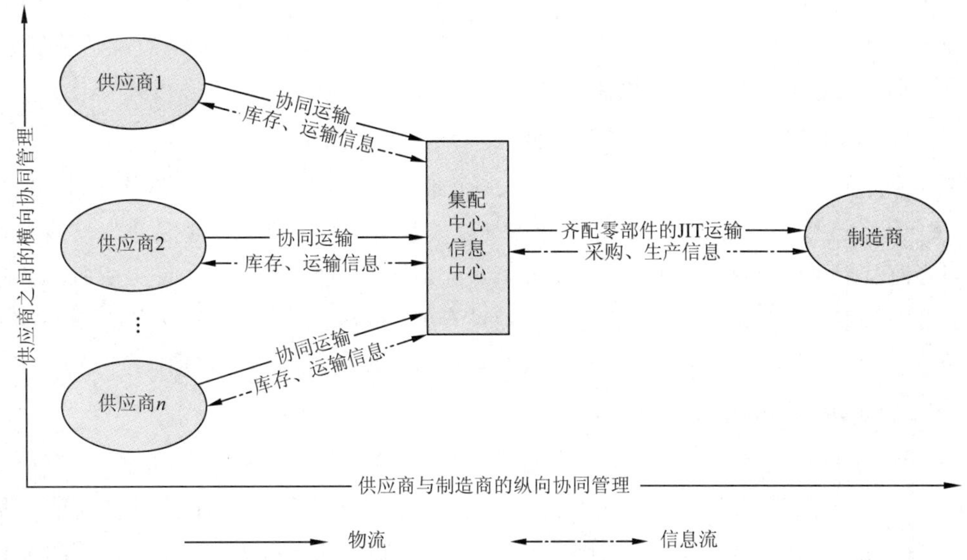

图5-2-16　基于Supply-Hub的多维协同运作模式

从供应链结构上来说,Supply-Hub不仅有利于实现由供应商到制造商的纵向协同,同时也有利于实现多个供应商之间的横向协同管理,这一点无疑对于涉及多种互补零部件采购的加工装配系统是很重要的。只有横向、纵向都实现协同,整个系统才算实现了协同。任何一个维度的不协同,都会影响整个供应链的绩效。

从衡量协同管理水平的指标来说,Supply-Hub模式下可能涉及更多维的指标控制。如评价横向的协同管理时,可能更多地关注的协同指标是零部件齐配的时间和量,而在纵向的协同上,可能更多地关注整个供应链系统能否实现低成本高收益的运营。

(四)整个供应链系统实现更高程度的信息共享

Supply-Hub将所有供应商的零部件集中起来进行统一的管理,这种模式下自然需要更高程度的信息共享,也只有更多的进行信息共享,才能够更好地发挥基于Supply-Hub的协同管理模式的作用。Supply-Hub在整个供应链系统中起到了信息池的作用,供应商和制造商的信息都汇集到了这里,而各个成员也可以在Supply-Hub处获取适当的信息,进而制定更有效的生产采购计划。供应商之间共享信息后有助于促成横向的协同管理,而供应商与制造商互通信息后又可以更好地促进纵向的协同管理。

(五)配送中心信息技术要求更高

要充分发挥Supply-Hub信息池的作用,有效协同供应商和制造商之间的运作,先进信息技术的引进是必不可少的。因此,在Supply-Hub中,3PL公司必须能够熟练使用仓库管理系统（WMS），这样可以更方便地实现与供应商和制造商的信息传递。电子数据交换技术（EDI）、互联网技术也要得到充分的发挥，以使供应商和制造商之间形成某种程度的透明化，拥有较强的信息交流能力。

二、Supply-Hub 运作模式的基本思想

基于 Supply-Hub 的供应链协同组织模式主要有四个基本的管理思想：横向协同的采购管理思想、VMI 库存管理思想、JIT 的生产管理思想，以及基于延迟策略的需求管理思想，下面将详细叙述这四个基本管理思想。

（一）横向协同的采购管理思想

横向协同的思想是 Supply-Hub 模式下一个最突出的特点。在加工装配行业中，分散式 VMI-Hub 模式下的供应链整体协同管理难以实现的一个关键原因就是难以实现横向供应商的协同。为了解决这一问题，基于 Supply-Hub 的模式将供应商之间的横向协同思想纳入了管理的重点，将“集”与“配”的运作有效结合，并在 Supply-Hub 这个信息中心的调配下，能够更好地促进供应商补货、配送的一致性，从而实现横向的协同管理。

（二）VMI 的库存管理思想

Supply-Hub 的管理模式下，所有供应商的库存都储存在 Supply-Hub 里，库存由 3PL 公司负责进行管理和检测，而所有权仍属于供应商，制造商并不过多干预供应商的补货计划。供应商可以通过制造商的生产计划，以及其他供应商的库存水平，决定自己的补货计划。这样能够有效缓解牛鞭效应，在横向协同的基础上，有效减少整个供应链的库存水平。国内外众多企业的实践经验也表明，Supply-Hub 模式下的 VMI 库存管理策略的确可以大大降低库存水平，促进整个供应链系统的协同管理。

（三）JIT 的生产管理思想

与分散的 VMI-Hub 模式一样，Supply-Hub 模式也强调了 JIT 的生产管理思想。不同之处在于，Supply-Hub 模式下，集配中心是按照制造商的生产计划，将产品生产需要的零部件拣选成套后运送至生产线，这样能够大大提高制造商的生产效率。而分散式的 VMI-Hub 模式下，配送中心仅仅只能将某种零部件按时送达，制造商工厂的生产线需要进行拣选的工作后才能进行生产，这一步骤无疑会影响整个供应链的运作效率，不利于协同管理的实施。

（四）基于延迟策略的需求管理思想

鉴于消费者对需求的多样性要求越来越高，企业在满足消费者需求的策略上应该更具备柔性，因此延迟制造理论得到了广泛关注。延迟制造理论的思想在于将体现消费者需求区别的步骤尽量后移，能够尽可能在识别消费者的多样需求后进行生产或者装配，以免造成供应和需求的不匹配，给整个供应链带来损失。基于 Supply-Hub 的协同管理模式也充分考虑到了这一点，有利于延迟策略的实施。供应商将零部件运送至离制造商工厂很近的集配中心，只有制造商工厂生产需要时才会运至生产线，这实际上正是延迟了零部件的采购。而同时，Supply-Hub 在保证了充足的零部件供应的情况下，由于离制造商工厂的距离很近，且提前进行了拣选配套的程序，整套零部件可以实现 JIT 的配送，因此制造商可以更晚地接

收消费者订单，更晚地安排产品制造，从而能够更精确地满足客户多样的需求。

三、Supply-Hub 的运营主体

前面讲述 Supply-Hub 的运营特点时已经提到，其运营主体目前以第三方物流公司居多，但是实际上共存在四种可能的运营主体，从下游至上游的顺序依次为：核心制造商运营主体、第三方物流运营主体、第四方物流（4PL）运营主体、大型供应商以及供应商联合（supply union）运营主体。除了最为常见的第三方物流运营主体，在特殊的运营条件下，或者在未来供应链各成员间进一步密切合作的需要下，另外三种运营主体也有可能起到重要的作用。

（一）核心制造商运营主体

核心制造商运营主体指由制造商亲自负责协调集配中心采购与配送两方面的协同运作，制造商需要根据生产线的需要，要求多个供应商及时协同地将零部件运送至 Supply-Hub，然后再制定由 Supply-Hub 到生产线的 JIT 配送。由图 5-2-17 可以看出，除了供应商零部件的运输过程，其他环节均由制造商进行管理。

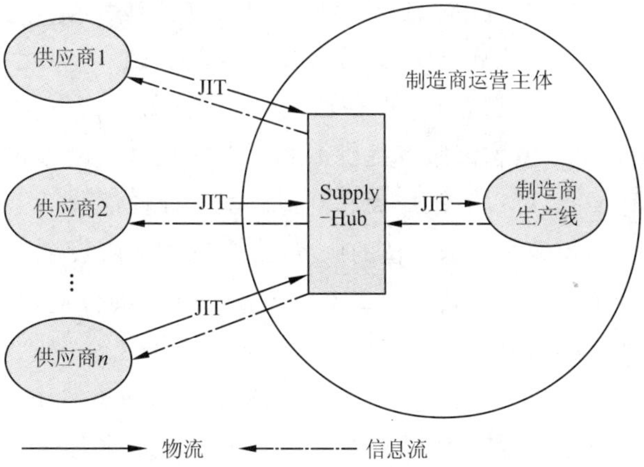

图 5-2-17　核心制造商运营主体

由核心制造商进行 Supply-Hub 的管理可以更有力地控制原材料和零部件的进向物流，降低采购过程的不确定性，有利于计划的准确下达与实施。这种情况下的运作方式实际上是制造企业采购部门的前置（pre-position）。如海尔的集配使用的是其物流推进本部，安徽烟草也是通过自己的物流基地对下属的多个烟厂进行原材料的配送。

这种方式开展起来比较容易，因此可以在 Supply-Hub 运作的初期，规模并不大时作为一种临时的过渡方案。随着加入 Supply-Hub 运作模式的供应商数目的增多，对制造商的管理能力要求会越来越大，而对品类繁多的零部件和原材料的库存管理与直送工位等活动往往并非制造厂商自身的专长业务，其人员的培训、业务经验的增长需要一定的时间，固定设施设备的投资较大，运作成本往往也较高，而在资源和精力上也会使制造厂商从核心业务上有所分散。因此当基于 Supply-Hub 的模式正常运作起来后，应该寻找更有效的管理方式。

（二）第三方物流运营主体

对于核心制造企业而言，通过“集配中心”整合自身物流网络，可以采用业务外包的方式，利用第三方物流企业的专业能力，将非核心业务委托给专业公司，形成虚拟企业整合体系。第三方物流运营主体即指由第三方物流公司来负责 Supply-Hub 的运作管理，从供应商的零部件运输到生产线的 JIT 配送都由 3PL 统一负责，如图 5-2-18 所示，这种模式减少了制造商的管理任务，可以让制造商更专注于核心竞争力的发展。

以 Apple、Dell 和 IBM 在东南亚的集配商伯灵顿全球为例，它就是专注于 IT 行业的物流集配，提供最专业的服务。实践表明，第三方物流服务提供商作为 Supply-Hub 的运营管理主体的情况最为常见。从外包理论和核心竞争力理论来看，这种模式既可以发挥第三方物流的专业优势，通过集中库存控制和 JIT 供应，能有效地降低供应链运作管理成本，提高供应链响应性，又可以使供应商和制造商集中发展自身的核心业务。具体而言，第三方物流服务提供商利用专业化设施设备、先进的物流信息平台和丰富的物流管理运作经验，可以为供应商和制造装配厂商提供包括干线运输、接货、仓储、组配、流通加工、质量控制和配送等全方位的服务，减少其在物流设施设备及运作人员方面的投资，使其专注于自身核心业务。制造商也不再需要与众多的供应商进行协商，只需要与第三方物流之间协调物流的供应和直送工位配送计划。

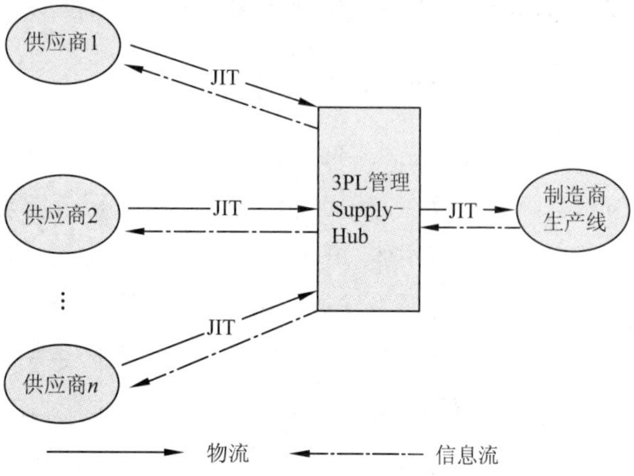

图 5-2-18 第三方物流运营主体

目前，第三方物流运营主体方式是基于 Supply-Hub 运作模式进入一定规模运作后的首选方式，第三方物流公司专业的物流服务能力可以促进该种运作模式的有效进行。但是 Supply-Hub 运作模式的最终目标是实现整个供应链横向和纵向的二维协同管理，这就需要利用专业的管理理念指导整个供应链进行集成化的管理，实现资源、能力、技术三方面的整合，而这是只具备物流能力的 3PL 做不到的。

（三）第四方物流运营主体

第四方物流服务提供商实际上是一个供应链集成商，它对企业内部与具有互补性的服务提供商所拥有的资源、能力及技术进行整合和管理，为客户提供一整套供应链解决方案。第四方物流运营主体的方式实际上是由 4PL 负责基于 Supply-Hub 运作模式的管理方案的制定，而各种具体的物流操作仍然由第三方物流公司负责，如图 5-2-19 所示。

第四方物流作为 Supply-Hub 运营主体的主要优势在于对供应链上游资源的整合，它提供信息技术、管理技术，制定供应链策略和战略规划方案，而具体物流业务的实施则由一家或多家在不同的物流服务领域各有专业服务优势的第三方物流在其指导下完成，从而为一个或多个客户提供一体化的物流服务。第四方物流除了物流功能的整合外，还对其他的商务功能（如代为采购、电子商务等）进行整合。

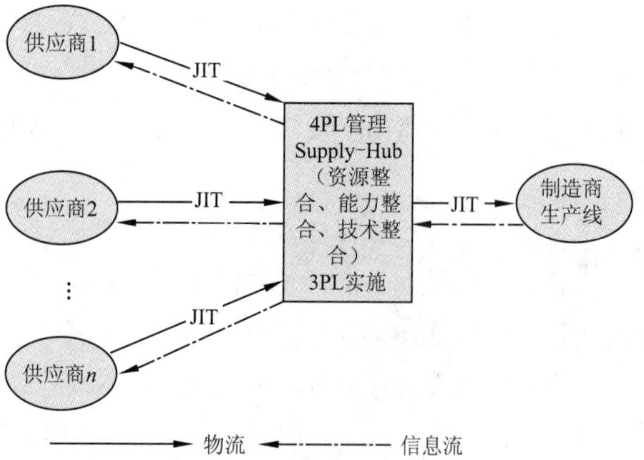

图 5-2-19 第四方物流运营主体

这种运营模式比较适合供应链上下游间基于 Supply-Hub 的运作模式已经趋于成熟，并需要寻求集成度更高、协同性能更好的运作方式来促进整个供应链更全面地发展的供应链系统。以上三种方案的共同特点是供应商参与管理的程度很小，但是 VMI 作为 Supply-Hub 协同管理模式的一个重要思想，且供应商之间的横向协同作为这种模式的一个管理目标均反映了供应商管理的重要性。因此，如果供应商能够更多地参与到这种运作模式的管理决策的制定中，必然能够促进整个供应链更全面的协同管理的实施。

（四）大型供应商以及供应商联合运营主体

在众多的供应商中，一些规模较大、实力较强的供应商也可以作为 Supply-Hub 的运营主体。这类供应商往往具有比较完善的物流网络和设施条件，且其供应的原材料、零部件占有比较大的份额。这种方式给这些供应商与制造商之间的 VMI 的实施带来了很大的方便，但是由于毕竟大型供应商数目有限，不利于大范围的实施，且其他供应商尤其是与作为运营主体的大型供应商有直接竞争关系的供应商在相关信息的共享方面会形成一定的障碍。

而由关键原材料、零部件供应商通过某种方式组成联合体作为 Supply-Hub 的运营主体则在一定程度上能够减弱这种障碍带来的影响，如图 5-2-20 所示。供应商联合运营主体有利于将供应商集中起来进行管理，能够更好地推进 VMI 的实施，并同时促进横向供应的协同。

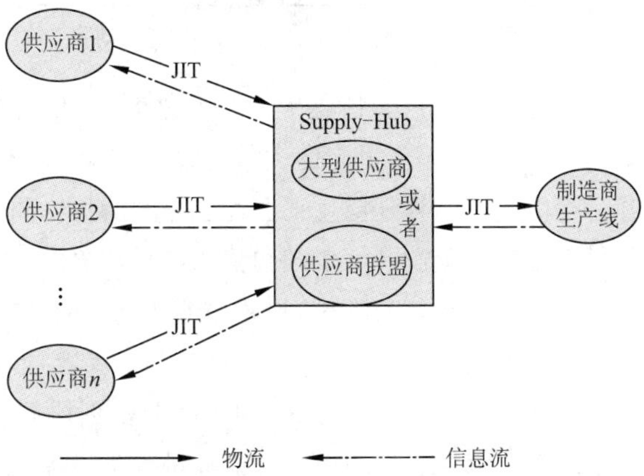

图 5-2-20　大型供应商以及供应商联合运营主体

以上讨论了四种 Supply-Hub 的运营主体，而这些运营主体存在的价值就是能够通过对 Supply-Hub 的管理，整合整个供应链的协同管理。通常，人们对物流整合的实施者有一个误解，即认为只有利用第三方物流的才是“真正”的现代物流。事实上，由谁来实施供应链上的物流整合运营不是关键，重要的是有没有现代物流的理念，能不能从整个供应链优化的角度提出物流整合方案。而且目前，国内第三方物流发展还没有形成综合性、一体化的物流服务能力，难以满足一些大型生产企业物流整合对物流服务能力的要求。随着社会物流业的发展，第三方物流和第四方物流在供应链整合过程中将发挥越来越重要的作用。

四、Supply-Hub 的实际案例

目前汽车、电子等行业广泛采用基于 Supply-Hub 的供应链运作模式，以用于对供应链上游资源进行整合，促进整个供应链的协同运作。某汽车发动机厂是一家专门从事柴油发动机生产的企业，从日本和德国引进最先进的设备，并运用了领先的电脑标定匹配技术，具有快速多变的产品设计开发能力，同时采用基于 Supply-Hub 的第三方物流直送工位的供应链协同运作模式，通过整合供应链，降低采购和制造成本，强化其对市场需求和产品售后服务的快速响应能力，是目前同行业中的佼佼者，其运作模式可见图 5-2-21。

该厂主要生产两款发动机，核心力量集中于发动机产品的研发和缸体、缸盖、曲轴三个

部件的生产，将生产所需要的其他 300 多种零部件完全外包。在 Supply-Hub 模式的运作中，第三方物流企业主要负责整机生产所需其他零部件的准时配送服务，零部件从加工线到整装线之间的区间物流服务，以及整机从下线、存储、包装、运输到客户服务。这种基于 Supply-Hub 协同运作模式的先进管理方式，对于该发动机厂整合供方各环节资源，实现供应链上游各方的协同，从而提升整个供应链的协同程度以及快速响应市场需求起到了重要作用。

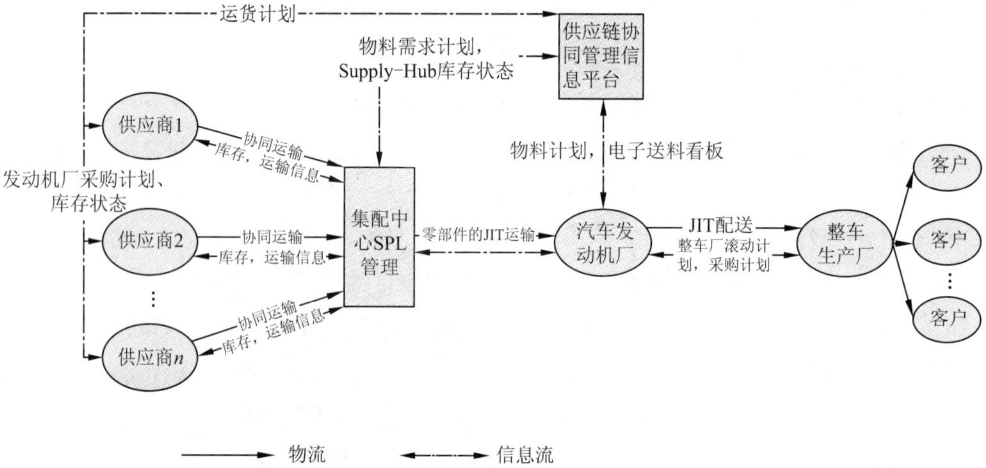

图 5-2-21　某汽车发动机厂的 Supply-Hub 协同运作模式

以该发动机厂为核心生产企业来看，在供应链的上游主要采用 Supply-Hub 协同运作模式，实现发动机厂与供应商和第三方物流服务提供商的信息协同、物流协同以及业务协同等运作。供应链协同管理信息平台对三方的信息协同和业务协同等具有重要作用。发动机生产厂根据下游整车生产厂的生产和采购订单以及需求预测制定生产计划、外购件采购计划和自制件生产计划以及总的物料周、日需求计划，并将有关信息在平台上发布，各零部件供应商在该协同平台上获取各级计划信息，实时查询库存数据，确认发货等，与发动机厂实现纵向上的计划协同和业务协同。同时 Supply-Hub 根据协同平台提供的物流周、日需求计划，安排对发动机生产车间直送工位的 JIT 物流协同活动，并将 Supply-Hub 中各种零部件的库存状况信息传递到信息平台上，作为制造商运行 MRP 的输入，并支持供应商库存状态的查询。在横向协同上，各个零部件供应商之间通过供应链协同信息平台，可以实现协同设计和协同供应，Supply-Hub 与零部件供应商之间进行供货计划协同，以及补货、供货的物流协同。从需求计划的发布，到原材料的入库管理，Supply-Hub 需要全程跟踪，确保零部件及时入库和 JIT 直送工位。

在协同运作中，从零部件供应商、Supply-Hub 运营商到发动机厂的供应链上游各环节物流、信息流、资金流和业务流通过 Supply-Hub 以及供应链协同信息平台得到整合，并实现了供应商与制造商之间、供应商与供应商之间的二维业务活动协同。通过将物流业务外包给第三方，发动机厂不仅能够专注于发动机的研发与匹配标定等核心业务，而且能够获得准时、可靠的物料上线服务，实现物流成本的可视化，获得规模经济和专业服务带来的物流成本降低。通过基于 Supply-Hub 的供应链协同运作模式，发动机厂能快速响应下游客户的需求，在市场竞争中保持领先优势。

第三章　协同供应链管理平台

第一节　构建协同供应链平台的重要性

一、全球化供应链管理面临的挑战

经济全球化促进了全球供应链的诞生，全球化供应链将企业的运作系统延伸至整个世界范围，企业需要在世界各地选取最有竞争力的合作伙伴，从而提高供应链的整体竞争实力。无论是欧美发达国家，还是南美、非洲、中东、亚洲等地区的新兴经济体，都受到了全球化供应链的影响。

在全球化供应链管理的背景下，企业需要全面、迅速、准确地了解世界各地消费者需求，并对自身经营活动进行计划、协调、操作、控制和优化，才能满足全球化供应链对其协同管理上的需要。

因此，全球供应链必须具有将分布于全球各地的企业运营流程整合起来的能力，包括采购原料和零部件，提高最终产品的可获性，实现产品增值，实现最后一公里的配送，并能够使各个企业信息充分与透明地共享。可想而知，在庞大的全球供应链系统中，要想发挥其最大的资源整合效率，就必须依赖于有效的供应链协同平台。通过现代网络信息技术支撑，实现供应链的一体化和快速反应，达到商流、物流、资金流和信息流的协调通畅、协同运作的目的，才能不断满足日益增长和多变的全球消费者的需求。

二、供应链协同运作的基础

供应链协同的关键在于信息共享(information sharing)，而信息共享的基础又在于高效的协同平台的建立。适应全球化供应链运作管理的基本前提之一是各类信息需要在不同企业之间，甚至是不同国家之间进行交流。对于供应链各个成员企业来说，提高信息共享程度具有诸多益处：如提高合作伙伴之间的沟通效率、缓解供应链的牛鞭效应、协调各企业间的目标冲突、帮助企业实现精确管理、降低经营成本和提高资源利用率等等。由此可见，供应链成员之间进行信息共享必须借助于一定的协同平台。供应链伙伴企业之间通过建立和完善企业信息系统平台，协调供应链企业间的信息系统的接口，从而实现信息快速、准确、高效的传递。建立以供应链核心企业为中心的信息共享平台，由核心企业控制信息的流量，保证信息流能够顺畅、快捷地流通。

然而，实现供应链信息共享并不是一件容易的事情，往往会遇到无法估计的困难，因为在实现信息共享的过程中，企业要面临很多挑战，例如：信息共享需要较大的初期投入，造成成本上升，供应链企业之间缺乏信任、利益分配不均衡、信息安全和信息不对称。因此，必须做好充分的思想准备和管理准备，克服各种困难搭好供应链信息共享基础平台。

三、供应链协同运作的保障

从本质上讲，供应链协同可以分为组织层、业务层和信息层三个层次。组织层面的协同，供应链中的合作伙伴能更为明确各自的分工和责任，亦即“合作-整合”。业务流程层面的协同，即在供应链层次打破企业界限，围绕满足最终客户的需求进行流程的整合、重组和优化。信息层面的协同，通过 Internet 技术实现供应链合作伙伴之间的信息系统的集成，实现各个企业的运营数据、市场数据的实时获取、共享和交流，使得合作伙伴间能够更快、更好地协同响应最终客户各种各样的需求。

从供应链协同的三个层次可以看出：供应链协同平台又是进行供应链协同的基础保障。供应链协同平台通过对供应链合作伙伴的明确化和标准化，使他们的彼此分工和责任更加明确。供应链协同平台的建立需要对供应链中的各种流程进行简化和重组，必须打破企业之间的界限。至于信息层面，供应链协同平台本身就是信息的集成化。总的来说，供应链协同平台是进行供应链协同的重要保障，它为供应链的协同提供了可行性和可操作性。

第二节　供应链协同平台的基本构架

一、协同平台的选择

在不同的供应链环境中，需要选择不同类型的协同平台，以达到最好的协同效果。在供应链协同平台的选择过程中，管理流程的复杂性和信息的密集度具有很大的影响。根据流程的复杂性和信息的密集程度，可以根据图 5-3-1 的矩阵对供应链协同平台做出选择。

当供应链中的流程比较复杂时，不管信息密度如何，都应该选择分散代理的解决方案来实现供应链协同，从而能够更好地处理供应链中的流程性问题。当流程复杂度和信息密度都较低的情况下，基于网络模式的协同平台会比较合适。在流程密集度低而信息密集度高的环境中，分散式代理解决方案和基于网络模式的协同平台均可以选择。

流程的复杂度	信息的密集密度：低	信息的密集密度：高
高	分散式的代理解决方案	分散式的代理解决方案
低	基于网络模式的协同平台	分散式的代理解决方案或者基于网络模式的协同平台

图 5-3-1　供应链协同平台的选择矩阵

（图表来源：Pramatari K. Collaborative supply chain practices and evolving technological approaches[J]. Supply Chain Management，2007，12(3)：210-220.）

当然，在进行供应链协同平台选择的过程中还有很多其他的影响因素，如投入资金、参与企业的数量、安全性、系统风险等。总而言之，供应链协同平台的选择属于企业的战略决策，对于供应链的运作起到了十分重要的作用。

二、基于 Web 的协同平台构架

（一）Web 协同平台构架

在基于 Web 协同平台的框架中，Web 协同平台是整个系统的核心，它通过标准化的协

议为企业提供各种信息资源的表示、发布、传输、定位和访问的解决方案,例如,图 5-3-2 给出了沃尔玛基于 Web 协同平台的供应链构架。

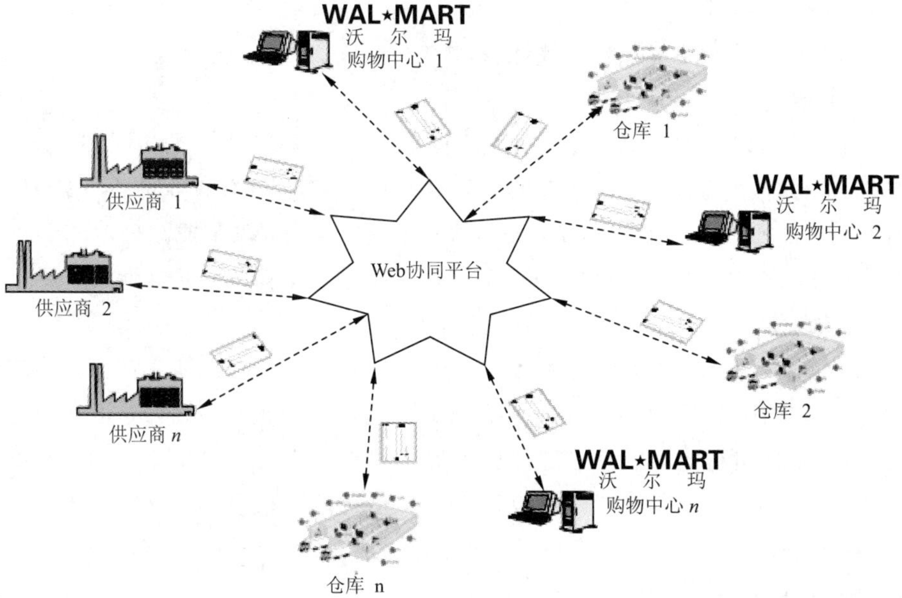

图 5-3-2 基于 Web 协同平台的供应链构架

以沃尔玛的运作为例:在 Web 协同平台的支撑之下,沃尔玛可以将购物中心与供应商、各个仓库进行无缝对接。供应商通过协同平台能够知道各购物中心的产品销售情况和库存状况,然后做出科学的订货决策。仓库则可以根据自有库存和购物中心产品销售情况制定相应的补货决策,购物中心也能够得到供应商的发货信息以及仓库库存状况。

(二)Web 协同平台与传统 EDI 的差别

基于 Web 协同平台与传统的协同技术相比具有一定的优势,这些优势主要体现在适用性、扩展性、经济性等方面。表 5-3-1 比较了传统的 EDI 和基于 Web 协同平台的差异。

表 5-3-1 传统 EDI 与基于 Web 协同平台的比较

项 目	传统的 EDI 模式	基于 Web 的协同平台
信息的标准化	有很复杂的处理流程,企业必须通过专业人员才能进行数据处理	企业可以处理任何形式的数据,由协同平台自动转化
网络底层的应用	企业需要额外连接 VAN(value added network)	企业大部分情况下只需要使用已有的网络实施
软件准备	企业需要购买专业的 EDI 处理软件	企业需要安装 Web 平台客户端
安装时间	通常需要几个星期	通常需要几天
过程监控	由企业 IT 部门负责,出现问题需要与供应商联系	由服务提供商负责
安装费用	较高,一般需要几十万	较便宜,只需要几千元
运营费用	维护费用较高	由客户端多少和交易额决定

(图表来源:Pramatari K. Collaborative supply chain practices and evolving technological approaches[J]. Supply Chain Management, 2007,12(3):210-220.)

从表 5-3-1 可以看出：与传统的 EDI 模式相比，基于 Web 协同平台具有较大的优势，它不仅便于学习和安装，而且成本也会比较低廉。在流程不是很复杂的情况下，基于 Web 协同平台是比较好的选择。

（三）Web 协同平台实施的挑战

1. 技术的挑战

由于数据来源的广泛性以及数据的格式多种多样，所以基于 Web 的协同平台经常要对数据的完整性和可靠性进行检验。由于新的业务不断加入，基于网络的协同平台需要进行不断的更新和完善。此外，由于供应链成员可能会根据不同需求随时增加或减少，对于网络服务平台的处理功能要求会越来越高，所以基于 Web 的协同平台必须解决可扩展性的问题。

2. 组织的挑战

用户参与度的问题：由于人们可能已经习惯于传统的运作模式，所以如何让供应链中的企业积极地参与到协同平台当中来是一个比较有挑战性的问题。另外人员的培训也是一个问题：要让各企业的员工能够熟悉并正确使用 Web 协同平台并非易事。新流程与旧流程之间的选择问题：即不能完全摒弃旧流程，更不能对不合理的流程置之不理。因此，在实施 Web 协同平台过程中，流程优化问题会十分复杂。

3. 多方合作的挑战

基于 Web 的协同平台要求各个企业能够共同接受同一套协同平台，因此各企业之间的合作十分重要，特别是当企业数量较大并且相互独立时。供应链中各企业之间往往具有一定的差异，有时甚至差异较大。要想通过协同平台提高供应链的整体竞争力，各企业就必须能够相互配合、多沟通、多合作。

三、基于 Agent 的协同平台体系结构

（一）基于 Agent 协同平台体系

多智能是目前智能化系统组成中一种应用比较多的模式，软件 Agent 是可以完成特定任务的具有行为能力的对象。它具有自治性、独立性、可通信性和自学习性。对于 Agent 的结构，根据不同的需求会有不同的结构模式。一般的 Agent 组成结构大致有通信类（执行与其他 Agent 的协商与通信）、功能类（执行各种行为功能）和库类（包括知识、规则库、数据库）等三大类单元。多 Agent 系统是由多个 Agent 组成的系统，Agent 之间及 Agent 与环境间通过通信、协商和协作来共同完成任务。在此系统中，每个 Agent 都是一个任务与资源匹配的处理主体。因此，Agent 的基本功能是任务与资源的协调，敏捷供应链系统的组成结构更适合采用多代理结构。图 5-3-3 给出了基于 Agent 协同平台的体系结构。

（二）基于 Agent 协同平台体系的优势

基于多代理技术开发的供应链协同平台的最大优点是便于系统中的各代理之间相互协调。在供应链系统的运作过程中，由于供应商、客户及制造商涉及的供产销各类活动往往是动态的，所以需要各代理共同协调和改变原有的计划、调度或决策，每个代理都需要与其他代理进行沟通，以实现各代理间的互操作。要提高分布式供应链系统的运作效率，关键是要

建立一套完整的系统协调体系。基于 Agent 的协同平台给出了一种很好的解决方案。

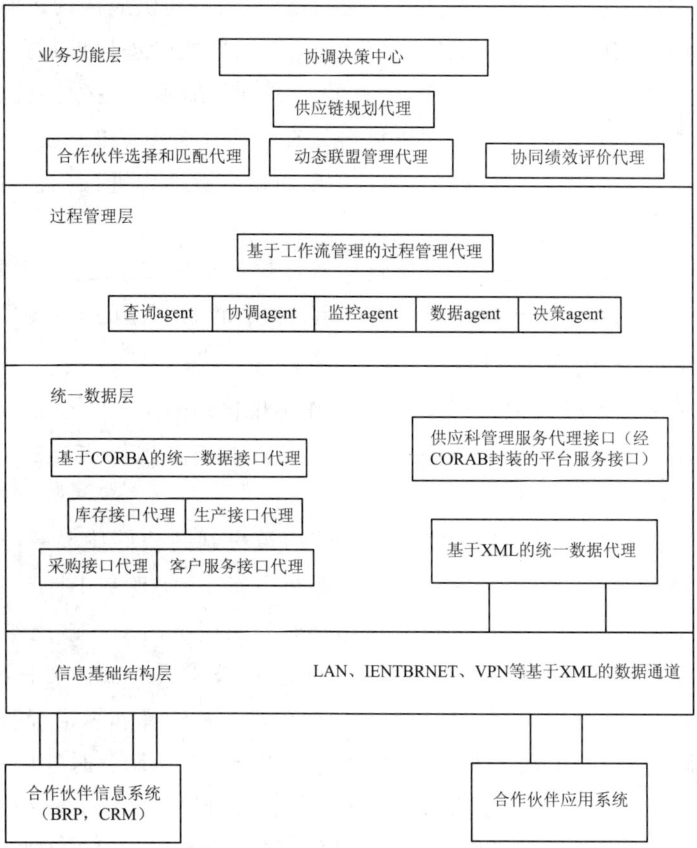

图 5-3-3　基于 Agent 协同平台的体系

图表来源：张少峰．电子商务环境下供应链协同平台体系研究[D]．江苏大学．2006.

（三）协调决策中心功能设计

如图 5-3-3 所示，协调决策中心位于供应链协同平台的业务功能层，是平台的核心部分。它负责整个供应链的协调运作，主要由供应链规划、合作伙伴选择和匹配、动态联盟管理、协同绩效评价四个主要的业务功能组成。

供应链规划代理主要包括协同需求管理、协同供应管理、协同生产计划、协同制造调度等模块。该代理是在市场需求的驱动下，由客户订单开始，快速组建起一条价值最大、成本最低的供应链，包括从原材料的采购到产品的生产制造、销售、运输，最后到完成客户订单的全过程。整个过程的运作基础建立在供应链企业之间的信息共享（包括需求信息、订货信息、库存信息、生产进度）之上，从全局的角度制定最优的供应链协同计划，并共同开展协同作业，实现无缝连接，从而使供应链发挥最大的整合功能，能够快速响应客户需求，最终达到利益共享、风险共担的“多赢”局面。

合作伙伴选择及匹配代理主要包括供应商选择和匹配、制造商选择和匹配以及客户选择和匹配三个功能，它是指针对市场波动进行需求预测，然后根据客户订单的要求（质量、成本、时间、柔性）制定出一个合理的评价指标体系，再对合作伙伴进行选择和评价，进而选择出合适的合作伙伴，以迅速组建成供应链战略联盟并共同响应市场需求。

动态联盟管理代理主要包括协同供应链的利益分配、协同供应链的风险分担、协同供应链的风险控制和协同供应链重组和优化四个部分。动态联盟管理代理是指通过利益共享和风险分担机制来实现企业间的精诚合作，企业间的利益分配和风险分担机制的好坏直接影响企业的切身利益和供应链绩效。协同供应链是在一个十分复杂的动态环境中的工作，因此需要在运行过程中及时做出综合评价，并且不断对供应链运作进行调整，使整个供应链达到最优化运行状态。

供应链协同绩效评价代理建立在供应链绩效评价的指标体系之上，主要包括供应链协同绩效评价指标体系的建立和维护以及供应链运行过程评价模型的建立和维护两大功能。

（四）工作流管理代理设计

由于在供应链的运作模式中，业务流程的运作不仅仅局限于某一个企业，而是许多企业的不同部门之间的协调运作，因此必须采用工作流技术来实现供应链的业务流程协调和监控。

工作流系统就是利用计算机技术实现工作流引擎机制的软件技术平台，定义和管理业务过程。在这个平台上可以快速实施流程管理解决方案，并实现基于计算机处理的企业业务流程的自动化。由于传统的工作流技术在跨企业的供应链活动中缺乏柔性机制，所以很难动态地实现多流程的同步管理，而基于 Agent 的协同技术具有面向目标性、交互性、智能性、自主性、移动性及持续性等特点，是一种体现信念、能力、选择和承诺等智力状态的实体。因此，一旦业务流程执行中出现了差错，它能通过协调与重置机制及时处理非正常情况。

工作流 Agent 分为两层，一层为策略层 Agent，另一层为操作层 Agent。在策略层，工作流管理系统以中央协调方式支持流程管理。而在操作层，每个任务由一个 Agent 去动态地执行，由于 Agent 的特性，它不局限于环境，可以在分布的、跨平台的异构环境中自动地完成任务。

第三节　供应链协同平台的业务流程

现实社会中每个组织的任何一项业务活动都有确定的目标，任何组织都有其总体目标。每个组织单元和人员都在组织中都承担着一定角色，每个角色又有着各自的任务集，各种角色之间的有机协同才可共同达成组织的目标。各项任务往往需要通过角色之间的群体协作来完成，一个角色虽然可以独立于其他角色，但是角色彼此可以相互通信。业务流程就是通过角色整体中的一些具有关联关系的个体来实现的，也就是说，业务流程是为达到特定的价值目标而由不同的个体分别共同完成的一系列活动。不同活动之间不仅有严格的先后顺序限定，而且活动的内容、方式、责任等也都必须有明确的安排和界定，以使不同活动在不同岗位角色之间进行转手交接成为可能。

一、基于 Web 协同平台的业务流程

在 Web 协同平台中，集成了所有的供应链活动模块。例如，沃尔玛超市、仓库以及供应

商围绕 Web 协同平台进行一系列的供应链运作，从而最终满足顾客的需求。沃尔玛各超市、各个供应商以及不同仓库都可以通过 Web 协同平台与仓库进行各种信息交流。以沃尔玛的补货流程为例：沃尔玛超市进行库存检查，若需要补货，则可以通过 Web 协同平台向仓库发补货申请，接到超市的补货申请以后，若仓库有足够的库存，则可以发货并利用协同平台与超市进行核实。若仓库没有足够的库存，则通过协同平台向供应商发出送货请求，再由供应商对沃尔玛超市仓库采取补货行为，并通过 Web 协同平台与仓库进行核实，具体流程如图 5-3-4 所示。

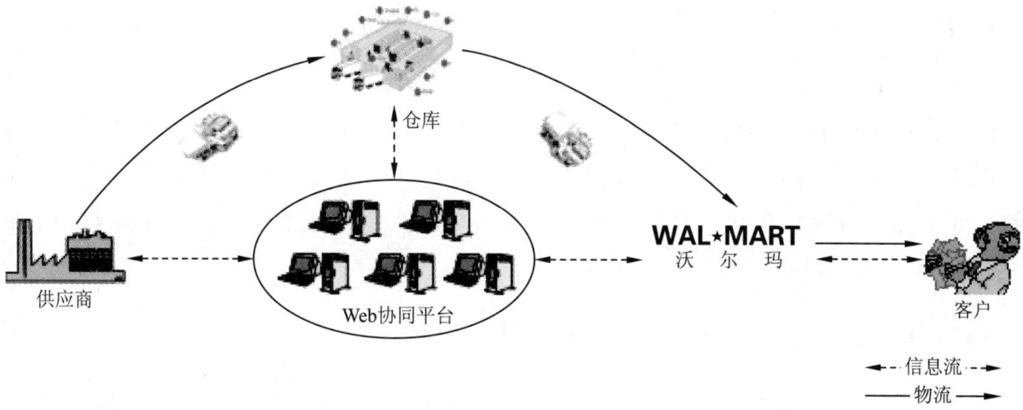

图 5-3-4　基于 Web 平台的补货流程

二、基于 Agent 协同平台的业务流程

由于 Agent 协同平台的分散性和独立性，基于 Agent 的协同平台的业务流程通常可以将其分解为供应链中的各项活动。不同的 Agent 模块分别负责完成采购、运输、库存、销售等不同的供应链功能，从而对各企业之间进行衔接。以基于 Agent 的运输流程为例说明协同平台的业务流程，如图 5-3-5 所示。运输 Agent 处于核心位置，供应商、零售商和客户通过运输 Agent 模块进行信息的传递，零售商通过 Agent 获得客户的需求信息，从而满足客户需求。对于供应商来说，零售商则相当于他的客户，供应商也是通过 Agent 来满足零售商的订单要求。供应链协同平台中的其他智能体也可以与运输 Agent 实现无缝对接。

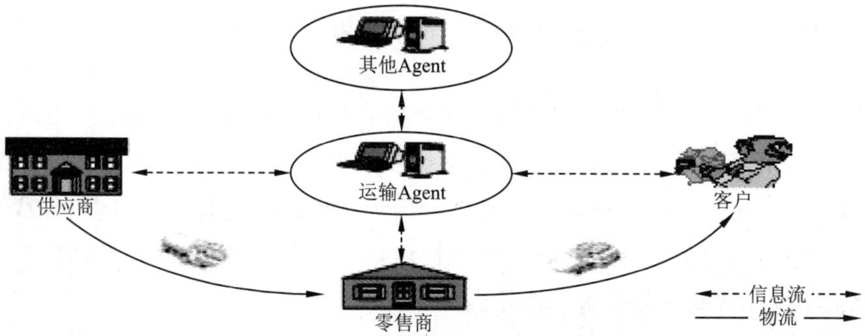

图 5-3-5　基于 Agent 平台的运输流程

第四章 协同供应链管理的发展趋势

第一节 市场竞争特点与协同供应链发展

21 世纪是一个高度信息化的世纪，随着科学技术的不断进步和经济的不断发展，围绕产品的市场竞争日趋激烈，经济活动的节奏越来越快。技术进步和顾客需求的多样化导致产品寿命周期不断缩短，产品种类飞速增加，消费者对产品质量和服务质量的要求越来越高。如今，越来越多的国内外企业认识到现在的市场竞争已经不再仅仅是企业与企业之间的竞争，转而演化为不同供应链的组织之间的竞争。

一、信息化和电子商务对协同供应链的影响

如前所述，供应链协同管理要求各节点企业在信息共享的基础上，以提高整体供应链最优为目标，在相互沟通的基础上进行协同决策。网络通信技术、条码技术、电子数据交换技术、电子订货系统（EOS）、GIS 与 GPS 技术、自动识别技术（AIDC）、无线射频技术等的高速发展为协同供应链的发展提供了契机和支撑基础，推动着新的供应链协同理论与方法的发展，如在这一背景下产生的 VMI、JMI、CFAR（collaborative forecast and replenishment），CPFR（collaborative planning forecasting and replenishment）等一系列提高供应链协同管理水平的方法。通过这些方法，供应链上的企业群在降低存货量的同时，增加了全供应链的收入，实现了整体利益最大化。

进入 21 世纪后，随着电子商务的高速发展，越来越多的企业开展了线上交易模式，在线市场交易大大降低了买卖双方的交易成本，并且卖方企业还需要向电子商务服务提供者交付一定的佣金，这样一来，传统的供应契约理论已不能完全适用于这种新型的交易模式，于是企业开始关注如何将传统的供应契约理论引入电子商务环境中来协调卖家、电子商务服务商和买家的利益，将会出现适应这种环境下的供应链协同的契约理论。

二、时间竞争对协同供应链的影响

随着科技进步和市场竞争的加剧，产品生命周期不断缩短，用户对订单响应时间方面的要求越来越高。今天的企业已经步入了基于时间竞争的市场环境中，时间已经成为影响竞争优势的一种新的重要资源。谁能够更早地推出新产品，并且利用高效的物流手段将产品快速交付给客户，谁就能在竞争中占得先机。

产品对最终用户的响应时间是供应链全过程的累积效应，单纯强调某个环节的快速响应是没有实际意义的，必须从整个生产和物流过程出发来缩短响应时间，才能真正提高某种

产品的供应链在市场上的竞争力，于是企业界开始从提高产品响应速度的角度出发开展供应链协同活动，便出现了一种新的供应链协同模式——虚拟供应链，目前许多中小型企业就是采用这种供应链管理模式来进行合作研发与生产的。

三、顾客需求多样化对协同供应链的影响

随着经济的发展和市场竞争的加剧，顾客对多样化和个性化产品的需求越来越强烈，企业不得不改变以往单一品种大批量的生产方式，转为多品种、小批量的生产方式来迎合顾客的需求，但是这一转变仅仅依靠某一个企业是不能完成的，需要供应链上所有节点企业共同合作才能完成，如供应链上各个供应商的供应协同、各个经销商的补货协同等。

顾客需求多样化在加工装配型行业（如汽车、电子产品等）中表现得尤为明显，装配企业为了实现多品种、小批量的生产方式，往往会在工厂附近建立一个 Supply-Hub 来管理其供应商提供的零部件，该 Hub 往往由专业的第三方物流公司进行管理。为了实现了整个供应链上的物流协同与信息协同，装配企业会与其上游供应商和物流服务提供商共享生产计划、采购计划，上游供应商与物流服务提供商之间共享配送计划和库存信息，这样装配企业就可以实现 JIT 生产来应对不确定性的需求。

第二节　供应链管理理论与协同供应链发展

一、博弈论和契约理论

供应链系统往往涉及多个在地理位置上分散的决策主体，各个决策主体由于地理原因和自身利益原因，无法做到由一个主体来代表所有主体进行决策，因此用博弈论理论来分析供应链系统中的决策问题（如常见的定价问题和采购批量问题等）是十分合适的，但是最后得到的结果是基于各自利益最大化的，无法满足供应链整体利益最大化的要求，因此需要应用契约理论来实现整体供应链的协同，达到供应链整体利益最大化。

常见的对提高供应链协同性的契约理论主要有回购契约、收益共享契约、价格折扣契约、转移支付契约等。契约可以由供应链中的强势一方来制定，这时虽然供应链整体利润达到了最大化，但是由协同带来的总体利润增长全部由强势一方获得；另外，契约也可由供需双方共同制定，这时契约参数的确定依赖于供应链整体利润的划分机制，常见的利润分配机制有均匀分配机制和 Nash 讨价还价机制等。均匀分配机制是指将由协同带来的供应链整体利润的增长平均分配给各参与方，而 Nash 讨价还价机制则需要参考各方的议价能力来进行利润的划拨，议价能力越强的成员获得的利润越多。

二、信息不对称理论[①]

供应链由相对独立的自主成员组成，决策权与信息是分散的。供应链系统中的每个成

---

① 白晓玉．需求信息和供应商生产成本信息不对称下供应链回购契约的研究[D]．西南交通大学，2007.

员都担心自己充分共享信息后，其他成员会滥用信息而导致自身利益受损，从而会隐藏各自的成本、产量、采购价格等信息从而保持信息优势。例如在采购过程中，买家为了从多个竞争的卖家中选择一个最优的供应商，往往会保留一些私有信息，因为买家知道给卖家提供的信息越多，卖家的竞争筹码也就越大，这样对自己越不利，因此买家会尽量保留一部分私有信息。同样的理由，卖家也会在和其他供应商的竞争中隐瞒自己的部分信息。这样，买家与卖家双方都不会进行有效的信息沟通，导致了供应链的低效率。效率损失问题其根源在于供应链的结构，即供应链中任何一对买卖双方都具有双向的委托代理关系，而这种关系由于信息的不对称和缺乏有效的激励与监督机制，导致委托和代理双方产生了目标与结果的重复次优选择问题。

供应链中的不对称信息主要包括供应链运作信息、各种相关成本信息和资源信息，供应链运作信息主要包括销售信息、生产信息、需求信息、质量信息等，如零售商由于直接接触市场，因此与制造商相比零售商拥有更多的需求信息，同理，制造商与零售商相比则拥有更准确的生产信息和质量信息；成本信息主要包括生产成本、库存成本、销售成本等信息，如开发一种新产品的时候，由于其成本无法确定，此时成本信息往往会成为供应商的私有信息；资源信息主要包括产能信息、库存水平信息和资金信息等，如制造商由于直接面对生产，清楚生产中的各种突发状况，因此与零售商相比制造商拥有更精确的产能信息。

解决供应链中的信息不对称问题，实现供应链的协同主要有两种方法，第一种方法是根据 Myerson 的显示原理，委托人（不拥有私有信息的一方）设计一种最优契约激励代理人（拥有私有信息的一方）揭示其私有信息，最终实现供应链的协同；第二种方法是采取某种方法实现双方信息共享，此时一般需要信息共享中受益的一方拿出一部分利润来补贴信息共享中受损的一方，有时也需要用到 Nash 讨价还价机制。

三、行为运作管理理论[①]

行为运作管理是结合认知和社会心理学的理论来研究运作管理的新方法，它研究人的行为和认知对运作系统的设计、管理与改进产生影响的相关属性，并研究这些属性与运作系统及进程的相互作用。行为运作管理与传统运作管理的目标相同，即设计、管理、改善运作系统和进程，但在研究重点方面存在差异。在传统的运作管理研究中，人类行为一直都被忽略，或者将其视为对运作系统产生的二阶效应，如运作管理中的基本模型通常认为决策是由理想化的决策者做出的，这个决策者具有始终如一的理性。相比之下，行为运作管理则将人的行为看作是运作系统机能和性能的核心组成部分，即具有一阶效应。

行为运作管理的主要任务是调查系统误差对运作性能所造成的影响，并探寻纠正这些误差的可能应对措施。行为运作研究建立在决策者有限合理的假设基础之上。人的心理无法或难以改变，但可以设计相应的运作系统来减少甚至消除系统误差。基于这一假设，行为运作的研究人员在开发的模型和工具中，考虑认知的局限性，提出相应的干预措施，有助于纠正或减少偏差所造成的影响。

---

① 刘作仪，查勇．行为运作管理：一个正在显现的研究领域[J]．管理科学学报，2009，12(4)64-74.

行为运作管理理论在供应链协同管理中的应用主要集中于库存与订货管理和契约协同两方面。库存与订货管理方面主要研究消费者的心理因素对订货行为的影响，如加州大学伯克利分校 Xuanming Su 提出的策略性顾客理论，他认为顾客会基于当前的价格信息，对未来零售商的价格形成理性预期，从而选择自己的购买时机，实现顾客效用的最大化。契约协同方面主要关注人的风险态度和社会偏好对供应链协同的影响。

四、虚拟供应链理论

虚拟供应链是指具有合作意愿的企业，通过互联网，依托于专业的第三方网络信息技术支持中心，由第三方网络信息技术中心提供供应链所需的技术和服务，临时组合在一起，为了共同的项目构建而成的动态供应链，而随着项目结束，这条供应链也随之消失①。

图 5-4-1 是一个简单的虚拟供应链结构图。可以看出，虚拟供应链按照客户要求，将不同行业、不同类别和不同地域的多个企业联系起来，实现产品的采购、生产和销售，响应市场客户需求。它是一种动态的交叉平行网络，集成了产品生产制造和流通过程中所涉及的不同运行单元，这些单元包括了产品原材料供应商、产品制造商、产品承运商、产品分销商、产品零售商、最终客户及其他合作伙伴。

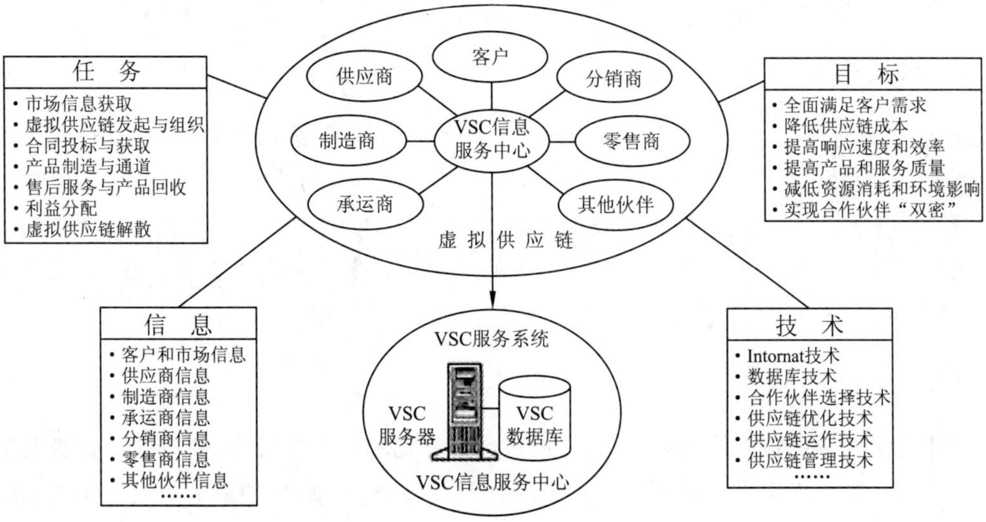

图 5-4-1　虚拟供应链结构图

图表来源：但斌，张阳梅，黄河．虚拟供应链体系结构和运作模式研究[J]．工业工程与管理，2000,5(5):46-48.

其运作流程如下：①客户在 VSC 信息系统上发布需求信息，供应商、制造商等获取需求信息后，决定是否组织虚拟供应链来完成该项目；②供应商、制造商等均可以作为虚拟供应链的发起者，联合其他的企业组成虚拟供应链，同时规定好各个企业的任务和利润分配额度；③由各个企业组成的虚拟供应链参与客户组织的合同投标；④虚拟供应链中的各个企业按照约定展开产品的生产与配送任务；⑤虚拟供应链中的各个企业按照约定向客户提供售后服务，并在产品生命周期结束后回收产品；⑥虚拟供应链中的各个企业按照事先约定分配

① 刘安松．企业虚拟供应链构建及管理研究[D]．天津理工大学，2010.

利润;⑦项目结束后,该供应链自行解散。

第三节　信息技术与协同供应链发展

供应链协同管理的产生和发展与信息技术的应用密不可分,信息技术是成功实施协同供应链的基础和前提,如前面提到的网络通信技术、条码技术、EDI、EOS、GIS 与 GPS 技术、RFID 等。除了上述这些信息技术,供应链协同还需要用到多智能体技术、工作流管理技术和应用软件技术等其他技术。

一、网络通信技术

网络通信技术是指通过计算机和网络通信设备对图形和文字等形式的资料进行采集、存储、处理和传输等操作,使信息资源达到充分共享的技术。网络通信技术主要包括数字程控交换技术、光纤通信技术、卫星通信技术和智能终端等方面。网络通信技术是其他各项信息技术的基础,通过网络通信技术,可以将供应链中的各个节点连接起来,在信息共享的基础上达到决策的同步化。

二、条码技术

条码(Bar Code)是由一组按一定编码规则排列的条和空符号来表示一定的字符、数字及符号组成的信息,是实现快速、准确而可靠地采集数据的有效手段。条码技术是实现 POS 系统、EDI、电子商务、供应链管理的技术基础,是物流管理现代化、提高企业管理水平和竞争能力的重要技术手段。条码技术在物流领域的应用主要集中于仓库货物管理、流水线生产管理、进货管理、入库管理、货物信息跟踪、出库管理、配送管理等方面。

三、EDI 技术

EDI 就是按照商定的协议,将商业文件进行标准化和格式化操作,并通过计算机网络在贸易伙伴的计算机网络系统之间进行数据交换和自动处理。EDI 的目的是通过建立企业间的数据交换网来实现票据处理、数据加工等事务作业的自动化、及时化和正确化,同时通过有关生产信息、销售信息和库存信息的共享来实现经营活动的效率化。目前我国的 EDI 应用模式主要分为三类,即行业应用模式,我国物流行业的 EDI 应用模式主要有海关 EDI 通关系统、国际集装箱运输 EDI 示范工程等;EDI 中心模式,如上海市 EDI 中心、南昌港口 EDI 中心等;China EDI 模式,这种模式下的 EDI 运营商往往是国有的大型通信公司或网络公司,物流企业也可以采用这种模式实现 EDI 技术。

图 5-4-2 是一个简单的物流 EDI 系统,主要涉及发货业主、承运业主、收货业主、交通运输企业和物流相关单位,该系统的运行步骤如下:①发货业主在接到收货业主的订单后制定货物运送计划,并把详细货物清单和具体时间安排等信息通过 EDI 系统告知物流运输业主和收货业主;②发货业主根据收货业主的订单完成分拣配货工作后,将货物的品种、数量等

信息通过 EDI 系统告知物流运输业主和收货业主；③物流运输业主收到发货业主的货物后对货物进行核对，在 EDI 系统中向发货业主反映核对结果，如果无误，则确认收货；④物流运输业主完成发货准备工作后，通过 EDI 系统向收货业主发送发货信息，并实时监控货物运输情况，在收货业主收货完毕后，通过 EDI 系统向发货业主发送运送完成信息和运费请示信息；⑤收货业主完成货物核对验收工作后，通过 EDI 系统向发货业主和物流运输业主发送收货确认信息。

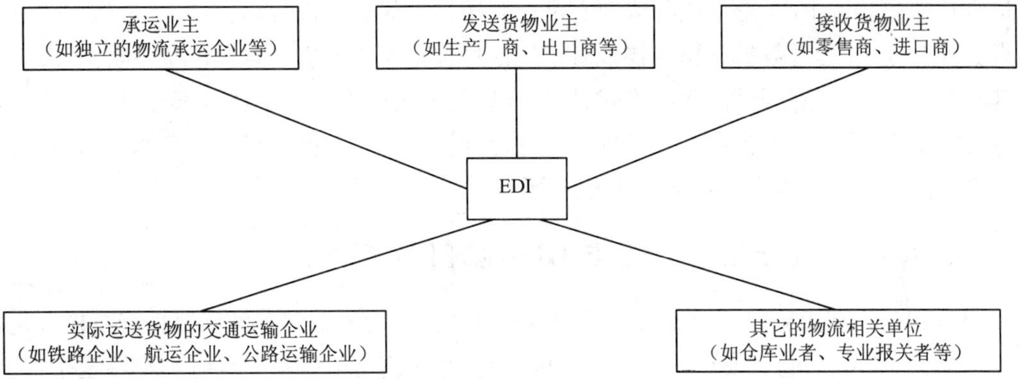

图 5-4-2　物流 EDI 系统

图表来源：王群芳，马兆良．EDI 在物流管理中的应用[J]．安徽教育学校学报，2005,23(6):52-54.

四、EOS（电子自动订货系统）

EOS 是指企业间利用通信网络和终端设备以在线电子数据交换方式取代传统下单、接单及其相关动作的自动化订货系统。EOS 按应用范围可以分为企业内部的 EOS、零售商与批发商之间的 EOS 系统以及零售商、批发商和生产商之间的 EOS 系统。

EOS 系统在供应链管理中的作用主要体现在：①EOS 系统可以缩短订单的响应时间和订货商品的交货期，减少商品订单的出错率。②降低企业的库存水平，提高企业的库存管理效率。③通过分析零售商或销售点的商品订货信息，能准确判断出畅销商品和滞销商品，有利于企业根据市场需求调整生产计划或销售计划。

图 5-4-3 是一个简单的 EOS 系统框架图，首先，零售商各门店通过门店与总部之间的 EOS 系统向总部发出订货信息；然后，总部汇总各门店订货信息后，通过零售商与批发商之间的 EOS 系统向批发商订货或通过零售商与制造商之间的 EOS 系统向制造商订货；然后，批发商或制造商将货物送达零售商的配送中心；最后零售商配送中心根据各门店订单向各门店送货。

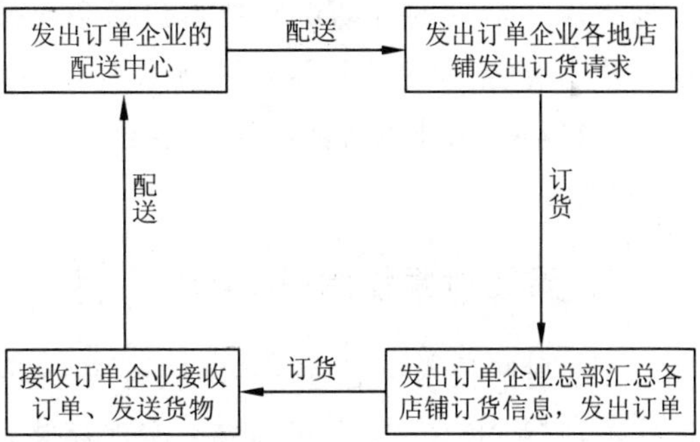

图 5-4-3　EOS 系统框架图

五、POS(销售时点信息系统)

POS是指通过自动读取设备在销售商品时直接读取商品销售信息(如品名、单价、销售数量、销售时间、销售地点、购买顾客等),并通过通信网络和计算机系统送到有关部门进行加工分析以提高经营效率的系统。POS系统最早应用于零售业,如今POS系统的应用范围已从企业内部扩展到了整个供应链。例如在销售端,经过POS机扫描的商品信息会即时的传送给总部或物流中心,总部或物流中心可以利用销售信息来进行库存调整、配送管理和商品订货等业务,并通过数据挖掘等技术对销售信息进行加工分析来掌握消费者购买动向,在此基础上进行商品品种配置、商品陈列、价格设置等方面的作业。生产厂家还可以利用销售信息进行销售预测,将销售信息和订货信息进行分析比较来把握零售商库存水平,以此为基础制定生产计划和零售商库存连续补充计划①。

六、GPS(全球卫星定位系统)与GIS(地理信息系统)

GPS指的是利用分布在约2万公里高空的多颗卫星对地面目标的状况进行精确测定以进行定位、导航系统,它主要用于船舶及飞机导航、对地面目标的精确定时和精确定位、地面及空中交通管制、空间与地面灾害监测等。在供应链管理中GPS主要应用于运输车辆的定位和跟踪调度,运输船只最佳航程和安全航线的测定、航向的实时调度、监测,铁路运输管理等方面。

GIS以地理空间数据为基础,采用地理模型分析方法,适时地提供多种空间的和动态的地理信息,是一种为地理研究和地理决策服务的计算机系统。GIS的基本功能是将表格型数据转换成地理图形显示,然后对显示结果浏览、操纵和分析。GIS在供应链管理中主要应用于运输路线选择、物流网点布局问题等方面。

七、自动识别技术(AIDC)

自动识别技术是应用一定的识别装置,通过被识别物品和识别装置之间的接近活动,自动地获取被识别物品的相关信息,并提供给后台的计算机处理系统来完成相关后续处理的一种技术。常见的自动识别技术包括条码技术、磁条磁卡技术、IC卡技术、光学字符识别、射频技术、声音识别及视觉识别技术等,在物流管理中应用的最为广泛的是条码技术和射频技术。自动识别技术目前广泛应用于仓库管理、运输管理、生产管理、货物跟踪和货架识别等方面。

八、无线射频技术(RFID)

无线射频技术是通过一种无线电信号和微芯片标签识别特定目标并读写相关数据的通信技术,它利用RFID电子标签来实现存储和远程读取数据。相对于传统的磁卡及IC卡技术具有非接触、阅读速度快、无磨损等特点。

---

① 顾穗珊. 信息技术在企业供应链中的应用[J]. 情报科学,2001,19(12):1292-1294.

无线射频技术主要应用于商品生产、库存管理和运输管理方面。在商品生产过程中，将商品信息如生产部门、生产工序、项目编号等录入无线射频技术标签项中可以保证生产的准确性和规范性。在库存管理环节中，可以利用无线射频技术辅助完成盘存、货位信息采集等工作，并且在入库和出库时，可利用无线射频技术完成数量清点工作。在运输环节中，只需要在货物的外包装上安装电子标签，在运输检查站或中转站设置阅读器，就可以实现货物的可视化管理。

九、多智能体技术

多智能体系统是由多个可计算的智能体组成的集合，其中每个智能体是一个物理的或抽象的实体，能作用于自身和环境，并与其他智能体通信。其目标是将大的复杂系统（软硬件系统）建造成小的、彼此相互通信及协调的、易于管理的系统。多智能体技术具有自主性、分布性、协调性，并具有自组织能力、学习能力和推理能力。其应用领域主要包括：智能机器人、交通控制、柔性制造、协调专家系统、分布式预测、监控及诊断、分布式智能决策、产品设计等方面。

图 5-4-4 是一个企业生产物流多智能体模型，各个智能体是根据它们在生产中的作用来划分的。原材料库存智能体负责根据生产情况，来确定采购时间；零部件智能体需要根据生产工艺的特点来决定每个工序所需要的零部件；加工智能体需要根据生产工艺和市场需求变化来调整生产，并通过测定各个工序的生产时间，找出生产瓶颈并加以改进，另外需要对生产任务进行分解，并明确各个时段的工作任务；检验智能体负责根据产品标准来判断产品是否合格，并负责合格品的包装工作和不合格品的修复工作；搬运智能体则是根据生产安排，对需要搬运的原材料、半成品、成品及零部件进行有效的搬运。

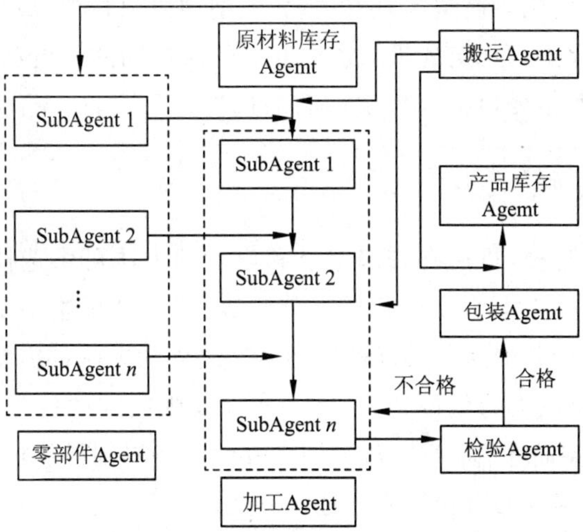

图 5-4-4　企业生产物流多智能体模型

（图表来源：陈勇，林飞龙．制造企业物流多智能体建模及其应用[J]．浙江工业大学学报，2006，34(3)：310-313.）

十、工作流管理技术[①]

工作流是一类能够完全或者部分自动执行的经营过程，根据一系列过程规则，使得文档、信息或者任务能够在不同的执行者之间传递、执行。其目的是通过将工作分解成定义良好的任务、角色，按照一定的规则和过程来执行这些任务并对它们进行监控，达到提高工作效率、降低生产成本、提高企业生产经营管理水平和企业竞争力的目标。工作流管理技术主要用途有：业务过程建模、业务过程仿真与优化分析、业务过程管理、业务过程自动化、业务过程集成与供应链管理等。

十一、支持协同的应用软件技术

支持协同的应用软件主要包括企业资源计划系统（ERP）、供应商关系管理系统（SRM）、客户关系管理系统（CRM）、供应链管理系统（SCM）等，这些可供企业选择安装的应用软件是供应链实现协同的关键和基础。

第四节　优化理论与协同供应链发展[②]

供应链协同从决策时间和决策范围的角度来看可以分为三个层次：战略层协同、战术层协同和操作层协同，每个层面的协同都可以通过一些现有的优化理论来实现。

一、战略层协同

战略层协同处于协同的最高层次，它以概念模型和协同管理思想为基础，对整个供应链的协同进行定性或定量分析，规定战术层协同和操作层协同的程度和范围，它研究的主要问题是供应链网络的设计，主要包括合作供应商的选择、厂址的选择、仓库的分布和供应链成员关系协同等问题。

（一）供应商选择

关于合作供应商的选择，目前有许多定性和定量的方法可供选择，如直观判断法、招标法、协商选择法、采购成本比较法、ABC 成本分析法、层次分析法、Fuzzy 聚类分析、TOP IS 法和模糊神经网络法等。其中除了模糊神经网络法之外的方法都需要事先根据经验确定各因素间的权重关系，具有较大的偏好性，不能如实地反映实际的权重关系，而模糊神经网络法不需要事先确定权重，而是通过实际数据训练神经网络得到最优的权重，因此模糊神经网络法相对来说是一种更精确的合作供应商选择方法。

模糊理论是在美国加州大学伯克利分校电气工程系的 L. A. Zadeh 教授于 1965 年创立的模糊集合理论的数学基础上发展起来的，主要包括模糊集合理论、模糊逻辑、模糊推理和

① 杨扩武，武凤翔．工作流管理技术及其应用研究[J]．机械科学与技术，2009,28(2):227-229.
② 程国平．供应链管理中的协同问题研究[D]．天津大学，2004.

模糊控制等方面的内容。它是一种承认存在主观性问题,从而以模糊集合理论来处理不易量化的问题,以便能适当而可靠地处理人们主观评估问题的方法。其基本精神是接受模糊性现象存在的事实,而以处理概念模糊不确定的事物为其研究目标,并积极地将其严密的量化成计算机可以处理的信息。主要应用于型样识别、控制工程、信号处理及人工智能及专家系统等领域。

人工神经网络是一种模仿动物神经网络行为特征,进行分布式并行信息处理的算法数学模型。它以生物大脑的结构和功能为基础、以网络结点模仿大脑的神经细胞、以网络连接权模仿大脑的激励电平、以简单的数学方法完成复杂的智能分析,能有效地处理问题的非线性、模糊性和不确定性关系①。主要应用领域包括模式识别、信号处理、知识工程、专家系统、优化组合、机器人控制等。

模糊神经网络法由模糊逻辑和人工神经网络两种方法组合而成,该算法同时具备了模糊逻辑处理定性问题和神经网络处理定量问题的优点,因此被大量应用于解决实际问题。具体应用于供应商选择问题时,一般利用模糊逻辑处理定性指标,采用神经网络自动调整各评价指标因素间的权重关系,从而得到最优的权重。

(二)厂址选择与仓库分布

厂址选择和仓库分布问题都涉及选址问题和路线优化问题。其中选址问题一般采用重心法、拉格朗日松弛法和各种启发式算法(如遗传算法、模拟退火算法和禁忌搜索算法等)求解,这些启发式算法同样也适用于路线优化问题。

重心法是单个设施选址的方法,它将物流运输成本作为唯一的选址决策因素,给定候选配送中心与需求点的坐标及各节点之间的物流量,求出使得物流运输总成本最小的设施选址。重心法仅考虑了运输成本而没有考虑配送中心建设的固定成本和日常经营中产生的可变成本。

拉格朗日松弛算法的基本原理是将导致整数规划问题难以求出最优解的复杂约束吸收到目标函数中,同时保持目标函数的线性,使得问题容易求解。在具体实施的过程中,主要是通过引入一组拉氏松弛算子松弛某些约束,以得到一个原问题的对偶问题,再将对偶问题分解成几个子问题进行求解,最终得到原问题的最优或次优解。该算法主要由次梯度优化算法和拉格朗日松弛启发式算法组成,其两个主要应用是给出整数规划问题的下界和在拉格朗日松弛算法的基础上设计启发式算法。

遗传算法的研究始于二十世纪五六十年代,其模拟自然界生物的进化过程,用一个代表问题可行解集的一组染色体模拟自然界生物的种群,种群由经过基因编码的个体组成,个体为自然界生物群体的生物个体。由基因构成的染色体决定了个体的性状,即外在表现适应度。在算法工作时,每个染色体代表一个个体,采用随机选择等选出一定数目的个体,进行基因交叉,以模仿生物繁殖时发生的遗传信息交换。并随机选择一定数量个体,在随机的位置上使基因发生变异与重组,产生新的染色体。根据适者生存原则,利用适应度函数评估每个染色体的适应度。如此迭代反复,即适应度最高的个体所代表的解。

---

① 袁曾任. 人工神经网络及其应用[M]. 南宁:广西科学技术出版社,1999.

模拟退火算法的思想最早由 Metropolis 于 1953 年提出，但是一直到 1983 年 Kirkpatrick 将其成功应用到组合优化问题后才得以逐渐发展。其出发点是基于物理中固体物质的退火过程与一般组合优化问题之间的相似性，模拟退火算法从某一较高初始温度出发，随着温度参数的不断下降，通过赋予搜索过程一种时变且最终趋于零的概率突跳性，从而可有效避免陷入局部极小并最终趋于全局最优。

禁忌搜索算法由美国科罗拉多大学教授 Fred Glover 在 1986 年提出，它是对局部邻域搜索算法的一种拓展，是一种全局优化算法，是对人类记忆功能寻优过程的一种模拟。禁忌搜索算法通过引入局部邻域搜索机制和相应的禁忌准则来避免迂回搜索，并通过藐视准则来释放一些被禁忌的优良状态，从而保证搜索的多样化，以最终实现全局优化。其基本思路是在搜索的过程中对当前解进行邻域移动操作产生新的解，并将已经进行的邻域移动存放在禁忌表中，阻止这些移动在近期内返回，这样就有效地防止了搜索过程出现循环。

（三）供应链成员关系协同

供应链成员关系协同主要包括供应链成员之间的合作与信任机制、渠道收益的分配机制和风险分担机制等。关系协同主要通过第一章第三节中介绍的契约理论（如收入共享契约、回购契约、价格补贴契约等）来实现。

二、战术层协同

战术层协同是供应链协同管理的中心问题，其主要涉及上下游企业间的需求协同、采购协同、生产协同、配送协同和近年来比较热门的两个方面的整体协同，如生产-库存协同、生产-配送协同和库存-配送协同等问题。

联合补货策略是解决战术层协同问题的最基本策略，联合补货策略是指企业从同一个供应商处或同一供应地的不同供应商进行补货时，对不同品种商品的采购周期进行分组，从而分摊固定订货成本，节省订货费用的一种补货策略。联合补货策略共有两种分组方法，即直接分组和间接分组。直接分组是指直接将 n 个品种分为 M 组，每组都需要确定一个共同的补货周期 T_j，每次订货时本组中的任何物品都需要进行补货。在间接分组中，首先需要确定一个基本补货周期 T，每个品种商品的补货周期都为基本补货周期的 k_i 倍，则 k_i 值相等的品种就可以划分成一组进行联合补货[①]。

联合补货策略的假设条件与经济订货批量模型较相似，它假设每种物品的需求速度是均匀已知的，不允许缺货且没有数量折扣，订货后物品可立即得到补充，库存持有成本为线性。联合补货策略的目标是使平均总成本最小化，平均总成本主要包括固定订购成本、可变订购成本和库存持有成本三个部分。

在一个供应链系统中，供应商和制造商往往会基于各自利益最大化，分别算出各自的经济生产批量和经济订货批量，而且这两个批量往往不相等，如果供应商和制造商分别按照自己的最优批量进行生产和采购，无法使得整个供应链系统的成本最小化，为了降低供应链系统的总成本，从 20 世纪 70 年代以来，学者们提出了联合经济批量问题，从供应链系统整体

① 冯云涛．基于差分进化算法的两种模糊联合补货模型研究[D]．华中科技大学，2011.

优化的角度来决定生产批量和订货批量，实现了供应链成员之间生产与库存的协同。随着集成优化思想的发展，企业界开始考虑将生产、库存、配送两两组合进行集成优化，甚至三者结合进行总体优化，于是联合经济批量思想也被用来解决生产-配送协同问题之外的其他协同问题。

联合经济批量策略的基本思想与联合订货策略的基本思想有些类似，一般来说双方应该首先确定一个联合经济批量 Q，供应商每次的生产批量为联合经济批量的整数倍即 nQ，而制造商每次按照联合经济批量 Q 进行采购。

三、操作层协同

操作层协同处于供应链协同的最低层次，它是战略层协同和战术层协同的基础和前提，战略层协同和战术层协同的实现都依赖于操作层协同。操作层协同的实现主要依赖于第三节中介绍的各种信息技术，其主要问题是信息协同，主要内容包括供应链管理系统和工作流协同系统的建立。

SAP 公司开发的 MySAP SCM 系统是世界上最著名的供应链管理系统之一，许多世界著名企业（如宝洁公司、惠普公司、微软公司）和我国的海尔集团都是 MySAP SCM 系统的用户。其主要功能模块包括生产计划与控制子模块、生产数据管理子模块、质量管理子模块、物料管理子模块、销售和分销子模块、服务管理子模块、设备维护子模块和项目管理子模块。通过采用 MySAP SCM 系统，可以大幅度缩短制造周期，改善公司与客户、业务伙伴之间的关系，同时降低供应链的成本，减少成品库存量。

撰稿人：马士华　华中科技大学教授、博士生导师
唐　尧　中南财经政法大学讲师
殷　哲　上海大学讲师
吕　飞　中南财经政法大学讲师

第六篇　供应链金融

第一章　全球化视角下的供应链金融

供应链金融可以显著改善财务供应链的融资条件和成本，也给商业银行带来了新的市场机会。供应链金融服务创新，源自全球性生产外包、供应链生产模式兴起给供应链核心企业财务管理带来的挑战，即从整条供应链全局上优化“财务供应链管理”的需求。为此，商业银行、物流企业、电子交易平台以及核心企业基于各自参与供应链的业务关系，从不同角度创新出着意解决财务供应链管理问题的集成方案，形成了供应链金融这一新的金融业务领域。供应链金融体系的参与主体，既包括“$1+N$”供应链，也包括为供应链提供服务的金融机构、物流公司、仓储公司、物权登记机构、保险公司环节外包主体（协作链）。供应链的行为主体与外部制度环境、技术环境共同构成了供应链金融的完整生态体系。

本章首先从供应链金融业务发展的实体经济背景入手，讨论了从财务供应链管理向供应链金融业务的演变过程，同时界定了供应链金融的内涵与外延，最后以系统化的视角对构成供应链金融的行为主体以及外部环境进行了深入剖析。

第一节　供应链金融产生的背景

现代意义上的供应链金融概念发端于20世纪80年代，深层次的原因在于世界级企业巨头寻求成本最小化冲动下的全球性业务外包，由此衍生出供应链管理的概念。一直以来，供应链管理集中于物流和信息流层面，到20世纪末，企业家和学者们发现，全球性外包活动导致的供应链整体融资成本问题，以及部分节点资金流瓶颈带来的“木桶短边”效应，实际上部分抵消了分工带来的效率优势和接包企业劳动力“成本洼地”所带来的最终成本节约。由此，供应链核心企业开始了对财务供应链管理的价值发现过程，国际银行业也展开了相应的业务创新以适应这一需求。供应链金融随之渐次浮出水面，成为一项令人瞩目的金融创新。

一、供应链金融创新的实体经济背景

（一）分工的演变与制造模式的变化

最近二三十年来制造模式发生的一些重大变化，产品的生产过程往往需要经过若干工序，如果把这些工序按时间先后排列，则可以形成一条从原材料到中间产品再到产成品的产品链。按照迈克尔·波特的观点，每一道工序都是一个价值增值的环节，因此，产品链本身就是一条价值链。就某一个产品而言，其生产过程往往需要不同的人分工完成，生产的分工正是基于产品链（价值链）上的不同环节来展开的。严格地说，这种分工可以以两种

形式展开：企业内分工和企业间分工。所谓企业内分工，就是整个产品链的各个环节在一个独立的企业内部完成，企业管理层通过命令机制将不同环节安排到不同的班组、车间和部门来实现，这种情形通常也称为“纵向一体化”。所谓企业间分工，就是整个产品链的各个环节分别由不同的企业独立完成，不同企业之间乃至整个生产过程通过市场交易机制来协调。

传统上，受市场交易成本的制约，产品链的绝大部分环节是在一个独立的企业内完成的，除了原材料需要到市场上进行采购之外，大部分中间产品的生产、加工、储存、运输，以及最终产品的组装完成，乃至销售，都是通过企业的集中管理来加以控制。20 世纪 70 年代以来，生产的分工模式开始发生了显著的变化，越来越多的分工从企业内转向企业间。过去，企业间的分工往往以产业或产品为界，而最近三四十年来，一个产品的不同生产工序在多个企业间进行分工协作已经成为分工的新潮流。

从经济学的角度来看，不同的分工类型在整个产品链中的分布情况取决于两者进行转换时生产收益和交易成本的动态变化。制造模式的变化既有市场需求方面的考虑，也是基于市场交易成本的下降。首先，随着技术进步和工业化水平的提高，人们的消费水平也日益提高，大批量生产的单一产品渐渐无法满足人们日益多样化的消费需求。特别是 20 世纪 80 年代以来，用户的定制化需求越来越强，品种更新的周期越来越短，提高品质、增加品种和缩短推向市场的时间成为企业竞争优势的来源，过去纵向一体化的制造模式在适应这种变化方面存在明显不足。其次，70 年代以来所出现的以下因素降低了市场交易成本：①远洋运输和航空运输成本的下降；②信息技术的突破性发展；③基于 WTO 体系的国际贸易自由化过程；④以模块化为特征的技术创新模式的重大变化。市场交易成本的下降导致更多的企业间分工交易变得有利可图。企业间分工使得过去行业内大而全的企业可以集中资源，专注于自身最有优势的领域，而将其他环节通过生产外包或全球化采购渠道，交由外围的中小企业来承担。这种模式不但有利于发展各个企业的核心竞争力，而且可以通过不同生产环节的空间再分布来利用不同地区、不同国家的比较优势，从而尽可能降低整个产品链的生产成本。

在过去纵向一体化的制造模式下，企业为了降低生产成本，取得市场竞争优势，其主要的手段是通过标准生产流水线进行大批量、少品种的规模化生产。这种生产模式的典型代表就是福特汽车公司。但是，随着人们消费需求结构的多样化、企业间分工趋势的强化以及信息技术的兴起，市场竞争方式也发生了根本性转变。谁能在最短的时间内不断推出适应不同用户需要的新产品，谁就能赢得市场竞争的主动权。“大规模定制”成为许多世界级企业努力实现的生产模式。

（二）供应链管理的兴起

分工与制造模式的变化导致贯穿整个产品链的管理变得更加复杂。在纵向一体化的制造模式下，整个生产过程的管理集中在单个企业的管理层。但是，一旦生产环节分配到多个企业，就需要有一个核心企业来对整个生产过程进行协调，因此，一种新的生产管理实践便应运而生，这就是供应链管理（supply chain management，SCM）。所谓供应链，是一个相比于传统企业内部产品链更为复杂的系统，它是围绕核心企业，通过对信息流、物流、资金流的控制，将供应商、制造商、分销商、零售商，直到最终用户连成一个整体的功能网链结构。它是一个范围更广的企业结构模式，包含了所有加盟的节点企业，从原材料的供应开始，经过链中不同企业的制造加工、组装、分销等过程直到最终用户。

供应链管理的兴起导致传统的管理出现了两个重要变化：一是资源管理的范畴从单一企业资源扩展到了社会资源，凡是处在同一供应链不同环节的企业都有可能基于市场交易展开合作，因此，每一个企业都要尽可能地与自己具有共同市场利益的企业形成战略联盟来解决终端顾客的具体需要。鉴于资源管理超越了企业的边界，显然，供应链管理对于社会制度环境提出了更高的要求，因为不完善的环境导致的组织成本和市场交易成本将扼杀这一新制造模式的优势。二是现代信息技术成为管理过程的基本依赖手段。为了实现看板生产和精益生产模式，许多企业在采购、库存、资金管理方面都越来越多地借助于各类管理软件（尤其是 ERP 软件）和电子网络平台。而为企业之间的交易提供支持的物流公司、金融机构也通过各类电子交易平台提供电子货单、网上支付等电子化服务手段，甚至全球卫星定位系统（GPS）来提高物流和金融管理的效率。

（三）全球贸易的增长

企业间分工代替企业内部分工，供应链上的核心企业在全球范围内开展外包与采购活动，其产生的一个直接后果是全球经济的贸易总量快速增长，而且，全球贸易增长速度呈现出高于生产总量增长的态势。根据世界贸易组织（WTO）发布的有关全球贸易的统计数据，1973—1990 年，全球制造品的贸易增长速度大约是全球生产总量增长速度的 118 倍，而 1990—2005 年，这一数字更是提高到了大约 213 倍。

相比于传统贸易，以供应链为基础的贸易在产品结构、单笔交易量、交易频率和支付方式方面都存在很大的差别。

首先，从产品结构上看，传统贸易主要以初级产品（包括农产品、石油和矿石等原材料）和最终产品为主，而制造加工过程中产生的零配件、部件、半成品等中间产品的比重非常低。供应链贸易的情况恰好相反，中间产品在其构成中占据了重要地位。由于供应链贸易的迅速发展，制造品中中间产品贸易额占贸易总额的比重持续上升，从而导致整个制造品贸易占全球贸易的比重由第二次世界大战前的 40％上升到 20 世纪 90 年代初的 70％以上。

其次，从单笔交易量和交易频率上看，为了适应看板生产和品种多样化的需要，核心企业在管理上力争降低采购库存的同时保证供应的及时性，因此，在采购过程中出现了单笔订单采购数量下降、采购周期缩短、交易频率提高的特点。

最后，从交易的支付与结算方式上看，传统贸易主要采用信用证（国际贸易）和支票（国内贸易）等支付方式，为了保证信用，购买方企业必须要在相应银行的账户上留存一定数量的保证金。而在供应链贸易中，由于交易双方往往保持较长的合作关系，对对方的信用状况比较了解，而且，由于交易频繁，反复开立信用证变得非常不方便，因此，赊账贸易正在越来越多地被采用，双方往往在交易一段时间后再集中进行结算。

二、财务供应链管理在提高供应链竞争力方面的作用

（一）供应链生产模式对财务成本的影响

供应链本身包括三个“流”：需求信息流、货物与服务流、资金流。需求的力量是使整个供应链充满活力的驱动力，它以订单的形式从下游企业层层上传；物流是生产过程依次延续的基础，它以各种中间产品和产成品的形式从上游供应商往下游传递。而资金流则是供应链得以循环维系的最关键之处，如果供应商不能及时获得回款，则必然影响其下一阶段的生产，从而使整个供应链中断甚至崩溃。供应链管理的难点就在于如何使三“流”尽可能做到有序衔接。从当前的实践来看，目前做得比较好的是前两个流，而表现最差、受关注最少的则是资金流。这一状况已经影响到了供应链制造模式的整体成本和运营绩效，从而必须引起所有采用这一生产模式的企业的重视。

和传统纵向一体化制造模式相比，供应链模式有可能大大提高整个生产过程的财务成本。财务成本的增加来自两个方面：第一，由于更多的生产工序是通过市场来协调，因此，从原材料采购到中间产品生产，以及最终产品被消费者购买的过程中，贸易总量和交易频率都提高了，企业为了满足市场交易的需要，就必须准备更多的现金，从而带来了运营成本的上升。第二，当前赊销模式已经成为供应链贸易中主要的交易模式，该模式通过延缓买家的付款时间，表面上固然降低了作为核心大企业的财务成本，但是，却将资金需求压力推给了上游的众多中小企业，而按照传统的银行信贷实践，这些资金需求迫切的中小企业被认为属于高风险的贷款人，因此，需要支付更高的资金成本(甚至可能因为银行的信贷配给而根本得不到贷款)，从而带来整个供应链资金成本的上升。根据 Hartley-Urquhart 的估算，戴尔(Dell)公司比其上游的合同制造商 Flextronics 公司在市场上融资的成本(发行公司债的利率差)要低 280 个基点或 218%。另一个例子是，零售业巨头沃尔玛(Wal-Mart)比其非投资级的供应商之间的平均资金成本差要大于 64 个基点。

（二）通过财务供应链管理降低产品成本

所谓财务供应链管理(financial supply chain management，FSCM)，就是通过对供应链上下游不同企业之间的资金筹措和流动统筹安排，合理分散资金成本，从而实现整个供应链财务成本的最小化。财务供应链管理的主动权显然掌握在核心企业手里，然而，其上下游中小企业的配合也是必不可少的。为了改善财务供应链管理，在尽可能保证购买方延迟支付期限的前提下，又能够让供应商尽早取得货款，以解决其资金压力，就必须要借助于第三方的金融机构提供相应的融资服务。

供应链融资的发展正是适应了解决该挑战的需要。供应链融资是银行根据特定产品供应链上的真实贸易背景和供应链核心企业的信用水平，以企业贸易行为所产生的确定未来现金流为直接还款来源，配合银行的短期金融产品和封闭贷款操作所进行的单笔或额度授信方式的融资业务。如果借助供应链融资方式，例如，尽管买家的付款期限不变，现在供应商在开票后几天内便可从金融机构得到大部分货款，供需双方的资金矛盾就能得到缓解。

Aberdeen 集团在其提供的《供应链融资基准报告》一文中给出了具体的实例：ATJ 是一家

在英国和爱尔兰拥有90家连锁店的快速时尚零售商，过去，其亚洲的供应商通常在当地银行从ATJ提供的信用证中提取预付款，但是这样做的前提是必须给予ATJ 20%的价格折扣。现在，ATJ邀请其供应商利用供应链融资服务，这样，供应商在集装箱装船离开码头时即可从融资服务者那里获得70%的货款，等到货物进入英国仓库时再得到剩余的30%。要做到这一点，ATJ必须向融资服务的提供者传递供应商的信息，以便其准确地评估融资风险。使用供应链融资服务后，供应商可以挽回5%～15%的订单价值，而且ATJ本身也可以通过享有5%～10%的折扣率来分享这笔节约的价值，从而实现双方的双赢局面。

然而，根据Aberdeen集团的调查，即便在发达国家，运用供应链融资来改善财务供应链管理的做法也并不普遍，已经这样做的企业只占被调查企业总数的13%，表示错过了机会，正在制定和考虑可行方案的企业占56%，还有31%的企业在这方面仍然没有采取任何行动。

根据同一个调查，Aberdeen集团发现，购买商（通常是核心企业）关注供应链融资的主要原因分别是："降低最终产品成本的压力"（77%）、"相互深化的财务往来压力过大"（55%）和"降低端到端供应链中的整体融资成本"（45%）；供应商关注供应链融资的主要原因分别是："降低最终产品成本的压力"（50%）、"降低端到端供应链中的整体融资成本"（36%）和"由于缺乏资金而无法生产、无法安排工作和无法达到需求商要求的存货量"（32%）。由此可以看出，降低整体供应链的融资成本，从而降低最终产品成本、提高市场竞争力的要求，已经迫使发达国家的企业对通过供应链融资改善其财务状况问题日益变得重视起来。

Aberdeen集团的调查还发现，尽管过去许多购买商在改善自身财务状况方面往往采用"延长支付期限""增加使用记账式赊账""提前支付折扣"等方式，但是，鉴于这些方式并非符合整体供应链利益的最佳战略安排，因此，它们开始转向其他更有效的方式。那么，有哪些供应链融资技术可以帮助改善供应链财务状况呢？大多数正在积极寻求供应链融资可行方案的购买商认为，未来最好的新融资方式是"通过第三方为'供应商管理库存（VIM）'提供融资"（见图6-1-1）；而大部分供应商则认为，未来最好的新融资方式是"保理""第三方提前应收账款贴现""金融机构的存货融资"（见图6-1-2）

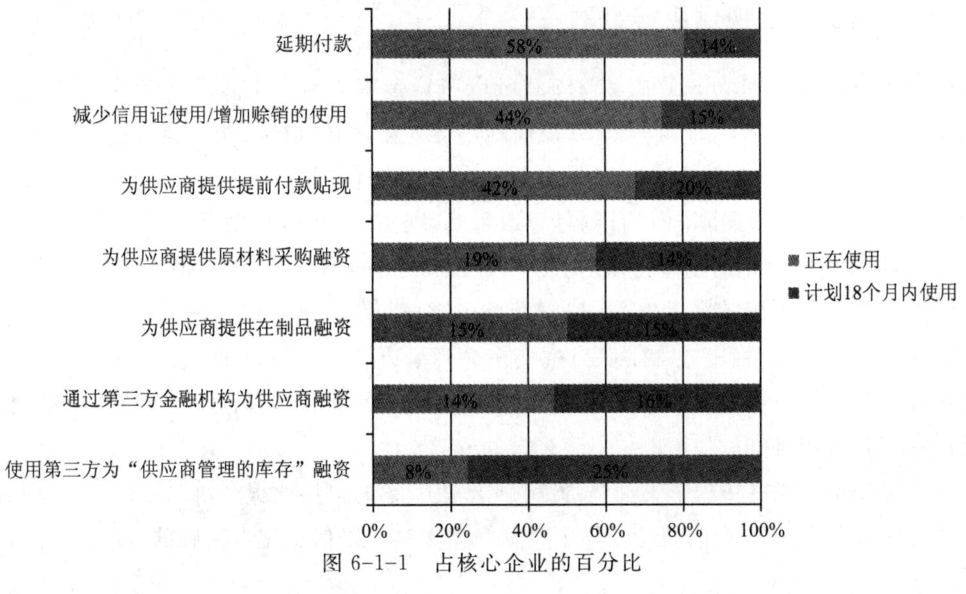

图6-1-1　占核心企业的百分比

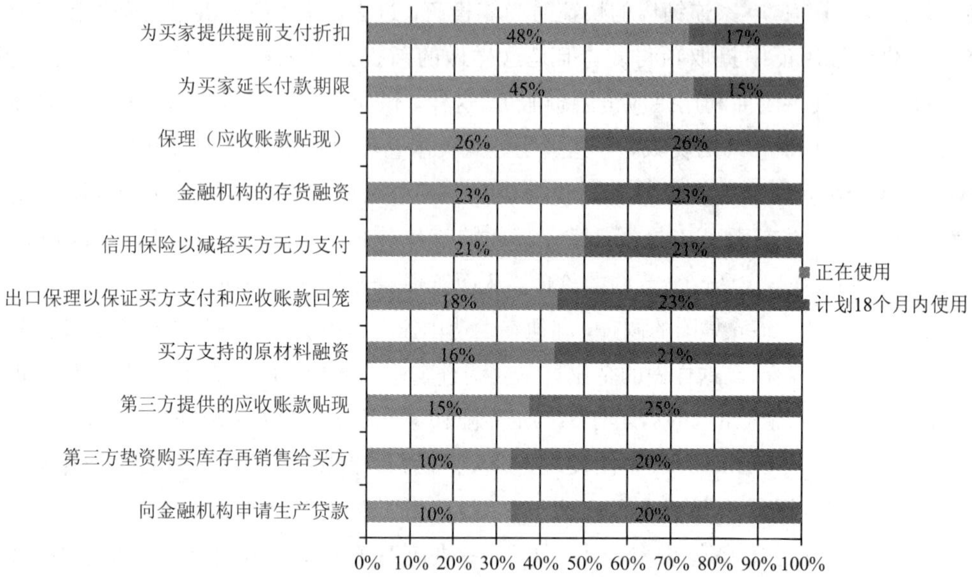

图 6-1-2 占供应商的百分比

第二节 供应链金融的概念和构成

在过去的几年中，供应链金融在全球化的市场中日益受到关注的原因主要有两个：首先是企业降低成本的压力与全球原材料、能源和人力资源成本不断高企之间的矛盾，核心企业仅仅关注外包和外采的区域选择，已不足以应对竞争的挑战。其次，降低成本的需求引发了核心企业对上游企业延长账期、对下游企业压货的冲动，这些策略的有效实施必须以不提高上下游成本为基础，因此有计划的供应链金融策略成为一种选择。

一、不同视角透视供应链金融

财务供应链的管理或供应链金融固然可以由资金实力雄厚的核心企业自己来提供，比如向供应商的提前付款计划、增加对分销商赊销等。但是在大部分情况下，这种解决方案并不可行，原因在于：第一，核心企业实际上替代了银行的作用，专业性和效率值得怀疑，更重要的是，核心企业承担了上下游的信用风险；第二，现实中，股东和投资人对核心企业财务稳健的要求，以及核心企业本身面临的资金压力，使得这些企业的财务改善冲动恰恰是向上游延长账期和缩短对下游的账期，而不是相反。

在这种背景下，供应链金融解决方案的主要当事方除了供应链的核心企业外，银行等金融机构几乎是不可或缺的。银行的基本作用是资金的提供者，同时还可以为供应链财务管理设计和实施解决方案。

此外，在国际性银行的供应链金融实践中，解决方案的提供商很多情况下是电子交易的网络化平台提供商，这种平台为银行设置了触发贷款交易的以信息流为基础的“按钮”，并可以引导供应链成员企业按照电子平台所规置的路径进行交易结算，以保证银行贷款的自偿性。

因此，对于供应链金融可以有三种不同的理解，它们分别来自供应链核心企业的视角、电子交易平台服务商的视角，以及银行的视角。

（一）供应链核心企业的视角

根据 Michael Lamoureux(2008)的定义，供应链金融是一种在核心企业主导的企业生态圈中，对资金的可得性和成本进行系统性优化的过程。这种优化主要是通过在对供应链内的信息流进行归集、整合、打包和利用的过程中，嵌入成本分析、成本管理和各类融资手段而实现的。

（二）电子交易平台服务商的视角

根据 Aberdeen 的解释(2007)，供应链金融的核心就是关注嵌入供应链的融资和结算成本，并构造出对供应链成本流程的优化方案。而供应链融资的解决方案，就是由提供贸易融资的金融机构、核心企业自身，以及将贸易双方和金融机构之间的信息有效连接的技术平台提供商组合而成。技术平台的作用是，实时提供供应链活动中能够触发融资的信息按钮，比如订单的签发、按进度的阶段性付款、供应商管理库存(VMI)的入库、存货变动、指定货代货物收据(FCR)的传递、买方确认发票项下的付款责任等。

（三）银行的视角

从银行角度论述供应链金融的说法很多。例如：从银行业务拓展方式的角度，认为供应链金融是指银行通过审查整条供应链，基于对供应链管理程度和核心企业的信用实力的掌握，对其核心企业和上下游多个企业提供灵活运用的金融产品和服务的一种融资模式；从供应链融资的功能角度，认为供应链金融就是要将资金流整合到供应链管理中来，既为供应链各个环节的企业提供商业贸易资金服务，又为供应链弱势企业提供新型信贷融资服务的服务产品创新模式；从融资的功能指向角度，认为供应链融资是通过对供应链成员间的信息流、资金流、物流的有效整合，运用各种金融产品向供应链中所有企业，尤其是中小企业提供的，组织和调节供应链运作过程中货币资金的运动，从而提高资金运行效率的一种新型的融资模式；等等。

综合上述说法，深圳发展银行从其业务实践出发，提供了自己对供应链金融的理解，即供应链金融是指，在对供应链内部的交易结构进行分析的基础上，运用自偿性贸易融资的信贷模型，并引入核心企业、物流监管公司、资金流导引工具等新的风险控制变量，对供应链的不同节点提供封闭的授信支持及其他结算、理财等综合金融服务。需要说明的是，这里的“供应链”概念是广义的，既包括企业上游的原材料零部件供应网络和链条，即传统意义上的供应链，也包括下游的分销商、代理商，即渠道链。

从银行的角度看，如图 6-1-3 所示，供应链金融与传统银行融资的区别主要在于三个方面：首先，对供应链成员的信贷准入评估不是孤立的。银行将首先评估核心企业的财务实力和行业地位，以及它对整个供应链的管理效率。如果条件满足，而且证明整条供应链联系足够紧密，银行将为成员提供融资安排，并且不会对成员的财务状况做特别的评估。对成员融资准入评价的重点在于它对整个供应链的重要性、地位，以及与核心企业既往的交易历史。其次，对成员的融资严格限定于其与核心企业之间的贸易背景，严格控制资金的挪用，并且以针对性的技术措施引入核心企业的资信，作为控制授信风险的辅助手段。另外，供应链融资还强调授信还款来源的自偿性，即引导销售收入直接用于偿还授信。

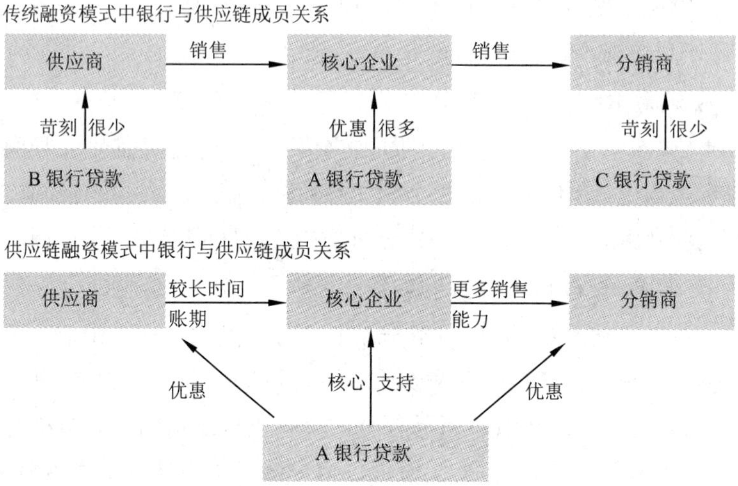

图 6-1-3　供应链金融与传统银行融资的区别

二、供应链金融的有机构成

众所周知，金融是指人们围绕货币、资金和资本资产所从事的定价与市场交易活动。完整的金融体系包括金融产品、金融市场、金融主体和金融制度。对于供应链金融而言，这几个要素有其特殊之处：

(1)从广义上讲，供应链金融是对供应链金融资源的整合(integration)，它是由供应链中特定的金融组织者为供应链资金流管理提供的一整套解决方案。静态层次上，它包含了供应链中参与方之间的各种错综复杂的资金关系；动态层次上，即由特定的金融机构或其他供应链管理的参与者(如第三方物流企业、核心企业)充当组织者，为特定供应链的特定环节或全链条提供定制化的财务管理解决服务。供应链金融服务通过整合信息、资金、物流等资源，来达到提高资金使用效率并为各方创造价值、降低风险的目的。

(2)从供应链金融具体产品来看，它主要是金融机构提供的信贷类产品。其中包括对供应商的信贷产品，如存货质押贷款、应收账款质押贷款、保理等，也包括对分销商的信贷产品，如仓单融资、原材料质押融资、预付款融资等。此外，除了资金的融通，金融机构还提供财务管理咨询、现金管理、应收账款清收、结算、资信调查等中间增值服务，以及直接对核心企业的系列资产、负债和中间业务。因此，供应链金融的范畴大于供应链融资或供应链授信。

(3)从供应链融资市场来看，它基本上属于短期的货币(资金)市场，尽管供应链金融有着特异化的风险控制技术、自成体系的产品系列以及特别的盈利模式，但是从融资用途和期限的角度看，基本上可以归入广义的短期流动资金授信的范畴。

(4)从供应链金融体系中的参与主体来看，它大致包括以下四类主体：①资金的需求主体，即供应链上的节点企业；②资金的供给及支付结算服务的提供主体，主要是商业银行为代表的金融机构；③供应链金融业务的支持型机构，包括物流监管公司、仓储公司、担保物权登记机构、保险公司等；④监管机构，在国内，目前主要是指各级银监部门。

(5)从供应链金融制度环境来看，它涉及两方面的内容：①相关法律法规，比如动产担保物权的范围规定、设定程序、受偿的优先顺序、物权实现等的相关法律，以及监管部门的业务监管相关制度；②技术环境，主要包括与产品设计相关的金融技术和信息技术。

以上要素结合在一起，便组成了一个完整的供应链金融体系。

三、供应链金融与物流金融辨析

（一）物流金融的概念

陈祥锋、朱道立(2005)将物流与金融结合的历史追溯到公元前2400年左右美索不达米亚地区出现的谷物仓单。在20世纪初，美国执行的仓单法案，确立仓单标准和仓单系统。存货和仓单可以进行质押融资，同时对质押存货金融产权认证、价值评估和监督控制的第三方机构应运而生，也促进对质押存货提供仓储服务和监控功能的物流仓储企业的规范和发展。当时美国已出现的存货融资有融通仓、保理留置和信托收据三种类型。当代物流企业如知名的国际四大快递公司FedEx(联邦快递)、UPS(联合包裹)、DHL快递、TNT快递都拥有飞机及几万辆汽车，并提供代收货款(COD)。代收贷款即指承运商在完成异地间物品递送的同时代委托方客户向收货方客户同时收取货款的一项第三方物流增值服务，它是伴随着电视购物、电子商务发展而出现的。随着电视、网络购物的不断扩大，行业竞争加剧，营销成本不断攀升，开展这类购物方式的商家对提高物流派送成交率及代收款返款周期尤为关注。

由此可以看出，物流与金融的融合实践表明物流金融是物流企业在供应链或其相关服务领域提供金融服务并担任金融服务提供商的角色。邹小芃、唐元琦在总结朱道立等学者研究基础上2004年5月提出“物流金融”概念，并定义其内涵和外延。他们认为物流金融就是面向物流业的运营，通过开发、提供和应用各种金融产品和金融服务，有效地组织和调剂物流领域中资金和信用的运动，达到信息流、物流和资金流的有机统一。

（二）供应链金融与物流金融的区别

物流金融与供应链金融是两种不同的融资方式，由于两者均包含金融和物流两类服务，又都主要以中小企业为主要服务对象，因此在融资实务中经常被混淆，但这两种融资方式的服务对象、运作模式等多个方面有所不同。

1. 服务对象

物流金融是面向所有符合其准入条件的中小企业，不限规模、种类和地域等；而供应链金融是为供应链中的上、下游中小企业及供应链的核心企业提供融资服务。

2. 担保及风险

开展物流金融业务时，中小企业以其自有资源提供担保，融资活动的风险主要由贷款企业产生。

供应链金融的担保以核心企业为主，或由核心企业负连带责任，其风险由核心企业及上下游中小企业产生；供应链中的任何一个环节出现问题，将影响整个供应链的安全及贷款的顺利归还,因此操作风险较大。但是,金融机构的贷款收益也会因整条供应链的加入而随之增大。

3. 物流企业的作用

对于物流金融,物流企业作为融资活动的主要运作方,为贷款企业提供融资服务;供应链金融则以金融机构为主,物流企业仅作为金融机构的辅助部门提供物流运作服务。

4. 异地金融机构的合作程度

在融资活动中,物流金融一般仅涉及贷款企业所在地的金融机构;对于供应链金融,由于上、下游企业及核心企业经营和生产的异地化趋势增强,因而涉及多个金融机构间的业务协作及信息共享,同时加大了监管难度。

由此可见,物流金融与供应链金融研究的对象主体不同,前者是物流企业为主导的供应链金融服务,后者是对整个供应链提供的金融服务,在我国主要体现于银行主导的基于整个供应链的金融服务创新,而在国外除外资银行外,提供供应链金融电子交易服务软件平台也是重要的发展方向。

第三节　供应链金融的行为主体

根据在供应链中所处的位置及所起的作用不同,供应链金融的行为主体可由两部分组成,即"1+N"供应链和协作链。其中核心企业及其供应商、分销商/渠道商构成"1+N"供应链;以商业银行为代表的金融机构以及环节外包主体(包括物流公司、仓储公司、物权登记机构、保险公司、信用评估机构等)构成协作链。供应链金融的行为主体之间存在相互博弈的互动关系,并达成博弈均衡。

一、"1+N"供应链

"1+N"中的"1"是指供应链中的核心企业,"N"是指核心企业上下游的供应链成员企业。"1+N"是金融实践系统论的产物,即着重从整体与部分之间、整体与外部环境之间相互联系、相互作用、相互制约中综合地、精确地考察对象,并定量地处理它们之间的关系,以达到最优化处理。

2003年,深圳发展银行在银行同业中率先推出了"1+N"的供应链金融业务模式。在过去的几年中,这一模式被学者们不断赋予经济学和管理学的丰富内涵,并在各家银行推广供应链金融的实践中被广泛演绎。正如一些学者(杨育谋,2007)所指出的,"'1+N'表达了深发展这样一种见解:即很多小企业是依赖一个大企业而生存的。在供应链金融中,银行不会只是考虑供应链中某个企业的资信情况,而是把供应链企业的贸易关系综合起来考虑,提供的融资会渗透这个交易链的每一个环节。"

(一)供应链核心企业

供应链核心企业担当着整合整条供应链的关键角色。不同行业中供应链核心企业在整个价值链上所处的位置往往也不同。在传统制造行业,核心企业是生产关键部件或实施总成的企业;在高科技行业,核心企业是掌握研究力量和关键技术的企业;在商贸行业,核心企业则是控制着销售渠道和客户资源的企业。

这些企业常常是知名大公司,甚至是跨国公司,它们所处的市场结构一般为垄断竞争或寡头垄断,因此具有较强的市场影响力。相比于供应链上的其他企业,这类企业具有一些明显的特征:

(1)由于掌握了产业链或价值链的核心价值,核心企业在与上下游交易中处于谈判的优势地位。

(2)核心企业财务实力突出、资信水平普遍较高,在融资市场具有更高的信用等级。而且由于包括自身信用在内的融资担保资源充分,是各家银行争宠的对象。

(3)核心企业可以利用供应链融资从上下游企业获得更为优惠的价格、交付款方式、账期,或者更大销量,从而占有更多的流动性。可以说更大的金融利益,会向核心企业进行集中。

作为供应链的组织者、管理者和终极受惠者,核心企业是最具有供应链大局观的成员,并存在为供应链整体利益的优化作出主动安排和调整的强激励。因此,尽管核心企业一般不存在获得金融服务的瓶颈,但是由于供应链和渠道链其他成员的绩效直接影响到核心企业本身的绩效,因此核心企业必须为其他成员融资的便利性和成本节约作出安排,这种安排包括直接信用的提供,或以信用介入的方式,对成员向金融机构申请融资提供支持。

(二)供应链中小企业成员

供应链中小企业成员是供应链金融的直接受众。进入供应链的中小企业往往凭借其在劳动力成本、非核心的产业专业技能和特殊渠道方面的优势立足于供应链,并集中于低附加值的价值链环节,其生存状态往往包括以下一些特征:

(1)由于与核心企业的谈判地位较低,又面临同类企业的激烈竞争,在交易价格、结算方式、供货速度/销售指标方面,不断受到核心企业的挤压,导致利润下降和资金流紧张。

(2)资产的主要形式是预付账款、存货和应收账款,并占用企业的大量流动资金,进一步恶化了现金流状况。

(3)信用基础薄弱,属于银行的高风险客户,融资便利性差、成本高。

尽管大多数情况下,供应链中某个成员的生存状况不会导致供应链整体效率的损失,但是如果链条成员系统性地面临财务困境,则需要从作出财务安排的一揽子规划进行调整。

供应链中小企业成员集群与核心企业的交易和利益绑定,使得集群对核心企业的谈判筹码增加。无论是有组织还是分散的对核心企业有关财务安排的抱怨或建议,抑或链条中成员因资金流动性问题的批量退出,都会促使核心企业启动对链条整体融资安排的评估程序。

二、供应链协作链

供应链本身包括信息流、物流和资金流三个维度。在供应链管理过程中,商业银行可以为供应链管理者——核心企业提供资金流管理解决方案,那么,电子商务企业和物流企业则分别承担着另外两个“流”的解决方案提供者的角色。从供应链金融的角度看,物流和信息流是触发银行向供应链成员企业融资和回收授信的基础变量，因此要实现三“流”的有序衔接，保证供应链金融业务运行的效率和安全性，应该在商业银行、电子商务公司和物流公司等外包机构之间建立起合作联盟。

（一）以商业银行为代表的金融机构

传统上，商业银行习惯于以一对一的方式开展公司业务，信贷评审的重心在于受信客户的独立经营能力所支撑的还款能力。在这种模式下，银行与借款人之间是单纯的基于借贷合约的委托代理关系。

在供应链金融中，银行演变成为供应链核心企业的财务战略伙伴，其共同的利益源于综合财务成本降低和流动性补充所带来的供应链运行的稳定性，并由此派生出新增的商业利润和金融服务收益。

银行选择核心企业作为伙伴的前提，是对核心企业及其供应链的整体资信和商业前景的评审。评审结果优良的供应链将获得银行一揽子的信用配给，这种配给的方式之一就是对核心企业的间接授信额度。从某种意义上说，核心企业由此从银行获得了向链条成员分配信用资源的授权，这种分配主要依据必要性和效益最大化的原则，但有时也被用作一种激励或淘汰机制。

在核心企业向链条成员分配信用的过程中，银行仍将扮演复审的角色。首先是因为受信人（同时也是还款直接责任人）毕竟不是核心企业本身。其次，银行信贷操作的专业技能有助于核心企业选择合适的信用配给对象。

与此同时，在战略伙伴关系的另一面，核心企业为银行提供了一揽子批发其金融产品的中介服务。同样重要的是，在对供应链融资的过程中，核心企业在利益驱动下，自愿对受信全流程的信用介入，不仅直接导致了受信合约的达成，而且降低了授信的交易成本和风险。

（二）环节外包的主体

供应链金融涉及大量操作环节，部分环节超出了银行擅长的专业领域甚至经营范围，因此引入外包主体进行操作是惯例做法。

1. 第三方物流

第三方物流公司是国内供应链金融最重要的外包主体之一。第三方物流的引入首先基于抵质押动产的相关产品中对货物监管的需求。在银行与供应链客户的关系中，第三方物流扮演了银行代理人的角色。它们不仅代表银行管理和控制抵质押物，还对受信企业的经营活动实施某种程度的现场监测，为银行提供预警信号，并在应急处理中扮演重要角色。

起初，第三方物流对银行授信项下货物监管的定位局限于依托专业技能的非主营业务，是一种补充利润增长点的尝试。近年来，对自有的运输、仓储、配送等主业客户的融资引入，已成为大型物流公司与银行合作越来越重要的盈利模式导向。在这种模式下，某种程度上第三方物流成为银行产品销售的渠道商，或者说银行成为物流企业向客户提供金融增值服务的附属机构。

需要指出的是，第三方物流代理银行监管的过程中，银行的客户一定意义上也成为第三方物流的客户。或者，银行客户是从第三方物流的原有客户群中发展起来的。这时，第三方物流成为银行和银行客户双重利益的代表方，能否有效履行银行赋予的风险管理代理职能，需要银行作出有效评估。这种情况下，银行与第三方物流之间合约所约定的责任条款必须明晰，并且不应与第三方物流与客户之间的物流合约相冲突。

2. 第三方电子商务平台

从国际实践看，第三方的电子商务平台经常成为供应链金融的参与者。以降低供应链内部交易成本为初衷的电子商务平台，由于增强了交易信息流的可视度和公示性，为银行等金融机构的融资服务提供了一系列确定的介入时点。比如核心企业向供应商发出订单意味着订单融资的贸易背景已经确立；核心企业确认供应商的发票，意味着保理融资的条件具备；核心企业向分销商确认订货合同，意味着可以进入向分销商提供预付款融资的程序；凡此种种。

与此同时，商务平台运行的法律框架约束，保证了平台上信息流的精确性和严肃性，这降低了银行向虚假交易背景提供授信出账的风险。基于这种保障，银行服务的申请、批复和出账流程得以直接整合到商务平台之中。

在这种模式之下，直白、精确和具法律约束力的平台语言对贸易背景进行实时描述，省却了银行信贷资料的搜集和查实工作，银行的授信调查和跟踪环节实际上外包给了商务平台。

3. 其他

从广义上讲，保险公司、抵押登记机关等也是银行环节外包的主体。保险公司作为风险经营者，实际上接受了银行部分风险的打包出让，银行得以放弃部分环节的风险管理。登记机关对抵押的登记办理，则防范了第三方主张对抵押物权利的风险。

第四节　影响供应链金融发展的外部环境

制度环境、技术环境等外部条件对供应链金融的发展具有重大的影响作用：一方面，它作为供应链金融的各行为主体行动选择的约束条件；另一方面，行为主体的创新活动又可以对已有的制度和技术环境进行改善，并进而推动行为主体产生新的行动。制度环境包括与信贷人权利保护有关的法律规定、司法体系、金融监管制度与政策；技术环境包括金融技术和支持供应链金融活动的各种自然科学技术，尤其是电子信息技术的发展层次。

一、供应链金融的制度环境

完善的法律框架对于信贷市场的发展意义重大。“法和金融”领域的大量文献证明，在良好的信贷人权利保护和信贷市场发展之间存在明显的正相关关系。

信贷人权利的保护首先体现为正式的法律文本中对信贷人权利的具体规定。这些法律规定在大陆法系国家一般表述在《商法典》之中；在普通法系国家则体现在判例形式的习惯法和相关的单行成文法律之中。不过，美国在1952年也制定了自己的《统一商法典》。

供应链金融业务主要是资产支持型信贷业务，因此，上述有关信贷人权利的法律安排，尤其是涉及动产担保物权的安排，直接影响金融机构开展此类业务的安全性，进而影响银行开展此项业务的积极性。这里的“动产担保物”是广义的，指根据担保合同约定用以担保债务履行的任何动产，包括应收账款、存货和其他种类的无形资产，如知识产权，或任何特定的或非特定的动产类别，包括可归属于担保物的动产。

一般而言，现代高效率的动产担保交易法律应具有可供担保的资产范围界定宽泛、设立简便、明确而全面的优先权规则、集中统一的公示系统、动产担保物权的有效实现等一系列基本特征。

（一）有关动产担保物权设定和保护的法律及制度

1. 国际实践

许多国家已经认识到动产担保交易法律对金融市场的益处，纷纷采取改革措施，以实现动产担保交易法律的现代化。

各国促进动产担保交易的措施包括：拓宽借款人可用于动产担保的范围，建立担保登记机构以避免优先权冲突，为担保物权人的债权提供优先权并明确其他债权人的受偿顺序，允许有效、快捷、廉价的庭外实现动产担保物权的程序，等等。

近年来，包括欧洲复兴开发银行、美洲国家组织和联合国国际贸易法委员会等在内的国际性和地区性组织都相继制定了动产担保交易示范法，旨在帮助其成员国制定简便高效的现代动产担保交易法律制度。这些示范法和指南都接受了通用型动产担保物权（universal security interest）这一概念性原则，即不再作动产质押、抵押、留置等担保方式的区分。

2. 国内实践中的问题

世界银行和国际金融公司发表的《2005 年全球企业经营环境报告》（Doing Business 2005）对 145 个国家有关企业经营的规制情况进行了评估。报告显示，中国的政策法规在整体上对投资者是友好的。

在中国，有关信贷人权利的法律规定分散在若干部法律、行政法规、部门规章，以及相应的司法解释之中。这些法律中比较重要的有：《刑法》《商业银行法》《民法通则》《担保法》《合同法》《企业破产法》《企业动产抵押物登记管理办法》《关于加强金融债权管理，建立防范和制裁逃废债务制度的通知》，以及《物权法》。尽管这些法律规定从内容来看涉及广泛，然而，对前述有关信贷人权利的几大方面进行详细考察，不难发现，有关动产担保物权的内容模糊、可操作性差：

（1）根据《担保法》，可以作为抵押物的动产为“抵押人所有的机器、交通运输工具和其他财产”，而许多有形动产如生产原材料、半成品和产品，无形权益如作为债权的应收账款没有明确的法律规定可以用于贷款抵押或质押。另外，资产池（pool of asserts）和整体资产（entire asserts）直到最近才通过《物权法》纳入了可用来进行担保的资产范围。

（2）担保登记公示制度混乱，表现为不同担保物需要到不同的政府部门进行登记，而且不同登记部门以及同一登记部门不同地区机构之间缺乏统一的信息网络。据统计，这些登记部门共有 15 个之多，有的担保物需要多头登记，而有的动产却根本没有规定登记部门；由于没有建立全国联网的担保登记公示信息系统，结果出现同一资产多次登记、多次用于担保的情形。此外，现有的登记制度还存在登记费用过高、登记时间偏长等效率低下的问题。

(3)长期缺乏一套完整、合理的优先权规则,难以保证担保债权人在清偿过程中处于优先地位。已有的《担保法》对于同一担保物上相竞权利的优先顺序并没有明确规定,因此,不但不同担保债权人之间存在权利实现的冲突问题,而且,担保债权人与拥有该财产其他权利(如劳动债权、买受权、税收权以及政府债权等)的第三方之间也同样存在权利冲突。尽管新颁布的《物权法》和《企业破产法》对这些内容进一步进行了明确,但由于一些司法解释没有及时跟进,实际操作中还是存在一系列的问题。

新颁布的《物权法》在动产担保制度方面实现了一系列突破,该法律对供应链金融业务的意义尤其重大,但是在实际操作中仍存在种种不确定性。比如,目前很多地方工商局并不接受浮动抵押的登记,或仍要求对浮动抵押项下的动产作具体描述。此外,还有一些地方工商局不接受登记的查询,导致银行事前无法了解是否存在优先权。再比如,在同一批动产上分别设定的浮动抵押和质押,究竟哪个拥有优先权,在相关法律中找不到明确的解释。

(二)有关动产担保物权实现的法律和制度

司法体系作为社会权利的救济部门,其在信贷人权利的保护中同样能够发挥重要作用。经济转型国家的经验告诉我们,法律规定固然重要,然而,法律能否得到实施更为重要。而且,相比于制定法律的能力,司法能力及其效率的提升是一个更加缓慢的过程。

1. 国际实践

对于信贷业务而言,司法体系的作用在于,当债务人侵犯了信贷人的合法权利时,后者能够通过向法庭的诉求而恢复其权利。对于供应链金融,银行对司法体系的服务需求主要存在于客户违约的情况下,抵质押物、应收账款等担保物权的实现效率,这种效率既包括时效性,也包括变现比率。

从国际经验看,现代动产担保交易中的权利实现以高速和低成本为其特征。相比之下,不动产抵押权的实现往往通过由法院所控制的相对缓慢的秩序井然的程序进行。因为动产比起不动产来更容易损坏、灭失或贬值。

一般而言,担保协议或适用法律赋予担保物权人一系列权利和救济措施,包括扣押和变卖有形动产及只接收应收账款。同时,法律应合理限制担保物权人对其权利和救济措施的行使,以保护债务人核对担保物享有权利的其他当事人的权利。

2. 国内实践中的问题

总体上看,国内与担保信贷有关的法律和规章,所形成的动产担保物权实现体制很少给予当事人在违约之前约定实现权利和救济措施的自由,也不允许担保物权人自力实现动产担保物权(即以私力扣押和变卖担保物)。根据中国人民银行研究局的问卷调查(2006),在2003年至2004年两年中,金融债权案件通过司法程序执行的比例为75%,而在法庭之外执行的比例仅为17%,经过破产程序执行的案件为8%。

从执行时间上看,同一份调查显示,即使是使用司法简易程序执行不复杂的动产担保债权,平均也要花费7.88个月;此外,53%的担保债权的执行基本上需要一年以上时间,有时甚至长达数年。根据其他数据来源,即使在债权诉讼中商业银行打赢了官司,绝大多数生效债权判决也不能有效执行,执行比率不到30%。

（三）金融监管制度与政策

金融监管部门的监管目标主要有两个：金融安全监管（审慎监管）与金融服务监管（规范监管）。作为银行类金融业务，供应链金融业务的开展必须符合金融监管部门对商业银行设立的各项监管要求。监管者可能关注的问题是：供应链金融业务的风险程度到底有多大？商业银行开展此类业务在多大程度上会影响到整个金融系统的风险状况，又在多大程度上会影响该银行本身的经营安全？

近年来，中国的监管部门对银行业的监管在监管理念、监管工具和监管模式上都有很大的变化。传统上，监管部门把监管重点放在合规监管上，习惯于借助检查、处罚等行政手段对银行业金融机构进行运动整顿式监管，对问题偏重定性界定而往往缺少定量分析。为了适应金融自由化和全球化背景下的监管要求，2003 年，专司银行业监管的政府部门——银行业监督管理委员会成立后，监管理念开始转向重视风险监管（审慎监管），其核心内容便是《巴塞尔资本协定》所强调的资本充足率管理。

供应链金融作为一项创新的银行服务，在风险控制理念、客户群导向、盈利模式，以及担保资产选择等方面都与传统业务大相径庭，这对监管部门的学习能力和监管智慧提出了一系列新的要求。

供应链金融的目标客户群主要是中小企业，有些客户报表反映的经营状况并不尽如人意。供应链金融更多强调授信债项而非主体的可行性，比如对客户核心资产的控制、动产担保物权的自我实现等。因此，如果仅对客户群体本身的孤立资质进行评价，忽视风险控制手段的特异性，由此得出商业银行信贷经营审慎与否的判断，将会陷入监管误区。

对于供应链金融业务监管而言，难点在于如何确定商业银行供应链金融业务资产的风险权重，计算供应链金融业务风险资产总额。目前，由于动产和应收账款担保对于信用风险的缓释作用并没有得到一致认识，在实践上对于这类贷款的风险权重一般是比照传统担保信贷来设定的，权重取值普遍较高。这意味着对商业银行的更高资本金要求。随着大批银行进入供应链金融市场，监管部门应根据经验数据重新评价动产担保物权的风险缓释作用，并作出更为合理的估值。

国内动产担保物权相关法律的不完善，必然导致供应链金融这一围绕动产担保所开展的业务的不确定性。但是应该看到，法律必然是社会经济生活中规制需求的滞后反映，缺乏动产担保的金融实践，相关法律的完善将无从期待。当然从控制法律风险的角度看，以行规、违约成本、综合措施等因素弥补法律的不足，已经成为银行在法律缺失条件下在产品创新过程中的一种方法论创新，也取得了很好的效果。比如供应链金融中"回购条款"的运用；浮动抵押存在不确定性的情况下，将抵押与货物监管相结合；等等。

监管部门对供应链金融业务的监管思路，与监管部门对银行创新的基本态度密切相关。创新是银行业发展的根本动力，银行产品创新从本质上看也是风险控制理念和手段的创新。简单固守传统的合规经营必然在竞争中处于劣势，进而可能导致更多风险的发生，最终也无法保障存款人和金融消费者的利益。因此，如何建立激励相容的监管理念，变合规性监管为禁止性监管，引导银行赋予新产品更多风险管理创新的内涵，是监管部门面临的一个重要课题。

二、供应链金融的技术环境

（一）金融技术

金融技术是指进行风险评估与管理的各种方法与工具，它包括对金融契约进行风险和收益评估的具体的统计计量方法和财务分析工具，进行风险管理的各种金融工程技术与工具，如无套利分析技术、资产分解与组合技术，货币、外汇和证券等传统工具和远期、期货、期权、互换等衍生工具。

金融技术的发展水平决定着金融产品与服务的提供水平，也决定着金融市场的广度与深度。就供应链金融业务而言，金融技术主要体现在如何对整条供应链不同环节开发不同的融资产品，如何分析评估各类融资产品的风险水平，如何选择具有不同风险表现的行业组合开展供应链融资，以及如何把供应链融资产品与其他金融产品进行组合，从而将风险控制在合理水平上。

近半个世纪以来，从全球金融市场来看，以各类衍生工具为代表的金融技术的发展有力地推动了金融全球化的进程。不过，目前各国金融技术的发展状况并不平衡，和发达市场经济国家相比，发展中国家，尤其是经济转型国家的金融技术还相对落后。不同的金融技术环境显然会影响到各国供应链金融产品的开发与业务的推广。

（二）电子信息技术

金融行业属于信息密集型行业，其发展与电子信息技术的发展息息相关。计算机技术运用到金融领域始于 20 世纪 60 年代，最早只是用来进行后台业务的单机批处理，后来发展到联机实时处理和内部管理信息化，90 年代中期发展起来的互联网技术进一步促进了金融业的网络化，逐步形成了完整的金融业信息系统。

目前，利用通信技术、数据处理与应用技术，以及系统集成技术等建立起来的金融业信息系统一般包括三个层面，以银行业为例：首先是银行内部信息系统，包括柜台业务服务网络和银行管理信息系统网络；其次是银行之间的信息系统，如统一、标准的资金清算体系（像美国联邦储备体系的资金转账系统、美国清算所同业支付系统、日本银行金融网络系统）；最后是银行业与客户之间的信息系统，包括自动客户服务系统网络等。

从供应链金融业务来看，这些信息系统为商业银行开展该业务提供了坚实的技术基础。与此同时，信息技术的发展还为银行开发出符合供应链金融业务特点的新的应用系统提供了可能，比如，开发同时面向供应链上下游企业和物流企业的电子化交易平台，在这个平台中可以有机地嵌入供应链金融服务模块。当然，为了保证整个系统运行的安全，还需要相应的信息安全防护技术做配套。

此外，由政府提供的一些公共信息平台，如统一的动产和应收账款担保登记系统、企业资信信息系统等，对于供应链金融业务的发展同样非常重要。目前，电子信息技术的发展与金融领域的应用在不同国家同样存在很大差异，许多发达国家的银行业已经率先建成了较完整的金融业信息系统，并且开发出专门的电子交易与支付平台，相关的公共信息平台也已经向公众提供。然而，大部分国家（包括中国在内）其金融业信息系统尚在形成与整合之中，而且公共信息平台建设工作还没有完成。这些差异对于各国供应链金融业务的发展无疑会产生大相径庭的效应。

（三）供应链金融的技术环境瓶颈

1. 涉及电子证据相关的立法

国内供应链金融电子技术涉及交易数据的法律定义。在现代供应链交易产生的以现代电子存储技术生成的可以证明事实的资料都可以作为电子证据来使用。电子证据的概念目前在国际国内均没有达成一致意见，常见的说法有电子证据（electronic evidence）、计算机证据（computer evidence）、数字证据（digital evidence）这几种，世界上已有美国、德国、爱尔兰、加拿大有相关的电子证据立法。我国 2005 年 4 月 1 日起施行的《中华人民共和国电子签名法》和当时信息产业部的《电子认证服务管理办法》，对电子证据也有具体的规定。如电子签名法第四条规定："能够有效地表现所载内容，并可以随时调取查用的数据电文，视为符合法律、法规要求的书面形式。"第七条规定："数据电文不得仅因为其是以电子、光学、磁或者类似手段生成、发送、接收或者储存的而被拒绝作为证据使用。"所以在供应链金融涉及技术数据的有效性是有明确司法规定的。

2. 国内供应链金融的技术应用孤岛

国内供应链金融有强烈的企业、物流、金融间多节点数据互联，交易及融资操作流程化、线上化的技术需求。供应链上各节点的信息流贯穿于供应链商务活动的始终，导引着商务的发展。其中物流是商流的继续，资金流是商流的价值体现。商务活动中实际的物资流通过程，资金流转过程同样需要信息流的导引和整合。

按照供应链金融所要求的网络化信息系统，处于每个节点上的企业、物流公司、银行都能够对供应链中上游节点的业务询问或交易处理要求做出反应，并同时向下游节点的企业、物流公司、银行发出业务请求。节点上的企业、物流、银行可根据上下游节点的请求和反馈提前安排货物输送过程和资金安排，节点间信息流在整个商流过程中起到了事前测算流通路径、即时监控商流执行过程、事后反馈分析的作用。在环环相扣的商流过程中，通过联网的信息流简化了操作程序，减少了失误和误差，可使每个环节之间的停顿时间大幅度降低。但由于国内企业、物流、银行技术应用水平的不一致，造成目前并没有实现供应链金融所要求的信息流共享，物流、资金流与商流的对接，呈现为不同性质企业各自独立发展的技术孤岛现象。

作为 IT 技术最早应用的领域，银行金融技术经历了 20 世纪 70 年代到 80 年代业务操作由计算机取代手工操作；90 年代初到 90 年代末银行内部实现数据联网处理；2000 年开始在业务集中化处理后逐步实现网上金融服务三个阶段。虽然银行信息化、网络化水平在国内行业中处于领先地位，但与异业的数据联网还处于单个、孤立状态，而且基本是满足企业资金流的监控管理使用，并没有把资金流信息与物流、商流进行有效对接。

国内物流企业 IT 技术经过多年发展，已初步完成了仓储管理系统（WMS）、运输管理系统（TMS）和企业资源管理（ERM）等基础业务系统建设，但还仅实现了物流仓储传统业务模式的电子化管理。作为供应链上物流的管理者，还没有实现物流在供应链上的网络化信息管理，而且物流信息与资金流信息的对接还没有实现，呈现出物流、资金流各自流转状态。

企业是推动供应链金融技术发展的源动力,但其本身的技术化水平参差不齐。供应链上的核心大企业凭借经济优势基本完成了企业 ERP 系统建设,所以核心企业有着对供应链上物流企业、银行提供物流、资金流对应的全程服务的需求,以降低商务流转成本,提升竞争力。众多的中小企业 ERP 建设或使用效率不高,可以通过供应链金融推动中小企业的信息化建设,提升整体供应链的技术水平。

综合所述,国内供应链金融中物流、银行、企业基本已完成了各节点的信息化、网络化建设,但需要几方共同推动,才能构建出数据互相流转的公共供应链金融服务平台。

第二章　供应链金融的国内外探索实践

国内外供应链金融实践从参与主体、涵盖范围、服务方式到实践重点，存在明显的分野。最显著的差异在于，国外供应链金融侧重于供应链融资，而国内则更擅长提供销售渠道融资支持。

2008 年国际金融危机的冲击加速并深化了国内供应链管理实践进程。顺应领先企业的供应链管理电子化趋势，国内银行业已经启动了线上供应链金融服务的新竞争，日益靠近国外实践中与之类似的服务水准。

第一节　国内外供应链金融的差异

供应链金融作为面向供应链企业生态群的一项金融工程技术，其核心在于如何将核心企业的信用价值有效转接给上下游众多的中小企业，通过提高供应链中中小企业的信贷可得性，并降低其融资成本，进而提升整个供应链的财务运营效率。

为了达成提高链条融资可得性的同时，降低财务供应链融资成本这一核心目标，国内外供应链金融服务在意会概念以及实践重点都存在差异。这些差异同时体现在需求主体、供应主体到服务内容和方式的方方面面。

一、供应链融资服务的需求

如果将核心企业称为“1”，供应链其他成员称为“*N*”的话，一般地核心企业“1”要比其他成员企业“*N*”有着更强的交易地位和融资便利，那么“*N*”往往被要求管理库存（供应商）或预付货款（经销商）而普遍面临融资的压力，这一点在国内供应链管理实践中更为突出。

二、安排/申请供应链融资服务

国内申请供应链金融服务的企业主要为供应链配套成员“*N*”。与此大异其趣的是，国外更多的供应链融资来自于核心企业的安排和申请。

国内供应链金融的前期突破口是“*N*”，即深圳发展银行提出的自偿性贸易融资（self-liquidating trade finance）阶段。为了给众多中小企业为代表的“*N*”融资，银行与“1”和“*N*”之间的三方协议方式被引入。近年来，尽管“1”作为有效的风险控制变量和业务开拓突破口的价值被逐渐发现，但对大多数银行来说，“1”仍只是市场营销的中介手段，目标客户群仍然指向“*N*”。

国外供应链金融自始至终主要解决的是“1”的问题，即全球化外包安排下，供应链成员的融资瓶颈对供应链稳定性和成本的影响。通过这个问题的解决，银行得以深入参与“1”的供应链运行，在稳定与“1”的业务关系的同时，培育在新兴市场的客户群。

例如戴尔牵头安排的供应链融资。20 世纪 90 年代后期，一些为大企业提供产品的中小企业将对大企业的应收账款折价出售给银行，提前获得现金。与传统应收账款融资不同的是，这种提前支付融资是由供应链的买方大企业，像戴尔这样的公司牵头安排的，银行基于戴尔的信用而不是供应商的信用来做信贷决策，这就大大降低了单个供应商申请应收账款融资/保理的难度和融资成本。通过这样的融资安排，中小企业获得了运营资本融资，解决了流动性的问题，而大企业能够获得更多的利润。

Flextronics 公司是戴尔台式个人计算机和服务器的合约制造商，其公开信用评级是 Ba3/BB-，戴尔的信用评级为 A2/A。图 6-2-1 显示了戴尔（投资级）和 Flextronics 公司（非投资级）的公司债券对美国国库券的各自价差。评估这两个公司之间融资成本的差异，可以从低评级公司债券的价差中减去高评级公司债券的价差得出，即从 Flextronics 公司（320 基点）中减去戴尔债券的价差（40 个基点），区别是 280 个基点，或 2.8%。

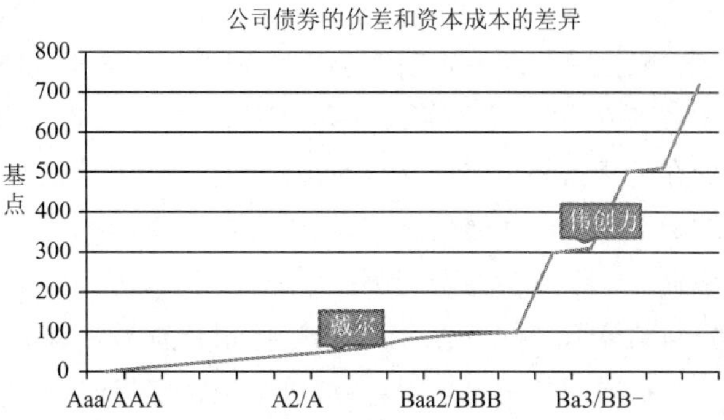

图 6-2-1 戴尔和 Flextronics 公司的价差

也就是说，由戴尔牵头组织和安排供应商融资，不仅银行愿意融资，而且至多可降低链条融资成本 280 个基点。

三、供应链融资服务的提供和推动

由于国外成熟的金融环境、法律环境及混业经营的监管政策，供应链金融在境外的开展呈现发起主体多元化的特征。参与供应链的各方如物流公司、金融公司、商业银行、交易平台提供商甚至核心企业本身均有突破本行业限制，发起并主导供应链金融的先决条件及倡导意愿。较之国内的供应链金融发起方基本为商业银行的状况，其业务模式也显示出较操作灵活、模式多样的特点，如表 6-2-1 所示。

表 6-2-1 全球供应链金融市场参与主体

交易平台提供商	交易风险管理人	信用风险承受人——追索和无追索
销售对象为银行和买方的平台科技提供商 如：GSCF，PrimeRevenue，Orbian	物流企业 如：UPS	商业银行 如：JPMorgan Chase，HSBC，RBS，ABN AMRO，BMO
销售对象为银行和买方的平台科技提供商 如：Premium Technologies，Misys，William Stuckey，TradeFinance Systems，XPCapital	全球贸易管理及供应链企业 如：EZD Global，TradeBeam	非银行金融机构 如：CIT Financial，GE Commercial Finance
信用证，赊销平台提供商 如：Banks，TradeCard，SWIFT′s TSU initiative	买家 如：Wal-Mart，Home Depot	对冲基金和专业投资者 如：Rosemount，Octagon
电子发票平台提供商 如：Xign，ERP Systems	供应链金融数据处理者 如：Instream，First Date for credit cards	信用保险公司 如：AIG，Atradius

同时，由于国内企业供应链管理的意识普遍薄弱，供应链普遍表现出松散的特征，表现在供应链的边界模糊、核心企业对供应链成员的管理缺乏制度化的手段、成员企业对核心企业的归属感不强，种种原因导致了供应链条中的原有各方无太大驱动力对供应链资金流进行主导规划。在此情况下，国内主要由商业银行参与，对链条中的资金进行维护管理，并给予对应的信贷资源支持则顺理成章地成为常规态势。

四、供应链金融提供的服务

根据 Aberdeen 集团的调查，国外核心企业正在积极采用供应链融资可行方案，包括：通过第三方为“供应商管理库存(VIM)”给予融资、保理、第三方早期应收账款折扣和金融机构的存货贷款等金融产品。对应这些需求，国外供应链金融服务提供者可以根据供应链物流与资金流的时间转换过程，提供应收账款提前支付融资(包括订单融资)、库存所有权/存货融资等资产支持性融资服务。与此同时，更广义的供应链融资被很多国际银行列为交易融资与结算服务的一种，而成为这些银行贸易融资的主打产品之一。

在国内的一般理解，供应链金融特定指向于为“$1+N$”供应链提供的金融服务。银行在财务供应链管理中，更主要地定位于财务供应链管理问题整体解决方案的提供者。首先，能够针对某一条具体的供应链，就其财务成本最小化问题提出最优的融资方案，该融资方案对象不但包括供应链核心企业，还包括其上下游的供应商和销售商，其融资产品不仅包括具体针对单个企业的贸易融资，还包括“$1+N$”供应链融资；其次，为了实现该融资方案，金融机构不但提供资金融通，而且也提供包括各种服务在内的中间业务，换言之，国内开办了供应链金融服务的主要商业银行，基本都具有开发一系列产品与服务来满足不同企业需求的能力。

此外，在供应链金融的具体信贷评审技术、服务方式和服务渠道等方面，国内外实践也存在不同之处。资产支持融资通常被统称为应收账款和存货融资-ARIF。美国的货币监理署(OCC)将 ARIF 分为四类：资产支持贷款(ABL)、保证贷款、一揽子应收账款贷款和托收保付/保理。它们是国际银行供应链金融的主导产品，其对客户的评级主要基于债项，而非对客户资产负债表的主体评级，此一理念和做法与国内深圳发展银行“自偿性贸易融资评级”有异曲同工之妙，不过，国内大多数商业银行仍然沿用以企业整体的资产为信用基础的传统银行贷款模式。在服务方式上，国际上的领先实践，已经实现在线电子商务、电子物流/单证/发票、在线融资和支付结算的平台整合服务，交易平台服务、资金服务、物流服务和风险管理服务各方无缝协作的成功案例不断见诸报端。这方面国内银行也正在迎头赶上，不仅电子支付结算、在线融资加速发展，同时在线上整合供应链“商流—物流—资金流—信息流”方面，也不乏深圳发展银行线上供应链金融服务的领先实践案例。

以美国罗森塔尔公司对应收账款贷款客户的评级标准为例。美国 Rosenthal & Rosenthal Inc. 是一家专门从事保理和其他融资业务的私人公司，该公司有着半个多世纪的从业经验。在从事应收账款融资的实践中，该公司形成了客户选择的一整套标准，对应收账款融资业务的开展具有较高的借鉴价值。该公司通过“3C”门槛来确定它的客户准入，这“3C”指的是：

(1)性格(character)。客户“性格”指借款人的一些基本特征,如负责人的声誉和信用度、负责人是否愿意提供个人/效力保证、公司与供应商和客户的关系、与竞争对手的关系,以及法律方面的问题。

(2)能力(capacity)。客户能力体现在三个方面:人员,即负责人和主要管理人员的技能组合;财务,即贷款能促进业务发展还是仅仅缓解其财务困境;在该行业的经验和以前的从业纪录。

(3)资本(capital)。客户的资产状况,包括固定资产和存货相对于流动资产(如应收账款)的合理比率;存货价值是否高估(即损失准备金提取不足);确定与企业资产状况相称的应收账款融资率(折扣率)。比如说,一般放款先从60%开始,然后逐渐达到80%。

应收账款融资最大的担心就是欺诈,它可能会给贷款机构带来很大的损失。借款人欺诈方式主要有四种:第一种是提前开票,即货物尚未交运就开票并将应收账款让与贷款人;第二种是虚假的账期,即借款人将账龄(比如超过90天的)不合格的应收账款移到合格应收账款的栏内(比如30天),或者应收账期之内,然后获得贷款;第三种是转移现金。借款人拿到货款,但不把货款转给贷款机构;第四种是欺诈应收账款,这是最严重的欺诈行为,应收账款完全是虚构的,并没有实际的发货,所以债权是不成立的,只是骗贷。

该公司采取多种方法应对欺诈。关于提前开票,可以在实地检查时进行货运和开票检验,检查者抽取一组销售发票,核实发票所指货物是否在开票当时已经发出。针对虚假账龄也可以用货运和开票检验方法,对账龄和付款进行监控。针对现金转移,贷款人可以设立锁箱安排(lock-box arrangement),要求借款人指示客户付款到银行指定的账户内,用锁箱接受(借款人)客户的所有付款。当然这种方法不能阻止借款人将其客户的付款进行转移,如果能明确通知借款人的客户将付款直接付给贷款人,则可以减少此类欺诈。该公司采用随机收取一些样本进行考察,有时候还会打电话问付款的客户,这是非常有效的措施。

事实上欺诈有很多的预警信号,比如账龄恶化;借款人出现新客户或通常不属于销售对象的客户;销售条款的变更,大额赊销,重复开票等等,所有这些迹象都是警告要接收的应收账款出现了问题。

第二节　供应链金融的国际实践(案例)

国际供应链金融业务高速发展的基础,在于供应链全球化引致供应链成员的流动性紧缺,并由此带来的核心企业的财务供应链管理的特别需求。

(1)核心企业(买家)为了美化自己的资产负债表,尽可能地延迟将供应商的供货计入自己名下,比如采用供应商管理库存(VMI)的模式。

(2)由于核心企业的延迟存货,供应商需要低成本的资金渠道来补充流动性。

(3)由于核心企业向分销商不断压货,分销商寻求盘活自己的大量库存的资金占用。

(4)外包导致的产业空心化，使得发达国家的跨国公司赖以支持自己融资的实物资产越来越少。

(5)发展中国家承接国外订单的中小企业，往往面临苛刻的融资环境，高成本的融资或资金链紧绷的问题，导致供应链产品成本上升，或供应商退出。

(6)核心企业的强势地位，使得国际结算中赊销逐渐代替了信用证方式，供应商的融资渠道进一步收窄。

根据Demica公司的研究报告，发达国家供应链金融市场呈现出高速增长的趋势：

2011年，对欧洲40家银行调查，表明发达市场供应链金融的成长率为10%～30%。一半以上的大银行认为，最有条件及最可能从供应链融资方案中获得流动资金正面效应的行业包括：零售(82%)、汽车(75%)、制造(74%)、电子(70%)、食品及饮料(62%)、制药(61%)、批发(56%)、重型装备(53%)以及科技(51%)。93%的国际性银行感觉到公司客户对供应链金融的需求强烈，因为该项服务“在当前严峻的信贷环境下，提供了一种稀缺信贷资源的高效率的配置方式”。公司客户认为供应链金融最大的益处不再是“产品成本的削减”(2007年调查时公司客户认为的最大益处)，而是“资金成本的削减”。

尽管次级抵押贷款也是一种资产支持类的贷款，并且从2007年以来出现了大问题。但是64%的大银行表态仍将继续通过它们的资产支持贷款的平台(ABCP conduit)运营供应链融资服务；另有60%的银行认为，其他细分市场出现的不良，不会影响其在供应链融资市场的拓展计划。

80%的大银行认为，供应链金融产品对于商业银行业务的差异化竞争十分重要，因为它们认为，供应链金融业务有助于推广银行的某些高端技术服务和金融服务，比如电子发票。一些欧洲的主流银行普遍认为，在未来的两年中，银行向客户提供供应链金融服务的增长速度将远远高于传统的授信额度。

在信贷紧缩的大背景下，65%的大型企业正在探寻对其供应商可持续地延长付款账期的办法，这意味着供应链融资手段的价值将进一步被发现和挖掘。

在调查成功实施供应链金融计划所面临的现实挑战时，银行认为大企业面对的最大障碍是内部流程的再造和内部组织方面的问题；而大企业自身认为最大的障碍是对供应商的营销和技术整合方面的困难。

如前所述，国际供应链金融可以由不同主体主导和驱动发起。以下是区别不同发起主体、较为典型的供应链金融实践案例，可以窥见其业务理念和典型业务模式。

一、供应链金融由物流公司主导和驱动的案例：UPSC解决方案

1998年，UPS收购美国第一国际银行(First International)，将其改造成为UPS的一个部门(UPS Capital，UPSC)，并开始提供金融物流服务。UPSC的新型服务体系包括传统和非传统的金融产品，主要集中于四个关键区域：

(1)加强现金流：C. O. D. (货到付款)增值服务、基于资产的贷款、设备租赁、UPS资本Visa白金商务卡、商人服务计划。

(2)管理贸易风险：货物保险、C. O. D. 安全、信贷保险、弹性包裹保险。

(3)国际贸易:应收账款管理服务、出口运作资本、出口信贷代理金融、商务信用证。

(4)小额商业信贷:SBA7(A)计划、SBA504 计划、SBA 专业贷款、特许权融资、商务购置、商业建设贷款、商业抵押贷款、商业期贷款、循环贷款。

(一) UPSC 金融物流运作模式

以典型的增值服务和垫资服务为例,UPSC 金融物流运作模式如下:

(1)物流的增值服务。UPSC 作为中间商在大型采购企业和数以万计的中小出口商之间周旋,在两周内把货款先打给出口商,前提条件是揽下其出口清关、货运等业务和得到一笔可观的手续费,这样,小型出口商们得到及时的现金流;而拥有自己银行的 UPS 在与大型采购企业进行一对一结算。同时,UPS 资本公司还为中小出口商提供为期 5 年的循环信用额度,并确保该公司规避客户赖账的风险。

(2)垫资服务。在 UPS 的物流业务流程中,当 UPS 为发货人承运一批货物时,UPS 首先代提货人预付一半货款;当提货人取货时则交付给 UPS 全部货款。例如,一家纽约的时装公司向中国香港的服装供应商订购货物,UPS 收到中国香港供应商交运的货物后,可以即时向其支付高达 80%的货款;货物送交到纽约的收货人手中后,由 UPS 收取货款,再将余额向中国香港供应商付清。

UPS 开展垫资服务时,有一个资金流动的时间差,即这部分资金在交付前有一个沉淀期。在此资金沉淀期内,UPS 等于获得了一笔无息贷款。UPS 还可用这笔资金从事贷款,而贷款对象仍为 UPS 的客户或者限于与快递业务相关的主体。在这里,这笔资金不仅充当交换的支付功能,而且具有了资本与资本流动的含义,而且这种资本的流动是紧密地服务于业务链的。

(二) UPSC 提供的金融物流服务

以下的全球金融解决方案(见图 6-2-2)为供应链的关键节点提供融资服务:

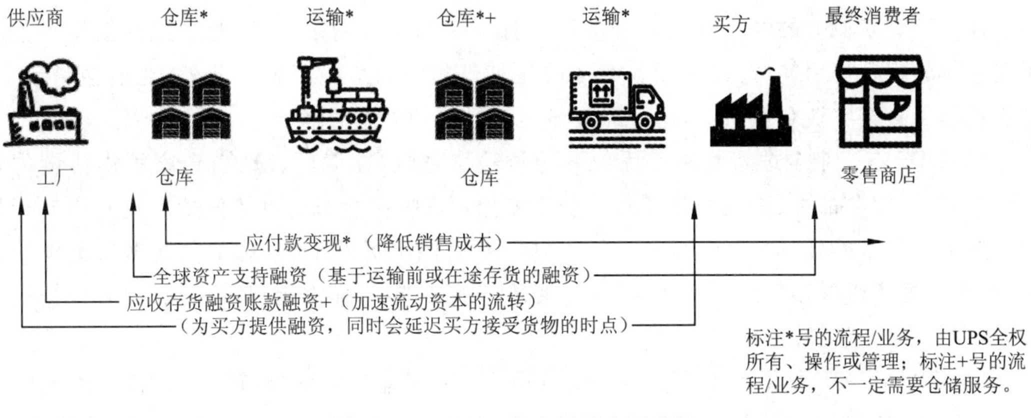

图 6-2-2　UPSC 的全程供应链融资

(1)供应商(工厂)、仓库＊＋、海陆运输＊、仓库＊＋、陆地运输＊、买方、终端消费者(零售商店);

(2)应付款变现融资＊(降低销售成本);

(3)全球资产支持融资(基于运输前或在途存货的融资);

(4)应收款融资＋(加速流动资本的流转);

(5)存货融资(为买方提供融资,同时会延迟买方接受货物的时点)。

其中,标注 * 号的流程/业务,由 UPS 全权所有、操作或管理;标注＋号的流程/业务,不一定需要仓储服务。

其运营资金融资服务如下:

(1)应付款变现融资。该应付款融资服务帮助企业客户将应付款流程外包。

(2)应收款融资。由 UPS 将应收款变现为现金(预支价金),并承担相应回收款项的责任和风险(无追索权保理)。

(3)存货融资。在商品销售过程总,通过提前融资出账的时点,存货融资帮助企业客户更快地将流动资金注入企业的日常生产、销售中去。

(4)全球资产支持融资。通过此产品,企业能够将在途或存放于美国境外的名下存货转化为流动资金。在付出合理的资金成本的同时,增加流动资本。

此外,随着买方的强势,FOB 方式的贸易越来越少,DDP(delivered duty paid,税后交货)和 DDU(delivered duty unpaid,未完税交货)越来越多,卖方代替买方持有库存的环节将进一步延伸。例如台湾电子公司做 OEM,很多都在买方工厂所在地设立仓库,这为 UPS 面向卖方的供应链融资安排提供了越来越大的空间。

UPS 上海代表处与深发展等多家银行合作,对于物流完全由其掌控的企业,推出购料端垫付或开信用证。产品从出厂到运送到国外仓库,可作在途和存货融资,并可进一步叙做应收账款买断,即保理业务。

(三) UPSC 的优势

作为以物流资本主导的金融服务,UPSC 具有一些特殊的优势:

(1)从目前物流的发展趋势来看,物流企业越来越多地介入客户的供应链管理当中,因而往往对于买卖双方的经营状况和资信程度都有相当深入的了解,因此在进行信用评估时不仅手续较银行更为简捷方便,而且其风险也能够得到有效的降低。此外,在金融物流中,由于货物一直在物流企业手中,这一风险显然已经得到大大的降低。

(2)UPS 有一个全球货物跟踪系统。通过这个系统,在工厂、海关、仓库等供应链的每一个节点上,库存都可以追溯和跟踪,甚至会细化到货物在仓库的具体位置。这对于基于货物的融资提供了准确、便捷的手段。同时,基于对美国市场的了解,对于一些出口美国的企业,当客户把货送到船舷后,UPSC 即可提供融资,或向银行提供担保,由银行向客户提供保理,客户的资金流周转速度大幅提高。

(3)UPS 作为专业化程度很高的物流企业,对于所运输的货物市场却有相当深入的了解,而且由于长期合作的关系,与该行业内部的供应商和销售商往往有着千丝万缕的联系,因此在货物变现时能够享受到诸多的便利。

二、供应链金融由银行主导发起和驱动的案例

(一) 墨西哥国家金融开发银行 (Nafin) 的"生产力链条"计划

墨西哥国家金融开发银行通过在线方式为中小供应商提供保理服务,是供应链反向保

理(reverse factoring)融资的成功范例。所谓反向保理,是指保理商所买断的应收账款的对家是一些资信水平很高的买家。这样,银行只需要评估买家的信用风险就可以开展保理,而授信的回收资金流也直接来自于买家。

该保理项目被称为"生产力链条(productive chains)"计划,旨在构筑大买家和小供应商之间的低交易成本和高流动性的交易链。"生产力链条"使融资困难的小供应商得以凭借它们对大买家的应收账款进行流动资金融资,并且通过将大买家的低信用风险替代小供应商的高信用风险,从而降低小供应商的融资成本。

Nafin 在这个计划中主要扮演再贷款人的角色,即 90%的业务是对银行和金融机构的保理融资进行再融资,剩余的 10%是对客户的直接融资,且主要针对的是公共项目。

Nafin 提供无追索权或抵押品的服务,只要中小企业在线或是通过电话注册,并在银行或保理商开立账户,那么供应商的应收账款转让以及给供应商融资出账都是电子化的。资金直接转账到供应商的银行账号上,银行就变成了债权人,在 30～90 天后买家支付货款时,银行即收回了贷款。

Nafin 为每个大型买家提供专属的网页。而小规模的供应商则通过"链接"方式集合到各自有业务往来的买家网页上。在处理电子商务交易和电子文件的传送方面,Nafin 也发挥了重要的作用。Nafin 先和供应商签订一个协议,允许电子商务方式的贸易和应收账款转让。Nafin 和银行、买家间的补充合同规定了相互间的权利义务,如买家必须将已经转让的应收账款项下的货款直接电汇给银行。其保理协议如图 6-2-3 所示。

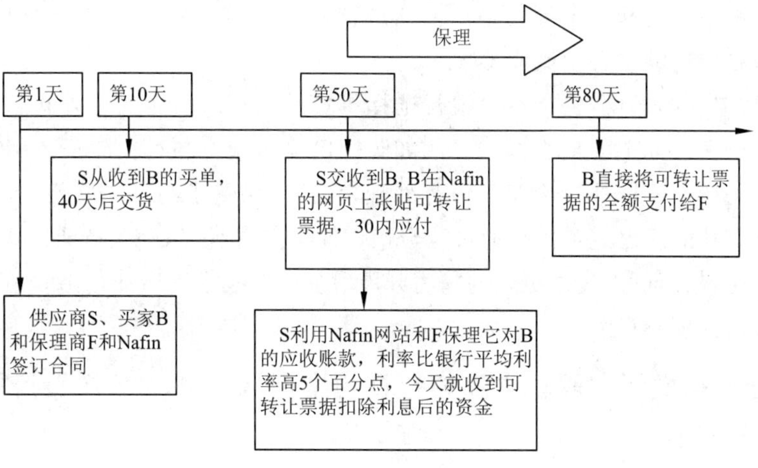

图 6-2-3　Nafin 保理协议

一旦供应商提供了货物和发票,买家会在他们自己的 Nafin 网页上张贴"可议付单证"的金额,即可以转让给保理商的应收账款额。然后,供应商通过互联网进入其买家的网页,并单击它的应收账款。每个与买家及供应商有业务联系并且愿意受让该笔应收账款的贷款人,将在单击后被显示出来,同时,每个贷款人的利率报价也会同时被显示。如果确认要转让该笔应收账款,供应商只需单击它选择的保理商的名字,则与扣除了利息的应收账款等额的资金将立刻到达供应商的账户。当发票到期时,买家将向保理商直接支付货款。

Nafin 保理计划之所以成功，是因为它所运用的电子交易平台，压缩了成本，提高了交易效率。所有的交易在 3 小时之内完成，资金在交易日结束之前会划到供应商账上，这给供应商提供了快速的流动性。

（二）摩根大通银行“实体供应链和金融供应链联姻”

2005 年，摩根大通银行收购了一家物流公司 Vastera，并在亚洲组建了一支新的物流团队，专门为供应链及分销链提供金融服务和支持。此举被行业内专家誉为“实体供应链和金融供应链的联姻”。

作为世界上最大的现金管理服务商，摩根大通银行的资金清算部门在全球的美元清算业务中拥有举足轻重的地位。而现金管理与供应链贸易融资是两项相辅相成的银行业务。新组建的 JPMorgan Chase Vastera 公司提出的价值宣言是：为进出口商提供一站式服务，妥善解决跨境货物运输中日益增加的各种挑战和风险，包括由于不充分的进出口信息和文件传递延迟引起的运输耽搁、违反国际贸易法规遭受的政府罚款，以及由于供应链中的缺陷导致的现金流问题等等。

在为全球供应链中主要的结算环节（包括收付货款、支付运费、支付保险费、支付关税等）提供服务的过程中，摩根大通银行可以自动获得各类贸易相关数据。而利用运输单据制作和管理的自动化，Vastera 原有的流程和技术有力地支持了“实体货物”的跨境流动。

这项收购通过提高货物运输信息的可视度，为整条供应链提供了更高水平的金融工具和更多的融资机会。跨行业的并购打破了厂商、物流公司、银行通过互不关联的系统及流程分别参与供应链中物流和资金流的格局。通过整合不同的平台，实现互补、创造合力，摩根大通银行希望在供应链融资领域取得重大突破。

然而，与战略并购相反，也有不少银行选择将贸易融资的后台操作外包，以集中更多的资源强化贸易融资业务中的核心部分。例如英国巴克莱银行与荷兰银行签订了特殊协议，将其贸易服务的操作环节外包给荷兰银行处理，自己则保留了与客户联络、客户关系管理、客户数据分析等功能。巴克莱银行通过后台操作外包提高运营效率，降低操作差错，增加操作风险的可控性，从而可以集中更多的精力开展贸易融资技术平台的构造，提高在服务及客户关系管理方面的核心竞争力。

三、其他机构发起和驱动供应链金融的案例：GE 和太平洋资产融资公司的存货代占解决方案

存货代为占有解决方案（inventory-ownership solutions）是一种新兴的供应链金融解决方案。这种方案令供应商能够以低于一般流动资金贷款的利率获得融资，从而减轻由于买卖双方融资成本差异带来的流动资金压力。在供应商需要保持的在途存货数量巨大，或者供应商在买家的压力下不得不持有大量存货仓储设施的情况下，如供应商代买家持有库存模式（VMI），存货所有权解决方案为供应商提供一个新的资金来源。

GE 公司所推出的贸易分销服务（GE trade distribution service），旨在盘活供应链中存货所占用的资金。GE 从供应商那里购买存货商品，当商品在运输途中或在仓库里的时候，GE 拥有对这些商品的货权。当买家（如核心企业）需要提货的时候再将存货出售给买

家。GE 公司运用记载有在途数据的信息管理系统来管理这项服务。相关的协议条款经过了严密的设计，目的是避免在买家最后没有提完货物的情况下 GE 沦为最后的货主。通过这项服务，GE 公司为供应商提供了库存实时变现的途径，规避了存货积压产生的资金占用。

另一个案例来自于太平洋资产融资（Pacific Assets Funding，PAF）公司，该公司已经从事了多年的存货代为占有业务。除存货盘活服务之外，它的经营活动更像是一个贸易公司，包括安排运输、储藏和清关。PAF 与 GE 公司存货代为占有服务的不同之处在于：GE 公司的服务要求买家具备投资级别（investment-grade），而 PAF 只要能够合法取得对商品的所有权，便可以在全球范围内有选择地与资信水平不高的买家合作。

第三节　供应链金融的国内实践

国内供应链金融业务的若干产品出现的历史，如存货抵押贷款，有据可查最早可以追溯到 1995 年成立的上海银行。

20 世纪 90 年代中期，随着中小商业银行在竞争压力下的持续创新，存货融资业务开始得到零散的恢复。之后，深圳发展银行在总结面向中小企业的货押和票据业务经验的基础上，提出了“自偿型贸易融资”理念和“1＋N”供应链融资系列产品包，并于 2005 年总结提升为供应链金融服务，2006 年在业内率先推出了“供应链金融”的品牌，系统地对供应链中应收、预付和存货提出了结构性的解决方案。供应链金融的一系列阶段性业务规范最早几乎都是由深圳发展银行奠定的，比如产品系列划分、准入评级办法、授信后操作规范、物流监管办法及协议文本、与核心企业的三方协议、“1＋N”营销模式、供应链全景图分析方法，等等。

有若干因素决定了国内供应链金融业务将在中长期内获得深化发展：首先，国内产业组织结构中的供应链模式发展趋势不可逆转，核心企业的财务供应链管理需求将日益凸显；其次，国内大部分中小企业的未来生存方式不可避免地需要依附于某条供应链，这对银行服务中基于系统论的评审技术和开发模式提出了要求；此外，供应链金融作为涵盖传统流动资金贷款、国际贸易融资以及相关负债、中间业务的整合性概念，相关技术手段和风险控制理念更为完善和先进，具有适应变化中的市场环境的强大生命力。

有鉴于此，继深发展之后，目前光大银行、中信银行、浦发银行、民生银行、广发银行、华夏银行、招商银行，以及一些传统国有银行如工商银行、中国银行等都已涉足该项业务。供应链融资的高速发展正成为各银行的新增盈利点。

在商业银行供应链金融如火如荼的同时，以怡亚通为代表的国内物流企业在供应链金融领域也开始了有益的尝试——它们与商业银行合作，提供基于物流服务基础之上的供应链金融服务。

一、股份制商业银行率先发展国内供应链金融服务

（一）深发展供应链金融的实践

作为国内首家倡导供应链金融的商业银行，深发展已经把建设中国本土最专业的供应链金融服务银行确立为长期发展的战略定位。深发展供应链金融业务经历了三个时期：

1. 产品先导期——票据与货押

20世纪90年代末，深发展华南地区各分行率先以票据买入的概念替代了传统贴现贷款。2001年，深发展又推出了另一项重要的创新产品——动产及货权质押授信，突破传统的授信担保方式，以存货类动产设定动态的抵/质押，在保持存货流动性的前提下，允许企业随时赎取部分抵/质押物用于销售，有效解决了大批中小民营企业融资难的问题。票据类产品和货押业务的推出，开辟了面向供应链金融产品创新的两大途径：财务费用节约型产品和担保方式创新型产品。前者着眼于客户成本节约的普遍需求，有助于企业缓解来自融资成本的财务压力。同时，由于票据授信方式在控制资金用途方面具有可操作性，因此也成为授信风险控制的有力手段。后一类产品主要面向主体资质偏弱、存在担保瓶颈的客户，立足于贸易环节的融资嵌入，有意识地构造融资的封闭性和自偿性，以规避目标客户经营稳定性弱、信息透明度差、税务问题等非经营性纠纷所引致的特殊风险。2003年，深发展广州分行借鉴国际经验，整合应收、预付和存货类商品贸易融资产品，在业内第一家提出了"自偿性贸易融资"的理念，并在全行推广，奠定了供应链金融服务的系统性产品基础。

2. 理念形成期——"1＋N"

在通过票据业务低成本效应切入核心企业，并围绕核心企业开展"横到边、竖到底"开展链条营销，同时引入货押产品有效突破供应链中小企业成员融资担保瓶颈之后，2003年，深圳发展银行在总结试点经验的基础上，从营销和风险控制的角度，在业内率先提出"1＋N"模式，即利用供应链产业集群的伴生网络关系，将核心企业的信用引入对其上下游的授信服务之中，并开展面向供应链成员企业的批发性营销。2005年，深圳发展银行组织包括市场营销、风险控制和财务结算等各方面的专家团队，自主开发了面向供应链企业的债项评级体系，并配套出台了《分支机构贸易融资业务机构设置管理办法》，从组织架构的角度保障内控的有效性和操作的规范性。此后，又陆续推出了一系列相关管理办法，如《货权质押授信业务仓储监管合作方管理办法》《动产及货权质押授信业务货权管理办法》《货权质押授信业务资金流管理办法》《动产及货权质押授信业务商品目录管理办法》《贸易融资业务间接融资客户管理办法》《供应链金融业务营销管理办法》等。此外还出台了一系列具体产品管理和操作的办法，如《未来货权质押开证业务管理规定》《出口应收账款池业务管理规定》《国内保理业务管理办法》《国内保理业务操作规程》《出口票据池业务管理办法》《票据代贴现业务管理办法》等等。

3. 品牌建立期——深发展供应链金融

"1＋N"业务链条的纵深拓展与客户需求的深化，促使深发展开始全面考虑如何为全供应链企业提供一揽子的综合金融解决方案。2005年中，深发展提出公司业务"面向中小企业"、"面向贸易融资"、发展供应链金融服务的转型策略，供应链金融服务体系正式进入深发

展未来发展规划。2006年，深发展顺势推出了深发展供应链金融品牌，并在产品、流程、业务模式方面开展了深化创新。首先，在总行层次建立了保理中心，加入了国际保理商协会(FCI)，旨在对国内供应融资的产品瓶颈——应收账款融资——重点突破，继而推出了包括国内、国际应收账款池融资、出口发票池融资、票据池融资等在内的"池融资"系列业务。同时，建立了双线管理的贸易融资特别审批通道，以提高供应链融资业务审批的专业化和效率。此外，还尝试分支机构与供应链核心企业"一对一"开发的"主办行-协办行"制度，有效整合了营销资源，并在利益激励的基础上提高了开发效率。在授信后操作层面，统一建立了分行级的集约操作平台。通过这一系列的调整和创新，深发展的供应链金融业务依托运行架构、资源配置体制、团队和流程的综合发展能力出现了质的提升，专业化水平和服务能力进一步强化。过去的四年中，该行的供应链金融服务品牌获得了包括深圳市第二届金融创新奖、国际金融产品创新卓越表现奖、最佳商业模式、最佳管理创新等大奖，连续数年被《现代物流报》中国物流与供应链年会评选为中国最佳供应链金融服务银行。最近，在国际知名杂志《环球金融》举行的2010中国最佳银行颁奖典礼上，深发展荣获"中国最佳供应链金融服务提供商"奖。

深圳发展银行是国内供应链金融服务的先行者和得益者，这不仅表现在其业务的绝对规模、市场占有率和行业探索都明显领先于同业，而且在服务规范、专业水平和创新能力方面树立了被广为借鉴和模仿的行业标杆：

(1)"1＋N"已经成为开发供应链金融业务的标准范式。供应链全景图的分析工具被银行同业广为运用。

(2)应收账款融资、预付款融资和存货融资成为标准的供应链融资产品分类，具体产品名称逐渐统一，相关产品流程和协议版本被普遍采纳，不同行业的授信条件(如保证金比例、赎货期等)逐渐趋同。

(3)业务管理架构和操作平台的设置逐渐形成行业规范，专业审批、集中操作和系统推进的模式被越来越多的银行所效仿。

(4)2007年开始，深发展开始全面启动供应链金融的线上化工程，并已于2009年中在深圳、广州等地投产，迄今该行线上供应链金融系统已经用户超千家。线上供应链金融的目标：一是构建实时联动的产品作业流程管理系统，即银行内部系统和外联系统(包括第三方物流、B2B平台、海关、国库、外管等)的对接；二是产品作业流程管理系统与客户系统的对接；三是建立与业务系统关联的产品定价和考核系统。

经过不到10年的探索和实践，深发展已经建立起供应链金融完整的运营体系。供应链金融业务、客户从无到有，自小而大，开辟了全新的增长领域。在核心业务——供应链贸易融资方面，自2005年实施业务转型以来，规模持续高速成长、资产质量优良。贸易融资在深发展总体业务中的重要性进一步增加。贸易融资的发展也带来可观的中间业务收入。

（二）广发银行物流银行与"贸融通"

广东发展银行是国内较早开展货押业务的银行。2003年，广东发展银行推出"民营100"金融服务平台，旨在为民营企业提供全过程、全方位的金融服务。之后，又在"民营100"的金融平台搭载了物流银行业务。广发行将其物流银行实践升级为"贸融通"供应链融资服务，关注于贸易供应链的整合和价值链的管理，通过对现金流、物流、信息流的管理和控制，将贸易环节中资金、商品、信息进行一体化整合管理，形成供应链融资新理念。“贸融通”产品系列包括：

(1)出口贸易融资产品，如装运前融资、打包放款、出口押汇、出口信用保险项下押汇、出口国际保理、福费廷、出口退税账户托管贷款。

(2)进口贸易融资产品，如进口押汇、进口代付、进口全程货权质押授信业务、提货担保、保函和备用信用证。

(3)应收账款类融资产品，如应收账款质押融资、国内保理、国内信用险项下应收账款融资。

(4)存货类融资产品，如动产质押授信、仓单质押授信、动产抵押授信。

(5)预付货款类融资产品，如厂商银、厂厂银三方合作授信、厂商银储四方合作授信。

(6)特色融资产品，如应收账款池融资、租赁保理、国内信用证。

（三）“中信供应链金融”

中信银行是国内最早开展供应链金融业务的商业银行之一。“中信供应链金融”围绕供应链上核心企业，向核心企业及其上下游相关企业提供的综合金融服务。2010 年，中信银行合作的全国性钢铁厂商涵盖首钢、武钢、鞍钢、酒钢、济钢、莱钢等 22 家，区域性钢铁生产厂商也已达 65 家。四大增值链服务个性化地满足了产业链上企业的融资需求，在钢铁行业、工程机械、有色金属和水泥行业中颇受好评。

2009 年，中信银行对全行供应链金融业务进行了全面整合，推出了包含“三大平台、四大增值链和五大特色网络”的“中信供应链金融”品牌，并将供应链金融业务作为全行公司银行战略核心业务。

(1)“三大平台”：是中信银行供应链金融服务的基础，包括物流融资平台、同业合作平台和政府支持平台。

(2)“四大增值链”：构成了中信银行供应链金融业务的产品体系，包含应收账款增值链、预付账款增值链、物流服务增值链和电子服务增值链。

(3)“五大特色网络”：是中信银行在“三大平台”和“四大增值链”基础上针对不同行业设计的供应链金融特色业务模式，包括汽车金融网络、钢铁金融网络、家电金融网络、石化金融网络和电信金融网络。

经过多年的耕耘，中信银行供应链金融业务获得了广泛的市场认可，先后荣获“中国最佳物流银行”“最佳供应链金融创新奖”“全球最佳出口保理商服务进步奖”“影响中国 2009—2010 中国物流杰出贡献奖——最佳供应链金融银行”等奖项。

（四）招商银行“电子供应链金融”

招商银行是国内电子银行市场的领先者。基于其技术平台的优势，招商银行着力打造“电子供应链金融”的概念。“电子供应链金融”可简单定义为：通过互联网服务平台，银行通过一系列电子化金融衍生产品紧密联结供应链核心企业及其上下游企业的一种新型融资和服务模式。招商银行的“电子供应链金融”策略在过去几年中稳步推进。

(1)2002年，招商银行在当年推出的U-BANK3.0中加入了对网上国内信用证功能的支持，迈出了国内电子供应链金融探索的第一步。

(2)2004年升级网上国内信用证功能，通过将以银行信用为基础的付款承诺应用于上下游供应链企业，促进企业业务流程优化，并同时提供打包、议付、转开等多种融资服务。

(3)2005年电子票据在招商银行面世，可为企业涉及商务链的商流销售票据回笼和物流采购票据支付等提供电子化解决方案。同年推出网上国际信用证。

(4)2006年推出网上国际结算业务，支持各种国际结算方式，使用户可随时了解国外来证、到单、付款、收汇等最新结算业务信息。

(5)2007年推出网上交易识别系统，解决企业在收款业务中遇到的付款人信息缺失、付款人名称难以自动识别导致ERP系统无法记账等问题。招商银行还推出了网上(国际)贸易融资服务。

(6)2008年5月19日，招商银行推出U-BANK6.0，整合已有的多项电子供应链金融服务，并推出网上保理、在线应收应付账款管理系统，形成了较为完整的"电子供应链金融平台"。

(7)目前，招商银行以其自身供应链金融管理模式，依托网上企业银行平台，为企业提供电子供应链结算及融资产品；网上票据、网上保理、网上信用证、网上透支、公司卡等产品也成为招商银行电子供应链金融服务的重要组成部分。

(8)同时，招商银行也提供贸易链融资业务，具体包括：保兑仓、仓单质押担保信贷、动产抵押(质押)贷款、国内保理、鉴证贷款和鉴证承诺、买方付息票据贴现提前兑付、买方信贷卖方付息、卖方信贷买方付息、汽车销售商融资、商品提货权融资和他方代偿等业务。

(五) 民生银行特色贸易金融

2005年11月，中国民生银行成立贸易金融部，积极践行"专业、专注、专营"，"走专业化道路，做特色贸易金融"，全力开发贸易融资、贸易结算和现金管理等相关产品，构建专业化垂直销售体系、贸易融资评审体系和业务操作体系。2008年，民生贸易金融在业界率先推行事业部制运作模式，按照前中后台，设置市场团队、风险团队、运营团队、财务管理团队和人力资源团队，打破了以垂直分工与行政序列为基础的"部门银行"体制，将传统的以分行为利润单位的管理模式，变成以事业部为主要利润考核单位的国际化银行管理模式，实现真正意义上的自主经营、自负盈亏、独立核算，为客户提供专业高效的产品和服务。

民生银行将行业进行细分，重点开发机电、石油化工、冶金矿产、交通运输四大行业。此外，通过对行业周期的分析和跟踪，加大对处于拐点和上升周期行业的开发力度，试图提升贸易金融的盈利能力。在行业内部，贸易金融的营销策略是强力渗透大客户，积极培育中型客户，围绕大客户上下游的核心企业，开拓一批有核心价值的优质小客户群。

民生银行贸易金融提供的产品和服务包括：

(1)2006年，推出应收账款融资、物流融资、服务增值类三大系列主打产品。

(2)2007年，开发大宗商品贸易融资，重点推出信保融资、国际保理和物流融资等特色产品，推广订单融资、国内信用证、TSU业务、收付宝、银关税费通、应收账款池融资、互联网托收等贸易链融资产品和增值服务。

(3)2008年，围绕贸易链和现金管理完善产品布局，推进信保短险融资、国际保理、船舶融资、物流融资、保函、国内信用证、应收账款池融资等重点产品，同时发展“易贸易”网上贸易服务（e-trade）。

（4）2009年，提出1+2+5的产品创新理念，即一个延伸、两个转变、5大综合解决方案。一个延伸：运用国内信用证、国内保理、票据等特色产品，实现从国际贸易融资领域向与之相配套的国内贸易融资领域延伸，满足企业与进出口相配套的内贸融资需求。两个转变：从单一的产品销售向为客户提供专业化的贸易金融综合解决方案转变；从单一环节的贸易融资向内外贸一体化的多环节、全过程的贸易链融资模式转变。五大综合解决方案：应收账款解决方案、进口贸易链融资解决方案、保函综合解决方案、服务增值解决方案和结构性融资解决方案。通过量身定做金融解决方案，满足企业贸易链各环节的多元化融资需求。

中国民生银行贸易金融先后获得“最佳贸易融资创新奖”、“最佳贸易融资银行奖”、“第一财经金融价值榜年度公司金融服务品牌”称号和“《亚洲银行家》中国区贸易金融成就奖”等荣誉。

（六）其他股份制商业银行供应链金融服务

1. 华夏银行融资共赢链

华夏银行供应链金融业务始于2007年7月，2008年6～7月该行在全国十大城市巡回推广“融资共赢链”品牌。

华夏银行“融资共赢链”为七条链：

（1）未来货权融资链：未来提货权融资业务保兑仓模式、未来提货权融资业务仓储监管模式、未来货权开证。

（2）货权质押融资链。

（3）货物质押融资链：核定货值货物质押融资业务、非核定货值货物质押融资业务。

（4）应收账款融资链：有追索权国内保理、有追索权国际保理。

（5）海外代付融资链：进口代付、出口代付。

（6）全球保付融资链：保函/备用信用证、进口保付。

（7）国际票证融资链：华夏出口票证通。

2. 浦发银行企业供应链融资

2007年，浦发银行提出了“供应链融资”的整体服务解决方案，将供应链融资服务、供应链电子化服务和离岸银行服务统一于“供应链金融”的服务方案中。浦发银行的“企业供应链融资解决方案”提供的服务包括：信用服务支持、采购支付支持、存货周转支持和账款回收支持。并提出了六大服务方案：

（1）在线账款管理方案。为企业解决账款管理难题的业务方案。

（2）采购商支持方案。为采购商解决在采购过程中的各种问题，紧密上下游的银行支持方案。

（3）供应商支持方案。为供应商解决在销售过程中的各种问题，紧密上下游的银行支持方案。

（4）区内企业贸易融资方案。为出口加工区和保税区内企业度身定制的服务方案。

（5）船舶出口服务方案。为船舶生产及代理出口企业提供银行产品和服务的整体业务方案。

(6)工程承包信用支持方案。为企业在境内外竞投标及新项目资格预审中提供各项资质及信用支持服务的业务方案。

3. 兴业银行金芝麻供应链金融服务

兴业银行的供应链金融服务目标客户群也是中小企业，该行推出的“金芝麻”系列服务产品，包括了 18 项单项产品，涉及中小企业生产、采购、销售三大环节专项服务，试图一站式解决企业面临的资金难题。

2008 年，兴业银行正式注册加入 SWIFT 组织开发的贸易服务设施系统(trade services utilities，简称“TSU”)。TSU 系统主要针对近年来赊销贸易日益发展成为国际贸易支付方式主流的变化趋势以及供应链管理和融资需求的发展趋势专门设计开发，通过集中化数据处理和工作流引擎，对订单、运输单据和发票等单据信息进行集中化匹配处理，在整个过程中向贸易双方银行提供情况报告，不仅有利于银行掌握进出口各个环节的信息，也为进出口企业的贸易融资提供了便利。

4. 光大银行阳光供应链

2010 年 11 月，中国光大银行举办了“阳光供应链”产品新闻发布会，更新整合发布“阳光供应链”品牌。经过两年多的努力，光大银行已经形成了“阳光供应链”贸易金融品牌旗下“阳光保理融资”“阳光商品融资”“阳光进出口贸易结算及融资”“阳光国内结算融资”“阳光外汇资财”等 5 大系列、36 种产品。

(1)阳光保理：是一个涵盖产品、解决方案、行业特色的立体交叉的产品服务体系，拥有国际、国内两大类，“池融资”保理、租赁保理、出口信保保理、医药保理等 10 多个品种产品。

(2)阳光商品融资：涵盖动、静态质押，包括现货、未来货权和标准仓单质押、保兑仓等多款融资产品。

(3)阳光进出口贸易结算及融资：在传统的国际结算及融资产品体系基础上，着力推广跨境贸易人民币结算及融资业务，定位于以专业、高效的服务巩固及拓展基础结算客户群体。

(4)阳光国内结算融资：逐步形成了以国内信用证为代表的国内贸易结算及融资体系，以及以订单融资、信保融资和应收账款质押等产品为代表的供应链买方及卖方融资体系。

(5)阳光外汇资财：通过超远期结售汇、远期结售汇提前价格锁定及外汇交易挂单业务等服务项目的推出，最大限度满足客户在外汇交易过程中保值、增值等需求。

二、国有银行发力供应链金融

(一) 中国银行：董事长亲自推动供应链金融服务

2008 年 9 月，中国银行开始在供应链金融业务范畴进行摸索探讨，并推出以货物质押为授信基础的“融货达”业务，并在广东、辽宁、深圳、江苏、上海、浙江、山东等七家分行进行业务试点。

2010 年 2 月，中国银行董事长在《经济日报》发表题为“大力发展供应链金融”的文章，标志中国银行在供应链金融范畴的业务探讨已趋成熟，正计划全面启动供应链金融服务。

2010 年 9 月，中国银行与中国熔盛重工集团控股有限公司签署总额为 200 亿元的《供应链金融战略合作协议》。这是中国银行首次与客户签署供应链金融领域战略合作协议。

中国银行针对大型企业的加快资金周转、降低融资成本、防范各类风险及优化财务报表等方面的综合需求，以供应链金融中的核心企业为出发点，已推出包括融货达、融信达、融易达、通易达、融通达及订单融资等在内的一系列供应链融资产品。

（二）工商银行：沃尔玛供应商融资案例

沃尔玛是世界500强企业，每年在中国的采购额高达120亿美元，上游供货商有上万家，其中大多为中小企业。长期以来，这些中小供货企业由于无法提供有效抵押，加上内部财务管理不够规范等因素，很难从银行获得贷款，资金短缺成为长期困扰企业经营的难题。

工商银行深圳分行摆脱单纯依赖借款人自身信用的传统做法，依托小企业交易对手的信用，研发了沃尔玛供应商融资方案。依托交易对手——沃尔玛公司优异的信用，对相关物流与现金流实行封闭管理，为供应商提供采购、生产、销售全流程的融资支持。

以沃尔玛供应商融资解决方案为例。针对沃尔玛公司与其供应商之间物流、信息流、资金流运作特点，工商银行将沃尔玛公司认可的供应商纳入目标客户范围，重点审查客户供货历史、过往合同履行能力、信用记录等直接影响货款回笼的因素，无须客户提供抵押担保，即可为客户办理融资业务。

供应商在网上接到沃尔玛的订单后，向工商银行提出融资申请，用于组织生产和备货；获取融资并组织生产后，向沃尔玛供货，供应商将发票、送检入库单等提交工商银行，工商银行即可为其办理应收账款保理融资，归还订单融资；应收账款到期，沃尔玛按约定支付货款资金到客户在工商银行开设的专项收款账户，工商银行收回保理融资，从而完成供应链融资的整套办理流程。

供应商可以直接在工商银行柜面申请办理，工商银行柜面业务人员直接在沃尔玛供应链系统上查询确认应收账款，并在授信额度内根据订单或发票予以融资，快捷方便。

本案例亮点如下：

(1)风险管理模式创新。供应链融资突破了传统的评级授信、抵押担保等信贷准入条件的限制，主要依托交易对手——沃尔玛公司的信用，通过网络对供应链上的物流、信息流、资金流进行跟踪，建立还款专户，锁定还款资金，有效控制融资风险，实实在在支持了一批经营良好、产品畅销的小企业。

(2)风险管理手段创新。依托强大结算平台，工商银行成功开发出现金流分析系统，详尽掌握沃尔玛与供应商之间的现金往来记录，并进一步与沃尔玛供应链系统对接，实时掌握供应商在沃尔玛的订单和应收账款情况，增加信息的透明度，降低了银行融资风险，同时为简化操作流程提供了技术保障。

(3)业务流程创新。供应链金融单笔金额小、笔数多、频率快，按照银行现有的融资流程，根本无法满足企业对时效性的要求，同时贷款行也无力承担相关的人力成本。工商银行创新性地提出柜台化办理的思路，企业可以直接到工行柜面办理供应链融资业务，实时获得融资，就如同办理结算业务一样，极大地提高了业务办理效率，满足企业时效性的要求。

(4)营销模式创新。凭借自己强大的结算优势，工商银行批量筛选出沃尔玛供应商名单及其收款情况，准确定位该项业务的目标客户。把传统单个客户营销模式转变为批量营销模式，组织沃尔玛供应商召开供应链融资方案推介会，一次推介会就有50个客户到场，有近一半的客户在一个月内申请开办供应链融资业务，成功率达45%。

2005年6月，工商银行推出了沃尔玛供应商保理业务试点。2006年7月，在保理业务运作成功基础上，进一步延伸服务链条，推出了供应链金融产品。自2005年6月至2006年6月，供应链金融创新短短一年时间，仅深圳市分行红围支行一家就为发放沃尔玛供应链融资300笔，金额8 000万。在2006年12月举行的"中国中小企业融资论坛"上，工行以支持沃尔玛供货商为背景的《核心企业供应商融资解决方案》被评选为了"最佳中小企业融资方案"。

三、第四方物流与商业银行合作试水供应链金融服务

第四方物流提供物流规划、咨询、物流信息系统、供应链管理等活动，并不一定承担具体的物流运作活动。

第四方物流实际上充当了供应链集成商的角色，是供需双方及第三方物流的接合纽带。它不单纯是物流的利益方，而是通过拥有的信息技术、整合资源能力提供一套完整的供应链解决方案，获取多元化的利润。以国内领先的供应链管理公司的深圳怡亚通供应链管理公司为例，该公司为企业提供包括代理采购、产品营销支持、进出口通关、供应链库存管理(VMI)、国际物流中心、流通物流加工、供应链结算配套服务、供应链信息系统等全方位服务。这些服务基本覆盖了企业客户产品研发、制造及销售等核心功能之外的供应链管理环节服务，使客户的外包环节与非外包环节能够无缝链接，从而降低供应链的物流及管理成本、提高链条运作效率。

凭借"一站式供应链管理服务"，怡亚通与众多供应链条中的优质核心企业建立了良好的业务关系，并带动了链条上下游企业客户的批量扩展。这为怡亚通扩展供应链融资服务创造了客户基础和需求条件。怡亚通依托供应链采购执行和销售执行服务，进而开展金融业务，并将其作为公司重要业务增长点。

具体融资模式包括：

(1)质押模式：制造企业把商品存储在怡亚通仓库，怡亚通向银行开具仓单，银行根据仓单向制造企业提供一定比例的贷款，怡亚通代为监督商品并收取监管费。

(2)担保模式：即统一授信，银行把贷款额度直接授权给怡亚通，再由怡亚通根据客户的需求和条件进行质押贷款和最终结算。怡亚通向银行提供信用担保、利用信用额度向企业提供质押贷款。

(3)直接融资模式：当怡亚通向发货人承运货物时，怡亚通首先代提货人预付一部分货款；当提货人取货时则交付给怡亚通全部货款；怡亚通获得了余款交付给发货人之间的资金运用时间，可以利用其为其他发货人提供融资。

怡亚通获得采购商的委托合同后，即在其客户资源信息系统内选择合适的供应商，并通过电汇、信用证或保函方式代客户垫付货款，其后将货物运送至客户时收取货款。而对分销商(生产商)而言，当怡亚通为其承运货物时，怡亚通代采购商预付货款，使得分销商(生产商)能够提前收回资金，投入下一轮再生产。

怡亚通代付货款业务，将为其增加代付业务量一定比例的服务费收入。这一模式使怡亚通

与采购商、供货商从传统的客户关系发展成利益共同体，即其通过整合企业供应链环节，提高企业供应链效率和市场竞争力，从而提高企业业务量(交易额/量)，从而进一步提高服务费收入。

怡亚通作为投资信用级别的上市公司，可以从银行获得优惠利率贷款(如贷款基准利率下浮 10%)，这远比其大量的中小企业客户融资来得容易和价格低廉。另外，怡亚通还在提供结售汇服务过程中灵活运用衍生金融工具，如外汇远期合约及利率掉期合约管理外汇及利率风险，同时利用本外币利率差异，或以本币质押贷外币，或以外币质押贷本币，获取货币升值的衍生收益。

虽然以怡亚通为代表的第四方物流公司为供应链金融的发展注入了活力，但作为非金融机构，此类公司也存在特有的先天不足，可能制约其下一步的发展壮大。主要体现在：①资金流是怡亚通等第四方物流公司产融模式的核心环节，DHL 与 UPS 等国际物流企业通过收购商业银行来为物流业务提供资金支持，此模式对于怡亚通而言难以实现，如何保障资金流的持续顺畅存在制度性瓶颈。②怡亚通的运营模式，潜在信用风险和信贷风险。一方面，代付规模远远超出公司实际净资产和营业收入规模，因此，若出现收款不畅，将给公司资金链带来较大打击；另一方面，怡亚通的资金多数来自银行，容易受到国家宏观调控、紧缩信贷的政策影响，同时，业务规模持续扩大要求的后续再融资，也将受到其负债率水平随之上升的制约。

2015 年，中国社会物流总费用 10.8 万亿元，比 2014 年增长 2.8%，与 GDP 的比率为 16%。2015 年物流业的总收入为 7.6 万亿元，比 2014 年增长 4.5%。企业物流及供应链管理外包服务已超过 65%。我国物流及供应链市场价值已超过美国，成为全球第一大物流及供应链管理服务市场。第四方物流公司是否借此发展机遇，以日趋成熟的商业模式实现自身跨越式发展，仍有待进一步观察。

第四节 发展趋势：线上供应链金融

一、网络化带来的挑战：金融如何嵌入电子供应链

（一）电子商务加速供应链协同

互联网技术的普及应用和金融危机的爆发，加速了供应链协同和供应链整体竞争的趋势。在产销畅旺的繁荣时期，供应链核心企业“1”往往居于强势地位，核心企业的“零库存”实际上是核心企业库存向上下游库存的转移，供应链管理反映出一种“以大欺小”的生态特征，并不以共同利益为导向。在全球金融风暴引发经济下行危机之后，下游需求萎缩，核心企业开始着手强化上下游管理与合作，寻求在供应链管理上获得绩效提升的外部抓手。

实际上，越来越多有远见的核心企业已经依托电子商务平台，整合供应链以期增进供应链协同，消除环节浪费，降低链条交易成本。

如图 6-2-4 所示，核心企业借助互联网技术界面全面推进电子商务，从①客户订单发起设计研发出发，到检索②采购库存，到③下达采购订单，到④供应商物流，到⑤生产制造，到⑥产品库存，到⑦营销/销售服务，直到⑧销售物流的全过程，在线实现由需求驱动供应的全

程管理，以期利用电子商务有效改善供应链内外部联系的内容与方式，重构价值链，提高其整体效率和企业竞争优势。

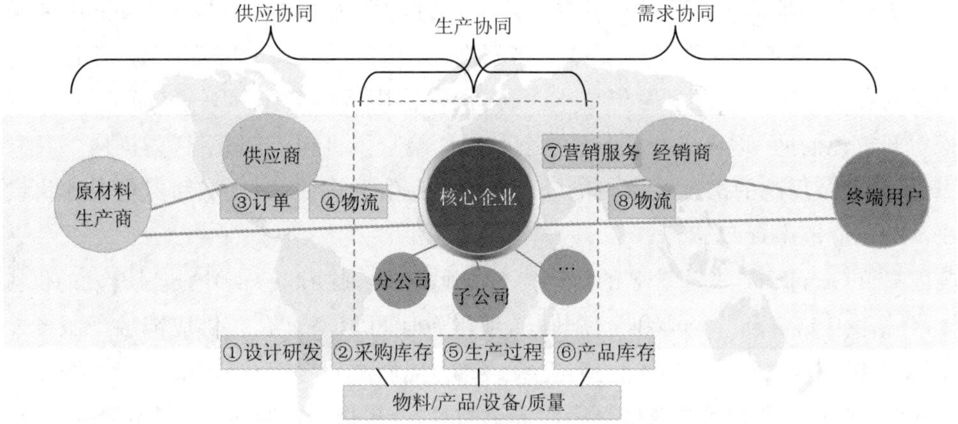

图 6-2-4　供应链协同模型

（资料来源：深圳发展银行）

以电子商务方式实现的供应链协同，更强调核心企业与其上游供应商和下游客户的"销—产—供"信息的实时可视度。这给核心企业带来的效益是显而易见的：一方面，通过数据的实时传输共享，协调企业内部的产供销职能，更好地达成精益生产的管理目标。另一方面，协同电子商务也是企业与供应商、企业与客户、企业与物流企业之间的协调工作，实现需求和库存信息共享、同步计划制定、业务流程协同、签约、交易和结算等活动。

（二）资金流变量的缺位

电子商务平台为核心企业的供应链协同管理优化提供了技术可行路径。目前学界和业界已从商流、物流与信息流协同，以及企业间的作业协同等不同角度和层面，对供应链电子商务的可能性与实现模式进行了深入而广泛的研究和探索。但依托电子商务平台的财务供应链管理，亦即资金流或供应链中的支付结算问题，依然被忽略。而此一因素关系到企业间的无缝整合能力，并可能决定供应链管理的最终效率。

如同物流不协同导致不必要的库存增加、物流成本过高，需求信息不协同导致"牛鞭效应"一样，资金与信用在"$1+N$"供应链间的失衡同样会加大供应链整体财务成本：核心企业具有过剩的低成本融资能力，而上下游往往面临高企的融资交易成本和资金成本。

实践证明，商业银行由于在管理风险、评估企业信用以及信用输出方面具有优势，因此可以成为优化供应链财务协同的重要规划和实施者。过去几年，商业银行风生水起的供应链融资业务，已经就此作出了路径探索和卓越实践。然而，在供应链电子商务的新模式下，金融如何注入供应链，并在调整与优化"$1+N$"资金与信用结构、畅顺支付结算、促进链条贸易等方面作出更积极的作为，这是摆在商业银行面前的一个新课题。

二、国内外线上供应链金融的探索实践

与电子供应链相匹配的供应链融资，很容易让人想到准时生产制，一定程度而言，供应

链融资是商流-物流规划“准时生产制”的金融工具。供应链融资也需要适应新的供应链在线交易趋势，利用电子商务技术来协同商务信息流和资金流，并消除无效作业。

财务供应链管理的一个关键任务在于降低隐性的财务成本，这往往源自供应商和经销商的存货、应收账款或预付账款占用了过多资金，并承担了过高的融资成本。因此，为降低境外供应商在当地融资的过高融资成本，一些投资信用级别的国际买家(如沃尔玛、戴尔)，开始探索开放他们的 ERP 或电子商务平台数据库给贷款机构，以利于这些机构(如银行)通过 ERP 实时记录反映的国际买家与供应商在线交易信息来评估、发展和提供个性化设计的更低成本的供应链融资产品。

美国 CGI Group Inc(一家著名的信息技术和业务流程服务供应商)通过其开发的供应链交易平台，联结供应链各环节企业和金融机构，使得企业可以享有在线供应链融资服务。在国内，深圳发展银行自主开发了线上供应链金融系统，他们通过与核心企业的电子商务平台系统和第三方物流公司的监管系统对接，也为“1＋N”供应链提供了在线融资和结算服务。

以下是两家公司的线上供应链融资服务实践案例简要介绍。

(一) CGI Proponix 系统的供应链金融服务

CGI Proponix 是一种连接银行融资平台和企业 ERP 平台的供应链金融服务系统。它的核心业务是将买卖双方的订单和发票等单据上传到该系统，对单据进行比对审核，将单据与银行融资业务关联，并实时跟踪由支付、收款等引起的单据变动情况。

银行的融资产品将基于第三方 CGI 比对审核过的单据，对跨境贸易中的买方和卖方给予融资。同时，银行和企业都可以通过该系统实时了解单据的存量、更新情况，并可以将单据信息通过 TSU 和 XML 渠道下载到银行系统和企业的 ERP 上。

CGI Proponix 兼容或为供应链金融业务提供在线服务，如图 6-2-5 所示。

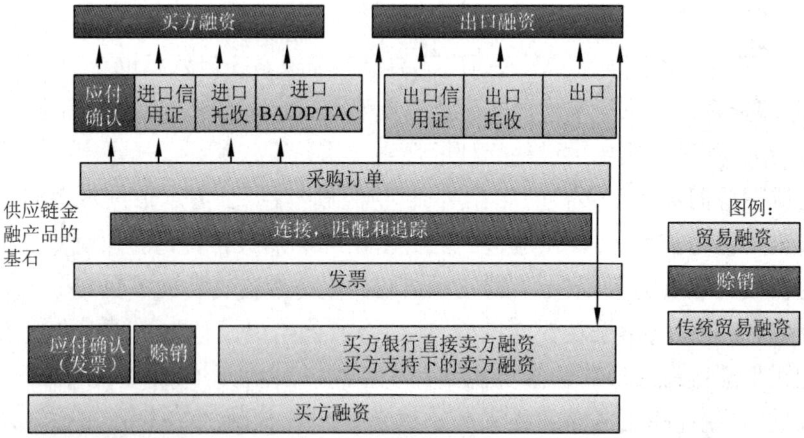

订单和发票数据管理如下：

(1) 通过TSU和XML信息下载订单和发票的数据；

(2) 将订单和发票与应付确认、进口信用证、赊销和出口融资等工具关联；

(3) 订单和发票数据的匹配和跟踪，通过XML信息提供采购订单平衡账目和追踪数据的上传到客户ERP系统。

图 6-2-5　Proponix 系统的供应链金融产品架构

1. Approval to Pay(ATP)赊销项下审批后支付

一种新型的含银行支持的赊销产品。该产品一方面不收取信用证产品项下的补偿银行风险的费用，另一方面却提供了类似信用证产品功能的服务。ATP 产品基于订单，同时添加了买方有条件付款的条款，开立方式与信用证类似，但无银行担保。它提供了一个结构型模块，该模块可提供单据审核、订单/发票匹配与跟踪等赊销交易服务，以及订单或发票融资、卖方付款服务甚至买方融资等服务。

2. Open Account Payment(OAP)赊销付款服务

赊销付款服务与贸易付款服务相似，唯一的不同是，在该产品中，银行仅会在从买方收到发票后提供融资，该发票带有到期付款指示，如可能在未来 20、30 天后付款。对于出口融资合格的发票应从赊销付款服务开始到发票到期为止。买方银行可以直接对卖方融资，或者建立买方支持(buyer-backed)的卖方融资程序支持卖方融资。无论用何种方式，融资都会在发票到期已进行了付款时结束。

3. 出口贸易融资

参与出口信用证或出口托收(outgoing collection)的出口银行可以提供运输前(pre-shipment)融资，在途/运输中(shipment)融资和运输后融资，即对订单-付款的流程中各个环节提供融资服务。

4. 赊销项下直接卖方出口融资或进口贸易融资

买方银行可以在运输前、运输中和运输后直接给卖方融资。银行提供该融资服务要基于从 Proponix 系统中下载订单或发票，并且能够与 ATP 工具，OAP 和进口信用证连接。对于直接应收账款融资，发票数据需与融资工具直接连接。

5. 赊销项下买方支持的卖方融资

通常，卖方的大小和地理位置导致了当地融资的高成本和不可靠性，另一方面，买方希望尽可能延长付款期限以增加其现金流。此外，卖方融资的高成本强迫买方压缩付款期限，从而增加卖方的价格压力。

解决这个问题的方法通常是买方支持的卖方融资。对买方、卖方、甚至银行来说，该产品都是一种双赢。这种优化供应链的方式给予买方更长的付款期限和更低的付款价格，同时，卖方得到可靠的、更低成本的融资，银行可以增加贷款和手续费的收入。

Proponix SCF 通过 ATP 和 OAP 产品支持买方支持的卖方融资。

6. 应收账款融资

卖方的发票可以通过这种融资方式获得全额或部分额度的贴现。卖方通过一个还款界面可以指示银行进行还款处理，该界面能够识别发票是否已被还款。

7. 买方融资

无论买方通过赊销、进口贸易融资工具，还是其他进口融资工具付款，买方银行都可以为买方提供融资。

8. 交易风险管理

所有连接的订单和发票都会经过审核。嵌入到中央信贷管理的信贷管理模块也是不可缺少的部分。此外，系统采用多种方式以保证付款的准确，包括把发票融资的清算嵌入到付款流程，从而确保融资在支付卖方余额前得到偿还。

（二）深发展线上供应链金融服务

深发展自2008年起已经着力研究和逐步推出线上供应链金融服务，以期将供应链金融业务逐渐从线下迁移到线上，并逐步实现“1＋N”供应链企业、银行、第三方物流监管方等合作伙伴于同一平台在线作业。这一被称为“供应链金融2.0的项目”，主要通过将该行融资平台与供应链核心企业的电子商务平台，以及物流公司的电子物流系统、货押监管系统对接，搭建供应链“商流—物流—资金流—信息流”四流合一的整合服务平台。具体包括以下内容：

(1)实施供应链金融业务的线上化。核心企业和配套企业、第三方物流合作伙伴（监管方）通过登录深发展企业网银——“线上供应链金融”通道，即可在线完成合同签约、融资申请、质押物在线入库、存货管理、打款赎货等主要业务流程。实现供应链金融信息流在经销商、核心厂商、物流公司、银行间的全流程控制。同时，客户可通过网银、手机和邮箱等多种渠道实时获取业务信息。下一步，将探索基于供应链电子商务的线上融资。

(2)该行与金蝶、用友等财务软件服务商合作，开发适应供应链中中小企业需求的财务管理软件，并实现与企业网银的无缝对接。2010年7月，该行与用友合作开发的“企业网银在线ERP”产品已经上市；通过财务管理软件与在线供应链金融系统的对接，将供应链企业的电子商务、在线“购销存”与融资、结算、理财及会计账务处理、财务管理衔接，实现数据的实时转换、传输与授权共享。

(3)将电子支付工具应用于线上供应链金融平台，包括电子信用证、电子票据系统等，将“货押＋票据”的贸易融资典型业务模式扩展到网络银行应用之上。

(4)该行还将规划和实施与供应链成员企业特点相适应的现金管理系统，推动“1＋N”供应链融资、结算及现金管理服务的互补互长和业务模式优化。

截至2010年末，深发展先后与宝钢、美的、东风日产、一汽夏利等56家核心企业建立了线上化业务合作关系，线上供应链金融有效用户过千家。通过系统处理，贷款审批出账缩短至不到一小时，货押赎货缩短至5分钟，业务效率大幅提升。

线上供应链金融的创新意义是显而易见的，它不仅实现了产品的网银化、营销的网络化、服务的在线化、风险控制的标准化和业务合规的自动化，同时构筑了适应于多个行业“1＋N”供应链客户，满足多方无缝对接、可视界面统一、信息实时共享等条件的电子作业平台。而其更深远的意义在于，线上供应链金融有助于中小企业通过导入IT系统，更深度地融入供应链和协同于供应链的经营脉动。这不仅有利于开展供应链金融的银行创新出简约高效的业务模式，也有利于银行进一步管控融资风险，降低操作成本。

第三章 产品与营销：供应链金融的业务范式

供应链金融包括授信业务和非授信业务[①]两大类。资金的可得性和成本构成了财务供应链管理的核心，而且由于核心企业自身财务最优化倾向间接加大了上下游企业的资金缺口，使得授信在供应链金融众多产品中占有更加重要的位置。

但授信与非授信业务并不是非此则彼。举例来说，保理业务本身就包含信用调查和账务清收两项非授信的中间业务。信用调查包括评估供应商的客户，也即保理商要调查客户交易对手的信用可靠性。账务清收包括收取拖欠的账款，减少账款损失。银行要通知买家某一账款到期(拖欠)了，并通过法律程序来追讨账款。因此，对于不需要融资的供应链客户而言，保理的中间业务功能同样可以在强化资金流确定性方面服务于供应链成员，进而惠及整个供应链。

与此类似，现金管理服务中的中间业务是银行利用各种结算手段，针对每个企业的不同需求，为企业提供的个性化的集中收、付款，账户资金管理和信息管理等方面的综合增值服务；财务顾问是银行或其他金融机构针对企业的资金需求特点和财务状况，对会计体系、融资策略、税收筹划、资金往来项目等财务领域的事项作出咨询；而国际银行业竞相推出的嵌入了结算和融资功能的电子商务平台，则不仅降低了供应链内部的交易成本，也降低了企业的融资成本和交易风险。

显然，非授信类业务对于供应链运行的稳定性提高、成本节约和风险降低都有实质性的帮助。但是，从国内的情况看，供应链金融的特色集中于授信领域，因此本章介绍供应链金融产品的重点放在供应链融资方面[②]。图 6-3-1 所示为供应链金融整体服务方案。

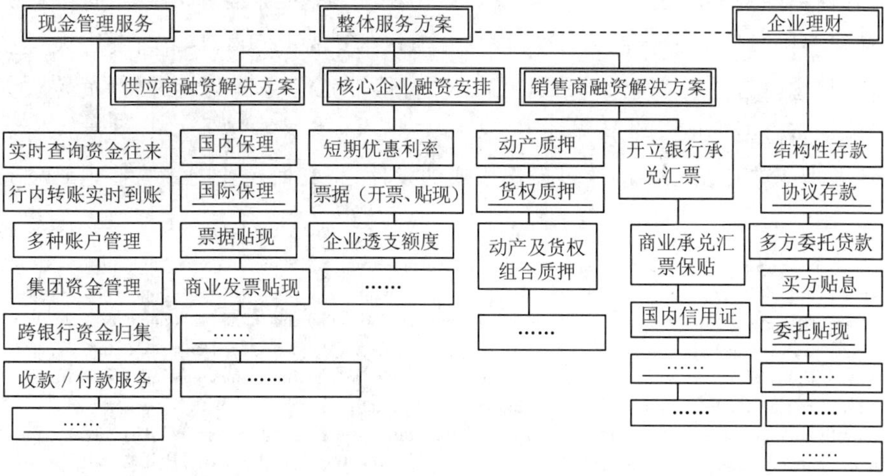

图 6-3-1 供应链金融整体服务方案

① 银行授信业务包括表内授信和表外授信。表内授信主要指贷款，表外授信包括了承兑、信用证等。因行业习惯问题，文中对授信和融资不作严格的区分，都指授信。非授信业务主要包括中间业务(如各类代理业务、结算业务、顾问类业务等)和负债业务。

② 本章"供应链金融"的概念若非特别指明，均特指供应链融资或供应链授信。

第一节　供应链金融的产品构成

如果把供应链金融比喻成系统集成，自偿性贸易融资——包括货押、先票后货融资、应收款融资等——就是其中的各种各样的元器件。因此，供应链金融就是各种不同的自偿性贸易融资产品有机组合或搭配使用而形成的综合解决方案。

一、自偿性贸易融资为产品基石

根据《巴塞尔协议》(2004 年 6 月版)第 244 条的定义，“商品融资是指在商品交易中，运用结构性短期融资工具，基于商品交易(如原油、金属、谷物等)中的存货、预付款、应收账款等资产的融资。对于这种融资：借款人除商品销售收入作为还款来源外，没有其他生产经营活动，并且在资产负债表上没有什么实质的资产，因此其本身没有独立的还款能力。这种融资的结构化特性旨在弥补借款人较低的信用等级。融资的风险主要反映在融资的自偿性程度以及贷款人对交易进行结构化设计方面的技能，而不是借款人本身的信用等级。”①

另外，根据美国商务部资助的加州 TRADE PORT 教育网站的定义，贸易融资是指对单一或一系列重复性交易的融资。一般来说，贸易融资贷款经常是自偿性的，即借款银行规定，所有将获得的销售收入首先用于归还贷款。贸易融资的自偿性特点，对很多小型的或者是资本不足的企业至关重要：借款银行在核实借款完全用于进出口贸易的情况下，即使已经达到对该类企业的放款限度，银行仍可以对其发放贷款。所有出口的销售收入，首先归银行所有，余款才支付给借款企业。由于银行对该类交易能够严格控制，并且有关于国际贸易保证付款的工具，贸易融资通常比一般流动资金贷款风险更低。②

可见，“商品融资”和“贸易融资”是风险控制手段、准入标准和客户导向接近的产品概念，也是被很多国际性大银行深入实践的一大类授信产品，2003 年深圳发展银行在同业中率先将两个概念融合并引入业务实践，并取名“自偿性贸易融资”。自偿性贸易融资具有区别于传统流动资金授信的几个特点如下：

(1)还款来源的自偿性。即通过操作模式的设计，将受信企业的销售收入自动导回授信

---

① Commodities finance(CF) refers to structured short-term lending to finance reserves, inventories, or receivables of exchange-traded commodities(e. g. crude oil, metals, or crops), where the loan will be repaid from the proceeds of the sale of the commodity and the borrower has no independent capacity to repay the loan. This is the case when the borrower has no other activities and no other material assets on its balance sheet. The structured nature of the financing is designed to compensate for the weak credit quality of the borrower. The exposure's rating reflects its self-liquidating nature and the lender's skill in structuring the transaction rather than the credit quality of the borrower.

② Trade finance generally refers to the financing of individual transactions or a series of revolving transactions. In addition, trade finance loans are often self-liquidating—that is, the lending bank stipulates that all sales proceeds are to be collected, and then applied to payoff the loan. The self-liquidating feature of trade finance is critical to many small, under-capitalized businesses. Lenders who may otherwise have reached their lending limits for such businesses may nevertheless finance individual export sales, if the lenders are assured that the loan proceeds will be used solely for pre-export production; and any export sale proceeds will first be collected by them before the balance is passed on to the exporter. Given the extent of control lenders can exercise over such transactions and the existence of guaranteed payment mechanisms unique to or established for international trade, trade finance can be less risky for lenders than general working capital loans.

银行的特定账户中，进而归还贷款或作为归还授信的保证。典型的产品比如保理，应收账款将按期回流到银行的保理专户中。

(2)操作的封闭性。即实施从出账到资金收回的全程控制，其间既包括对资金流的控制，也包括对物流的控制。典型的产品如动产抵/质押授信业务，客户将授信资金专项用于采购原材料(银行直接代理客户支付给上游供货商)，并将采购项下的货物直接抵/质押给银行，以分次追加保证金的方式，分次赎出货物进行销售。

(3)以贷后操作作为风险控制的核心。即相对降低对企业财务报表的评价权重，在准入控制方面，强调操作模式的自偿性和封闭性评估，建立贷后操作的专业化平台，实施贷后的全流程控制。

(4)授信用途的特定化。即额度项下的每次出账都对应明确的贸易背景，做到金额、时间、交易对手等信息的匹配。

通过自偿性贸易融资的一系列产品的组合，在供应链的每个节点企业，银行都可以提供相应的解决方案(见图 6-3-2)。

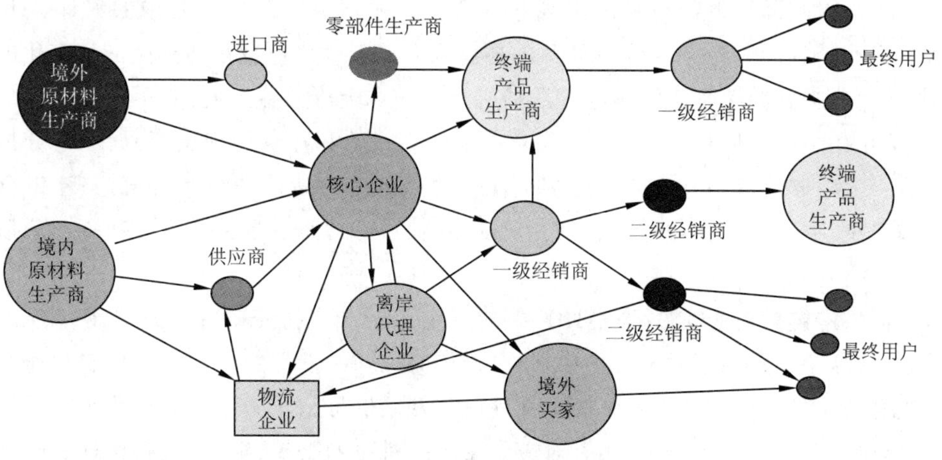

图 6-3-2　供应链全景图

(资料来源：深圳发展银行)

自偿性贸易融资系列融资产品作为供应链金融产品的构成基础，其主要支持的是企业基于商品销售而进行的生产或购销经营活动，即企业所借的款项，主要以产品的销售收入予以直接偿还，而不是完全依赖授信到期阶段企业的综合现金流，因此具备典型的自偿性特征。

因此，自偿性贸易融资乃至整个供应链金融项目，均是依托对物流、资金流的控制，或对有实力关联方的责任捆绑，在有效控制授信资金风险的前提下提供的授信。自偿性贸易融资不是单一的产品，而是以系列产品支撑的授信服务新理念，营销上以提供解决方案为导向，以创新性的组合产品和业务模式适应不同客户的差别化需求，这些产品的动态组合能够有效跨越传统审贷标准可能存在的技术障碍。

二、自偿性贸易融资三大产品类

供应链融资所涵盖的自偿性贸易融资基础产品，从风险控制体系的差别以及解决方案的问题导向维度，分为存货融资、预付款融资和应收账款融资三类。其中，存货融资和应收账款融资是国际上广为接受的融资产品，有着成熟的法律框架和实践基础。而预付款融资可以视为一种“未来存货的融资”，其风险控制的技术手段主要体现在从对供货商的提货权到实际动产控制的转换，以及运输过程中的在途控制。

（一）应收账款和存货融资（accounts receivable and inventory financing，ARIF）

在西方银行的实践中，ARIF是“以资产控制为基础的商业贷款（collateral-based commercial lending）[①]”的最基础形式。ARIF简单而言就是借款人以自己应收账款和存货等流动资产的价值作为融资的担保，取得资金用于支持生产和销售活动。融资的还款来源是存货销售或应收款回收产生的现金流。根据借款人不同的信用风险度，银行对担保性资产实施严格程度不同的控制。

根据美国财政部货币监理署在《ARIF业务监理手册》（OCC，2000）中的解释，ARIF区别于普通商业贷款的最大特点是：ARIF的还款来源是流动资产变现所产生的特定化的现金流，而普通商业贷款的还款来源是经营活动所产生的现金流。鉴于此，货币监理署指出：“对于ARIF，还款能力分析的重点是借款人来自于应收账款和存货的现金流，而不是分析经营产生的现金流。监管者的分析应该更多关注应收账款和存货的质量和价值，关注银行控制权和监控系统，关注银行在扣押状态下变现抵押品的能力，而不是关注收入和资产负债表的信息。”

从国内供应链融资的实践看，ARIF中的特定化资产支持贷款和保理是最基础性的产品。比如，商品车的静态抵质押授信中，要求授信对应到一批特定的车辆。特定化通过抵押登记或质押的《出质声明书》中对车辆型号、颜色、发动机号和车架号等的登明来实现。又比如，在单笔应收账款转让中，要求买方对应付账款的对应的交易、拟付金额、付款时间等要素进行确认。

随着银行创新的推进和相关法律的完善，一些新的供应链融资产品也开始接近资产辅助支持贷款和应收账款池贷款的概念。比如，深发行推出的“池融资”系列产品（包括动产的动态抵质押授信、应收账款池融资、出口发票池融资、出口退税池融资、票据池融资等），允许客户提供的担保性资产在“池”中进出，银行仅控制“池”的价值余额，并据以发放授信。又比如，新的《物权法》出台后，深发行推出的动产浮动抵押授信，也是在担保性动产最低价值监控的基础上，对企业实施融资。

ARIF产品设计的关键理念是：借款人的风险并不等于贷款风险。ARIF风险控制的原则之一是保证受控资产的清算价值超过“贷款敞口＋安全边际”。同时，要求在客户违约的情况下，法律框架对银行变现受控资产以偿还贷款提供便利性的支持。这样，银行得以对主体资信较差，但部分流动资产符合银行要求的企业提供融资。

---

① Collateral在不同的情境下涵盖了国内的抵押、质押、留置甚至受让等一系列概念，因此这里笼统翻译成资产控制。

（二）预付款融资

从产品分类而言，预付款融资可以理解为“未来存货的融资”。因为从风险控制的角度看，预付款融资的担保基础是预付款项下客户对供应商的提货权，或提货权实现后通过发货、运输等环节形成的在途存货和库存存货。

(1)提货权融资的情况如担保提货（或保兑仓），这是指客户通过银行融资向上游支付预付款，上游收妥后即出具提货单，客户再将提货单质押给银行。之后客户以分次向银行打款方式分次提货。

(2)对一些销售状况非常好的企业，在库存货往往很少，因此融资的主要需求产生于等待上游排产及货物的在途周期。这种情况下，如果买方承运，银行一般会指定中立的物流公司控制物流环节，并形成在途库存质押；如果卖方承运，则仍是提货权质押。

(3)货物到达买方后，客户可向银行申请续做在库的存货融资。这样，预付款融资成为存货融资的“过桥”环节。

传统流动资金贷款的贷款用途也可指定用于预付款，而且广义上，预付款融资包括了银行对客户采购活动的信用支持，如信用证的开立。但是这两种情况下，银行一般会要求授信申请人提供不动产抵押或保证担保以覆盖敞口。显然这与供应链融资中的预付款融资概念不同。在供应链融资的预付款融资中，融资的担保支持恰是融资项下的贸易取得，因此对客户融资的资产支持要求被简约到了最大限度。

预付款融资是国内银行供应链金融的特色产品系列，因为国内银行更关注分销商而不是供应商的融资。而核心企业对分销商的财务压力集中在预付而非应收领域。在预付款融资中，国内银行将对核心企业的信用捆绑技术引入对分销商的授信中，如深圳发展银行在2001年推出的先票后货授信、担保提货授信、国内信用证、进口项下货权质押授信等。

三、典型产品阐述

通过分析供应链金融的产品组成，不难看出：预付款融资和应收账款融资都涉及对核心企业这个风险控制变量的引入，因此是标准的供应链融资产品。存货融资由于可以独立于核心企业而操作，因此这类产品在供应链融资中一般被作为预付款融资的接驳性产品使用。

（一）存货类产品

1. 静态抵质押授信

静态抵质押授信是动产及货权抵质押授信业务的最基础产品，它是指客户以自有或第三人合法拥有的动产为抵质押的授信业务，又称“特定化库存模式”。银行委托第三方物流公司对客户提供的抵质押商品实行监管，抵质押物不允许以货易货，客户必须打款赎货。

静态抵质押适用于除了存货以外没有其他合适的抵质押物的客户，而且客户的购销模式为批量进货、分次销售。相对来说，静态抵质押授信是货押业务中对客户要求较苛刻的一种，更多地适用于贸易型客户。利用该产品，客户得以将原本积压在存货上的资金盘活，扩大经营规模。

对于银行而言，抵质押物的变现能力相对较强，而且在动产浮动抵押在国内尚没有法律依据的《物权法》颁布之前的阶段，该产品最符合质押中有关特定化的法律要求。同时，该产品的保证金派生效应最为明显，因为只允许保证金赎货，而不允许以货易货，而赎货后所释放的授信敞口可被重新使用。

其业务流程(见图 6-3-3)如下：

① 客户、监管方与银行签署三方仓储监管协议；

② 客户向银行缴存保证金或匹配自有资金，并签署其他授信协议文本；

③ 客户配合银行落实抵押登记，监管人员落实日常监管；

④ 银行向客户提供授信；

⑤ 客户向银行保证金账户划付赎货款项；

⑥ 银行通知监管方释放所抵、质押的货物。

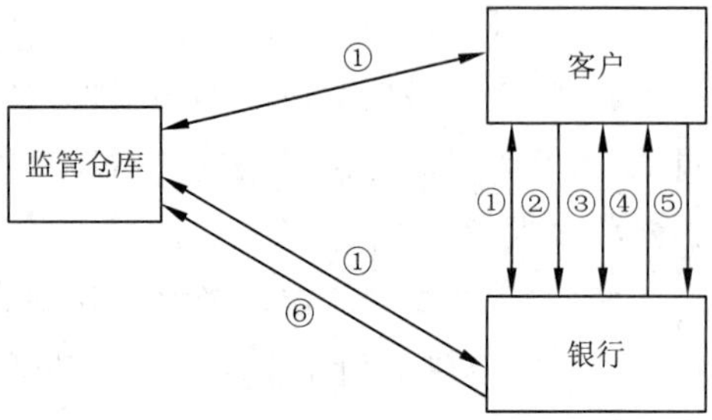

图 6-3-3　静态抵质押授信

2. 动态抵质押授信

动态抵质押授信是静态抵质押授信的延伸产品，它是指客户以自有或第三人合法拥有的动产为抵质押的授信业务，又称“核定库存模式”。银行对于客户抵质押的商品价值设定最低限额，允许在限额以上的商品出库，客户可以以货易货。

该产品适用于库存稳定、货物品类较为一致、抵质押物的价值核定较为容易的客户。同时，对于一些客户的存货进出频繁，难以采用静态抵质押授信的情况，也可运用本产品。该产品多用于生产型客户。

对于客户而言，由于可以以货易货，因此抵质押设定对于生产经营活动的影响相对较小。特别对于库存稳定的客户而言，在合理设定抵质押价值底线的前提下，授信期间内几乎无须启动追加保证金赎货的流程，因此对盘活存货的作用非常明显。

对银行而言，该产品的保证金效应相对小于静态抵质押授信，但是操作成本明显小于后者，因为以货易货的操作可以授权第三方物流企业进行。

其业务流程(见图 6-3-4)如下：

① 客户、监管方与银行签署三方仓储监管协议；

② 客户向银行缴存保证金或匹配自有资金，并签署其他授信协议；

③ 客户配合银行落实抵押登记，监管人员落实日常监管；

④ 银行向客户提供授信；

⑤ 客户向银行打款赎货或置换货物；

⑥ 银行通知监管方释放所抵、质押的货物。

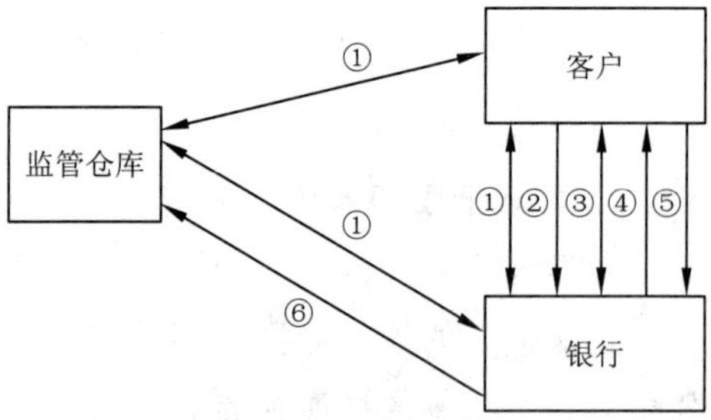

图 6-3-4　动态抵质押授信

3. 标准仓单质押授信

标准仓单质押授信是指客户以自有或第三人合法拥有的标准仓单为质押的授信业务。

标准仓单是指符合交易所统一要求的，由指定交割仓库在完成入库商品验收、确认合格后，签发给货主用于提取商品的，并经交易所注册生效的标准化提货凭证。

该产品适用于通过期货交易市场进行采购或销售的客户，以及通过期货交易市场套期保值、规避经营风险的客户。

对于客户而言，相比动产抵质押，标准仓单质押手续简便、成本较低。对银行而言，成本和风险都较低。此外，由于标准仓单的流动性很强，也有利于银行在客户违约情况下对质押物的处置。

其业务流程（见图 6-3-5）如下：

① 客户在符合银行要求的期货经纪公司开立期货交易账户；

② 银行与期货经纪公司签订合作协议；

③ 客户向银行提出授信申请并提交相关授信资料，银行审核同意后签订授信合同；

④ 客户以标准仓单向银行申请单笔质押融资，银行审核同意后签订授信合同、质押合同；

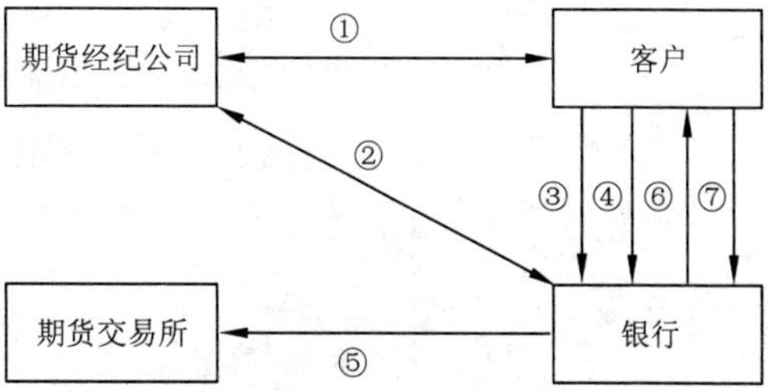

图 6-3-5　标准仓单质押授信

⑤ 期货经纪公司协助银行、客户共同在交易所办理标准仓单质押登记手续；

⑥ 银行向客户发放信贷资金，用于企业正常生产经营；

⑦ 客户可选择以其自有资金归还授信，或以新的担保置换或赎回质押仓单；也可选择与银行协商处置所质押仓单，将处置资金用于归还融资款项。

4. 普通仓单质押授信

普通仓单质押授信是指客户提供由仓库或其他第三方物流公司提供的非期货交割用仓单作为质押物，并对仓单作出质背书，银行提供融资的一种银行产品。

其业务流程（见图 6-3-6）如下：

① 客户将货物存入符合银行要求的仓储企业并取得仓单；

② 银行、客户、仓储企业签订三方仓储协议；

③ 客户向银行提出授信申请并提交相关授信资料，银行审核同意后签订授信合同；

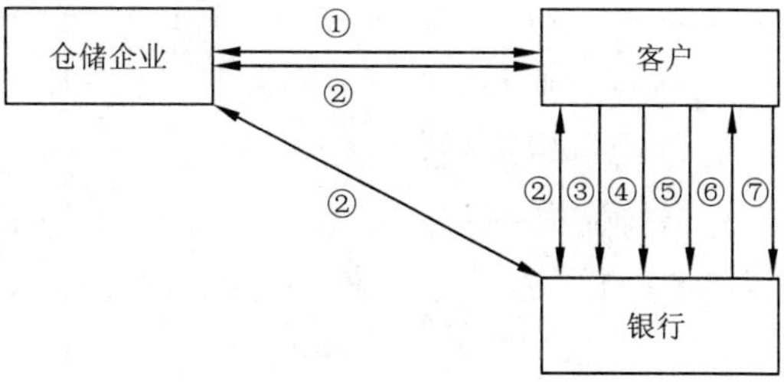

图 6-3-6　普通仓单质押授信

④ 客户凭仓单向银行申请单笔质押融资，银行审核同意后签订单笔授信合同、质押合同；

⑤ 客户将仓单质押给银行并由银行保管；

⑥ 银行根据仓单价值按一定融资比例向客户发放融资，用于企业正常生产经营；

⑦ 客户打款赎单。

（二）预付款类产品

1. 先票/款后货授信

先票/款后货是存货融资的进一步发展，它是指客户（买方）从银行取得授信，在交纳一定比例保证金的前提下，向卖方支付全额货款；卖方按照购销合同以及合作协议书的约定发运货物，货物到达后设定抵质押，作为银行授信的担保。

在实践中，一些热销产品的库存往往较少，因此企业的资金需求集中在预付款领域。同时，该产品因为涉及卖家及时发货、发货不足的退款、到货通知以及在途风险控制等环节，因此客户对卖家的谈判地位也是操作该产品的条件之一。

对客户而言，由于授信时间不仅覆盖了上游的排产周期和在途时间，而且到货后可以转为库存融资，因此该产品对客户流动资金需求压力的缓解作用要高于存货融资。其次，在银行资金支持下的大批量采购，客户可以从卖方争取较高的商业折扣，而且有可能提前锁定商品采购价格，防止涨价的风险。

对银行而言，可以利用贸易链条的延伸，进一步开发上游核心企业业务资源。此外，通过争取卖方对其销售货物的回购或调剂销售条款，有利于化解客户违约情况下的变现风险。另一个好处在于，由于货物直接从卖方发给客户，因此货物的权属要比存货融资模式更为直观和清晰。

其业务流程（见图 6-3-7）如下：

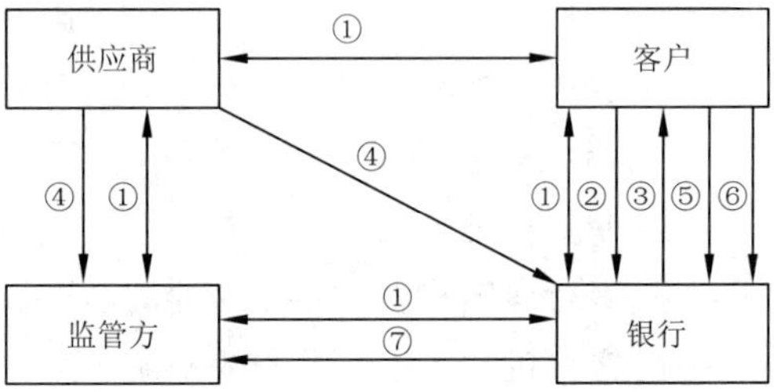

图 6-3-7　发票/款后货授信

① 客户、供应商与银行签署三方合作协议；客户、监管方与银行签署三方仓储监管协议；

② 客户向银行缴存保证金或匹配自有资金，并签署其他授信协议文本；

③ 银行授信资金定向支付给上游供应商用于贸易合同项下的产品采购；

④ 供应商根据三方合作协议约定将银行授信项下所采购的产品发送到银行指定地点，运输单据以银行或银行指定的监管方为收货人；第三方监管人员签收，并落实日常监管；

⑤ 客户与银行签订质押担保合同，将仓库内的货物质押给银行；

⑥ 客户向银行保证金账户划付赎货款项；

⑦ 银行通知监管方释放所抵、质押的货物。

2. 担保提货（保兑仓）授信

担保提货是先票/款后货产品的变种，它是客户（买方）交纳一定保证金的前提下，银行贷出全额货款供客户向核心企业（卖方）采购，卖方出具全额提单作为授信的抵质押物。随后，客户分次向银行提交提货保证金，银行再分次通知卖方向客户发货。卖方就发货不足部分的价值承担向银行的退款责任。该产品又被称为“卖方担保买方信贷模式”。

担保提货适用于一些特殊的贸易背景：

(1)客户为了取得大批量采购的折扣，采取一次性付款方式，而厂家因为排产问题无法一次性发货。

(2)客户在淡季向上游打款，支持上游生产所需的流动资金，并锁定优惠的价格。然后在旺季分次提货用于销售。

(3)客户和上游都在异地，银行对在途物流和到货后的监控缺乏有效手段。

对客户而言，大批量的采购可以获得价格优惠，“淡季打款、旺季销售”的模式有利于锁定价格风险。此外，由于货物直接由上游监管，省却了监管费用的支出。

对卖方而言，可以实现大笔预收款，缓解流动资金瓶颈。同时，锁定未来销售，可以增强销售的确定性。

对银行而言，将卖方和物流监管两个变量合二为一，简化了风险控制的维度。同时，引入卖方发货不足的退款责任，实际上直接解决了抵质押物的变现问题。此外，该产品中核心企业的介入较深，有利于银行对核心企业自身资源的直接开发。

其业务流程（见图 6-3-8）如下：

① 客户、供应商与银行签署三方合作协议；

② 客户向银行缴存保证金或匹配自有资金，并签署其他授信协议文本；

③ 银行向客户提供授信，授信资金定向支付给上游供应商用于贸易合同项下的产品采购；

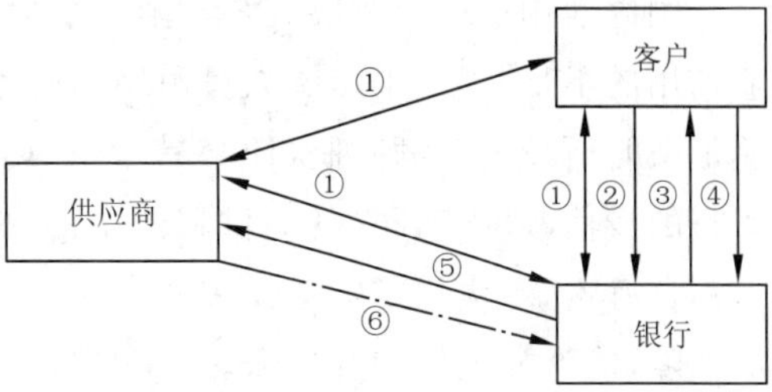

图 6-3-8　担保提货（保兑仓）授信

④ 客户向银行保证金账户划付赎货款项；

⑤ 银行通知上游供应商按照三方合作协议约定向客户发送货物；

⑥ 若授信到期，客户对银行授信项下货物未完全提取，则供应商对未赎货部分承担差额退款责任。

3. 进口信用证项下未来货权质押授信

进口信用证项下未来货权质押授信，是指银行根据进口商（客户）的申请，在进口商根据授信审批规定交纳一定比例的保证金后，为进口商开出信用证，并通过控制信用证项下单据所代表的货权来控制还款来源的一种授信方式。货物到港后可以转换为存货抵质押授信。

该产品特别适用于进口大宗商品的企业、购销渠道稳定的专业进口外贸公司，以及需要扩大财务杠杆效应、降低担保抵押成本的进口企业。

对客户而言，在没有其他抵质押物品或担保的情况下，只需交纳一定的保证金，即可对外开证采购，客户可利用少量保证金扩大单次采购规模，且有利于获得优惠的商业折扣。

对于银行来说，由于放弃了传统开证业务中对抵质押和保证担保的要求，扩大了客户开发半径，同时，由于控制了货权，银行风险并未明显放大。

其业务流程（见图 6-3-9）如下：

① 客户与出口商签订商品进口合同；

② 客户向银行缴存一定比例的保证金；

③ 银行为客户提供授信，向出口商开出信用证；

④ 出口商按照合同约定装运货物，并向银行提交合格单据；

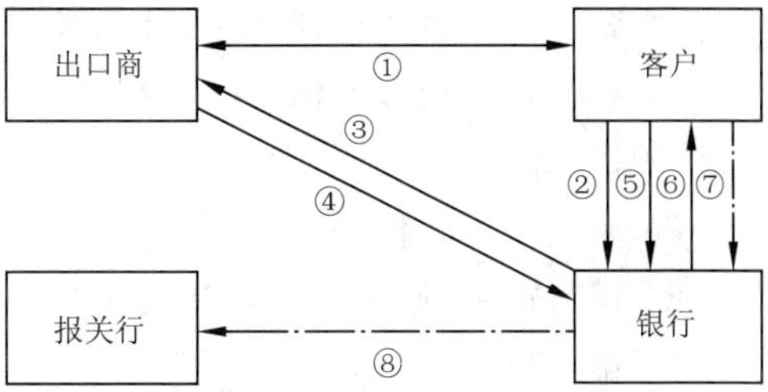

图 6-3-9　进口信用证项下未来权质押授信

⑤ 客户补足保证金；

⑥ 银行向客户放单；

或者：

⑦ 客户申请办理进口押汇；

⑧ 银行指定报关行报关，并将货物置于指定监管方监管之下，办理动产质押手续，其余同动产质押。

4. 国内信用证

国内信用证业务是指，在国内企业之间的商品交易中，银行依照买方（客户）的申请开出的、凭符合信用证条款的单据支付货款的付款承诺。

国内信用证可以解决客户与陌生交易者之间的信用风险问题。它以银行信用弥补了商业信用的不足，规避了传统人民币结算业务中的诸多风险。同时，信用证也没有签发银行承兑汇票时所设的金额限制，使交易量更具弹性，手续更简便。此外，客户还可以利用在开证银行的授信额度来开立延期付款信用证，提取货物，用销售收入来支付国内信用证款项，不占用自有资金，优化了资金使用效率。卖方则按规定发货后，其应收账款就具备了银行信用的保障，能够杜绝拖欠及坏账。

对于银行而言，国内信用证相比于先票/款后货以及担保提货，规避了卖方的信用风险，对货权的控制更为有效。同时，银行还能够获得信用证相关的中间业务收入。

其业务流程（见图 6-3-10）如下：

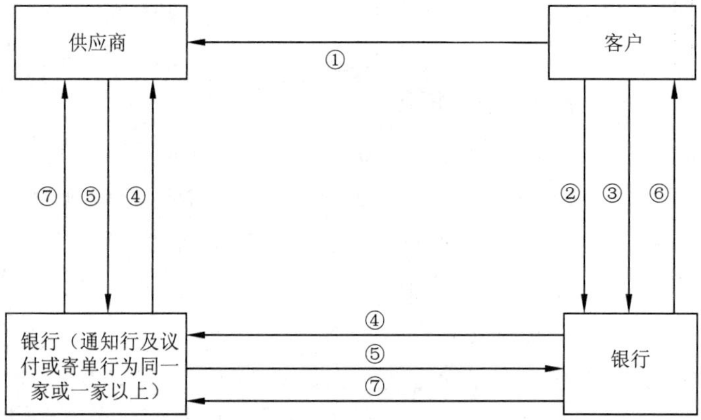

图 6-3-10 国内信用证

① 客户与供应商双方签订合同；

② 客户向银行缴存保证金，并签署相关合同；

③ 客户根据银行授信要求申请开立信用证；

④ 银行开立信用证，经通知行或直接通知供应商；

⑤ 供应商经议付提交单据；

⑥ 银行审单、通知客户付款或接受押汇赎单或承兑赎单；

⑦ 银行付款或承兑。

5. 附保贴函的商业承兑汇票

附保贴函的商业承兑汇票实际上是一种授信的使用方式。但是在实践中，由于票据当事人在法律上票据责任的存在，构成了贸易结算双方简约而有效的连带担保关系，因此可以当作独立的产品使用。

该产品对交易双方的利益在于：

① 免除了手续费，且贴现利率一般而言低于贷款，因此融资成本较低。

② 由于银行保贴函的存在，对出票方形成了信用增级。

③ 不用签署担保合同等其他文件，使用简便。

对银行的好处在于：

① 可以控制资金流向。

② 收票人贴现时才产生银行的风险资产。

③ 票据责任形成的隐形连带担保，降低了操作风险和操作成本。

附保贴函的商业承兑汇票可以从两个层面来理解其产品特性：当银行授信给予出票人时，是一种预付款融资；当银行授信给予收票人时，即给予一个贴现额度，则是一种应收账款融资，即票据化保理。

（三）应收账款融资

1. 国内明保理

国内明保理是指银行受让国内卖方（客户）因向另一同在国内的买方销售商品或提供服务所形成的应收账款，在此基础上为卖方提供应收账款账户管理、应收账款融资、应收账款催收和承担应收账款坏账风险等一系列综合性金融服务。若应收账款转让行为通知买方并由买方确认则为明保理。

该产品适用于有应收账款融资需求或优化报表需求的国内卖方。同时，买方的商业信用和付款实力应该符合银行的相关要求。

对于客户而言，转让应收账款可以获得销售回款的提前实现，加速流动资金的周转。此外，客户无须提供传统流动资金贷款所需的抵质押和其他担保。在无追索权的转让模式下，客户不但可以优化资产负债表，缩短应收账款的周转天数，还可以向银行转嫁商业信用的风险。

对银行而言，受让应收账款相当于获得了一个自偿性的还款来源，将资产业务与客户的购销活动自然对接，更易于为客户所接受，同时也创造了向客户的下游延伸业务触角的渠道。此外，银行还可以获取保理费等中间业务收入。

其业务流程（见图 6-3-11）如下：

① 客户与买方签订商务合同；

② 客户向银行提出保理业务申请；

③ 银行进行客户额度审批和买方信用调查，双方签订保理业务合同，客户在银行开立回款专户；

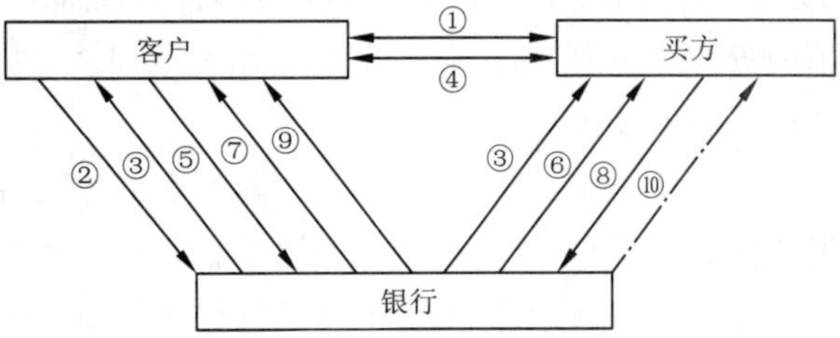

图 6-3-11　国内明保理

④ 客户履行与买方签订的商务合同；

⑤ 客户向银行转让应收账款；

⑥ 银行与客户共同通知买方应收款转让事项，并约定回款账户；

⑦ 银行审核合同、发票等贸易单据后，按受让应收账款净额的一定比例发放融资；

⑧ 买方向保理回款专户付款；

⑨ 银行以回款直接偿还融资款项，余款划至客户结算账户；

⑩ 若应收账款到期后银行未收到买方付款，则进行催收。

2. 国内暗保理

在应收账款转让过程中，银行受让卖方应收账款的行为不通知买方的业务称为暗保理。

除了明保理对客户带来的好处之外，暗保理手续更为简便。而且，由于不需要通知买方和要求买方确认，对于一些不愿意向买方披露自己融资信息的客户，或由于买方过于强势而不愿配合银行要求的相关手续的情况，暗保理的方式特别适用。

除了明保理产品的风险点外，暗保理业务还需要落实以下要点：

(1)由于买方没有确认应收账款债权，因此需要其他认定方式。

(2)应收账款是否存在不可转让的特别约定。

(3)应收账款是否已经转让给第三方。

3. 国内保理池融资

国内保理池融资是指将一个或多个国内的不同买方、不同期限和金额的应收账款全部一次性转让给银行，银行根据累积的应收账款余额给予融资。

该产品适用于交易记录良好且应收账款余额相对稳定的中小企业。

对客户而言，在应收账款特定化、一对一的保理中，对象分散、发生频繁、期限不一致的应收账款常常无法获得融资，而保理池的方式对每个买家采用一次性转让通知的方式，不仅简化了手续，而且充分挖掘了零散应收账款的融资功效。

对银行而言，同样简化了操作手续、降低了操作成本。同时，银行利用这一产品锁定所有销售回款回笼到本行，可以获得最大化的结算存款沉淀。

本产品的风险控制要点在于：

(1)要建立高效率的应收账款管理系统，对客户的销售回款情况进行监控。

(2)要设置保理池的结构化比例限制。

(3)要规定应收账款入池的有效单据要求，保证应收账款的真实性。

4. 票据池授信

票据池业务是银行向客户提供的票据托管、委托收款、票据池授信等一揽子结算、融资服务。票据池授信是指客户将收到的所有或部分票据做成质押或转让背书后，纳入银行授信的资产支持池，银行以票据池余额为限向客户授信。票据池授信包括票据质押池授信和票据买断池授信。

本产品适用于票据流转量大、对财务成本控制严格的生产、流通型企业；同样适用于对财务费用、经营绩效评价敏感并追求报表优化的大型企业、国有企业、上市公司。

对客户而言，票据池业务将票据保管和票据托收等工作全部外包给银行，减少了客户自己保管和到期托收票据的工作量。而且，票据池融资可以实现票据拆分、票据合并、短票变长票等效果，解决了客户票据收付过程中期限和金额不匹配的问题。

对银行而言，通过票据的代保管服务，可以吸引票据到期后衍生的存款沉淀。而以银行承兑汇票作为质押的票据承兑，是一项低风险的资产业务。

该产品的风险在于银行对票据真实性的查验，须防止假票、克隆票等，此外还要实施严格的金额与期限控制、台账管理。同时，票据池融资的基础应该以银行承兑汇票为主，对商业承兑汇票要谨慎接受。

5. 出口应收账款池融资

出口应收账款池融资，是指银行受让国际贸易中出口商（客户）向国外进口商销售商品所形成的应收账款，并且在所受让的应收账款能够保持稳定余额的情况下，结合出口商主体资质、经营情况、抗风险能力和应收账款质量等因素，以应收账款的回款为风险保障措施，向出口商提供融资的短期出口融资业务。

本产品适用于经常性发生出口贸易，具备一定主体资质和出口业务规模的中小企业，此类企业须拥有优良的出口收汇记录，保持稳定的应收账款规模，且出口融资需求旺盛，银企配合意愿强。

对客户来说，将连续、多笔、单笔金额较小的应收账款汇聚成“池”，整体转让予银行，可以将分散的应收账款资源集中起来发挥作用，向银行申请融资，补充流动资金不足。出口应收账款包括出口商采取赊销（O/A）、托收（D/P 和 D/A）、信用证（L/C）等多种结算方式产生的应收账款。

其业务流程（见图 6-3-12）如下：

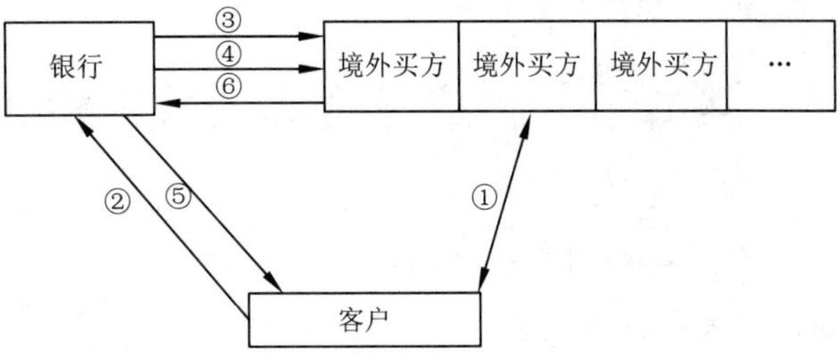

图 6-3-12　出口应收账款池融资

① 买卖双方签订贸易合同，卖方（出口方）向境外买家提供赊销；

② 客户积累应收账款（连续向银行交单），并办理应收账款转让手续；

③ 银行接受应收账款转让，向买方通知转让事宜和回款路径；

④ 银行代客户将单据寄送至境外买家；

⑤ 银行在额度内向客户提供授信出账；

⑥ 境外买方将款项按通知路径汇至银行回款账户，回款或偿还贷款，或划入客户结算账户（符合池结构管理比例时）。

6. 出口信用险项下授信

出口信用险项下授信是指已投保出口信用保险的客户将赔款权益转让给银行后，银行向其提供短期资金融通，在发生保险责任范围内的损失时，保险公司根据相关规定，按照保险单规定理赔后应付给客户的赔款，直接全额支付给融资银行的业务。

该产品适用于出口到高风险地区，或向不了解的进口商出口的情况下购买了出口信用保险的客户，且特别适合采用赊销方式进行结算的客户。

对客户而言，该产品填补了在出口发货与收汇期之间的现金流断层。同时，一些地方政府还对投保出口信用险的企业提供保费补贴，客户在额外支出有限的前提下，大大降低了收汇风险。

对银行而言，该产品规避了来自进口商的信用风险，收汇风险和贷款损失风险也随之降低。此外，根据银监会的批复，贷款银行在计算资本充足率时，中国信保提供政策性信用保险的贷款的风险权重为 0；而在进行贷款分类时，中国信保承保的贷款逾期超过 90 天但仍在合同规定的理赔等待期内的，可视为正常贷款。

业务流程(见图 6-3-13)如下：

① 客户与国外进口商签订商贸合同；

② 客户向出口信用保险公司投保，落实全部手续;申请出口短期融资；

③ 客户、银行、保险公司就该保险项下的赔款权签署《赔款转让授权协议》；

④ 银行审核客户资料后，出予客户出口信保融资额度或单笔核准，并发放出口信保融资款；

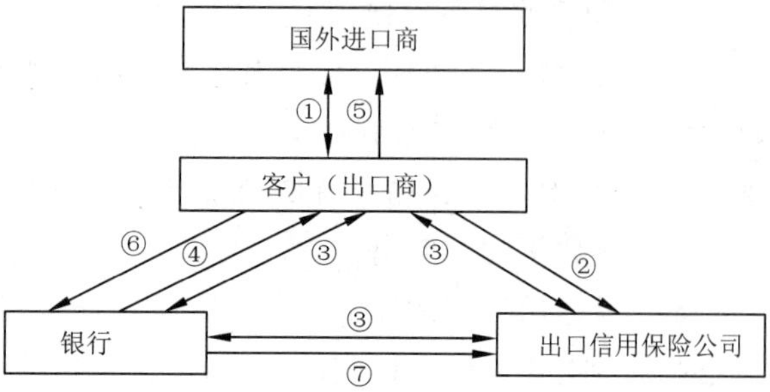

图 6-3-13　出口信用险项下授信

⑤ 客户通过银行向国外进口商进行收款；

⑥ 客户以所收款项偿还银行融资；

⑦ 如发生索赔，要求出口信用保险公司直接赔付给银行。

第二节　供应链金融的营销模式:“1＋N”范式及其拓展

核心企业在供应链中的主导地位，决定了供应链金融的“1＋N”营销模式。2003 年，由深圳发展银行率先推出“1＋N”的供应链融资业务模式伊始，在过去的十几年中，这一模式被学者们不断赋予经济学和管理学的丰富内涵，并在各家银行推广供应链金融的实践中被广泛演绎。

正如一些学者(杨育谋，2007)所指出的，“‘1＋N’表达了深发展这样一种见解：即很多小企业是依赖一个大企业而生存的。企业的关系不是厂家间的堆积，而是一个生态群的整合。在供应链金融中，银行不会只是考虑供应链中某个企业的资信情况，而是把供应链企业的贸易关系综合起来考虑，提供的融资会渗透到这个交易链的每一个环节。”

一、核心企业：国内由“N”至“1”到如今由“1”到“N”的艰难历程

供应链金融业务开发的最直接和常规的切入点就是核心企业，这也是国际银行业的一般做法。全球化导致银行客户将业务环节外包到全球最具成本优势的区位，并逐渐以赊销方式替代信用证和托收作为供应链内部结算的主要方式，这导致银行对客户经营活动的介入日益边缘化。

为了在新的国际分工框架下密切与老客户的关系，并对客户源于供应链成员分散融资带来的财务成本不经济，以及离散节点供应链成员的现金流困境作出积极的应对，国际性银行以与核心企业共同提供供应链融资系统解决方案的方式，重新找回了客户关系管理的新型模式。不仅如此，供应链金融的实际效应还超越了挽留原有客户的初衷，因为国际性银行因此也寻找到了在新兴市场培育客户和延伸业务触角的有效手段。

国内的情况恰恰相反，供应链金融业务始于以货押授信业务为代表的中小企业自偿性

贸易融资解决方案，从对“N”授信的个案中对“1”的责任捆绑，最终发展到直接找到“1”来批量开发“N”，经历了一个认识过程。当然，这一过程同时也伴随着国内的核心企业对供应链管理认识的深化，以及以此为基础的对银行“1＋N”模式的价值发现。

因此，国内银行“1＋N”的开发模式运用可以有两条路径：从“1”到“N”，以及从“N”到“1”。前者有赖于“1”在财务供应链管理方面的主动意识和经营的前瞻性，这些“1”往往是身处激烈的商业竞争环境中的企业。对于垄断行业、政策倾斜行业的核心企业，以及那些缺乏危机意识的大企业，通过对其“N”的先期批量开发，最后累积“N”对“1”的谈判筹码，实现对“1”的营销达成，也不失为一个有效的切入模式。在国内银行业的既往实践中，后一种模式屡试不爽。

以下为实际业务中典型的“1＋N”模式应用的案例。

A 集团汽车经销商所应用的金融网络模式——利用核心企业的信用引入，对多个汽车品牌经销商全面提供授信服务，如图 6-3-14 所示。

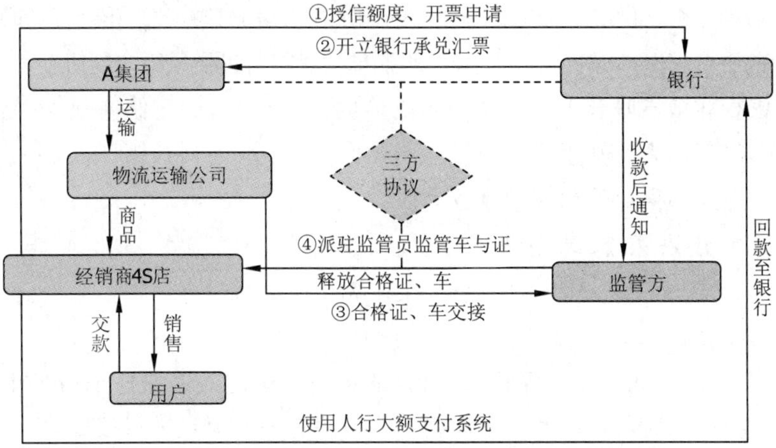

图 6-3-14　A 集团汽车经销商金融网络模式

A 集团是国内重要的汽车生产控股企业，下属全资与合资公司达到 40 余家，生产多个自主品牌和合资品牌汽车，年销售 1 000 万台以上。

2006 年，为了配合 A 公司的经销商支持战略，某银行开始介入其渠道融资业务。基本模式如下：

其中的关键环节包括：

① 经销商向 A 集团提出订单，由 A 集团认可后通知银行，银行据以发放授信；

② A 集团发货运输的物流公司由银行指定，汽车合格证由物流公司交银行，再转交监管方保管；

③ 银行根据经销商补充保证金的情况，向监管方提示允许经销商提取商品车及其合格证的数量；

④ 经销商在贷款或票据到期前一定时间仍未完全赎货的情况下，A 集团将剩余的抵质押商品车调剂给其他经销商销售。

该案例给我们的启示为：在国内，汽车行业是供应链管理最为完善的行业之一。经销商、供应商与核心企业的关系紧密，核心企业对供应链成员的进入、退出有制度化的规定。同时，在竞争压力之下，核心企业对供应链成员的资金流非常关注，因为这直接关系到整个供应链的竞争地位。

可见，供应链金融业务的有效开发，必须以核心企业的供应链管理意识，以及对银行授信的环节配合为基础。

二、核心企业的衍生

核心企业的衍生主要包括：政府采购、交易市场融资（塑料交易所的公共仓融资模式）、行业拓展（跨产业链的拓展-能源行业的产业金融业务模式）。

核心企业在供应链金融业务中的本质作用主要体现在两个方面：一是作为客户批量开发平台，二是以其商务履约信用及能力作为银行的风险控制基点。以此立足点出发，可以发现，能发挥核心企业作用的不仅仅是链条中的核心生产厂商。在实务中，许多供应链条的参与方在供应链金融业务中可发挥的作用与供应链金融核心企业的作用在本质上具有很大相似性，即既可作为银行批量开发客户的平台，又可以强大的物流监管控制能力为银行提供风险控制协助。

鉴于此，银行亦多方联合供应链条中各类型的参与企业，如仓储基地、商品交易中心等积极探讨合作，将其作为有别于供应链金融核心厂商的“1”进行营销开发，牵头建立多方位的合作联盟，进一步实现业务规模的有效突破。

（一）E市政府采购封闭授信

该模式利用物流和资金流的封闭操作，采用先票后货转保理的产品组合，解决经销商对政府采购中标合同的备货资金需求。

随着政府采购立法和实践的深化，政府采购市场日渐庞大。在这个市场中的典型贸易模式是：厂家（供货商）通过自己的经销商就具体的政府采购项目进行投标，中标后经销商向厂家采购，厂家根据经销商的要求将货物直接发送到政府的用货部门。经过一定的账期，政府财政向经销商付款。

政府采购多为预算内资金支持，结算信用通常很高。同时对于通用性物资而言（如汽车、电脑、复印机等），品牌厂家的产品品质一般不会引发基础贸易纠纷。因此，某银行为E市政府采购部门提供了政府采购封闭授信方案。E市政府出于保证中标单位履约率的考虑，同意对该授信方案的部分环节予以适当配合，如中标信息查询、到货信息查询、货款付向账户锁定在银行等。

该方案的业务流程（见图6-3-15）如下：

① 供货商向银行推荐经销商；

② 经销商中标（政府采购）；

③ 经销商按中标额的30%保证金存入银行，并开出以供货人为收款人的商业承兑汇票；

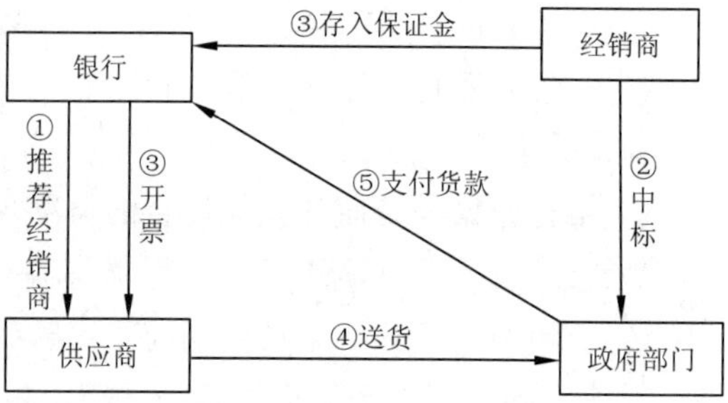

图6-3-15　政府采购封闭授信

④ 供货商组织生产并负责将政府采购项

下货物送达政府使用单位；

⑤ 政府使用单位经质检、验收后，在约定日期内将货款直接支付到经销商在银行开立的收款账户。

银行经事先授权在商票到期日扣收款项。在扣收之前款项冻结（账户与保证金账户一致）。

该模式给我们的启示为：其贸易背景特点是“两头大、中间小”，是“订单融资”的典型案例之一。在经销商向供货商的先票后货的环节，银行将供货商视作核心企业，并以商业承兑汇票保证贴现的方式引入了供货商的票据连带责任。在经销商向政府销售的保理环节，银行将政府视为核心企业，并以账号锁定方式控制资金流。因此，该模式可以称为“1＋N＋1”，并广泛适用于很多行业领域的中间商，如油品、煤炭等。

（二）D塑料交易所的公共仓融资模式

该模式利用交易所的交易规则以及交易所中立的动产监管职能对融资安全的保障，开展对交易所成员的融资。

D交易所于2004年注册成立，2005年9月正式营业。主要开展塑料原料现货及现货电子订单交易，并提供相关的仓储、物流服务，是全国第一家塑料电子交易所。目前，交易所已推出PVC、PP、PE、PS、ABS等五个交易品种，涵盖了主要的通用塑料原料。自开业以来，D交易所业务发展迅速，截至2007年10月交易所会员已发展至3 000余家，年交易量约400万吨，累计总成交各类塑料700万吨以上，交易金额超过700亿元，其交易价格已成为国内塑料行业的主要参考价格。

D交易所拥有华南地区最大的大宗商品交易大厦，并已投资建设了配套的1.5万平方米的交易商服务公寓和5万吨库容的中心现货交割仓库。交易所提供即期和远期两种交易方式。

根据交易所会员交易融资的需求，以及交易所本身进一步活跃会员交投的意愿，某银行在D交易所推出了会员交易融资方案。方案提供了两种融资模式：

(1)现货仓单融资：交易所会员以存放于交易所公共仓库、并由交易所出具仓单的货物作质押，由银行提供授信。

(2)未来仓单融资：买方凭交易所确认的买入合约，由银行提供授信用于交割，并以交割项下所获取的交易所仓单作为授信的质押。

该模式的具体流程（见图6-3-16）如下：

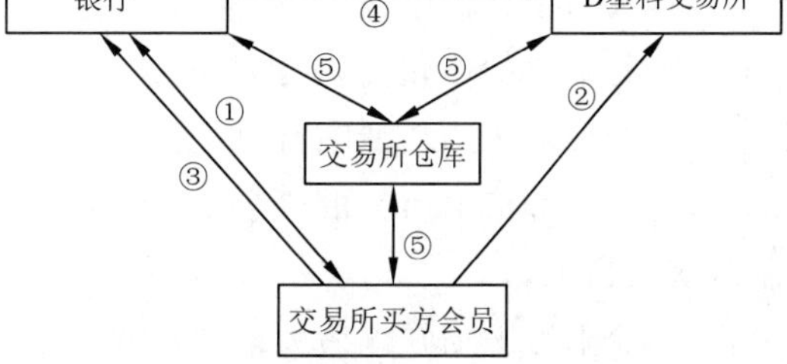

图6-3-16　交易所的公共仓融资模式

① 买方提出未来仓单授信申请，银行审批授信额度；

② 买方向交易所提交电子合约锁定申请书，交易所根据申请锁定电子合约；

③ 买方向银行缴纳30%初始保证金（在开立银行承兑或商业承兑汇票保贴函的情况下），并提交相应的资料，交易所向银行提交《交易证实书》；

④ 银行以开立银行承兑汇票、商业承兑汇票保贴函、开立国内信用证或发放流动资金贷款等方式为买方授信，银行承兑汇票、商业承兑汇票保贴函、信用证等直接交付给交易所，流动资金贷款只能支付给交易所作为交割保证金；

⑤ 交割日，银行、交易所、买方同时在场办理货物交割手续，交割后该批货物必须存放在交易所仓库并质押给银行。

为了进一步降低授信风险，并提高业务的综合收益，上述模式还引入了以下一些操作规定：

① 交易所的母公司与银行签订回购担保协议，协议明确：如受信会员违约，母公司应以原交易价或核定价回购仓单或交易合约，以回购款偿还银行授信。

② 交易所与银行签订监管协议，明确仓单项下双方责任和义务。

③ 交易所在银行开立结算账户，用以归集卖方和买方的保证金以及货款，以便银行及时监控受信人的资金往来情况，并保证对会员的授信业务得到及时清偿。

该模式给我们的启示为：在批发市场和专业交易市场中，业主或经营方往往具有促进交投的利益驱动，进而关心会员的资金流问题。因此，可以将市场的业主或经营方主体作为“1”，市场参与者或会员作为“*N*”实施业务开发。“1”的作用在于制定交易规则、约束交易履约、监管交易项下的货物。由于这里的“1”往往也是市场所在行业的经营者，因此可以引导“1”配合银行对授信项下的抵质押物进行处置。

（三）能源行业的产业金融业务模式

该模式通过交易链条的延伸，并实施“横到边、竖到底”式的开发，网络性地占有客户，如图 6-3-17 所示。

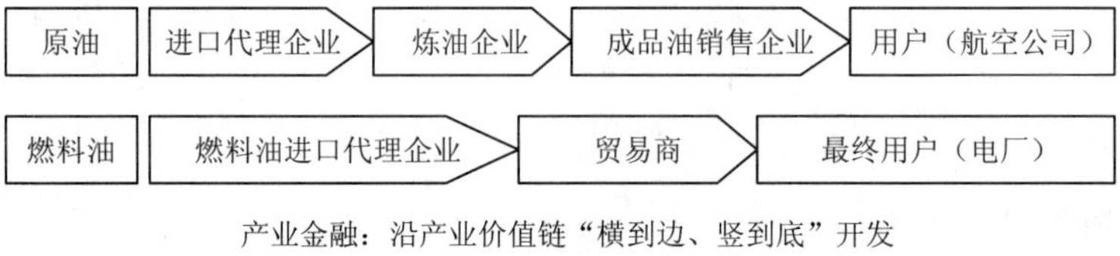

图 6-3-17　产业金融：沿产业价值链“横到边、竖到底”开发

2000 年，某银行以票据业务降低企业财务成本的卖点，初入能源行业。以此为起点，某银行对原油、成品油、燃料油、电力和煤炭等系列能源客户群实施沿交易链的开发，对原油、燃料油等部分细分市场和某大型石油系统实现了客户的网络性占有。

根据某银行的观察，能源行业具有以下特点：

(1)关系国计民生，长期稳定，基础地位不可改变。

(2)行业集中度较高，大企业的核心地位明显，实力雄厚。

(3)行业圈子边界清晰，信息透明，企业间交易关系密切。

(4)生产和流通所需的资金量大，特别是流通领域，大宗贸易，涉及金额大，金融服务的需求潜力巨大。

(5)企业账上通常保留大量的贷款余额和应收应付账款余额，是一些创新金融产品运用的广阔市场。

(6)贸易关系比较稳定，交易链条清晰，易于由点到面地推广银行业务。

实践中，某银行广泛运用商业承兑汇票、国内/国际信用证、货押、保理等业务，实施了沿着进口商—加工商—贸易商—终端用户的全链条开发。目前，某银行已成为国内最具品牌效应的能源金融服务商。能源行业的开发带动了各项业务的综合发展。至2007年末，带动负债业务规模增长超过40多亿元，带动承兑业务量500多亿元、国际结算量40多亿美元，累计创利6亿元，培育客户数超过300家。几年来，能源领域的业务未发生不良。

该模式给我们的启示为：某银行能源行业供应链金融覆盖了整个贸易链条，在各个节点都形成了贸易融资进入的解决方案。这种模式具备很强的行业复制能力，沿着此思路可以考虑在汽车、钢材、粮食、煤炭等行业实现产业金融的规模发展。

同时，国际大企业的全球化业务外包使得中国成为这些企业供应链或分销链成员的集聚地，配合国际化大企业财务供应链管理的需求，向国内的供应链成员提供一揽子融资解决方案，是国内银行供应链金融业务未来发展的一块重要市场。

三、协作链衍生

协作链衍生主要包括了：物流企业（深发展与中外运合作模式）、保险公司（信用保险项下融资）。

（一）深圳发展银行与中外运公司的合作模式

该模式通过与第三方物流的合作发现并切入客户群，拓展供应链业务空间。

2004年深圳发展银行与中外运公司签署了战略合作协议，共同搭建一个为企业进行货押业务融资的平台。主要的合作形式有：利用其外运仓库作为银行质押货物的监管点，委托其对银行客户的提货进行监管；货物在途运输监管；委托其对客户的自有仓库开展第三方输出监管。具体业务在有某银行分行的10家分公司开展，总公司承担连带责任。

双方合作涉及的企业授信超过60亿元，某银行向中外运公司提供监管客户180余家，其中一部分进一步成为C公司运输业务的客户；中外运公司也向银行推荐了30余家供应链金融的授信客户。中外运公司拟租赁更多公共仓库，扩大双方面向供应链金融的业务合作规模。

该模式给我们的启示为：第三方物流企业以自身专业能力（如运输、仓储、货代及港口装卸等）服务于贸易双方，拥有稳定而丰富的客户资源。银行开展供应链金融业务，需要借助这些企业的专业能力分散风险；同时，银行与第三方物流企业客户的高度重叠，创造了客户共享的合作基础。

银行还研究开展对运输、仓储、码头等行业龙头、符合信用放款条件的企业，给予一定的授信额度，在其控制货权、负责连带担保之下，转授信予其指定的优质客户作为供应链融资。物流龙头企业往往是多个厂家的全国（全球）物流配送商，占有多条产业供应链和客户集群；这一赋予物流企业金融功能的尝试，极大地拓展了客户群和潜在的优质业务。

（二）保险公司信用保险项下融资模式

该模式通过与其他金融机构的合作分散化解风险，通过交叉销售实现客户资源共享。

保险作为天然的风险转移类产品，可以运用到几乎所有供应链融资产品的流程环节之中。在某些产品中，保险是选择性部件，根据具体的贸易背景灵活选择。但是，在另一些情况下，保险是产品设计的必须要件，如信用险项下的出口融资。该产品出于出口收汇所创造的授信自偿性存在不确定性的前提下，进一步引入了保险赔款这个第二自偿性的还款来源。

在某些情况下，保险产品与银行融资产品满足了企业的同一类需求，例如应收账款承购(保理)和信用保险。两者的对比见表 6-3-1。

表 6-3-1　应收账款与信用保险之比较

项　目	应收账款承购	信用保险
承保国家	较少	较多
申请买方额度	以 Fax 为主	大多已可以网络申请
账款入账	较慢(需要一周到十天)	较快(因不需代收账款)
收账服务	提供(发票逾期日起)	提供(自保户通知日起)
日常作业	烦琐(每笔发票转让)	简化(只需申报营业额)
承购费/保险费	较高(1.5%至 1%)	较低(0.3%至 0.5%)
等待期	一般约为 90 天	一般约为 5 到 6 个月
理赔成数	最高 100%	一般约为 90%至 95%
风险保障	筛选式(具不确定性)	较全面
操作弹性	较低	较高(最常放账期间，未出货保障)
资金需求	由银行提供	由银行提供

2003 年，平安财产保险公司宣布在科法斯集团的帮助下，推出了企业国内贸易应收账款短期信用保险服务。这样，保险对供应链金融流程环节的全面覆盖基本形成体系。

由于保险公司为企业交易行为提供的信用保险产品有助于降低交易风险，因此，很多国际知名银行，如渣打银行、荷兰银行等均通过与保险经纪公司的合作为供应链成员提供融资支持。这种合作实际上也引入了保险公司作为银行的营销代理，而保险公司则实际上引入了银行作为其保险代理，双方在最大程度上实现了共赢互利。

第四章　供应链融资:解决中小企业融资难的典型样本

中小企业在发展过程中所获得的资金支持与其所做的贡献极不对称,融资难问题是制约中小企业发展的主要瓶颈。金融支持体系发展的不完善和中小企业自身特点等因素构成了中小企业融资难的主因,同时供应链管理的落后也加剧了中小企业融资困难。供应链金融是当前银行与中小企业找到的既有利于中小企业融资又有利于银行控制风险并实现盈利的重要“黏合点”。供应链金融为中小企业融资做出的突出贡献在于,它将中小企业置于供应链全局来分析、评估其信用水平,并根据中小企业参与供应链的具体交易来安排融资:银行通过审查整条供应链,基于对供应链管理程度和核心企业的信用实力的掌握,对其核心企业和上下游多个企业提供灵活运用的金融产品和服务。

本章通过剖析我国中小企业融资难产生的原因,同时结合深圳发展银行供应链金融的业务实践,对供应链金融的信贷理念、模式以及运作原理进行深入分析,以期使得供应链金融能成为解决我国中小企业融资难的有效途径。

第一节　缘何中小企业融资难

一个不争的事实是,中小企业已经成为中国经济的活力之源、经济快速发展的“助推器”。但是,“中小企业融资难”的问题却经历了20多年的老生常谈。在供应链金融出现之前,尽管金融部门劝之切切,各家银行也信誓旦旦,但在实践中始终没有看到一个可行的系统性解决方案。究其原因,这其中兼有中小企业、商业银行、社会经济环境三个方面的原因。

一、中小企业自身存在的问题分析

中小企业存在自身规模小、资金少、抗风险能力较差、经营能力不强,甚至信用缺失、违约率高等原因,这是造成银行中小企业融资困难的重要原因。

(一)中小企业规模较小,抗风险能力较差,可持续经营能力普遍偏弱

中小企业由于资金规模较小,在与供应、需求方的资金往来中往往处于弱势地位,一旦遭遇外部不可预知的风险,往往资金链断裂而难以生存。相当一部分中小企业的利润水平较低甚至根本没有,不具有自我补充流动资金的能力,重置投资能力较低,维持简单再生产都十分困难,更谈不上积累足够的资金进行设备的更新改造了,因此中小企业持续经营的能力普遍较弱。对于银行来说,安全性、稳健性、盈利性是其发放贷款的基本原则,为了减小风险、优化资产质量,在贷款中回避中小企业的情况也时有发生。

（二）中小企业管理不规范，企业信息不透明

相当部分的中小企业尚未建立规范的现代企业制度，“内部人控制”现象严重，自我积累意识较差，至于个体和私营性质的中小企业，由于管理人员水平普遍不高，经营管理上经验化、粗放型倾向比较突出，往往缺乏长远打算和长期积累规划。同时，中小企业由于在财务报表等对外信息的编制上存在较大的随意性，且往往不愿披露所有的信息，使银行处于信息的弱势，无法甄别中小企业的信用状况。因此，银行为了保证资金安全，防范风险，而“惜贷”和“慎贷”也就在所难免。

（三）中小企业可用资源较少，贷款缺少足值有效的担保条件

1998年以来，各商业银行普遍推行了抵押担保制度。在抵押贷款的实际操作中，金融机构对抵押物的选择一般仅限于土地、机器、设备、房地产的所有权或使用权，因为，这些固定资产变现的可能性相对较大。而中小企业普遍固定资产少，土地、房产等抵押物不足，抵押贷款的难度较大。大部分中小企业生产经营有限的资金主要用于维持正常运转，厂房、设备投入并不多，不能提供有效的抵押式担保。尤其一些民营高科技企业受到了更严重的约束，这类企业在物业方面比重很小，抵押贷款方式无疑是一道高门槛。也有不少中小企业因其土地、厂房所有权证不全，不符合抵押贷款条件，因此不能获得银行贷款。总之，中小企业一般缺少足够的抵押资产，资产少、承担债务能力低，寻求担保非常困难，大多不符合银行的贷款条件。

（四）中小企业信用监管不健全，资信等级偏低

我国的中小企业信用乃至个人信用等级普遍偏低，这是我国金融体系健全的瓶颈之一。由于中小企业经营规模相对较小、组织结构变动快、内部财务制度和财务管理不够规范和稳定，诸如借改组转制之机逃债、废债现象严重；部分企业多头开户，多头贷款，以套取银行信贷资金，逃避银行的监督检查；相当一部分企业间的交易经常采用现金形式，多数没有交易合同，造成银行审查资金用途和回笼资金困难等等，造成中小企业的资信等级普遍不高，风险较难以控制，这些更加影响了银行支持中小企业的积极性。

二、银行方面存在的问题分析

商业银行与中小企业信息不对称，缺乏有效的风险控制体系是银行中小企业业务无法取得实质性进展的重要原因。

传统上，银行授信按担保方式区分为三类：保证担保授信、抵质押授信和信用授信。保证担保授信需要第三方提供担保，而信用授信则对企业的资产水平、经营规模和盈利能力都有比较高的要求，供应链中的中小企业成员一般难以获得上述两种方式的授信。同时，中小企业成员的固定资产存量通常较少，面对核心企业的账期或销售指标压力，依靠固定资产抵押融资往往难以获得充足的流动资金支持。

从传统授信方式的风险管理角度看，中小企业特点如下：

(1)信息披露不充分，造成贷款的信用风险度量和信用风险评价的困难。首先，很多中小企业处于成长阶段，内部管理尚不规范，尤其是财务制度不健全，无法像大企业那样提供全面、完整的企业财务信息；其次，由于普遍存在的税务不规范等问题，很多中小企业主对经

营信息的详细披露比大企业更为谨慎；第三，采用外部审计的成本过于高昂，而且中小企业的贷款规模一般不大，因此外部审计对于单位贷款的信息披露成本更高。

（2）授信的成本收益配比不经济。中小企业的审查和监控成本过高。中小企业贷款有“急、频、少”的特点，根据测算，中小企业的贷款频率是大型企业的5倍左右，户均贷款数量是大型企业的5%左右。加上对中小企业高昂的信息采集成本，银行对中小企业贷款管理的单位成本也远高于大企业。而这些成本如果通过提高利率等方式转移到中小企业，则融资成本有可能超出中小企业承受能力，并带来进一步的道德风险和逆向选择问题[①]。

（3）中小企业的非系统风险高于大型企业。非系统风险是指由于企业内部决策行为或企业的特性造成的风险。中小企业不完善的治理结构带来企业决策明显的随意性，而对少数客户的依赖也导致业务波动性大。此外，由于融资能力低、产品单一、技术含量低，企业的抗风险能力也低。

（4）一般认为，中小企业的违约风险高于大企业。很多情况下，中小企业的贷款额和资产价值的比率相对较高，企业也往往缺少社会品牌的价值。同时，关掉原公司注册新公司，不仅可以获得新企业的税收优惠，还可以掩盖老企业的税务等方面的问题。因此在中小企业经营不善的情况下，违约收益往往高于违约成本，这为违约风险提供了财务合理性。

与银行其他信贷业务相比，由于信息透明度差、非系统风险高、道德风险较高、管理规范性差、缺乏核心竞争力、平均融资规模小等一系列问题，中小企业在信贷市场中的相对位置如图6-4-1所示。

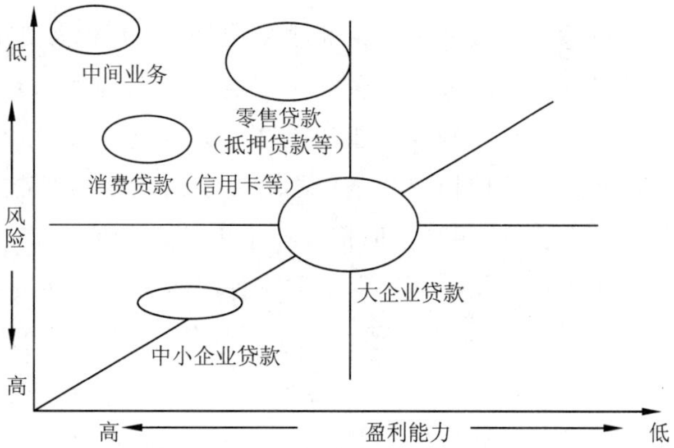

图6-4-1　商业银行各类业务的盈利能力与风险对照

虽然理论上说，风险大并不必然导致中小企业的贷款困难，因为只要贷款利息能够提高到足以弥补风险成本，商业银行同样可以控制更高的风险。但是，信息不对称问题的存在使得这一理论假说在信贷实践中难以成立。首先，因为风险越大的客户愿意支付更高的利率，而信息不对称使得银行无法有效设置差别化的信贷价格体系，这导致了逆向选择问题，即留在信贷市场中的中小企业平均风险，总是高于银行在利率条款上设定的风险补偿水平。

① Stiglitz 和 Weiss（1981）认为银行的期望收益是由利率和借款人的违约概率决定的，所以银行贷款利率是由银行对企业的违约风险判断和期望收益率决定的。如果银行无法准确获知借款人的违约概率，必然要求高的利率来对抗违约风险。这会造成低风险的借款人退出市场而高风险的借款人进入市场（逆向选择）；同时使得借款人使用贷款去进行一些高风险的投资，甚至可能出现恶意的逃废债（即道德风险问题）。其结果很可能是利率提高使得违约风险提高，反而降低了银行的预期收益。因此银行的最优选择不是在高利率水平上满足所有借款申请者，而是在相对较低的利率水平给一部分借款申请者以贷款。这样就形成了信贷配给，即一部分企业无法获得所需要的贷款。信息不对称理论可以解释为什么大企业容易获得贷款而小企业不容易获得贷款。

传统上，克服信贷风险的技术主要是要求借贷者提供价值稳定、难以转移且易于变现的资产作为抵押，或者要求实力更强、风险水平更低的主体给予担保。但是，中小企业往往缺乏商业银行所认定的抵押资产；同时，由于信息不对称和经营前景确定性差的问题，它们也很难争取到其他主体的商业性担保。因此，传统的信贷风险控制技术针对中小企业常常没有用武之地。

三、外部环境存在的问题分析

近年来，伴随着我国经济快速增长的同时，经济领域内一个突出的热点问题就是中小企业融资难，从总体分析，社会信用体系缺失以及社会法律制度建设不成熟，是造成我国中小企业银行融资难的主要外部原因。

（一）相关法律法规及政策体系不健全

首先由于目前金融法制不完善，中小企业贷款出现市场性风险或信用风险时，法律执行环境差，“法律白条”大量存在，对银行债权的保护能力比较低，中小企业逃废银行债务现象难以完全杜绝。而银行内部对贷款签批人的责任追究却十分严厉。这样就加剧金融机构，特别是经办人员对中小企业的恐惧与歧视。其次，由于缺乏完整的扶持中小企业发展的政策体系，近年来，国家虽然颁布了一些诸如要求向中小企业倾斜的信贷政策，但是还未形成完整的支持中小企业发展的金融政策体系，信贷资金、大多数社会资源主要流向了大企业，致使中小企业的融资和贷款仍然受到束缚和影响。

（二）缺乏完善的担保机制

虽然为了缓解中小企业融资困难，近年来从国家到地方都开展了中小企业的贷款担保业务，纷纷出台《关于小企业贷款信用担保管理的若干规定》（以下简称“规定”），并安排了小企业贷款信用担保资金。但这项业务进展缓慢，并且由于上述《规定》对担保人资产抵押及企业自身信用担保的条件都有一定的限制性规定，使许多中小企业难以享受政策的优惠。

社会担保方面，目前担保业主要存在的问题：一是担保机构注册资本少，担保能力与担保需求矛盾突出。我国大多数担保机构普遍存在资本实力不足、业务规模偏小、主营业务亏损、自身信用不足等问题。二是担保体系构成不健全。虽然目前担保体系的构成已变得多样化，但有些落后的地方仅仅有政策性中小企业信用担保机构，而没有内生于市场的中小企业间互助性担保机构和商业性中小企业信用担保机构，担保机构少且担保品种单一，寻保困难。有的地方省级再担保机构至今还没有成立，少了一道风险防线，各地担保机构之间还没有形成业务合作、分散风险的机制，担保业的组织化程度还很低。

（三）社会信用体系不健全

健全、完善的社会信用体系是金融机构扩大对中小企业贷款的重要前提，然而，由于历史和现实的原因，目前社会信用体系建设尚无法满足需求，制约了商业银行对中小企业信贷业务的顺利运行。

综上所述，造成中小企业融资难的原因是多方面的。这其中既有中小企业普遍存在的实力规模偏弱、信息不透明等原因，也有银行自身风险控制体系有待随之进行有效调整，整体社会法制、信用、担保机制不健全等问题。在多种内外因素共同作用下，供需双方难以充分有效地对接，造成了中小企业银行融资难的问题长期难以得到有效的解决。

第二节　供应链金融：将中小企业置于供应链进行信贷决策

注重于供应链上企业所从事的商品交易关系和相应担保，从中小企业的核心能力中挖掘信用机制并为企业提供融资结算等服务，供应链金融将是解决中小企业的融资难的一条有效路径。同时，供应链金融给国内银行业提供了深入开拓中小企业市场的可行性，为一些中小商业银行提供了一条差异化竞争的生存之道。

一、国内供应链管理的落后加剧了中小企业融资难

（一）核心企业寻求最优财务绩效，中小企业资金缺口加大

供应链是产业高度分工的产物，即由20世纪80年代以前的企业内部分工转向企业间的分工，通过高度的专业化降低单个环节成本，从而提高价值链的整体效率。然而在供应链形成的初期，各个环节的企业往往仅凭对自身财务绩效的独立判断，来衡量利益是否最大化，忽视了其他环节企业的财务改善对于整体供应链价值的提升对自身积极影响。在这种情况下，供应链中的核心企业将利用自身的谈判优势，将物流、资金等成本源源不断地转移给上下游的中小企业，尽管从个体角度提高了核心企业财务绩效，但是由于加大了供货商及经销商的成本而导致整个供应链竞争力的下降，核心企业的利益并没有真正实现最大化。

上述现象目前在国内较为普遍，随着大企业现代企业制度建立等各项改革措施的落实，供应链核心企业寻求自身财务绩效最大化的倾向加剧。其中最重要的一环，是将存货和资金压力向上下游企业移转，加大了上下游企业的资金压力。一条供应链里占绝对优势的核心企业，可以利用其强势地位，要求原料供应商先货后款，对下游的经销商，又要求先款后货，竞争力越强、规模越大的核心企业，对上下游的压力越大。而供应链中的中小企业迫于对核心企业商业关系的依赖以及弱势的谈判地位，对于核心企业的种种要求唯有选择接受，导致其资金缺口不断加大，亟须外部融资支持来摆脱这种困境。

（二）核心企业财务供应链管理意识薄弱，中小企业融资难度加大

根据Aberdeen集团的调查(2007)，在发达国家，运用供应链金融来改善财务供应链管理的做法日益受到重视。已经采用供应链金融解决方案的企业占被调查企业总数的15%，已有明确实施计划的企业占18%，正在调研的企业占40%，国内则远远低于这个比例。

与国际领先的大企业相比，国内核心企业普遍缺乏财务供应链管理意识，即对于上下游企业仅仅停留在对物流、信息流及往来资金流管理的层面，尚未认识到，利用自身与上下游企业的信用捆绑，通过上下游企业引入外部资金并运用于供应链之中的融资形式，对于扩大供应链整体规模以及提高供应链运作效率的重要作用，最终能够为核心企业自身带来的收益。因此，供应链中的中小企业在寻求银行融资时，除了自身规模小、抵押担保不足之外，在

希望能够借助与核心企业的商业关系增强自身信用时，也难以得到核心企业的支持，使得中小企业的融资难度进一步加大。

国内供应链的发展尚处在起步阶段，核心企业对于自身财务绩效的独立判断以及对于财务供应链管理意识方面的薄弱，使得依赖于核心企业存在的中小企业资金缺口不断加大，同时难以获得有效的融资渠道，生存状况艰难。然而，在国际上运用供应链金融来改善财务供应链管理日益普遍的趋势背景下，已经有少数的核心企业开始意识到供应链金融的重要性，这为中小企业生存状态的改善带来了希望，同时也为商业银行通过供应链金融开拓中小企业市场带来了契机。目前在国内，以深圳发展银行为代表的商业银行已经在中小企业融资方面做出了有益探索，并得以不断深化。

二、将中小企业置于供应链分析作出授信决策具有革新性意义

传统的资金授信是商业银行从单一层面独立地关注申请融资各个经营主体的信用水平、财务状况和行业地位以及具有可以出质抵押担保的相关抵押品。而中小企业无论从信用水平、行业地位以及可以出质的抵押品一般都不能达到商业银行所要求的“硬标准”，所以中小企业较难从银行获得信贷支持，这便将中小企业（包括供应链中的中小企业）拒到信贷市场大门之外。供应链金融业务是商业银行站在一个全新的视角去考察中小企业的融资需求，对中小企业信贷准入的评估已经不是孤立的评估，其已经不再仅仅强调考察中小企业自身的硬信息，而是依托与核心企业的信用关系，是站在整个供应链的角度来对整个供应链成员进行整体信用评估。

银行首先评估整条供应链上起着决定地位作用核心企业的财务实力和行业地位，以及整个供应链的“产—供—销”运作管理效率。若核心企业信用度高，行业地位稳定、资产规模大、经营业绩突出、财务状况良好，而且整条供应链运作平稳健康，上下游企业同核心企业之间具有固定平稳的业务往来，银行进一步对上下游成员的信用水平、资产规模和财务状况做出一个具体评估。此时对上下游企业的评估侧重点放在考察中小企业的软信息，如其在供应链中的重要性、地位以及与核心企业既往的交易历史。由于这些“软信息”更可以真实反映出企业自身的信用水平以及未来发展前景，所以其对于中小企业“硬信息”不足是一个有效的补充。此时银行可以根据其与核心企业的信用关系，来对中小企业提供融资支持。

很多中小企业往往依托一些大型的企业，在一个长长的生产和交易链上提供一段或者几段服务，生产一阶段或者几阶段的中间产品。在这个过程中，很多中小企业充分依靠大型核心企业，发挥自己生产经营高度灵活而且成本较低的优势，为自己赚取了可观的利润，也成为这个产品、服务或者交易的供应链上不可或缺的重要一环。因此，商业银行如果充分地理解了这些供应链的生成和运行情况，可以发现一大批优质的中小企业，它们信用良好，经营稳定，业务成熟，是银行发放信贷的优选对象。

三、从中小企业的核心能力中挖掘信用机会

实际上成长性好的中小企业往往在业内声誉很高，商业模式持续稳定。如果能把他们

的商业信用转化成银行可以考量的信用，对中小企业融资就可能是潜力巨大的富矿。问题的核心在于，如何把成长性好的中小企业具备的商业信用，转化为可量化的银行信用。在这一点上，深圳发展银行的已经做出了有益探索。

深圳发展银行通过审视中小企业的商业信用与关键能力，发现“差报表”的企业也能做“好生意”，并且还“很赚钱”。深圳发展银行从关注企业资产负债表中的存量资产转为考察一笔笔持续不断的“生意”所附带的商业信用，并提出了自偿性贸易融资的概念，进而沿着贸易链条推出了“$1+N$”供应链融资业务（2003 年）。2005 年，在全行广泛开展供应链业务基础上，深圳发展银行组织了行内几十个专家封闭开发了《自偿性贸易融资授信评级办法》，在国内率先推出了基于企业一笔笔生意的债项评级信贷评审办法。

这样，深圳发展银行便跳出了传统的依靠简单地看企业报表来决定信贷发放的模式。银行通过全面审视每一个中小企业在它所处的供应链上的地位和作用，通过全面审视它的实际经营状况和现金流，通过了解它的上下游交易对手的经营状况，通过判断整体市场和经济发展的大趋势，由此对发放中小企业信贷有了一个全面的和全新的认识，并创造了深发展独特的供应链金融业务模式。

四、供应链金融给国内银行业提供了深入开拓中小企业市场的可行性

国内银行业面对中小企业市场一直驻足不前的原因，是将中小企业视为分散的个体，导致将其归入高风险市场类别，始终不得其门而入。供应链对中小企业的集群划分，使商业银行得以以系统论的视角和方法论面对中小企业市场，在风险和成本明显降低的基础上，获得了深入开拓的可行性。

根据中国人民银行研究局与世界银行合作的研究报告（2006），中国在 2005 年所有企业拥有的存货达到 51 394 亿元，其中中小企业为 30 326 亿元；所有企业拥有的应收账款达 55 519亿元，其中中小企业为 3 276 亿元。由于法律的不完善，存货、应收账款和农业资产等不动产中只有很少一部分被开发作为担保资源，导致中小企业有 3.3 万亿元人民币的资金被无谓占用。

从物流的角度考察，物流总值近年来年均增长达到 20％，2009 年物流总价值为 108 万亿元人民币。据调查，我国中小企业总资产中大约有 60％是应收账款和存货等动产，全国应收账款约为 15 万亿元（杨再平，2010），如果能够基于这些应收账款和存货等债权和动产为中小企业提供融资服务，则不但为那些苦于难以获得流动资金而失去了大量交易机会的中小企业创造了新的成长空间，而且也为许多商业银行找到了一个低风险、高收益的新的基础市场。

第三节　供应链金融对传统中小企业信贷制度的优化

供应链金融作为一种针对中小企业的结构性金融创新，在运作模式上具有参与主体多元化、资金流动封闭化、强调动产担保物权等一系列特征。从风险管理的角度看，供应链金

融比传统的流动资金贷款业务需要更为复杂的技术手段，而二者最主要的信贷理念差异，在于贸易背景的特定化以及系统性统筹授信。

一、信用评级强调债项结构指标的重要性

债项评级(facility rating)就是评价特定债项内含的信用风险。与债项评级对应的是债务人评级，或称为主体评级/客户评级。债项评级和债务人评级统称为信用评级。

债项的信用风险取决于其未来预期损失的大小，即发生损失的期望值，即该债项的违约概率(PD)与一旦发生违约后不能被收回的程度(LGD)的乘积。LGD与特定债项的结构有关，比如担保措施等；而PD实质上是债务人某种属性，反映了债务人偿债能力的大小，即基础信用质量。PD、LGD和预期损失都是随机变量，服从统计规律。对PD的反映就是债务人评级，而对预期损失的反映则是债项评级。

供应链融资具有自偿性特点，体现为在某些产品中，如应收账款转让，商业性结算成为还款的第一来源，而受信主体的主动还款反而成为第二还款来源。在另一些产品中，由于对受信人的核心资产进行了控制，如对钢材经销商的货押业务，企业的违约成本很高，企业还款的直接来源也是基于销售的现金流入。鉴于此，供应链融资业务的准入评级中，较为突出债项结构指标的重要性，在债项结构弥补了主体资质不足的前提下，主体评价权重可适当调低。

以深圳发展银行自偿性贸易融资评级(见表6-4-1)为例，该行对应收账款融资的评级有以下一些特点：

(1)由于应收账款融资的典型自偿性特点，主体信用风险对授信的安全性只起到第二保障作用，因此主体评价的权重被压缩到15%，债项结构评价的权重占到85%。

(2)即便在主体评价的15分中，也不应仅考虑主体财务指标因素，其他项目，包括管理者行业经验、货源组织能力和财务披露质量等，关系到主体完成交易的能力，也应赋予适当的权重。

(3)交易对手资质是权重最大的项目，达到40分，其中行业地位和行业特征的评价决定了商业付款的意愿，其他几项财务指标则反映了商业付款的能力。

(4)操作模式和条件并非传统意义上的授信担保评估，而是评估应收账款作为授信还款保障，其在自偿性导向的授信模式和条件设计方面，对还款的有利程度。因此可以看到对还款账号锁定和通知确认等基本保理技术运用的评价。

(5)授信支持性资产的特征反映了应收账款的一些特征，包括应收账款的存在性、确定性、无争议性、交易回款的历史经验等等。

表6-4-1 融资评级

序号	评级指标	权重	指标解释	评分标准
一	经营的制度环境	5分	……	……
1	区域风险(内贸企业适用)	5	……	……
二	授信支持性资产的特征	20分		

续表

序　号	评级指标	权　重	指标解释	评分标准
2	债权明晰程度	6	……	……
3	交易关系稳定性	5	……	……
4	账龄与账期	4	……	……
5	受信人坏账率	3	……	……
6	退货记录	2	……	……
三	受信人资质	15 分		
7	管理者行业经验	2	……	……
8	经营周转能力	5	……	……
9	盈利能力	2	……	……
10	销售收入变化趋势	1	……	……
11	货源组织能力	4	……	……
12	财务披露质量	1	……	……
四	交易对手资质	40 分		
13	交易对手行业特征	8	……	……
14	交易对手行业地位	15	……	……
15	资产负债率	8	……	……
16	应付账款/净资产	6	……	……
17	销售利润率	3	……	……
五	操作模式和条件	20 分		
18	融资比例	3	……	……
19	融资用途控制	2	……	……
20	回款账户锁定	5	……	……
21	通知确认程序	10	……	……
22	合计得分	100 分		

二、强调资金流与物流封闭运作

（一）资金流的封闭运作

供应链融资项下的现金流封闭管理是指银行通过对流程模式、产品运用、商务条款约束等要素的设定，对授信资金循环及其增值进行管理与控制，实现信贷资金投入后的增值回流。现金流管理旨在保障银行授信资金进入供应链的经营循环后，能够产生足够的现金流抵偿到期债务。控制住现金流，也就控制住了还款来源，增强了还款来源的可预见性、操控性和稳定性。其管理手段包括以下方面：

(1)金融产品的组合运用。根据金融产品本身的特征及其对资金走向和回收的组合安排，可较好地控制现金流的循环。如指定银行承兑汇票、商业承兑汇票的收款人以及指定付款账号可控制资金的去向，直接将资金支付给上游卖方；通过国内保理业务、指定商业承兑汇票贴现人、协议约定或购销合同上注明回款账号唯一性等手段可以确保现金的及时回流。以上操作控制手段可作为审批意见中的限制性条款，授信出账前落实和监督执行。

（2）信息文件的约束和控制。现金流的信息文件可以约束现金的流向，也可以客观地反映现金流运动。例如资金的去向可以在汇票上载明收款人或指定付款账号，在发货单或提单上的收货人、提货人栏可注明银行或银行指定的收货人以监控货物；同时发货单、提单也是物流的流向及不同节段上某一时间货物所处状态的证明。

（3）业务流程模式和商务条款的控制。可通过合同中的商务条款、协议中多方约定保障现金回流的路线。也可通过给企业设定保证金账户、封闭授信来处理应收、应付、存货的管理。办理业务时要求必须提供相关合同、发票、发/收货证明等现金流物化载体。

（4）发挥财务报表在现金流控制中的作用。受信人连续的财务报表可以勾画出一个相对完整的现金流向图。财务报表是现金流在数据上的体现，贸易链条各参与者每一时点的财务报表都体现了资金的静态状况以及其与有关资产负债项目的相关关系。对企业应收账款、应付账款、存货、货币资金及销售收入的监控和管理，是控制和检视现金流的有效手段。

（二）物流的封闭运作

供应链金融的物流封闭运作体现在对货权的控制、货物的有效抵偿以及监管方的引入。在预付款阶段，主要注重货物在途责任的明晰以及上游责任的捆绑，同时货物应满足货权清晰、价格稳定、流动性强及易于保存的特点。

（1）在途责任的清晰。货物在途运输的过程中存在一系列不确定性，包括抢盗风险、不可抗力下的货物灭失、运输延迟、冒领、颠簸损毁等等。因此，在途风险的承担方应明确指定。对于风险承担人以商业保险方式规避部分风险的情况，保险受益人应指定为银行。

（2）上游的责任捆绑。供应链融资授信的过程中，将上游信用变量引入的方式包括：明确发货的及时性责任、回购或调剂销售责任、货物跌价补偿责任，甚至上游的连带担保责任。对于上游承担不同程度的责任，银行对抵质押物的准入标准可以重新考量。举个极端的例子，如果上游企业的条件完全符合保证担保业务中保证人的所有标准，则对抵质押物的选择很大程度上只是一种形式。

（3）一般情况下，监管方的引入有助于银行货押业务的风险控制，一方面由于物流企业在仓储、运输领域的专业化技能，使其能够比银行更为有效地对抵质押物进行管理，保障银行担保物权的价值和安全性；另一方面，物流监管企业的现场实时监管，能够比银行获取更多的授信预警信号。因此，尽管监管环节因为监管费用因素可能提高受信企业的融资成本，但是银行与监管公司之间的委托代理关系是在当前的技术和法律背景下，银行开展货押业务的必要条件。

（4）货权清晰。为了保证银行最终对货物处置时没有其他第三方主张权利，避免不必要的纠纷。银行在接受动产抵质押时，应对出质人或抵押人提供的动产进行权属认定。认定的依据包括增值税发票、货运发票等。此外，应避免一些法律上不允许作为担保物权的动产设定抵质押，比如根据有关规定，保税仓储货物，未经海关批准，不得擅自出售、转让、抵押、质押、留置、移作他用或者进行其他处置。此外，应特别防止受信人恶意将已销售货物提供给银行作为抵质押物，因为这种情况下，银行将无法对抗取得这些货物的第三方。

(5)价格稳定。价格波动剧烈的商品不宜作为抵质押物，一则价格的波动增加了银行价格盯市的工作量；二则客户违约后，货物处置需要一定时间，如果此间价格大幅下跌，银行将遭受额外损失。为了避免价格波动对授信安全的影响，银行应对客户约定跌价补偿条款，例如价格对比核定价格下跌10％以上，则客户必须以补保证金或补货方式追加抵质押，以保证动态抵质押率随时符合银行授信的初始要求。

(6)流动性强。客户违约情况下，银行对抵质押物通过变卖、拍卖等方式处置。对于市场容量小、专用性强的货物，处置过程中的价格折扣势必很大，并随时有可能超过银行的融资折扣率，导致银行债权无法全额收回。因此，银行应主要选择基础原材料、战略物资、大宗物资、初级产品、重要中间产品类型的商品作为抵质押物。

(7)易于保存。容易挥发、爆炸、渗漏、易燃、易霉变、易氧化等货物特性，均构成抵质押物价值减损的额外风险，此类产品银行应谨慎接受。同时，剧毒、有辐射的产品可能触及公共安全的敏感神经，银行也不应接受为抵质押物。此外，对于更新换代快速的电子类产品，时间折旧特征明显，银行应结合赎货期限的控制，谨慎介入。

三、注重对中小企业的自有资金比例及用款周期与商业周期匹配程度

授信限额的控制，重点在于：考察现金流量与借款人的经营规模和授信支持性资产的匹配关系；借款人的采购或销售网络、上游的供货能力、下游的支付能力等因素。

其一，单笔贸易现金流量的计算，需要综合考虑交易双方的履约意愿和履约能力，申请人自身的承债能力等，估算该业务申请人自有资金和银行投入的资金比例。以公式表示为：

单笔合同金额＝保证金比例＋单笔融资金额(单笔贸易现金流)

其二，受信企业一定期限内现金流量的计算，主要依据受信企业过往交易记录及其业务合理发展幅度来匡算。即：

季节性销售增长引发的现金流需求＝营运投资旺季值-营运投资淡季值

营运投资＝存货＋应收账款-应付账款-应付费用

长期性销售增长引发的现金流需求等于近三年核心营运投资环比增长量。以公司在一年中的最低销售点时所必需保有的核心营运投资，来计算连续3年的环比增长。

循环周期的管理，在于保证受信企业与上、下游之间资金流与物流相对运动的顺利完成。在供应链融资中，银行会综合考虑行业内通行的结算方式及平均销售周期，来判断一个完整的资金循环所需时间，从而安排单笔授信的期限。循环周期控制不当，会导致资金提前回流或滞后回流，使银行与企业在资金使用的安全与效率等方面产生冲突，甚至引发不良贷款。

四、结构化的授信安排

供应链融资与传统流动资金贷款的信贷理念差别之一在于贸易背景的特定化以及系统性的结构授信。结构授信不同于离散的单一客户授信，是指银行以真实贸易为背景，对包括受信申请人及其供应链节点上主要参与者在内客户组团的授信，即银行基于同一交易客户群体的融资需求和总体抗风险能力，根据不同的产业特征和客户需求，对相对封闭的供应链贸易链条上关联环节客户进行主动授信安排，并提供不同的产品组合和差异化服务。

第一,“结构”是指授信申请人及其供应链上的贸易伙伴形成的交易关系及价值循环的组合。更广义的理解是申请人及其产业链上的贸易伙伴以及商品流通关系所延伸到的跨业协作者之间形成的交易关系及价值循环的组合。

第二,“结构授信”使银行审查的重点从关注单一客户到关注某一系统的交易背景,亦即“结构”包括与业务相关的两个或两个以上的企业。结构授信除了对受信人个体的信用风险外,还对某一业务所涉及的市场风险及操作风险予以考察,是推进全面风险组合管理的有效手段。银行从过去单一地强调申请人个体的资产状况、资金需求和偿债能力,转变为对保障一笔或一系列交易完成所需要的宏观、微观环境和内、外部条件的关注;从被动的风险控制逐步转向主动的风险管理;从以覆盖风险敞口为绝对导向,转向主动全面认识、衡量风险并分散风险。

结构授信的构建可以分四个步骤进行:①明晰交易“结构”关系;②评估用以支撑授信的贸易背景的经济强度;③给予“结构”适量的授信安排;④进行风险定价和条款约束。

结构授信解决了供应链融资业务风险管理中的两个突出矛盾。第一,解决授信承载主体单一和融资中多主体的实际资金需求与资金使用的矛盾。第二,解决了受信主体信用与供应链整体信用不对称的矛盾。

银行在把握贸易真实性的基础上,将风险评估由过往简单的主体信用抵偿转向了贸易“自偿性”的视角。这种安排一定程度上是银行风险管理观念的转变,也是授信评审价值取向由形式转向实质的一大进步。

撰稿人:胡跃飞　平安银行行长
梁超杰　平安银行总行网络金融事业部副总裁
邱　巍　第一创业证券股份有限公司董事总经理
谢瑞轩　平安银行天津分行网络金融部融资管理室经理
陈旭辉　平安银行总行贸易金融事业部保理中心国内保理业务总监
徐奕凡　平安银行总行产品经理

第七篇　服务供应链

第一章　服务供应链概论

第二章　供应链服务化的构造与组成

第三章　供应链服务化的运营与差别化价值诉求

第四章　供应链服务化模式和战略匹配

第五章　供应链服务化案例

第一章　服务供应链概论

第一节　知识密集型服务产业化的兴起与供应链服务化

20 世纪 80 年代，罗默的新增长理论，以知识和技术作为内生变量进入生产函数为代表，其强调知识、资本、劳动力和土地均作为独立的生产要素。在发达国家，服务是从劳动密集型、资本密集型向知识密集型过渡，发展越来越依赖于技术、知识和人力资本，知识型服务行业呈现出发展的趋势。以知识为基础的服务业的这种转变主要反映在知识密集的服务产业迅速发展。现代服务业显著依赖于专业知识和技术，向社会提供以知识为基础的中间产品或服务。以知识和技术为主的、高附加值的，如法律服务、管理服务、工程服务、金融服务、计算机服务和其他知识密集的服务行业发展十分迅速。在发达国家，现代服务业已成为增长最快的产业。在中国，知识密集的服务行业有很大的发展空间，大力发展高新技术为载体的知识密集型的服务部门是服务业发展的必然趋势。据统计，欧盟服务业近 50％的工作机会是知识密集型服务行业提供的，美国知识密集型服务业对其 GDP 的贡献率高达 50％，韩国知识密集型服务业对 GDP 的贡献率也达到 22.1％。

在这一背景下，特别是以服务为主导的产业供应链发展最为典型，实践证明，世界经济和经济生产中服务业是增长最快的行业，越来越多的生产企业从提供产品转变到提供产品和服务再到提供服务解决方案转变，服务化(servitization)已成为制造业发展的重要方向，制造产业呈现出“服务为主导”的发展新趋势。

首先表现在以服务为主导的制造业价值链中的生产服务的绩效在增加。自 20 世纪后期，在经济领域的一个革命性的变化，即制造业和服务业的整合，许多传统制造企业，从销售产品到销售服务，服务是创造差异化优势的工具，旨在比竞争对手提供更好的服务来吸引消费者。从服务业内部结构来看，通信、金融、保险、物流、农业支撑服务、中介和专业咨询服务等生产性服务所占比重不断增加成为服务业的主流，在主要工业国已达 50％以上。许多著名跨国公司的主营业务也已经开始由制造向服务衍生和转移。服务在企业的销售额和利润中所占的比重越来越高，如 20 世纪 90 年代中后期 IBM 开始了由制造商向服务商的转型，到 2001 年服务收入达到 349 亿美元，占总收入的 42％，首次超过硬件成为 IBM 的第一收入来源。2005 年 IBM 公司服务收入所占比例超过 50％，利润连年增长高达 10％以上。目前，IBM 已是全球最大的 IT 服务厂商，远远超过传统的服务咨询企业，不论从企业经营状况，还是从外界的形象 IBM 均已从硬件制造商成功转型为向客户提供解决方案的信息技术服务公司。可以预见，受大多数跨国制造企业的转型带动，全球生产性服务业未来仍将保持强劲的发展势头。

其次，越来越多优秀的生产企业从“生产为中心”向“以服务为中心”的过渡。从重视产品转向越来越关注产品的整个生命周期，包括市场调研、产品开发或改进、制造、营销、服务。从传统意义上看，制造业和服务业的界限越来越模糊。最为明显的是通信产品，某些信息产品也可以像制造业一样进行批量生产。另一方面，制造业部门的功能也日趋服务化，主要表现为：一是该制造业部门的产品是为了提供某种服务而生产的，如通讯和家电产品；二是随产品一同售出的有知识和技术服务；三是服务引导制造业部门的技术变革和产品创新。

最后，服务为导向的制造业还体现在越来越多的制造企业进行“外包”或“服务剥离”。许多制造商将在前期、中期或产后的服务职能转由其他公司来完成。企业要充分发挥核心竞争力，就必须把自己所不擅长的那部分业务外包出去从而更加聚焦于自己的核心业务，而相关的专业外包公司也能提供更加专业、优良的服务，降低企业的成本，这是一个双赢的局面。如美国著名的 Nike 公司，自己只生产其中最为关键的耐克鞋的气垫系统，而其余全部业务几乎都是由外部公司制造提供。凭借其独特的设计能力，耐克公司将主要精力集中于新产品的研发和市场营销上，在全球范围制造和销售 Nike 牌运动鞋，其产值以 20%的年递增率增长，并为股东赚取了超额利润。这种转变促进了提供专业化生产服务的企业的快速发展，例如提供技术产品开发，硬件和软件开发的工作人员甄选和培训，管理咨询，金融支持，物流服务，营销和售后服务的整个过程。促进现代服务业的快速发展已成为新的经济增长点。

应当看到的是近几年来，随着以服务为主导的供应链运作在全球的蓬勃发展，以及企业开始意识到服务化运作之于企业管理竞争力的重要性，目前已经有些论述开始对生产性服务和服务供应链给予了研究上的关注，这一特定的经济管理现象，在市场营销领域，称为“服务主导型逻辑”(service-dominate logic)，其代表性的学者是 Vargo 和 Lusch。服务主导型逻辑指的是参与者利用各种操作性资源与其他参与者一起提供服务的过程，并通过这一过程来获取新的互补性服务，亦即服务的交换(service is exchanged for service)，与此同时，这一过程中有时会涉及产品和制造活动，但是此时的产品和制造活动只是服务传递的媒介物(Vargo S. L. 和 Lusch R. F. 2008)。在经济学领域，这种模式称为“生产性服务”(producer services)。在运营管理领域，这种运营模式称为“服务化”(servitization)或者“服务生产”(service manufacturing)。1988 年 Vandermerwe 和 Rada 提出了“服务化”的概念(Vandermerwe, S. 和 Rada, J. 1988)，之后很多学者不断扩展了这一概念在生产运营管理中的应用，它指的是将服务有效地与生产制造进行结合，从而创造出一种新型的具有竞争力的运行模式。我们在基于以上的认识，将这一现象理解为以服务为主导的集成供应链，即供应链服务化战略。即当客户向一个服务集成商提出服务请求后，他立刻响应客户请求，向客户提供基于整合知识、智慧和物质资源的系统集成化服务，并且在需要的时候分解客户服务请求，向其他服务集成商外包部分服务性活动，这样从客户的服务请求出发，通过处于不同服务地位的服务集成商对客户请求逐级分解，由不同的服务集成商彼此合作，于是就构成一种供应关系，同时服务集成商承担各种服务要素、环节的整合和全程管理。

显然，供应链服务化是一种服务的系统集成过程，它创造了一种全新的价值体系和供需关系。但是，迄今为止，对于供应链服务化的具体内容是什么，特别是供应链服务化的系统化动态运营过程尚缺乏全面的认识。美籍奥地利经济学家熊彼特于 1912 年在其著作《经济发展理论》中开创性地提出了“创新思想”，指出“创新”是经济发展的根本现象，是“创造性破坏”过程。按照熊彼特的定义，创新就是建立一种新的生产函数，把一种从未有过的生产要素和生产条件的“新组合”引入生产体系，因此，这种创新必然涉及流程、组织、产品等各个方面。而供应链服务化作为一种全新的创新模式，显然可以从创新的原动力、创新的结构、创新的组织体系、创新的价值诉求和创新的形态等全过程来加以识别(见图 7-1-1)。

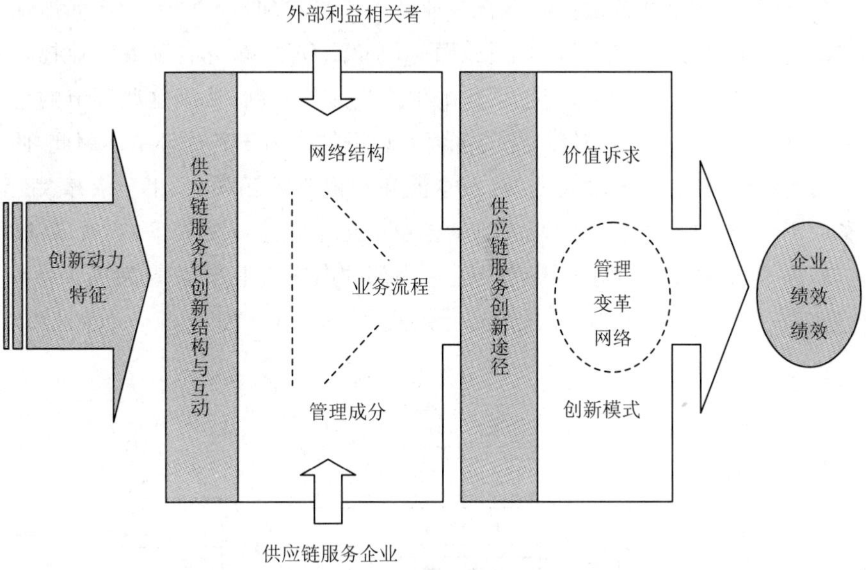

图 7-1-1　供应链服务化的整体框架

第二节　供应链服务化的背景与原动力

供应链服务化的兴起与发展一方面来自于国家战略的要求，这是因为服务产业的贡献在我国较低，而实现经济结构转型和产业升级的一个重要方面就是服务化的发展。2016 年，中国服务业占 GDP 的比重为 51.6%，这一数值不仅与发达国家有很大差距(西方发达国家普遍达到 70%左右，纽约、伦敦等国际大都市的服务比重更是达到 90%左右)。正因为如此，大力发展服务产业已经成为我国经济发展的重要引擎，按照“十三五”规划目标，到 2020 年，服务业增加值占 GDP 的比重要超过近 55%，而要大力发展服务产业，就需要深刻理解服务产业化创新的特点和规律。另一方面，由于市场环境和产业环境的改变，需要企业从原来单纯强调生产和制造转向以制造和服务高度融合的供应链运行。具体主要表现为如下几方面。

一、产业流程分解与网络组合运作体系的建立

产品制造供应链的产生有赖于生产流程之间的强连接以及地域的集中性生产，因为只有整个业务流程紧密相连，环环相扣，链上的组合和协调才能有效实现，此外，如果供应链上的各个环节过于分散化，特别是空间上的分散性，就使得产品制造的过程风险很大，供应链运行的成本也会上升。然而，现代产业的发展改变了原来线性的、地缘性发展的格局，而越来越表现为开放的形态，分工形式的主要特点是迂回生产，即在原材料和最终产品间插入越来越多的中间环节，间接或迂回生产形式的发展导致在产业链的原材料和最终产品生产间增加了越来越多的中间产品的专业化环节，产业流程延长，同时产业流程增宽，并且随着产业技术基础的改变，产业的整个链条发生了“断裂”，产生了各个生产环节的片断，从事这些环节的企业一方面具有极强的流动性，另一方面由于模块化的价值实现更加依附于其他环节。因此，此时竞争与合作关系成为主流，各个企业通过物质流、资本流和知识流相互联系、相互依存、相互制约，整个产业流程成为一个开放的、立体的经济活动体系。正是在这一背景下，产业活动的分解，甚至再分解得以形成，这种分解主要表现为从企业内部的串联式生产经营，发展为垂直分工型的经营体系，进一步扩展为网络化、模块式的经营体系(见图 7-1-2)。

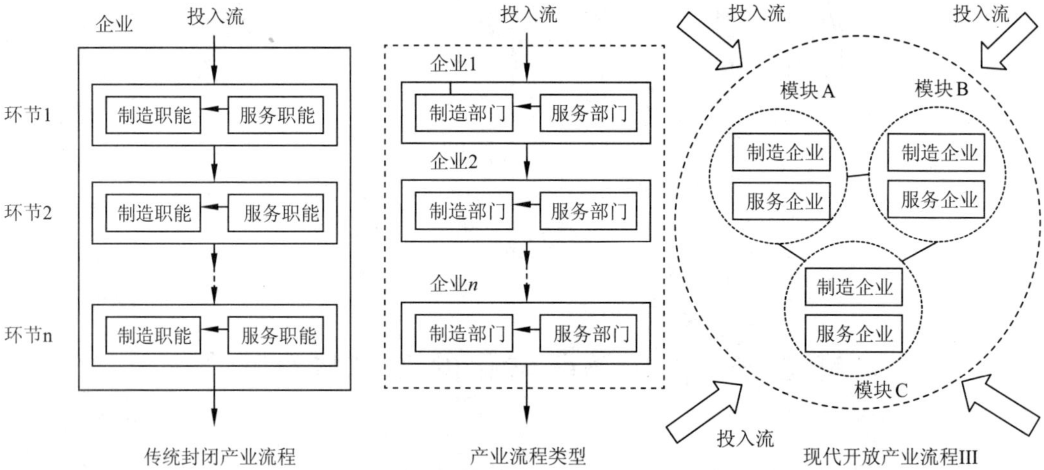

图 7-1-2　产业流程分解的趋势

该体系不仅是在产业链条打开后从产业链条的某个环节分离出去，而且融合了外部的各种作业活动和资源，形成一个一个的、各具特色和不同性质的子系统。这些属性的子系统活动由外部供应商来提供所需的产品和服务，并且最终整合成最终客户所需要的产出。产业网络模块化解体过程中被分离的子系统不仅指原材料供应、产品制造、批发和零售、客户服务等，而且指对企业间分工格局与企业竞争力影响表现得最为突出的设计、技术集成、金融服务等高附加值环节的分离。同时，分离的环节可以包括上游与下游的环节，在分离的过程中包含着知识与技术的流动。正是在这种状态下，传统的产品制造型供应链显现出了管理上的不足和乏力，这主要是产品制造供应链着重的是产品制造过程中的资源和能力集合，而在产业网络化、模块化分解中，不仅需要产品制造活动的协调，也需要如何有效分解产业

链，组合子系统的知识和才能，同时更需要整合各个子系统的才智和能力。例如，冯国经在《在平的世界中竞争》一书中描述，波音777飞机是由位于世界各地17个国家的900多个供应商提供的300万个零件组装而成，波音公司主要生产机翼和机身、安装飞机，飞机的大部分零部件向全球各地外包。而对于波音787，公司也将避碰系统和零能见度着陆系统外包给位于新德里附近的HCL Technologies的印度工程师们，而产业的这种变化，不仅是分散风险，有效利用全球的技术生产资源，进行全球销售，而是通过这种复杂系统，聚合全球的资源和服务要素，重新创造一种价值体系，推动了诸如集成技术产业、金融产业、设计产业等的发展(冯国经、冯国纶、温德，2009)。显然，这种产业性的分解和布局已经不是一种简单的垂直产业分解，而是一种网络化、模块化的产业布局，因此，这种产业性的发展必然要改变传统产品制造供应链的运作模式。

二、产业之间的融合和产业发展的动态性

对固有的产品制造供应链产生冲击的一个技术性因素是，传统的产品范围或产业边界被逐渐打破，从而引起了产业之间的融合与新的扩展。特别是进入21世纪，高技术产业的发展以及信息技术在传统领域的推广应用使各产业之间的技术趋同性提高，导致产业之间的边界趋于模糊。一方面，全球产业结构加速分化，高新技术的渗透使核心技术趋同，无缝化新兴产业群不断涌现；另一方面，产业技术的融合化一定程度上改变了单一知识及其技术的产业划分标准，致使“产业融合”开始逐步取代“产业分立”成为产业演进的重要方式。有学者研究认为(郑明高. 2010)，产业之间的这种融合方式主要有四种方式：一是渗透性融合，即高新技术及其相关产业向其他产业渗透、融合，并形成新的产业，如生物芯片、纳米电子、三网融合(即计算机、通信和媒体的融合)；二是互补性融合，即通过产业间的互补和延伸，实现产业间的融合，往往发生在高科技产业的产业链自然延伸的部分，这类融合通过赋予原有产业新的附加功能和更强的竞争力，形成融合型的产业新体系；三是重组型融合，这类融合被认为主要发生在具有紧密联系的产业或同一产业内部不同行业之间，是指原本各自独立的产品或服务在同一标准元件束或集合下通过重组完全结为一体的整合过程；四是替代性融合，即新产业逐步取代旧产业，指的是新融合的产业逐步取代传统意义上的产业。在这四类产业融合中，渗透型和替代型被认为更倾向于“融”，而互补型和重组型更偏向于“合”。显然以上对产业融合的理解是从融合的途径上分析的，事实上无论是什么形态的产业融合，都反映为三个层面上原有价值链的解构与新型价值网络的重新组合，即产业领域三大产业之间特别是制造业与服务业之间的技术和市场重叠化，例如产业金融(如科技金融、能源金融、物流金融、环境金融等)的形成就是制造业与服务业之间的重叠，这种重叠使得制造产业获得了金融上的支撑，不仅有利于制造产业运行的顺利开展，而且创造了重要的经济价值，拓展了产业发展的空间；另一方面，对于金融服务而言，其内涵和外延也发生了根本性的变化，这主要表现为第一从小金融到大金融的转变，就是从银行的货币市场走向整个资本市场，包括证券、债券、信托等；第二从老金融到新金融的拓展，就是从单一信贷产品走向众多金融新产品，包括租赁、基金、产权等。产业融合的第二个层面是同产业领域类，不同行业之间的融合，例如，制造产业领域内各电子产品子市场之间在技术、市场等方面的界限越来越模糊，市

场的融合创造了一个崭新的市场空间——多媒体市场或信息产品市场。信息产品的生产经营过程实际上是文本信息、图像信息以及计算机数据数字化的综合创造过程，它要求生产商拥有综合电子产品、信息产品、计算机等各方面的生产技术和经营诀窍，显然这是任何单一行业所无法承担的。产业融合的第三个层面是同行业内不同要素之间的融合，亦即上面所谈到的网络、模块化产业分解。这三个层面的产业融合往往是同时进行的，因此，在这种背景下，传统的产品制造供应链很难顺应这种产业融合的趋势，因为这种产业发展的动态性特点使得生产经营的组合体系发生改变，不仅生产企业之间需要紧密的合作，生产企业与物流企业、零售企业之间要形成一种协调性的经营网络，而且更要求重新理解、设计产业存立的条件，以及产业的核心要素和参与者，同时创造并引导新型产业的需求，显然，这些都非传统产品制造供应链能完成的。产业融合的三个层面如图 7-1-3 所示。

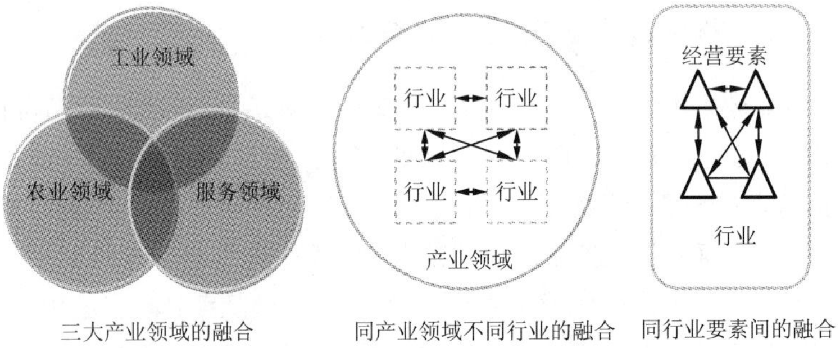

图 7-1-3　产业融合的三个层面

三、体验式经营与价值诉求的改变

如今的客户或消费者行为正在发生巨大的变化，这种变化表现为从原来单纯的产品或服务的接受者转变成为经营活动的参与者，即体验式营销或经营（experiential marketing or operations），体验式经营最初是由 Schmitt 提出（1999），他指出体验式营销是站在消费者的感官、情感、思考、行动、关联五个方面，重新定义、设计营销的思考方式。这种思考方式突破了传统上"理性消费者"的假设，认为消费者消费时是理性和感性兼具的，消费者在消费前、消费时、消费后的体验，才是研究消费者行为与企业经营的关键，体验通常是由于对事件的直接观察或是参与造成的，不论事件是真实的，还是虚假的。体验会涉及顾客的感官、情感、情绪等感性因素，也会包括知识、智力、思考等理性因素，同时也可涉及身体的一些活动。正是这一客户行为的改变，导致对经营价值的理解也发生了变化。以往人们对效用以及价值类型和程度的认识，都是建立在有形的物质产品基础上，即物质产品所内涵的价值，而价值的实现是通过营销活动和交换行为产生的，即交换价值（value-in-exchange），显然，这种对价值的认识完全是站在供给者的角度考虑。如今随着消费者体验式经营的要求越来越高，对价值表现形式和创造过程都需要重新审视，这是因为如果客户或消费者没有接受供给者所提供的产品或服务，甚或参与到价值创造和传递的过程中，即便具有价值实现的可能性，但是事实上并没有产生使用上的任何价值（value-in-use）。Gronroos 曾指出"客户的价值是通过与客户的关系、客户与供应商或服务提供商之间的交互行为而创造的，其关键不在于产品，而是客户理解、期望的价值创造过程……经营的核心在于价值的创造，而不是价值分配，促进或支持价值创造过程，也不是简单地将既定的价值传递给消费者”(2000)。基于这种理解，可以认为产品制造方只是提出了价值假定(value proposition)，客户或消费者通过协同生产决定了价值以及价值的产生过程(见图 7-1-4)，所以，这种对价值的重新认识客观上也要求对供应链的组织方式和组织原则进行根本性的调整。

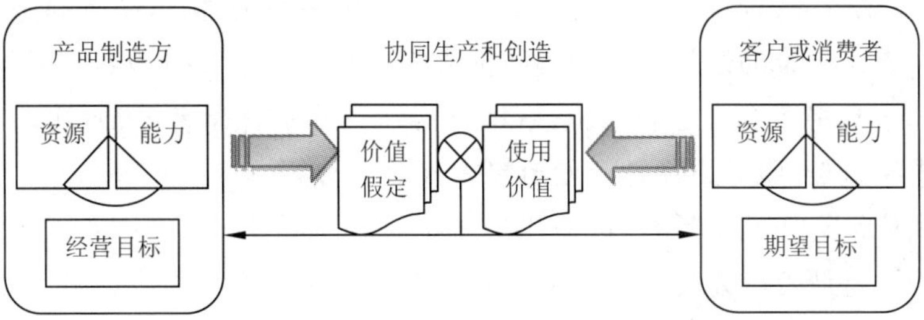

图 7-1-4　企业与客户价值的共同创造

综上所述，传统的以低知识密集产品为基础的制造随着其不断发展和深化越来越显现出一些局限和不足，需要有一种新型的供应链体系来增进整个生产经营效率和效益的提高，这种新型的供应链体系在产业流程分解加速、产业融合、动态性加剧以及体验式经营和价值诉求变革的状态下，应当具有一些崭新的特点，这些特点就如同 Vargo 和 Lusch 所指出的八点(2006)：(1)特定才能和知识的运用是交易的基本单元；(2)间接交换掩饰了交易的基本单元；(3)产品是为服务而产生的媒介物；(4)知识是竞争优势的基本来源；(5)所有的经济都是服务经济；(6)客户通常是协同生产者；(7)企业只能提出价值假定；(8)服务的核心是客户导向和关系的建立。

第三节　供应链服务化的特质

供应链服务化与以往产品制造供应链有诸多不同点，其特点与产品制造供应链的缺陷形成了鲜明的对比，概括起来主要表现为表 7-1-1。

表 7-1-1　产品制造供应链与服务供应链的差异

视　　角	产品制造供应链	服务供应链
交易的单元	物质和产品	服务
价值实现的方式	由一方单方面实现	由双方共同实现
客户在供应链中的角色	被动的产品接受者	协同生产者
供应链运作的宗旨	客户满意	客户成功
组织方式	序贯、链式	链式、辐射、星座式
资源整合的类型	被操作性资源	操作性资源

第一，从交易的单元看，服务供应链活动中各参与者交易、交往的基础是服务，诸如伟创力为客户企业提供的不仅仅是 OEM，而更多地包括了 ODM 以及供应体系建立、集成设计、技术服务、服务传递等要素，因此，虽然在服务供应链中也会存在大量的物质产品生产和制

造活动，但是这些活动只是价值创造和实现的手段，价值实现的真正来源仍然是服务以及差别化的服务体系。

第二，从价值实现的方式和客户在供应链中的角色上看，与产品制造供应链单方面创造价值不同，服务供应链是供应方与客户的协同价值创造，因此，在服务供应链运作中，不存在某一阶段是推动式还是拉动式，而是自始至终都是交互式，如同上述事例中所叙述的那样，从最初产品的概念形成、设计、功能评价、生产、分销、维护等全过程，都是服务提供商与客户不断沟通、协调以及决策的结果。这种协同价值创造的方式正如同 Oliver，Rust 和 Varki 指出的那样（1998），是将大规模定制、关系营销与交互设计结合起来，从而动态地满足客户独特、变化的需求。显然，服务供应链自始至终客户都参与其中。

第三，从供应链运作的宗旨看，服务供应链运行的宗旨不再是“满足客户的需求”，而是“帮助客户成功”，这两者的差异表现在：当企业提出“满足客户需求”时，其假定是客户存在既定的需求期望，企业采用各种经营管理行为将这种期望得以实现，甚至有所超越；而客户成功则有所不同，经营活动的起点不是客户既定的期望，而是致力于与客户建立起长期的战略伙伴关系，以多层次、全过程、全方位的技能、知识和智慧支持客户的长远发展，从而推动、深化了客户的事业，或者说服务提供商在实现自我持续发展的同时，也帮助客户建立了新的运营模式，拓展了客户发展的空间。

第四，从组织方式上看，服务供应链不仅是序贯式的链状组织结构，更是以辐射式和星座式为特点的组织网络。一方面，整个供应链是一个开放的、动态的目标系统（过程），不仅要考虑其静态结构和联系，还要考虑其动态的因素以及和外部的交流。所以，企业必须不断跨越技术和市场来寻找和发掘机遇，不仅是“本地的”而且是“远距离的”（ March J G，Simon HA. 1958；Nelson R R. 1982）。企业必须同时寻找他们所在商业生态环境中从核心到外围的关键资源、能力和知识，必须包含潜在的合作方，即积极参与到创新活动中的客户、供应商、互补者等。这种以企业主体为中心，联合外围相互关联的企业、大学和研究机构、政府、金融机构等价值网络创造相关者的模式是一种辐射式组织方式；另一方面，服务供应链作为一个复杂自适应系统，应从系统观角度来全面考虑创新中的各要素。普拉哈拉德和哈默尔在《公司核心能力》一文中（1990）也指出，企业创新能力是一个系统，必须从产业层次上来进行建设，这样才能使创新能力强的企业拥有持续的竞争优势。产业创新系统根植于一系列紧密相连的主要创新源，这些创新源通过动态的技术、服务转移和反馈机制，带动其他相关的创新，从整体上提升产业层次，促进产业发展。产业创新系统效应的概念表明一系列的产业被联结成一个网络结构，这个网络结构是以动态的、强大的技术经济联系相互依赖、相互补足为基础的。Teece 认为这种互补的创新是很重要的，特别是在创新以积聚为特征或者“平台”存在的产业中（2007）。而这种互补带来的不仅是规模和范围的扩张，更重要的是获得了各产业板块间的协同专业化，我们认为将这种以产业为基础细分层次并协同各业务创新的价值网络是一种星座式供应链组织方式。

第五，从资源整合的类型上看，服务供应链整合的资源更多的是操作性资源，即隐形的才能、知识等要素，它与产品制造供应链不同的是，后者是以被操作性资源为主，辅之以操作性资源，而服务供应链是以操作性资源为主，被操作资源是涵盖在操作资源中，但不是价值产生的主要根源。

第二章　供应链服务化的构造与组成

Lambert(2000)认为一种特定供应链的形成,往往是由三个方面决定的:供应链的网络结构、供应链业务流程以及供应链管理的管理成分,这三个部分构成了供应链模型的理论分析框架。服务供应链作为一种新型供应链体系,其框架体系和模式也必然反映为这三个方面(Song,Yu,2009)。

第一节　供应链服务化的网络结构

供应链服务化以服务为节点,以工作量为缓冲,以直接或间接服务供应商、整合服务集成商、直接或间接服务客户为成员,包括水平结构、垂直结构、水平位置三个维度,以及管理、监控、非管理或非成员流程链接四种方式的从初始供应商到终端客户的复杂网络。具体分析,服务供应链的拓扑网络具有四个特点。

一、复杂性

网络的构成具有高度的复杂性。与传统的制造供应链线性结构(即通过供需所组成的上下游交易关系),或者传统服务企业的星状结构(即围绕客户的服务需求和质量而聚合各种不同的服务要素,如有形性、可靠性、反应性、保障性和移情性等)不同,服务主导型的供应链是一种混合拓扑结构。这是因为一方面各个节点通过服务流互联连接起来,并且每一个节点至少与其他节点相连,从而呈现出高度的可靠性;另一方面在这个供应链体系中混合了两种或多种网络拓扑结构,诸如服务供应链结构中既有产品制造网络、物流服务网络、技术服务网络、更有信息网络和知识网络,所有这些网络结构都有机地联系在一起,通过与客户之间的互动创造巨大的价值。

二、差异性

从参与网络的成员看也具有巨大的差异性。这其中既有传统产品制造供应链中的生产企业、经营企业、物流专业企业、客户等,也有一些特定专业性的纯服务型企业,这些企业可能并不直接参与产品的制造和流通,但是它通过一些特定的服务创造了一种特定价值,诸如金融类机构、创意设计类企业、服务整合型企业等,所有这些成员可以称为微专业者(micro-specialist),然而这些微专业成员通过混合拓扑结构有效地进行合作,因此,服务供应链的参与者大大超越了产品制造供应链网络结构中的成员。

三、契约关系

从网络结构中节点和成员间的关系看，服务供应链参与成员是以契约关系的建立和维持为基础，依靠外部机构进行制造、销售或其他重要业务经营活动的组织结构形式。被联结在这一结构中的各经营单位之间并没有正式的资本所有关系和行政隶属关系，只是通过相对松散的契约(正式的协议契约书)纽带，透过一种互惠互利、相互协作、相互信任和支持的机制来进行密切的合作，因此，服务供应链网络结构是一种物理上的资源、工作网络与契约、关系网络的复合体。

四、拓展性

服务供应链网络结构的功能和拓展性很强。在服务供应链网络中，间接服务提供商提供的服务通过管理、监控或非管理的方式汇集到直接服务供应商，再由直接服务供应商汇集到整合服务集成商，由整合服务供应商将特定的服务传递给直接客户，最后由直接客户传递给间接客户；也有可能是整合服务集成商已经具备了直接服务供应商所提供的服务能力而直接接收来自间接服务提供商提供的服务。但不论是哪一条途径，各节点的服务的传递和汇集都依赖于信息的流动和共享，当然也有部分服务仍然要依附于产品的实体流。在这些交叉的水平和垂直网络结构中，整合服务集成商是整条服务供应链构建和管理的主导，通过对客户需求的预测和客户关系管理，把握需求的变动和更新；通过对供应商绩效的评价和供应商关系管理，整合间接和直接服务供应商的资源与能力，向客户提供完善的服务。显然，这一网络的拓扑结构拓展性很强，能够满足较大网络的需求，它既能解决传统服务企业星状结构服务距离上的局限，又能解决产品制造供应链线性结构整合用户数量以及供应商的限制。

供应链服务化的网络结构如图 7-2-1 所示。

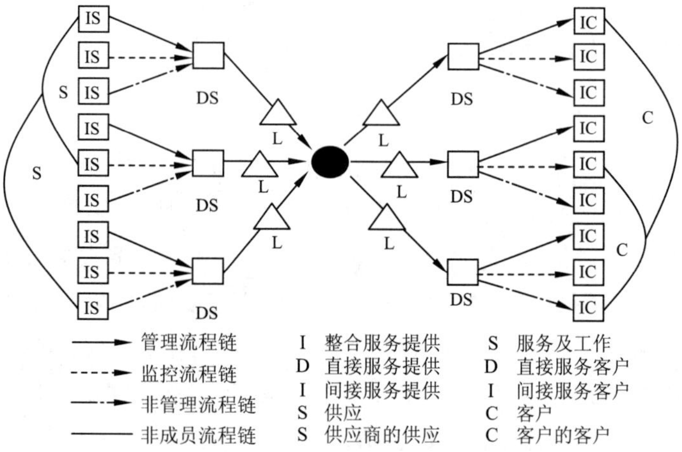

图 7-2-1　供应链服务化的网络结构

第二节　供应链服务化流程

服务供应链更重视信息的共享，除了技术上的信息系统和网络平台的支持，整条服务供应链的高效和持久运作还依赖于综合需求和客户关系管理体系、供应商关系管理、服务传递管理、复合型的能力管理、资金和融资管理等主要流程的整合与协调，达到有效控制客户需求、生产过程及供应商绩效的目的。

一、综合需求管理

供应链管理中的需求管理是一种均衡供应链能力与客户需求之间的流程，良好的需求管理流程，能够事前做到供需之间的匹配，防止供应链运行的中断。服务供应链中的综合需求管理，指的不是一种需求预测，而是使服务以及伴随着的产品供给与客户的需求，包括潜在需求能做到同步化。良好的需求管理不仅是要求服务提供者掌握一手的销售数据，如POS数据以及客户信息等，更重要的是能渗透到客户的产业或状态中，有效地与之沟通交流，了解客户的现实和真实需求，与此同时知晓客户在运行或消费过程中存在的成本、代价和困难，从而提供客户降低经营或消费过程中的不确定性，这种既关注显性、现实的需求，又关注隐性、潜在的需求是服务供应链管理中综合需求管理流程的特点。

二、客户关系管理

与产品制造供应链一样，服务供应链管理中客户关系管理都是提供了一个与客户发展和维系关系的框架。客户关系管理就是要识别关键客户以及客户群体，将之作为服务提供的对象。其目标就是在价值的基础上细分客户，并且通过提供定制化的产品和服务实现客户的忠诚。在服务供应链的客户关系管理流程中，服务提供者需要与客户建立起共同发展、管理的团队，帮助客户改进流程、消除非增值活动，制定业务标准等，只有这样客户关系管理才是双向、动态的过程。

三、供应商关系管理

供应商关系管理是一种界定与供应商交互行为的流程，它与客户关系管理是相对应的。在服务供应链的供应商管理关系流程中，有三点是非常重要的，一是供应商的定位，如同产品制造供应链，供应市场是一个复杂的市场，如何有效地协调各种不同能力或拥有不同资源的供应商是供应商关系管理的关键，这就涉及对供应商能力的识别，以及不同供应商在网络中的关系定位，例如，什么供应商可以发展为长期战略合作伙伴，什么供应商只能是市场型关系等，这一点服务供应链与产品制造供应链是相同的；二是在服务供应链中，供应商关系管理的范围比较大，供应商的概念不仅涉及经营体系中的直接供应商，也包含了与各经营要素相关的间接供应商；三是供应商关系管理的核心不仅仅在于如何对“合作关系”(collaborative relationships)本身进行管理，更是是对“合作实践”(collaborative practice)的管理，这两者的区别在于前者将供应商关系管理看作是一项降低供应商数量，维系长期合作关系的管理流程，而后者则是将供应商关系管理看作是促进供需合作、不断交流沟通，从而实现供需能力匹配的过程(Barrett 和 Rizza，2009)。

四、服务传递管理

服务传递管理是服务供应链流程中的一项独特过程，服务传递管理指的是服务集成商为实现服务接收方(即客户)的价值诉求，将服务有效从后台集合到前台，并且有效率和效益地将整体服务交付给客户的过程。服务传递管理中有四个维度的管理是比较重要的，一是显性的要素，即服务提供的内容；二是隐性的要素，即服务所追求的价值目标；三是内在的要素，即服务提供者的内部服务以及整合管理；四是外在的要素，亦即服务传递与外部环境的适应。

五、复合型能力管理

在服务供应链管理中，能力管理涉及广泛的资源管理，亦即企业能通过其内部传递系统有效率和效益地配置稀缺资源和知识以满足变动的客户价值诉求。为了实现客户的价值诉求，企业应该具有充足的服务能力，与此同时，过多的服务也是需要避免的，因为这会引致较高的成本。Adenso-Diaz 等(2002)指出，在服务行业中能力管理最难处理，因为在其他行业中可以靠库存等缓冲机制来进行能力管理，而服务不可能先行生产来满足客户的需求，服务中要求的是适时生产和传递，同时服务过程中的非物质化也使得其能力管理呈现出高度的人力化和知识化的特点。在服务供应链复合能力管理中也主要表现为三个方面：一是对供应链网络中各个成员知识和智慧能力的组织与管理；二是网络关系体系的协调与建立；三是供应链体系中各种有形和无形资源的整合与运用。

六、资金与融资管理

服务供应链管理中有一个很重要的管理流程，就是资金与融资管理。虽然供应链管理的核心就是企业间商流、物流、信息流和资金流的综合统一协调和管理，但是在传统的产品制造供应链管理过程中，资金流的管理相对比较忽略。特别是在全球化背景下，跨国公司的离岸生产和业务外包使供应链出现“低成本区域”，然而这种追求成本最小化的冲动所导致的供应链整体融资成本问题以及供应链节点的资金流瓶颈所带来的短板效应，实际上已经部分抵消了生产的“低成本区域”配置所带来的最终成本节约。因此，如何在服务供应链管理的过程中有效地提高资金运作的效率，同时为缺乏资金的企业在有效控制系统风险的基础上提供资金，这是一种独特的服务管理流程。

第三节　供应链服务化管理职能与要素

服务供应链管理的主要职能是计划(供应链运作的价值管理)、组织(供应链协同生产管理)、协调(供应链的知识管理)以及控制(供应链绩效和风险管理)。在服务供应链管理的计划职能中，其管理的核心不是原来的供应、生产、分销计划，而是价值的管理，如同 Vargo 和 Lusch(2004)指出的“企业只能提出价值假定”，价值不是嵌入在商品中，而是客户与供应商的产品服务互动中产生价值，因此，如何管理价值产生的过程是服务供应链一个很重要的要素。从客户价值产生的特性看，很多学者提出了如下一些论题：一是价值可以看作是获取与放弃之间的一种权衡管理(Zeithaml，1998)；二是商业客户的功能效益、服务效益和关系效益是以经济和非经济的代价为前提(Ulaga，2003)，通常非经济性的代价能极大地影响供应链关系的强度；三是价值可以看作是一系列目标和期望成果的集合，而供应商的行为非常重要，因为它能以最小的代价促进实现这些目标(Woodruff,1997)；第四，价值是由供应商的产品服务、客户使用的状况以及客户期望的目标和结果之间的交互决定(woodruff,1997)。以上这些对价值的理解显然对计划管理产生了很多要求，例如，服务提供商必须知晓客户期望的功能、关系和服务的目标和绩效，可行的经济和非经济代价、成本与收益之间的均衡关系，以及各种服务的使用状况和条件。

协同生产管理是服务供应链管理职能的另一个方面，协同生产在于实现使用中的价值，然而协同生产是一个复杂的过程。Flint 和 Mentzer 认为协同生产的组织有协同经营和协同设计两个方面，协同经营是指客户通过直接反馈(如满意度调查、直接向供应商反映问题等)和间接反馈(减少、取消或增加订单等)，客户影响了服务提供商产品和服务的制定与修正。例如供应商为了实现价值创造需要深入、及时地从客户获取信息，与此同时客户为了实现期望的价值，能保证供应商及时、全面地对其期望做出反应，在这种状况下，整个经营过程是通过双方的协同来进行。而协同设计则更为深入，亦即客户不仅参与到供应链经营的过程中，而且能渗透到服务供应链的最初设计阶段，来构造供应链的运行系统和整个价值体系，客户可以是协同经营者，但不一定是协同设计者。正是因为如此，作为服务提供商就需要合理地组织协同经营与协同设计，亦即在整个价值链环节中哪些活动需要与客户互动经营，而哪些环节需要客户更为深入地参与到设计的过程中；同样，哪些客户只是需要参与经营，而哪些客户需要共同设计与运营，这些都是协同生产管理的主要要点。此外，为了实现协同生产，就需要交叉、流程导向的供需管理小组的建设，当这些小组跨越组织边界时，也就从更大程度上整合了供应链。

有效的整合价值链协调管理需要有全球市场、供应链多参与者以及各类流程的知识(Flint,Mentzer. 2006)。作为服务供应链运作的主导者，需要知晓不同国家、地域以及文化背景下客户期望、需求水平以及其他各类资源的知识，同时也需要了解服务供应链各参与主体的文化、战略、流程和运作情况，而在流程知识方面，服务提供者需要了解不同功能和企业之间流程整合的关键要素，这些都是服务供应链的关键职能要素。

服务供应链管理职能要素还有一个很重要的一点是供应链的风险管理和绩效管理，由于服务供应链将不同资源以及不同知识背景的企业整合成为一个复杂的网络，以实现客户价值，因此，这种高度复杂的供应链体系在产生巨大价值的同时，也面临着可能存在的各种风险，诸如由于环境变化导致的供应链结构的变化，或者客户价值诉求的改变等，所以，服务供应链就需要有一个健全的风险管理机制，这种风险管理机制既包括对供应链服务要素的整合管理，供应链结构以及关系的管理，也包括健全完善的绩效衡量与管理体系的建立。

第三章　供应链服务化的运营与差别化价值诉求

供应链服务化的模式有哪些？又是如何形成的？对于这些问题学术界已经有很多的探索，诸如，Jackson 和 Cooper(1988)认为企业购买两种类型的服务，一种用来服务于公司的内部，另一种被传递到公司的客户。最具代表性的服务战略类型划分有两种，一是 Wynstra 等人基于 Jackson 的研究以航空为例，又将服务分成了四种类型(2006)：工具服务(指的是保持在用户内部，并且最终由用户自己来执行的服务，诸如咨询公司为用户企业能提供的业务发展咨询服务等，instrumental service)、消费服务(消费服务也是保持在用户内部，但是不影响用户关键业务流程的服务，诸如银行购买的园艺服务等，consumption service)、半生产服务(指的是经过转换变成购买公司转递给最终用户一部分的服务形态，诸如航空公司获取天气预报从而制定飞行计划等，semi-manufactured service)和成分服务(指的是客户公司不需要任何转换就能直接传递给最终用户的服务，诸如与生产设备制造商签订的外部维护保养服务，component service)；二是 Bjorn 和 Sweden(2000)提出的四种服务类型：消费服务(consumption services)、成分服务(component services)、转化服务(其特征在于购买企业能够对这些服务进行转化，继而以一种改变的形态传递给客户的客户，transformation services)、工作方法服务(它是一种能极大影响客户流程的服务形态，它能直接作用于客户的生产方式和经营方式，某种意义上讲，这是对客户流程的设计，working-method service)。以上这些研究虽然细分了供应链服务化战略的不同类型，但是却没有深入探讨不同服务模式产生的驱动因素和组织形式，即为什么会有不同类型的服务化战略产生，不同类型的服务是由什么影响决定的，此外，不同的战略组织方式是什么，在特定组织方式下的行为具有什么特点。为此，可以从服务化过程中供需双方的特点出发来探究供应链服务化的差别化要求，因为任何供应链服务的组织一定是供需双方互动的结果，也是双方各自的状况决定了服务的结构和内容。

第一节　供方视角：供应链运营风险的状态

产业供应链服务化要求服务的提供商组织协调不同的资源、能力来完成服务的创造和传递，特别是在供应链服务化过程中，服务集成商需要协调社会网络中各类子服务集成商来将各种不同的要素进行集成，因此，服务集成商的供应链运营的状态必然影响了服务的模式和特点。具体而言，在组织供应链运营的过程中，服务集成商会遇到两种不同的风险，供应链运作职能风险以及供应链网络环境风险。供应链运作职能风险立足于供应链服务核心企业的内部运营控制和流程，从服务集成商内部的职能要素来看供应链风险来源。如 Hallikas 等人将供应链风险分为需求过低、客户交货问题、成本管理和定价、资源、开发和柔性不足四大类；Chopra 和 Sodhi 将供应链风险来源分为中断、延迟、系统、预测、知识产权、采购、应收账款、存货与能力九大类；Spekman 和 Davis 则提出供应链风险来源分为物流、信息流、资金流和企业间信息系统安全性四类。概括起来讲，供应链运作职能风险是服务核心企业在组织管理服务要素的过程中，在服务要素供给整合（诸如服务要素的组织不力、服务传递不及时等），或者服务需求管理（诸如错误理解服务的状态、流程设计管理不合理等）方面的差错或能力不足造成的供应链服务的中断或损失，显然，对于服务集成商而言，这类风险带来的最大挑战是如何更好地构建和运行供应链经营体系，使供应链服务化的各类经营要素包括人、财、物以及信息等得以更好地整合、协调，保持供应链运行的顺畅，克服企业资源和能力的不足。供应链网络环境风险则不同，这类风险的来源不是来自于核心企业自身的运作能力和资源要素的缺失，而是由于经营网络或者经营环境固有的特点造成的供应链运作的脆弱性，这是外部因素变化导致的供应链服务化的波动，诸如市场环境变化导致的信息不对称、需要不连续、不稳定等。因此，对于供应链服务集成商来讲，不仅需要有效地整合各类资源和能力，更需要克服供应链运行中由于网络环境的变动产生其交易成本过高的问题。

第二节　需方视角：供应链的收益目标

供应链服务化的一个重要目标是帮助客户实现成功，而不是简单地满足需求。这两者的差异表现在，当企业提出“满足客户需求”时，其假定是客户存在既定的需求期望，企业采用各种经营管理行为将这种期望得以实现，甚至有所超越。而客户成功则有所不同，经营活动的起点不是客户既定的期望，而是致力于与客户建立起长期的战略伙伴关系，以多层次、全过程、全方位的技能、知识和智慧支持客户的长远发展，从而推动、深化了客户的事业，或者说服务集成商在实现自我持续发展的同时，也帮助客户建立了新的运营模式，拓展了客户发展的空间。正是因为如此，需求方产业的状态和经营特征也成为供应链服务化模式的影响因素。具体讲，客户企业往往也存在着两种不同的状态或价值诉求，一是客户由于资源和能力的不足，自己从事供应链服务会产生较大的成本费用，因此，如何帮助客户实现更具效率的供应链服务体系成为能否帮助客户成功的关键，换句话说，作为供应链服务集成商更主要的目标是能否通过自身的组织协调服务行为为客户实现更低成本、更具效率的供应链服务；另外一种状况是客户所面对的问题不是成本费用问题，而是希冀通过供应方的服务过程，增强客户企业自身的潜在竞争力，这种潜在竞争力既表现在将有限的资源能力集中于客户企业自身的核心业务，强化既定的业务能力；也表现在帮助客户开拓了新的业务发展领域，换言之，这类供应链收益目标更偏重于效益而非单纯的效率。以上两种状态与 Fisher 的理论是相一致的，Fisher 曾指出供应链运行存在着敏捷性和精益性供应链两类，前者偏重于效益（即客户服务和竞争力），而后者更倾向于效率（即成本费用的控制）。

基于以上供方视角的供应链运行风险以及需方视角的供应链收益目标，在供应链服务化背景下存在着五种不同类型的服务价值诉求和模式（见图 7-3-1）：一是嵌入式服务，亦即这类供应链服务化运营强调的是通过供应链职能和资源能力的协调，以较低的成本费用帮助客户企业提高供应链运营效率；二是链接式，与上一类不同，这种服务虽然也强调供应链运营的低成本和高效率，但是其实现的方式是通过网络和环境的管理降低综合交易成本，或者说通过整合网络和环境要素的把控来实现供应链服务效率化的目的；三是拓展式服务，这类服务虽然也着重供应链职能和资源的协调，但是其最终的目标不完全是为了帮助客户降低成本和费用，而是创造新的潜在竞争力；四是模块式服务，亦即通过网络和环境的管理在降低社会交易成本的同时，帮助客户挖掘新的潜在竞争力；五是产融结合式，这类服务既强调供应链职能协调，也强调网络和环境的管理降低交易成本，在实现高效率低成本运营的同时，创造新的市场空间和竞争力。

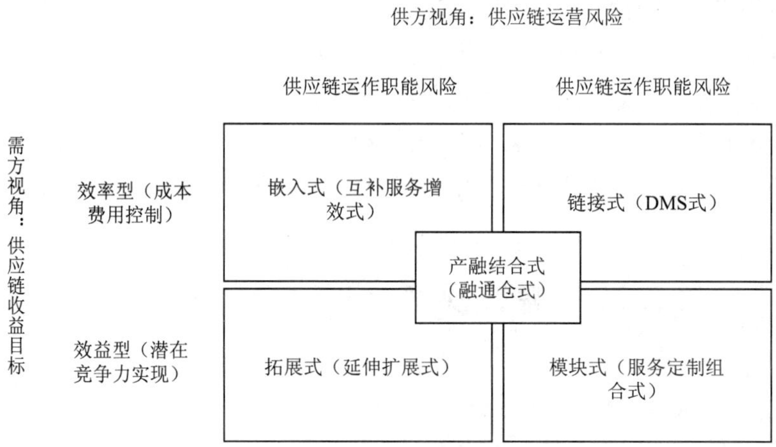

图 7-3-1　供应链服务化的不同价值诉求

第四章　供应链服务化模式和战略匹配

第一节　供应链服务化模式

Lambert 和 Cooper(2000)认为一种特定供应链的形成和绩效往往是由三个方面决定的:供应链的网络结构、供应链业务流程以及供应链管理的管理要素。基于供需双方不同视角所形成的四种服务化价值诉求,产生了四类供应链服务化创新模式,而各种模式有其特定的结构特点、管理流程和能力要素:

一、嵌入式服务

这种服务的结构特点是将服务要素,特别是一些互补性的服务嵌入在供给的产品中,或者以物质产品为依托,通过这种物质化的产品,客户可以获取相应的使用价值以及服务要素,从某种意义上讲这种供应链结构更多地表现为一种供需纵向型的关系,并且作为服务集成商往往通过控制内部的服务资源并将其组合进客户关注的物质产品中(见图 7-6-1)。例如 ROLLS-ROYCE 是著名的发动机公司,是波音、空客等大型飞机制造企业的供货商,ROLLS-ROYCE 并不直接向他们出售发动机,而以“租用服务时间”的形式出售,并承诺在对方的租用时间段内承担一切保养、维修和服务。发动机一旦出现故障,不是由飞机制造商或航空公司来修理,而是发动机公司在每个大型机场都驻有专人修理。ROLLS-ROYCE 通过改变运营模式,扩展发动机维护、发动机租赁和发动机数据分析管理等服务,通过服务合同绑定用户,增加了服务型收入。公司民用发动机订单有 80%都含有服务协议,服务收入达到公司总收入的 55%以上。此外,像最近在国内方兴未艾的合同能源管理等模式也属于这一类型,这种模式实质就是以减少的能源费用来支付节能项目全部成本的节能业务方式。这种节能投资方式允许客户用未来的节能收益为工厂和设备升级,以降低目前的运行成本,或者节能服务公司以承诺节能项目的节能效益,或承包整体能源费用的方式为客户提供节能服务。显然,嵌入式服务通过将各类服务内置于物质产品中一方面使得客户获得了自己承担各类活动所产生的成本费用的节约,另一方面为服务集成商获得了物质产品之外的服务收益。与以往的产品服务相比,嵌入式服务存在着如下差异:一是产品设计的导向不一样,以往产品的设计强调的是使用价值或使用价值的差异性,而嵌入式服务产品,产品的设计强调的是服务内在化,即通过物质产品的购买或使用,使客户享受到使用价值以外的服务;二是产品的传递方式的差异性,以往的产品传递的方式是通过一定的载体将产品传递到客户,一旦到达客户手中,传递过程就已经完成,但是,嵌入式服务则不同,产品传递到客户手中,传递过程才完成了一部分,传递过程的实现要靠客户的参与才能完成。在供应链服务流程和管理要素能力方面，任何供应链服务化战略往往存在着三种不同的流程形态和相应的能力体系：一是与市场响应相关的协调运作流程，这类流程构建的目的在于更好确立供应链以保障运行的高效率和稳定性，这类流程偏重于客户价值诉求的响应性，具体来讲，这类流程表现出来的能力有供应管理能力、生产制造管理能力、物流分销能力、组织资源能力等。二是与价值创造相关的运作流程，它体现在企业能够比竞争对手更早、更准、更快地预测市场需求、创造市场需求提供适应的服务。这类流程表现出来的能力有市场预测能力、需求创造能力、帮助客户开拓市场的能力等。三是与服务的定制化相关的流程，这类流程强调根据客户个性化要求组织资源和服务的过程，或者说一对一的供应链建构。这类能力包括标准模块化设计能力、动态组合布局能力、动态物流组织能力、动态响应的控制能力等。具体到嵌入式服务，如图 7-4-1 所示。由于这种战略是通过将各类服务活动和要素嵌入物质产品中创造价值，或者说通过物质产品的购买和传递，使得嵌入的服务得以创造和产生，因此，它表现更为强烈的需求创造流程和能力的确立，即能准确地预测和感知自身的行业范围之外都存在哪些互补性产品或服务。从相关的互补性产品和服务中去挖掘潜在的市场机会，在为客户节约成本费用的同时，分享相应的利益。当然，在这一过程中仍然会存在市场响应流程和服务定制化流程，但是从形式上讲，需求创造流程以及相应的能力表现得更为典型。

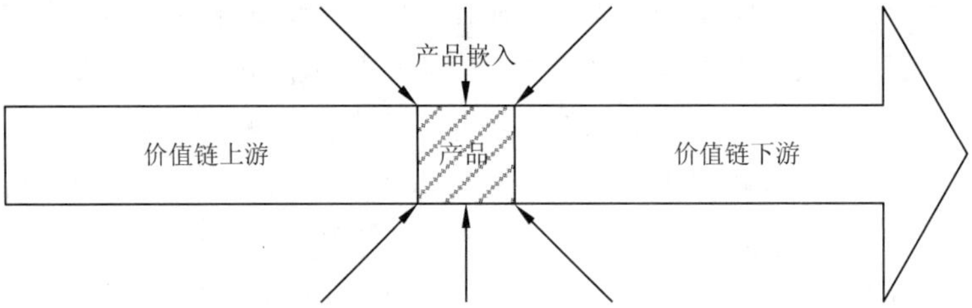

图 7-4-1　嵌入式服务示意图

二、链接式服务

这类服务的特点是将系统设计（design）、生产组织管理（manufacture managing）以及物流分销（service of logistics and distribution）结合在一起，将完整的产业链打通，通过综合交易成本的管理和控制，为客户提供优质的产品服务，同时也使服务集成商在整合管理供应链的过程中，成为客户必不可少的平台和渠道（见图 7-4-2）。这类服务的结构既有纵向供需之间的整合，也有横向其他机构和组织（如金融机构、第三方物流等）的整合。该战略的实践者最典型当属香港利丰集团（2012 年更名为冯氏集团），该公司依托于其采购贸易、物流服务和在岸本销（即本地分销）三大职能板块，在新的模式中，不再是贸易商或代理采购者，而是客户的供货商，利丰会直接和海外买家签订合同，它不会拥有工厂，但是会把生产任务外判给有实力的工厂，而利丰会负责统筹并密切参与整个流程的管理，从事方案设计、采购、生产管理与控制，以及物流与航运的其他支持性工作。利丰的合格供应商有 15 000 多名，对于每一个客户，利丰都会根据其需要从这个供应商群组里找最好的布料、剪裁、缝制、成衣、物流和配送，所以每一份订单每一个顾客每一次的供应链都会不同，换句话说，就是在整个网络里面找最合适的伙伴和能力。在虚拟经营模式的基础上，为了使整条供应链的运作更加合理与顺畅，利丰贸易继续开发更全面的供应链服务，诸如分销推广、供应链融资等业务，从而为客户提供具有成本优势，同时又具竞争力的产品。除了利丰之外，目前国内出现的有些以互联网为基础的行业垂直平台也属于这一类，往往这类平台借助于互联网，将供需信息汇集、信用管理、知识管理、物流服务、资金融资以及汇率管理等多服务功能进行整合，使得客户对这类平台产生高度的黏性。其原因在于在产业链较长、活动较为复杂、地域较广的状态下，例如全球化的供应链运作时，由于信息不对称，或者经济环境的动荡性（如汇率变动等），客户自身组织这些活动会产生高额的交易成本，而像利丰和一些垂直平台通过将产业链贯通，同时实现供应链管理要素（商流、物流、信息流和资金流）的整合，不仅提高了供应链运行的效率，而且也帮助客户克服了这些交易成本和费用。在供应链服务流程和能力方面，这类服务化战略更加倾向于市场响应型流程，亦即根据客户的价值诉求更好地整合供应链各类活动、要素和能力，使得供应链运行高效、稳定。具体讲，该类服务一方面通过系统设计流程、知识流和物流分销服务流程的确立获得价值增值，另一方面通过整合生产管理流程降低交易成本。从能力要素上讲，服务集成商需要具备技术和知识创造能力、流程设计能力、资源调配能力、生产管理能力、物流分销能力等。

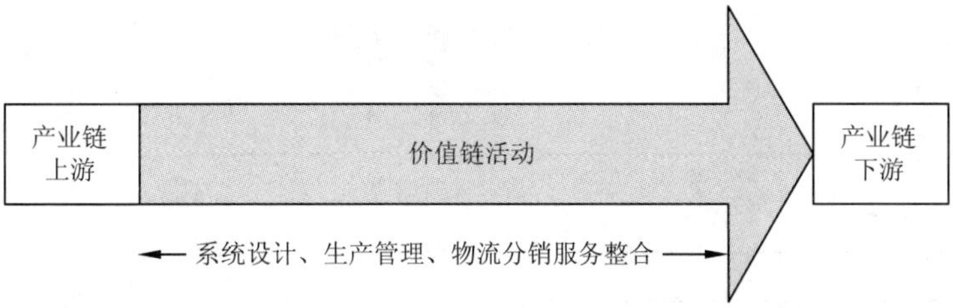

图 7-4-2　链接式服务示意图

三、拓展式服务

这类服务的特点是服务集成商在深刻理解服务的内涵以及供应链组织的方式基础上，协调各类不同的经济组织，同时采用有效的供应链组织方式，并且集合服务要素，在现有流程和经营模式的基础上不断向上下游的服务要素延伸，或者拓宽价值链活动，从而创造新的价值诉求，推动服务运作的不断提升（见图 7-4-3）。一般而言，这类服务化战略适合于产业服务较为复杂、广泛，且需求有一定的连续性特点。通过服务集成商的供应链职能协调，以及供应链延伸和拓宽，不仅能为客户企业带来利益，产生竞争力，而且更能为服务集成商带来新的市场和空间，形成与以往业务或产品不同的竞争力。诸如，国内一些优秀的装备制造企业（如陕西鼓风机等），从原来单一设备的生产供给，逐步转向成套设备供应（成为系统设备的集成商和服务商），甚至走向工程承包，即将工程（engineering）、采购（procurement）和建设（construction）相结合的交钥匙工程，这种服务化很典型地表现为以现有产业价值链为基础，逐渐向上下游的服务要素衍生，这样对于客户来讲，一方面省去了大量资源能力整合的代价，另一方面也解决了多设备、多供应商连接可能产生的系统不配套、实施经验不足而造成的成本上升等问题，便于企业强化竞争力。此外，对于服务集成商而言，这种上下游的延伸使企业摆脱了单纯的设备生产供应商，开拓了全新的市场空间，形成了新的经营能力。除此之外，这些优秀企业还通过向客户企业提供维修、维护、保养（repair and maintenance），客户企业设备的远程监控、诊断，帮助客户企业实现防患于未然，以及承担客户设备备品备件的库存管理等途径开拓了新的经营领域，这种行为是一种将现有服务领域扩展的特征，这样既为客户解决了设备管理产生的负担，也为服务集成商开拓了新的业务，特别是像备品备件采购、买卖这种能带来高额盈利的商流被创造出来。这一类供应链流程体现出一种高度的综合性特点，一方面要求有很好的市场响应流程，即系统设计、综合采购管理、生产管理、物流分销等能力的完善，没有这些流程的支撑，客户不可能放心地将一些业务组合外包给服务集成商，同时服务集成商也无法借助于已有的价值链活动向上下产业链活动延伸，因为客户之所以能将上下产业链活动交给服务集成商，还是基于后者拥有相应的技术、资源和能力，如果不能保证这些技术、资源顺利地获取，就不可能进一步延伸服务；另一方面这类服务也要求较高的价值创造流程，即有效地感知市场的变化，创造服务需求。这种能力也是服务集成商发展的关键，供需双方都能够在这类创造性的活动中提高竞争力，获得发展。因此，市场预测能力、帮助客户创造市场的能力也需要积极地发展。

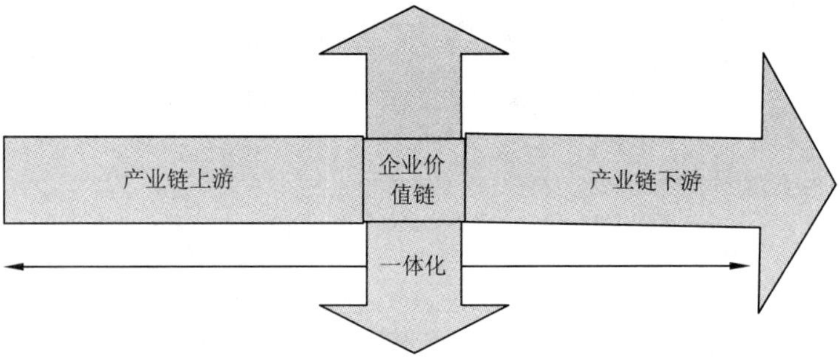

图 7-4-3　拓展式服务示意图

四、模块式服务

这类服务的特点是服务集成商不涉及客户企业的核心业务，而是围绕其核心业务不仅从事配套管理业务，而且受托提供物流等方面的后勤服务，以全方位满足客户非主流业务之外的多元化需求，从某种意义上讲，服务企业取代客户的支持部门或后勤保障部门，以市场化的方式为客户的配套业务和后勤保障需求提供全面解决方案，使客户高度关注其核心业务的开展和品牌价值的创造。一般来讲，服务集成商将这些纷繁复杂的配套和后勤业务根据不同的性质设计成不同的服务模块，并根据客户的价值诉求组合模块，集中传递给客户企业，从而使客户在组合模块的采购中节约了相应的资源和代价，强化核心业务竞争力，而服务集成商在提供服务模块群的过程中获得相应的经济收益和发展（见图 7-4-4）。例如，国内一些优秀的物业公司提出了“后勤平台化”“城市物业运营商”的概念，即将客户企业所需要的所有资源、服务设计成不同的模块（菜单），如基础管理服务、设备设施管理、资产管理服务、行政后勤服务等，并依据客户的要求提供范围不等的集成服务，从而实现了一对一的定制化服务，目前一些贸易公司也提出了类似的概念。这种服务战略相对灵活，既能为大型客户服务，也能为小型客户服务，既能提供供应链全方位的服务，也能够提供局部服务。作为大型客户企业，由于其自身的地位，或者出于竞争上的考虑，不一定希望服务集成商提供过于广泛的服务，而一些小型客户企业，受自身资源和能力的限制，相反可以会对综合集成服务提出需求，因此，模块化的服务设计有利于客户企业根据自身的状况来定制服务。而作为服务集成商，通过将服务模块标准化，能降低完全差别化服务所产生的高额运行成本，同时通过模块与模块的结合既带来越来越多的业务机会，同时降低模块单独运作的直接、间接费用，创造组合利润。显然，这种服务化战略所强调的流程既不完全是市场响应性流程，也不完全是价值创造性流程，而是一种定制化流程，是供需双方在互动基础上，根据不同的价值诉求和客户特点，动态地创造服务形态。因此，从这个意义上讲，服务集成商所要具备的能力包括服务模块标准化设计能力（即如何根据服务的特性、资源的状况以及行业的特征设计成具有可替换性、标准接口、规范的服务菜单）、动态布局能力（即根据客户差别化的价值诉求，链接组合模块，调动企业内部和外部的各类资源、能力）、动态物流能力（即将所产生的服务组合有效率和效益地传递给目标客户）以及动态控制能力（即具有控制综合经营风险，以及变化性的能力）等。

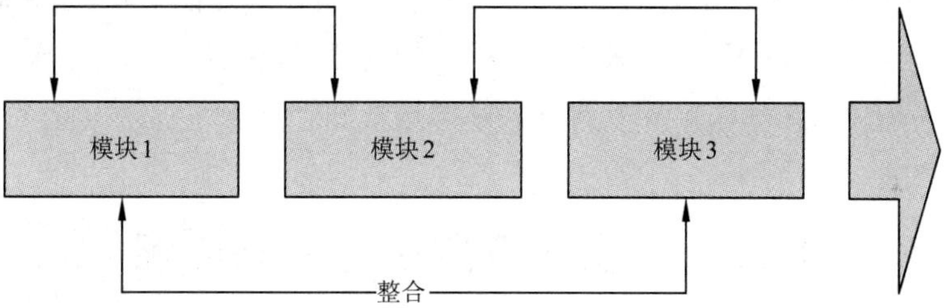

图 7-4-4　模块化服务示意图

五、产融结合式

这类服务属于较为特殊的一种供应链服务化类型，它既可以独立存在，也可以与其他类型的服务化战略结合运用，并且这种服务化战略的目标既能帮助客户实现低成本费用，也能帮助客户实现竞争力。这种服务化战略将产业供应链运行与金融相结合，一种把物流、商流、信息流和资金流有机结合创新，其内容包括物流服务、金融服务、商业服务和风险管理服务以及这些服务间的组合与互动。或者说依托产业供应链，利用金融资源打造供应链，实现金融和供应链运行的综合效益，所以，这类服务的结构更多地表现为商流、物流和金融流的相互交融、交织的特点（见图 7-4-5）。例如，怡亚通公司就是这种模式的实践者之一，它主要服务于一些中小型通信、IT 加工企业，这些中小企业的问题是生产订单通常有出货时间要求，而采购运输等有一定的时间周期，但是企业接到订单后，需要马上采购生产。同时上游供应商往往要求先付款后发

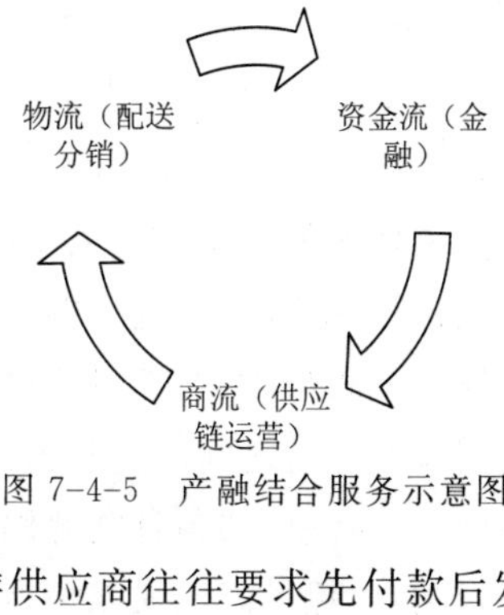

图 7-4-5　产融结合服务示意图

货，或者先预付部分款项，但是中小企业自身的流动资金多用于固定资产的投资，或存在较多的应付账款，所以，资金上出现了问题，怡亚通正是针对这一问题，运用自己空闲的信用额度，从金融机构获得资金，再通过“代付款项”的方式间接融资给客户，并最终获得一定比例的服务费收入，其前提是将采购业务（商流），以及物流业务外委给企业，因此，其收入来源于为其提供以代理采购及物流为主的服务收入，这些服务费都是按照业务金额的一定比例收取，也就是说，这些企业外包给怡亚通的供应链环节周转越快，怡亚通的收入就越高，与此同时企业运用掌控的物权，进一步从金融机构或者第三方物流公司获得资金收入。显然，这类服务化战略要求服务集成商具备五种流程管理能力：一是供应链组织结构设计能力，即根据具体融资问题，合理设计融通仓的主体构成、系统结构和运作模式，并设计完善的利益分配和共享机制；二是集成模式设计能力，产融结合模式是物流、金融、交易和风险管理等集成式服务，不同的业务模式具有不同的集成式特点，因此，如何根据供应链交易的特点寻找到恰当的结合方式变得非常重要，包括结合哪些要素？如何结合？结合点在哪儿等；三是信息系统设计能力，为保证信息流和资金流顺畅和实时管理，服务集成商系统需要提供先进的信息系统服务等基础设施；四是合同设计与运营管理能力，通过合同设计、实施和运营管理可以控制各参与方行为，降低业务运作风险，这包括采用良好的账款支付机制，提供灵活的支付转账方式、管理质押账户和现金管理账户，以及客户信用管理等能力；五是综合风险管控能力，包括产业供应链环境的把控、担保物或质押物的管理、供应链企业的经营管理状态等，从而在融资量、融资期限、融资代价等方面有良好的设计和管理。

第二节　供应链服务化战略匹配

采用与企业相匹配的供应链服务化运作模式，是企业提高绩效的重要因素之一，因为与企业相匹配的供应链运作模式有助于降低企业所处供应链的风险。由于客户企业在资源状况、产业特征以及环境等方面存在着不同，致使各企业面对的供应链风险类型各异，同时客户的价值诉求点也不尽一致，而风险的性质不一样，必然导致风险产生的成本和费用的性质具有较大的差异，同时客户对价格敏感的程度不同，也会使战略要素配置的方式产生差异，这些差异性也就决定了供应链服务化组织方式和运行要素的差别化。从制度经济学的角度看，市场运用价格机制配置资源是有成本的，即交易费用，而企业通过命令方式配置资源可以节约交易费用，但是企业内部却存在着组织成本，这种成本会随着组织规模的增加而递增，因此，企业的边界是由边际组织成本和边际交易成本的均衡所决定的。当供应链风险表现为一种职能协调性的风险时，从风险产生的代价和成本上看，它所面临的更多的是一种内部组织管理成本，即供应链的建构、运行、管理和监督以及其他性质的成本，为了克服这类供应链组织管理成本，即供应链上下游的协调、需求能力的管理、供应链成本的优化以及更好地实现上下游之间的有效衔接，企业就需要依托供应链流程、在控制管理关键资源和能力的基础上，通过外部各种资源协调和运用等市场性行为，聚合上下游作业活动中的所有服务要素，为客户提供嵌入式或拓展式服务。如果企业面临着更多的供应链外部风险，其市场交易成本将会很高，此时供应链的运作将会面临少数问题、有限理性、机会主义和交易频率等的挑战，为了降低这类风险，企业就需要内化供应链中关键的资源和能力，通过链接式或模块式的形式，柔性化地向客户提供服务。同理，客户对价格或经济成本的敏感程度也决定了供应链服务化组织方式的不同，客户价格敏感程度高，势必要求企业在降低两类供应链风险的同时，需要以更低的经济成本实现服务，而这种经济成本下降的要求，可以通过嵌入式或链接式完成，因为这两类服务的特点，在于通过将服务要素嵌入到产品中，或者连接各种服务要素实现了单一服务要素购买和整合所产生的较大的经济代价。相反，客户的价值诉求不是单纯的经济成本，而是潜在竞争力的实现，这时服务供应链的要求则反映为降低各类供应风险的同时，能否为企业带来潜在的收益，而这种收益显然是与竞争力相关。综上所述可以看出，不同类型的供应链服务化模式是与客户的价值诉求以及供应链风险类型密切相关，任何这种结构化的错配，不仅不能提高客户的价值以及企业自身服务供应链的效率，反而，增强了相应的风险和代价，最终导致服务供应链的中断和低绩效。

第五章 供应链服务化案例

第一节 服务供应链中的价值协同
——以方兴物流为例

一、方兴物流公司简介

方兴物流公司(以下简称方兴物流)位于山东省泰安市,是依托泰安食盐专营网络建立的现代物流企业,自2003年建立以来,充分发挥食盐流通渠道的优势,整合社会资源,在泰山脚下建起了独具特色的物流平台,打造了一座没有围墙的超市。下设6个分公司、7个专业物流配送中心,拥有32部配送车辆,资产达7 700多万元,有员工120人。公司2005年开始着力于“小康树”连锁经营体系的建设,走“城市便利化,农村超市化”的道路,统一形象、统一采购、统一配送、统一管理,目前已建成县级中心店8个、乡镇级连锁店412个、村级加盟店8 120个,形成了集商业零售、物流配送、连锁加盟等多种业态一体化的多元化公司。公司在经营过程中,先后与百事可乐公司、浙江纳爱斯集团、山东泰山生力源集团股份有限公司、中糖集团、山东菱花味精股份有限公司、娃哈哈集团等十几个国内外名牌企业缔结成合作伙伴关系,成为这些品牌的区域代理商。生产的自有品牌,如“泰山酒”高中低档系列产品,“易洁”“易滋”洗化用品,和美酱菜等在泰安地区的运作已取得巨大成功,在国内一些大中城市已拓开销路。目前,公司经营商品范围涵盖食品、洗涤化妆、纺织品、儿童玩具、酒水等门类,总计200多个品牌、9 000多个单品。2005年3月方兴物流被泰安市消费者协会评为“健康维权”示范单位;2006年6月被批准为国家“万村千乡市场工程”试点企业;2006年、2007年被评为国家商务部“万村千乡市场工程”优秀试点企业;2007年获国家企业管理优秀成果一等奖;2008年6月被山东省信息产业厅评为“山东省信息化示范单位”。

二、方兴物流互动模式及其价值实现

中国的农村是一个巨大的潜在市场,自2004年以来,每年的中央1号文件都聚焦三农问题,要求加快农村现代流通体系建设,包括农产品、农业生产资料和农民生活工业用品,开展了万村千乡市场工程,推进电子商务进农村,已取得初步成效,但是现代化的商业体系并没有真正建立,当前农村的商品流通设施不足、方式陈旧、成本较高、卖难买难等问题还没有完全解决,不仅影响农业生产和增收,也抑制了农民消费,延缓了农村市场化进程。

中国农村市场流通的上述情况不仅要求在该领域能建立起现代化的商业体系,而且在这一过程中能有效地整合各经济主体,实现与各利益相关者的有效互动,系统地解决各方存在的挑战和问题。从网络的构成来看,在中国农村市场流通体系中,必然涉及供应商、金融

机构、客户(农村商业终端)、地方政府以及物流配送方。虽然这些主体的形态和功能各异，但是它们共同构成了中国农村市场网络发展的推动者，同时也面临着各自不同的挑战和潜在问题，从而产生了相应的价值诉求。

针对中国农村市场所面临的问题以及各类主体的价值诉求，方兴物流在当地利用自身的网络体系，结合各类社会性的资源和能力，通过打造以服务为主导的供应链物流体系，实现了与各方之间的互动，既实现了自身的经济价值和发展，又有效地使社会价值得以体现。具体来讲，解决"三农"问题单纯靠一家物流企业难以实现，需要以物流企业为中心形成一个多方组成的利益共同体，物流企业提供一个平台，吸引和组织相关企业，在这个平台上通过发挥各自的优势获得利益，同时共同建立和维护服务品牌，在利益共享、风险共担的过程中共同发展(见图 7-5-1)。

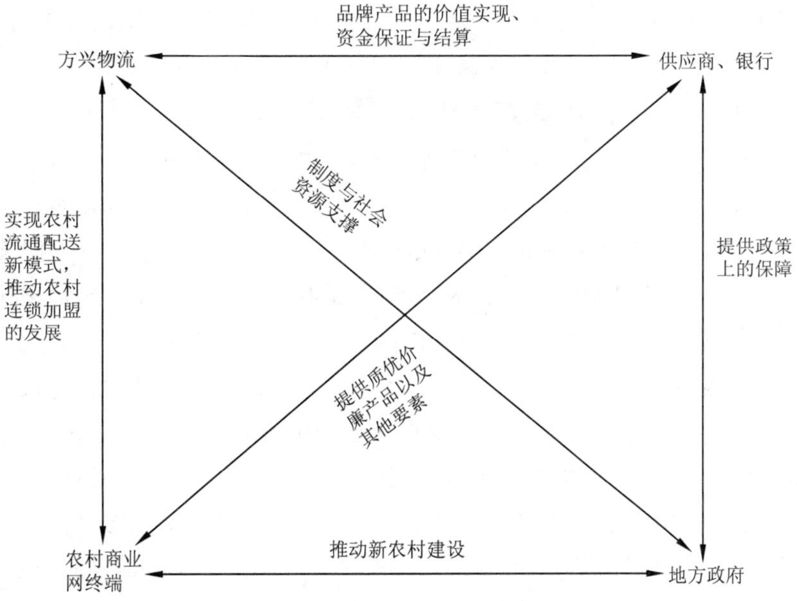

图 7-5-1　方兴物流塑造的多利益相关者平台

(一) 在方兴物流与供应商之间的互动关系

方兴物流首先在泰安市场根据服务人口和区域特点建立了 26 个业务部，每个业务部为 3～4 个乡镇服务。业务部一方面帮助企业将供货方的产品从方兴物流的仓库配送至农村商业网终端；另一方面帮助企业开发市场，争取将农村商业网终端置于企业的平台之上，或者开发特许加盟。在物流网络的建设上，方兴物流在泰安市场除了建立两个物流中心外，还在最接近于销售终端的位置设立了"码头"，即二级物流仓库。通过扁平化物流网络的建立，一方面对于供应商而言，实现了将产品从环到点的目标，建立了新商品铺货机制，通过物流网络迅速将代理商品铺遍全市，并且方兴物流的物流网络给供应商带来了另外一个潜在价值，即有效地杜绝假冒伪劣产品对供应商的危害，确保供方产品的安全性，保障其应有的利益；另一方面对于方兴物流而言，这种网络化的建设不仅为供应商带来了潜在利益，同时也确保了优质优价的品牌货源供应，为方兴物流的经营奠定了良好的基础，也稳定了企业与供应商的关系，使得双方通过这种稳定、持续的关系共同发展。

（二）在方兴物流与银行之间的互动关系

方兴物流与中国农业银行开展合作，共同搭建了电子结算系统。具体而言，中国农业银行为方兴物流的所有参与方（包括供应商、分公司、业务部、连锁加盟商等）都设立了“电子钱包”系统，这样每卖出一件产品，应得的收益就进入各自的电子钱包，从而缩短了利益各方的现金流量周期，提高了资金效率。与此同时，为了实现上述目标，在资金结算平台的建设上，双方共同制定并设计了一套风险管理机制，这主要包括：一是在产权界定上，在商品最终销售之前，所有权归属方兴物流；二是加盟商如要进入这个网络，需要以首批进店商品的50%作为风险金，存入加盟体系，防止违规操作；三是加盟商需将一定数额的资金（一般是日平均销售额）作为结算底金，预存到农行卡中以保障实销实结。正是以上三种风险管理机制，使得方兴物流的资金结算体系真正为利益各方带来了效益，同时也使得银行本身与产业企业形成了良好的合作，不仅产生了资金收益，同时也实现了金融业务的创新。

（三）方兴物流与农村商业网终端之间的互动关系

方兴物流采取了两种不同的经营和管理体系：一是农村自由独立店铺，即保持原有农村店铺的独立性，各自的资产所有权关系保持不变，对于这类店铺，方兴物流主要是指导经营，并不直接加以管理，同时对店铺是否安装POS机也不做要求。对于这类店铺来讲，与方兴物流交往的最大收益在于获得质优价廉的品牌产品和配送服务；二是连锁加盟店铺，方兴物流在农村商业网终端建设方面发展了“小康树”业务，加盟商一旦成为其“小康树”的成员，签订加盟合同，取得使用总部商标、商号、经营技术及销售总部开发商品的特许权，那么其经营权就集中于总部，方兴物流要求这些加盟商在附近的中国农业银行开立账户，办理银行卡，按首批货款的一定比例预存销货款，开始营业后，店方每天按时下载、上传数据，公司依据每天的销售额扣除店方的毛利，通过网上银行从店方账户中划拨。与此同时，“小康树”连锁要求分店必须安装POS收银设备，以便方兴物流及时了解并获取商品销售的信息。通过这种模式，方兴物流直接掌握了农村商业网终端以及经营信息，从而为其更好地服务于供应商以及其他利益相关者奠定了基础。而对于农村商业网终端而言，不仅保障了优质优价产品的及时供应，同时也使得其经营利益得到了有效保证，特别是“小康树”成员由于能享受到许多特定的经营项目（如政策性经营项目等），从而有利于经济收益的实现。

（四）方兴物流与地方政府的互动关系

方兴物流打造的综合平台保证了企业效益与社会效益的同时实现。从社会效益实现的角度看，方兴物流的服务主导型供应链网络的运作实现了如下七个方面的宏观效应：一是解决了农村闲置设施的再利用问题，“小康树”连锁店和加盟店主要利用闲散的社会资源，其中有已经废弃的厂房、商品房，有农民积淀的闲置房产，有濒于瘫痪的店面等，盘活了农村闲置资源；二是部分解决了农村劳动力转型的问题，本地化操作使连锁店使用劳动力1 600多人、加盟店使用劳动力16 000多人（含兼职）；三是提升了农民合作者的经营素质和水平，方兴物流常年坚持的员工现代经营理念培训、技术培训，使当地农民的文化知识进一步提高和丰富；四是不断延展的系列化服务，其实施的“信福工程”，在重点的连锁店设立了专网电脑，及时将当地“三农”信息上传，农民可以方便、免费地查询到有用的信息，报纸征订、邮政服务、保险咨询、文化娱乐等服务项目受到农民欢迎；五是优质的产品下乡，将假冒伪劣产品挤出了农村市场，维护了消费者利益；六是农产品的加工输出，部分解决了农产品“销售难”的问题；七是在部分农村起到了商品流通的主渠道作用，减少了政府的监管成本，提升了监管效果。从企业效益实现的角度看，方兴物流通过上述社会性绩效的实现，使其获得了合法性，即这种网络化的服务运作既符合了政府发展农村经济、强化新农村建设的要求，又较好地实现了提高农民经营能力、提高收益的迫切需要。

（五）地方政府与农村商业网终端以及供应商和银行之间的多方互动关系

由于方兴物流服务主导型供应链网络的搭建，实现了相互之间的互动和利益。在地方政府与农村商业网终端的关系中，一方面农村商业网终端通过方兴物流的网络，有效获得了政府的政策支持，促进和规范了现代连锁经营体系的发展，另一方面地方政府的新农村建设也通过这一网络得以在基层有效地贯彻实施。在政府与供应商和银行之间的关系中，前者为供应商和银行的经营活动提供了政策上的保障，减少了供应商和银行的经营风险，而对于后者来讲，及时地将优质资源和产品导入当地市场，促进了地方经济的发展。

通过整合多方资源，协同各利益相关者的价值诉求，方兴物流创新了农村快消品供应链的运营模式，塑造了自己独一无二的竞争优势。

第二节　供应链服务化创新
——以陕鼓为例

陕西鼓风机(集团)有限公司(原陕西鼓风机厂)始建于 1968 年，是国内定点生产透平鼓风机、压缩机的大型骨干企业，省、市重点骨干企业。国家二级企业。1994 年通过 ISO9001 质量体系认证，2001 年通过 IS014001 环境管理体系认证。正在进行体系(OHSMS)认证和 SA8000 社会责任认证。

2000 年以前陕鼓是中国传统的风机装备生产和经营企业，然而此后，企业的经营绩效和竞争地位出现了巨大的变化。截至 2005 年末，陕鼓总资产 34.48 亿元，相较 2000 年末增长了 25.3 亿元；净资产 9.32 亿元，是 2000 年末 2.24 亿元的 4.14 倍，并超过了企业 2000 年末时企业的总资产。此外，从陕鼓在行业中的竞争地位看，2005 年，陕鼓工业总产值 25 亿，销售收入 21.8 亿，工业增加值 8.8 亿，而同期处于行业第二位的沈阳鼓风机厂分别为产值 17.3 亿，销售收入 17.8 亿，工业增加值 4.9 亿，这种跨越式的快速发展状况在中国风机行业中独一无二，其服务供应链的关键要素主要表现在以下几个方面：

一、服务供应链网络结构

如图 7-5-2 所示，陕鼓服务供应链的网络结构主要由供应链成员、网络结构维度、不同类型的流程链接几个部分组成。其中，供应链成员涉及上游的设计院、设备制造商、相关企业等直接服务提供商，以及与他们相关的间接服务提供商，还有下游的直接或间接客户，而陕鼓则处于核心的整合服务集成商位置;网络结构维度上,表现为以陕鼓为中心,水平多阶层、垂直多节点的复杂网络结构;节点间的流程链接主要是管理型,少数是监控和非管理类型的链接,并且通过陕鼓服务供应链内部的网络结构设计,包括合同管理中心和产品服务中心的组织和管理,实现了内外资源的整合,同时也结合工程承包、成套设备、市场部所收集的客户的需求反馈,不断发掘和创造客户价值,为他们提供一体化的整合服务。

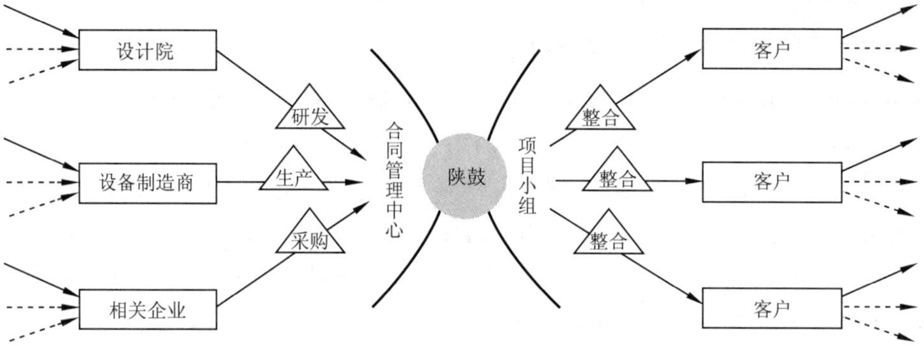

图 7-5-2　陕鼓服务供应链结构

二、服务供应链业务流程

(一) 综合需求和客户关系管理体系

陕鼓的综合需求和客户关系管理体系是围绕三个方面展开的。一是 2001 年以后陕鼓所推行的系统销售服务。具体讲,陕鼓除为客户提供自产主机外,还负责设备成套和工程承包,这实质上是为客户提供更大范围的、系统的问题解决方案。对客户而言,好处之一是不需要进行专门项目管理,也不需要协调主机制造商、配套设备商、工程执行者的关系。好处之二是控制项目投资和投资周期,有效解决了因系统不配套、实施经验不足而造成的成本上升和周期难以控制等问题。二是专业远程设备管理,在实施"两个转变"后,变事后补救为事前监控,确保客户设备常年顺利运行。陕鼓产品服务中心负责人在访谈中介绍:陕鼓提供 24 小时值勤服务,实时监测运行中的机组,并由专家队伍来判定机组出现问题的严重程度,定期提供运行监测报告,客户可以集中精力从事主业。同时通过专家队伍分析处理和在线观察预测,也能为陕鼓的营销队伍提供许多超前、准确的客户维修改造和备品、备件需求信息。三是持续的养护、维修服务。陕鼓为了更好地优化资源,将原来维修维护自身设备的工作外包给了专业公司,在最大限度上保障自身设备维修维护的服务水平,降低维护成本,与此同时,为了解决自身的资源和专业人员问题,企业将人力资源组织起来,投入更为增值的服务活动中,发挥自身专业优势,快速、及时、高效地为客户提供专业化维修服务。特别是发挥陕鼓成套技术即设备协作网优势,整合配套厂家资源,为客户提供系统服务,使陕鼓的客户服务延伸到客户产品使用的整个生命周期,降低客户产品使用周期中的总成本。

(二) 物流服务传递管理

库存对于企业应付市场波动具有缓冲作用,但传统存货管理模式的弊端主要表现在没有合理利用和管理供应商资源，占用企业大量资金，增加企业存货成本和企业经营风险等方面。为此，陕鼓与主要原材料供应商建立战略合作伙伴关系，由供应商托管库存。供应商根据陕鼓的生产计划及时进行原材料配送，陕鼓按量使用，统一结算。据陕鼓采购供应部统计，2004 年陕鼓通过实施原材料零库存管理，获得的直接效益为 133 万元。此外，陕鼓还优化客户备件库存。由于陕鼓提供的风机成套设备专业化程度高，多为客户流程装备上的核心关键设备，要求有高可靠性。装备一旦出现问题，将造成整个系统的全面停机，并由此引发重大事故，为解决这一问题，陕鼓为客户提供了备品备件零库存服务。例如，为莱钢提供备品备件服务，莱钢所用陕鼓提供的设备不再提前采购储备，一旦机组出现问题，这些备件可以及时供货。对莱钢而言，不必占用资金，不必担心未储备某种备件而紧急需要时造成生产中断，减少了保管费用；对陕鼓而言，由于设立备品备件的联合库存，可以向许多客户提供这种服务，因为产品的系列化程度高，零件差异并不大，特别是毛坯几乎无差异，只需要少量储备即可。据陕鼓统计，2002—2004 年提供备品备件服务累计实现订货量 1.24 亿元，年均增长 45 %。

（三）供应商关系管理

企业能否有效地实施供应链集成服务，一个很重要的问题是企业外部资源的全过程管理。陕鼓向客户提供整套供应链服务，就必然涉及众多供应商的协调和管理。陕鼓在全国各地建立有外协供应商候选队伍，在执行任何客户的服务合同前，前期先到外协供应商企业进行调查了解；此外客户企业也可以推荐，陕鼓制定出标准，对备选企业进行考核筛选。正如陕鼓成套设备中心的负责人在访谈中提到的：如果在招投标阶段，只是简单的比质比价，极有可能损坏了整个流程的质量，因此，只有结合具体的活动分析，控制流程中的每个环节和价位，这样才能真正满足客户的需求，提供高质量的项目服务。在供应商关系的管理中，组织化的供应商协作机构，对于稳定和发展供应商关系至关重要，陕鼓构建了企业的外部资源协作网络——供应商战略协作网。陕鼓通过这个常设的机构，整合具有竞争力的供应商，一般每年召开年会进行多向沟通，包括宣传陕鼓的文化和战略；进行一些系统技术的开发和研发；甚至还有一些专业研究会（如技术专题、市场专题等）融入供应链协调和沟通中。此外，每个月有协调例会，主要是现场开会，成员不仅涵盖了陕鼓企业内部的质量、供应、技术、财务等部门，也包括协作网的部分单位，共同就当前的情况进行通报，反映各自的问题，如资金的问题、发货的方式等。在这两个协作网中，陕鼓还邀请供应商对陕鼓内部各职能部门进行评分，评价陕鼓的工作流程和部门工作绩效，以帮助陕鼓发现自身的问题和不足，改进作业活动，提高工作效率。

（四）复合型的能力管理

服务供应链的形成和运行，还有赖于对各种能力（即复合型能力）的整合管理，特别是对于风机行业，系统服务的实现也部分取决于配套商和各种外部组织的能力。为此，陕鼓提出把外配套商当作陕鼓的车间发挥作用，提高满足市场的能力。在访谈中，陕鼓成套设备中心负责人介绍：2003 年 9 月，陕鼓在西安组织 56 家相关配套企业成立了“陕鼓成套技术暨设备协作网”，包括德国西门子，美国爱姆森、GE 等在内的许多世界知名公司都加入到了这个网络之中。通过该网络的运行，各合作单位可以实现资源共享、共同提升技术质量水平；同时，通过这种合作网络，可以帮助陕鼓实现人力资源的提升。例如，美国爱姆森公司每年在新加坡基地为陕鼓提供 50 人次的人力资源培训等。除此之外，陕鼓以委托开发、联合开发、委托审核等方式与大专院校、科研院所合作，补充企业自有研发力量。

三、服务供应链管理

要真正实现供应链运作和集成服务的目标，就必须在组织结构上确立起对业务流程实施担负权责的部门和人员。陕鼓组织结构自 2000 年以来，一直在根据企业的经营战略和目标进行适时的调整变革，目前已初步形成了一种战略导向的矩阵式管理结构(见图 7-5-3)，这种结构特点主要表现在：一方面，企业在公司层和业务层形成和建立了管理的两个层阶，使得公司层的战略指导、预算控制和投融资、财务管理与业务层的具体业务指导、管理和运行实现了一种有机分工和一定程度的结合；另一方面，在业务战略实现的组织构架上，陕鼓尝试性地采用了以项目为牵引的跨流程矩阵式，这表现为所有的意向合同形成后，都由合同管理中心对项目合同实行审核、组织和执行，而且合同管理中心的权限超越了具体的职能部门。陕鼓这种跨流程的矩阵式组织方式是帮助实现供应链管理目标的组织基础，合同管理中心也相应地发挥了供应链综合管理的职能。

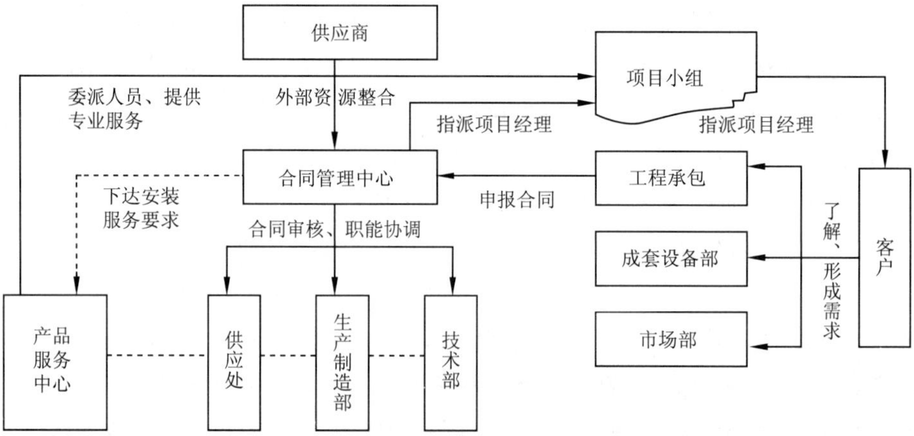

图 7-5-3　陕鼓组织结构

第三节　服务供应链中的金融服务要素——以中信银行为例

中信“银贸通”是中信银行按照物流金融的理念，利用各产业的物流特点，围绕产业链中的核心生产商，为销售渠道中的贸易及物流客户提供的综合性金融服务方案。把原本互不相关的银企之间的信贷关系和生产企业、经销商之间的买卖关系，衍变为“生产商—经销商—银行”的三方合作，甚至是“生产商—经销商—第三方物流—银行”的四方合作。通过商业信用和银行信用的结合，有效地解决了中小贸易企业的融资问题，为买卖双方加快资金周转和提高市场竞争力提供了有力支持，同时也协助生产企业加强销售网络管理，提高其整体销售能力，扩大市场份额。这一新业务的成功得益于中信银行金融创新产品的开发体系。对于新产品的设计，除了需要根据政府制度或监管规定的变化不断做评价、后评价及制度更新以外，银行的首要任务应该是规划这些业务的产品系。标准化的组织架构、授信流程、产品的设计标准等被认为是银行最关注的风险关键因素之一，但是在中国金融供应链创新产品系方面目前还没有统一的概念和标准。通过综合分析中信银行的金融供应链创新产品，从产品系列和行业类型两个主要维度来划分比较合理，同时建立风险控制和运作模式两个次要维度来辅助分析(见图 7-5-4)。

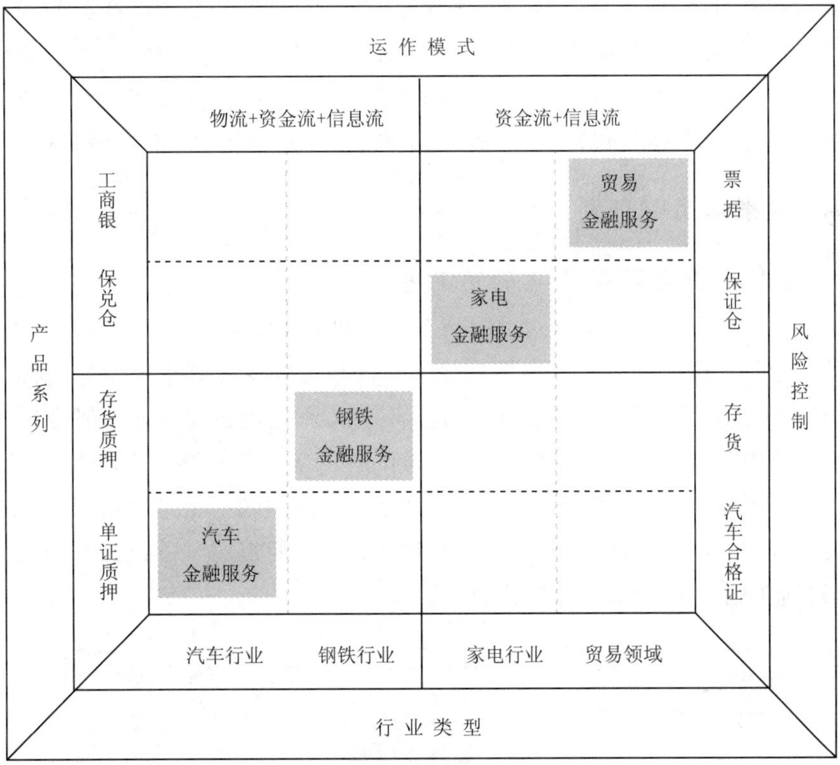

图 7-5-4 中信银行的金融供应链框架

一方面对于公司客户来说，公司银行业务的选择主要基于产品设计定制化的程度，也就是产品的创新设计充分考虑到相应行业特点甚至具体到个体企业特点，所以通过行业类型的划分可以在满足客户差异化需求的同时，也提高了创新产品的竞争力。中信银行针对汽车行业、钢铁行业、家电行业等多个重点行业推出了针对性的金融供应链创新产品，并对供应链中的资金流、信息流、物流进行融合、控制和管理，形成了独特的运作模式；另一方面对于银行来说，风险的控制以及绩效的考量都是基于对具体产品类别的现存状况的分析，因此通过产品系列的划分可以得到每一类创新产品的特点以及产品间的差异和共性。中信银行的金融供应链创新产品主要划分为单证质押、存货质押、保兑仓、工商银四类，并且通过汽车合格证、存货、保证金、商业票据等形式将风险控制到银行可以接受的范围内。

这样，最后得到了一个由产品系列和行业类型为主要维度，风险控制和运作模式为辅助维度，包含了中信银行首推的汽车金融、钢铁金融等核心金融供应链创新服务的矩阵结构。其中，汽车金融服务将汽车合格证作为风险控制要件的单证质押产品形式，以融合供应链中物流、信息流、资金流的运作模式广泛应用于汽车行业；钢铁金融服务将存货作为风险控制要件的存货质押产品形式，以融合供应链中物流、信息流、资金流的运作模式广泛应用于钢铁行业；家电金融服务将保证金作为风险控制要件的保兑仓产品形式，以融合供应链中信息流、资金流的运作模式广泛应用于家电行业；其他商业金融服务将商业票据作为风险控制要件的工商银产品形式，以融合供应链中信息流、资金流的运作模式广泛应用于其他商业企业。虽然，每种服务背后存在具体操作方式的不同，比如说有多个生产商参与，签署多个协议，但是依然都包括在这一产品设计框架内。总之，商业银行通过对每一种类型金融服务的整体设计，在实现供应链各个节点风险控制的情况下，以及在运作过程中对物流、信息流和资金流的管理，最终试图达到银行、供应商、经销商、物流公司等多方共赢的目标。

一、汽车金融服务的创新

（一）汽车行业金融供应链的运作模式

中信银行的汽车金融业务是针对中国汽车工业和市场发展的状况定制的一种专门的金融服务产品。近年来国内巨大的市场需求促进了汽车行业快速健康的发展，从供应商到汽车生产商，到销售商，再到顾客群的产业链并不是很长而且也比较清晰。但是尽管如此，绝大部分的汽车经销商虽然面对的市场很大，上游汽车厂商具有较强的品牌优势，然而中间经销商由于受资金短缺的困扰，面临着如何扩大经销能力的问题。正是因为如此，中信银行在汽车生产商、经销商，甚至中远、中外运等这些物流企业之间搭建三方或四方的合作平台，创新适合汽车行业的金融供应链运作模式（见图 7-5-5）。

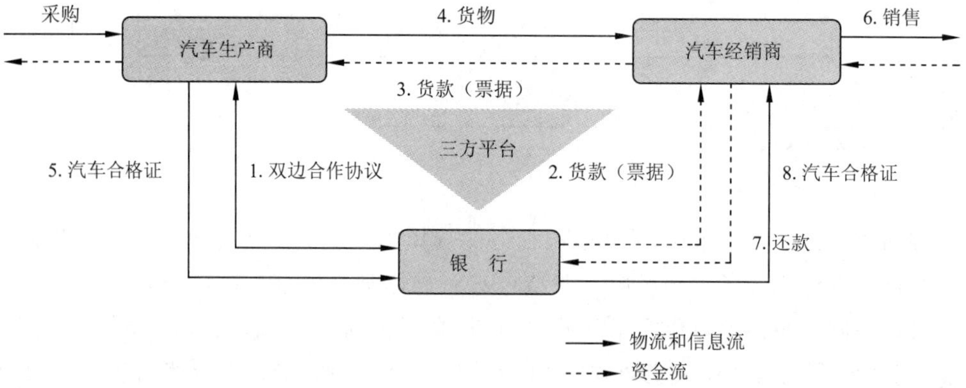

图 7-5-5 汽车行业金融供应链的运作模式

中信银行在操作汽车金融过程中，首先由商业银行与北京现代、上海大众、一汽大众、二汽东风、长安集团这五大集团签署双边战略合作协议。在这个协议之下，参与方共同约定由银行帮助汽车生产商实现销售网络的成长和扩张，汽车生产商在这个过程中也有义务去约束经销商，向银行提供有关的监督和各方面信息的反馈，以此谋求生产商和商业银行之间互惠互利的合作。通常成熟的生产商旗下有从省到市到县多层级分布的几百个经销商,所以在总体框架签署之后,也就是具体合作的时候,生产商开出希望银行支持的经销商的名单和采购量。通过这种合作推荐的方式,经销商就被纳入银行和生产商合作的三方平台上,由银行、生产商和经销商共同签署三方协议。这其中没有任何担保的概念在先,而是由银行先提供银行承兑汇票以及贷款的支持,也就是先给经销商一定的授信支持,扩大其采购能力。款项到达生产商以后,生产商用专门的车队将汽车发送到经销商所在地。因为经销商不是和总行而是和某个分行签署双边的协议,那么当汽车运到这个分行所在的地方,协议方会对买来的汽车进行一系列的交割。交割之后,这些车在严格意义上也不是质押在银行,而是存放在经销商的所在地,银行根据经销商销售情况释放汽车生产合格证。

中信银行的汽车行业金融供应链的运作模式借助于银行主控的三方平台力图实现物流、信息流和资金流在供应链中各个环节的平衡,达到多方共赢:对于生产商,由于经销商销售能力的提高,促进了产品的销售,扩大了产品在目标市场的市场份额;而对于经销商而言,可以获取低成本的银行融资支持,提高经销商的销售能力,降低销售成本;对于商业银行,则通过这种融资行为获得了相应的资金收益。

(二)汽车行业金融创新产品风险控制

在金融供应链运作过程中,风险控制和管理是至关重要的,任何金融产品,如果没有缜密、有效的风险规避机制,很容易产生供应链的中断和瓦解。汽车合格证是汽车在销售环境当中所必需的一项文件,即销售要件。在汽车金融服务中这个销售要件由商业银行控制,如果挂失或者补办都必须得到银行书面的授权。这样,通过一些协议中责任和义务的界定,以保证银行控制的是唯一的真实销售要件。当然,单纯通过这种非担保、非质押的方式控制汽车会有一些理论上的法律瑕疵存在。不过,中信银行提出这需要重视授信资质的审核,在银行内部有一系列评估和判定。在贷款之前调查贸易背景和真实的需求,而贷款之后进行持续的贷后管理,不定期的现场突击检查和物流的检查,也就是从前到后通过内部条件和外在环境的约束使发生违约风险降低到银行能够承受的范围内。

除了通过严格的准入措施,银行还通过与融资方的双边协议来加强风险规避,例如,在三方合作协议中,商业银行要求汽车厂家在经销商未能及时销售汽车、回款出现问题的情况下,进行车辆回购,并且提供全额回款这样的承诺和义务,从而使银行的风险大大降低;对于保全仓库服务产品,银行指定专业的仓储管理公司监管汽车,银行同时监控汽车生产合格证,并根据经销商销售情况通知仓储管理公司准予经销商提车并领取汽车生产合格证,银行通过加强对物流的监管降低风险。

二、钢铁金融服务的创新

(一)钢铁行业金融供应链的运作模式

中信银行的金融供应链业务中,另外一项服务是钢铁金融业务,据中信方面的介绍,推行这项金融产品的原因在于中国是煤、钢铁的生产大国,钢铁行业同样存在着跟汽车行业类似的局面。实力强的经销商需要大量采购钢材,货物是从供应商发运到最终的需求方,而资金的流向是多方的。货物同资金流一起融汇到比较大的供应商或者经销商那里，随之也就产生了融资服务和仓储服务的需求，甚至也会出现三方甚至多方的需求。中信银行针对钢铁行业的特点创新适合钢铁行业的金融供应链运作模式（见图 7-5-6）。

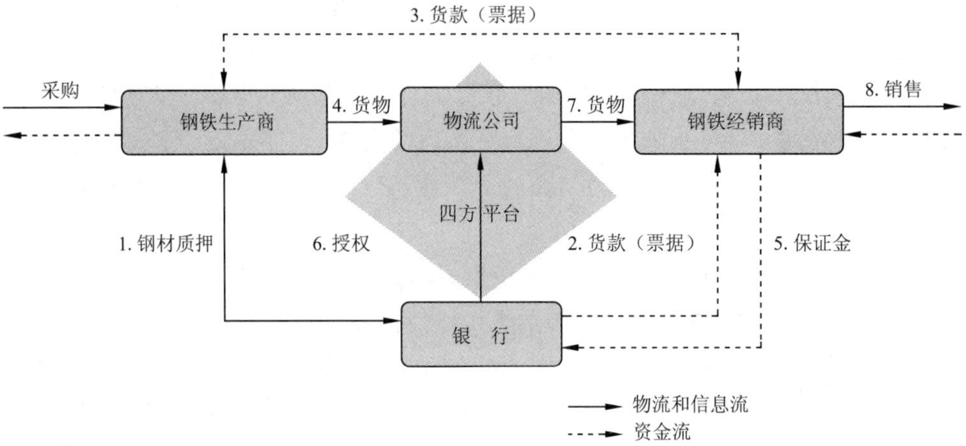

图 7-5-6　钢铁行业金融供应链的运作模式

这种运作模式中，首先将钢材作为质押，银行基于这个质押的担保给经销商提供授信服务，这种授信通常会打给某个钢铁厂家以支持经销商下次的购货。还有一种先开票后办理质押的过程，银行先给经销商授信支持，经销商把资金打给钢铁生产商，钢铁生产商基于资金发货。但是货物既不发给银行也不发给经销商，而是运到银行和经销商所在同城的某个第三方物流公司。期间，参与方通常会签署两个三方协议、一个两方协议，即基于银行、生产商、经销商签署一个三方协议；银行、经销商、仓储公司签署一个三方协议；银行和经销商签署一个两方协议。两方协议自然是解决一个质押关系。三边协议要解决的关系是，银行委托仓储公司去监管和实现质押的转移占有。经销商如果想动用这批货，前提是必须向银行存入保证金，而银行对货物的释放是控制在保证金比例之内，这样，通过这种模式解决资金流和物流的平衡。

钢铁行业金融供应链的运作模式借助于银行主控的四方平台实现了物流、信息流和资金流在供应链中各个环节的平衡：对于生产商，通过银行监控经销商的市场销售，确保了产品销售渠道的健康发展，及时获取生产资金，降低了生产成本，减少了应收账款；而对于经销商而言，通过销售总量的提高，获取更高的销售收益，享受更多的生产厂家返利优惠；对于物流公司，则可以获取更多的中介收益。

（二）钢铁行业金融创新产品的风险控制

钢铁金融服务的模式实际上是对存货质押贷款这种物流融资产品的创新。存货质押贷款是指借款人以银行能够接受的存货质押办理的短期流动资金贷款。银行与借款人以及符合银行要求的仓储单位签订三方合作协议，仓储单位接受银行委托对货物进行有效看管，从而实现银行对质押存货的转移占有。此外，对于物流公司或仓储公司这些第四方参与者都是由中信银行严格指定，而且对接洽的任何物流公司都需要界定严格的准入标准。最后，如果经销商出现了违约或信用风险的时候,有两种应对方式为:银行可以去变卖质押的商品;协议中约定了厂家有回购的义务,那么回购回来的资金要支付给商业银行。

三、家电金融服务的创新

(一) 家电行业金融供应链的运作模式

家电产品行业属于生产、销售产品销售淡旺季差异明显,大宗订货可以获取更高商业利益的领域。在该行业,一般经销商所获得的效益主要是大额订单所产生的家电生产厂家的返利或者折扣。所以,对于经销商来说主要是从批量上实现利润,用利润覆盖其他亏损,并且还可以有较高的盈利。面对这样一个通过量来实现盈利的行业,中信银行设计了适合家电行业的金融供应链,以这种运作模式来达到扩大销售量的目的(见图 7-5-7)。

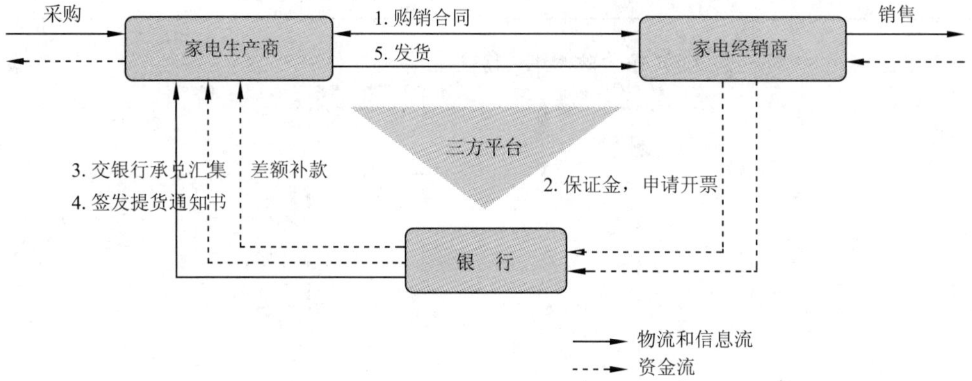

图 7-5-7 家电行业金融供应链的运作模式

在这一运作模式中,银行向经销商收取一定比例的保证金,为经销商签发银行承兑汇票,专项用于向生产商支付货款,银行在经销商存入保证金的额度以内签发《提货通知单》,生产商只能凭银行签发的《提货通知单》向经销商发货。买方实现销售以后向银行续存保证金,银行再次签发《提货通知单》,如此循环操作,直至保证金余额达到或超过银行签发的银行承兑汇票金额。例如,银行给生产商 100 万元支持,经销商给银行第一票 30%的保证金,这时银行的敞口风险或实际风险是 70%。银行在 70%的安全前提下,先同意把 30%的货发出,然后和经销商签订一个《提货通知书》给生产商,生产商收到《提货通知书》以后会完全按照严格的指令把相应 30%的货发给经销商,然后经销商将 30%的货物实现销售后回笼的资金付给银行,银行再进行下一次货物的释放。虽然本质上还是利用了经销商的自有资金,但是却帮助经销商提升了整体的采购量,于是厂家就能够提前得到预收货款。

家电金融供应链的模式借助于银行主导的三方平台实现了信息流和资金流在供应链各个环节的平衡:对生产企业而言,由于增强经销商销售能力扩大产品的市场份额,从而获取更大的商业利益。通过锁定销售渠道减少应收账款的占用;对经销商而言,可以由于大批量订货获得生产企业给予的更高比例的返利或折扣。对于销售季节性差异明显的产品,还可以通过在淡季批量订货、旺季实现销售获得淡季付款所带来的更高的商业利益。

（二）家电行业金融创新产品风险控制

家电金融服务的模式是基于保兑仓业务的产品创新，保兑仓即银行向核心生产企业（卖方）及其经销商（买方）提供的以银行承兑汇票为载体的金融服务。对于商业银行而言，其风险的控制在于经销商交付的保证金，承兑汇票到期时，如保证金余额低于承兑汇票金额亦即买方不能完全实现产品销售，则由卖方将承兑汇票与保证金的差额部分以现款支付给银行。但是，不像汽车金融和钢铁金融两大主流，这一产品设计最大的问题是银行只控制现金流和文件流（信息流），而至于生产商和经销商之间商品的具体交易情况则并不清楚，即银行并不控制物流。所以，企业很容易从中寻找突破口谋求一种不当获利，使其成一种变相的融资工具。虽然不能完全避免这种可能性，但是银行还是通过对产品的设计尽量使风险降低到可以接受的范围内。

撰稿人：宋　华　中国人民大学商学院教授、博士生导师

第八篇　供应链透明化

第一章　供应链透明管理基本思想

第一节　供应链管理的提出

20 世纪 80 年代以来，由于科学技术和经济全球化的快速发展，企业面临更强劲的竞争对手和更复杂的竞争环境，从而使企业的生存压力日益增大。此外，市场环境发生巨大变化，生产效率提高、顾客需求日趋个性化、市场不确定性与日俱增等情形的出现，使得企业开始面临难以预测的买方市场。企业要生存就必须降低成本，但是通过企业内部的生产过程来降低成本的空间已经越来越小，人们将目光转向产生整个生命周期中的供应链环境和整个供应链系统。因此，在新的市场环境下，一种新型的企业管理组织模式应运而生，这就是供应链管理。

近几十年，供应链及供应链管理受到了学术界和实业界的广泛关注。供应链是指围绕核心企业，通过对信息流、物流、资金流的控制，从采购原材料开始，制成中间产品以及最终产品，最后由销售网络把产品送到消费者手中的将供应商、制造商、分销商、零售商，直到最终用户连成一个整体的功能网链结构模式。供应链是一个范围更加广泛的企业组成结构模式，它将所有的节点企业联系在一起，不仅仅是一条信息链、资金链、物流链，更是一条增值链。物料或产品在供应链上不断得到加工、运输、包装等环节而变得更有价值，相关联的企业也在这个过程中获得收益。

进入 21 世纪以后，市场的竞争由原来的企业与企业之间的竞争逐渐演变成供应链与供应链之间的竞争。要想在竞争环境越来越激烈、利润空间越来越狭小的市场中生存和发展，企业就必须要找到适合自身特性的供应链，在融入供应链的同时，管理好整条供应链的上下游，提高供应链的整体绩效，以增强企业自身的竞争力和生命力。供应链管理的概念是在供应链概念的基础上发展而来的。供应链管理是一种集成的管理思想和方法，它把供应链上的各个企业作为不可分割的一个整体，使供应链上各企业分担的采购、生产、分销和销售的职能成为一个协调发展的有机体。供应链管理的本质就是让链上的每个环节都包含“需”和“供”的概念，如生产商是原材料的需方，又是分销商的供方；分销商是生产商的需方，又是零售商的供方；零售商是分销商的需方，又是消费者的供方。供应链管理通过将供应链中的各个参与组织和部门间的资金链、信息量以及物流进行有效的计划、控制、管理、协调和优化，提高运营过程的确定性和速度性，以使整个供应链的活动价值最大化。在供应链管理思想下，链条上的各个企业之间相互协调，通过整合供应链的物流、信息流以及资金流，从而在满足顾客需求的前提下最大化整体利益。随着经济全球化，产品差异化程度越来越低，竞争对象从单个企业转移到整条供应链。通过有效的供应链管理，可以降低产品总成本，增强市场反应能力。依靠高效的供应链一体化运作，可以保持企业核心竞争力和提升供应链竞争力。

供应链管理与传统的管理模式有着明显的区别，主要表现在：

(1)供应链管理强调供应链中企业间的合作。企业内部的分工与协作扩展整个供应链的分工与协作，在合作的基础上实现共赢，共同完成供应链运作目标。

(2)系统性或整体性是供应链管理的基本原则。通过协调供应链各环节的活动和工作，使供应链中各个企业协调一致，企业个体目标与供应链整体目标尽量一致，共同完成单个企业无法完成的系统目标。

(3)信息共享在供应链管理中起基础性作用。供应链中企业间的合作与协调一致需要在企业间实现信息共享，通过信息技术构建供应链管理信息共享系统，实现跨区域、跨时空的供应链管理。

(4)供应链管理改变了企业竞争方式，使企业间的竞争转化为合作，在合作的基础上进行协调、协作。

第二节　供应链管理面临的挑战

供应链管理是一种系统化的管理，是不涉及企业产权问题的跨组织运作管理，是企业基于自身核心竞争能力的组织间横向联合的经营模式。在经济全球化和业务外包不断加深的前提下，供应链管理变得更加复杂而困难。

一、目标冲突

通常参与市场竞争的企业都是利益性主体，它们追求自身利益或价值最大化。一个企业无论它是否参与或加入某一供应链的运作，还是集团式地整体地、在市场中与其他供应链展开竞争，它追求自身利益最大化的目标是不变的。可以认为，参与供应链的运作是一个企业使其利益或企业价值最大化的一种策略或实现手段。但是供应链管理的核心理念是系统观念，强调的是使供应链整体利益最大化。因此，这就容易导致供应链内节点企业所追求的个体利益目标与供应链系统所追求的整体利益目标通常情况下不一致的问题出现。这种利益目标相冲突的问题如果得不到及时的解决将直接影响供应链系统运行的效率和质量，甚至影响和破坏供应链系统的稳定。

在传统企业管理中，由于缺乏企业间的协同战略意识，供应商、制造商以及零售商之间通常表现为一种利益博弈关系，都试图将成本和风险转嫁给对方。供应链整体利益最大化需要所有的参与者能够朝着一个方向共同努力。由于企业之间的相互信任度较低及存在一定的利益冲突，使得供应链中的企业都只站在自身利益最大化的角度进行决策，这种分散决策的模式完全背离了供应链管理理念中的整体利益最大化原则。

供应链管理理念发展较晚，在很多企业尤其是中小企业得不到足够的重视。因此，即使某些大型企业想努力提升供应链管理竞争力，但是由于上下游小型企业的疏忽，使得供应链整体得不到有效的发展。产品流通的供需主体之间关系紧张，合作不通畅，信息不透明，供应商向生产商提供生产的原材料和零部件,生产商向经销商提供销售的产成品,经销商向客户提供使用的商品,相互之间都认为对方欺骗自己,不信任对方,隐瞒产品的弱点信息,夸大产品的功能信息,导致无法形成战略合作伙伴关系,无法构建高效的合作机制。

二、信息透明化滞后

供应链管理发展受到的另一个主要挑战来自于信息透明化的相对滞后。传统的企业信息系统往往只是基于企业内部某一方面或者几个方面的信息化问题,企业内部信息孤岛现象严重,很少涉及从供应链的角度来进行整体规划。而供应链参与方众多、活动复杂,必然要求企业有一个高度透明和集成的信息平台。建设透明集成的信息平台,是企业实施供应链管理的硬件保证。已有的信息反馈系统不外乎一些财务、统计报表及指标,且偏重于事后分析,反馈不及时,致使决策失误增多。通信技术落后,相互间所传递信息的扭曲(即牛鞭效应。所谓牛鞭效应,是由于运输延迟,信息延迟及供应复杂性提高等原因,以及链中成员的不断增加,随着时间推移,需求与订货之间产生的方差越来越大)。供应链管理需要建立在信息共享的基础之上,由于供应链中各个企业所面临的环境不同,它们所拥有的信息也不尽相同。相对来说,越靠近市场需求信息越准确,而越靠近上游,产品信息越准确,信息的缺乏会导致产品供应与市场需求产生错位。由于处于供应链中的企业决策信息来源已经不再局限于企业内部,而是处于开放的信息环境之下,企业之间需要不断进行信息交换和共享,从而达到供应链企业运作的集成化和透明化的目的。

从以上所述可以知道,目前供应链管理的很多问题是信息交流不够充分,不够及时导致。但近年来通信和信息技术的快速发展,使得供应链的各个环节,各个阶段之间的管理和协调成为可能,不仅大大降低了成本,更重要的是能够对顾客的需求做出快速响应。基于供应链管理的发展需求以及供应链管理实践中出现的问题,供应链透明运作管理的思想得到了越来越多的关注。

第三节　供应链透明管理基本思想

一、透明管理理论

透明管理最先被 JonLassera 和 DeborahTharinger 从计算机领域发展到管理领域,他们认为透明管理是指企业管理者利用信息系统有效掌握企业的信息,实现管理上的透明化和可视化,这样管理效果可以渗透到企业人力资源、供应链、客户管理等各个环节。透明管理能让企业的流程更加直观,使企业内部的信息实现透明化,并能得到更有效的传达,从而实现管理的透明化。通过透明管理,管理者可以了解自己在工作中存在的不足,或是了解系统流程中存在的问题,在学习的基础上完善和优化流程设计,并确定系统流程业绩的关键评估指标使系统的运行更加稳定,并能对潜在的问题进行预测和预防,从而达到对系统流程的完全掌控。

透明管理理论是一种适合于各种需求和管理内容的行之有效的方法,一般可以分成以下四个步骤或层次展开，如图 8-1-1 所示。

图 8-1-1　透明管理理论框架体系

(1)透明层：透明管理的第一层就是透明化，也就是说要管理和控制一个系统并继而对其加以改进首要的工作是对该系统本身进行剖析，对其进行全面的了解，只有在了解的基础之上才能对它进行进一步的分析和改进。

(2)监控层：在完成对系统的优化和改进工作的基础上还需要实时对其发展过程进行监控。首先是要确定监控的内容和时间，因为和系统相关的内容和信息都是非常巨大的，所以必须集中精力监控那些反映系统发展过程的关键数据和指标，因此监控工作的首要任务就是正确确定监控的内容和监控的时间。

(3)主动调控层：外界因素的干扰经常使系统的运行偏离正常的轨道或者偏离管理者预期的目标，主动调控层就是要求管理者在问题出现后能在第一时间内发现问题找到原因，并迅速提出解决问题的方案，使系统的运营恢复到原先的状态。

(4)协作层：任何一个系统都不是独立的，它必然和其他许许多多的系统有着千丝万缕的关系，构成一个复杂的关系网络。管理者的进一步工作就是要通过加强系统与外界其他因素的协作和配合，从而扩展和提高系统自身的能力和运营结果。

二、供应链透明管理的基本思想

随着供应链管理理论与实践的发展，供应链透明管理逐渐成为供应链管理的重要手段。供应链透明管理是围绕核心企业，与上游和下游企业达成战略联盟，形成供应链企业之间商流、物流、信息流、资金流的透明化运作。供应链透明管理带来了单个企业不可能产生的供应链效应，形成了供应链企业的竞争优势，已逐渐被企业重视。

随着供应链和物流系统的规模变得越来越大，而且也更加复杂，很多企业为了应付瞬息万变的商业环境，不断增加了一些应用和工具，但是越来越多的系统和应用反而会把一些关键的信息淹没掉，而供应链透明管理的任务就是把一些分散的和模糊的信息收集起来，辨别信息的重要性，把一些关键的信息及时呈现出来，只有这样企业才可以变得更快更好地应对发生在供应链中各种事情。采用了透明管理的供应链的主要思路也就是先使信息得到最大限度的透明，这样才能实现对和自己相关的事情进行监控，进而可以主动调控，最后整个供应链中的企业节点进行分工协作，使得供应链利益最大化。

信息是实现供应链透明化的关键因素之一，先进的信息处理技术和管理系统是高效地实现供应链透明化的技术基础和支撑。供应链的协调运作需要各个节点企业高质量的信息传递和信息共享，而供应链中的信息种类繁多，供应链上不同利益主体合作目的也存在一定差异，必然会存在着信息不对称、利益不均衡以及信息共享受限等问题。因此，集成供应链节点企业内外部的信息，建立高效的供应链透明管理机制，有助于供应链透明化的实现。

供应链透明管理的提出跟当下时代背景有着密切的关系。不管是信息化、互联网，还是“互联网＋”，本质上都是为了实现运作的透明化。传统信息化的视角，很大程度上是为了实现企业内部执行和管理的透明，实际上是为了实现企业内部关系的透明；传统的互联网视角，更多是为了实现以个人、消费者为基础的关系透明，而“互联网＋”，更多是为了实现以企业为基本节点的供应链关系透明。供应链透明管理是信息技术发展及供应链管理理论发展的必然趋势。

供应链透明运作可以有效降低供应链物流成本。在流通过程中，由于某些现实的社会原因或人为因素，大部分物流活动成本的模糊性和不确定性，导致物流成本难以控制，进而推动了最终消费品价格的上升。基于供应链管理的理论和实践，物流是衔接供应、生产和需求的中间纽带。无效的物流活动所带来物流成本的臃肿，进而增加了供应链的成本，降低供应链的效率，直接影响供应链网络中客户的服务水平。在物流管理中，信息流是物流过程的流动影像，物流是信息流的载体，信息流伴随着物流而产生又反过来控制和调节物流，仅当信息流与物流同步时，才可实现管理层对操作层的透明管理。因此完善的透明化的信息系统有助于物流企业控制物流流通的过程，明确物流活动的作用，进而把握物流成本。

实现供应链透明管理，是供应链管理最基本的功能和目标，也是供应链核心企业赖以存在的基础。随着我国电子政务的不断发展和政务公开的推进，政府部门和大型国有企业中涉及企业供应链业务的信息，将进一步公开透明，包括政策法规、市场动态、企业资质等供需信息在内的信息共享将更加准确高效。同时，随着社会主义市场经济体制的不断完善，社会环境不断改善，企业和个人诚信体系逐步建立，信息化技术手段不断进步。这些因素，都使得供应链透明管理所需求的信息进一步公开透明，信息服务将更加准确、全面、快捷、完善，供应链上的信息不对称问题得到基本解决。

供应链透明管理将来自政府、企业、金融机构等的信息资源聚集起来，实现供应链上下游信息的透明化，有效消除供需双方之间的信息不对称，使供应链信息资源可以在相关各方之间高效流动和共享，从而带来供应链业务的高效化，显著提高供应链效率，降低供应链成本。

三、供应链透明管理作用和意义

近些年我国的制造业飞速发展，已经成为世界上重要的制造业大国，再加上国内内需不断扩大，零售业得到迅猛发展，这些因素使得我国供应链管理得到了空前的发展，也对供应链管理提出了更高、更紧迫的要求。发展供应链透明管理的作用和意义具体表现在如下几个方面：

（一）实现供应链主体多方共赢，实现经济效益和社会效益的统一

供应链透明管理可以使供应链上企业、消费者、社会等多方利益共赢，可以实现经济效益和社会效益的统一。首先，企业可以实现对产品全过程的智能化管理，降低企业管理成本，提高经济效益。它加强了企业对产品原材料采购的事前控制，产品的生产、入库和出库的事中控制以及销售阶段的事后监管与追踪，可随时掌握产品生产与销售的数据信息，取代了人工统计的复杂难度，提高了企业的效率。其次，消费者可以拥有更多产品信息的知情权，保障了消费者的合法权益。消费者可以知晓产品的历史，即使出现问题，可以及时地查找原因与问题，保障了消费者的利益。最后，产品可以保障质量与安全。它可以阻止假冒伪劣产品进入市场，有效地保障了产品质量。同时，还可以提高产品的质量，防止过期或变坏

产品流入消费者手中，进而提升产品品牌形象，增加产品的知名度、信誉度和美誉度。

（二）优化现有供应链信息，消除信息冗余、信息孤岛

现在我国许多供应链上的信息是零散的，没有整体规划，这样管理信息系统注定结局是不全面、不客观和不科学的。很多研究机构研发的企业信息管理系统功能重复、数据模式不标准化、不能互操作，这样就浪费了大量的资源。整体规划供应链透明管理平台，使已有的各种各样的供应链及物流信息资讯结合起来，有利于供应链系统优势效果的发挥，加强信息透明化运作，破除分裂的地方局域的管理模式，对供应链的迅速发展进行保驾护航。

因此，通过开发集成的供应链透明管理平台，供应链上的相关企业可以实现异构数据格式的转换。按统一的数据标准流转，实现信息共享、信息透明，避免重复劳动，节约社会资源；可以通过供应链透明管理平台实现信息发布、查询，缩短供应链及物流信息流转环节，降低运营费用；平台可以实现与信息化程度高的大企业内部系统的集成，对不具备全面开展信息化的中小企业，通过会员方式加入平台，以较低成本共享供应链业内信息，拓宽业务范围。

（三）丰富物流服务内容，降低供应链管理成本

通过实施供应链透明管理，供应链的各个运作点的透明度大大提高，减少了信息交换部分，使物流周期变小，极大提高供应链节点的效率和业绩；另一方面，它有利于资源循环利用的提升，空闲资源大大减少。供应链透明管理有助于规模经济的实现，同时也有助于中小企业联网，信息现代化建设的顺利过渡。供应链透明管理降低了供应链管理成本，实现管理和决策优化，达到有限资源的最佳使用和最少消耗，实现了最大限度的经济利益。

（四）协助政府宏观经济管理部门规划产业的发展

有关政府部门在进行宏观决策的科学分析和规划时，可以通过供应链透明管理获得企业总需求、供给能力、经营状况的信息，从而制定相关政策。行业的监管要注重时间、方式，在政府各机构之间能够有效协作。

（五）促进供应链优化整合，保证供应链流程信息透明畅通

供应链透明管理有助于促进整个供应链的优化整合，提升供应链的整体运行效率，降低运行成本，从而提高供应链体系内企业的物流效率，降低物流成本，打造新的供应链生态圈。供应链透明管理为供应链管理向信息化、网络化、现代化发展，提供有效的途径，保证供应链业务流程信息透明畅通。

第二章　供应链透明管理发展模式与实施策略

第一节　供应链透明管理发展模式

一、制造业供应链透明管理

根据制造业供应链主导企业类型，制造业供应链透明管理发展模式可分为三种：以制造企业为主导的供应链透明管理、以零售企业为主导的供应链透明管理和以第三方物流服务商为主导的供应链透明管理。

（一）制造企业为主导的供应链透明管理

制造企业为主导的供应链透明管理模型如图 8-2-1 所示。该模型是以核心制造企业为根节点的双向树状结构组成的网络系统。在核心制造企业与最终顾客、核心企业与原材料供应商之间存在多层中间企业，离核心企业越远的层次，中间企业数目越多。核心制造企业本身内部需要进行生产透明管理，与原材料企业之间需要进行采购透明管理，与配送中心、分销商以及零售商之间需要进行物流运输的透明管理，而下游的分销商、零售商与最终客户之间需要进行销售的透明管理。

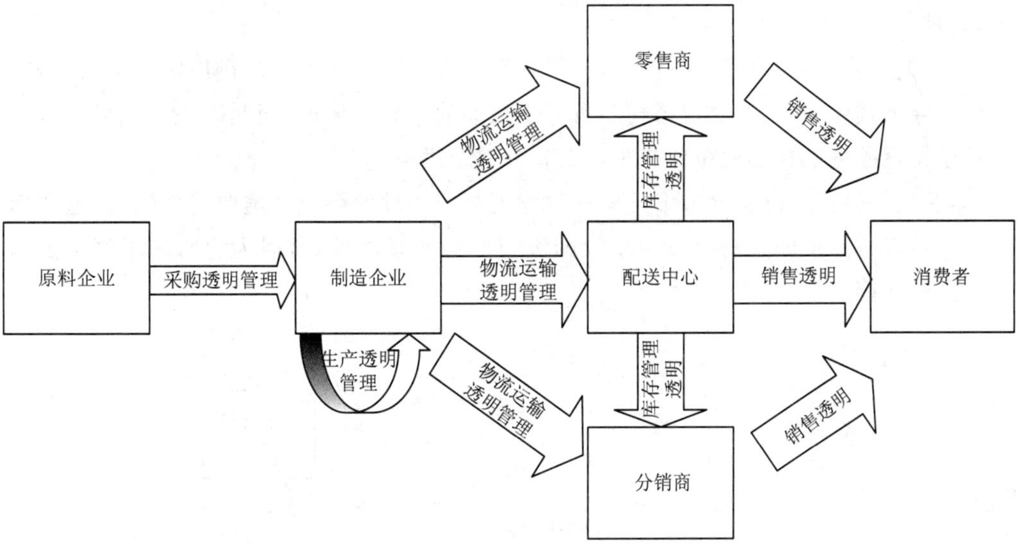

图 8-2-1　制造企业为主导的供应链透明管理模型

（二）零售企业为主导的供应链透明管理

以零售企业为主导的供应链透明管理模型如图 8-2-2 所示。该模型链网络呈单向树状结构，完全以消费者购买为驱动，提供的最终产品数量众多，并且与核心零售企业直接发生供需关系的企业数量大。核心零售企业本身内部需要进行库存透明管理，与制造企业以及分销商之间需要进行采购透明管理和物流运输透明管理，与最终客户之间需要进行销售的透明管理以及订单透明管理。

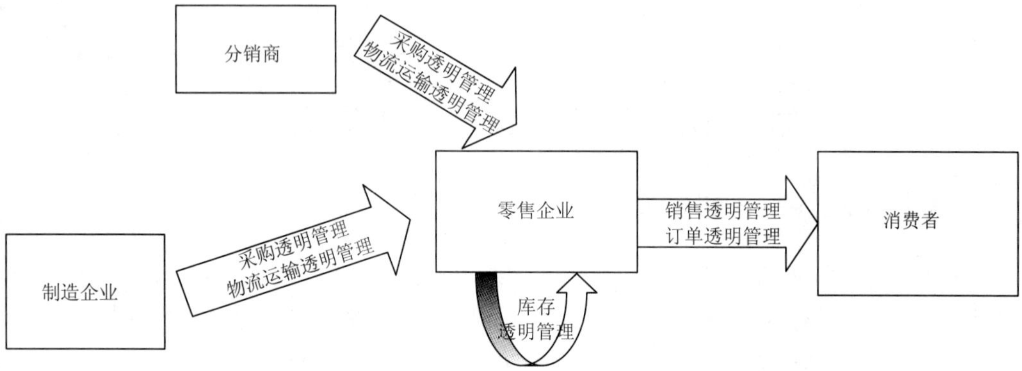

图 8-2-2　零售企业为主导的供应链透明管理模型

（三）第三方物流服务商为主导的供应链透明管理

以第三方物流服务商为主导的供应链透明管理模型如图 8-2-3 所示，第三方物流公司包括资产型、非资产型的第三方物流公司主导的供应链透明管理模式是一种适应新形势并有很大发展前途的供应链透明管理模式。第三方物流公司主导的供应链透明管理模式分为三个阶段：

(1)完全或主要提供物流服务的第三方物流公司主导的供应链透明管理模式，这种模式中第三方物流公司基本的业务是物流透明管理，但物流企业本身也未真正地参与到供应链中去，只是作为一个辅助者存在的。

(2)既提供物流又提供供应链整合方案的第三方物流公司主导的供应链透明管理模式，在这种主导模式中，第三方物流公司不再处于被动的无意识地位，而是以一种积极的姿态借助于自己特色服务的核心地位优势去透明管理整个供应链。

(3)完全提供供应链整合方案的第三方物流公司主导的供应链透明管理模型，这种模式实际上也可以称为第四方物流公司主导的供应链透明管理模式，因为它所从事的主要是第四方物流的职能。

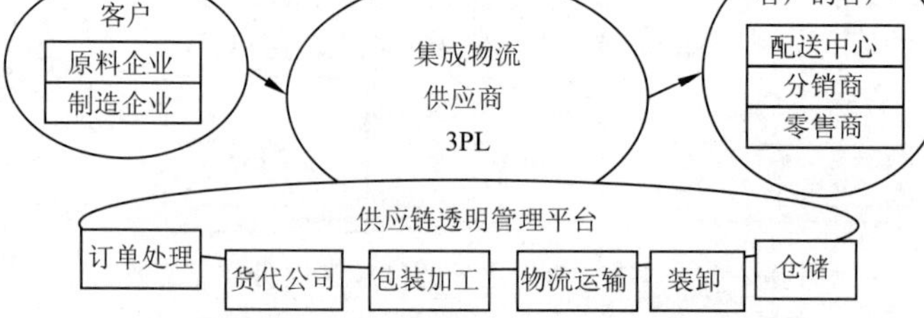

图 8-2-3　第三方物流服务商为主导的供应链透明管理模型

二、农产品供应链透明管理

随着农产品批发市场和集贸市场迅速发展,市场规模不断扩大,交易方式和市场功能也开始多样化,促进了以批发市场为龙头、以集贸市场为基础的完整的农产品供应链体系形成。根据农产品供应链整合类型,农产品供应链透明管理发展模式可分为两种:基于一级批发市场的农产品供应链网络集成透明管理和基于网络平台的农产品供应链透明管理。

(一)基于一级批发市场的农产品供应链网络集成透明管理

基于一级批发市场的农产品供应链网络集成透明管理模型如图 8-2-4 所示。农产品供应链就是由生产者(农民、上游供应商、加工企业或者流通加工)、承运商、分销商、零售商组成的链式体系结构,即“从农田到餐桌”的全过程。农产品市场运作是一个完整的农产品供应链过程:生产者—产地市场—运销批发商—销地市场—零售商—消费者。批发市场是农产品流通的中心环节,也是这一体系的中间环节。我国目前大部分农产品是通过批发市场进入零售和消费领域的,批发市场充分发挥了连接生产与销售这一有利地位的作用,在促进农产品的标准化进程、品牌的创立与推广中发挥了积极作用,增强了农产品的竞争力。因此,以批发市场为中心对农产品供应链进行透明管理具有积极的现实意义和可行性。

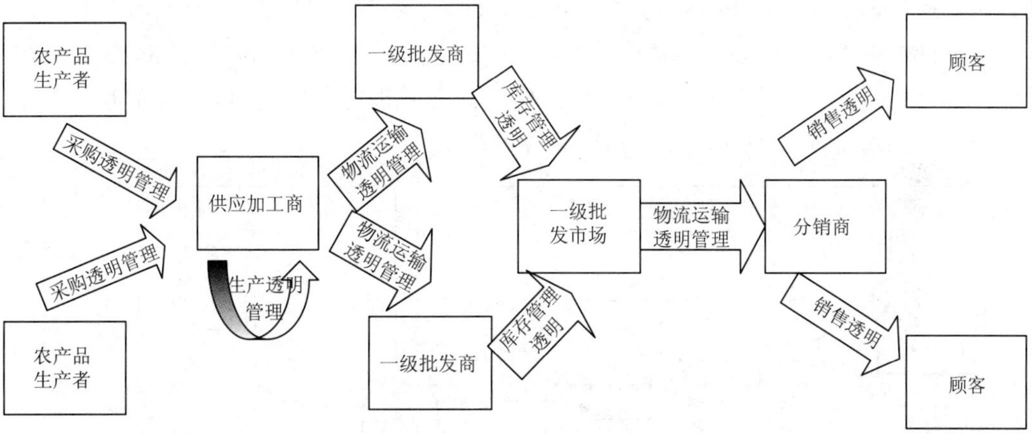

图 8-2-4 基于一级批发市场的农产品供应链网络集成透明管理模型

(二)基于网络平台的农产品供应链透明管理

基于网络平台的农产品供应链物流透明管理模型如图 8-2-5 所示。随着专业化分工趋势的逐渐强化,第三方物流模式成为现代物流发展的趋势。由于农产品物流设备具有很强的专用属性,农产品物流技术也具有很高的专门性,而农产品供应链上无论是买方还是卖方都难以独自完全实现全部或大部分的物流,因此农产品物流也越来越趋向于采用这种专业化的第三方物流模式。第三方物流是建立在信息技术基础上的物流服务,以高度集成化的农产品供应链透明管理平台为支撑是其典型特质。农产品供应链物流管理采用第三方物流模式,其运行基础也必须围绕农产品供应链透明管理平台展开。

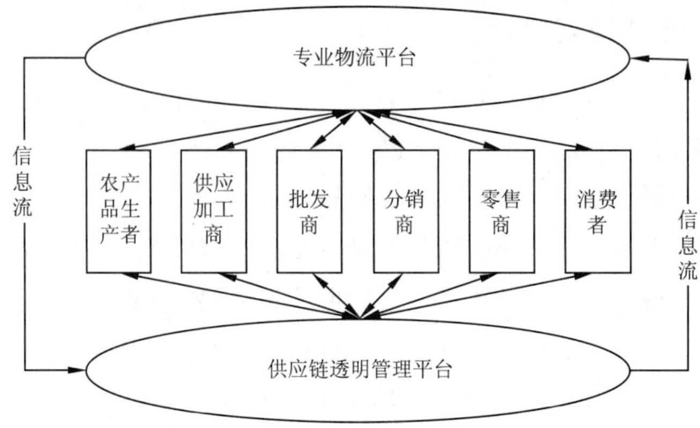

图 8-2-5　基于网络平台的农产品供应链物流透明管理模型

三、流通业供应链透明管理

（一）外贸供应链网络集成透明管理

外贸供应链网络集成透明管理模型如图 8-2-6 所示。该模型是以外贸出口企业为中心环节的网络系统，生产企业本身内部需要进行生产透明管理，与原材料企业之间需要进行采购透明管理及物流运输的透明管理，与研究设计单位需要进行研究设计透明管理，与出口企业需要进行销售透明管理及订单透明管理。出口企业与海关、税务、银行、运输、商检以及保险需要进行相关业务的透明管理，与国外的代理商需要进行运输透明管理，而下游的分销商、零售商与最终客户之间需要进行销售的透明管理。

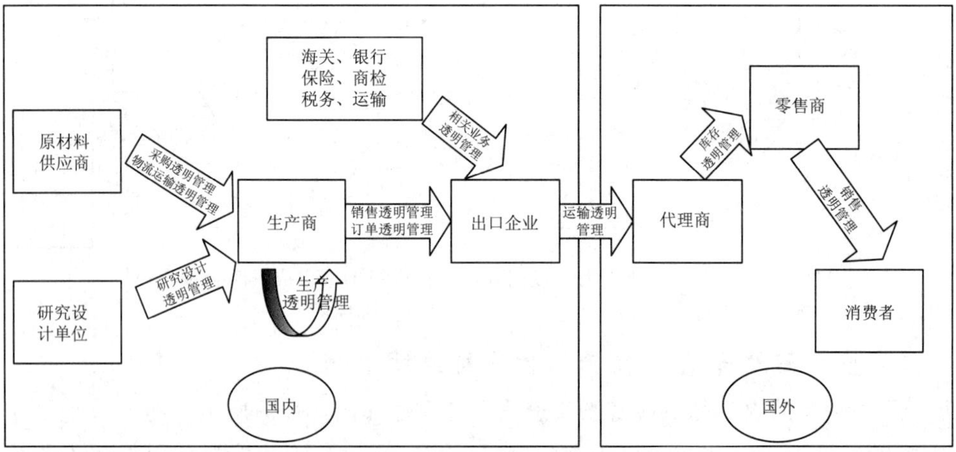

图 8-2-6　外贸供应链网络集成透明管理模型

（二）跨境电子商务供应链透明管理

跨境电子商务供应链透明管理模型如图 8-2-7 所示。当前跨境贸易电子商务发展迅猛，而现行跨境电子商务存在着快速通关难、规范结汇难、规范退税难等一系列的问题，传统零售企业存在库存水平高企、缺货风险、供应链长周期等问题。跨境电子商务供应链透明管理平台应充分发挥供应链管理在商流、物流、信息流及资金流“四流合一”和电子商务在进口缓税、出口退税方面的政策优势,为跨境电子商务客户提供一体化服务。

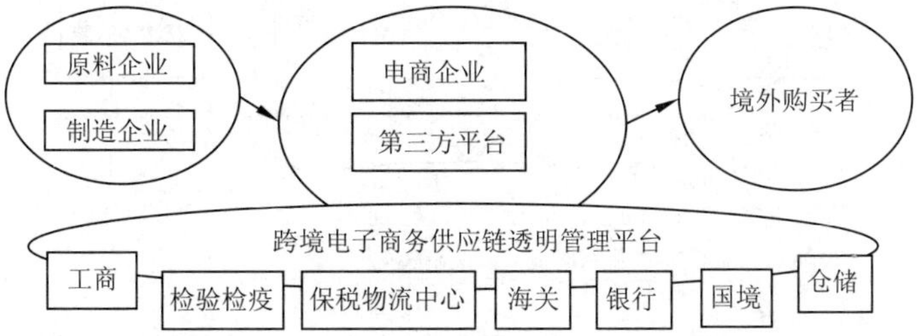

图 8-2-7　跨境电子商务供应链透明管理模型

第二节　供应链透明管理平台结构设计

一、供应链透明管理平台总体结构

在供应链中,物品的流转伴随着信息的产生与流动,而且都是围绕物品产生的。因此,以物品状态信息作为流动主体的供应链透明管理平台,实现供应链企业之间的信息分享和信息互动是构建覆盖供应链全过程透明化的关键所在。通过供应链透明管理平台能够实现供应链之间的信息无缝整合,状态即时沟通,动作即时协作,在平台上提供供应链全过程的透明化服务模式。

供应链透明管理平台总体结构模型如图 8-2-8 所示,平台是互通的信息沟通连接平台,连接内外部供应链中产品流通所产生的信息,记录、整理、反馈、整合信息资源,为内外部供应链的沟通提供及时有效的资源。实箭头表示信息的传输与交换,供应链的各节点与物流各业务都与供应链透明管理平台进行信息的交换,都直接传输到平台上,并被平台进行存储与整合,然后可供循环中的主体提取利用。虚箭头表示产品流向,同时伴随信息的流向。在供应链流程循环中,根据不同的销售模式需要产品在不同的供应链节点之间进行流转。由此可见,通过供应链透明管理一方面可以使供应链节点企业间关系亲密,沟通顺畅,协作无缝,信息共享透明;另一方面可以使业务流程间产品操作与流动更为通畅,衔接更加紧凑,合作更加高效。

在模型中,产品的来源、流向、流量、流速、流动方式等都被详细地记录在透明化系统平台,公开透明。同时,产品的每一次业务操作、操作过程、耗费成本等信息也直接反馈到系统平台,公开透明。基于此平台,物流业务中系列活动的模糊性都逐步消除,每一环节成本的增加都清楚明晰,产品的流通更加顺畅。

供应链透明管理平台建立了覆盖供应商、生产商、经销商、客户等完整供应链的信息流动渠道,实现信息在供应链各节点企业间共享,且提升信息共享的程度,从而加快供应链的协同运作,实现高效物流保障,降低运作成本。

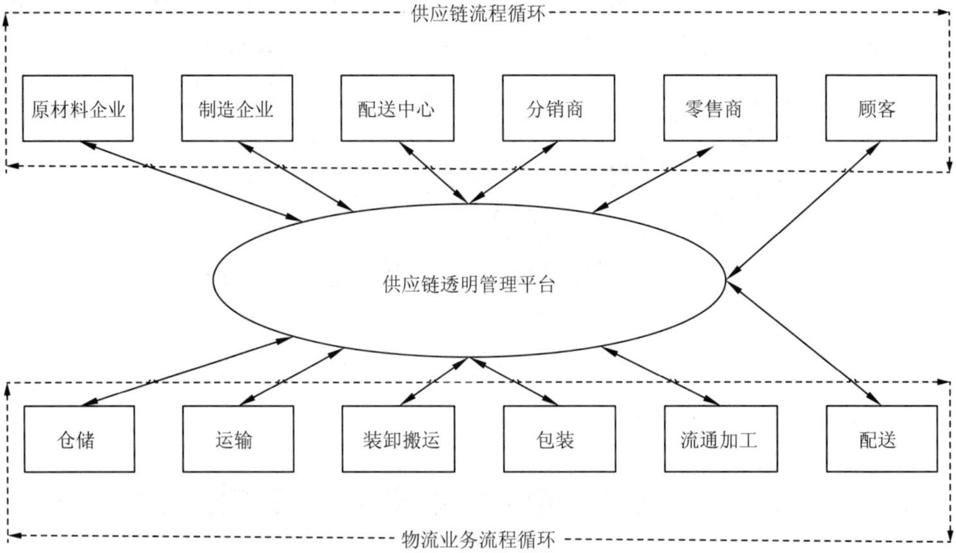

图 8-2-8　供应链透明管理平台模型

二、供应链透明管理平台体系结构

供应链透明管理平台体系结构设计的主要目标是设计一个科学化、层次化、智能化、模块化的结构，并给出各个模块之间的层次关系，以满足供应链透明管理平台各使用方的需求。基于分层式的体系结构是目前比较成熟，大多数公共信息平台采用的体系结构。

基于分层式的体系结构设计将供应链透明管理平台分为四个逻辑层，自底向上分别是基础设施层、数据库层、业务逻辑层和门户展示层。各层可以调用下层所提供的数据、功能或者服务机制，同层模块和系统之间也可以相互调用。这种分层的体系结构能够很好地分解建设任务，降低各层的复杂度，以便使平台各层的建设任务能够在明确接口定义的基础上同步开发建设，同时能保证平台各层对所对应的基础技术的发展具有相对独立的可扩展性和良好的适应性。

基于分层式的供应链透明管理平台体系结构中，第一层是最底层，它是整个平台的基础设施层，为平台提供基础硬件设施和基础软件环境；第二层是数据库层，由四大类数据库构成，为平台的应用软件提供数据存储和读取；第三层是业务逻辑层，它在基础设施层和数据库层的基础上为不同用户主体提供物流信息服务应用功能；第四层是门户展示层，它提供面向最终用户的业务功能展示和统一门户入口。在整个体系结构中，安全机制与管理机制作为保障机制贯穿各个不同的层次，确保整个系统安全可靠、稳定高效地运行。基于分层式的供应链透明管理平台体系结构模型如图 8-2-9所示。

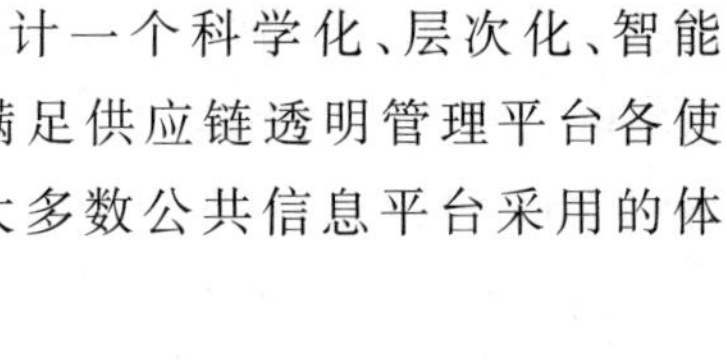

图 8-2-9　基于分层式的供应链透明管理平台体系结构模型

按照上述模型，基于分层式的供应链透明管理平台体系结构如图 8-2-10 所示。

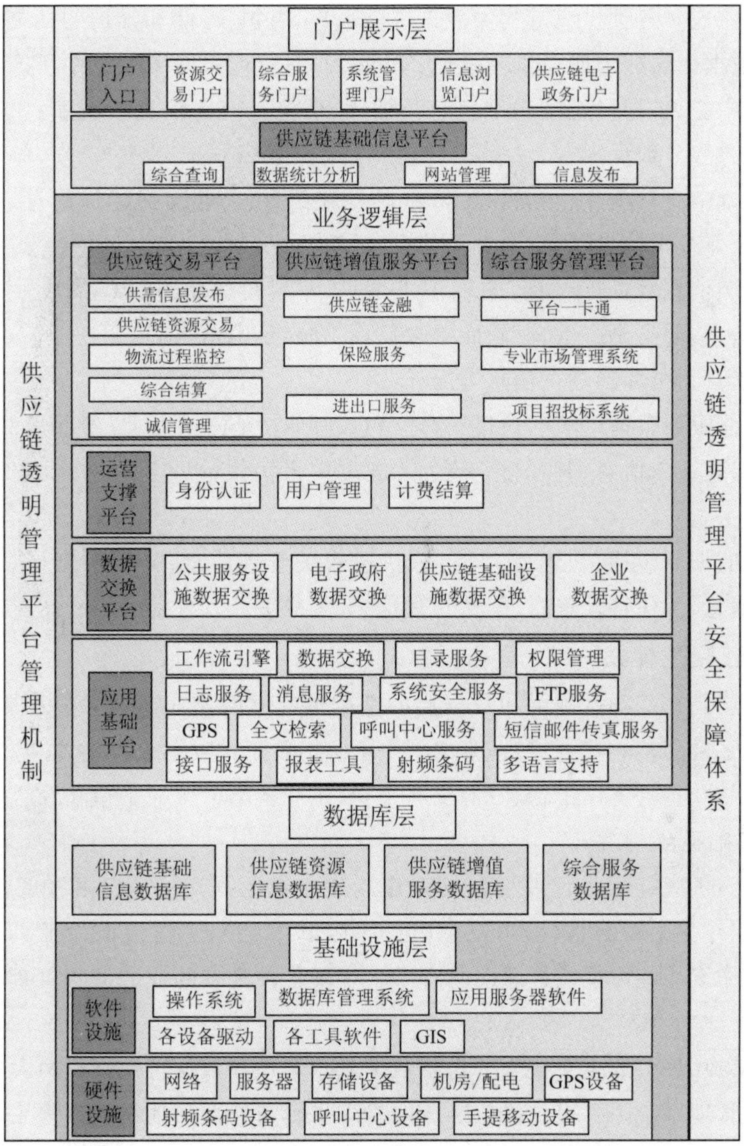

图 8-2-10　基于分层式的供应链透明管理平台体系结构

（一）基础设施层

基础设施层位于整个系统模型的底层分为硬件设施和基础软件环境。硬件设施是供应链透明管理平台的硬件基础，包括各种网络基础设施、通信设施和计算机软硬件设备，如通信网络和数据网络、交换机路由器等网络设备、服务器集群、存储设备、数据中心机房/配电、GPS 设备、射频条码设备、呼叫中心设备、手提移动设备等。基础软件环境是运行在硬件平台之上的系统管理软件，包括操作系统、数据库、应用中间件、消息中间件、文件系统、搜索引擎、目录服务、安全身份认证、安全检测、系统管理、各种设备驱动、各种工具软件、GIS 系统等基础软件。

（二）数据库层

数据库层完成对各类供应链相关数据进行采集、组织、存储和维护的功能。根据所存储数据的类型，数据库层分为四大供应链业务数据库，是供应链业务过程中所产生的供应链信息的数据存储中心，包括供应链基础信息数据库、供应链资源信息数据库、供应链增值服务数据库以及综合服务数据库。

供应链基础信息数据库包括：供应链基础设施信息、公共交通运输信息、区域配送路线信息、供应链企业基本信息、供应链相关信息、政策法规信息等。

供应链资源信息数据库包括：车辆需求信息、车辆供给信息、原材料需求信息、供应信息、商品需求信息、商品供应信息、仓库需求信息、仓库供给信息、其他物流需求信息、资源交易信息、运输工具司机和驾驶员信息等。

供应链增值服务数据库包括：目录管理信息、呼叫中心业务信息、决策分析信息、智能配送业务信息、保险业务信息、担保业务信息、进出口报关报检业务信息、供应链金融业务信息等。

综合服务数据库包括：快递管理信息、快速通关管理信息、计划控制信息、仓储管理信息、运输管理信息、货代管理信息、配送管理信息、客户关系管理信息、统计分析信息等。

（三）业务逻辑层

业务逻辑层是在基础设施层和数据层的基础上建立的供应链业务核心服务层，完成供应链透明管理平台的核心业务流程、业务计算、业务服务和数据交换功能，包括应用基础平台、数据交换平台、运营支撑平台、资源交易平台、供应链增值服务平台和综合服务平台。

1. 应用基础平台

（1）工作流：供应链透明管理平台的工作流建立在数据交换服务和消息服务的基础之上，主要包括工作流引擎信息、工作流应用程序接口（API）、工作流设计工具和工作流数据访问接口。工作流能够为供应链透明管理平台实现各种复杂的业务流程管理提供方便的底层技术支持。

（2）数据交换服务：数据交换服务包括数据接口管理和数据转换管理两大功能。

数据接口管理系统主要提供供应链透明管理平台与外部其他系统或平台，例如银行、保险公司、海关等系统的网络数据连接接口，根据双方定义的接口协议与连接授权，为实现双方的数据连接与交换提供基础支持。例如，与银行电子结算接口：与银行系统实现网络对接，为平台客户通过银行账户在平台上直接支付提供基础支持。与保险系统的接口：与保险公司的系统实现网络对接，为实现平台客户在平台上直接办理保险业务提供基础支持。与电子通关系统的接口：与海关系统实现网络对接，为实现平台客户在平台上直接办理通关申报提供基础支持。与其他各种平台与异构系统的接口：实现与这些系统的网络对接，为双方的功能整合提供基础支持。

数据转换管理系统是供应链透明管理平台的一个组成部分，主要功能是实现平台与各个异构系统之间、平台内部各功能模块之间所必需的协议转换与数据交换，从而保证平台各项设计功能的实现。数据转换系统主要包括如下功能：供应链透明管理平台与需要联网的其他异构系统，通过平台接口系统实现网络互联后，要将异构平台上送来的信息转换成平台可以识别的格式，然后才能完成后续的处理。相反方向的传输同样需要进行协议转换。供应链透明管理平台与同构平台之间，平台的不同功能模块之间，由于工作方式与对象的不同，也常常需要进行数据交换与数据格式转换。供应链透明管理平台通过数据规范化定义，支持各类不同格式和系统之间数据的转换与传输，实现各常见数据库、Web数据、文本、图像等多种格式之间的自定义相互转换。

（3）目录服务：目录服务是将系统的用户、组织和服务器等以目录的形式统一管理。

（4）日志服务：主要提供日志分类、日志维护、日志筛选和日志配置。多输出源日志输出内容包括类型、写出者、时间、级别、日志体、系统进程和来源。

（5）权限服务：供应链透明管理平台引入统一的用户权限管理来确保系统权限信息统一管理。

（6）消息服务：消息服务是供应链透明管理平台的动态信息交互功能的重要支撑。它的主要信息支撑作用有：可靠投递、消息路由、消息的存储和激活、消息识别和解释、触发功能、消息优先级和集中管理。

（7）系统安全服务：供应链透明管理平台提供计算机网络安全、系统访问安全、应用权限安全、用户行为安全、数据访问安全和数据传输安全六个层次的安全保障服务。

（8）FTP服务。FTP服务是基于FTP协议的文件传输服务，提供用户验证和匿名访问两种方式，为文件上传和下载提供稳定、高效的服务。主要包括文件的传输管理、异常控制等功能。

（9）GPS/GIS。GPS服务主要根据车载GPS设备或者手机移动定位系统传回的数据进行分析，为供应链透明管理平台提供准确的车辆定位数据。车载设备监控采集车辆的行驶信息（如车速、引擎状态、行驶信号、冷藏温度、定位点经纬度等），利用移动通信网络（GSM/GPRS/CDMA）将信息定时传回计算中心，结合GIS系统，这样计算中心就可以在监控中心的电子地图上集中监控货物的行踪（行驶路线、车速等信息），为供应链透明管理平台提供业务基础数据；供应链透明管理平台的后台分析软件还可以根据发回的行车信息（超速次数、超速里程、猛加速、急刹车、疲劳驾驶时间、行驶中开车门、燃油、引擎状况等行驶信息）进行报警，监控中心出现报警后及时提醒司机，防患于未然。GIS服务主要为GPS设备提供基础的地理信息系统数据。同时也可以提供查询全国各地的路面信息、商业信息与管理资源信息，保障了整个物流过程的有效监控与快速运转。GIS服务可以租用第三方提供的服务。

（10）全文检索。提供供应链透明管理平台全系统搜索服务。全文检索以信息发布检索系统为核心，采用信息检索和中文自然语言处理技术，提供功能全面、智能、高性能的全文检索服务。

（11）呼叫中心服务。呼叫中心以电话、传真、邮件、短信息、Web网站、即时通信等形式，向供应链透明管理平台各类用户提供实时客户服务，并在服务过程中，积累大量物流产业链相关企业和机构的用户信息。

（12）短信邮件传真服务。短信服务为通过各电信运营商短信通道向供应链透明管理平台用户收发短信提供支持。邮件服务为用户提供电子邮件服务。传真服务主要为供应链透明管理平台提供计算机接收传真功能接口，便于迅速将传真数据导入计算机处理提供保证。

(13)报表工具。具备数据和表格输出功能，能够根据用户需求，自动生成各种统计报表和统计图形，并打印输出或按某种标准的交换格式输出。

(14)射频服务。主要是针对 RFID(电子标签)配套的软件、硬件构建的基础服务，提高数据采集的准确性、采集效率等。条码服务主要是提供对条形码的基础识别服务，为供应链透明管理平台识别条形码数据提供支持。

(15)多语种支持服务。供应链透明管理平台如果面向国际市场，必须适应各国语言应用。多语种支持为上层应用提供术语翻译和货币转换服务。主要包括如下功能：术语翻译、货币转换、数据字典多语种管理等。

2. 数据交换平台

数据交换平台把供应链链上的各家单位，包括政府(如海关、税务、商检等)、物流企业(如货代、仓储、运输、第三方物流等)、生产/制造企业、加工企业、流通企业、公共服务设施(如银行、保险、通信等)以及物流基础设施(如机场、港口/码头、铁路、运输系统等)等单位连接起来，为其提供数据交换服务，提高供应链各业务环节作业效率，降低整体供应链成本。

数据交换平台是实现供应链透明管理平台信息共享和交换的基础，它可以实现跨平台操作，支持异构数据库，具有实时快速的数据共享和交换的功能，为整合基于不同平台和数据库信息提供重要保障，并逐步建立完善的供应链透明管理平台数据中心，给整个物流链上的各个环节直接带来巨大的经济效益，促进管理效率的大幅度提高。

数据交换平台将参考借鉴现有的 EDI(electronic data interchange，电子数据交换)技术，以基于互联网和 XML(extensible markup language，可扩展标记语言)技术的开放数据交换标准为主，制定通用标准格式，将标准的物流相关信息，通过通信网络和互联网进行传输，在供应链透明管理平台相关单位的业务系统之间进行数据交换和自动处理，有效地减少由于重复输入而产生的错误和浪费的时间、资源，从而提高企业对市场的应变能力，加快贸易循环。

3. 物流运营支撑平台

(1)安全系统。信息安全是一个系统工程，涉及人员、设备以及网络工作环境、制度等诸方面的因素，是一个人、机、网复杂的系统问题。安全系统可以识别物理设备、网络、系统软件、应用和安全管理等安全风险内容，能根据基本的安全策略和产品选型原则实施物理设备、网络、系统软件、应用安全、数据备份和恢复以及安全管理组织结构、安全管理法规制度的全面管理，保证系统的平稳运行，为供应链透明管理平台的持续发展提供安全保障。

(2)用户身份认证管理系统。用户身份认证管理系统提供用户管理、统一认证、分级授权与服务管理等功能，用于集中管理统一的用户数据、提供统一的认证界面与接口、统一管理应用权限、统一管理服务配置。对于应用开发，认证授权服务提供用户管理 API、认证 API、单点登录 API 和策略管理与验证 API 等应用编程接口，使用这些 API，应用系统可以存取用户数据，进行统一的用户认证，实现应用间单点登录，动态管理应用授权策略和进行权限验证。

(3)计费系统。对于供应链透明管理平台所提供的服务，按照不同的收费方式进行计算并管理。主要的收费方式包括：根据所提供的服务项目，按月固定收费的包月收费；根据使用相关资源的时间进行收费的计时收费；按总流量、流量/秒的加权平均值等进行收费的流量收费；根据占用的通信带宽方式的带宽收费；按服务收取费用的服务分成；进行主机托管、CPU 租赁、空间租赁等方面计费的其他收费。

计费系统包括采样数据定义管理模块、因特网应用服务接口定义管理模块、计费算法定义模块和费用查询模块。采样数据定义管理模块对包括流量、带宽、连接数据、内存占用、CPU 占用、硬盘占用等信息进行定期采样分析管理。因特网应用服务接口定义管理模块定义计费平台从应用服务系统获得内部管理、内部计费信息的接口。计费算法定义模块在采样数据和因特网应用服务内部计费数据的基础上，定义计费算法。费用查询模块进行各类计费信息的查询和统计。

4. 供应链资源交易平台

(1)供需信息发布和资源交易系统。供应链透明管理平台建立信息采集节点，供应链上各企业可以将供需信息通过系统同步到交易平台，也可以通过电话或通过网络方式录入系统，满足不同客户群的需要。通过供应链透明管理平台减少交易的难度，提高交易效率。

供应链透明管理平台交易系统通过建立资源的虚拟社区，为供需信息提供自动和人工的撮合、匹配，提高资源整合的效率和成功率。供应链透明管理平台交易系统支持用户建立自己的资源社区，可以在社区里添加货物、仓库、设备等资源信息。

(2)物流过程监控系统。

① 车辆在途监控管理。供应链透明管理平台可以为使用者提供多种车辆监控手段，通过 GPS 对运输车辆进行实时定位和跟踪；通过移动通信网络实现与中心服务器的通信；利用 GIS 技术将运输车辆的位置和动态信息发布在电子地图上展示出来，并使货主和物流企业可以随时了解和掌握车辆运行状况和货物状态。

供应链企业在与物流企业签订合同开始运输业务后，系统自动通过 GPS 系统、移动通信网络和电子地图展示，对运输的车辆进行定位和跟踪。供应链企业或运输公司可以通过注册的会员账户登录供应链透明管理平台，通过查询订单号或者车牌号对运输车辆的位置和动态信息等进行了解和监控，从而保证货物的正常、准确、及时地到达。

按照客户、发运订单、到达城市、承运商、项目号等标准，对货物进行全程跟踪，从下单、出库到在途、到货、回单整个过程的详细情况进行跟踪，公司有关人员可随时查询货物跟踪情况，客户可网上查询所运输货物的跟踪情况。

② 仓库安全监控管理。供应链透明管理平台可以为使用者提供两级仓库监控手段，采用在指定仓库安装监控设备，通过远程监控就可看到自己货物现场情况，通过指定仓库的仓储管理信息系统，随时随地了解自己货物进出库及存储状态。当库内发生火灾、漏水等危险情况时，系统自动通过无线网络把报警信息以短信和电话的方式传送到管理员手机或集中监控中心，使仓库管理员可以在第一时间了解到报警情况并及时做出相应的处理，实现对无人值守仓库的远程控制。

(3)综合结算系统。供应链作业会使资金在供应链透明管理平台上产生流动，为规范和掌握供应链业务交易，并解决随之而来的资金清算问题，设立综合结算系统，以完成此项工作。

综合结算系统对通过平台发生的供应链业务交易进行计费、结算、收支凭证控制。平台可以提供运费、货款，代收、代付服务。为促进供应链业务交易，降低业务风险，提供以上款项的第三方担保服务。

供应链透明管理平台上涉及的收费项目比较繁杂，涉及各种手续费、物业费、仓储费、装卸费、运输费、运力交易服务费、信息服务费、代收代付服务费、物流金融服务费、会员费等多种业务费用，供应链透明管理平台中的物流综合结算系统将收支结算等业务在同一平台上一并处理，对平台注册用户实施严格管理，按合同规定完成相关的资金交易，正确生成各类凭证，严格管理与银行之间的资金往来，正确完成平台资金清算。

(4)诚信管理系统。在供应链透明管理平台中建立诚信机制有利于平台上的供应链企业节约成本，有利于加快企业运营速度，有利于提高企业竞争力，对整个产业的发展都有重要意义。诚信管理是资源整合的基础和依据，诚信管理系统根据企业的行为，记录其诚信状况，对其诚信度进行评级打分，使用者通过诚信管理系统可查询企业诚信评价综合结果、等级、分数和用户反馈。诚信管理系统也可与第三方的个人和企业征信系统实现互联互通，获取个人和企业的征信数据。

5. 供应链增值服务平台

(1)供应链金融服务。在供应链透明管理平台内企业信誉评价的基础上，供应链透明管理平台可以为企业提供不同层次的运费代收、代付服务，提供货物资金代收、代付，货物质押服务；同时还可以为商户和货主提供银行业务代理、保险代办，货物担保等服务。

例如，在货物等动产质押业务中，贷款方以存货(原材料、成品、半成品)存入供应链透明管理平台监管仓库，并以供应链透明管理平台出具的仓单或直接利用存货为质押标的，从银行取得融资，供应链透明管理平台在质押期间对质押物进行监管。质押融资不影响质押物的流转性，能够促进银行的信贷活动与企业的经营活动更紧密地结合。供应链透明管理平台可对货物进行动态质押管理和静态质押管理，按要求进行质押、解押操作，并对质权单位进行管理。供应链透明管理平台还可以参与提供应收账款融资等融资服务。

(2)保险服务。社会物流过程中，会产生大笔的货物保险费用。单独企业与保险公司开展保险业务时由于额度或缺乏保险记录等原因，在保险费用谈判上缺乏优势。供应链透明管理平台利用客户资源优势，收集多家贸易企业保险需求，形成量的优势，在降低保险费率方面更容易获得优势，具有很大的市场空间。

(3)进出口服务。巨大的国际贸易额背后，是商品在进出口过程中繁杂的海关、检验检疫手续。由于海关、检验检疫手续需要专业的流程，贸易企业大多委托代理机构来完成，因此，开展此项业务具有巨大的市场。

供应链透明管理平台可以利用自己众多的客户资源，利用平台信息系统与海关等接口结合信息系统提供的管理功能支持，为有相关业务的企业提供海关、商检、检验、检疫代理服务。另外，系统利用与政府电子政务的接口和系统内控的管理流程为企业提供网上报税、车辆年检等相关业务代理服务。

6. 综合服务管理平台

(1)平台一卡通系统。供应链透明管理平台一卡通实现平台内收费、结算、消费等费用的全方位资金支付服务,一卡通系统准确记录消费企业和个人的消费类目、消费时间等消费记录,所有卡记录及卡消费记录均实时存储在收费机的本地数据库内,同时消费记录实时上传到系统数据库。所有消费数据均可供一卡通系统结算汇总、消费者多条件查询使用。

(2)项目招投标系统。项目招投标系统可解决供应链透明管理平台关于招标文件的电子发布、传送、招标公告发布、招标文件的下载等方面的问题,还可解决投标方关于投标文件的投递安全性,投标时间的准确性与有效性,以及不同地域的评标专家能同时对电子标书的阅读、评审、相互之间交流的安全性、准确性等问题;另外,项目招投标还能提供丰富的招标项目历史数据,投标商历史数据,拟招标产品的丰富资料,可以满足不同要求的多种数据仓库、数据挖掘、数据共享、数据查询、数据分析等功能。

(3)专业市场管理系统。专业市场管理系统适用于物流基地、物流园区中各种综合市场、专业市场的经营管理,综合管理集商铺、农贸市场、商业大楼、商业街等各种用途的物业业务,实现各种物业资产的统一管理。专业市场管理系统以物业为基础,以租赁合同为纽带,包含物业、租务、合同、客户、财务、经营等模块,能体现物业资产的统一经营管理,并完全符合市场的管理流程及行政、财务制度,与工商行政、税务、审计、银行等部门完美衔接。

(四)门户展示层

1. 供应链基础信息平台

(1)综合信息网站。资讯中心发布信息为:市场动态、行业新闻、相关政策法规;供应链企业名录和基础资源信息;路况和气象信息的发布与查询;港口、航运、公路货运、航空、铁路等信息的查询;物流园区及仓储设施信息查询;多式联运信息查询。

(2)业界动态。提供业内最新业务动态信息和行业资讯。为物流企业、商贸企业、相关主管部门、行业协会、企事业单位提供最新的资讯信息,为管理部门和各类企业提供政策性意见和参考。

(3)政策法规。提供政府供应链管理部门,行业协会发布的最新信息,政策和相关法规。为企业和行业从业人员提供政策和法规方面的支持。

(4)企业资质管理。通过对相关企业的诚信进行管理,可以帮助降低与客户往来过程中的运营风险,发掘客户需求和潜能,提供层次化的服务。通过对企业注册资质调查,以及一段时间内对企业在平台上开展业务的跟踪评价,加上平台对外公开的企业评价窗口,利用现代管理理论中的评价方法和模型,在对以上信息赋予不同权重的基础上,利用计算机计算对企业做出科学的评价。这些评价将以公开、公平、公正原则,为企业贸易伙伴的选择提供极大的帮助。

(5)行业统计分析。统计工作作为企业管理的基础,按照行业的标准,针对供应链企业的经营管理活动情况进行统计调查,统计分析,统计监督,并提供统计资料。按照供应链企业和地区政府的统计要求,对企业和地区的各项经营指标及经营状况进行分类统计和量化管理。

2. 门户入口

供应链透明管理平台门户入口包括资源交易门户、综合服务门、系统管理门户、信息浏览门户、供应链电子政务门户。供应链透明管理平台采用身份认证识别系统对不同的用户主体进行划分，针对不同用户提供不同的物流信息服务。

供应链透明管理平台的主要用户分为五类：政府工作人员、商贸业务人员、互联网普通浏览用户、运营管理人员和系统管理员。系统管理员负责整个系统的管理工作，对平台日常运行中的硬件、软件进行维护，因此在管理机制和安全保障方面具有相应的权限。运营管理人员负责供应链透明管理平台日常的运营工作，包括对供应链透明管理平台上的用户活动及用户间交易监督及管理，如监督管理相关企业的资质信誉、纳税情况、有无违法记录等，通过平台征收企业税费等；发布相关的法律法规，通过平台进行供应链活动的数据、企业的运作实情、需求方的需求信息的收集统计，根据获取的基本信息对区域内供应链布局、供应链预测进行分析，以便合理规划和设计物流布局等。因此运营管理人员在四大平台，即资源交易平台、供应链增值服务平台、综合服务管理平台以及运营支撑平台拥有相应的权限。政府工作人员通过基础信息平台查询、发布和统计相关供应链业务总体发展的宏观信息。商贸用户通过云计算的方式，以企业用户的身份通过门户进入三大运营平台，即资源交易平台、供应链增值服务平台和综合服务管理平台，使用具有相应权限的系统软件，来完成具体的商务活动。普通的互联网浏览用户在注册登录后可通过供应链透明管理平台看到系统发布的有关数据。

（五）安全机制与管理机制

供应链透明管理平台中除了以上四个层次划分以外，还包括供应链透明管理平台安全机制与管理机制。安全机制与管理机制作为保障机制贯穿四个不同的层次，确保整个系统安全可靠、稳定高效的运行。安全机制与管理机制包括信息安全保障体系、物流标准规范体系、建设与运营保障体系等。信息安全保障体系采用权限管理手段、相应技术和管理体制等，充分保证系统信息等数据的安全；标准体系规范相关数据的设计、存储和传输；平台的建设与运营保障体系包括基于投资模式及运营模式上的保障体系，维持平台的可持续运转。

第三节　供应链透明管理平台关键技术

供应链透明管理过程包括供应链各环节的数据采集、数据传输、数据存储、数据分析处理以及数据展示。要实现这个过程，必须采用相应的供应链透明管理技术。透明管理技术涵盖的面较广，涉及了自动识别、传感、数据中心、计算机、网络和通信等现代信息技术，如无线射频识别技术、GPS技术/GIS技术、电子数据交换技术以及移动商务技术等。

一、无线射频识别技术(RFID)

无线射频识别技术（RFID，Radio Frequency Identification）俗称电子标签，是一种非接触式的自动识别技术，可通过无线电射频信号识别目标对象并读写相关数据，而无须识别系统与特定目标之间建立机械或光学接触，识别工作无须人工干预。作为条形码的无线版本，RFID 技术具有条形码所不具备的防水、防磁、耐高温、使用寿命长、读取距离大、标签上数据可以加密、存储数据容量更大、存储信息更改自如等优点。

RFID 技术常用的有低频(125 K～134.2 K)、高频(13.56 Mhz)、超高频，微波等技术。RFID 读写器也分移动式的和固定式的，目前 RFID 技术应用非常广泛，如食品安全溯源、物流 RFID 标签、公交卡、图书馆、门禁系统等。RFID 之所以作为供应链透明管理的关键技术，主要是实现了供应链物流透明化运作。

(1)信息精准采集是实现供应链透明管理的第一步，也是非常重要的一步，RFID 技术能保证供应链原始信息(物流的数据、信息)采集的准确、及时、可靠。供应链物流管理的效率、水平直接影响着企业的整个供应链效益的提升。和商流、信息流、资金流一样，物流信息、数据的可靠获取、有效传递是提升供应链效益的有力保障，也是实现供应链透明管理的前提条件。例如厂商在产品外贴上 RFID 标签，标签发射的讯号可自动、及时地阅读器识别读取，不需有人另外记录，即可精确地掌握商品的数量及状态(货架上的位置、时效、保质期、位于哪个仓库等)。采用人工或者条码技术可能获得不太准确的数据，从而给后面的供应链信息的传递、处理带来失真或出现重大的失误。

(2)RFID 的应用除了能够提高商品信息的精确性、及时性之外，更重要的是能够使得供应链透明度程度大大地提升。因为 RFID 系统可以实现商品从原料、半成品、成品、运输、仓储配送、上架、最终销售，甚至退货处理等，进行实时的追踪、记录，因此，不仅能提高自动化程度，而且可以大幅度降低人为的错误率，进而提高供应链管理的效率。

(3)RFID 的单品识别与跟踪。这是 RFID 之所以成为供应链透明管理关键技术最重要的一点。RHD 的存储容量大，确保了可以存储单品丰富的信息量，除了本身的产品信息，还包括了原产地信息、加工信息、物流状态信息、位置信息等，一切人们希望被了解和关注的信息都可以被写入和读取出来。由于 RFID 系统具有可视性的特殊能力，因此会使得供应链更加透明，更能够掌握跨供应链上的所有活动，同时也能有效减缓各环节需求及供给震荡情形，进而降低供应链中牛鞭效应的影响。总的来说，采用 RFID 技术实现供应链的可视化可以为企业带来很多好处：

① 减少货物的丢失率：在整个供应链过程中，由于各种原因如盗窃、货物误放、货物损坏会造成货物莫名其妙的减少。

② 减少手工操作：采用 RFID 可以减少手工操作和检查货物时间，并且可以减低人工操作的失误。研究表明当仓库系统使用了 RFID 标签后可以减少 40%的盘点时间。

③ 增加数据的准确性：对零售业来说库存的准确性一直都是很大的问题，这是由于采用传统的手工操作而产生的一系列错误。

④ 更快的异常处理速度：采用 RFID 技术能够提供及时、准确的信息以便管理者做出正确的决定，当今社会瞬息万变，谁最快掌握了重要信息谁就占了先机，这也是采用 RFID 技术进行供应链进行透明管理的一个很重要的原因。

⑤ 便于进行信息共享：RFID 能够加快供应链中的各个企业经常要交换信息速度，因为 RFID 能让这些信息交换自动化地完成，一旦流程自动化了之后能够减少很多手工操作，降

低了出错的可能性，这样呈现出来的数据也就相对准确。

随着科技从互联网时代，进入移动互联网时代，进而步入物联网时代，RFID技术将获得更大规模的普及化应用。RFID将成为智慧物流领域的物品识别DNA，用于标示物流过程中的全部可能物品。

二、GPS/GIS技术与北斗卫星导航系统

全球定位系统（GPS，global positioning system）是美国从20世纪70年代开始研制，历时20年，耗资200亿美元，于1994年全面建成，具有在海、陆、空进行全方位实时三维导航与定位能力的新一代卫星导航与定位系统。经我国测绘等部门近10年的使用表明，GPS以全天候、高精度、自动化、高效益等显著特点赢得广大测绘工作者的信赖，并成功地应用于大地测量、工程测量、航空摄影测量、运载工具导航和管制、地壳运动监测、工程变形监测、资源勘察、地球动力学等多种学科，从而给测绘领域带来一场深刻的技术革命。

随着全球定位系统的不断改进，硬、软件的不断完善，应用领域正在不断地开拓，目前已遍及国民经济各种部门，并开始逐步深入人们的日常生活。具有以下三方面的特征：

(1)全球，全天候工作：能为用户提供连续及实时的三维位置、三维速度和精密时间。不受天气的影响。

(2)定位精度高：单机定位精度优于10米，采用差分定位，精度可达厘米级和毫米级。

(3)功能多，应用广：随着人们对GPS认识的加深，GPS不仅在测量、导航、测速、测时等方面得到更广泛的应用，而且其应用领域不断扩大，已发展成为供应链及物流运输过程监控的必备技术手段之一。

地理信息系统（GIS，geographical information system），是20世纪60年代开始迅速发展起来的地理学研究技术，是多种学科交叉的产物。地理信息系统是以地理空间数据库为基础，采用地理模型分析方法，适时提供多种空间的和动态的地理信息，为地理研究和地理决策服务的计算机技术系统，具有以下三个方面的特征：

(1)具有采集、管理、分析和输出多种地理实间信息的能力，具有空间性和动态性。

(2)以地理研究和地理决策为目的，以地理模型方法为手段，具有区域空间分析、多要素综合分析和动态预测能力，产生高层次的地理信息。

(3)由计算机系统支持进行空间地理数据管理，并由计算机程序模拟常规的或专门的地理分析方法，作用于空间数据，产生有用信息，完成人类难以完成的任务。

地理信息系统从外部来看，它表现为计算机软硬件系统，而其内涵是由计算机程序和地理数据组织而成的地理空间信息模型，是一个逻辑缩小的、高度信息化的地理系统。

出于国家安全和成本考虑，我国独立研发了北斗卫星导航系统（BeiDou Navigation Satellite System，英文缩写BDS）。北斗卫星导航系统是中国正在实施的自主发展、独立运行的全球卫星导航系统。系统建设目标是：建成独立自主、开放兼容、技术先进、稳定可靠的覆盖全球的北斗卫星导航系统，促进卫星导航产业链形成，形成完善的国家卫星导航应用产业支撑、推广和保障体系，推动卫星导航在国民经济社会各行业的广泛应用。

北斗卫星导航系统由空间段、地面段和用户段三部分组成，空间段包括5颗静止轨道卫

星和 30 颗非静止轨道卫星，地面段包括主控站、注入站和监测站等若干个地面站，用户段包括北斗用户终端以及与其他卫星导航系统兼容的终端。

虽然 GPS 已广泛应用，但也绝非完美无缺。①GPS 规模太大、造价太高。②GPS 只能用作导航却无法实现通信功能，因而不能满足日益增长的用户需求。如果仅依赖 GPS，则容易受别人的控制。北斗卫星导航系统和 GPS 的区别主要在于两个方面，一方面是技术体制的区别，GPS 是一个接收型的定位系统，只转播信号，用户接收就可以做定位了，不受容量的限制。北斗卫星导航系统是双向的，既有定位又有通信的系统，但是有容量的限制。

另一个方面就是它们的用途和特点是不一样的：GPS 解决了一个我在哪里的定位问题，比如在沙漠里，在海洋上。而北斗不仅仅解决了我在哪里，它还解决你在这里、他在哪里的问题。北斗的用户终端实际是具有收发功能，而 GPS 只具有接收功能，它通过接收才知道位置，而北斗是具有收发功能，它的定位需要发射然后再得到位置，同时它的位置可能传给你也可以传给关心你的人，实际上北斗是具有一个定位和通信双重功能的设备，在用户群上是不一样的，接收的场合是不一样的。

2012 年 10 月 25 日，在西昌卫星发射中心，"长征三号丙"运载火箭成功地将中国第 16 颗北斗导航卫星发射升空并送入预定转移轨道。2018 年 10 月 15 日，中国完成了第 39、40 颗导航卫星发射。经过一段时间组网调试运行后，系统将具备稳定连续地覆盖包括中国在内的绝大部分亚太地区的服务能力，为用户提供定位、导航、授时以及短报文通信等服务。在北斗卫星导航系统加紧布网建设的同时，北斗应用及其产业化步伐也在加快推进。而这些应用已经在某些方面便利了我们的生活。经过多年发展，北斗卫星导航系统已应用到交通运输、基础测绘、工程勘测、资源调查、地震监测、公共安全与应急管理等众多国民经济领域，在应急救灾中也发挥了重要作用。在物流领域，已有基于北斗卫星导航系统的"公路基础设施安全监控系统""港口高精度实时定位调度监控系统"等物流系统。新出的多家公司的多款汽车也已经配备了北斗便携式、嵌入式车载终端，完善汽车电子与导航系统。比如广东基于北斗的公务车辆管理服务示范，为公务用车监管提供了新的途径，也取得了明显的效益。随着北斗卫星导航系统的不断发展和完善，北斗卫星导航系统在供应链及物流领域的应用将会成本更低、范围更广、更加成熟。

三、电子数据交换技术

电子数据交换（EDI，electronic data interchange）是一种在企业之间传输订单、发票等作业文件的电子化手段。它通过计算机通信网络将贸易、运输、保险、银行和海关等行业信息，用一种国际公认的标准格式，实现各有关部门或公司与企业之间的数据交换与处理，并完成以贸易为中心的全部过程。它是 20 世纪 80 年代发展起来的一种新颖的电子化贸易工具，是计算机、通信和现代管理技术相结合的产物。国际标准化组织（ISO）将 EDI 描述成"将贸易（商业）或行政事务处理按照一个公认的标准变成结构化的事务处理或信息数据格式，从计算机到计算机的电子传输"。

EDI 在全球有多种技术标准，给各国的应用带来很多不便。经过多年发展，最初由欧洲提出的 EDIFACT 逐步发展成为获得国际大多数国家和机构支持的 EDI 国际标准，

EDIFACT成为统一的 EDI 国际标准已是大势所趋。UN/EDIFACT(联合国/行政、商业和运输电子数据交换)是由联合国制定的国际标准,本标准的维护和进一步发展的工作是通过联合国中心根据联合国欧洲经济委员会贸易便利化和电子商务(UN/CEFACT)标准发展而来。EDIFACT 标准提供了一套语法规则的结构、互动交流协议,并提供了一套允许多国和多行业的电子商业文件交换的标准消息。在欧洲,很多企业很早就采纳 EDIFACT,所以应用很广泛。

由于使用 EDI 可以减少甚至消除贸易过程中的纸面文件,因此 EDI 又被人们通俗地称为"无纸贸易"。从上述 EDI 定义不难看出,EDI 包含了三个方面的内容,即计算机应用、通信与网络和数据标准化。其中计算机应用是 EDI 的条件,通信环境是 EDI 应用的基础,标准化是 EDI 的特征。这三个方面相互衔接、相互依存构成 EDI 的基础框架。EDI 系统应用模型如图 8-2-11 所示。

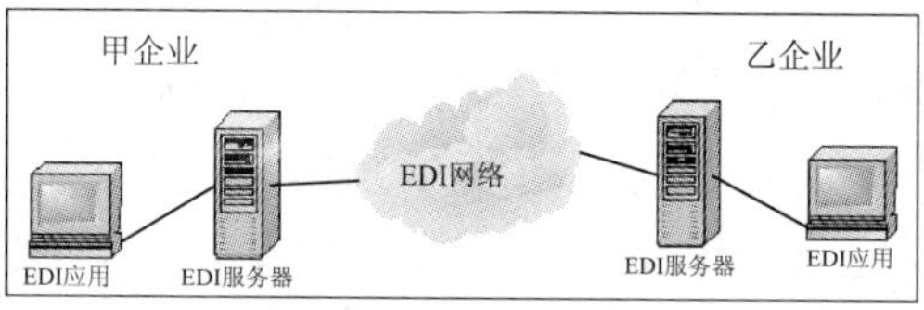

图 8-2-11　EDI 系统应用模型

物流系统的信息由作业过程中的实时数据组成,包括购进物料流程信息、生产状态信息、产品库存信息、装运及新到订货信息等。对外需要与卖主或供应商、金融机构、运输商及顾客等就订货装运和相关单据事宜进行交流,而对内则可能用于生产领域的计划和控制方面等。这些处理都可以应用 EDI 技术来实现。根据《运输与仓储业务数据交换应用规范》(GB/T 26772—2011),运输与仓储业务电子数据交换平台结构图如图 8-2-12所示。

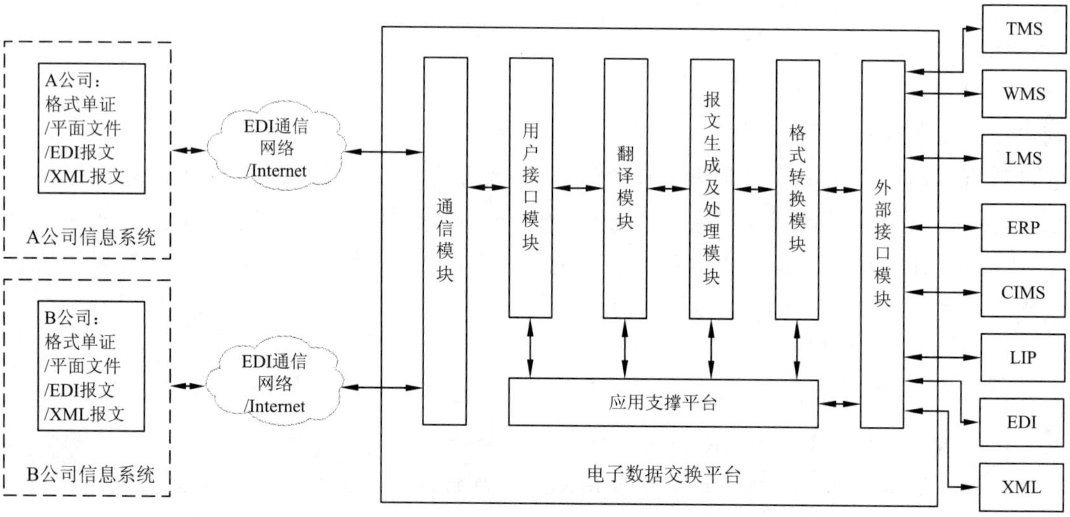

图 8-2-12　电子数据交换平台结构图

传统的 EDI 技术在带来数据交换便利的同时,也存在着很难克服的问题:需要特定的增值网络(VAN),需要专门的软件,价格昂贵、耗时过长。

由于 EDI 蕴藏着巨大的社会和经济效益,因而对它的需求正飞速增长。随着 EDI 参与者的增加、EDI 应用部门的扩大(除与贸易直接有关的部门外,科技、情报、地质、气象、行政管理等部门都已或最终将开展 EDI 业务)和不同结构 EDI 应用系统的开发,为避免形成各种专业的、封闭的EDI孤岛，最大限度地发挥EDI的效益，这就要求EDI必将走向开放式。

随着互联网的普及和XML技术的广泛应用，基于XML格式的数据交换应用日益广泛，一些技术标准组织给出了新的EDI标准：Open-EDI（开放式EDI）、XML/EDI、EDML、RosettaNet和ebXML等。

ISO/ICE/JTC/EDI特别工作组SWG EDI于1992年提出了Open-EDI"开放式EDI的概念模型"。开放式EDI指的是"使用公共的、非专用的标准，以跨时域、商域、信息技术系统和数据类型的互操作性为目的，自治参与方之间的电子数据互换"。开放式EDI的概念确定了开放式EDI事务处理的概念、服务和关系的标准文本的集合，用于标识和协调现有的和将来的标准与服务概念模型，以实现全球EDI互操作。它的目的在于最大限度地满足各种应用领域的EDI参与方之间的交换需求，并力求使对专用协议的需求最小化，使互操作范围最大化。

开放式EDI概念模型又由开放式EDI参考模型和标准集两部分组成。

(1)开放式EDI参考模型。该模型提供开放式EDI中的事务协议服务和EDI支持服务的上下文结构和规则，它被分为事务操作观点和功能/服务观点。

(2)标准集。标准集中的标准，指按参考模型中标明的需求制定的、并满足这些需求的标准。就开放式EDI而言，标准分为三大类型：

① 开放式EDI专用标准——为满足开放式EDI概念模型而专门制定的标准。

② EDI相关标准——为EDI制定，但不优先满足该模型需求的标准。

③ 非EDI专用标准——为信息技术需求制定，但可用于开放式EDI的标准

四、移动电子商务技术

移动电子商务(M-business或mobile business)是电子商务的一条分支，移动商务是指通过移动通信网络进行数据传输，并且利用移动信息终端参与各种商业经营活动的一种新电子商务模式，它是新技术条件与新市场环境下的新电子商务形态。

移动电子商务的兴起，其根源是手机、平板电脑等移动设备的机能越来越强大。移动领域目前是苹果公司iOS(iPhone operating system)和谷歌公司的Android两个移动操作系统独大，占领了95%左右的市场份额。移动电子商务具体的技术实现有两大主流方案，一个是移动网站，另一个是移动APP(application)。

移动网站是借助手机浏览器对HTML(hypertext markup language)网页的支持来实现的网页网站。HTML5是最新版本的HTML标准，由浏览器来支持实现多媒体交互功能，因为iOS和Android都不支持Flash，所以HTML5成为移动上唯一可以实现多媒体动画交互功能的技术标准。

移动网站有别于WAP(wireless application protocol)网站。WAP网站是针对早期移动功能机运算性能比较弱，网速比较慢的情况设计的，非常短小简单，标签代码也与HTML完全不同，能支持的显示效果有限，用户体验效果也非常弱。由于移动终端功能越来越强大，已能够跟传统PC的能力相匹配，WAP网站就变得过时，所以平台在开发移动平台时无须考虑WAP网站。

1. 移动APP的类型

移动APP根据不同的实现方法，又分为Native APP，Web APP以及Hybrid APP。

(1)Native APP，也就是原生APP，是完全基于移动操作系统开发的客户端程序。原生APP其实就是手机上的Client/Server结构软件。每个原生APP之间是相互独立的，没有统一标准可以产生直接指向内容的超链接。每个APP的数据也是封闭的，搜索引擎无法索引APP内部的数据和内容。用户还需要下载整个APP安装后才可以访问里面的内容。目前，出于安全考虑，只有原生APP的代码可以调用手机的摄像头、麦克等设备，以及消息推送。此外，目前原生APP的功能更强大，画面效果也最为精美流畅。原生APP也有很多缺点，比如经常性的升级、采用C/S结构以及不能被搜索引擎索引等。

(2)Web APP。早期由于原生APP开发难度和成本较大，所以简单的做法就是把电脑端的网站网页嵌入APP中，这就是Web APP。Web APP的优点是升级方便，缺点是体验和功能比原生APP差一些。未来的移动商务技术会跟电脑一样，由C/S结构转型转变为B/S结构，也就是从原生APP转变成Web APP。

(3)Hybrid APP，也就是混合APP，结合了原生APP和Web APP的各自优点。混合APP的主体结构用原生APP完成，这样主体操作流畅，等待载入时间短，UI体验好，而且还可以实现摄像头、麦克、消息推送等功能。而其他部分需要经常更新的内容(可以随时更新，不需要客户手机上的APP更新)，或者细节非核心功能(可以先低成本快速实现)，或者需要可以被链接索引传播的文字内容(这样内容才能被转发传播出去，到APP以外的互联网上)，全都以嵌入网页的形式来实现。目前国内绝大部分巨头APP都是混合类型的APP，比如淘宝的APP除了主体框架，其他大部分内部功能基本全都是内嵌网页的形式。

2. 移动电子商务的特点

移动电子商务的特点如下：

(1)即时性：即时性是指用户的需求是突发的，并且希望可以立刻得到满足。就供应链透明管理平台而言，货主刚到一批货需要立刻运输，司机返程需要立刻获取返程货物，司机中途车抛锚需要找拖车等等。

(2)碎片性：碎片性是指让用户可以在他非常零散、很短不完整的时间内，完成交互或使用，满足用户打发这些碎片时间的需求。典型的碎片时间是司机休息、等人这样的很短，但用户又很无聊的时间。

(3)地理位置：借助手机可以通过手机信号定位用户当前所在的地理位置，甚至通过WiFi信号定位用户所在室内位置，帮助用户在物理世界中定位。

(4)摄像头：借助手机的摄像头，可以知道用户当前把摄像头对准的物体是什么，通过光学识别，识别出这个物体的信息，从而得知手机用户当前的意图和需求。

(5)麦克风：借助手机麦克风，可以听到物理世界里的声音，有些技术甚至音频与其他设备传递数据。

(6)运动：借助手机可以感应运动加速度，可以知道用户当前是否在运动以及运动的距离等。

移动电子商务由于其随时、随地、随心的便利性，与物流的实时流动性高度吻合，在物流领域得到了快速发展和大规模应用。目前,以运输管理平台为主的供应链透明管理平台,大多提供了手机 APP 供司机下载使用。

第四节　供应链透明管理平台数据中心建设

数据中心作为数据存储、处理、挖掘和集成的软硬件部署场所,在供应链透明管理的运作中显得尤为重要。此外,诸如供应链协作上的其他业务,如信息服务、在线交易、数据挖掘等,都需要数据中心作为支撑。

传统的数据中心由于受传统机房设计思路的限制存在以下不足:建设周期长、管理与运营成本高、缺乏统一规划,重复建设现象严重、能耗严重、扩展和扩容难度大、能按需调拨和迁移、受地理位置和周边环境的约束大等。

云计算为解决供应链数据中心业务发展中碰到的问题提供了既符合当前发展需求又基于未来发展战略考虑的解决方案。通过"IT 即服务"(IaaS)的交付模式,云计算将大幅提高供应链数据中心的应用程序部署速度、促进创新和降低成本,从而对数据中心的建设产生如下影响:

(1)降低供应链透明管理运作成本。云计算供应链透明管理数据中心不必再进行过多硬件与软件的投资,只需根据业务需求租赁相应资源,而使用云计算供应链透明管理数据中心的最终用户投资成本只包括连接期间的成本,避免了资源的过度供应或供应不足,从而提高了收益。

(2)数据中心的灵活性、可扩展性进一步提高。通过云计算管理平台动态监控、调度和部署虚拟化资源池中的各种资源,并通过网络提供给用户,提高了数据中心资源的使用率和响应时间,降低了管理的复杂度,提高了运营维护的效率。同时改进了数据中心的扩展灵活性,当数据中心用户需要扩大资源时,新的资源随时能够加入原有的云计算资源中,而不必重新部署。

(3)云计算数据中心能够提供必需的资源满足客户动态需求,用户按需获取服务,供应链透明管理平台本身提高了自身设备的利用率,并且推动了节能减排的发展,实现绿色增长。

(4)云计算提供的开放服务和平台服务能够提供更多的增值服务,拓展了数据中心业务的服务深度。

(5)通过集中计算需求,轻量化终端负载,拓展依托于移动终端的业务。借助云计算技术,供应链透明管理平台有望实现数据中心业务的服务多样化、运营精细化以及资源利用最优化。

一、数据中心系统结构

供应链透明管理平台数据中心网络结构一般包括三个区域,分别是内网服务器区、DMZ 区(外网服务器区)和内网管理区。如图 8-2-13 所示。

内网服务器区主要部署供应链透明管理平台的数据库服务器、应用服务器等核心服务器及相关存储设备,是供应链透明管理平台管理、企业业务支持服务管理、数据交换和系统接口、供应链透明管理平台系统管理等业务功能平台的运行环境。内网服务器区是核心受保护区域，只有从内网管理区中的网管工作站才可以直接登录到内网服务器区的服务器，DMZ 区（外网服务器区）和互联网的用户只能通过应用程序登录到内网服务器区的服务器。

DMZ 区（外网服务器区）部署供应链透明管理平台的 Web 和邮件服务器，是平台对外宣传（平台门户）和邮件收发业务功能平台的运行环境。

内网管理区是内网服务器区的监控点，部署网管工作站，用于监控数据中心的网络环境、服务器性能等数据中心运行状态。

供应链透明管理平台数据中心的网络硬件结构是平台正常运行的基础，为了减小系统宕机概率，可以使用双机热备机制，保障核心业务能够克服单点故障，提高系统的高可用性。供应链透明管理平台系统拓扑结构如图 8-2-14 所示。

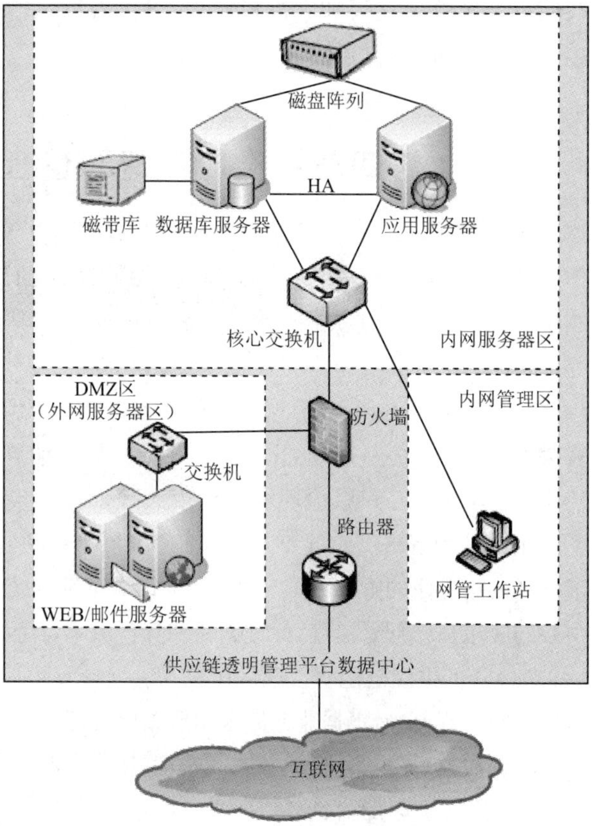

图 8-2-13　供应链透明管理平台数据中心硬件网络结构

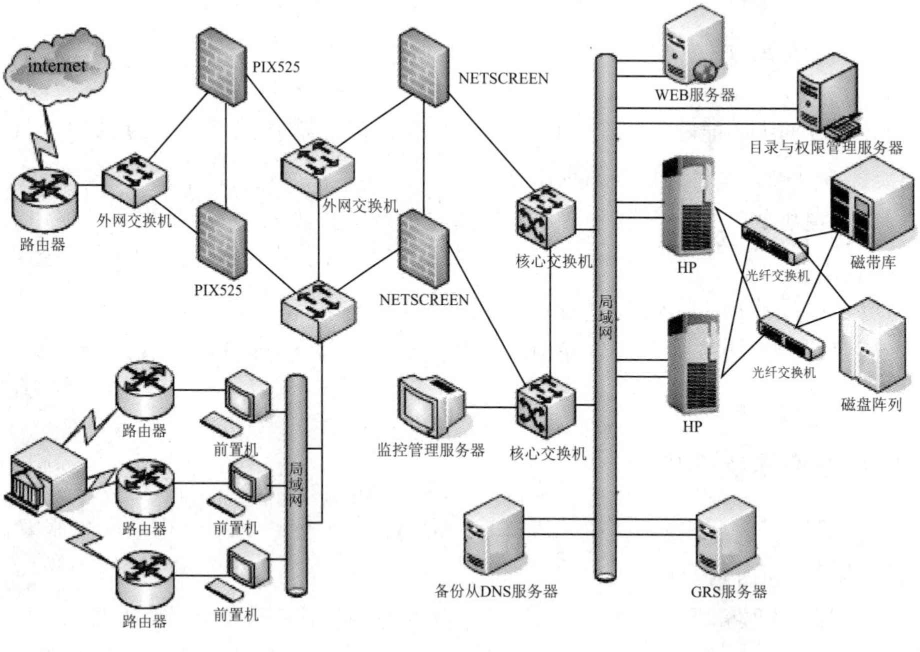

图 8-2-14　供应链透明管理平台拓扑图

二、数据中心技术路线

（一）应用模式选择

在信息系统开发领域，最主要有两种应用模式，分别是 C/S(Client/Server)模式和 B/S(Browser/Web)模式。

1. C/S 模式

C/S 模式也就是客户机和服务器的组合，C/S 模式在充分利用本地硬件的基础上，通过合理分配客户机和服务器各自的任务，确保系统畅通运行及成本的降低。C/S 模式的工作原理如图 8-2-15 所示。

C/S 模式的特点如下：

(1)C/S 模式把任务分为服务进程和客户进程，服务进程由后端机运行，客户进程由前端机运行。

(2)C/S 模式前端为用户的使用界面，后端是数据库和服务器。客户进程与用户交互，在 GUI(graphic unit interface)环境下运行；服务进程与数据通过 SQL(structured query language)实现联系。

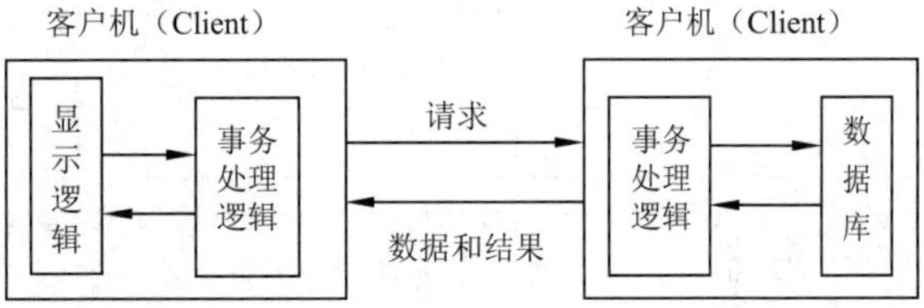

图 8-2-15　C/S 模式工作原理

2. B/S 模式

B/S 模式是将 C/S 模式中的服务器分解为 Web 服务器和数据服务器，这样就形成了一个由数据库服务器、Web 服务器和浏览器组成的三层结构体系。第一层为浏览器，通过网页与中间层的 Web 服务器相联系。第二层是 Web 服务器，主要工作是将用户的请求操作转化成 SQL 语句交给第三层数据库服务器处理，再将数据库服务器返回的结果转换成网页的形式呈现给用户。第三层就是数据库服务器，处理第二层 Web 服务器发出的查询请求，再将查询结果返回给 Web 服务器。B/S 模式的工作原理如图 8-2-16 所示。

与 C/S 相比，B/S 模式具备以下特点：

(1)作业灵活性增强。浏览器层、Web 层服务器、数据库服务器任务明确，降低了系统维护的难度与成本，同时系统的灵活性也随之增强。

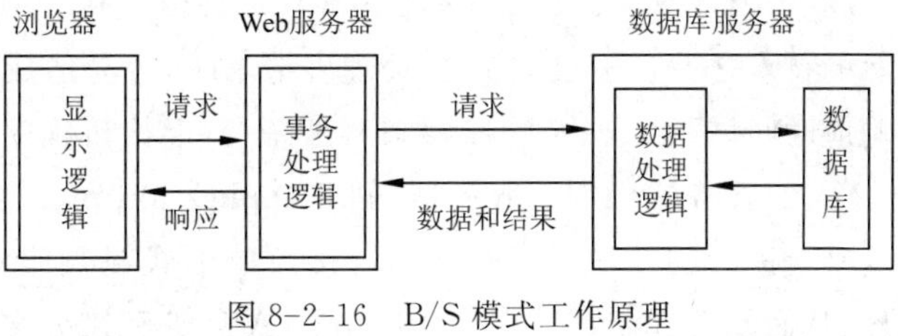

图 8-2-16　B/S 模式工作原理

(2)系统响应速度快。在传输过程中，Web 服务器端已经完成了复杂的数据处理，仅仅需要网络传输处理结果，网络资源占用少，这样系统响应速度就得到大大的提高。

(3)具备良好的适应性。B/S 模式所采用的传输协议为国际标准的 TCP/IP，协议一致方便用户拓展系统，或者与其他平台对接。而通用的 HTML 语言，使得无论选择哪家的产品，无论产品更新换代或者是升级，都没有问题。

(4)研发成本大大降低。B/S 模式的三层结构体系，前端采用浏览器软件，大大降低了服务器端程序界面开发的成本，而采用浏览器软件也使得硬件成本大大降低，综合二者，B/S

模式的研发成本大幅缩减。

综合而言,两种模式各有千秋,具体说来,如表 8-2-1 所示。

表 8-2-1 C/S 模式与 B/S 模式对比表

项　目	C/S 模式	B/S 模式
客户端	需要开发大量的应用程序和界面,成本高,价格昂贵	仅仅需要浏览器,成本大幅缩减
数据复用的灵活性	需要专业的技术人员	复用灵活,网页设计人员就可操作
Internet/Intranet 支持	企业内外,不支持 Internet	支持连接 Internet
对用户的培训	要求:操作人员在上岗前,必须要熟悉相关应用程序的操作方法及性能。	不要求:面向大众,几乎无须培训
研发效率	低	高
交互性	根据用户需求定制开发应用程序和界面,功能完善,交互性强	依靠浏览器提供的交互功能,功能有限
用户界面	单一,乏味	美观,整洁,时尚
安全性	高:点对点结构模式,一般只面向固定的用户群,对信息安全的控制能力强	低:开放式的结构模式,对安全的控制能力相对弱
网络流量	两层结构,网络流量低	三层结构,流量高
信息处理速度	数据直接返回,速度快	需要通过 Web 层转换,速度慢

开发供应链透明管理平台数据中心时,应该根据实际情况,结合具体的应用软件、开发和维护成本来选择不同的应用模式。

(二) 网页技术选择

在 B/S 模式下搭建动态网页的技术有多种,如 CGI、服务器 API、IDC、ASP 等,这些技术各有利弊。

(1)CGI。CGI(common gateway interface)s 是所有服务器进行连接的基础,也是最成熟的技术之一。不过 CGI 在处理多请求时,容易造成系统资源浪费,而且会造成性能下降,响应时间增长。虽然 CGI 接口程序统一,但接口程序开发难度较大。

(2)服务器 API。服务器 API(application program interface,应用程序接口)是在 CGI 基础上进行的开发。它以动态链接库的形式提供服务,并使用 DLL 技术使进程变成了线程,从而使得性能大大提升。但由于 API 编程需要多线程、进程同步、直接协议编程等知识来进行编程,使得 API 技术的使用难度加深,从实用性角度来看服务器 API 并不实用。

(3)IDC。由于 CGI 效率低下,服务器 API 编程复杂,微软公司推出了基于 ISAPI 数据库接口 IDC。IDC 很好地解决了效率与编程复杂的问题。

IDC 主要使用 IDC 脚本文件(. idc)和 HTML 模板文件(. htx)两种文件。

① IDC 脚本文件:描述了数据库的访问方式,访问权限,记录了数据库操作,并将处理结果返还给数据库。

② HTML 模板文件:就是将数据库查询结果展示给浏览器用户。

(4)ASP。ASP(Active Server Pages)是 IIS 3.0 的新增功能,是对 IDC 的升级。ASP 只有脚步驱动就可以使用任意 Script 语言,且它本身自带了 VBScript 和 Jscript 的驱动。ASP 通过将 Script 嵌入到 HTML 内,使 HTML 和 Script 可以同时开发。ASP 可以在装有 ODBC 的驱动服务器上通过 ADO 来操控数据库。ADO 自身的特点决定 ASP 特别适合客户端模式及其他 Web 应用的开发。

ASP 脚本的保存类型为 .asp,保存在 Web Server 中,当浏览器向 Web Server 提出 ASP 页面文件请求时,Web Server 会自动运行 ASP,并将请求的 .asp 文件由 ASP.dll 进行解释然后在服务器上执行,最后将动态生成网页返回到浏览器用户。

由于 ASP 是在服务器端解释运行,就不存在浏览器是否支持对 ASP 的问题,同时服务器端的编程逻辑无法轻易了解,使得数据库的安全性大大提高。

(三) 操作系统与数据库系统选择

B/S 模式管理信息系统的开发平台主要有两种,分别是基于 UNIX 和基于 Windows NT 的开发环境。

基于 UNIX 的开发环境,Web 服务器是采用 UNIX 系统平台兼做,可以选择使用 Oracle、Sybase 或 Informax 等大型数据库管理系统。基于 UNIX 的开发环境性能好,是大型企业开发的首选平台,但相应的开发成本较高,开发水平要求也比较高。

基于 Windows NT 的开发环境是以 Windows NT Server 为系统平台同时兼做 Web 服务器,数据库服务器使用 MS SQL Server 数据库管理系统。系统开发成本较低,技术难度不大,同时 MS SQL Server 与 Web 集成良好,在后续研发上具有优势,且自带 IIS,减少投资。全部采用 Microsoft公司的产品,相互间配合良好,虽然总体性能上较差,但更加适用于中小型企业。

所以供应链透明管理平台的软硬件系统平台,可以根据平台的最终负荷来进行确定:高负荷方案,即服务器采用企业级服务器,操作系统采用 UNIX,数据库采用 Oracle;低负荷方案,即服务器采用高性能微机服务器,操作系统采用 Window 2000 Server,数据库采用 SQL Server。另外,随着开放源代码运动的不断深入,很多开源的操作系统和数据库也具备越来越强大的功能,能够满足大规模业务网站的系统需求,如 Linux 操作系统和 Mysql 数据库等,也是非常经济实用的选择。

(四) 安全技术选择

供应链透明管理平台由于其开放性的特点,使得平台的安全问题越来越重要。平台上数据传输的安全性直接影响到整个公用信息平台的正常运转。供应链透明管理平台的网络安全防卫方式应该将注意力集中在控制不同主机的网络通道和其所提供的服务上,网络安全防卫包括建立防火墙来保护内部系统和网络、运用各种可靠的认证手段(如一次性密码等),对敏感数据在网络上传输时,采用密码保护的方式进行。供应链透明管理平台的安全主要是保障计算机安全和信息传输安全,由这两方面来完成网络中各种信息的安全。其目的是确保通过网络传输和交换的数据不会发生增加、修改、丢失和泄露等。

(1)网络防病毒技术。网络的互联使得病毒的传播越来越容易,在网络环境下,计算机病毒具有不可估量的威胁性和破坏力。因此计算机病毒的防范也是网络安全技术中重要的一环，所以必须选择一个能够支持信息平台的杀病毒软件，并实现软件安装、升级、配置的中央管理及自动化。信息平台的杀病毒软件要尽可能保护平台所有的可能病毒入口，也就是说要支持所有平台可能用到的网络协议，能适应并且及时跟上网络信息的发展。在这方面，杀毒软件如 Norton、McAfee、熊猫卫士等均可以支持所有的 Internet 协议，辨识出其中的病毒。

(2)防火墙技术。安装防火墙是一种有效的网络安全机制，防火墙可以把外部网络和内部网络隔离，从而用于确定哪些内部服务允许外部访问，以及允许哪些外部服务访问内部服务，其准则就是：一切未被允许的就是禁止的；一切未被禁止的就是允许的，防火墙的主要技术类型包括网络级数据包过滤(network-level packet filter)和应用代理服务(application-level proxy server)

(3)数据加密技术。与防火墙配合使用的安全技术还有数据加密技术，这是为提高公用信息平台及数据的安全性和保密性，防止秘密数据被外部破析所采用的主要技术手段之一。随着信息技术的发展，网络安全与信息保密日益引起人们的关注。除了从法律上、管理上加强数据的安全保护外，从技术上分别在软件和硬件两方面采取措施，推动着数据加密技术和物理防范技术的不断发展。按作用不同，数据加密技术主要分为数据传输、数据存储、数据完整性的鉴别以及密钥管理技术四种。

(4)身份验证技术。身份验证(identification)是用户向系统出示自己身份证明的过程。身份认证是系统查核用户身份证明的过程。这两个过程是判明和确认通信双方真实身份的两个重要环节，人们常把这两项工作统称为身份验证(或身份鉴别)。

三、数据中心建设项目管理

(一) 数据中心建设项目管理原则

(1)组织原则。一套健全有效的组织和领导机构是贯彻项目意图和顺利进行工程实施的重要条件和保证。在项目组织机构中，需要明确项目组成人员、每一个成员的职责，以及各相关机构之间的接口关系，保证在项目实施过程中，人在其位、各施其责，确保项目有序地执行。

(2)管理和控制原则。在项目实施过程中，有效的管理控制是项目成败的关键。在项目实施过程中，对质量、进度、变更、风险、成本进行管理和控制，确保项目实施是一个可控的、"看得见"的过程。

① 质量控制。项目质量是项目成功的生命线，质量控制经理将被授予较大的权力，具有质量否决权，任何技术方案和技术实施都要接受质量监控组的检查和审核，同时，项目的规范化实施也是保证项目质量的重要前提，任何个人和小组都要严格按照质量监控管理规范的要求执行。

② 进度控制。进度控制由项目经理直接参与和负责，以保证项目如期完成。通过建立严格完善的项目进度报告制度、项目定期协调会议制度等来切实了解项目进展情况，找出导致任务未如期完成的原因，并提出补救办法，预测下一步工作进度，将可能导致延误工期的事件提交项目领导办公会议讨论落实，最大可能地避免延误工期事件的发生。

③ 变更管理。在项目实施过程中，由于内部或者外部条件的改变，常常遇到需要变更需求的情况。此时，必须有一套行之有效的变更管理流程，以保证项目不会因为变更的原因

而影响项目的实施。

④ 险控制。风险控制是项目抵抗意外风险、降低风险损失、保证项目成功的重要保证之一。项目经理要及时发现各种隐患，提早预测可能发生的风险，要有足够的思想准备和办法对付可能发生的各种问题。对于预测到的各种隐患应提前做好应变措施。

⑤ 成本控制。成本控制也是项目管理中的重要控制内容，项目管理要有严格的成本管理和控制制度，充分考虑设备采购、人员安排、人员待遇等一切要发生成本的因素，通过预算手段和严格审批制度，强化成本管理意识，确保整个项目在总体预算下付诸实施。

(3)标准化原则。在项目的建设过程中，建设团队需要强化项目流程、规程、文档的标准化管理工作。

在工程实施过程中，应主要参考 ISO9001:2000 标准，在采购、安装、调试、验收、培训各阶段，做到计划和实施的文档化与规范化。

在应用软件系统开发过程中，应参照 CMMI L3 规范实施，在需求、设计、编码、调试、运行维护的各阶段，做到各项工作的规范化、文档化。

（二）数据中心建设项目阶段划分

数据中心的建设阶段主要包括方案设计、软硬件采购、设备到货安装、集成测试、试运行、正式上线运行。供应链透明管理平台数据中心实施的具体工作内容及工作产品如表 8-2-2所示。

表 8-2-2　项目实施阶段及内容

序　号	阶　段	工作内容	工作产品
阶段一	需求调研及运营指导	针对差异化需求进行实地调研，确定业务模式和业务流程，协助设计业务规则，确定业务需求	项目开发计划书 项目 WBS 与软件进度 软件需求规格说明书
阶段二	分析设计	根据业务特点和需求规范说明书进行系统分析和设计，详细设计后提交开发中心进行编码；提交可正常运行的门户网站。 系统软件和网络硬件设备的订购、开发、系统工具培训	系统设计说明书
阶段三	编码	根据系统详细设计进行编码。 单元内测试	
阶段四	系统测试	整体系统测试，修正系统问题。 系统软件和网络硬件安装、调试	系统测试计划和分析报告 系统测试用例
阶段五	系统部署	应用系统安装和部署测试	系统部署手册
阶段六	试运行	提交进行测试和模拟运行。 应用系统管理和操作培训、运营管理培训	用户操作手册
阶段七	系统交付	试运行后将系统交付给客户，系统可以正常使用	系统维护手册 系统交付报告
阶段八	系统验收	系统最终验收	系统终验报告
阶段九	系统维护	包括功能修改、增加等应用系统升级和硬件扩容等	

第五节　供应链透明管理平台技术服务模式

计算机自诞生以来，在企业端数据中心的应用大体经历了最初的大型机时代、之后的客户机-服务器时代和今天的云计算（cloud computing）时代三个主要阶段。三个阶段计算机从集中走向分布，再走向物理分散、逻辑集中，体现了技术发展的螺旋式上升。

云计算技术是由并行计算、集群计算、网格计算技术，逐步发展演变而来的，如图 8-2-17 所示。云计算的“云”是对所提供服务的远端的互联网网络和计算设备的一种形象比喻，即用户不用再像以前一样关心提供计算机服务的具体地点、具体设备，只需要知道由远方的“云”来提供服务即可。

云计算是继从大型机到客户端-服务器之后，计算机体系结构和服务方式的又一次革命性变化。云计算是以服务形式交付的全面 IT 解决方案，它是基于互联网的相关服务的增加、使用和交付模式，通常涉及通过互联网来提供动态易扩展且经常是虚拟化的资源，它像电网传输电力和自来水厂提供自来水一样，以基础设施的方式向用户提供实时、方便、快捷、经济的共享资源和服务。

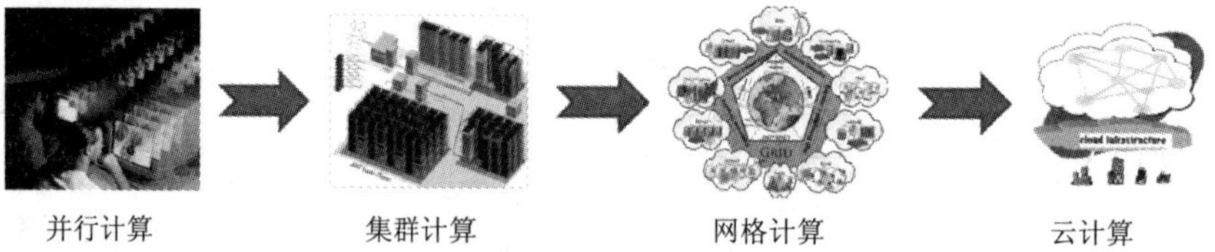

图 8-2-17　云计算技术演化过程

云计算概念自出现以来，尚未形成一个统一的定义。美国国家标准与技术研究院（NIST，National Institute of Standards and Technology）定义：云计算是一种按使用量付费的模式，这种模式提供可用的、便捷的、按需的网络访问，进入可配置的计算资源共享池（资源包括网络、服务器、存储、应用软件、服务），这些资源能够被快速提供，只需投入很少的管理工作，或与服务供应商进行很少的交互。

云计算的灵活性在于能够按需分配资源，“云”中的计算机一起工作，各种应用程序使用同一计算能力集合，好像它们在单一系统上运行一样。云计算的服务模式示意图如图 8-2-18 所示。因此，在云计算环境下，不再需要给任务分配特定的硬件，这会

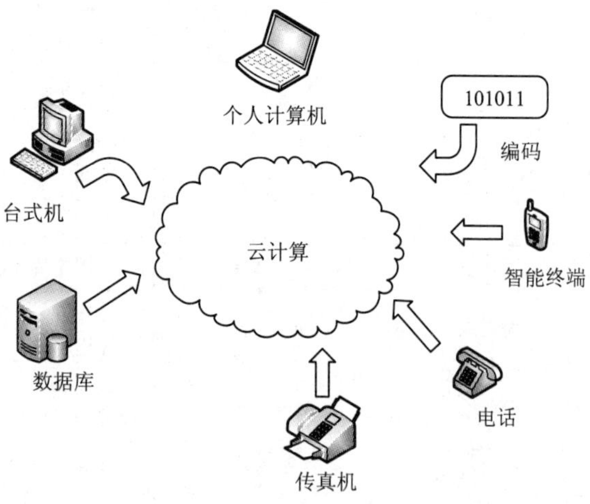

图 8-2-18　云计算服务模式示意图

提高现有系统资源的利用率。在云计算出现之前，网站和基于客户机-服务器的应用程序都在特定的系统上运行，有了云计算之后，资源就集合为一台虚拟的计算机，在这种融合式配置提供的环境中，独立地执行应用程序，不需要关心任何具体配置。

一、基于云计算的技术服务模式

根据用户体验角度及技术服务模式类型，云计算主要分为三种技术服务模式：基础设施即服务（IaaS，Infrastructure as a Service），平台即服务（PaaS，Platform as a Service）和软件即服务（SaaS，Software as a Service）。

（一）IaaS

IaaS 主要是将虚拟机等资源作为服务提供给用户，它可以为用户提供按需租用的计算能力和存储能力。IaaS 通过互联网提供了数据中心、基础架构硬件和软件资源。IaaS 可以提供服务器、操作系统、磁盘存储、数据库和/或信息资源。IaaS 的主要用户是系统管理员。最高端 IaaS 的代表产品是亚马逊的 EC2（elastic compute cloud），不过 IBM、Vmware 和惠普以及其他一些传统 IT 厂商也提供这类的服务。IaaS 通常会按照"弹性云"的模式引入其他的使用和计价模式，也就是在任何一个特定的时间，都只使用用户需要的服务，并且只为之付费。

（二）PaaS

PaaS 以服务形式提供给开发人员应用程序开发及部署平台，提高 Web 平台上可利用资源的数量和效率。PaaS 提供了基础架构，软件开发者可以在这个基础架构之上建设新的应用，或者扩展已有的应用，同时却不必购买开发、质量控制或生产服务器。Salesforce. com 的 Force. com、Google 的 App Engine 和微软的 Azure（微软云计算平台）都采用了 PaaS 的模式。这些平台允许公司创建个性化的应用，也允许独立软件厂商或者其他第三方机构针对垂直细分行业创造新的解决方案。

（三）SaaS

SaaS 将应用作为服务提供给用户，采用这种服务模式，用户无须购买软件，由 Internet 提供软件，经过云计算分析处理的感知数据，由 Web 浏览器将应用和服务提供给用户。SaaS 是最为成熟、最出名，也是得到最广泛应用的一种云计算。可以将它理解为一种软件分布模式，在这种模式下，应用软件安装在厂商或者服务供应商那里，用户可以通过某个网络来使用这些软件，通常使用的网络是互联网。这种模式通常也被称为"随需应变（on demand）"软件，这是最成熟的云计算模式，因为这种模式具有高度的灵活性，已经证明可靠的支持服务，强大的可扩展性，因此能够降低客户的维护成本和投入，而且由于这种模式的多宗旨式的基础架构，运营成本也得以降低。

基于云计算的供应链透明管理平台技术服务模式构成如图 8-2-19 所示，由三个自上而下的部分组成：SaaS、PaaS、IaaS。

基于云计算的供应链透明管理技术服务模式细化组成如图 8-2-20 所示。

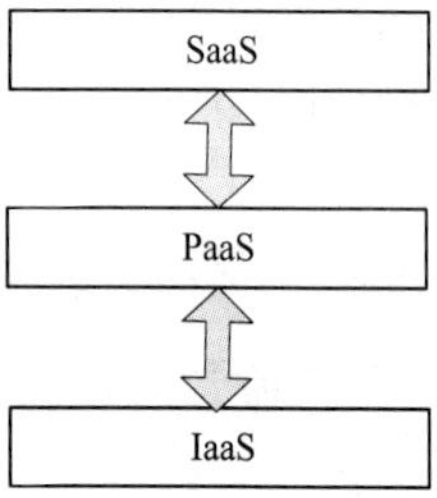

图 8-2-19　基于云计算的供应链透明管理平台技术服务模式图

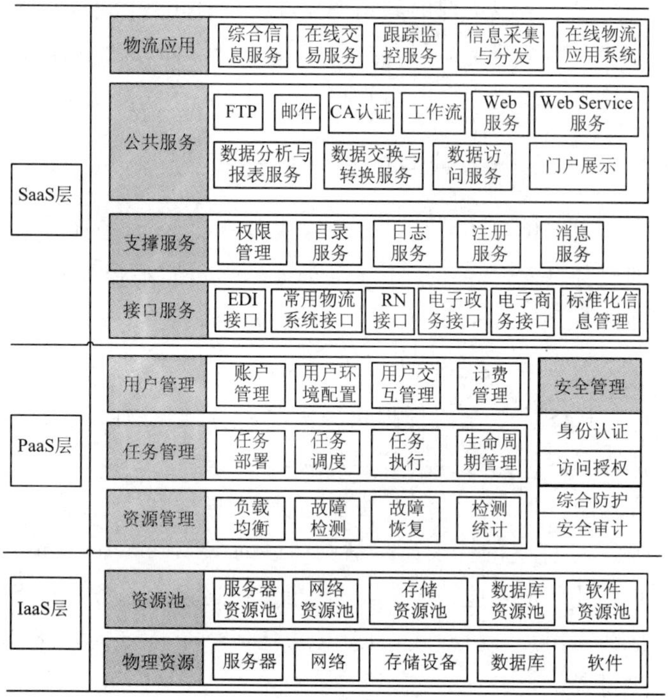

图 8-2-20　基于云计算的供应链透明管理平台技术服务模式细化图

二、SaaS

SaaS 模式通过 Web 浏览器根据用户的需求为用户提供定制的应用及信息服务。由供应链透明管理平台提供和维护软件，用户随时随地都可以定制并使用其定制的相关物流服务。

这一技术服务模式主要是供应链透明管理平台能够提供的基本服务及应用，包括接口服务、支撑服务、公共服务和供应链应用服务。

（1）接口服务包括 EDI 接口、常用供应链系统接口、RN 接口、电子政务接口和电子商务接口。

（2）支撑服务包括权限管理、目录服务、日志服务、注册服务和消息服务。公共服务包括 FTP 服务、邮件服务、CA 认证服务、工作流、Web 服务、Web Service 服务、数据分析与报表服务、数据交换与转换服务、数据访问服务以及门户展示。

（3）公共服务和供应链应用服务包括综合信息服务、在线交易服务、跟踪监控服务、信息采集与分发服务、在线供应链应用服务等。

集成服务通过标准、流程、配套工具和方法将所有可重用的软件和数据有机地集成在一起，构造一个软件基础设施，进而提高系统的互操作能力。集成服务从软件的开发、运行和管理三个方面对软件装备化建设提供支持。

SaaS 的特点主要是成本低（因为用户无须购买软件，由 Internet 提供软件）、部署迅速、定价灵活。这一层主要集成支持物流服务各个分系统所提供的访问信息资源的接口，包括标准化信息管理、EDI 接口、常见供应链系统的接口、政府电子政务接口、各种应用性电子商务接口和 Rosetta Net 应用通用接口：

① 标准化信息管理：标准化信息管理是构建供应链透明管理平台很重要的一个环节。SaaS 这种服务模式更好地提供了信息标准化的方案。标准化信息能够完成平台与平台之间，平台与系统之间的信息交换。标准化信息包括标准的分类信息、元数据信息、标准物流规范的定义及相关修改和维护的信息、标准信息的查询和下载信息以及标准版本的通知和订阅等信息。

② EDI 接口：EDI 接口主要用来完成电子数据交换系统的互联互通和格式相互转换。其主要信息服务包括提供 EDI 报文所需数据信息和读取 EDI 报文物流数据信息。

③ 电子政务接口：电子政务接口主要提供国家制定的政府电子政务标准的数据交换或转换服务的接口与国家四大基础数据库连接的接口。

④ 电子商务接口：电子商务接口主要提供现在国家制定的电子商务标准的数据交换和转换服务的接口与国家四大基础数据库连接的接口。

⑤ Rosetta Net 接口：Rosetta Net 接口主要提供与 Rosetta Net 应用之间的数据交换/转换，产生基于 Rosetta Net 的数据或从 Rosetta Net 数据库中抽取所需数据的一系列的接口函数。

⑥ 常见物流系统接口：供应链透明管理平台可以为常见的供应链系统如运输管理系统、仓储管理系统、堆场管理系统和配送管理系统等提供一些对外的服务接口转换为 Web Service 服务，从而达到不同物流系统的集成。

三、PaaS

PaaS 模式除了可以为 SaaS 层提供技术支撑，还可以把服务器平台作为服务提供给用户，主要提供管理及服务。对用户的管理包括用户的身份验证、用户定制服务、用户许可管理；对资源的管理主要包括负载均衡、资源监控、故障检测处理等。

这一技术服务模式包括四部分管理即用户管理、任务管理、资源管理和安全管理。用户管理主要是识别用户身份、提供用户交互接口、创建用户程序的执行环境及对用户的使用计费等工作。任务管理主要是执行用户提交的任务，包括任务调度、部署、执行和生命期管理。资源管理主要是负责均衡地调配资源，对服务过程出现的故障进行检测并处理故障恢复系统正常运行，同时对资源的使用行监视并统计。安全管理主要通过身份认证、访问授权、综合防护和安全审计等环节来保障云计算设施整体的安全。

四、IaaS

IaaS 模式主要是将网络基础设施作为服务提供给用户。IaaS 分为资源层和资源池层。

资源层，主要包括计算机、存储器、网络设施、数据库、系统软件及其他硬件物理资源。在云计算时代，可以通过现有的网络技术和计算机技术将分散的计算机组成一个超强功能的计算机集群，进行计算和存储等云计算操作。

资源池层，主要是指硬件虚拟化和应用虚拟化，通过构建资源池，可以实现具有一定功能的操作，但其本身是虚拟而不是真实的资源。通过软件技术来实现包括虚拟环境、虚拟系统虚拟平台等相关的虚拟化功能。构建资源池主要是对物理资源的集成和管理。资源池包括计算资源池、存储资源池、网络资源池、数据资源池和软件资源池。资源池实现对物理资源的集成和管理。

五、供应链透明管理平台云服务模式的优势

供应链透明管理平台云服务模式与传统的服务模式相比，具有如下优势：

（一）用户体验角度

传统的供应链透明管理平台服务模式是将供应链透明管理平台作为整体统一面向用户的，每层之间的关系联系比较紧密，底下各层无法直接向用户提供服务；而供应链透明管理平台云服务模式三层是相互独立的，每一层都面对不同类型的用户提供服务。

（二）技术角度

传统的供应链透明管理平台服务模式中，层与层之间是继承关系，每一层不能单独脱离其他层单独存在。而供应链透明管理平台云服务模式中，三个服务模式不是简单的继承关系（SaaS 基于 PaaS，而 PaaS 基于 IaaS），因为首先 SaaS 可以是基于 PaaS 或者直接部署于 IaaS 之上，其次 PaaS 可以构建于 IaaS 之上，也可以直接构建在物理资源之上。IaaS、PaaS、SaaS 三者之间界限正趋于模糊，严格区分 SaaS、PaaS、IaaS 三者的区别是次要的。因为这三种模式者要涉及外包负载、人员开支管理、服务器及网络的软硬件维护等问题。从更高层面来看，供应链透明管理平台云服务模式三个层次都是为了解决用户的问题，都是为了业务而服务。比如，它们都试图为用户降低 IT 基础设施成本，充分发挥 IT 资源规模经济效益，提供强大的扩展能力。SaaS 服务模式与传统许可模式软件有很大的不同，它是未来管理软件的发展趋势。相比较传统服务方式而言 SaaS 具有很多独有的特征：SaaS 不仅减少或取消了传统的软件授权费用，而且厂商将应用软件部署在统一的服务器上，免除了最终用户的服务器硬件、网络安全设备和软件升级维护的支出，客户不需要除了个人计算机和互联网连接之外的其他 IT 投资就可以通过互联网获得所需要软件和服务。此外，大量的新技术，如 Web Service，提供了更简单、更灵活、更实用的 SaaS。另外，SaaS 供应商通常是按照客户所租用的软件模块来进行收费的，因此用户可以根据需求按需订购软件应用服务，而且 SaaS 的供应商会负责系统的部署、升级和维护。而传统管理软件通常是买家需要一次支付一笔可观的费用才能正式启动。

（三）商业模式角度

传统的供应链透明管理平台服务模式主要采用自建的思路，类似于工业时代早期的工厂，自己配备发电设备、供水设备，各层的建设以自己搭建为主；供应链透明管理平台云服务模式采用更加开放的建设思路，类似于工业时代成熟之后，电力和自来水由负责基础设施的电厂和自来水厂统一提供，工厂只需要专注于自己的生产环节，供应链透明管理平台云服务模式的 SaaS 可以基于别的云计算服务商提供的 PaaS 和 IaaS 搭建，而不一定需要每层都自

已提供，供应链透明管理平台云服务模式的 SaaS、PaaS 和 IaaS 都成为用户的基础设施，为用户提供更加便捷化的服务。

（四）未来发展趋势角度

可以预见，未来的供应链透明管理平台将越来越多地采用供应链透明管理平台云服务模式，采用这种模式，能够与大数据、物联网、移动商务等技术更好地结合，将具备更好的可扩展性和适应性。

第三章　供应链透明管理实践
——以易流为例

第一节　易流云平台简介

深圳市易流科技股份有限公司以运输全链条信息透明为切入点，致力于打造中国最大的公路运输产业链互联网平台，公司致力于提升中国公路运输产业的运行效率，是互联网和物流产业深度融合的应用典范。

为生产企业、商贸企业、物流企业等提供运输过程透明管理服务，具体服务内容有终端硬件、软件、管理系统及系统功能定制开发等，提升企业在运输管理上的信息化水平。为托运人、物流公司、司机、收货人等提供运单流转过程管理的 SaaS 服务，以 PC 端、移动 APP 端等多种方式，为物流环节的各个主体提供运单流转信息的透明服务，以便于各个主体对运单流转的管控，压缩运单流转周期，提高运输业务的整体效率。

易流云平台是深圳市易流科技股份有限公司为物流企业及货主企业打造的通过互联网提供服务的物流透明管理系统。该系统以卫星定位、移动通信、位置服务、地理信息系统、物联网、云计算、射频识别等先进现代信息技术为基础，依托互联网、移动互联网等技术手段，实现物流过程信息的移动互联和动态感知。其登录界面如图 8-3-1 所示。

图 8-3-1　易流云平台的登录界面

该系统提供对车辆行驶过程中的状态分析、异常情况监控、驾驶行为习惯分析及提醒等服务；使物流企业和货主实时了解车辆位置、运行状况、安全状态、驾驶习惯等信息；实时向司机推送目的地信息、道路信息、车辆状态、加油站推荐等信息，优化货运路线，提高车辆导航的精准性、安全性及高效性；提供对货车的历史轨迹分析、运营行驶分析、异常行驶分析，推动物流行业信息化应用水平朝智慧物流发展。

一、服务对象

深圳市易流科技股份有限公司自成立之初就坚持“专业、专注、专精”于物流行业的服务精神，公司服务的客户99％是各类物流运输企业，典型的客户有富士康、伊利集团、京东商城、中石化、中国平安、玖龙纸业、中海油、太原钢运物流、日通、圆通快递、申通快递等。

深圳市易流科技股份有限公司的客户群体的类型包括：

(1)物流企业：快递企业、零担企业、冷链物流企业、城市配送物流企业、综合物流企业。

(2)生产企业：食品生产企业、电子产品制造企业、能源化工生产企业、日用品生产企业等等。

(3)商贸企业：电子商务平台企业、连锁商超企业、连锁专卖店企业。

(4)服务业企业：连锁餐饮企业、连锁洗衣店等。

在快递和冷链两个细分的物流行业，易流占据了主要的市场份额。顺丰、圆通、韵达、国通、全峰等都是易流的客户。在冷链物流领域，郑明现代物流、荣庆物流、众荣物流等企业是易流的客户；全国的主要乳品企业及其承运商是易流的客户，已经与易流合作的有伊利、辉山、银桥、三元、完达山等乳品企业，蒙牛、光明的承运商也有很多是易流的客户。

二、服务内容

（一）服务产品和功能

易流云平台的服务内容有“定位服务、轨迹回放、物流地图、车辆管理、报警系统、报表系统、充值缴费、业务办理”等八大核心功能。如图8-3-2所示。

图8-3-2　易流云平台的服务内容

易流云平台的首页由三个部分组成，即“车辆分布/运行状况”、上方“应用功能菜单/菜单导航栏”和右侧“快递导航栏”。

“车辆分布/运行状态”直观地反映用户企业的运行使用情况；“应用功能菜单/菜单导航栏”方便用户直接进入所需要操作的功能模块；右侧“快速导航栏”，也是便捷用户快速定位所需功能模块。

易流云平台菜单导航栏的内容如下：

(1)定位服务：通常的位置监控管理，包括定位服务、轨迹回放、物流地图和视频监控。

(2)轨迹回放：提供企业用户在线查询所属车辆的行驶轨迹，掌握车辆的运行记录。

(3)物流地图：提供用户自定义信息的添加和修改窗口，包括物流网点、运输线路、进出区域等信息，打造用户自有的物流地图。

(4)车辆管理：提供与车辆管理相关的功能，包括车辆信息维护、司机信息管理及维护。

(5)报警系统：提供用户物流管理规则的设定和查询和提醒服务。

(6)报表系统：提供运输管理的相关信息统计报表，包括基础报表和扩张报表。

(7)充值缴费：提供用户便捷、安全的在线缴费窗口，服务用户。

(8)业务办理：更方便地提供用户日常业务的办理窗口。

（二）服务流程

安装在货运车辆上的车辆终端及智能传感设备实时采集、接收车辆运行过程数据，并通过移动网络和互联网、物联网等技术实现数据的在线传输、解析和存储，最终数据展示在易流云公共平台上；用户再通过 PC 端或者手机端通过互联网方式访问易流云平台，接受相关的应用服务。这就是易流云平台的服务流程。

具体来说，易流云平台是运用卫星定位技术、移动通信技术、地理信息技术、云信息技术、互联网技术把物流过程中关于车辆位置、里程、速度、线路、周边环境、路况等信息展现在互联网上，任何人只要访问 www. e6gps. com，都可以接受易流提供的运输过程透明管理信息服务，帮助物流/货主企业、车辆管理者（承运商）和车主、司机、客户对物流过程信息全透明管理，提升运输过程管理的效果，如图 8-3-3 所示。

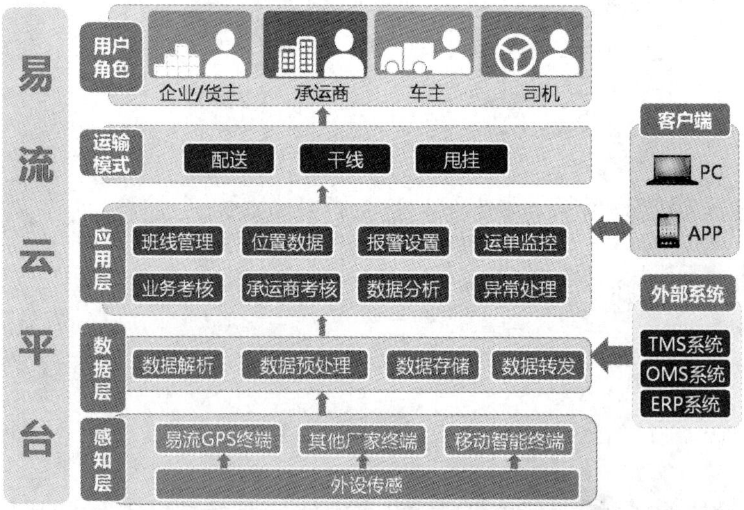

图 8-3-3　易流云平台的逻辑架构

三、盈利模式

（一）运营模式

易流的运营模式是运营商的运营模式，即通过终端信息采集，对数据进行加工，以平台的方式向物流企业、货主企业、个体车主提供运输管理平台的运营服务和信息服务。

易流的服务对象包括物流企业、货主企业和个体车主。服务方式是提供平台管理、平台服务和增值服务推送。平台管理，主要是向企业型客户提供相应的企业运输管理平台；平台服务，主要是以易流云平台为基础，向企业提供诸如驾驶行为分析、最优线路推荐、运力资源匹配等服务；增值服务，主要是围绕车辆的保险代理、加油卡代理等服务，如图 8-3-4 所示。

（二）盈利模式

易流是提供运输过程透明管理和物流信息服务的运营商，主要的盈利模式是运营服务收益。

易流是通过运营服务和终端硬件销售来盈利的。从本质上讲，运营服务是盈利的主要方式，硬件只是支撑运营服务所必备的信息采集工具。此外，随着易流云平台客户用户数的增加，和物流相关的增值服务具有巨大的盈利空间，如图 8-3-5 所示。

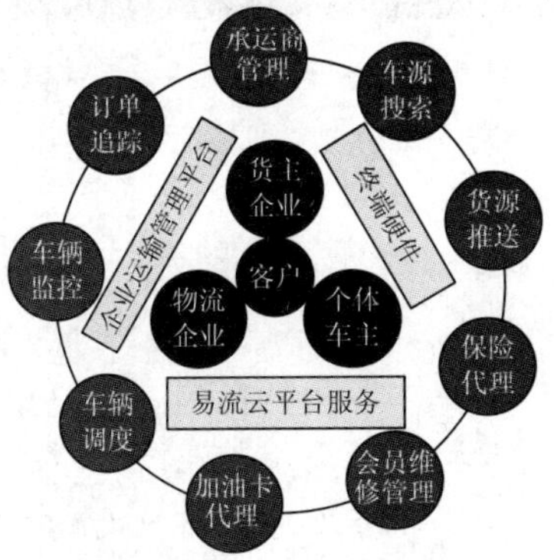

图 8-3-4　易流云平台的服务对象与服务方式

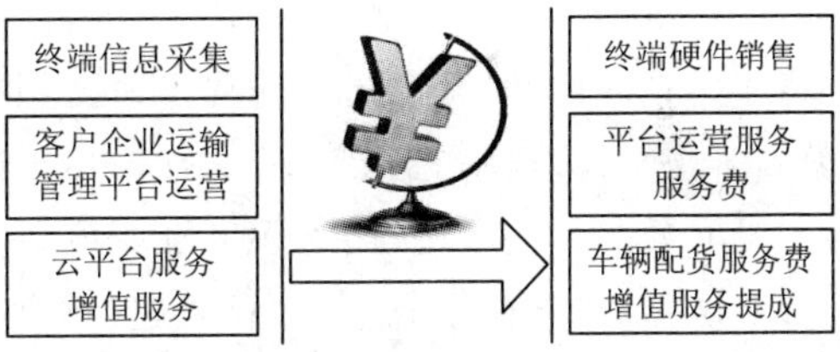

图 8-3-5　易流云平台的盈利内容

第二节　易流云平台应用实践

一、通过透明管理管好司机

司机难管几乎是所有物流运输企业主的共同心声。由于缺乏对司机和车辆运输过程的监控，导致物流企业对运输途中的车辆失去控制，以至于司机拉私活、虚报路桥费、绕道、超速等问题不断发生。

（一）拉私活问题

在物流管理实践中，“拉私活”是最常遇到也是最难管的问题。这种情况，一般发生在司机外出执行运输任务过程中。拉私活现象之所以得不到有效控制，一方面是因为无法获得司机拉私活的有效证据，无法对其进行监督管理。另一方面司机拉私活的机会太多，如果能够减小司机拉私活的机会，也能杜绝司机拉私活。针对拉私活问题，易流云平台采取的主要措施是：(1)在货运车辆上安装卫星定位车载终端和视频摄像头，如图 8-3-6 所示。(2)企业接入运输过程透明管理平台。(3)应用车载卫星定位终端全程采集车辆运输过程中的线路和停车点等信息，并对每一次停车和绕路都进行视频拍照(拉私活一般都伴随有停车和绕路发生)。(4)通过定位终端上的移动通信模块把以上数据打包后，传回运输过程透明管理系统进行数据处理。(5)数据最终展示在平台上，使得货主和企业管理者都能“看见”车辆的实际运输过程。特别是停车点细节(位置、时间)。这样，对于司机的拉私活行为就会起到一定的震慑作用。(6)还可以通过约束司机的驾车时间来达到目的。对于常用线路，可以约定运输时间，通过控制时间来约束司机，减小“拉私活”的概率。

图 8-3-6　卫星定位车载终端和视频摄像头

(二) 超速和疲劳驾驶

超速是造成交通安全事故的最主要因素，一旦超速，安全事故发生的概率大大提高。要防止超速，只要能实时获得司机的驾车速度，并把其限定在一定的范围内即可。针对超速问题，易流信息平台采取的主要措施是：(1)在车辆上安装卫星定位车载终端。(2)车载终端要接入与之配套的管理系统，接入后可以在该系统里设置车辆的最高驾驶速度，并设定超速报警提醒。这样，车辆在行驶途中，只要超速，立即报警。(3)报警及时告知司机减速慢行；同时也要推送给监管部门，起到约束和监督司机的目的。

除超速外，疲劳驾驶也是公认的马路杀手。疲劳驾驶一般是因为司机长时间驾驶，得不到良好、充足的休息而引发的。可以通过限制司机单次驾驶时间的方法来促使司机及时换岗和休息，防止疲劳驾驶。司机疲劳驾驶报警的技术原理类似超速报警的原理，不同的是控制的不是行车速度，而是司机连续驾车时间。要获得时间，需安装具备 IC 卡打卡功能的车载卫星定位终端，并要求司机一人一张 IC 卡 。司机在每一次驾驶时，需先打卡，此时打卡器记录打卡时间和打卡人信息。另外，记录打卡人可以对司机进行驾驶资质审核，防止没有资质的人员驾驶车辆，造成危险。有利于规范驾驶员队伍。然后，在管理系统中设置司机连续驾车时长和一天累计驾车时长阀值。如单次驾车不得超过 4 小时，一天总驾车时间不得超过 12 小时等。如超出，即刻报警，并推送到监管部门。这样，每一个司机在驾车期间，计时器自动计时，一旦超时，立即报警提醒换司机或休息。

(三) 随意绕行

随意绕行发生的主要原因是缺乏对运输过程的细化管理，无法明确知道司机是否正在绕路，绕路的原因是什么，是故意绕路还是不得不绕。只要能够获得司机真实的运输过程数据，特别是绕行时的运输线路和道路状况信息，把司机绕行过程透明监控起来，使得每一次绕行都有据可依，这样就能使司机感受到绕行行为是被监督的，真正起到约束司机，减少无谓绕行的行为。易流平台解决随意绕行问题的具体步骤是：(1)安装卫星定位车载终端并接入运输过程透明管理系统。(2)应用卫星定位实现对运输过程线路的全程监控。(3)追踪车辆的运输线路、道路路况、周边环境信息。(4)对于车辆长期重复较高的线路，可以设定固定运输线路，绑定运输车辆。(5)一旦车辆偏离此约定线路，系统立即报警提醒，并实时推送。

（四）虚报路桥费

路桥费是物流运输企业的第二大成本。企业对于路桥费的管理都是通过发票完成的，司机每次过收费站都会产生费用和票据，票据会详细记录费用产生的站点、时间、线路、金额等数据。但因为无法准确获知车辆经过这些收费站的准确信息，所以无法对这些票据的准确性进行验证，导致司机虚报有机可乘。易流通过采集车辆在运输途中经过收费站点的时间，地点，线路等信息，然后与路桥费票据做比对，筛选出虚假票据。具体步骤是：(1)安装车载卫星定位终端并接入运输过程透明管理系统。(2)应用系统定位功能追踪车辆运输线路，特别是经过收费站点的时间，线路，速度等信息。(3)用得到的数据和票据上的时间、收费站点信息对比，出入较大者作假的可能性也大。

二、通过透明管理降低企业成本

企业运输成本的构成因素很多，大致包括油耗成本、路桥费成本、车辆折旧成本和人力成本，其中最主要的就是油耗和路桥费。影响油耗的因素有运输线路、司机驾车习惯等。导致路桥费虚高的一个重要原因是路桥费的虚报。虚报路桥费问题的解决方案已在前面提出，在此不再赘述。

（一）运输线路影响油耗

线路里程和路况会对油耗产生直接影响，为此企业一般会选择路况较好，较经济的线路作为常用运输线路。企业在确定经济线路时，一般通过“派人跟车”的办法。首先，根据企业运营实际，选择多条运输线路，分别多次派人跟车，走完运输全程，详细记录每一趟运输过程、每一条运输线路的所用时间、所花费用等，通过对比数据，筛选出用时最少、花费最省的运输线路，并以此作为该方向上的固定运输线路，一般不允许司机绕行。但由于运输过程之中，司机通常会选择较利于自己的线路，这样就有可能造成绕路或者走路况不好的线路，势必造成额外的油耗支出，给企业造成利润损失。为解决司机私自绕路而造成企业利润受损的情况，可以通过卫星定位技术全程监控车辆运输线路，对于偏离规定线路的行为进行数据采集，并展示到监控中心，使得司机的行为得到监督。易流信息平台针对运输线路影响油耗问题，采取的主要措施是：(1)在运输车辆上安装卫星定位终端，并接入终端数据处理中心；(2)规划车辆行驶的固定线路；(3)全程应用定位技术全程跟踪车辆，一旦发现车辆偏离线路，立即报警；(4)把报警信息推送到平台公共监控中心。

（二）驾车习惯影响油耗

司机驾驶习惯会对油耗造成影响，如频繁的变速超速，长时间的停车不熄火。虽然一两次不会造成大的差异，但当车辆数量巨大，运输时间累积到一定程度时，差距就十分明显。据行业内人士测算，按照常规的驾车习惯行驶比驾车途中过多地停车不熄火和超速等比起来，平均可以节约油耗6%～8%。

司机在日常行驶过程中，频繁的超速和停车不熄火的根本原因是管理者缺乏对司机驾驶行为的监督和约束，致使司机驾驶行为随意性过大。要想改变这一现状，就必须实现对司机运输过程的实时关注，把司机的行为约束在一定的规则范围内，最终达到约束司机行为，节油降耗的目的。易流信息平台针对驾车习惯影响油耗问题，采取的主要措施是：(1)安装卫星定位设备并接入运输过程透明管理系统。(2)设定车辆的最高驾驶速度和停车最长等待时间。(3)全程追踪车辆的行车速度和停车时间。(4)一旦发现超速行为和停车不熄火超时，立即报警提醒司机，并推送信息到监控中心。(5)统计司机的超速次数和停车不熄火次数，形成数据报表，以备考核。

（三）降本增效

通过运输过程透明管理，实现了对运输过程的油耗成本和路桥费成本的有效管理，降低了企业的成本支出。另外，通过实现运输过程透明管理，还可以实现运输过程信息的快速流动，对提高单据处理效率，保障运输节点时效性，提高企业的信息化处理水平。

传统的物流运作中，企业的单据处理依靠人工，人工的速度限制了单据流的速度。并且人工传递单据的方式被局限在上下游之间，其余供应链环节无法同时获知单据流的数据内容，造成业务流程的信息孤岛，阻碍了企业经营效率的整体提升。通过应用运输过程透明管理系统，借助现代先进的信息技术，可以实现单据信息的实时采集和传输，并且可以实现供应链各环节的信息共享，大大地方便了企业的单据处理。同时，技术化的传输手段保证了单据信息的准确和公正。另外，运输过程透明管理系统通过对节点信息的及时、准确传递，使得各个节点之间的时效安排更加科学化，人性化，在提高节点时效性的同时，更加促进了司机的工作热情和认真态度，加深了司机对企业的认同感和荣誉感。

三、通过透明管理保障运输安全

任何行业，安全都是第一要务，物流运输行业也不例外。但因为行业区别，不同行业之间安全管理的侧重点有所不同。如食品冷链运输行业，运输环境温度是管理重点；贵重物品运输行业，货物偷盗丢失是管理重点；危险品运输行业事故预防和及时处理是管理重点。但无论是什么行业，行驶安全都是运输安全的基础。

（一）行驶安全

行驶安全主要跟司机的驾驶习惯、车况路况、天气原因等因素有关。其中最主要的影响因素就是超速、疲劳驾驶、路况。超速和疲劳驾驶已在前面介绍，路况方面，对于一些路况较差的路段，例如过于颠簸、急转弯多、陡坡过长过陡的路段，一般为事故多发地点，如果车辆行至这些路段而没有提前减速慢行，很有可能发生类似侧翻、冲撞等交通安全事故。要提前减速慢行，就要司机事先知道这些路段路况信息，这就需要通过一定手段把运输过程中的线路路况信息(特别是事故多发点处)及时采集，并及时告知司机，达到提前提醒司机的目的。

易流信息平台采取的具体措施是：(1)在运输车上安装卫星定位车载终端和语音播报设备并接入易流运输过程透明管理系统。(2)在易流运输透明管理系统的电子地图上标注这些危险区域。(3)设置危险区域距离预警，可设置500米。(4)车辆在运输过程中，系统会自动计算车辆与以上区域的距离，当距离小于约定距离时，系统自动下发危险信号提醒。(5)提醒信息以语音形式发送给司机，通知司机提早减速慢行，减小危险发生的概率。

（二）冷链运输行业

我国每年由于食品腐败变质而造成的经济损失达千亿元。造成食品腐败的主要原因就是温度失控。防止温度失控，就是要保证温度始终处于一定的范围内。所以根据货物的最佳运输温度，设置合理的货仓温度范围，一旦货仓温度超限，立即引起报警。易流信息平台解决超温的具体措施是：(1)冷链运输车辆应是具备冷机设备且保温效果良好的特定车辆，除安装车载卫星定位终端外，另需在货仓内安装用于采集温度的温度探头；(2)车辆需接入易流冷链运输管理系统，并通过系统设定车辆货仓温度的阀值；(3)车辆在行驶途中，温度监测系统不间断采集货仓内温度，并与设定温度比对；(4)如发现温度超出限定值，系统立即发生温度超限报警，并推送给货主企业和监管部门；(5)同时记录超限温度发生时的温度、时间、位置等信息。

除了超温问题，冷链运输还要关注冷机的使用，因为会直接关系到温度，但也会加大车辆的油耗。所以在实际运输中，部分司机为了省油会发生运输途中私自关闭冷机的现象，造成车辆在两端制冷，在中途不制冷的现象，即把所谓的“冷链运输”变成“冷端运输”。所以企业都把关注冷机全程制冷作为检验温度管理的一项重要内容。易流信息平台解决立即开关的具体措施是：(1)装有车载卫星定位设备的冷链运输专用车辆接入易流冷链运输管理系统；(2)易流冷链运输管理系统在整个运输过程中不间断采集货仓温度状态；(3)对于运输中途的冷机状态变化全程记录，细化到开关时间地点、当前温度等。

（三）高货值物品运输

货物偷盗一般较多发生于运输较贵重的物品时，贵重物品运输一般都通过封闭车厢运输。另外一种，如煤炭等物资一般通过普通车厢运输，常易发生如煤炭被偷盗现象。运输过程中的偷盗常发生在较偏僻地区，一般通过打开车门来完成。对于此类运输的安全防范，一方面要注意避开偏僻地域(危险区域)；另一方面，严格管理车门的开启位置，把所有非限定区域的开门均视为非法操作，并及时报警。这样就能杜绝绝大部分不法行为，即使发生了偷盗行为，也能通过运输历史记录快速追溯，迅速获取相关的作案证据。

易流信息平台解决区域外开门报警的具体措施是：(1)对于封闭式车厢，一般运输贵重物品较多，门禁(用于检测车门开关)和摄像头是标配。当然也要安装卫星定位车载终端并接入易流运输过程透明管理系统。(2)在电子地图上划定货物装卸的地点区域，并设置此地点外的开门均为非法操作，会报警。(3)一旦车门在非限定区域被打开，门禁立即感应通知司机车门被打开，同时驱动摄像头拍照。(4)即使发生偷盗现象，也可以通过回放视频拍照的方式快速查找线索，快速处理。(5)也可以限制车辆的停车位置，通过减小停车来降低偷盗发生的概率。

易流平台解决偏移线路报警的具体措施是：(1)企业根据实际情况，选择最佳运输线路；

(2)把该线路作为车辆的固定运输线路,并通过系统与车辆形成绑定关系;(3)应用卫星定位技术全程追踪车辆的运输线路,并与规定线路比较;(4)若车辆偏离此规定线路,系统立即报警提醒,并推送到监管平台;(5)系统在报警车辆偏移时,还记录偏移的时间,地点,线路等信息。

(四)危运行业安全管理

危险品运输行业的安全管理尤为重要,因为他关系到人民生命财产安全,是企业和各级主管部门下狠心管理的领域。一般来说,影响危险品运输安全的因素很多,每一个细节的疏忽都有可能造成巨大的安全隐患。大致可以分为事故预防和事故处理两个阶段。危险品运输必须以预防为主,通过预防,最大限度地减小安全隐患发生的概率。为积极预防,易流采取多种手段,如车况检查,司机检查,线路优选,停车点优选等。

停车点管理:对于危险品运输过程中的停车点,应该被严格限制。一般应尽量远离生活区、火源、加油加气站、收费站以及人烟密集的地方,最好选在比较空旷的地方。为保证司机均能按照此规则停车,减小安全事故发生的概率,易流通过技术手段监控停车过程,对于不在此区域内的停车视为危险停车,报警提醒监管部门。易流平台解决停车点管理问题的具体措施是:(1)把装有卫星定位设备的危险品专用车辆接入易流危险品运输过程透明管理系统中;(2)应用 LBS 技术和 GIS 技术在电子地图上标注企业特定的停车区域为停车安全区域;(3)在易流危险品运输过程透明管理系统上设置"区域外停车报警";(4)应用卫星定位技术,全程跟踪运输过程,特别关注停车位置;(5)一旦发生安全区域外停车,立即报警并推送到公共平台,并记录停车延续时间和位置。

运输线路约束:除停车点被约束外,运输线路也被加强管理。运输应尽量避开市区主道,易拥堵的道路和路况较差的道路。为此,企业一般都会限定运输线路,防止司机故意绕行而造成隐患。易流平台解决运输线路约束问题的具体措施是:(1)企业选定车辆运输的最佳线路并限定车辆必须照此行驶;(2)应用定位技术全程追踪此运输过程,一旦发现车辆偏离固定线路,即可报警;(3)报警信息实时推送到公共管理平台。

对于已经发生了安全事故的车辆,如何快速、高效地降低损失和危害以及科学、有序地进行事故处理是考验企业管理能力的关键。为提高企业事故的处置效率,易流信息平台提供以下方法:

事故现场全景实时反馈:对于已经发生安全事故的车辆,除司机和押运员极力抢救之外,若险情难以处置,还需及时寻求专业消防抢险组织的帮助。这就需要及时提供最真实、最有效,最全面的现场信息。易流通过在车辆上安装视频摄像头以及其他传感设备,实时采集现场信息,并通过网络传回处置中心,以寻求最科学的处置意见。易流平台解决事故现场全景实时反馈问题的具体措施是:(1)在车辆上安装卫星定位车载终端,视频摄像头等;(2)对事故现场进行全景视频拍照,并和当前位置、周边环境、车辆状况、司机状况信息进行及时上传;(3)这些数据被实时传输到处置中心,供专业人员查看,为科学决策提供数据支撑。

科学处置方法及时推送:当专业人员收到真实的现场信息之后,通过现场分析,给出最科学,最及时的处置意见和建议,并把这些意见及时传回给现场操作人员,使得操作更加科学、高效，从而最大限度地降低企业的经济损失以及对周边环境的危害。

四、通过透明管理保障运输时效

现代物流运输企业的竞争已经不单单是企业规模和资产的竞争，越来越多地倾向于供应链效率和客户服务品质的竞争。而这两者的竞争都涉及一个核心问题，即时效管理。时效管理已经成为企业市场竞争力的重要方面。相比之下，谁能够更快速地响应市场需求，更快速地将需求转化为优质的产品和服务，并迅速占领市场，谁就能够长期占有行业话语权，就能在激烈的市场竞争中赚取更多的利润。物流运输行业的时效管理分为车辆运输过程的时效管理和货物进出场站的时效管理。车辆运输过程中的时间主要由车辆在途停车时间和线路行驶时间构成。货物进出场站时间主要由车辆进出场站前排队待检时间和货物检查过程耗费时间构成。

在途停车超时报警：车辆运输途中的时效延误主要由于司机过多的停车次数和每次无约束的停车时间。只要把司机的运输过程都监控起来，并对停车次数和停车时间做严格的限制，对于超过此约束的停车行为，可以通过报警的形式主动推送到监控前台，以达到规范司机停车的目的。易流信息平台解决在途停车超时报警问题的具体措施是：(1)全程定位车辆运输过程，追踪每一次停车行为；(2)设置停车超时报警，如对超过3分钟的停车记录报警停车发生的时间、位置和时长；(3)判定停车是否超时，若超时则报警提醒司机和监管部门。

运输线路优化：除在途停车外，绕行也是造成运输时间浪费的因素。一般来说，企业都会根据实际运输情况，筛选出一条最经济的运输线路，并规定司机必须按照此线路行驶，但在实际运输案例中，司机总会出现因为绕行而造成运输时间浪费的现象，给企业造成损失。要解决这个问题，易流通过卫星定位技术手段全程监控运输线路，一旦出现车辆偏离，立即报警告知企业监管部门的办法，达到监督司机的目的。易流平台解决运输线路优化问题的具体措施是：(1)企业筛选出最优的运输线路；(2)设置车辆必须走这条运输线路，否则视为偏离线路；(3)全程追踪车辆，若发生偏离线路，则报警。

进站信息提前互通：在实际运输过程中，由于车辆与目的收发货场站信息沟通不畅，常常会出现场站有时过于清闲，有时却十分繁忙和拥堵的情况，没有很好地发挥出场站的最大效益。最好的情况是当车辆靠近货运场站时，码头调度人员能及时地获得当前进出场站的车辆数目；场站也可以及时判定车辆的预计到达时间，并且提前做好接车准备。这样既避免拥堵，又提高了车辆流转的效率。易流信息平台解决进站信息提前互通问题的具体措施是：(1)在运输车辆上安装车载卫星定位终端；(2)在货运场站部署能接入该设备信息的调度管理系统；(3)实现车载设备与调度系统的互联互通；(4)设定车辆距离场站2公里时场站信息与车辆运输信息交互；(5)司机收到场站车辆情况，场站获得车辆即将进站的详细信息，提前准备，提高效率。

货物检查时间优化：货物进出场站的验收过程是很花费时间的，特别是检验手段比较落后时。随着自动化技术和网络技术的快速发展，接货过程的信息化水平也明显提高。如RFID射频识别技术和条形码技术在接货领域的广泛应用就是一个十分典型的例子。射频识别技术是通过射频信号自动识别对象的，识别过程快速、实时、准确。它具有读取距离大、存储信息更改自如的优点，适用各种领域以及工作环境。在接货过程中，只要通过读写器扫描货物身上标签，就能获得货物的所有信息，也可以批量扫描，简单快速。条码技术也已经广泛应用于接货过程中。一般说来，货物的外包装箱上都有条形码，在分拣货物时只要用条形码扫面器对准条码自动识别就可以，扫描信息会利用计算机与射频数据通信系统实时传回到仓储系统，快速方便。

五、通过透明管理管好外协车辆

在我国近30年来的经济高速发展过程中，物流运输业也得到长足发展，但目前我国物流企业规模普遍较小，九成企业仍属于小微型企业，企业自有车辆平均不到3台，在竞争中明显处于劣势。在旺季，当货源充足并导致临时性的运力供给不足时，寻找有效运力是一件非常紧迫的事情。这时购车显然不太划算，于是外招社会车辆就是一个明智之举，这部分车辆称为“外协车辆”。外协车辆就是车辆产权属于车主，但依靠物流企业资质运营。因为物流企业并没有车辆的所有权，所以造成物流企业对外协车辆的管理难度加大。但是，企业可以根据手中掌握的运输业务来有效管理外协车辆。要求司机如果要想获得运输业务，就必须服从企业的管理调度。

如要知道冷藏箱和冷柜的运输温度是否达标，危险品运输车辆有无按照限行地域行驶，运输线路是否符合规定，就必须把这些如温度、停车、线路等数据全程采集，并实时显示在监控网络上，使得企业能够随时随地掌握车辆的运输过程，做到运输过程对监管者全透明。易流平台解决外协车辆问题的具体措施是：(1)提供便携卫星定位车载终端并接入运输过程透明管理系统；(2)全程采集车辆的运输过程信息，特别是管理企业关注的如温度、停车、线路等信息；(3)在系统上设置运输环境参数，如温度报警、停车报警、线路偏离报警；(4)全程采集，实时推送运输过程信息到监管中心；(5)对于运输中出现的违背运输要求的行为，系统全程记录和反馈，作为奖惩的依据。

六、通过透明管理提高企业调度效率

车辆调度是物流企业运输活动中最基本的一个环节。其以方便运力和货物匹配为目标，实现对运力的有效管控，达到运输路程最短、费用最小、耗时最少等目标。提高调度效率会对整个运输过程效率起到积极的推动作用。归纳起来，调度手段落后和调度的针对性不高是影响调度效率的主要原因。

调度手段的落后会直接影响到调度的整体效率。长期以来，我国大部分物流企业的调度工作都依靠电话调度。一般来说，电话调度一个车辆需要5分钟，如果100台车需要调度，就需要至少8个小时，调度效率十分低下。另外，在电话调度中司机总会屏蔽掉对自己不利的信息，致使调度人员无法获取运输过程的真实情况，给调度的准确率造成影响。再者、由于车辆在行驶中各种情况都有可能发生，司机并不一定会立即回复调度人员的调度指令，这种情况下调度人员只能重新打电话，重新调度。对于车辆数较多的情况，这种重新调度的情况会十分普遍，严重影响调度效率。

调度效率不高的另一个重要原因就是调度的针对性不高。调度最好的情况是根据货源的具体位置，调度距离最近的车辆形成运力，但在实际依靠电话调度的方式中，因无法获得车辆的真实位置、线路等信息，无法准确确认到底是哪些车辆距离最近，常常是调度人员依靠个人经验地毯式的电话沟通，从中筛选出合适的车辆实施运输业务。调度效率太过依靠个人经验，调度效率差别很大。

由上面分析得知，当前调度效率不高的原因主要包括调度手段的落后和调度的针对性不高。传统电话调度手段落后，易流通过建立运输过程透明管理调度信息平台，利用平台短信群发的形式来实现批量调度。调度的针对性不高的问题通过地图定位货物周边车辆位置的方式，快速筛选出需要调度的车辆，缩小调度的范围，减小调度难度和调度压力。易流平台提高企业调度效率的具体措施是：(1)调度人员首先定位车辆当前位置，查看距离货源位置最近的车辆详细信息；(2)筛选出最适合的运输车辆，通过平台上的短信功能下发调度任务；(3)这些调度任务通过网络技术，最终展示在所选车辆的多媒体终端上；(4)司机通过多媒体终端查看调度任务也可通过语音收听，并及时反馈确认结果；(5)每一条调度指令都有存底，既是对司机的执行约束，也是对调度人员调度质量的考察。

通过以上第(1)和(2)步，解决了调度的针对性问题，通过(3)和(4)步实现了调度的信息化和科学化。其实，调度要想出效率，彼此配合才是关键；调度人员必须学会把调度命令与司机的实际诉求结合起来，改变之前简单的行政命令式工作方式，向主动推送服务方向转变。

七、通过透明管理建立企业诚信评价体系

经济快速发展的同时，很多人也产生了投机心理，诚信缺失是一个非常严重的社会问题。诚信缺失对于物流行业来说更是关乎行业规范、健康发展的重大瓶颈所在，物流行业的诚信管理具有十分现实的意义。物流行业虽然近几年快速发展，但行业“小、散、乱、差”的现状并没有根本改变，行业内诚信缺失的现象时有发生。

究其原因，是因为物流企业无法对运输过程实施全程可控制、可查询、可追溯、可评价的管理方法。如果物流企业整个运输过程对用户企业都公开、透明，并且允许其对每一个环节都可以自由评价，这就会对其企业诚信制度建设形成正向监督和引导，促使其向好的方向发展。建立良好的企业诚信体系，还需要强有力的制度进行保障，具体可以从以下三点考虑：

（一）建立企业严格的运输过程透明管理制度

物流企业的诚信缺失常表现为运输过程中货物被偷、被抢，甚至车辆与货物一同消失。要想重建信任，就必须解决类似弊端，还企业一个“公开、有序、透明”的经营环境。之所以会发生这种不法行为，归根结底是企业缺乏对物流运输过程的公开、透明监控和管理。从而使得不法分子有机可乘，给企业信誉造成损失。

要实现对运输过程的全程透明管理，首先须能实时采集到车辆的行驶位置、途径线路等相关信息。要知道车辆在哪里停过，停了多长时间，距离下一个路口还有多远以及货物是否安全，车门是否被打开过，在哪里打开，等等。等这些信息被实时采集后，可以利用移动互联网络进行在线传输，最终实现可以在互联网上实时展示，此时只要通过网络就可以看到车辆的实时运输过程，实现运输过程的实时在线和同步，达到对运输过程的透明

监控。

建议物流企业把透明管理作为企业管理的核心，贯彻于企业管理的方方面面，主要包括实施车辆透明管理、司机透明管理、货物运输过程透明管理三个方面。其中，车辆透明管理包括车辆证照管理、车辆使用管理、维修管理、轮胎管理、费用管理等。司机管理即驾照证件管理、驾驶习惯管理、司机打卡管理等。货物运输过程透明管理是指运输线路透明、运输人员透明、运输费用透明、货物自身信息如品类、名称、数量、大小、重量、运输条件等透明。要想把以上透明管理落到实处，需建立可执行的制度保障，用制度约束企业实践运输过程透明管理。

要建立管理制度，势必会牵扯到部门之间的利益，为了保证制度的顺利进行，需要前期进行大量、细致认真的企业管理实际调研，发掘并归纳企业管理中存在的问题，制定出合理的制度和措施方案，并一定要赢得企业管理层核心成员的支持。

（二）建立企业运输过程透明管理诚信档案制度

建立司机诚信档案，重点是要获得司机在运输过程中的诚信信息，如是否按时到达，是否保质保量，是否有违规操作甚至有甩货及骗货的信息。这就要对运输过程实时监督和管理，如果出现类似甩货或者骗货现象，运输过程透明管理系统需全程记录到违法细节，并实时把此违法细节推送到货运三方，加大其违法成本。具体步骤：(1)在车辆上安装门禁、视频摄像头、卫星定位终端等设备；(2)全程记录车辆的停车过程，包括时间、位置；(3)约束司机的停车时间和驾驶线路，超出限制则立即报警推送；(4)记录报警数据并为此司机建立诚信档案。

当企业掌握了司机的这些违规细节，如违规的时间、地点、牵扯人员时，就能对司机做出相应的处罚。建立司机违规的详细档案，包括发生时间、地点、牵扯人员、负责人、造成损失、赔偿名目、处罚明细等等。这种档案会一直跟随司机伴随整个任职过程，这就会对司机造成一定的监督和警示作用。通过这种诚信管理制度实现对整个司机队伍的诚信档案管理，进而推进整个企业的整体诚信体系建设。

司机的诚信档案管理是一个动态的过程，是司机长期驾驶习惯和行为的集中反映。企业只有不断升级每一个个体的诚信体系，企业诚信体系建设才能得以发展和完善。只有切实建立了企业诚信档案管理体系，企业之间合作才能真正平等，企业才能长期赢得伙伴信任，合作才能长久，企业利润才会有好的保障。

（三）建立企业运输过程透明管理诚信评价体系

允许用户公开、自由地评价企业的产品和服务，是企业诚信评价体系建设成熟的重要标志。提供用户自由的评价渠道，倾听来自用户的声音，才能真正了解到自己产品和服务的缺陷所在，才能更好地提升产品质量和服务水平。

要提供用户畅通的评价渠道，就需要以企业信用信息的公开、共享为前提。在物流企业中，这部分信息更多的是指企业在以往运输历史中是否存在违规，是否按时按点、是否安全到达、是否有违规操作，有无存在的甩货、骗货现象。而这些信息的公开和共享就是基于运输过程的信息透明。

（四）注重积累自身日常经营数据，用数据为诚信体系背书

物流企业借助信息技术实现自身物流业务和物流活动的透明化和信息化，不仅仅是帮助企业提升了自身的物流信息化水平，更是为企业实现了物流活动的数据化积累和记录，为实现企业从经验管理向数据管理打下坚实的基础，意义重大。

所以，物流企业从现在开始，就需要注重积累自己的业务数据和流程数据，帮助用户全面了解自己，了解自己的经营历史和经营信用，用数据证明自己的优势和实力，为自己背书；另外，也可以用数据准确定位自身业务运行过程中存在的问题和弊端，并找到针对性的解决方案不断优化改进，加速自身产品和服务的核心竞争力。例如，有了数据，用户才知道你以往最擅长哪个领域、都服务过哪些客户，客户服务评价如何，这样才能帮助客户消除顾虑，建立信任，赢得客户。

第三节　易流云平台应用典型案例

一、某全球最大的电子产品代工企业易流云平台应用案例

某全球最大的电子产品代工企业在珠三角、长三角、环渤海，中西部等多个地区都有工业园区。仅以珠三角某园区为例，每天的运力需求量在 200 辆至 300 多辆卡车，其中 100 多辆的运力为浮动需求。该企业在全国范围内的一级承运商就有几十家，可直接签订承运合同。二级承运商则有好几百家，是由一级承运商将承运合同的任务分解给其他不具备国际贸易进出口资质的物流公司。因为一级承运商的自由运力不能够满足企业的运输量。

该企业对承运商有严格的要求，所有承运该企业货物的车辆必须安装固定式的车载卫星监控设备，并且在承运的过程中能够让企业的物流中心实时监控。该企业因上游企业的要求，从出厂到出口口岸的过程中需要全程的实时视频监控。如何组织和管理好这么多承运商，这么多承运车辆，该企业引进了由易流提供的透明管理平台。其登录界面如图 8-3-7 所示。

图 8-3-7　该企业系统登录界面

各个承运商都有易流云平台的账号，而且这些承运商的车辆都在相应的账号下由易流所提供监控服务。一旦某车辆承运该企业的货物，该企业物流中心就通过平台的“跨公司监控”功能监控到所有的车辆。一旦承运结束，承运商可以在平台上解除跨区域监控。

二、某乳品制造企业易流云平台应用案例

国内某著名乳品企业，旗下涉及原奶、酸奶、液态奶、冷饮等多种产品类型，需要采取的运输方式和乳品品质安全的保障措施也不相同，而且，涉及的承运商也好几百个。

该企业原奶运输需要全程的拍照监控，以防运输过程中原奶被偷、被加水等，确保原奶品质。其成品奶运输需要全程的冷链监控，对承运商的承运要求严格。为加强管理上监控力度，以及与承运商的协同力度，该企业引进了易流的技术支持，打造了一个个性化的透明运输监控平台。

该企业的承运商都拥有一个易流云平台的登录账户，在这个账户下享受易流所提供的监控服务。其登录界面如图 8-3-8 所示。一旦车辆承运该企业的业务，平台就启动了跨公司监控机制直到承运结束。该平台与上一案例企业平台的不同之处在于，该企业的成品奶销售订单可以在监控平台上直接生成运单并将运单派发给相应的承运商，从而实现对运单的全程监控。这不仅满足作为承运商的 VIP 客户的监控需要，也满足承运商日常的运输管理需要。

图 8-3-8　登录界面

第四节　易流云平台经验启示和未来的发展

运输过程透明管理是深圳市易流科技股份有限公司率先在物流行业内提出的旨在优化物流运输过程的管理理念和操作办法，该理念运用卫星定位技术、移动通信技术、地理信息技术、云信息技术、互联网技术把物流过程中关于车辆位置、里程、速度、线路、周边环境、路况等信息展现在互联网上，任何人只要可以上网，都可以通过访问互联网实时获得运输过程

的最新信息，使得运输过程对物流企业、车辆管理者和客户全透明，提升运输过程管理的效果。

实质上，以上提到的运输过程透明管理只是基础层面的信息透明，只是实现了物流活动中人、车、货、仓等物理信息的透明。如果继续深入，物流业务、物流网络、物流供应关系都可以实现透明。这就引出易流提出的物流透明的三个层次。

第一个层次，即上面提到的物流作业过程中涉及的人、车、货、仓等物理信息的透明，易流把这个层次定义为透明 1.0 状态。

第二个层次，物流单据流转过程的信息透明。即物流流程上各个环节的信息透明，以及物流网络节点的信息透明，属于逻辑信息的透明。易流把这个层次定义为透明 2.0 状态。

第三个层次，供需信息的透明。包括供应链组织过程的信息透明，需求链形成过程的信息透明，以及基于供应链、需求链的产业信息透明。易流把这个层次定义为透明 3.0 的状态。物流透明 3.0 的内涵是指基于全产业链的信息透明，实现需求拉动和有效供应，实现物流与各个行业(产业)及各种生产经营活动的高效协同，实现广泛的社会资源优化配置。

需要注意的是物流透明管理的三个层次实质上是一个渐进式的、持续发展的过程。对目前我国的物流行业来讲，夯实物流透明 1.0 是当务之急，在此基础上有条件的企业开始进入物流透明 2.0 阶段，最终实现全产业透明的物流透明 3.0。

物流透明是个持续的过程，需要我们脚踏实地、从基础层次扎实地向前推进，只有不断积累，物流透明管理的硕果才能成熟。

撰稿人：冯耕中　西安交通大学管理学院教授
黄　滨　深圳市易流科技股份有限公司董事副总裁
吴　勇　西安交通大学管理学院博士

参考文献

[1] 戴定一.再谈物联网与智能物流[J].中国物流与采购,2010(23):36-38.

[2] 彭扬,蒋长兵.物联网技术与应用基础[M].北京:中国物资出版社,2011.

[3] 孙传宁,张雪.物联网概念及关键技术综述[J].福建电脑,2010,26(12):39-41.

[4] 罗辉林. 物流智联网[M].北京:机械工业出版社,2011.

[5] 陈佳. 信息系统开发方法教程[M]. 北京:清华大学出版社,2005.

[6] 冯耕中.物流信息系统[M]. 北京:机械工业出版社,2009.

[7] 冯耕中,李毅学,华国伟. 物流配送中心规划与设计[M]. 西安:西安交通大学出版社, 2011.

[8] 吴勇,冯耕中,王能民. 我国典型物流公共信息平台商业模式的比较研究[J].商业经济与管理,2013(10):14-21.

[9] 冯耕中, 吴勇, 赵绍辉. 物流公共信息平台理论与实践[M]. 北京:科学出版社,2014.

[10] 严红.配送中心可视化管理理论与实践[D].上海:上海交通大学,2003.

[11] 张峰.可视化技术在供应链管理中的应用研究[D].上海:同济大学,2006.

[12] 黄滨, 石忠佳,刘军飞. 物流透明 3.0[M]. 北京:中国财富出版社,2016.

[13] 孙炜,万筱宁,孙林岩.电子商务环境下我国农产品供应链体系的结构优化[J].工业工程与管理,2004,9(5):33-37.